NomosStudium

Prof. Dr. Gerhard Ring | Sebastian Kiefel
Julia Möller-Klapperich, LL.M.
Technische Universität Bergakademie Freiberg

Urheberrecht

Die Deutsche Nationalbibliothek verzeichnet diese Publikation in
der Deutschen Nationalbibliografie; detaillierte bibliografische
Daten sind im Internet über http://dnb.d-nb.de abrufbar.

ISBN 978-3-8487-5336-9 (Print)
ISBN 978-3-8452-9537-4 (ePDF)

1. Auflage 2021
© Nomos Verlagsgesellschaft, Baden-Baden 2021. Gesamtverantwortung für Druck
und Herstellung bei der Nomos Verlagsgesellschaft mbH & Co. KG. Alle Rechte, auch die
des Nachdrucks von Auszügen, der fotomechanischen Wiedergabe und der Übersetzung,
vorbehalten.

Inhalt

Literaturverzeichnis 13

§ 1 Grundlagen des Urheberrechts 17

    I. Überblick 17
    II. Exkurs: Schutz des Rechts am eigenen Bild nach dem KUG 19
        1. Einwilligungserfordernis (§ 22 KUG) 19
        2. Ausnahmen vom Einwilligungserfordernis 20
        3. Rechtsfolgen eines Verstoßes gegen das KUG 21
        4. Sonderfall Grundstücksfotografien 21
    III. Schutzbereich des Urheberrechts 22
    IV. Grundprinzipien 23
    V. Zusammenfassung 24

§ 2 Das Werk 26

    I. Entstehung des Urheberrechts 26
    II. Der Werkbegriff des § 2 UrhG 27
    III. Persönliche geistige Schöpfung (§ 2 Abs. 2 UrhG) 28
        1. Persönliche Schöpfung 30
        2. Geistigkeit der Schöpfung 31
        3. Schöpfungshöhe 31
        4. „Kleine Münze" 32
        5. Werkteile 33
    IV. Die Werkarten nach § 2 Abs. 1 UrhG 33
        1. Sprachwerke, wie Schriftwerke, Reden und Computerprogramme (§ 2 Abs. 1 Nr. 1 UrhG). 35
            a) Werke der mündlichen Sprache und der Schriftsprache 36
            b) Figuren/Charaktere 38
            c) Kleine Münze 39
            d) Computerprogramme 39
        2. Werke der Musik (§ 2 Abs. 1 Nr. 2 UrhG) 40
        3. Pantomimische Werke einschließlich der Werke der Tanzkunst (§ 2 Abs. 1 Nr. 3 UrhG) 42
        4. Werke der bildenden Künste einschließlich der Werke der Baukunst und der angewandten Kunst und Entwürfe solcher Werke (§ 2 Abs. 1 Nr. 4 UrhG) 43
            a) Kunst 43
            b) Computeranimierte Figuren und Comicfiguren 44
            c) Baukunst 45
            d) Angewandte Kunst 46
        5. Lichtbildwerke einschließlich der Werke, die ähnlich wie Lichtbildwerke geschaffen werden (§ 2 Abs. 1 Nr. 5 UrhG) 48
        6. Filmwerke einschließlich der Werke, die ähnlich wie Filmwerke geschaffen werden (§ 2 Abs. 1 Nr. 6 UrhG) 49

	7. Darstellungen wissenschaftlicher oder technischer Art, wie Zeichnungen, Pläne, Karten, Skizzen, Tabellen und plastische Darstellungen (§ 2 Abs. 1 Nr. 7 UrhG)	50
V.	Übersetzungen und andere Bearbeitungen eines Werkes	51
	1. Zustimmungserfordernis nach § 23 UrhG	52
	a) Verhältnis von Bearbeitung zu Vervielfältigung (§ 16 UrhG)	53
	b) Hinreichender Abstand zum Werk nach § 23 Abs. 1 Satz 1 UrhG	53
	2. Freie Benutzung	54
	a) Ausnahme: Melodienschutz	55
	b) Exkurs: Tonträger-Sampling	56
VI.	Sammelwerke und Datenbankwerke	57
	1. Sammelwerke	58
	2. Datenbankwerke	58
VII.	Veröffentlichte und erschienene Werke (§ 6 UrhG)	59
VIII.	Zusammenfassung	60

§ 3 Der Urheber 62

I.	Urheberrecht in Arbeits- und Dienstverhältnissen	64
II.	Gesetzliche Vermutung der Urheber- oder Rechtsinhaberschaft	65
III.	Miturheberschaft (§ 8 UrhG)	69
	1. Entstehung der Miturheberschaft	69
	2. Die Gesamthandsgemeinschaft der Miturheber	70
	3. Rechte der Miturheber	70
IV.	Urheber verbundener Werke	71
V.	Zusammenfassung	73

§ 4 Der Inhalt des Urheberrechts 74

I.	Positiver Inhalt des Urheberrechts	74
	1. Das Urheberpersönlichkeitsrecht	74
	a) Grundlagen	74
	b) Veröffentlichungsrecht (§ 12 UrhG)	75
	c) Urheberbenennungsrecht	76
	d) Entstellung des Werks	79
	e) Schutz des allgemeinen Persönlichkeitsrechts	84
	2. Die Verwertungsrechte des Urhebers	84
	a) Das Vervielfältigungsrecht nach § 15 Abs. 1 Nr. 1 iVm § 16 UrhG	87
	b) Verbreitungsrecht (§ 15 Abs. 1 2. Hs. Nr. 2 iVm § 17 UrhG)	88
	aa) Der Begriff der Verbreitung	89
	bb) Der Erschöpfungsgrundsatz (§ 17 Abs. 2 UrhG)	90
	c) Das Ausstellungsrecht (§ 15 Abs. 1 2. Hs. Nr. 3 iVm § 18 UrhG)	91
	d) Das Vortrags-, Aufführungs- und Vorführungsrecht (§ 15 Abs. 2 Satz 2 Nr. 1 iVm § 19 UrhG)	92
	e) Das Recht der öffentlichen Zugänglichmachung (§ 15 Abs. 2 Satz 2 Nr. 2 iVm § 19a UrhG)	93
	f) Das Senderecht (§ 15 Abs. 2 Satz 2 Nr. 3 iVm §§ 20 bis 20b UrhG)	94

	g)	Das Wiedergaberecht durch Bild- oder Tonträger (§ 15 Abs. 2 Satz 2 Nr. 4 iVm § 21 UrhG)	101
	h)	Das Wiedergaberecht von Funksendungen und öffentliche Zugänglichmachung (§ 15 Abs. 2 Satz 2 Nr. 5 iVm § 22 UrhG)	102
	i)	Sonstige (finanzielle) Rechte des Urhebers	103
		aa) Zugang zu Werkstücken (§ 25 UrhG)	103
		bb) Das Folgerecht (§ 26 UrhG)	106
		cc) Vergütung für Vermietung und Verleihen (§ 27 UrhG)	108
II.	Der negative Inhalt des Urheberrechts		111
1.	Anspruch auf Schadensersatz und Unterlassung		111
	a)	Anspruchsgegner	112
		aa) Haftung für Rechtsverletzungen Dritter	112
		bb) Ansprüche gegen den Störer	113
		cc) Ansprüche gegen Unternehmensinhaber (§ 99 UrhG)	114
		dd) Haftung des Geschäftsführers	115
		ee) Haftung von Diensteanbietern nach UrhDaG	115
	b)	Aktivlegitimation	119
	c)	Widerrechtliche Verletzung	121
	d)	Anspruchsinhalt	127
		aa) Der Beseitigungsanspruch	127
		bb) Der Unterlassungsanspruch	128
		cc) Der Anspruch auf Schadensersatz	129
2.	Die Abmahnung (§ 97a UrhG)		136
3.	Entschädigung (§ 100 UrhG)		138
4.	Ansprüche auf Vernichtung, Rückruf und Überlassung (§ 98 UrhG)		138
	a)	Vernichtung	139
	b)	Rückruf und Entfernung aus dem Vertriebsweg	140
	c)	Überlassung	140
5.	Hilfsansprüche		140
	a)	Auskunftsanspruch	140
		aa) Auskunftsanspruch gegen den Verletzer (Abs. 1)	140
		bb) Auskunftsanspruch gegen Dritte (Abs. 2)	141
		cc) Inhalt der Auskunft	142
		dd) Verhältnismäßigkeit	142
		ee) Haftung bei falscher Auskunftserteilung	142
		ff) Sonstiges	143
		gg) Gewohnheitsrechtliche Auskunftsansprüche	143
	b)	Anspruch auf Vorlage und Besichtigung (§ 101a UrhG)	144
		aa) Voraussetzungen des Anspruchs	144
		bb) Durchsetzung, Umsetzung und Schadensersatz	145
	c)	Sicherung von Schadensersatzansprüchen (§ 101b UrhG)	145
6.	Verjährung und Verwirkung		146
7.	Konkurrenzen		147
III.	Der strafrechtliche Schutz des Urheberrechts		147
1.	Allgemeine Voraussetzungen der Strafbarkeit		148
	a)	Objektiver Tatbestand	148
	b)	Subjektiver Tatbestand	148
	c)	Strafbarkeit des Versuchs	149

Inhalt

	d) Strafantrag und Erhebung der Anklage (§ 109 UrhG)	149
2.	Einziehung (§ 110 UrhG) und Beschlagnahme (§§ 111b, 111c UrhG)	150
3.	Bekanntmachung der Verurteilung (§ 111 UrhG)	150
4.	Die Straftatbestände im Einzelnen	151
	a) Unerlaubte Verwertung urheberrechtlich geschützter Werke (§ 106 UrhG)	151
	b) Unzulässiges Anbringen der Urheberrechtsbezeichnung (§ 107 UrhG)	152
	c) Unerlaubte Eingriffe in verwandte Schutzrechte (§ 108 UrhG)	152
	d) Unerlaubte Eingriffe in technische Schutzmaßnahmen und zur Rechtewahrnehmung erforderliche Informationen	152
5.	Bußgeldvorschriften (§ 111a UrhG)	153
IV.	Zusammenfassung	154

§ 5 Rechtsnachfolge und Rechteübertragung   155

I.	Rechtsnachfolge von Todes wegen	155
II.	Rechtsnachfolge unter Lebenden	158
1.	Unübertragbarkeit des Urheberrechts (§ 29 Abs. 1 UrhG)	158
2.	Einräumung von Verwertungsrechten (§ 29 Abs. 2 UrhG)	159
	a) Hintergrund	159
	b) Vertragsfreiheit	159
	c) Beendigung der Rechteübertragung	159
III.	Die Einräumung von Nutzungsrechten (§ 31 UrhG)	159
1.	Grundlagen der Übertragung von Nutzungsrechten	160
	a) Trennungs- und Abstraktionsprinzip	160
	b) Umfang der Rechteübertragung	161
	c) Begrenzung der Nutzung	162
	d) Zweckübertragungstheorie (§ 31 Abs. 5 UrhG)	162
	e) Gutgläubiger Erwerb und Scheinrechte	163
	f) Beendigung des Nutzungsrechts	164
2.	Einfache und ausschließliche Nutzungsrechte	164
	a) Das einfache Nutzungsrecht	165
	b) Das ausschließliche Nutzungsrecht	165
3.	Lizenzen im Rechtsverkehr	166
	a) Übertragung von Nutzungsrechten	166
	b) Einräumung weiterer Nutzungsrechte (§ 35 UrhG)	167
	c) Grundsatz des Sukzessionsschutzes	168
4.	Urhebervertragsrecht – wie werden Nutzungsrechte übertragen?	171
	a) Nutzungsrechte zur eigenen Nutzung des Berechtigten	172
	b) Die Einräumung von Nutzungsrechten zur Wahrnehmung	173
	c) Verträge über Rechte für unbekannte Nutzungsrechte	180
5.	Angemessene Vergütung für Nutzungsrechte	181
	a) Angemessenheitsprüfung und Anpassungsanspruch	182
	b) Abweichende Vereinbarungen	183
	c) Freie Lizenzen	184
	d) Gemeinsame Vergütungsregeln	184
	e) Nachträgliche Vergütungsanpassungen	185

Inhalt

	IV. Zusammenfassung	186
§ 6	**Beschränkungen des Schutzumfangs**	**188**
	I. Restriktionen des Urheberrechts im Allgemeininteresse	189
	1. Gemeinfreie und verwaiste Werke	195
	a) Ablauf der Schutzfrist (§§ 64 bis 69 UrhG)	195
	b) Amtliche Werke (§ 5 UrhG)	196
	2. Vorübergehende Vervielfältigungshandlungen (§ 44a UrhG)	197
	3. Text und Data Mining (§ 44b UrhG)	199
	4. Öffentliche Reden, Journalismus und Berichterstattung	199
	a) Öffentliche Reden (§ 48 UrhG)	199
	b) Zeitungsartikel und Rundfunkkommentare (§ 49 UrhG)	200
	c) Berichterstattung über Tagesereignisse (§ 50 UrhG)	205
	5. Soziale Zwecke, Kultur und Bildung	206
	a) Rechtspflege und öffentliche Sicherheit	206
	b) Menschen mit Behinderungen	207
	c) Sammlungen für den religiösen Gebrauch	207
	6. Kultur, Bildung und Wissenschaft (§§ 60a ff. UrhG)	208
	a) Schulfunksendungen (§ 47 UrhG)	208
	b) Nutzung für Unterricht und Lehre (§ 60a UrhG)	208
	c) Unterrichts- und Lehrmedien (§ 60b UrhG)	209
	d) Wissenschaftliche Forschung (§§ 60c und d UrhG)	209
	e) Schranken zur Bewahrung des kulturellen Erbes	210
	7. Das Zitierrecht	210
	8. Karikaturen, Parodien und Pastiches (§ 51a UrhG)	221
	9. Öffentliche Werkwiedergabe (§ 52 UrhG)	222
	II. Restriktionen des Urheberrechts im Interesse Privater	223
	III. Der Vergütungsanspruch	226
	1. Die Herstellervergütung	227
	a) Geräte und Speichermedien iSd § 54 UrhG	227
	b) Vergütungsschuldner	227
	c) Vergütungshöhe	228
	2. Die Betreibervergütung	229
	3. Die Rechtewahrnehmung	229
	IV. Zusammenfassung	229
§ 7	**Der Schutz von Computerprogrammen (§§ 69a bis g UrhG)**	**231**
	I. Schutzgegenstand	233
	1. Der Begriff „Computerprogramm"	233
	2. Schutzumfang	234
	II. Der Inhaber des Urheberrechts an Software	235
	III. Das Urheberrecht an Computerprogrammen als ausschließliches Recht	236
	1. Zustimmungspflichtige Handlungen (§ 69c UrhG)	236
	a) Vervielfältigung (Nr. 1)	237
	b) Bearbeitung (Nr. 2)	237
	c) Verbreitung (Nr. 3)	238

d) Öffentliche Wiedergabe (Nr. 4)	243
2. Ausnahmen von zustimmungsbedürftigen Handlungen (§ 69d UrhG)	243
a) Nutzungen im Rahmen des bestimmungsgemäßen Gebrauchs	243
b) Erstellung einer Sicherungskopie	244
c) Ermittlung der Idee und der Grundlagen	244
d) Dekompilierung	244
e) Schranken für Bildung, Wissenschaft und Kultur	245
IV. Die Sanktionierung von Rechtsverletzungen	245
V. Zusammenfassung	246

§ 8 Verwandte Schutzrechte 248

I. Der Schutz des ausübenden Künstlers (§§ 73 bis 84 UrhG)	249
1. Rechteinhaber	249
2. Inhalt des Leistungsschutzes	250
a) Der Persönlichkeitsrechtsschutz des ausübenden Künstlers	250
aa) Anerkennungs- und Namensbenennungsrecht (§ 74 UrhG)	250
bb) Schutz vor Entstellung der Darbietung (§ 75 UrhG)	251
cc) Schutzdauer (§ 76 UrhG)	251
b) Verwertungsrechte des ausübenden Künstlers	251
aa) Aufnahme, Vervielfältigung und Verbreitung	252
bb) Das Recht zur öffentlichen Wiedergabe (§ 78 UrhG)	252
cc) Gemeinsame Darbietung	252
dd) Nutzungsrechte	253
c) Vergütungsansprüche des ausübenden Künstlers	253
aa) Vergütung für die erlaubte Nutzung nach § 78 Abs. 2 UrhG	254
bb) Vergütung für die Einräumung von Nutzungsrechten	254
d) Rechte des Veranstalters (§ 81 UrhG)	254
e) Dauer der Verwertungsrechte	255
f) Schranken der Verwertungsrechte	255
g) Abwehr- und Schadensersatzansprüche	255
II. Der Schutz des Herstellers von Tonträgern	255
1. Schutzgegenstand und Rechteinhaber	256
2. Verwertungsrechte (§ 85 UrhG)	256
3. Recht auf angemessene Beteiligung (§ 86 UrhG)	257
III. Der Schutz des Sendeunternehmens	257
1. Adressat und Schutzgegenstand	257
2. Umfang der Rechte und Schranken	257
3. Rechteübertragung und Erlöschen	259
IV. Der Schutz des Datenbankherstellers (§§ 87a bis e UrhG)	259
1. Schutzgegenstand und Rechteinhaber	259
a) „Datenbank"	259
b) Datenbankhersteller	260
2. Umfang des Herstellerschutzes an Datenbanken	261
3. Schranken und Dauer der Rechte	262
4. Verträge über die Nutzung von Datenbanken (§ 87e UrhG)	263
V. Der Schutz des Presseverlegers	264

Inhalt

	VI.	Schutz des Lichtbildners	265
	VII.	Wissenschaftliche Ausgaben (§ 70 UrhG) und nachgelassene Werke (§ 71 UrhG)	266
	VIII.	Exkurs: Sonderregelungen für Filme (§§ 94 und 95 UrhG)	266
		1. Das Recht zur Verfilmung	268
		2. Umfang des Rechts des Filmherstellers und Übertragung	269
		3. Mitwirkung am Film	269
		4. Einschränkung der Rechte (§ 90 UrhG)	270
		5. Mitwirkung eines ausübenden Künstlers	271
		6. Persönlichkeitsschutz (§ 93 UrhG)	271
	IX.	Zusammenfassung	271
Anhang 1		**Antworten**	273
Anhang 2		**Fallprüfung**	281
Anhang 3		**Übungsfall**	285
Stichwortverzeichnis			297

Literaturverzeichnis

Ahlberg, Hartwig / Götting Horst-Peter: Beck'scher Online-Kommentar Urheberrecht, 29. Edition, Stand 15.9.2020, München 2020.

Ahrens, Hans-Jürgen: Der Ghostwriter – Prüfstein des Urheberpersönlichkeitsrechts, in GRUR 2013, 21.

Auer-Reinsdorff, Astrid / Conrad, Isabell (Hrsg.): Handbuch IT- und Datenschutzrecht, 3. Auflage, München 2019.

Bisges, Marcel: Urheberrechtliche Aspekte des Cloud Computing – Wirtschaftlicher Vorteil gegenüber herkömmlicher Softwareüberlassung?, in MMR 2012, 574.

Dreier, Thomas / Schulze, Gernot: Urheberrechtsgesetz: UrhG, 6. Auflage, München 2018.

Eisenmann, Hartmut / Jautz, Ulrich: Grundriss Gewerblicher Rechtsschutz und Urheberrecht, 10. Auflage, Heidelberg 2015.

Ernsthaler, Jürgen: Streaming und Urheberrechtsverletzung, in NJW 2014, 1553.

Gersdorf, Hubertus / Paal, Boris: BeckOK Informations- und Medienrecht, 30. Edition, München 2020.

Graef, Ralph Oliver: Die fiktive Figur im Urheberrecht, in ZUM 2011, 108.

Härting, Niko: Internetrecht, 6. Auflage, Köln 2017.

Hetmank, Sven / Lauber-Rönsberg: Künstliche Intelligenz – Herausforderungen für das Immaterialgüterrecht, in GRUR 2018, 574.

Hoeren, Thomas / Düwel, Timm: Keine Abweichung von Urheberrechten außerhalb der in der Urh-RL vorgesehenen Ausnahmen und Beschränkungen – Afghanistan-Papiere, in MMR 2019, 660.

Hoeren, Thomas / Sieber, Ulrich / Holznagel, Bernd (Hrsg.): Handbuch Multimedia-Recht, 53. Ergänzungslieferung, München 2020.

Jani, Ole: Der neue Presseverlegerrecht – Der Diskussionsentwurf des BMJV missachtet den Willen des Unionsgesetzgebers, in ZUM 2020, 169.

Jaworski, Stanislaus: Durchsetzung des Urheberrechts gegenüber gezielt urheberrechtsverletzenden Internetdiensten, in GRUR-Prax 2019, 56.

Klass, Nadine: Urheberrecht in Arbeits- und Dienstverhältnissen, in GRUR 2019, 1103.

Köhler, Helmut: „Täter" und „Störer" im Wettbewerbs- und Markenrecht – Zur BGH-Entscheidung „Jugendgefährdende Medien bei eBay", in GRUR 2008, 1.

König, Dominik / Beck, Benjamin: Die immaterialgüterrechtliche Schutzfähigkeit von »Affen-Selfies«, in ZUM 2016, 34.

Lauber-Rönsberg, Anne: Anmerkung zu EuGH, Urteil vom 10.4.2014 – C-435/12, in ZUM 2014, 578.*Leistner, Matthias*: „Ende gut, alles gut" … oder „Vorhang zu und alle Fragen offen"? – Das salomonische Urteil des EuGH in Sachen „Pelham [Metall auf Metall]", in GRUR 2019, 1008.

Lettl, Tobias: Urheberrecht, 3. Auflage, München 2018.

Leuze, Dieter: Die Urheberrechte der wissenschaftlichen Mitarbeiter, in GRUR 2006, 552.

Loewenheim, Ulrich (Hrsg.): Handbuch des Urheberrechts, 3. Auflage 2021.

Loewenheim, Ulrich / Leistner, Matthias / Ohly, Ansgar (Hrsg.): Urheberrecht, 6. Auflage 2020.

Ludyga, Hannes: Entschädigung in Geld und postmortale Verletzung des Urheberpersönlichkeitsrechts, in ZUM 2014, 374.

Lutz, Peter: Grundriss des Urheberrechts, 3. Auflage, Heidelberg 2018.

Meyer-van Raay, Oliver: Der Fortbestand von Unterlizenzen bei Erlöschen der Hauptlizenz – Auswirkungen der BGH-Entscheidungen Take Five und M2Trade auf die Gestaltung von Lizenzverträgen, in NJW 2012, 3691.

Musielak, Hans-Joachim / Voit, Wolfgang: Grundkurs ZPO, 15. Auflage, München 2020.

Niebler, Julia: Die Online-SatCab-Richtlinie – Weitersendung 2.0?, in ZUM 2019, 545.

Ohly, Ansgar: Hip Hop und die Zukunft der „freien Benutzung" im EU-Urheberrecht – Anmerkung zum Vorlagebeschluss des BGH „Metall auf Metall III", in GRUR 2017, 964.

Ohly, Ansgar: Voraussetzungen für rechtswidriges Tonträger-Sampling – Metall auf Metall IV, in GRUR 2020, 843.

Ory, Stephan / Sorge, Christoph: Schöpfung durch Künstliche Intelligenz, in NJW 2019, 710.

Pesch, Benjamin: Patentfähigkeit computerimplementierter Erfindungen, in MMR 2019, 14.

Pierson, Matthias / Ahrens, Thomas / Fischer, Karsten: Recht des geistigen Eigentums – Gewerblicher Rechtsschutz, Urheberrecht, Wettbewerbsrecht, 4. Auflage, Stuttgart 2018.

Pötzlberger, Florian: Pastiche 2.0: Remixing im Lichte des Unionsrechts – Zu § 24 UrhG und Art. 5 III lit. k InfoSoc-RL im Kontext der „Metall auf Metall"-Rechtsprechung, in GRUR 2018, 675.

Reber, Nikolaus: Die neue Transparenzpflicht der Werknutzer (Art. 19, 23 Abs. 1 DSM-RL) und deren Umsetzung, in ZUM 2020, 217.

Rehbinder, Manfred: Das Namensnennungsrecht des Urhebers, in ZUM 1991, 220.

Rehbinder, Manfred / Peukert, Alexander: Urheberrecht und verwandte Schutzrechte, 18. Auflage, München 2018.

Ring, Gerhard / Geißler, Alexander, Gewerblicher Rechtsschutz, Baden-Baden 2021

Säcker, Franz Jürgen / Rixecker, Roland / Oetker, Hartmut / Limperg, Bettina (Hrsg.): Münchner Kommentar zum Bürgerlichen Gesetzbuch, Band 8, 8. Auflage, München 2020.

Schlingloff, Jochen: Das Urheberpersönlichkeitsrecht im Spannungsfeld von Kunstfreiheit und politischer Betätigungsfreiheit, in: GRUR 2017, 572.

Schulze, Gernot: Aspekte zu Inhalt und Reichweite von § 19a UrhG, in ZUM 2011, 2.

Schricker, Gerhard / Loewenheim, Ulrich / Leistner, Matthias / Ohly, Ansgar (Hrsg.): Urheberrecht, 6. Auflage, München 2020.

Seibt, Christoph / Wiechmann, Peter: Probleme der urheberrechtlichen Verwertungsgemeinschaft bei der Werkverbindung, in GRUR 1995, 562.

Spindler, Gerald / Schuster, Fabian (Hrsg.): Recht der elektronischen Medien, 4. Auflage 2019.

Stieper, Malte: Die Umsetzung von Art. 17 VII DSM-RL in deutsches Recht (Teil 1) – Brauchen wir eine Schranke für Karikaturen, Parodien und Pastiches?, in GRUR 2020, 699.

Stieper, Malte: Urheberrecht in der Cloud, in ZUM 2019, 1.

Stieper, Malte: Totgesagte leben länger – Die Wiederauferstehung des Presseverleger-Leistungsschutzes – Kommentar zum Diskussionsentwurf des BMJV v. 15.1.2020 zur Umsetzung der DSM-RL, in ZUM 2020, 166.

Stolz, Alexander: Rezipient = Rechtsverletzer …? (Keine) Urheberrechtsverletzung durch die Nutzung illegaler Streaming-Angebote, in MMR 2013, 353.

Süßenberger, Christoph / Czychowski, Christian: Das „Erscheinen" von Werken ausschließlich über das Internet und ihr urheberrechtlicher Schutz in Deutschland – Einige Argumente Pro und Contra, in GRUR 2003, 489.

Ulmer-Eilfort, Constanze / Obergfell, Inés: Verlagsrecht, 2. Auflage, München 2021.

v. Ungern-Sternberg, Joachim: Die Rechtsprechung des Bundesgerichtshofes zum Urheberrecht und zu den verwandten Schutzrechten in den Jahren 2006 und 2007, in GRUR 2008, 291.

v. Ungern-Sternberg, Joachim: Die Rechtsprechung des EuGH und des BGH zum Urheberrecht und den verwandten Schutzrechten im Jahr 2018, in GRUR 2019, 1.

v. Ungern-Sternberg, Joachim: Einwirkung der Durchsetzungsrichtlinie auf das deutsche Schadensrecht, in GRUR 2009, 460.

v. Ungern-Sternberg, Joachim: Keine Urheberrechtsvergütung für Drucker – Anmerkung zu BGH, Urteil vom 6.12.2007 – I ZR 94/05, in GRUR 2008, 245 (247 ff.).

v. Ungern-Sternberg, Joachim: Schlichte einseitige Einwilligung und treuwidrig widersprüchliches Verhalten des Urheberberechtigten bei Internetnutzungen, in GRUR 2009, 369.

v. Ungern-Sternberg, Joachim: Wahrnehmungsverträge von Verwertungsgesellschaften – Klauseln für die Vertragsänderungen von Satzung und Verteilungsplänen, in GRUR 2020, 923.

Wandtke, Artur-Axel / Bullinger, Winfried: Praxiskommentar Urheberrecht, 5. Auflage, München 2019.

Wente, Jürgen K. / Härle, Philipp: Rechtsfolgen einer außerordentlichen Vertragsbeendigung auf die Verfügung in einer „Rechtekette" im Filmlizenzgeschäft und ihre Konsequenten für die Vertragsgestaltung – Zum Abstraktionsprinzip im Urheberrecht, in GRUR 1997, 96.

§ 1 Grundlagen des Urheberrechts

I. Überblick

Das Urheberrecht[1] findet seine gesetzliche Grundlage im Gesetz über Urheberrecht und verwandte Schutzrechte (Urheberrechtsgesetz – fortan: UrhG) vom 9.9.1965[2], das zuletzt durch das Gesetz zur Anpassung des Urheberrechts an die Erfordernisse des digitalen Binnenmarktes vom 31.5.2021[3] geändert worden ist. Hinsichtlich des Rechts am eigenen Bild gelangt das Kunsturhebergesetz (siehe dazu Rn. 8 ff.) zur Anwendung. Die Verantwortung von Internetplattformen für die von Nutzern hochgeladenen Inhalte regelt das Urheberdienstanbietergesetz (UrhDaG).[4] Das Urheberrecht ist als Teil des Wirtschaftsrechts **Sonderprivatrecht**.

Es kann zwischen dem **Urheberrecht ieS** und dem **Urheberrecht iwS** unterschieden werden. Das Urheberrecht iwS bezieht auch den Schutz von Computerprogrammen (§§ 69a ff. UrhG) und die mit dem Urheberrecht verwandten (Leistungs-) Schutzrechte mit ein.

Infolge der Richtlinie 2001/29/EG des europäischen Parlaments und des Rates vom 22.5.2001 zur Harmonisierung bestimmter Aspekte des Urheberrechts und der verwandten Schutzrechte in der Informationsgesellschaft hat das UrhG seit 2003 eine umfassende Novellierung mit dem Ziel einer **Vereinheitlichung des Urheberrechts** in den Mitgliedstaaten der EU erfahren (Europäisierung mit korrespondierender richtlinienkonformer Auslegung der zentralen Begrifflichkeiten des UrhG). Dabei erfolgte im Zuge der Veränderungen durch den sog. „Ersten Korb" die Einführung einer neuen Verwertungsart, nämlich die „öffentliche Zugänglichmachung" (Stichwort: Internetpublikationen). Mit Inkrafttreten des „Zweiten Korbs" im Jahre 2007 ergaben sich Neuerungen in Bezug auf das Urheberrecht in Wissenschaft und Forschung (§§ 52a und b, 53a UrhG) sowie die Privatkopie (§ 53 UrhG). Aktuell führt die fortschreitende Digitalisierung, insbesondere wegen des für einen effektiven Urheberrechtsschutz erheblichen Gefährdungspotenzials im Hinblick auf digitale Reproduktionstechniken („copy and paste"), zu weiteren Schritten einer Rechtsharmonisierung,[5] die auch auf eine fortschreitende Modernisierung des Urheberrechts in Europa zielt. Am 17.4.2019 wurde die Richtlinie 2019/790 über das Urheberrecht und die verwandten Schutzrechte im digitalen Binnenmarkt (DSM-Richtlinie)[6] verkündet, welche die Mitgliedstaaten bis zum 7.6.2021 umzusetzen hatten. Durch das folgende Gesetz zur Anpassung des Urheberrechts an die Erfordernisse des digitalen Binnenmarktes wurde neben den durch die neuere Rechtsprechung des EuGH[7] notwendigen Änderungen auch das Urheberrechts-Dienstanbieter-Gesetz, welches die urheberrechtliche Verantwortlichkeit von Plattformen iSd Art. 17 DSM-Richtlinie neu regelt, erlassen. Enthalten ist außerdem mit der

---

[1] In seiner zweifachen Bedeutung (so *Pierson/Ahrens/Fischer*, Recht des geistigen Eigentums, S. 381) als subjektives Recht (Schutz der materiellen und ideellen Interessen des Urhebers an seinem Geisteswerk) und in seiner objektiven Bedeutung (Summe aller Rechtsnormen, die das Verhältnis des Urhebers zum geschützten Werk normieren).
[2] BGBl. I S. 1273.
[3] BGBl. I S. 1204.
[4] Gesetz über die urheberrechtliche Verantwortlichkeit von Dienstanbietern für das Teilen von Online-Inhalten, BGBl, I S. 1215.
[5] *Europäische Kommission*, Strategie für einen digitalen Binnenmarkt in Europa, v. 6.5.2015, Kom (2015) 192final.
[6] ABl. 2019 L 130, 92.
[7] EuGH, Urt. v. 29.7.2019 – C-476/17 – Metall auf Metall.

kollektiven Lizenz mit erweiterter Wirkung ein neues Rechtsinstrument, welches es den Verwertungsgesellschaften ermöglichen soll, einfache Nutzungsrechte auch für die Werke von Außenstehenden zu vergeben, sofern diese nicht ausdrücklich widersprechen[8].

4 Das Urheberrechtsgesetz umfasst fünf Teile:

- Erster Teil (§§ 1 bis 69g UrhG): Urheberrecht ieS
- Zweiter Teil (§§ 70 bis 87e UrhG): Verwandte Schutzrechte
- Dritter Teil (§§ 88 bis 95 UrhG): Sonderregelungen für Filme
- Vierter Teil (§§ 95a bis 119 UrhG): Gemeinsame Bestimmungen für das Urheberrecht und verwandte Schutzrechte
- Fünfter Teil (§§ 120 bis 143 UrhG): Regelungen zum Anwendungsbereich sowie Übergangs- und Schlussbestimmungen

5 Das Urheberrecht und die Gewerblichen Schutzrechte (Patent[9], Gebrauchsmuster[10], Marke[11], Design[12], Sortenschutz[13] und der Halbleiterschutz[14]) werden unter dem Begriff des **Rechts des geistigen Eigentums** (Intellectual Property Law) zusammengefasst, da sie auf den Schutz eines unkörperlichen immateriellen Rechts abzielen. Im Unterschied zum Gewerblichen Rechtsschutz schützt das Urheberrecht persönliche geistige Schöpfungen (vgl. § 2 Abs. 2 UrhG) im Bereich der Literatur, Wissenschaft und Kunst (§ 1 UrhG).[15]

6 Das Urheberrecht steht in engem Zusammenhang mit dem verfassungsrechtlich nach Art. 2 Abs. 1 iVm Art. 1 Abs. 1 GG geschützten **allgemeinen Persönlichkeitsrecht**. Dieses erfährt seine Schranken (vgl. Art. 2 Abs. 1: „Rechte anderer", „verfassungsmäßige Ordnung" und „Sittengesetz") ua am Grundrecht der Meinungsäußerungs- und Pressefreiheit (Art. 5 Abs. 1 GG)[16] und den §§ 22 ff. KUG[17] (nachstehende Rn. 8 ff.) als Teil der „verfassungsmäßigen Ordnung", mithin an gesetzlichen Regelungen, die formell und materiell verfassungsgemäß sind.

---

8 BR.Drs. 142/21, S. 134 ff.
9 Nach § 1 Abs. 1 PatG werden Patente für Erfindungen auf allen Gebieten der Technik erteilt, sofern sie neu sind, auf einer erfinderischen Tätigkeit beruhen und gewerblich anwendbar sind. Das Patentrecht schützt die Erfindungsidee losgelöst von ihrer materiellen Verkörperung: Patentrecht als echtes Ausschließlichkeitsrecht, womit auch eine unabhängige Doppelerfindung (im Unterschied zum Urheberrecht) zu einer Rechtsverletzung führt, vgl. *Lettl*, Urheberrecht, § 1 Rn. 55.
10 Als Gebrauchsmuster werden nach § 1 Abs. 1 GebrMG Erfindungen geschützt, die neu sind, auf einem erfinderischen Schritt beruhen und gewerblich anwendbar sind.
11 Zeichenschutz – vgl. § 3 Abs. 1 MarkenG, wonach als Marke alle Zeichen (insbesondere Wörter einschließlich Personennamen, Abbildungen, Buchstaben, Zahlen, Hörzeichen, dreidimensionale Gestaltungen, einschließlich der Form einer Ware oder ihrer Verpackung sowie sonstige Aufmachungen, einschließlich Farben und Farbzusammenstellungen, geschützt werden können, die geeignet sind, Waren oder Dienstleistungen eines Unternehmens von denjenigen anderer Unternehmen zu unterscheiden.
12 Nach § 2 DesignG wird als eingetragenes Design ein Design geschützt, das neu ist und Eigenart hat.
13 Sortenschutz wird für eine Pflanzensorte (Sorte) nach § 1 Abs. 1 SortSchG erteilt, wenn sie unterscheidbar, homogen, beständig, neu und durch eine eintragbare Sortenbezeichnung bezeichnet ist.
14 Dreidimensionale Strukturen mikroelektronischer Halbleitererzeugnisse (Topografien) werden nach Maßgabe des Gesetzes über den Schutz der Topographien von mikroelektronischen Halbleitererzeugnissen nach dessen § 1 Abs. 1 Satz 1 geschützt, wenn und soweit sie Eigenart aufweisen.
15 *Pierson/Ahrens/Fischer*, Recht des geistigen Eigentums, S. 381.
16 Wobei auch die §§ 22 ff. KUG (dazu nachstehende Rn. 8 ff.) taugliche allgemeine Gesetze iSv von Art. 5 Abs. 2 GG sind und damit das Grundrecht in verfassungsrechtlich zulässiger Weise begrenzen können.
17 Gesetz betreffend das Urheberrecht an Werken der bildenden Künste und der Photographie v. 9.1.1907, RGBl. S. 7, zuletzt geändert durch das Gesetz v. 16.2.2001 (BGBl. I, S. 266).

II. Exkurs: Schutz des Rechts am eigenen Bild nach dem KUG

Im europäischen Recht bestehen in Bezug auf den zu beachtenden Rechtsrahmen folgende Regelungen:

- Art. 8 Abs. 1 EMRK/Art. 7 GRCh (Rechte des Abgebildeten) und
- Art. 10 Abs. 1 EMRK/Art. 11 Abs. 2 GRCh (Meinungs- und Pressefreiheit).

BEACHTE: KUNSTURHEBERGESETZ (KUG)

Neben dem UrhG gilt immer noch das Gesetz betreffend das Urheberrecht an Werken der bildenden Künste und der Photographie (KUG) vom 9.1. 1907 (vgl. § 55 Abs. 1 KUG), das durch § 141 Nr. 5 des Gesetzes vom 9.9.1965[18] zwar aufgehoben wurde – aber nur, „soweit es nicht den Schutz von Bildnissen betrifft".

II. Exkurs: Schutz des Rechts am eigenen Bild nach dem KUG

Das KUG schützt in seinen §§ 22 bis 24 das **Recht am eigenen Bild**. Ein Bildnis darf nach einem abgestuften Schutzkonzept – das die legitimen Interessen der abgebildeten Person (insbesondere deren Schutzinteresse) mit den Informationsinteressen der Allgemeinheit und der Medien in ein System der **Konkordanz** bringt – nur unter folgenden Voraussetzungen verbreitet oder öffentlich zur Schau gestellt werden:

- **Einwilligung** des Abgebildeten (§ 22 KUG) oder
- Vorliegen einer Alternative nach dem Ausnahmetatbestand des § 23 Abs. 1 Nr. 1 bis 4 KUG (aber nur unter der Voraussetzung, dass keine **berechtigten Interessen** des Abgebildeten dem entgegenstehen, § 23 Abs. 2 KUG) oder
- für Zwecke der **Rechtspflege** und der **öffentlichen Sicherheit** (§ 24 KUG).

1. Einwilligungserfordernis (§ 22 KUG)

Nach § 22 Satz 1 KUG dürfen Bildnisse nur mit (ausdrücklicher oder konkludenter) Einwilligung (in Bezug auf die konkrete Form der Veröffentlichung)[19] des Abgebildeten verbreitet oder öffentlich zur Schau gestellt werden.

Bildnis ist „jede Abbildung einer Person, die das äußere Erscheinungsbild in einer für Dritte erkennbaren Weise wiedergibt"[20], unabhängig vom verwendeten Medium (zB Fotografie, Zeichnung, etc.).

Minderjährige (dh beschränkt Geschäftsfähige) bedürfen zusätzlich der Einwilligung des gesetzlichen Vertreters. Die Einwilligung gilt im Zweifel als erteilt, wenn der Abgebildete dafür, dass er sich abbilden ließ, eine Entlohnung erhielt (§ 22 Satz 2 KUG – widerlegbare Vermutung der Einwilligung).

Nach dem **Tod des Abgebildeten** bedarf es bis zum Ablauf von 10 Jahren der Einwilligung der Angehörigen des Abgebildeten (§ 22 Satz 4 KUG). Nach Ablauf der 10-Jahresfrist wird das (postmortale) Persönlichkeitsrecht des Verstorbenen nur noch dann geschützt, „wenn mit der Verbreitung oder Zurschaustellung eine zusätzliche Beeinträchtigung von Persönlichkeitsrechten einhergeht"[21].

---

18 BGBl. I, S. 1273.
19 *Lettl*, Urheberrecht, § 12 Rn. 8.
20 *Lettl*, Urheberrecht, § 12 Rn. 4, 5: Möglichkeit der Identifizierung – die sich auch aus den Umständen, beigefügten Texten oder einer Karikatur ergeben kann.
21 *Lettl*, Urheberrecht, § 12 Rn. 10.

2. Ausnahmen vom Einwilligungserfordernis

13 Bildnisse aus dem Bereich der **Zeitgeschichte** dürfen nach Maßgabe des § 23 Abs. 1 Nr. 1 KUG ohne die nach § 22 KUG erforderliche Einwilligung verbreitet und zur Schau gestellt werden. Der Ausnahmetatbestand ist gerechtfertigt durch das legitime **Informationsinteresse der Allgemeinheit** bzw. die **Pressefreiheit** nach Art. 5 Abs. 1 GG/Art. 10 Abs. 1 EMRK/Art. 11 Abs. 2 GRCh und begrenzt im Hinblick auf die **persönliche Sphäre** des Abgebildeten nach Art. 2 Abs. 1 iVm Art. 1 Abs. 1 GG/Art. 8 EMRK durch den Verhältnismäßigkeitsgrundsatz.

14 Die Bildberichterstattung über Personen des öffentlichen Interesses, die *unabhängig* von einem bestimmten zeitgeschichtlichen Ereignis aufgrund ihrer Funktion oder Bedeutung öffentliche Aufmerksamkeit genießen (**absolute Personen der Zeitgeschichte**), reicht weiter als die von **relativen Personen der Zeitgeschichte**, die *aufgrund* eines bestimmten zeitgeschichtlichen Ereignisses in den Fokus der Öffentlichkeit geraten sind. Das Recht auf Bildberichterstattung hinsichtlich relativer Personen der Zeitgeschichte, zu denen auch die mit absoluten Personen der Zeitgeschichte gemeinsam öffentlich auftretenden Angehörigen (Begleiter) zählen, ist thematisch auf das konkrete Ereignis begrenzt. Der EGMR[22] beschränkt die Figur der absoluten Person der Zeitgeschichte auf Personen des politischen Lebens (**amtliche Funktionsträger**).

15 Voraussetzung einer Bildberichterstattung ist in jedem Fall, dass die Allgemeinheit an dieser ein **berechtigtes Informationsinteresse** hat. Zielt die Berichterstattung „allein" auf eine Werbung mit dem Bild ab, liegt ein solches Interesse nicht vor. Der EGMR setzt hier die Grenze noch einmal enger, als es sich um eine Berichterstattung über Tatsachen handeln muss, die geeignet ist, einen Beitrag zu einer **öffentlichen Diskussion in einer demokratischen Gesellschaft** zu leisten.

16 Weiter zählen zu den Ausnahmen, die der Veröffentlichung auch **ohne Einwilligung** der betroffenen Person zugänglich sind:

- Bilder, auf denen die Personen nur als „**Beiwerk**" neben einer Landschaft oder einer sonstigen Örtlichkeit erscheinen (Nr. 2).
- Bilder von **Versammlungen, Aufzügen** und **ähnlichen Vorgängen**, an denen die dargestellten Personen teilgenommen haben (Nr. 3). Hier ist der Einzelne als Teil einer Personengruppe nämlich selbst an die ggf. begrenzte Öffentlichkeit getreten, wenngleich die Abbildung (da nicht als Einzelperson auftretend) objektiv nebensächlich ist.
- Bildnisse, die nicht auf Bestellung angefertigt sind, sofern die Verbreitung oder Schaustellung einem **höheren Interesse der Kunst** dient (Nr. 4).

17 Die Befugnis erstreckt sich nach § 23 Abs. 2 KUG jedoch nicht auf eine Verbreitung und Schaustellung, durch die ein „**berechtigtes Interesse**" des Abgebildeten oder, falls dieser verstorben ist, seiner Angehörigen **verletzt** wird. Ob ein berechtigtes Interesse vorliegt, ist im Rahmen einer einzelfallorientierten und umfassenden **Güter- und Interessenabwägung** zu ermitteln, in die ggf. auch der Begleittext der Bildveröffentlichung einzubeziehen ist. Dabei sind das allgemeine Persönlichkeitsrecht in Gestalt des Rechts am eigenen Bild (Privatsphäre – Art. 1 Abs. 1 iVm Art. 2 Abs. 1 GG/Art. 8 Abs. 1 EMRK/Art. 7 GRCh) der abgebildeten Person bzw. deren Angehöriger unter Berücksichtigung der Eingriffsintensität der Bildveröffentlichung (Sozial-, Privat- oder Intim-

---

[22] EMGR, Urt. v. 24.6.2004 – 59320/00 – NJW 2004, 2647 – Caroline von Hannover/Deutschland.

sphäre) gegen die Meinungs- und Pressefreiheit (Art. 5 Abs. 1 GG/Art. 10 Abs. 1 EMRK/Art. 11 GRCh) bzw. Kunst- und Wissenschaftsfreiheit (Art. 5 Abs. 3 GG/ Art. 13 GRCh) abzuwägen.

3. Rechtsfolgen eines Verstoßes gegen das KUG

Das KUG statuiert selbst keine Regelungen zu den Rechtsfolgen eines Verstoßes. Vielmehr gelangen die einschlägigen Regelungen des BGB zur Anwendung:

- § 823 Abs. 2 BGB iVm §§ 22 bis 24 KUG (als Schutzgesetze) iVm §§ 249 ff. BGB (**Schadenersatzanspruch**) und
- § 823 Abs. 1 iVm § 1004 Abs. 1 Satz 2 BGB analog iVm Art. 1 Abs. 1 und Art. 2 Abs. 1 GG[23] (**Unterlassungsanspruch**).

Das Recht am eigenen Bild kann zwar als Spezialregelung des allgemeinen Persönlichkeitsrechts auch als „sonstiges Recht" iS von § 823 Abs. 1 BGB qualifiziert werden. Doch begründen die §§ 22 bis 24 KUG als Spezialausprägungen des allgemeinen Persönlichkeitsrechts für das Recht am eigenen Bild *leges speciales*.[24]

Daneben hat die verletzte Person auch einen **Beseitigungsanspruch** gegen eine fortwährende Beeinträchtigung des aus Art. 2 Abs. 1 iVm Art. 1 Abs. 1 GG abgeleiteten allgemeinen Persönlichkeitsrechts in seiner Ausprägung als Recht am eigenen Bild (§§ 12 Satz 1, 862 Abs. 1 Satz 1, 1004 Abs. 1 Satz 1 BGB analog), der folgende Voraussetzungen hat:

- Objektiv **rechtswidriger Eingriff** in das Persönlichkeitsrecht (Recht am eigenen Bild iS von § 22 KUG), ohne dass es auf ein Verschulden ankommt.
- Fortwährende **dauerhafte Verletzung**.
- Eignung der geforderten Handlung zur Beseitigung der Beeinträchtigung (**Verhältnismäßigkeitsgrundsatz**).
- §§ 37, 38 KUG (Vernichtung oder Ankauf).

Ein **Unterlassungsanspruch** (§§ 12 Satz 2, 862 Abs. 1 Satz 2, 1004 Abs. 1 Satz 2 BGB analog) steht der betroffenen Person unter folgenden Voraussetzungen zu:

- Objektiv **drohender, widerrechtlicher Eingriff** in ein Recht (§ 823 Abs. 1 BGB bzw. §§ 22 ff. KUG) – ohne dass es auf ein Verschulden ankommt.
- **Wiederholungsgefahr** (auf Tatsachen begründete Besorgnis weiterer Beeinträchtigungen) bzw. **Erstbegehungsgefahr** (iS einer drohenden Rechtsverletzung) im Zeitpunkt der letzten mündlichen Tatsachenverhandlung.

4. Sonderfall Grundstücksfotografien

Der Eigentümer kann durch die Verwertung von Fotografien seines Grundstücks, die ohne seine Genehmigung innerhalb des Grundstücks selbst aufgenommen wurden, in seinem Eigentum, anders als durch Entziehung oder Vorenthaltung des Besitzes, **beeinträchtigt** werden und nach § 1004 Abs. 1 BGB verlangen, die Verwertung solcher Foto-

---

23 BGH, Urt. v. 9.2.2010 – VI ZR 243/08 – NJW 2010, 2432, Rn. 12.
24 *Lettl*, Urheberrecht, § 12 Rn. 2.

grafien zu unterlassen.[25] Er entscheidet auch dann allein über die kommerzielle Verwertung der von seinem Grundstück aus angefertigten Fotografien seiner Bauwerke und Gartenanlagen, wenn er den Zugang zu privaten Zwecken gestattet hat.[26]

III. Schutzbereich des Urheberrechts

23 Das Urheberrecht schützt den Urheber (Rechteinhaber) als **Schöpfer** eines Werks – bspw. den (Buch-) Autor, den Komponisten oder den Maler – sowohl im Hinblick auf seine **ideellen** als auch seine **materiellen** Interessen im Verhältnis zu Verwertern und Dritten, aber auch zu konkurrierenden Wettbewerbern. Er hat das Recht, als Urheber benannt zu werden, und ihm stehen diverse Möglichkeiten einer wirtschaftlichen Verwertung des von ihm geschaffenen Werks zu (Entlohnung). **Schrankenbestimmungen** (§§ 44a ff. UrhG) begrenzen das Recht im Interesse der Allgemeinheit und privater Dritter. Das Urheberrecht ist außerdem ein **zeitlich begrenztes** Recht (vgl. §§ 64 ff. UrhG).

Frage 1: Welcher Mediatoren kann sich der Urheber zwecks Wahrnehmung seiner Rechte bedienen?

24 **Schutzsubjekt** ist der Urheber, also der Schöpfer iS von § 7 UrhG eines geschützten Werks (**Schutzobjekt**, § 2 Abs. 2 UrhG). Werke sind „persönliche geistige Schöpfungen" der

- Literatur,
- Wissenschaft und
- Kunst (im weiteren Sinne).

25 Dabei handelt es sich, in Abgrenzung zu technisch-naturwissenschaftlichen Erfindungen[27], um schöpferische Leistungen im Bereich des kulturellen Schaffens[28]. Der Urheber genießt nach § 1 UrhG – als Präambel des UrhG – für seine Werke Schutz nach Maßgabe des UrhG[29]. Im Mittelpunkt des Urheberrechtsschutzes steht damit der Urheber und nicht sein Werk.[30] Das Urheberrecht als Teil des Privatrechts statuiert ein absolutes Recht, das dem Urheber an dem von ihm geschaffenen Werk ein **Ausschließlichkeitsrecht** gegenüber Dritten gewährt.

26 Urheberrechtsschutz entsteht *ipso jure*, wenn eine natürliche Person

- auf dem Gebiet der Literatur, Wissenschaft oder Kunst (§ 1 UrhG – mit exemplarischen Beispielen in § 2 Abs. 1 UrhG)
- eine persönliche geistige Schöpfung (§ 2 Abs. 2 UrhG)

schafft (Urheberrecht als **sachliches Recht**).

---

25 BGH, Urt. v. 1.3.2013 – V ZR 14/12 – NJW 2013, 1809 = GRUR 2013, 623 – Preußische Gärten und Parkanlagen II, Rn. 12; BGH, Urt. v. 17.12.2010 – V ZR 45/10 – NJW 2011, 749, Rn. 12 f.; BGH, Urt. v. 17.12.2010 – V ZR 44/10 – NJW 2011, 753, Rn. 8; BGH, Urt. v. 16.12.2010 – V ZR 46/10 – ZUM 2011, 333, Rn. 12 f.
26 BGH, Urt. v. 1.3.2013 – V ZR 14/12 – NJW 2013, 1809 = GRUR 2013, 623 – Preußische Gärten und Parkanlagen II – Ls.
27 Die in den Anwendungsbereich des PatG oder des GebrMG fallen, dazu näher *Ring/Geißler*, Gewerblicher Rechtsschutz, 2021, Kapitel 2 Rn. 1 ff. und Kapitel 3 Rn. 1 ff.
28 Die im weitesten Sinne eine geistige, ästhetische Wirkung haben, *Lutz*, Grundriss, Rn. 41.
29 *Lettl*, Urheberrecht, § 2 Rn. 1; *Schulze* in Dreier/Schulze, Urheberrechtsgesetz, § 1 UrhG Rn. 1.
30 *Lutz*, Grundriss, Rn. 40.

IV. Grundprinzipien

Das Urheberrecht bildet zwar ein **einheitliches Recht**[31], das aufgrund seiner Einheitlichkeit nicht veräußerlich ist. Gleichwohl kann der Urheber Dritten an seinem Werk **Nutzungsrechte** einräumen. Die Dritten eingeräumten Nutzungsrechte können ausschließlicher oder nicht-ausschließlicher Art und auch räumlich, zeitlich oder inhaltlich begrenzt sein.

27

Das Urheberrecht setzt sich nach § 11 UrhG aus zwei – sich auch gegenseitig wieder überschneidenden – Komponenten zusammen, nämlich zum einen,

28

- in materieller (vermögensrechtlicher) Hinsicht, dem Recht des Urhebers auf **Verwertung** (Nutzung) des von ihm geschaffenen Werks (§§ 15 ff. UrhG) und zum anderen
- dem immateriellen **Urheberpersönlichkeitsrecht** (§§ 12 ff. UrhG).

Dem Urheber steht ein umfassendes und ausschließliches Verwertungsrecht iS eines Rechts auf Vervielfältigung, Verbreitung, Ausstellung und Wiedergabe seines Werks zu. Damit korrespondiert das Recht, Dritte von der Nutzung auszuschließen (§ 25 Abs. 1 und 2 UrhG).

29

Das Urheberpersönlichkeitsrecht schützt die geistigen und die persönlichen (ideellen) **Beziehungen** des Urhebers zum Werk. Dazu gehören bspw. das Recht auf Namensbenennung und das Recht auf einen Schutz der Werkintegrität.

30

Im Falle einer **Verletzung** des Urheberrechts kann der Urheber gegen den Dritten folgende Ansprüche geltend machen:

31

- Beseitigungsanspruch (§ 97 Abs. 1 Satz 1 1. Alt. UrhG)
- Unterlassungsanspruch (§ 97 Abs. 1 Satz 1 2. Alt. und Abs. 1 Satz 2 UrhG)
- Anspruch auf Ersatz von Vermögensschäden (§ 97 Abs. 2 Satz 1 UrhG)
- Anspruch auf Ersatz von Nichtvermögensschäden (immaterielle Schäden – § 97 Abs. 2 Satz 4 UrhG).

Frage 2: Bitte beschreiben Sie die beiden Komponenten des Urheberrechts als einheitlichem Recht.

Nach dem Urheberrecht genießt nur der **immaterielle Gegenstand** (zB ein Lied, Bild oder Text) Urheberrechtsschutz, nicht jedoch die Verkörperung (bspw. auf einem Notenblatt, der Leinwand oder als Buch). Urheberrecht und Verkörperung sind rechtlich getrennt. Rechteinhaber können verschiedene Personen sein, so bspw. der Maler und der Erwerber eines Gemäldes, der Autor und der Verlag bzw. der Erwerber eines Buches. Das **sachenrechtliche Eigentum** (§ 903 BGB) an der Verkörperung des Werkes kann also unabhängig vom Urheberrecht an dem Werk veräußert werden.

32

Enge Verknüpfung von Urheberpersönlichkeits- und Verwertungsrecht (Cosima-Wagner-Urteil): Das Urheberpersönlichkeitsrecht und das Verwertungsrecht sind jedoch eng miteinander verknüpft und insoweit nur schwer voneinander zu trennen. So hat der BGH in seinem Urteil vom 26.11.1954[32] in den Leitsätzen festgestellt, dass das Recht des Urhebers zu bestimmen, ob, wann und in welcher Weise sein Werk zu veröffentlichen ist, sowohl vermö-

33

---

31 *Eisenmann/Jautz*, Grundriss, Rn. 16. Umstritten, so aber die sog. monistische Theorie. Nach aA stehen Urheberpersönlichkeitsrecht und Verwertungsrechte eigenständig nebeneinander (dualistische Theorie).
32 BGH, Urt. v. 26.11.1954 – I ZR 266/52 – GRUR 1955, 201 – Cosima Wagner.

gensrechtlicher als auch persönlichkeitsrechtlicher Natur sei. Dieses sog. Veröffentlichungsrecht sei in den Nutzungsrechten am Werk in der Regel mit enthalten und könne mit diesen unter Lebenden übertragen werden. Der Urheber könne mit der Übertragung von Nutzungsrechten einem Dritten aber zugleich auch die Wahrnehmung seiner persönlichkeitsrechtlichen Interessen an seiner Geistesschöpfung anvertrauen.

Habe der Urheber durch Verfügung unter Lebenden seinen geistigen Nachlass in die Obhut eines Dritten gegeben, so seien die Erben des Urhebers, soweit ihnen urheberrechtliche Nutzungsbefugnisse nicht zustehen, an die Bestimmungen des Dritten über Art und Umfang der Auswertung der nachgelassenen Werke gebunden. Die Erben des Urhebers könnten aus den unveräußerlichen Bestandteilen des Urheberpersönlichkeitsrechts gegen den Dritten nur Ansprüche herleiten, wenn durch die Art der Ausübung der übertragenen Befugnisse die ideellen Interessen des Urhebers an seinem Werk verletzt würden.

34 Den **persönlichen Geltungsbereich** des UrhG bestimmt § 120 Abs. 1 UrhG. Deutsche Staatsangehörige genießen danach den urheberrechtlichen Schutz für alle ihre Werke, unabhängig davon, ob und wo die Werke erschienen sind. Ist ein Werk von Miturhebern (§ 8 UrhG, näher unter Rn. 173) geschaffen worden, so genügt es, wenn ein Miturheber deutscher Staatsangehöriger ist. Deutschen Staatsangehörigen stehen gemäß § 120 Abs. 2 UrhG ua Staatsangehörige eines anderen EU- oder EWR-Mitgliedstaates gleich.[33]

35 **Ausländische Staatsangehörige** genießen nach § 121 Abs. 1 UrhG den urheberrechtlichen Schutz für ihre im Geltungsbereich des UrhG – dh der Bundesrepublik Deutschland – erschienenen Werke, es sei denn, dass das Werk oder eine Übersetzung des Werkes früher als 30 Tage vor dem Erscheinen im Geltungsbereich des UrhG außerhalb dieses Gebietes erschienen ist. Mit der gleichen Einschränkung genießen ausländische Staatsangehörige den Schutz auch für solche Werke, die im Geltungsbereich des UrhG nur in Übersetzung erschienen sind. Solchen Werken sind Werke der bildenden Künste gleichgestellt, die mit einem Grundstück im Geltungsbereich des UrhG fest verbunden sind (so § 121 Abs. 2 UrhG).

Frage 3: Wer wird durch das UrhG geschützt?

36 Das Urheberrecht erlischt nach § 64 UrhG 70 Jahre nach dem Tod des Urhebers, wobei Fristbeginn gemäß § 69 UrhG der Ablauf des Kalenderjahres ist, in dem der Urheber verstirbt (**Beendigung des Urheberrechts**).

37 Der urheberrechtliche Schutz lässt den Schutz nach anderen Vorschriften grundsätzlich unberührt.[34] Allerdings besteht für Vervielfältigungen gemeinfreier visueller Werke nach der Urheberrechtsnovelle 2021 kein Leistungsschutz mehr (§ 68 UrhG).

38 Das Urheberrecht entfaltet – wie alle Rechte des geistigen Eigentums – sowohl positive als auch negative Rechtswirkungen. Zudem genießt es strafrechtlichen Schutz.

V. Zusammenfassung

39 Das Urheberrecht ist als Teil des Wirtschaftsrechts Sonderprivatrecht und gehört, wie bspw. das Patentrecht, zum **Recht des geistigen Eigentums**. Das Urheberrecht schützt den **Urheber als Schöpfer** eines Werks sowohl im Hinblick auf seine ideellen (**Urheberbenennung**) als auch seine materiellen Interessen (**Entlohnung**).

---

33 Vgl. EuGH, Urt. v. 20.10.1993 – Rechtssachen C-92/92 und C-326/92 – GRUR 1994, 280 – Phil Collins.
34 *Seifert/Wirth* in Eichelberger/Wirth/Seifert, Urheberrecht, UrhG § 1 Rn. 3.

V. Zusammenfassung

Das Urheberrecht ist ein **absolutes Recht**, das dem Urheber an dem von ihm geschaffenen Werk ein Ausschließlichkeitsrecht gegenüber Dritten gewährt. Es schützt den Urheber als Schöpfer eines Werkes der Literatur, Wissenschaft oder Kunst vor der **unautorisierten Verwertung** seines Werkes einerseits und der Verletzung seiner **persönlichen Beziehung zum Werk** andererseits (Urheberpersönlichkeitsrecht). Das Urheberrecht entsteht als **sachliches Recht** kraft Gesetzes allein dadurch, dass der Schöpfer ein „Werk" schafft.

Das Urheberrecht gewährt dem Urheber im Falle einer **Verletzung** durch Dritte **Unterlassungs-, Beseitigungs- und Schadenersatzansprüche** für den erlittenen materiellen und immateriellen Schaden. Es schützt in erster Linie deutsche Staatsangehörige und ihnen gleichgestellte Ausländer (EU/EWR). Das Urheberrecht erlischt 70 Jahre nach dem Tod des Urhebers.

§ 2 Das Werk

42 Das Urheberrecht schützt nur Werke der Literatur, Wissenschaft und Kunst. In § 2 Abs. 1 UrhG sind die **Werkarten** beispielhaft aufgezählt. Nicht dazu zählen beispielsweise Rezepte von Meisterköchen[1] oder auch Spielzüge von Schachgroßmeistern.[2] Diese können allerdings einen Schutz nach anderen Vorschriften (zB MarkenG, UWG) genießen.[3] Der Beispielskatalog des § 2 UrhG normiert den **sachlichen Anwendungsbereich** des Urheberrechts.

I. Entstehung des Urheberrechts

43 Das Urheberrecht entsteht als sog. **sachliches Recht** kraft Gesetzes (*ipso jure*), dh ohne Anmeldung, Prüfung und Eintragung in ein staatliches Register (so entstehen hingegen die sog. formellen Rechte, wie bspw. das Patentrecht oder die eingetragene Marke), allein dadurch, dass der Schöpfer ein „Werk" iS von § 2 UrhG schafft (Entstehung des Urheberrechts).

44 In der Folge sind Hinweise, wie bspw.

- „alle Rechte vorbehalten",
- „urheberrechtlich geschützt" oder
- © als Copyright-Zeichen

für die Entstehung des Urheberrechtsschutzes irrelevant[4]. Allerdings wird nach der **Urhebervermutung** des § 10 Abs. 1 UrhG derjenige, der auf dem Werkstück als Urheber bezeichnet ist, bis zum Beweis des Gegenteils als Urheber vermutet.

45 Die **fakultative Eintragung** in die beim Deutschen Patent- und Markenamt (DPMA) geführte Urheberrolle nach § 138 UrhG ist keine formelle Schutzvoraussetzung und nach § 66 Abs. 2 Satz 2 UrhG nur bedeutsam für die **Schutzdauer** von anonymen oder pseudonymen Werken.

46 Diese Art der Entstehung als sachliches Recht birgt jedoch auch nicht zu unterschätzende Gefahren in sich. So kann ein vermeintlicher Urheber erst im Rahmen eines **Verletzungsprozesses** – gegen einen sich das Urheberrecht bezüglich desselben Werkes durch konkrete Handlungen anmaßenden Dritten – Klarheit über die Inhaberschaft des Rechts erlangen. Dabei liegt auch die **Beweislast** hinsichtlich der Schutzfähigkeit des Werkes (schöpferische Eigentümlichkeit) bei dem, der sich auf ein ihm zustehendes Urheberrecht beruft.[5]

47 **EXKURS: KLEINE MÜNZE**

Auch einfache Werke, die nur eine **geringe schöpferische Ausprägung** aufweisen, können Urheberrechtsschutz genießen, wenn sie ein „**Minimum an Individualität**" aufweisen. Bei-

---

1 Möglich ist ein Schutz als Sprachwerk, wenn die Art der Darstellung die Schöpfungshöhe erreicht, so *Härting*, Internetrecht, Urheberrecht Rn. 1370.
2 *Schulze* in Dreier/Schulze, Urheberrechtsgesetz, UrhG § 2 Rn. 83; *Seifert/Wirth* in Eichelberger/Wirth/Seifert, Urheberrechtsgesetz, UrhG § 1 Rn. 2.
3 *Seifert/Wirth* in Eichelberger/Wirth/Seifert, Urheberrechtsgesetz, UrhG § 1 Rn. 3.
4 *Lettl*, Urheberrecht, § 2 Rn. 7: Im Falle entsprechender unrichtiger Angaben ist dies aber lauterkeitsrechtlich relevant.
5 Dazu *Seifert/Wirth* in Eichelberger/Wirth/Seifert, Urheberrechtsgesetz, UrhG § 2 Rn. 32.

II. Der Werkbegriff des § 2 UrhG

spiele dafür sind Adressbücher, Formulare, Werbeprospekte und -slogans oder einfache Schlager.[6] ◂

Das Problem der Urheberrechtsfähigkeit eines Werkes wird also noch verschärft, wenn es um den Schutz der sog. **„kleinen Münze"** geht, mithin eines Werks, dessen Schöpfungshöhe an der untersten Grenze der Werkhöhe – als „persönlicher geistiger Schöpfung" im Sinne von § 2 Abs. 2 UrhG – verortet ist. Auch hier verschafft letztlich erst eine **gerichtliche Klärung** Aufschluss darüber, ob ein Werk urheberrechtlich geschützt ist oder nicht.

Frage 4: Worin liegen die Gefahren des Urheberrechts als sachliches Recht?

II. Der Werkbegriff des § 2 UrhG

Das Urheberrecht schützt „Werke" (mithin immaterielle geistige Güter), wobei dem Werkbegriff nach § 2 Abs. 2 UrhG jedoch nur **„persönliche geistige Schöpfungen"** unterfallen[7], die durch Inhalt oder Form etwas **Neues und Eigentümliches** darstellen[8]. Der Werkbegriff bildet einen auslegungsbedürftigen **unbestimmten Rechtsbegriff**, der letztlich erst im Rahmen einer gerichtlichen Entscheidung geklärt werden kann. Er setzt sich aus vier Komponenten zusammen:

- persönliche Schöpfung in einer
- wahrnehmbaren Formgestaltung, die einen
- geistigen Inhalt und eine
- eigenpersönliche Prägung aufweist.

Die Schöpfung muss auf **menschlichem Schaffen** beruhen, was den Schutz eines apparativen bzw. maschinellen, aber auch eines zufallsbedingten Schaffens oder naturbedingte Erscheinungen ausschließt.[9] Die Formgestaltung muss visuell bzw. konkret und sinnlich wahrnehmbar sein.

In der Regel ist die geistige Schöpfung in einem **Werkstück** verkörpert[10], wobei auch Pläne oder Skizzen als Vorstufen eines Werks, so sie persönliche geistige Schöpfungen sind, schutzfähig sein können.[11] Ist bspw. das Werk ein Roman, so ist das Buch das Werkstück, welches ihn verkörpert.[12]

Der urheberrechtliche Schutz erstreckt sich nicht auf Ideen[13], Verfahren, Arbeitsweisen oder mathematische Konzepte als solche, sondern nur auf **Ausdrucksformen**, die das Schutzobjekt mit hinreichender Genauigkeit und Objektivität identifizierbar werden lassen.[14] Nicht schutzfähig wäre zB – selbst wenn es sich dabei um „Kunst" handeln

---

6 *Pierson/Ahrens/Fischer*, Recht des geistigen Eigentums, S. 387; *Loewenheim/Leistner* in Schricker/Loewenheim, Urheberrecht, UrhG § 2 Rn. 61 ff.
7 Vgl. in Bezug auf Computerprogramme § 69a Abs. 3 UrhG: „eigene geistige Schöpfung".
8 BT-Drs. IV/270, zu § 2 UrhG, S. 38.
9 *Loewenheim/Leistner* in Schricker/Loewenheim, Urheberrecht, UrhG § 2 Rn. 39, 40. *Pierson/Ahrens/Fischer*, Recht des geistigen Eigentums, S. 384.
10 *Pierson/Ahrens/Fischer*, Recht des geistigen Eigentums, S. 385.
11 *Pierson/Ahrens/Fischer*, Recht des geistigen Eigentums, S. 386.
12 *Lutz*, Grundriss, Rn. 46.
13 Dazu ausführlich *Loewenheim/Leistner* in Schricker/Loewenheim, Urheberrecht, UrhG § 2 Rn. 73 ff.
14 *Seifert/Wirth* in Eichelberger/Wirth/Seifert, Urheberrechtsgesetz, UrhG § 2 Rn. 3.

würde – der Geschmack eines Lebensmittels, da Geschmacksempfindungen subjektiv und veränderlich sind.[15]

53 **EXKURS: RECHTLICHE BEHANDLUNG DES WERKSTÜCKS**
Auf das Werkstück finden die **allgemeinen Regeln** des Schuld- und Sachenrechts (zB § 433 oder § 929 BGB) Anwendung. ◀

54 Erforderlich ist außerdem eine Teilhabe des menschlichen Geistes an der Schöpfung (**geistiger Gehalt**). Dies sind bspw. die „Gedankenformung und -führung" (Buch) bzw. ein „ästhetischer Gedankeninhalt" (Gemälde) oder ein „Gefühlsinhalt" (Musikstück).[16] Das Werk muss zudem eine **eigenpersönliche Prägung**, also eine Individualität iS eines schöpferischen Eigentümlichkeitsgrades aufweisen.[17]

55 Prozessual trifft den Kläger die **Darlegungs- und Beweislast** in Bezug auf die konkreten Gestaltungsmerkmale, die den von ihm reklamierten Urheberrechtsschutz begründen sollen. Wendet der Verletzer ein, dass der Urheber bei der Schaffung des Werks auf vorhandene Elemente zurückgegriffen hat, trifft ihn die Darlegungs- und Beweislast für die Existenz eines **vorbekannten Formenschatzes**[18].

BEACHTE: WERKBEGRIFF UND WERKVERTRAG
Der Werkbegriff des Urheberrechts weist keinen Bezug zum Werkvertrag des bürgerlichen Rechts (§ 631 BGB) auf, der durch ein Erfolgseintrittsversprechen gekennzeichnet ist. Geschuldet wird nach § 631 BGB also sowohl beim körperlichen als auch beim unkörperlichen Werk ein Leistungserfolg.

56 Umstritten ist, ob der EuGH berechtigt ist, den Werkbegriff unionsrechtlich autonom auszulegen, denn dieser ist unionsrechtlich nicht harmonisiert.[19]

III. Persönliche geistige Schöpfung (§ 2 Abs. 2 UrhG)

57 Eine von § 1 iVm § 2 Abs. 1 UrhG erfasste Werkart genießt nur dann Urheberrechtsschutz, wenn es sich um eine persönliche geistige Schöpfung (§ 2 Abs. 2 UrhG) handelt, dh wenn sie über das Allgemeine oder Alltägliche hinausragt (**Schöpfungshöhe**) und das „Ergebnis individuellen geistigen Schaffens"[20] ist.[21] Im Prozess ist der Werkcharakter iSd § 2 Abs. 2 UrhG von Amts wegen zu prüfen und unterliegt damit nicht der Dispositionsbefugnis der Parteien.[22]

58 Das Urheberrecht geht – mit Ausnahme der Sonderregelungen für Computerprogramme (vgl. § 69 Abs. 3 UrhG: Erfordernis einer „eigenen geistigen Schöpfung") – von

---

15 EuGH, Urt. v. 13.11.2018 – C- 310/17 – GRUR 2019,1 – Levola/Smilde, Rn. 42.
16 *Pierson/Ahrens/Fischer*, Recht des geistigen Eigentums, S. 386.
17 Vgl. auch Art. 2a der Richtlinie 2001/29/EG. Individualität iS von „Selbstständigkeit und Einmaligkeit", die sich von der Masse des Alltäglichen (Banalen) – eines Jedermannschaffens – abhebt: *Pierson/Ahrens/Fischer*, Recht des geistigen Eigentums, S. 386. Vgl. zur Urheberrechtsfähigkeit eines Anwaltsschriftsatzes: BGH, Urt. v. 17.4.1986 – I ZR 213/83 – GRUR 1986, 739 – Anwaltsschriftsatz.
18 *Lutz*, Grundriss, Rn. 45.
19 *Seifert/Wirth* in Eichelberger/Wirth/Seifert, Urheberrechtsgesetz, UrhG § 2 Rn. 3; *Schack*, GRUR 2019, 1 – Anmerkung zu EuGH, Urt. v. 13.11.2018 – C-310/17 – Levola/Smilde.
20 BGH, Urt. v. 21.4.1953 – I ZR 110/52 – GRUR 1953, 299 (302) – Lied der Wildbahn. Zum „geistigen Gehalt" des Werkes siehe auch *Loewenheim/Leistner* in Loewenheim, Handbuch des Urheberrechts, UrhG § 6 Rn. 19.
21 *Seifert/Wirth* in Eichelberger/Wirth/Seifert, Urheberrechtsgesetz, UrhG § 2 Rn. 3.
22 BGH, Urt. v. 24.1.1991 – I ZR 72/89 – GRUR 1991, 533 – Brown Girl II.

III. Persönliche geistige Schöpfung (§ 2 Abs. 2 UrhG)

einem **einheitlichen Werkbegriff** aus, wobei sich die Maßstäbe je nach Werkart unterscheiden können.[23] Sonderregeln gelten zudem für Datenbanken.[24]

Auf den Zweck des Werkes oder die hinter der Urheberschaft stehende Intention kommt es nicht an.[25] Der Urheberrechtsschutz setzt auch nicht voraus, dass die Schöpfung unter hohem Einsatz von Zeit, Geld und Intelligenz Gestalt angenommen hat.[26] Es muss sich allerdings um eine **von Menschen erbrachte Schöpfung** handeln.[27] Tierische oder maschinelle Erzeugnisse und Naturfunde sind daher grundsätzlich nicht schutzfähig, es sei denn, eine Maschine wurde vom schaffenden Menschen nur als **Werkzeug** genutzt (siehe dazu auch nachstehende Rn. 61).[28]

59

Eine Schöpfung muss sich zunächst in einer für den außenstehenden Betrachter **sinnlich wahrnehmbaren Form** im Hinblick auf ein einzelnes und singuläres Werk individualisiert bzw. manifestiert haben (äußere Formgestaltung).[29] Erforderlich ist eine **konkrete Ausdrucksform**. Diese muss allerdings nicht zwingend körperlich sein (zB unkörperliches Fernsehbild).[30] Eine „Schöpfung" liegt jedoch nicht schon dann vor, wenn sie sich nur im Kopf des Schöpfers entwickelt hat.[31] Urheberrechtlich schützbar ist allein die Form im Sinne der **Art und Weise der Darstellung** in der jeweils individuell zu beurteilenden Situation. Schutzgegenstand des Urheberrechts ist nur das **konkrete einzelne Werk**, nicht die Gattung, ein künstlerischer Stil, eine Idee, eine Methode oder Technik.[32]

60

BEACHTE: (KEINE) SCHUTZFÄHIGKEIT DES INHALTS

Das Urheberrecht schützt nicht den **gedanklichen Inhalt** der Darstellung (dh die Idee).[33] Themen und Fragestellungen, die behandelt oder untersucht werden, sind nicht schutzfähig. Abstrakte Ideen und Gedanken sind im Interesse der Allgemeinheit frei.[34] Geschützt wird nur die **konkretisierte**, dh die Gestalt angenommene, in Form umgesetzte Idee.[35]

Es existieren viele hundert Werke der Literatur, die sich samt und sonders mit denselben Motiven – Liebe, Hass, Gewalt uÄ – befassen. Viele den **Werkideen** zugrunde liegende Motive sind von vornherein dem Gemeingut zuzuordnen oder es fehlt ihnen an der notwendigen „schöpferischen" Individualität.[36] Gleichermaßen genießen auch bloß abstrakte Ideen, wissenschaftliche Erkenntnisse, Konzepte, Methoden, Motive, Moden bzw. Stile oder Techniken **allein keinen Urheberrechtsschutz**, sondern nur in der konkreten Form der Darstel-

---

23 *Lettl*, Urheberrecht, § 2 Rn. 11.
24 *Seifert/Wirth* in Eichelberger/Wirth/Seifert, Urheberrechtsgesetz, UrhG § 2 Rn. 3. Siehe hierzu die übersichtliche Zusammenfassung von *Wiebe* in Spindler/Schuster, Recht der elektronischen Medien, UrhG § 4 Rn. 14 ff.
25 *Eisenmann/Jautz*, Grundriss, Rn. 18.
26 *Eisenmann/Jautz*, Grundriss, Rn. 19.
27 *Seifert/Wirth* in Eichelberger/Wirth/Seifert, Urheberrechtsgesetz, UrhG § 2 Rn. 3.
28 *Seifert/Wirth* in Eichelberger/Wirth/Seifert, Urheberrechtsgesetz, UrhG § 2 Rn. 3.
29 *Loewenheim/Leistner* in Loewenheim, Handbuch des Urheberrechts, UrhG § 6 Rn. 20.
30 BGH, Beschl. v. 27.2.1962 – I ZR 118/60 – BGHZ 37, 1 (7) = NJW 1962, 1295.
31 *Schulze* in Dreier/Schulze, Urheberrechtsgesetz, § 2 Rn. 37 f.
32 *Seifert/Wirth* in Eichelberger/Wirth/Seifert, Urheberrechtsgesetz, UrhG § 2 Rn. 4.
33 ZB das Konzept einer Unterhaltungssendung (BGH, Urt. v. 26. 6. 2003 – I ZR 176/01 – GRUR 2003, 876 – Sendeformat) oder eine Werbeidee (BGH, Urt. v. 19.10.1994 – I ZR 156/92 – GRUR 1995, 47 – Rosaroter Elefant).
34 *Loewenheim/Leistner* in Schricker/Loewenheim, Urheberrecht, UrhG § 2 Rn. 73, 80.
35 *Loewenheim/Leistner* in Loewenheim, Handbuch des Urheberrechts, UrhG § 7 Rn. 5 f.
36 *Loewenheim/Leistner* in Schricker/Loewenheim, Urheberrecht, UrhG § 2 Rn. 73 f.

lung. Allerdings kann auch schon die Zusammensetzung, Anordnung oder Auswahl einzelner Gestaltungselemente die Konkretisierung ausmachen.[37]

Ein Schutz des Inhalts kann sich gleichwohl mittelbar ergeben, wenn die Darstellung untrennbar mit dem Inhalt verbunden ist, wie beispielsweise bei Werken der Musik, der Lyrik oder der abstrakten bildenden Kunst.[38] Im Falle von literarischen Sprachwerken[39] erkennt die Rechtsprechung auch eine Schutzfähigkeit der „Gedankenformung und -führung"[40] des dargestellten Inhalts[41] und damit eine gewisse Schutzfähigkeit individuell prägender inhaltlicher Elemente an (siehe dazu auch nachstehende Rn. 79 f.).[42]

1. Persönliche Schöpfung

61 Eine Schöpfung ist nur dann **persönlich**, wenn der Schöpfer sie durch eine persönliche Leistung (ggf. unter Verwendung technischer Hilfsmittel) geschaffen, dh gestaltet hat (**menschlich-gestalterische Tätigkeit**).[43] Damit werden vollständig (und ggf. auch autonom) von Maschinen gefertigte Erzeugnisse, aber auch bloße Naturprodukte oder ein „tierisches Schaffen" (zB ein von einem Affen geschossenes Foto[44]) vom Urheberrechtsschutz **nicht erfasst**.[45]

62 EXKURS: DURCH KÜNSTLICHE INTELLIGENZ (KI) GESCHAFFENE „WERKE"

Die Nutzung von **Technik als Hilfsmittel** menschlichen Schaffens steht der Schutzfähigkeit des entstehenden Werkes nicht entgegen, solange dem menschlichen Beitrag ein erhebliches Gewicht zukommt.[46] Ist dies nicht der Fall, wird also ein „Werk" quasi „allein" durch eine Maschine erschaffen, zB weil diese nach einem Zufallsprinzip Farben auf eine Leinwand aufbringt, handelt es sich nicht um ein schutzfähiges Werk iSd § 2 UrhG.[47]

Selbstlernende Systeme (KI) sind in der Lage weitgehend autonom Schöpfungen zu kreieren, die eine beeindruckende Schöpfungshöhe erlangen können.[48] Dies wirft die bisher nicht abschließend geklärte Frage auf, ob an den oben beschriebenen Grundsätzen festzuhalten ist.[49]

In einer 2020 veröffentlichten Studie[50] benennt die Europäische Kommission vier Kriterien für die Einordnung von mit (künstlich intelligenter) technischer Unterstützung geschaffenen Werken:

(1) Produktion auf dem Gebiet der Literatur, Wissenschaft oder Kunst, die ein
(2) Ergebnis menschlicher Geistestätigkeit und

---

37 *Lettl*, Urheberrecht, § 2 Rn. 37.
38 *Loewenheim/Leistner* in Schricker/Loewenheim, Urheberrecht, UrhG § 2 Rn. 76.
39 Siehe auch *Schulze* in Dreier/Schulze, Urheberrechtsgesetz, § 2 Rn. 86.
40 BGH, Urt. v. 12.6.1981 – I ZR 95/79 – WK-Dokumentation – juris, Rn. 8.
41 Als notwendig schöpferische Form der Darstellung, vgl. OLG Frankfurt aM, Urt. v. 26.5.2015 – 11 U 18/14 – ZUM 2015, 813 (814).
42 *Loewenheim/Leistner* in Schricker/Loewenheim, Urheberrecht, UrhG § 2 Rn. 78 mwN.
43 So *Eisenmann/Jautz*, Grundriss, Rn. 19a.
44 *König/Beck*, ZUM 2016, 34.
45 *Lettl*, Urheberrecht, § 2 Rn. 11.
46 *Loewenheim/Leistner* in Schricker/Loewenheim, Urheberrecht, UrhG § 2 Rn. 39, 40.
47 *Schulze* in Dreier/Schulze, Urheberrechtsgesetz, § 2 Rn. 8.
48 So auch *Hetmank/Lauber-Rönsberg*, GRUR 2018, 574 (581).
49 Ablehnend hinsichtlich einer Erweiterung des Schutzbereichs: *Loewenheim/Leistner* in Schricker/Loewenheim, Urheberrecht, UrhG § 2 Rn. 42. Für einen von persönlichkeitsrechtlichen Werten unabhängigen Schutz der Verwertungsrechte: *Ory/Sorge*, NJW 2019, 710.
50 EU-KOM, Trends and Development in Artificial Intelligence – Challenges to the Intellectual Property Rights Framework, vom 25.11.2020.

III. Persönliche geistige Schöpfung (§ 2 Abs. 2 UrhG)

(3) kreativer Entscheidungen ist, welche
(4) in dem Werk zum Ausdruck kommen.[51]

Im zeitgleich veröffentlichten Aktionsplan für Geistiges Eigentum[52] setzt sich die Kommission das Ziel, die Frage nach einem angemessenen Schutz von mithilfe von KI produzierten Werken zu klären.[53] Hinsichtlich potenziell autonom durch KI geschaffener Werke vertritt die Kommission die Ansicht, dass KI nicht als Urheber (und im Falle von Erfindungen auch nicht als Erfinder iSd Patentrechts) anzusehen ist.[54] Das europäische Recht sei mit den oben genannten Kriterien bereits gut aufgestellt, um künftig auftretende Schutzfragen angemessen zu lösen, dennoch bestehe Verbesserungspotential, welches nun in einem Branchendialog ausgelotet werden soll.[55] ◀

2. Geistigkeit der Schöpfung

Allein „geistige" Schöpfungen unterfallen dem Werksbegriff des § 2 Abs. 2 UrhG. Denn das Urheberrecht schützt nur das **Werk als Immaterialgut**, dh nur das immaterielle Gut iSd geistigen Gehalts eines durch einen Menschen offenbarten **Gedanken- oder Gefühlsinhalts**[56], hingegen nicht deren Manifestation in einem Werkstück im Sinne einer materiellen Verkörperung[57]. 63

Eine geistige Schöpfung ist nach Ansicht des BGH[58] die **durch geistige Arbeit** bewirkte Kreation einer für Dritte durch ihre konkrete Gestalt sinnlich wahrnehmbare[59], durch ihren ästhetischen Gehalt anregende[60] und eigenschöpferische Gestaltung. 64

3. Schöpfungshöhe

w wird eine grundsätzlich (vgl. aber die „kleine Münze", vorstehende Rn. 47 f. und Rn. 70) nicht unerhebliche **Schöpfungshöhe** der Kreation vorausgesetzt. Der Begriff „Schöpfungshöhe" meint einen **Qualitätsgehalt**, der gesetzlich jedoch nicht geregelt ist. Das geschaffene Werk muss im Hinblick auf seine Schöpfungsqualität als etwas Besonderes (gegenüber dem bereits Bekannten), Überdurchschnittliches und aus der Masse des Alltäglichen **Herausragendes** wahrgenommen werden. Die Schöpfung muss also Abstand von bereits Vorhandenem halten. 65

Die Judikatur[61] umschreibt diesen Anspruch an die Individualität der Schöpfung als „hinreichende schöpferische Eigentümlichkeit". Sie ist nach dem geistig-schöpferischen Gesamteindruck im Vergleich zu vorbestehenden Gestaltungen zu beurteilen.[62] 66

---

51 EU-KOM, aaO, S. 116 ff.
52 EU-KOM, Making the most of the EU´s innovative potential – An intellectual property action plan to support the EU´s recovery and resilience, vom 25.11.2020, COM(2020) 760 final.
53 EU-KOM, COM(2020) 760 final, S. 2.
54 EU-KOM, COM(2020) 760 final, S. 7.
55 EU-KOM, COM(2020) 760 final, S. 7.
56 *Lettl*, Urheberrecht, § 2 Rn. 16.
57 *Lettl*, Urheberrecht, § 2 Rn. 15.
58 BGH, Urt. v. 9.5.1985 – I ZR 52/83 – GRUR 1985, 1041 (1047) – Inkasso-Programm.
59 *Lettl*, Urheberrecht, § 2 Rn. 17.
60 Nicht zwingend erforderlich ist aber ein „ästhetischer Gehalt im Sinne einer den Schönheitssinn ansprechenden Wirkung", so *Loewenheim/Leistner* in Schricker/Loewenheim, Urheberrecht, UrhG § 2 Rn. 45.
61 BGH, Urt. v. 10.12.1987 – I ZR 198/85 – GRUR 1988, 533 – Vorentwurf.
62 *Seifert/Wirth* in *Eichelberger/Wirth/Seifert*, Urheberrechtsgesetz, UrhG § 2 Rn. 7.

67 Damit fallen aus dem Werksbegriff Nachbildungen fremder Vorbilder (Imitate) heraus. Eine **parallele Doppelschöpfung** ist theoretisch denkbar – praktisch dürfte sie jedoch wegen des individuellen Gestaltungsspielraums der Schöpfer kaum vorkommen.[63]

68 Je umfassender der **Gestaltungsspielraum** für das im Werden begriffene Werk ist, umso eher ist Individualität anzunehmen – was bei geringeren Gestaltungsspielräumen (zB auch technisch oder funktionsbedingten Gestaltungselementen) ins Gegenteil umschlägt. Durchschnittsgestaltungen, das rein Handwerksmäßige, Alltägliche und Schablonenhafte liegen ebenso außerhalb der urheberrechtlichen Schutzfähigkeit, wie die mechanisch-technische Aneinanderreihung oder das bloße Zusammenfügen des Materials.[64]

69 Der **geistige Inhalt** einer Schöpfung äußert sich bei Werken der Literatur und Wissenschaft (§ 1 UrhG) durch den geistigen Gedankeninhalt, bspw. die Art der Formulierung, die Ordnung des Erzählstrangs, die Schaffung einer Szenerie oder Atmosphäre. Bei Werken der Kunst (§ 1 UrhG) wird der geistige Inhalt durch den visuell oder akustisch wahrnehmbaren Gehalt, dh zB durch die Kombination von Farben und Form bzw. von Tönen getragen. In Bezug auf die unterschiedlichen Werkarten bestimmt der BGH die notwendige Werkhöhe unterschiedlich.[65] Insbesondere die Entwicklung im europäischen Recht spricht jedoch für eine einheitliche Schutzuntergrenze auch im deutschen Recht.[66]

Frage 5: Was versteht man unter einer persönlichen geistigen Schöpfung?

Beachte: Urheberrecht an „verpönten" Werken

Da einer persönlichen geistigen Schöpfung *ex lege* Urheberrechtsschutz zukommen kann, kommt es nicht darauf an, ob das Werk im konkreten Fall gegen ein gesetzliches Verbot oder gegen die guten Sitten verstößt. Entsprechende Verstöße hindern die Entstehung eines Urheberrechtsschutzes nicht. Es fehlt im Übrigen eine Parallelregelung wie bspw. § 2 Nr. 1 PatG im Patentrecht bzw. § 8 Abs. 2 Nr. 5 MarkenG.

4. „Kleine Münze"

70 Werke, die gerade noch ein **Minimum an Gestaltungshöhe** erreichen, werden als „kleine Münze" bezeichnet (dazu vorstehende Rn. 47 f.).[67] Dazu zählen bspw. Gebrauchsanweisungen, Formulare, einfache Unterhaltungsmusik oder Werbeslogans. Sie werden in manchen Bereichen (zB der Literatur) von der Rechtsprechung sehr großzügig mit urheberrechtlichem Schutz bedacht.[68]

---

63 BGH, Urt. v. 3.2.1988 – I ZR 142/86 – GRUR 1988, 812 – Ein bißchen Frieden.
64 *Seifert/Wirth* in Eichelberger/Wirth/Seifert, Urheberrechtsgesetz, UrhG § 2 Rn. 7.
65 *Lettl*, Urheberrecht, § 2 Rn. 25. Kritisch zur Differenzierung durch den BGH: *Dreier/Schulze*, Urheberrechtsgesetz, § 2 UrhG Rn. 22: Notwendigkeit eines einheitlichen Maßstabs für alle Werkarten. *Lettl* selbst (§ 2 Rn. 27) stellt für die Beurteilung auf den Gesamteindruck der einzelnen Gestaltungselemente in der Wahrnehmung der jeweiligen Verkehrskreise ab.
66 *Loewenheim/Leistner* in Schricker/Loewenheim, Urheberrecht, UrhG § 2 Rn. 60.
67 *Loewenheim/Leistner* in Schricker/Loewenheim, Urheberrecht, UrhG § 2 Rn. 61.
68 *Seifert/Wirth* in Eichelberger/Wirth/Seifert, Urheberrechtsgesetz, UrhG § 2 Rn. 8.

IV. Die Werkarten nach § 2 Abs. 1 UrhG

5. Werkteile

Teile von Werken können allein urheberrechtlich geschützt sein, wenn sie auch für sich genommen eine persönliche geistige Schöpfung sind. Allgemeine Bestandteile von Werken sind mangels Individualität jedoch regelmäßig nicht schutzfähig.[69]

71

IV. Die Werkarten nach § 2 Abs. 1 UrhG

Zu den urheberrechtlich geschützten „Werken der Literatur, Wissenschaft und Kunst" als „persönlich geistige Schöpfungen" (vgl. § 2 Abs. 2 UrhG) nach § 1 UrhG – die grundsätzlich in einem weiten Sinne zu verstehen sind[70] – gehören nach der **exemplarischen Auflistung** in § 2 Abs. 1 UrhG „insbesondere" (dh beispielhaft und nicht abschließend) sieben sich teilweise auch überschneidende Formen, nämlich

72

- Sprachwerke, wie Schriftwerke, Reden und Computerprogramme (Nr. 1),
- Werke der Musik (Nr. 2),
- pantomimische Werke einschließlich der Werke der Tanzkunst (Nr. 3),
- Werke der bildenden Künste einschließlich der Werke der Baukunst und der angewandten Kunst und Entwürfe solcher Werke (Nr. 4),
- Lichtbildwerke einschließlich der Werke, die ähnlich wie Lichtbildwerke geschaffen werden (Nr. 5),
- Filmwerke einschließlich der Werke, die ähnlich wie Filmwerke geschaffen werden (Nr. 6),
- Darstellungen wissenschaftlicher oder technischer Art, wie Zeichnungen, Pläne, Karten, Skizzen, Tabellen und plastische Darstellungen (Nr. 7), darüber hinaus auch
- Datenbankwerke (§ 4 Abs. 2 UrhG).

Auch **neue Werkarten** können in den Katalog mit einbezogen werden, sofern diese nur Literatur, Wissenschaft und Kunst zugehörig sind.[71] Als weitere Werkart kommt bspw. eine Werbekonzeption in Betracht, nicht jedoch ein Multimedia-Produkt, da dieses nur eine neue Nutzung bestehender Werke ermöglicht.[72]

73

FALL 1

74

Nach BGH, Urt. v. 6.2.1985, Az. I ZR 179/82 (KG), NJW 1985, 1633.
Sachverhalt:
P ist Gastprofessor am Medienzentrum der Universität U. Seine Lehrveranstaltung beinhaltet das Einüben und die Durchführung eines Happenings nach dem Gemälde eines bekannten niederländischen Künstlers. Dieses sollte dabei in eine andere Darstellungsform übertragen werden. P hat das Happening (konkret: die zu nutzenden Materialien und die durchzuführenden Handlungen) zuvor zeichnerisch und schriftlich festgelegt. U zeichnet das daraufhin durchgeführte Happening mittels einer Videokamera mit Erlaubnis des P auf, wobei es ausschließlich darum geht, den Studierenden des betreffenden Fachbereichs das Happe-

---

69 BGH, Urt. v. 27.4.2017 – I ZR 247/15 – GRUR 2017, 798, Rn. 13 – AIDA-Kussmund; BGH, Beschl. v. 18.10.2012 – I ZA 2/12 – ZUM-RD 2013, 241 – Miturheberschaft an Liedtexten; *Seifert/Wirth* in Eichelberger/Wirth/Seifert, Urheberrechtsgesetz, UrhG § 2 Rn. 9.
70 *Lettl*, Urheberrecht, § 2 Rn. 3: „Literatur" umfasst nicht nur Romane, Erzählungen und Drehbücher, sondern auch „triviale Texte des täglichen Gebrauchs" (wie bspw. ein Telefonverzeichnis).
71 *Loewenheim/Leistner* in Schricker/Loewenheim, Urheberrecht, UrhG § 2 Rn. 94.
72 *Lettl*, Urheberrecht, § 2 Rn. 101.

ning als Lernziel der Veranstaltung zu demonstrieren. Ein Jahr später verkauft U eine Kopie des Videobandes an den Kunstsammler K, worin P eine Verletzung seines Urheberrechts sieht.
Zu Recht?
Lösung:
In Betracht kommt eine Verletzung des § 16 UrhG (Vervielfältigungsrecht) bzw. des § 17 UrhG (Verbreitungsrecht). Voraussetzung für eine Verletzung dieser Rechte ist, dass es sich bei dem Happening um ein geschütztes „Werk" iSd § 2 UrhG handelt, der P Urheber iS der §§ 7 ff. UrhG ist und die U kein entsprechendes Nutzungsrecht hat.

A. Das Happening als geschütztes Werk?
§ 2 Abs. 1 UrhG enthält einen nicht abschließenden Katalog von Regelbeispielen für geschützte Werke. Nach § 2 Abs. 2 UrhG muss es sich allerdings in jedem Falle um eine **persönliche geistige Schöpfung** handeln.

  I. Vorliegend ist fraglich, welcher Kategorie des geschützten Werkes das Happening zuzuschreiben ist. In Betracht kommt ein **Werk der bildenden Künste** iSd § 2 Abs. 1 Nr. 4 UrhG. Das beruht auf der Annahme, dass Werke der bildenden Künste zunächst durch eine formgebende Tätigkeit gekennzeichnet sind.[73] Schließlich richten sich diese Werke an die optische Wahrnehmbarkeit.[74]
  Andererseits kann es sich auch um eine Art **Bühnenwerk** handeln, da P die durchzuführenden Handlungen – ähnlich einer Choreografie – vorher festlegte. Allerdings ist die genaue Zuordnung zu den in § 2 Abs. 1 UrhG genannten Arten von Werken nicht entscheidend, was sich letztlich schon aus der Tatsache ergibt, dass die Norm lediglich Regelbeispiele benennt. Ausreichend – aber auch erforderlich – ist vielmehr, dass das Happening eine persönliche geistige Schöpfung auf dem Gebiet der Kunst darstellt (vgl. § 2 Abs. 2 UrhG).

  II. Das Happening müsste eine **persönliche geistige Schöpfung** sein.
  1. „Persönlich" ist eine Schöpfung dann, wenn sie durch Menschen geschaffen wurde.[75]
  2. „Geistig" ist die Schöpfung, wenn sie auf geistiger Arbeit beruht, also nicht – wie zB beim Bleigießen – ein auf einer Handlung beruhendes zufälliges Ergebnis ist.[76] Das Werk ist überdies der geistige Gehalt[77], wobei dieses Immaterialgut in einem Werkstück konkretisiert werden kann[78], jedoch nicht muss. Das Werk ist eine Aussage, die wahrgenommen wird und damit eine qualifizierte Form menschlicher Kommunikation[79], die einen vom Urheber stammenden Gedanken- oder Gefühlsinhalt haben muss.[80]
  Im vorliegenden Fall hat P das Happening, welches hier das Werk darstellen könnte, offensichtlich detailliert geplant und laut Sachverhalt die zu verwendenden Materialien ebenso wie die auszuführenden Vorgänge und Bewegungen festgeschrieben. Diese Planung und die darauf beruhende Durchführung sind jedenfalls eine persönliche geistige Leistung des P.

---

73 BGH, Urt. v. 9.12.1958 – I ZR 112/57 – GRUR 1959, 289 (290).
74 *Ahlberg* in Götting/Ahlberg, BeckOK Urheberrecht, UrhG § 2 Rn. 23.
75 *Schulze* in Dreier/Schulze, Urheberrechtsgesetz, UrhG § 2 Rn. 8.
76 *Ahlberg* in Götting/Ahlberg, BeckOK Urheberrecht, UrhG, § 2 Rn. 54.
77 *Schulze* in Dreier/Schulze, Urheberrechtsgesetz, UrhG § 2 Rn. 11.
78 BGH, Urt. v. 7.2.2002 – I ZR 304/99 – GRUR 2002, 532 (534).
79 *Schulze* in Dreier/Schulze, Urheberrechtsgesetz, UrhG § 2 Rn. 11.
80 *Schulze* in Dreier/Schulze, Urheberrechtsgesetz, UrhG § 2 Rn. 11.

3. Zudem muss es sich um eine „Schöpfung" handeln. Dafür genügt nicht eine beliebige persönliche geistige Leistung. Es muss vielmehr ein Schaffensvorgang sein, der eine gewisse Gestaltungshöhe, dh einen Qualitätsgehalt besitzt.[81] Die Planung und das Einstudieren, die letztlich in die Durchführung des Happenings mündeten und damit der Übersetzung eines Bildes in eine neue, andere Ausdrucksform dienten, sind ein Schaffensvorgang, der nach seinem geistig-schöpferischen Gesamteindruck – auch im Vergleich zu vorbestehenden Schöpfungen – von einer erheblichen schöpferischen Eigentümlichkeit, dh einer Individualität, geprägt ist, so dass hier ohne Weiteres davon ausgegangen werden kann, dass die Schöpfungshöhe erreicht ist.

B. Ferner müsste P der Urheber des Werkes sein. Dies ist im vorliegenden Fall anzunehmen, da er das Happening nach den Sachverhaltsangaben selbst geplant, mit den Studierenden eingeübt und letztlich auch durchgeführt hat. Mithin ist er der Schöpfer des Werkes, was ihn gemäß § 7 UrhG zum Urheber macht.
Insbesondere sind die am Happening teilnehmenden Studierenden keine Miturheber. Idee und Ausführungsanweisungen stammten laut Sachverhalt von P. Für einen entsprechenden schöpferischen Gestaltungsspielraum der Studierenden finden sich im Sachverhalt keinerlei Anhaltspunkte.

C. Durch die Einwilligung in die Videoaufzeichnung könnte P auch dem Vervielfältigen und dem Verkauf des Videobandes zugestimmt und der U ein entsprechendes Nutzungsrecht eingeräumt haben. Zu beachten ist hier insbesondere § 88 Abs. 1 Satz 1 UrhG. Die Regelung stellt eine Konkretisierung der in § 31 Abs. 5 UrhG verankerten Zweckübertragungstheorie dar[82], nach der die Einwilligung zur Verfilmung im Zweifelsfalle auch die Vervielfältigung und Verbreitung des Filmwerks umfasst. Zweck einer Verfilmung ist die wirtschaftliche Verwertung, die mit dieser Vermutung gesichert werden soll. Ausweislich des Wortlauts von § 88 Abs. 1 Satz 1 UrhG gilt diese Vermutung nur „im Zweifel". Demnach ist zunächst zu ermitteln, ob sich aus den Umständen der Vereinbarung etwas anderes ableiten lässt.[83] Nach den Angaben des Sachverhalts sollte die Aufnahme lediglich dazu dienen, den Studierenden des betreffenden Fachbereichs das Happening als Lernziel der Veranstaltung zu demonstrieren. Davon nicht umfasst ist eine kommerzielle Verwertung des Videos. Vielmehr sollte lediglich ermöglicht werden, den Film so zu veröffentlichen, wie es mit dem Zweck der Lehrveranstaltung vereinbar war. Nur im Rahmen dieses eingeschränkten Zwecks galt die Einwilligung des P. Eine Weitergabe der Aufzeichnung zu den über den Lehrzweck hinaus gehenden Bedingungen – wie im vorliegenden Fall – an einen Kunstsammler ist somit von der Einwilligung des P nicht gedeckt.

D. Im Ergebnis ist daher eine Verletzung des dem P zustehenden Urheberrechts durch den Verkauf des Videos der U an den K anzunehmen. ◄

1. **Sprachwerke, wie Schriftwerke, Reden und Computerprogramme (§ 2 Abs. 1 Nr. 1 UrhG).**

Unter den Begriff des „Sprachwerks" fallen alle durch die deutsche oder eine (Fremd-)Sprache, Kunst- oder Zeichensprache vermittelbare Ausdrucksformen, unabhängig vom Medium.

---

81 *Schulze* in Dreier/Schulze, Urheberrechtsgesetz, UrhG § 2 Rn. 16.
82 BGH, Urt. v. 6.2.1985 – I ZR 179/82 – GRUR 1985, 529 (530).
83 BGH, Urt. v. 6.2.1985 – I ZR 179/82 – GRUR 1985, 529 (530).

a) Werke der mündlichen Sprache und der Schriftsprache

76 Unter „Sprachwerke" fällt bspw. neben der mündlichen Sprache (Reden, Reportagen oder Interviews[84], aber auch Vorträge, Vorlesungen oder Predigten[85]) die Schriftsprache (auch in Blindenschrift), bei der der Gedanke durch Zeichen offenbart wird, in Gestalt eines Schriftwerks (Schriftwerkschutz). Geschützt sind danach zB[86] Romane, Bühnenwerke oder Drehbücher, Tagebücher, aber auch Erzählungen, Dramen und Gedichte, Hörspiele, des Weiteren Zeitungs- oder Zeitschriftenbeiträge sowie Werke der Wissenschaft (zB Aufsätze oder Monografien)[87].

77 **FALL 2**
Nach BGH, Urt. v. 10.10.1991, Az. I ZR 147/89 (Oldenburg) – NJW 1992, 689.
Sachverhalt:
A ist Herstellerin von Kettensägen. Vertrieben werden diese im Einzelhandel durch die B. C reimportiert die Kettensägen der A aus den USA und tauscht die ursprünglich enthaltene, englischsprachige Bedienungsanleitung gegen eine eigens angefertigte, auszugsweise Kopie der deutschen Bedienungsanleitung der A aus. Diese enthält neben Texten auch detaillierte Zeichnungen mit farbigen Pfeilen, die die richtige Bedienung von Schrauben und Einstellhebeln verdeutlichen, sowie professionelle Fotografien des Produkts. Die Gebrauchsanweisung, in der auch Hervorhebungen von Überschriften und einzelnen, wichtigen Wörtern vorgenommen werden, hebt sich dabei von anderen Bedienungsanleitungen dadurch ab, dass sie Texte und Zeichnungen ungewöhnlich gut synchronisiert und damit die didaktischen Zwecke einer übersichtlichen und anschaulichen Gestaltung deutlich besser umsetzt. Diese Kettensägen werden sodann auf dem deutschen Markt verkauft. A möchte wissen, ob die Bedienungsanleitung ihrer Kettensägen ein urheberrechtlich geschütztes Werk ist.
Lösung:
Fraglich ist, ob es sich hier um ein urheberrechtlich geschütztes Werk handelt. Was dem **Werkbegriff** unterfällt, bestimmt § 2 UrhG.

A. Es könnte sich um ein **Schriftwerk** iSd § 2 Abs. 1 Nr. 1 UrhG handeln. Dabei ist zu beachten, dass dies eine von § 2 Abs. 2 UrhG geforderte, persönliche geistige Schöpfung voraussetzt. Diese kann bei wissenschaftlichen oder technischen Schriftwerken insbesondere in Form und Art der Sammlung, Einteilung und Anordnung der Informationen liegen.[88] Der wissenschaftliche oder technische Inhalt der Ausarbeitungen ist dabei nicht entscheidend.[89] Der schöpferische Eigentümlichkeitsgrad wird über einen Vergleich des geistig-schöpferischen Gesamteindrucks der vorliegenden Gestaltung mit vorbestehenden Gestaltungen ermittelt.[90] Erforderlich ist bei Schriftstücken, die dem Gebrauchszweck dienen, dass das Alltägliche, das Handwerksmäßige und eine bloße mechanisch-technische Aneinanderreihung des Materials deutlich überragt wird.[91] Die für wissen-

---

[84] *Lettl*, Urheberrecht, § 2 Rn. 59.
[85] *Pierson/Ahrens/Fischer*, Recht des geistigen Eigentums, S. 391.
[86] Beispiele nach *Eisenmann/Jautz*, Grundriss, Rn. 34 ff.
[87] Für eine umfangreiche Auflistung zahlreicher Einzelfälle mit Erläuterung siehe *Loewenheim/Leistner* in Schricker/Loewenheim, Urheberrecht, UrhG § 2 Rn. 108 ff.
[88] BGH, Urt. v. 29.3.1984 – I ZR 32/82 – GRUR 1984, 659 (660). Vgl. auch BGH, Urt. v. 15.12.1978 – I ZR 26/77 – NJW 1979, 1548 (1549), welches sich zwar mit Darstellungen iSd § 2 Abs. 1 Nr. 7 UrhG befasst, dessen Würdigung hinsichtlich § 2 Abs. 2 UrhG hier aber gleichermaßen gelten muss.
[89] BGH, Urt. v. 21.11.1980 – I ZR 106/78 – GRUR 1981, 352 (353).
[90] BGH, Urt. v. 10.10.1991 – I ZR 147/89 – NJW 1992, 689 (691).
[91] BGH, Urt. v. 29.3.1984 – I ZR 32/82 – GRUR 1984, 659 (661); BGH, Urt. v. 4.10.1990 – I ZR 139/89 – GRUR 1991, 449 (451).

IV. Die Werkarten nach § 2 Abs. 1 UrhG

schaftliche und technische Darstellungen iSd § 2 Abs. 1 Nr. 7 UrhG geltenden geringeren Anforderungen an die Schutzfähigkeit sind dabei nicht übertragbar.[92]
Dem genügen jedenfalls Hervorhebungen von Überschriften oder einzelner Wörter nicht[93], da dies bei nahezu allen vergleichbaren vorbestehenden Gestaltungen ähnlich gehandhabt wird und damit letztlich zu nahe am Handwerksmäßigen und Alltäglichen liegt. Andererseits erfolgt die Erklärung der einzelnen Vorgänge und der Handhabung der Kettensäge unter didaktischen Gesichtspunkten anschaulich, leicht nachvollziehbar und übersichtlich. Insbesondere unterstützen die zur Veranschaulichung ausgewählten Darstellungen die Textinformationen laut Sachverhalt vorbildlich, so dass sich diese Bedienungsanleitung von anderen, durchschnittlichen Schriftstücken erheblich unterscheidet und abhebt. Dies genügt im vorliegenden Fall für die Annahme einer hinreichenden schöpferischen Eigentümlichkeit. Damit handelt es sich bei der Bedienungsanleitung um ein Schriftwerk iSd § 2 Abs. 1 Nr. 1 UrhG.

B. Zudem kommt ein Schutz nach § 2 Abs. 1 Nr. 7 UrhG in Betracht, soweit es sich bei den enthaltenen Zeichnungen um **technische Zeichnungen** handelt. Hierbei muss die persönliche geistige Schöpfung in der Formgestaltung selbst liegen. Es darf allerdings kein zu hohes Maß an eigenschöpferischer Darstellung verlangt werden. Ein geringes Maß an Eigentümlichkeit wirkt sich auch im entsprechend geringen Schutzumfang aus.[94] Insbesondere ist zu beachten, dass die Verwendung bekannter Gestaltungsmittel einer eigenschöpferischen Leistung gerade nicht im Wege steht, da durch die individuelle Auswahl und Kombination bekannter Methoden eine eigentümliche Formgestaltung erzielt werden kann.[95]

Vorliegend handelt es sich laut Sachverhalt um detaillierte und demnach auch mit einigem Aufwand erstellte Zeichnungen, die durch die verwendeten farbigen Pfeile Bewegungen von diversen Teilen, Schrauben und Hebeln verdeutlichen. Dabei sind die verwendeten Gestaltungsmittel hier tatsächlich nicht neu, jedoch spricht die anzunehmende kreative Kombination dieser dafür, dass ein für die technische Darstellung iSd § 2 Abs. 1 Nr. 7 UrhG ausreichendes Maß eigenschöpferischer Tätigkeit vorliegt. Damit kann von einem urheberrechtlich geschützten Werk ausgegangen werden.[96]

C. Schließlich könnte es sich bei den enthaltenen Fotografien um **Lichtbildwerke** iSd § 2 Abs. 1 Nr. 5 UrhG handeln.

I. Danach müssten sie das Ergebnis einer eigenen geistigen Schöpfung sein.[97] Ein besonderes Maß an schöpferischer Gestaltung ist dabei jedoch nicht erforderlich.[98] Daher können auch Gegenstandsfotografien als Lichtbildwerke geschützt werden, soweit gezielt auf eine aussagekräftige Aufnahme hingearbeitet wird.[99] Professionelle Produktfotografien werden erstellt, um das Produkt so attraktiv wie möglich erscheinen zu lassen. Dabei kann und wird der Fotograf das Spiel von Licht und

---

[92] BGH, Urt. v. 4.10.1990 – I ZR 139/89 – GRUR 1991, 449 (451).
[93] So auch BGH, Urt. v. 10.10.1991 – I ZR 147/89 – NJW 1992, 689 (691).
[94] BGH, Urt. v. 20.11.1986 – I ZR 160/84 – GRUR 1987, 360 (361); BGH, Urt. v. 28.2.1991 – I ZR 88/89 – GRUR 1991, 529 (530).
[95] BGH, Urt. v. 20.11.1986 – I ZR 160/84 – GRUR 1987, 360 (361); BGH, Urt. v. 28.2.1991 – I ZR 88/89 – GRUR 1991, 529 (530).
[96] So i. E. auch BGH, Urt. v. 10.10.1991 – I ZR 147/89 – NJW 1992, 689 (691).
[97] Vgl. Art. 6 der EG-Richtlinie zur Harmonisierung der Schutzdauer des Urheberrechts v. 29.10.1993. Die Schutzvoraussetzungen der Lichtbildwerke sind nach Auffassung des Gesetzgebers im Lichte dieser Regelung auszulegen (vgl. BT-Drs. 13/781, 10).
[98] BGH, Urt. v. 3.11.1999 – I ZR 55/97 – ZUM 2000, 233 (234).
[99] *Schulze* in Dreier/Schulze, Urheberrechtsgesetz, UrhG § 2 Rn. 195.

Schatten nutzen, durch die Auswahl von Objektiv und Kamera den Bildstil entscheidend beeinflussen und einen möglichst vorteilhaften Bildausschnitt suchen. Dies spricht dafür, dass hier ein Lichtbildwerk iSd § 2 Abs. 1 Nr. 5 UrhG vorliegt.

II. Hilfsweise könnte auch ein Leistungsschutz gemäß § 72 Abs. 1 UrhG in Betracht kommen. Danach sind Lichtbilder und Erzeugnisse, die ähnlich wie Lichtbilder hergestellt werden, in entsprechender Anwendung der für Lichtbildwerke geltenden Vorschriften des Teils 1 des UrhG geschützt. Zu beachten ist, dass für diesen Schutz gerade kein eigenschöpferisches Schaffen iSd § 2 Abs. 2 UrhG notwendig ist und somit in diesem Fall auch kein „Werk" iSd § 2 UrhG vorläge. Ausreichend aber auch erforderlich für die Anwendbarkeit des § 72 Abs. 1 UrhG ist ein Mindestmaß an persönlicher geistiger Leistung. Grund hierfür ist, dass ein rein technischer Reproduktionsvorgang – ähnlich dem Anfertigen einer Kopie – noch keinen Lichtbildschutz begründen soll.[100] Dieses Mindestmaß ist in der Regel bei allen – auch einfachen – Fotografien erfüllt. Dies gilt auch für Produktfotos wie im vorliegenden Fall, da die Produkte zunächst ins rechte Licht gerückt werden müssen, um sie ordentlich abbilden zu können und diese Form des Arrangierens letztlich unzweifelhaft eine persönliche geistige Leistung darstellt. Rechtsfolge ist die entsprechende Anwendung der für Lichtbildwerke geltenden Vorschriften des Teils 1 des UrhG und damit ein ähnlicher Schutzumfang. Ein Werk iS der hier zu beantwortenden Fragestellung läge in diesem Falle somit zwar nicht vor, jedoch eine Leistung, die urheberrechtlichen Schutz genießt.

D. Im Ergebnis ist davon auszugehen, dass die Bedienungsanleitung als **Werk** iSd § 2 Abs. 1 Nr. 5 UrhG anzusehen ist. ◀

78 **Werke der Wissenschaft** genießen keinen Schutz bezüglich ihres Inhalts, da wissenschaftliche Erkenntnisse und Lehren gemeinfrei sind. Geschützt ist nur die konkrete Art (dh die Form) der Darstellung. Nicht geschützt sind hingegen Einzelworte oder Wortkombinationen bzw. Werktitel[101], ebenso wenig wie Vordrucke und Formulare[102] oder bloße Datensammlungen[103]. Bei Werbeslogans und Werbeprospekten wird nur in Ausnahmefällen eine „eigenschöpferische Leistung" vorliegen.[104]

b) Figuren/Charaktere

79 Bei literarischen Werken ist nicht nur die Form (dh die Textfassung) urheberrechtlich geschützt, sondern unter Umständen auch eine **Figur** selbst: „Sie erfasst die schöpferisch gestalteten, weil zu einem konkreten Handlungsverlauf mit bestimmten Figuren verdichteten Bestandteile und formbildenden Elemente des Werks"[105]. Voraussetzung für den Schutz ist, dass die Figur durch ausgeprägte Charaktereigenschaften und besondere äußere Merkmale eine unverwechselbare Persönlichkeit darstellt.[106] Dabei ist nach Ansicht des BGH ein strenger Maßstab anzulegen mit der Folge, dass allein die

---

100 BGH, Urt. v. 8.11.1989 – I ZR 14/88 – GRUR 1990, 669 (673).
101 Wobei Werktitel (dh die Namen oder besonderen Bezeichnungen von Druckschriften, Filmwerken, Tonwerken, Bühnenwerken oder sonstigen vergleichbaren Werken, § 5 Abs. 3 UrhG) zB nach §§ 5 Abs. 1, 15 MarkenG geschützt sein können, siehe *Seifert/Wirth* in Eichelberger/Wirth/Seifert, Urheberrechtsgesetz, UrhG § 1 Rn. 3, UrhG § 2 Rn. 13.
102 BGH, Urt. v. 25.11.1958 – I ZR 15/58, GRUR 1959, 251.
103 Für die ggf. ein Schutz gemäß § 87a UrhG bzw. § 4 Nr. 3 UWG besteht.
104 Siehe dazu *Loewenheim/Leistner* in Schricker/Loewenheim, Urheberrecht, UrhG § 2 Rn. 139 f.
105 *Lettl*, Urheberrecht, § 2 Rn. 69.
106 *Seifert/Wirth* in Eichelberger/Wirth/Seifert, Urheberrechtsgesetz, UrhG § 2 Rn. 12.

bloße Beschreibung der äußeren Gestalt einer handelnden Figur oder ihres Erscheinungsbildes dafür in aller Regel nicht genügt.[107]

Schutzfähige Figuren und Charaktere können, sofern sie unabhängig vom Gesamtwerk eine typische und erkennbare Charakteristik aufweisen, auch außerhalb des sie beschreibenden literarischen Werkes einen selbstständigen Schutz genießen.[108]

c) Kleine Münze

Bei Sprachwerken werden keine höheren Anforderungen an die **Gestaltungshöhe** (Individualität iS von § 2 Abs. 2 UrhG) gestellt. Schutz genießt auch die sog. „kleine Münze"[109] (vorstehende Rn. 70). Generell gilt, dass die Behandlung frei geschöpfter (nicht angelehnter) Themen ein Kennzeichen von Individualität ist. Individualität kann aber auch aus der Auswahl und der Anordnung des Stoffes herrühren.[110] Bei nicht-literarischen Schriftwerken sind die Anforderungen der Rechtsprechung an den Schutz als kleine Münze deutlich strenger.[111]

d) Computerprogramme

Auch Computerprogramme sind seit 1985 urheberrechtsfähig. Der Schutz beruhte ursprünglich jedoch nicht auf § 2 Abs. 1 Nr. 7 UrhG (Darstellungen technischer oder wissenschaftlicher Art), sondern auf dem Schutz als „**Sprachwerk**" nach § 2 Abs. 1 Nr. 1 UrhG, was damit begründet wurde, dass Computerprogramme sprachliche Ausdrucksmittel (**Programmiersprache**)[112] und in solche übersetzbar sind.[113] Bei Computerprogrammen handelt es sich jedoch „im Kern um auf den Einsatz der Technik gestützte Problemlösungen"[114]. Daher hat der Gesetzgeber den Schutz von Computerprogrammen in den §§ 69a ff. UrhG, unter gleichzeitiger Umsetzung der Richtlinie 2009/24/EG des Europäischen Parlaments und des Rates vom 23.4.2009 über den Rechtsschutz von Computerprogrammen (vormals Richtlinie 91/250/EWG des Rates vom 14.5.1981 über den Rechtsschutz von Computerprogrammen) in das deutsche Recht, **gesondert geregelt** (dazu noch nachstehende Rn. 737 ff.).

---

107 BGH, Urt. v. 17.7.2013 – I ZR 52/12, NJW 2014, 771 – Pippi Langstrumpf, Ls. 1.
108 BGH, Urt. v. 17.7.2013 – I ZR 52/12 – GRUR 2014, 258 Rn. 28 – Pippi-Langstrumpf-Kostüm; BGH, Urt. v. 29.4.1999 – I ZR 65/96 – GRUR 1999, 984 (987) – Laras Tochter; OLG Köln, Urt. v. 14.10.2011 – 6 U 128/11 – ZUM 2012, 407 (408); OLG Köln, Urt. v. 24.2.2012 – 6 U 176/11 – ZUM-RD 2012, 256 (257) – Pippi Langstrumpf; *Loewenheim/Leistner* in Schricker/Loewenheim, Urheberrecht, UrhG § 2 Rn. 117. Siehe auch *Graef*, ZUM 2012, 108.
109 „Druckerzeugnisse des praktischen oder geschäftlichen Alltags (Adressbücher, Kochbücher, Rechentabellen, Kataloge, geschäftliche Musterblätter, Formulare etc), soweit sie sich durch ein Mindestmaß an individueller sprachlicher Gestaltung auszeichnen": *Pierson/Ahrens/Fischer*, Recht des geistigen Eigentums, S. 390.
110 *Lettl*, Urheberrecht, § 2 Rn. 65.
111 *Seifert/Wirth* in Eichelberger/Wirth/Seifert, Urheberrechtsgesetz, UrhG § 1 Rn. 2. Vgl. dazu auch LG München I, Urt. v. 12.12.2017 – 33 O 15792/16 – ZUM 2018, 386 – Ansage eines Schaustellers.
112 *Pierson/Ahrens/Fischer*, Recht des geistigen Eigentums, S. 390: „Linguistische Betrachtungsweise".
113 *Eisenmann/Jautz*, Grundriss, Rn. 36.
114 *Pierson/Ahrens/Fischer*, Recht des geistigen Eigentums, S. 391.

Frage 6: Benennen Sie beispielhaft einige Formen urheberrechtlich geschützter Sprachwerke.

2. Werke der Musik (§ 2 Abs. 1 Nr. 2 UrhG)

83 Werke der Musik sind durch den Menschen geschaffene **Tonfolgen** (Kompositionen) aller Art (stimmlich oder instrumental), Geräusche oder Klänge, unabhängig davon, ob in Notenschrift fixiert oder nicht.[115] Akustische Signale, Handy-Klingeltöne oder Pausen- bzw. Erkennungszeichen sind in der Regel keine Werke der Musik iSd § 2 Abs. 1 Nr. 2 UrhG, da es ihnen an hinreichender **Individualität** fehlt.[116] Die den Urheberrechtsschutz begründende Individualität liegt in der Tongestaltung (Rhythmus und Aufbau der Tonfolgen, Harmonie und Melodie)[117] oder in der Instrumentierung bzw. Orchestrierung[118] (**Harmonie**).

> So der BGH in der Entscheidung „Goldrapper" vom 16.4.2015:
>
> „Bei Musikstücken liegt die für die Annahme eines urheberrechtlich geschützten Werks erforderliche schöpferische Eigentümlichkeit in ihrer individuellen ästhetischen Ausdruckskraft. Eine individuelle schutzfähige Leistung kann sich nicht nur aus der Melodie und dem Einsatz der musikalischen Ausdrucksmittel der Rhythmik, des Tempos, der Harmonik und des Arrangements ergeben, sondern auch aus der Art und Weise des Einsatzes der einzelnen Instrumente, also der Durchführung der Instrumentierung und Orchestrierung. Nicht dem Urheberrechtsschutz zugänglich ist demgegenüber das rein handwerkliche Schaffen unter Verwendung formaler Gestaltungselemente, die auf den Lehren von Harmonik, Rhythmik und Methodik beruhen oder die – wie Tonfolgen einfachster Art oder bekannte rhythmische Strukturen – sonst zum musikalischen Allgemeingut gehören."[119]

84 **Noten** sind als Verkörperung von Musik nicht den Schriftwerken, sondern den Musikwerken zuzuordnen.[120]

85 Dabei ist auch im Hinblick auf Musikwerke zu berücksichtigen, dass für einen urheberrechtlichen Schutz eine gewisse **Gestaltungshöhe** zu fordern ist.[121] Für die Feststellung der notwendigen Gestaltungshöhe ist auf den Gesamteindruck der genannten Elemente aus der Perspektive von mit „musikalischen Fragen einigermaßen vertrauten und hierfür aufgeschlossenen Verkehrskreisen" abzustellen.[122]

86 Werden Musikwerke aufgenommen, so kann unabhängig von der Werkeigenschaft der verwendeten Teile auch das Leistungsschutzrecht des Tonträgerherstellers (nachstehende Rn. 840 ff.) verletzt sein. Das Verhältnis verdeutlicht Fall 3:

---

115 Auch Improvisationen sind schutzfähig: *Pierson/Ahrens/Fischer*, Recht des geistigen Eigentums, S. 394.
116 Ggf. ist aber ein Markenschutz nach § 3 Abs. 1 iVm § 14 Abs. 1 MarkenG möglich.
117 *Pierson/Ahrens/Fischer*, Recht des geistigen Eigentums, S. 395.
118 BGH, Urt. v. 16.4.2015 – I ZR 225/12 – GRUR 2015, 1189 – Ls. 1 – Goldrapper.
119 BGH, Urt. v. 16.4.2015 – I ZR 225/12 – GRUR 2015, 1189 – Ls. 1 – Goldrapper. Vgl. zudem BGH, Urt. v. 3.11.1967 – Ib ZR 123/65 – GRUR 1968, 321 (325) – Haselnuß; BGH, Urt. v. 26.9.1980 – I ZR 17/78 – GRUR 1981, 267 (278) – Dirlada; BGH, Urt. v. 3.2.1988 – I ZR 142/86 – GRUR 1988, 812 (814) – Ein bisschen Frieden; BGH, Urt. v. 24.1.1991 – I ZR 72/89 – GRUR 1991, 533 – Brown Girl II.
120 *Seifert/Wirth* in Eichelberger/Wirth/Seifert, Urheberrechtsgesetz, UrhG § 2 Rn. 15.
121 BGH, Urt. v. 16.4.2015 – I ZR 225/12 – GRUR 2015, 1189 – Goldrapper, Rn. 44 (juris) unter Bezugnahme auf BGH, Urt. v. 13.11.2013 – I ZR 143/12 – BGHZ 199, 52 = GRUR 2014, 175 – Geburtstagszug, Rn. 40.
122 So BGH, Urt. v. 26.9.1980 – I ZR 17/78, GRUR 1981, 267 (278) – Dirlada.

IV. Die Werkarten nach § 2 Abs. 1 UrhG

FALL 3 – METALL AUF METALL
Nach BGH, Beschl. v. 1.6.2017, Az. I ZR 115/16 (OLG Hamburg), GRUR 2017, 895
Sachverhalt:
K veröffentlichte im Jahr 1977 einen Tonträger mit verschiedenen, eigens geschriebenen und arrangierten Musikstücken, wobei er sich neben den technischen Fragen auch darum kümmerte, die Musiker anzuwerben, seine Songs abzumischen und ein Masterband zu erstellen. Bei der Produktion eines eigenen Albums verwendete die Sängerin S einige Jahre später für einen ihrer Songs eine etwa zwei Takte lange Rhythmussequenz aus einem Werk des K, die im Wesentlichen aus einer Schlagzeugbegleitung besteht, unverändert, obwohl sie diese leicht hätte selbst einspielen können. Die beiden Takte, die als Loop stetig wiederholt werden, können im neuen Werk der S deutlich herausgehört werden. K fragt sich, ob die S durch ihr Verhalten sein Urheberrecht verletzt hat.
Bearbeitervermerk: *Es ist davon auszugehen, dass die Voraussetzungen des § 24 UrhG a.F. nicht erfüllt, dh weder § 23 Abs. 1 Satz 1 UrhG noch § 51a UrhG anwendbar, sind.*[123]
Lösung:

A. Fraglich ist zunächst, ob die verwendeten zwei Takte für sich genommen ein urheberrechtlich geschütztes Werk darstellen. Es könnte sich hier um ein **Werk der Musik** iSd § 2 Abs. 1 Nr. 2 UrhG handeln. Dann müssten die gesampelten Takte für sich genommen die urheberrechtlichen Schutzvoraussetzungen erfüllen und damit als persönliche geistige Schöpfung des K iSd § 2 Abs. 2 UrhG zu qualifizieren sein.[124] Da es sich vorliegend nur um zwei Takte einer Schlagzeugbegleitung handelt, kann nicht davon ausgegangen werden, dass diese für sich genommen den erforderlichen Grad an schöpferischer Eigentümlichkeit erreichen. Damit ist die Schwelle zum urheberrechtlich geschützten Werk insoweit noch nicht erreicht. Bei den beiden verwendeten Takten handelt es sich folglich nicht um ein Werk der Musik iSd § 2 Abs. 1 Nr. 2 UrhG.

B. Es könnte jedoch eine Verletzung des ausschließlichen Rechts des Tonträgerherstellers auf Vervielfältigung gemäß § 85 Abs. 1 Satz 1 UrhG vorliegen.

   I. Der K müsste zunächst Schutzrechtsinhaber sein. Dieses Recht steht immer dem Hersteller eines Tonträgers zu, also demjenigen, der die Erstfixierung einer Tonaufnahme vornimmt und die organisatorische Verantwortung für die Aufnahme hat.[125] Vorliegend hatte der K, der sich laut Sachverhalt ua um das Anwerben der Musiker gekümmert hat, offensichtlich die organisatorische Verantwortung. Zudem hat er das Arrangement sowie das Abmischen der Songs übernommen und das Ergebnis auf dem Masterband aufgenommen. Damit hat er auch die Erstfixierung der Tonaufnahmen vorgenommen. Folglich ist er als Tonträgerhersteller iSd § 85 Abs. 1 Satz 1 UrhG anzusehen.

   II. Fraglich ist, ob das **Sampling** eines recht kleinen Abschnitts von nur zwei Takten bereits eine Vervielfältig darstellt. Dabei ist der Schutzgegenstand zu betrachten, also die zur Festlegung der Tonfolge auf dem Tonträger erforderliche wirtschaftliche, organisatorische und technische Leistung des Tonträgerherstellers.[126] Diese Leistung erbringt er für ausnahmslos alle auf dem Tonträger befindlichen Inhalte, weshalb

---

[123] Die frühere Regelung zur freien Benutzung in § 24 UrhG a.F. wurde durch die Urheberrechtsnovelle im Juni 2021 durch die Regelung in § 23 Abs. 1 Satz 1 UrhG und die Schranke in § 51a UrhG ersetzt.
[124] BGH, Urt. v. 20.11.2008 – I ZR 112/06 – GRUR 2009, 403 – Metall auf Metall I, Rn. 16.
[125] BGH, Urt. v. 20.11.2008 – I ZR 112/06 – GRUR 2009, 403 – Metall auf Metall I, Rn. 8.
[126] BT-Drs. IV/270, 95; BGH, Urt. v. 20.11.2008 – I ZR 112/06 – GRUR 2009, 403 (404); BVerfG, Urt. v. 31.5.2016 – I BvR 1585/13 – GRUR 2016, 690 (692); BGH, Beschl. v. 1.6.2017 – I ZR 115/16 – GRUR 2017, 895 (897).

auch der kleinste Teil einer Tonfolge zu schützen ist.[127] Demnach müssen auch die hier entnommenen beiden Takte dem Schutz dieses Leistungsschutzrechts unterfallen.[128] Etwas anderes könnte allenfalls dann gelten, wenn ein Audiofragment im Rahmen der Kunstfreiheit nach Art. 5 Abs. 3 GG in geänderter Form übernommen wird, so dass es beim Hören nicht wiedererkannt werden kann.[129] Eine solche Bearbeitung des Samples hat im vorliegenden Fall ausweislich des Sachverhalts jedoch nicht stattgefunden. Folglich handelt es sich bei der Übernahme der beiden Takte um eine Vervielfältigung iSd § 85 Abs. 1 Satz 1 UrhG. Damit wurde dieses ausschließliche Recht des K verletzt.

III. Etwas anderes könnte allerdings dann gelten, wenn es sich um eine **freie Benutzung** iSd § 24 UrhG a.F. handeln würde.[130] Laut Bearbeitervermerk sind die einschlägigen Tatbestandsvoraussetzungen jedoch nicht erfüllt.

C. Im Ergebnis ist festzustellen, dass das ausschließliche Recht des K aus § 85 Abs. 1 Satz 1 UrhG verletzt wurde. ◄

88 In Bezug auf die **Werkhöhe** erfolgt keine Differenzierung zwischen E- (**ernster Musik**, bspw. Oper oder Symphonie) und U-Musik (**Unterhaltungsmusik**, zB Schlager). Schutz genießt auch die sog. „kleine Münze".[131] Die Schaffung von Musikwerken ist auch unter Verwendung technischer Hilfsmittel (zB ein Sound-Samplings mittels eines Computerprogramms) möglich, wenn und soweit dahinter eine persönlich-schöpferische Tätigkeit des Urhebers steht.[132]

3. Pantomimische Werke einschließlich der Werke der Tanzkunst (§ 2 Abs. 1 Nr. 3 UrhG)

89 Werke der Tanzkunst sind **choreografische** Werke iS eines bewegten Geschehensablaufs.[133] Pantomimische Werke dient als Oberbegriff[134] und bezeichnet ein stummes Gebärden- und Mienenspiel.[135] Beide genießen als „körperliches Ausdrucksmittel von Gedanken und Empfindungen"[136] – einschließlich der sog. „kleinen Münze"– Schutz. So hat der BGH etwa festgestellt, dass auch ein „Happening" (siehe dazu Fall 1, vorstehende Rn. 74) als Werk der bildenden Künste oder als Bühnenwerk bzw. als besondere eigentümliche Gestaltung eine „persönliche geistige Schöpfung" iS von § 2 Abs. 2 UrhG sein kann.[137] Entscheidend ist, dass der Bewegungsablauf **Inhalte kommuniziert** bzw. sich darin ein besonderer **künstlerischer Ausdruck** manifestiert.[138] Der Ablauf der

---

127 BGH, Urt. v. 20.11.2008 – I ZR 112/06 – GRUR 2009, 403 – Metall auf Metall I, Rn. 11, 14.
128 BGH, Urt. v. 30.4.2020 – I ZR 115/16 – GRUR 2020, 843 (846).
129 EuGH (Große Kammer), Urt. v. 29.7.2019 – C-476/17 – GRUR 2019, 929 (931); BGH, Urt. v. 30.4.2020 – I ZR 115/16 – GRUR 2020, 843 (845 f.).
130 Siehe dazu BGH, Beschl. v. 1.6.2017 – I ZR 115/16 – GRUR 2017, 895 – Metall auf Metall III – Rn. 20 ff.
131 Dazu BGH, Urt. v. 3.11.1967 – Ib ZR 123/65 – GRUR 1968, 321 – Haselnuß; BGH, v. 3.11.67 – Ib ZR 125/65 – Ufita Bd. 51, 315 – Gaudeamus igitur.
132 *Pierson/Ahrens/Fischer*, Recht des geistigen Eigentums, S. 394: kein „bloßes Ergebnis des Einsatzes eines Zufallsgenerators".
133 *Pierson/Ahrens/Fischer*, Recht des geistigen Eigentums, S. 395 f.: ausgedrückt durch Körperbewegungen und Gebärden, insbesondere Tanz.
134 Vgl. den Wortlaut „einschließlich"; aA *Pierson/Ahrens/Fischer*, Recht des geistigen Eigentums, S. 395: beide Ausdrucksformen stehen nebeneinander.
135 *Pierson/Ahrens/Fischer*, Recht des geistigen Eigentums, S. 395.
136 *Lettl*, Urheberrecht, § 2 Rn. 75: weshalb sportliche und akrobatische Leistungen nicht der Nr. 3 unterfallen.
137 BGH, Urt. v. 6.2.1985 – I ZR 179/82, GRUR 1985, 529 – Happening.
138 *Seifert/Wirth* in Eichelberger/Wirth/Seifert, Urheberrechtsgesetz, UrhG § 2 Rn. 16; *Loewenheim/Leistner* in Schricker/Loewenheim, Urheberrecht, UrhG § 2 Rn. 153 ff.

Ausdrucksformen (bspw. die Choreografie) bedarf keiner (zB schriftlichen) Fixierung.[139]

4. Werke der bildenden Künste einschließlich der Werke der Baukunst und der angewandten Kunst und Entwürfe solcher Werke (§ 2 Abs. 1 Nr. 4 UrhG)

Als Werke der bildenden Kunst genießen sowohl Werke der **klassischen** als auch der **angewandten Kunst** – ebenso wie der **Baukunst** – Urheberrechtsschutz. Die Werkart setzt voraus, dass der Künstler seinem Ausdruckswillen in Formen (im weitesten Sinne) und ggf. Farben Gestalt verliehen hat.[140] Beispiele sind Malereien, Zeichnungen, Plastiken (Skulpturen) oder Graphiken (Stiche, Lithografien, Holzschnitte), aber auch Bühnenbilder. Für Werke der angewandten Kunst, also der Kunst mit Gebrauchszweck, kommt ggf. auch **Designschutz** in Frage.[141]

90

a) Kunst

„Kunst" wird eigenständig urheberrechtlich definiert als „eigenpersönliche Schöpfung, die Darstellungsmittel der Kunst durch formgebundene Tätigkeit hervorbringt und die in erster Linie für die ästhetische Anregung des Gefühls bei ihrer Wahrnehmung bestimmt ist"[142]. Ein **Kunstwerk** zeichnet sich durch einen Grad an **ästhetischem Gehalt** aus, den für Kunst empfängliche und mit Kunstanschauungen einigermaßen vertraute Verkehrskreise, also interessierte und informierte Durchschnittsbetrachter, als „künstlerische Leistung"[143] qualifizieren[144], wobei auf den geistig-ästhetischen Gesamteindruck der konkret in Rede stehenden Gestaltung abzustellen ist. So stellt nach Ansicht des BGH bspw. die „Verhüllung des Reichstags" ein „Werk der bildenden Kunst" dar, dem die für einen Urheberrechtsschutz erforderliche besondere Individualität zukommt.[145]

91

In Bezug auf einen Urheberrechtsschutz können sich **moderne Kunstrichtungen** als problematisch erweisen, die mit keiner Werksgestaltung des Künstlers einhergehen[146], zB.

92

- „ready-mades" (Präsentation schon vorhandener Dinge ohne jegliche Veränderung)[147],
- Minimal Art (gegenstandslose Anordnung von reduzierten geometrischen Körpern nach mathematischen Prinzipien)[148] oder

---

139 *Lettl*, Urheberrecht, § 2 Rn. 76.
140 *Loewenheim/Leistner* in Schricker/Loewenheim, Urheberrecht, UrhG § 2 Rn. 159.
141 *Seifert/Wirth* in Eichelberger/Wirth/Seifert, Urheberrechtsgesetz, UrhG § 2 Rn. 17. Näher *Ring/Geißler*, Gewerblicher Rechtsschutz, Kapitel 5 Rn. 1 ff..
142 *Lettl*, Urheberrecht, § 2 Rn. 79.
143 Kritisch zum Merkmal der „künstlerischen Leistung" *Pierson/Ahrens/Fischer*, Recht des geistigen Eigentums, S. 396: Tautologie. Pierson stellt darauf ab, ob die individuelle Darstellungsweise und Gestaltungskraft des Urhebers als Wesen künstlerischen Schaffens auf ästhetischem Gebiet Ausdruck gefunden hat.
144 BGH, Urt. v. 14.4.1988 – I ZR 99/86 – GRUR 1988, 690 (692) – Kristallfigur.
145 BGH, Urt. v. 24. 1. 2002 – I ZR 102/99 – GRUR 2002, 605 – Verhüllter Reichstag.
146 *Pierson/Ahrens/Fischer*, Recht des geistigen Eigentums, S. 396.
147 Siehe dazu auch LG Köln, Urt. v. 12.12.2013 – O 613/12 – juris, Rn. 68; *Seifert/Wirth* in Eichelberger/Wirth/Seifert, Urheberrechtsgesetz, UrhG § 2 Rn. 17.
148 *Bullinger* in Wandtke/Bullinger, Praxiskommentar Urheberrecht, 2019, UrhG § 2 Rn. 88.

- aleatorische Kunstrichtungen[149] (Verwendung von zufallsgesteuerter Methodik bei der Werkerstellung).

b) Computeranimierte Figuren und Comicfiguren

93 Computeranimierte Figuren, bspw. im Fernsehbereich und auch Trivial- und Comicfiguren, werden überwiegend den Werken der bildenden Kunst zugeordnet.[150] Bei besonders ausgeprägten und unverwechselbaren Comic-Persönlichkeiten sind nicht nur die **Einzeldarstellungen**, sondern auch die diesen zugrundeliegenden Gestalten als **Gesamtkonzept** geschützt.[151] Nicht geschützt sind allerdings die abstrakten einzelnen Merkmale[152] oder Gestaltungsmerkmale, bei denen es sich nur um bloße comictypische Übertreibungen handelt.[153]

94 **FALL 4 – PIPPI LANGSTRUMPF-KOSTÜM**
Nach BGH, Urt. v. 17.7.2013, Az. I ZR 52/12, NJW 2014, 771.
Sachverhalt:
P, die eine Supermarktkette betreibt, lässt mit Fotografien, auf denen Pippi Langstrumpf-Kostüme zu sehen sind, für den aktuell stattfindenden Verkauf von Karnevalskostümen werben. Die Plakate waren in den Märkten der P, auf deren Webseite sowie in zahlreichen Zeitungen zu sehen. Vor diesem Hintergrund fragt sich die E, die sich von der Autorin Astrid Lindgren vertraglich alle urheberrechtlichen Nutzungsrechte an ihren literarischen Werken hat übertragen lassen, ob der Charakter „Pippi Langstrumpf" aufgrund der detaillierten Ausarbeitungen und Beschreibungen, die Lindgren in ihren Werken verfasste, selbst urheberrechtlich geschützt sei.
Lösung:
Fraglich ist, ob die Figur der Pippi Langstumpf aufgrund ihrer detaillierten Beschreibung selbst urheberrechtlich geschützt ist. Es könnte sich um ein Sprachwerk iSd § 2 Abs. 1 Nr. 1 UrhG handeln. Dabei ist anerkannt, dass bei Werken der Literatur neben der konkreten Textfassung und der unmittelbaren Formgebung „auch eigenpersönlich geprägte Bestandteile und formbildende Elemente des Werks, die im Gang der Handlung, in der Charakteristik und Rollenverteilung der handelnden Personen, der Ausgestaltung von Szenen und in der `Szenerie´ des Romans liegen", Urheberrechtsschutz genießen können.[154] Auch einzelnen Charakteren kann so ein selbstständiger Urheberrechtsschutz zukommen.[155] Dieser Schutz, der ebenso für bildliche Darstellungen iSd § 2 Abs. 1 Nr. 4 UrhG gilt, setzt voraus, dass die den Darstellungen zu Grunde liegenden Charaktere als solche durch eine unverwechselbare Kombination äußerer Merkmale, Charaktereigenschaften, Fähigkeiten und typischen Verhaltensweisen zu besonders ausgeprägten Persönlichkeiten geformt sind und in den Geschichten jeweils in einer bestimmten, charakteristischen Weise auftreten.[156] Auch die Umschreibung einer Figur mit Worten kann schließlich vor dem geistigen Auge des Lesers ein deutliches Bild der Figur entstehen lassen, so dass eine unterschiedliche Handhabung von Figuren – gerade im Hinblick auf die Tatsache, dass Charaktereigenschaften mit den Mitteln

---

149 Dazu *Hetmank/Lauber-Rönsberg*, GRUR 2018, 574 (576 f.).
150 *Seifert/Wirth* in Eichelberger/Wirth/Seifert, Urheberrechtsgesetz, UrhG § 2 Rn. 18.
151 BGH, Urt. v. 11.3.1993 – I ZR 263/91 – NJW 1993, 2620 – Alcolix.
152 *Seifert/Wirth* in Eichelberger/Wirth/Seifert, Urheberrechtsgesetz, UrhG § 2 Rn. 18.
153 *Bullinger* in Wandtke/Bullinger, Praxiskommentar Urheberrecht, UrhG § 2 Rn. 95.
154 BGH, Urt. v. 29.4.1999 – I ZR 65/96 – NJW 2000, 2202 (2205); BGH, Urt. v. 30.1.1959 – I ZR 82/57 – GRUR 1959, 379 (381).
155 BGH, Urt. v. 17.7.2013 – I ZR 52/12 – NJW 2014, 771 (773).
156 BGH, Urt. v. 11.3.1993 – I ZR 263/91 – GRUR 1994, 206 (207).

der Sprache viel konkreter und detaillierter beschrieben werden können als mit denen der bildenden Kunst – nicht geboten erscheint.[157] Voraussetzung für den isolierten Schutz ist aber, dass die Figuren durch die Kombination von Charakter und äußeren Merkmalen eine unverwechselbare Persönlichkeit erhalten, wobei ein strenger Maßstab anzulegen ist.[158] Die im vorliegenden Fall zu beurteilende Protagonistin der bekannten Kinderbücher wird in selbigen als stets fröhlich, sehr vermögend, von übermenschlichen Kräften und mit ausgeprägter Furcht- und Respektlosigkeit ausgestattet, gepaart mit Wortwitz und Fantasie beschrieben. Hinzu treten ihr außergewöhnliches Äußeres sowie die auf den ersten Blick traurig wirkenden Lebensumstände, namentlich der Tod der Mutter und die Abwesenheit des Vaters.

Daher handelt es sich bei Pippi Langstrumpf um eine einmalige Figur, die sich von den bis dahin bekannten Figuren deutlich abhebt und somit die notwendige Schöpfungshöhe erreicht. Die Figur genießt folglich selbstständigen urheberrechtlichen Schutz iSd § 2 Abs. 1 Nr. 1 UrhG. ◀

Der BGH[159] hat festgestellt, dass wenn die künstlerische Eigenart einer dargestellten Figur gerade darauf beruht, dass die **kennzeichnenden Gesichtszüge** den Gesamteindruck einer Persönlichkeit von bestimmter charakterlicher Grundhaltung – bspw. eines spitzbübisch-gutmütigen Charakters – vermitteln, der Tatbestand einer urheberrechtlich unzulässigen Nachbildung nicht schon deshalb entfällt, weil die Gestalt mit wechselnden Gefühlsregungen, etwa im Zustand der Angst oder des Schmerzes, wiedergegeben wird.

c) Baukunst

Baukunst umfasst – sofern eine besondere geistige Leistung angenommen werden kann – speziell gestaltete Häuser[160], Kirchen bzw. Gebäudeteile (zB Fassaden[161]) und auch Gartenanlagen (wie bspw. jene des Künstlers Hundertwasser). Wenngleich Baukunst wie bildende Kunst zu beurteilen ist[162], muss sie sich von durchschnittlichem Schaffen abheben.[163] **Alltagsbauten**, die lediglich den bekannten architektonischen Formenschatz reproduzieren, genießen daher keinen urheberrechtlichen Schutz.[164] Die **Individualität** eines Bauwerks kann sich aber auch schon durch die Anpassung des Bauwerks an seine Umgebung oder eine Landschaft ergeben.[165] Auch Raum- (Innenarchitektur) und Gartengestaltung kann als Werk der Baukunst und in Sonderfällen sogar als Werk der Kunst geschützt sein.[166]

Im Übrigen kann der **Gebrauchszweck** die individuelle Gestaltung beschränken. Möchte der Eigentümer an einem urheberrechtlich geschützten Gebäude Veränderungen vornehmen, bedarf es einer Interessenabwägung zwischen den Interessen des Eigentümers und den Interessen des personenverschiedenen Urhebers.[167]

---

157 BGH, Urt. v. 17.7.2013 – I ZR 52/12 – NJW 2014, 771 (773).
158 BGH, Urt. v. 17.7.2013 – I ZR 52/12 – NJW 2014, 771 (773).
159 BGH, Urt. v. 8.12.1959 – I ZR 131/5 – GRUR 1960, 251 – „Mecki"-Igel II.
160 Siehe zB BGH, Urt. v. 5.6.2003 – I ZR 192/00 – NJW 2004, 594 – Hundertwasserhaus.
161 Zur Abgrenzung siehe BGH, Urt. v. 19.1.1989 – I ZR 6/87 – GRUR 1989, 416 – Bauaußenkante.
162 *Bullinger* in Wandtke/Bullinger, Praxiskommentar Urheberrecht, UrhG § 2 Rn. 108.
163 Vgl. zur Kunstschutzfähigkeit von Bauwerken BGH, Urt. v. 29.3.1957 – I ZR 236/55 – BGHZ 24, 55 = GRUR 1957, 391 – Ledigenheim.
164 *Bullinger* in Wandtke/Bullinger, Praxiskommentar Urheberrecht, UrhG § 2 Rn. 109.
165 *Seifert/Wirth* in Eichelberger/Wirth/Seifert, Urheberrechtsgesetz, UrhG § 2 Rn. 20.
166 *Loewenheim/Leistner* in Schricker/Loewenheim, Urheberrecht, UrhG § 2 Rn. 175.
167 BGH, Urt. v. 1.10.1998 – I ZR 104–96 – NJW 1999, 790 – Treppenhausgestaltung.

98 Eine Besonderheit gilt insoweit, als auch schon **Pläne, Skizzen** und **Entwürfe** des eigentlichen Werks der bildenden Kunst und der Baukunst Urheberrechtsschutz genießen können.[168] Ein Schutz vor Nachbildung des entworfenen Werkes ist jedoch nur dann gegeben, wenn der Entwurf das Werk bereits mit einer hinreichenden Schöpfungshöhe wiedergibt. Ist dies nicht der Fall, so gewährt das UrhG den Schutz über § 2 Nr. 7 nur vor einer Vervielfältigung des Entwurfes als solchem.[169]

d) Angewandte Kunst

99 Bei angewandter Kunst (idR serienmäßig und industriell gefertigt) steht – im Gegensatz zur klassischen (zweckfreien) Kunst[170] – der **Gebrauchszweck** im Mittelpunkt. Es handelt sich also um Gebrauchs- oder Bedarfsgegenstände, die eine künstlerische Formung erfahren haben. Vorbehaltlich des Vorliegens des notwendigen ästhetischen Gehalts können also auch das Kunsthandwerk, das Mode-[171] und das Einrichtungsdesign und sogar Homepagegestaltungen[172] oder Werbegrafiken[173] unter den Begriff der „angewandten Kunst" fallen. Voraussetzung ist aber, dass ihnen ein **künstlerisch-ästhetischer Gehalt** innewohnt, der die reine Gebrauchsfunktion übersteigt.[174] Hier gelten mithin strenge Schutzvoraussetzungen.[175] Bei geringer individueller Gestaltungshöhe sollte daher Designschutz angemeldet werden.[176]

100 Bei einem Gebrauchsgegenstand können – so der BGH[177] – nur solche Merkmale Urheberrechtsschutz als Werk der angewandten Kunst iSd § 2 Abs. 1 Nr. 4 UrhG begründen, die nicht allein technisch bedingt, sondern auch **künstlerisch gestaltet** sind. Eine Gestaltung genießt keinen Urheberrechtsschutz, wenn sie nur aus zwar frei wählbaren oder austauschbaren, aber technisch bedingten Merkmalen besteht und keine künstlerische Leistung erkennen lässt. Allein durch die Ausnutzung eines handwerklich-konstruktiven Gestaltungsspielraums oder durch den Austausch eines technischen Merkmals durch ein anderes entsteht noch kein eigenschöpferisches Kunstwerk. Wer für einen Gebrauchsgegenstand Urheberrechtsschutz als Werk der angewandten Kunst iSd § 2 Abs. 1 Nr. 4 UrhG beansprucht, muss genau und deutlich darlegen, inwieweit der Gebrauchsgegenstand über seine von der Funktion vorgegebene Form hinaus künstlerisch gestaltet ist.[178]

101 **Modezeichnungen** und Schnittmuster bspw. erkennt die Judikatur nur dann als urheberrechtsfähig an, wenn sie als „Schöpfungen individueller Prägung mit künstlerischer Gestaltungsform" angesehen werden können.[179] Mangels individueller persönlicher

---

168 BGH, Urt. v. 10.12.1987 – I ZR 198/85 – NJW-RR 1988, 1204 – Vorentwurf II; *Loewenheim/Leistner* in Schricker/Loewenheim, Urheberrecht, UrhG § 2 Rn. 180.
169 *Seifert/Wirth* in Eichelberger/Wirth/Seifert, Urheberrechtsgesetz, UrhG § 2 Rn. 21. Zum Urheberrecht des Architekten siehe weiterführend auch BGH, Urt. v. 18.5.1973 – I ZR 119/71 – NJW 1973, 1969 – Wähleramt und BGH, Urt. v. 1.3.1984 – I ZR 217/81 – NJW 1984, 2818 – Vorentwurf.
170 BGH, Urt. v. 12.5.2011 – I ZR 53/10 – GRUR 2012, 58 – Seilzirkus, Ls. 1 und 2.
171 *Loewenheim/Leistner* in Schricker/Loewenheim, Urheberrecht, UrhG § 2 Rn. 196.
172 Siehe dazu OLG Hamburg, Urt. v. 29.2.2012 – 5 U 10/10 – ZUM-RD 2012, 664 – Schutzfähigkeit einer Webseite. Weitere Nachweise bei *Loewenheim/Leistner* in Schricker/Loewenheim, Urheberrecht, UrhG § 2 Rn. 203.
173 *Seifert/Wirth* in Eichelberger/Wirth/Seifert, Urheberrechtsgesetz, UrhG § 2 Rn. 19.
174 *Eisenmann/Jautz*, Grundriss, Rn. 41a.
175 *Schulze* in Dreier/Schulze, Urheberrecht, UrhG § 2 Rn. 160.
176 *Seifert/Wirth* in Eichelberger/Wirth/Seifert, Urheberrechtsgesetz, UrhG § 2 Rn. 19.
177 BGH, Urt. v. 12.5.2011 – I ZR 53/10, GRUR 2012, 58 – Seilzirkus – Ls. 1 und 2.
178 BGH, Urt. v. 12.5.2011 – I ZR 53/10 – GRUR 2012, 58 – Seilzirkus, Ls. 1 und 2.
179 BGH, Urt. v. 14.12.1954 – I ZR 65/53 – GRUR 1955, 445.

Schöpfung wird Schmuck hingegen kaum Urheberrechtsschutz erlangen können – möglicherweise aber Designschutz.[180]

Die Rechtsprechung war im Hinblick auf die Gewährung von Urheberrechtsschutz für Gebrauchsgegenstände, denen das Label der **Alltäglichkeit** anhaftet, zunächst sehr zurückhaltend. Dies liegt darin begründet, dass der Gebrauchszweck die für den Urheberrechtsschutz notwendige individuelle Gestaltungsfreiheit beschränken kann.

102

Nach neuerer Ansicht des BGH[181] sind an den Urheberrechtsschutz von Werken der angewandten Kunst grundsätzlich keine anderen Anforderungen zu stellen als an den Urheberrechtsschutz von Werken der zweckfreien bildenden Kunst oder des literarischen und musikalischen Schaffens. Es genüge daher, dass sie eine Gestaltungshöhe erreichen, die es nach Auffassung der für Kunst empfänglichen und mit Kunstanschauungen einigermaßen vertrauten Kreise rechtfertigt, von einer „künstlerischen" Leistung zu sprechen. Es sei nicht erforderlich, dass sie die Durchschnittsgestaltung deutlich überragen. Bei der Beurteilung, ob ein Werk der angewandten Kunst die für einen Urheberrechtsschutz erforderliche Gestaltungshöhe erreicht, ist zu berücksichtigen, dass die **ästhetische Wirkung** der Gestaltung einen Urheberrechtsschutz nur begründen kann, soweit sie nicht dem Gebrauchszweck geschuldet oder allein technisch bedingt ist[182], sondern auf einer künstlerischen Leistung beruht. Eine zwar Urheberrechtsschutz begründende, gleichwohl aber geringe Gestaltungshöhe führt damit zu einem entsprechend **engen Schutzbereich** des betreffenden Werkes.[183]

103

BEACHTE: ANFORDERUNGEN AN WERKE DER ANGEWANDTEN KUNST

Das Werk braucht demnach also nicht allein geistige Zwecke (vgl. § 2 Abs. 2 UrhG) zu verfolgen. So hat der BGH[184] am 13.11.2013 unter Aufgabe seiner bisherigen Rechtsprechung entschieden, dass an den **Urheberrechtschutz von Werken der angewandten Kunst** (Entwürfe für einen Zug aus Holz, auf dessen Waggons sich Kerzen und Ziffern aufstecken lassen – "Geburtstagszug") grundsätzlich keine höheren Anforderungen zu stellen sind als an den von Werken der zweckfreien Kunst. Nach der tradierten Rechtsprechung des BGH wurden bei Werken der angewandten Kunst, soweit sie einem Geschmacksmusterschutz (heute: Designschutz) zugänglich waren, höhere Anforderungen an die für einen urheberrechtlichen Schutz erforderliche Gestaltungshöhe gestellt, als bei Werken der zweckfreien Kunst, da für solche Werke mit dem Geschmacksmusterrecht (heute: Designrecht) ein dem Urheberrecht wesensgleiches Schutzrecht zur Verfügung stehe. Da sich bereits die geschmacksmuster- (design-) schutzfähige Gestaltung von der nicht geschützten Durchschnittsgestaltung abheben müsse, sei für die Urheberrechtsschutzfähigkeit ein noch weiterer Abstand, dh ein deutliches Überragen der Durchschnittsgestaltung zu fordern.

---

180 Vgl. BGH, Urt. v. 27.11.1959 – I ZR 24/58 – GRUR 1960, 244 – Simili-Schmuck.
181 BGH, Urt. v. 13.11.2013 – I ZR 143/12 – BGHZ 199, 52 = GRUR 2014, 175 – Geburtstagszug – Ls. 1 (in Aufgabe von BGH, Urt. v. 22.6.1995 – I ZR 119/93 – GRUR 1995, 581 – Silberdistel). Siehe auch BGH, Urt. v. 16.6.2016 – I ZR 222/14 – GRUR 2016, 1291 – Geburtstagskarawane.
182 So *Pierson/Ahrens/Fischer*, Recht des geistigen Eigentums, S. 398 unter Bezugnahme auf die Entscheidung des BGH „Seilzirkus" (BGH, Urt. v. 12.5.2011 – I ZR 53/10 – GRUR 2012, 58): Urheberrechtsschutz scheidet für eine Gestaltung aus, „wenn sie allein aus zwar frei wählbaren oder austauschbaren, aber technisch bedingten Merkmalen besteht und keine künstlerische Leistung erkennen lässt".
183 BGH, Urt. v. 13.11.2013 – I ZR 143/12 – BGHZ 199, 52 = GRUR 2014, 175 – Geburtstagszug – Ls. 2.
184 BGH, Urt. v. 13.11.2013 – I ZR 143/12 – BGHZ 199, 52 = GRUR 2014, 175 – Geburtstagszug – Ls. 1 (in Aufgabe von BGH, Urt. v. 22.6.1995 – I ZR 119/93 – GRUR 1995, 581 – Silberdistel).

An dieser Rechtsprechung hält der BGH aber nicht mehr fest. Durch die Geschmacksmusterrechtsreform 2004 sei ein eigenständiges gewerbliches Schutzrecht geschaffen und der enge Bezug zum Urheberrecht beseitigt worden. Insbesondere setze der Schutz als Geschmacksmuster (Design) seither nicht mehr eine bestimmte Gestaltungshöhe, sondern die Unterschiedlichkeit des Musters (Designs) voraus. Da zudem Geschmacksmuster- (Design-) schutz und Urheberrechtsschutz sich nicht ausschließen, sondern nebeneinander bestehen könnten, rechtfertige der Umstand, dass eine Gestaltung dem Geschmacksmuster- (Design-) schutz zugänglich sei, es nicht, ihr den Urheberrechtsschutz zu versagen oder diesen von besonderen Voraussetzungen abhängig zu machen. An den Urheberrechtsschutz von Werken der angewandten Kunst seien deshalb grundsätzlich **keine anderen Anforderungen** zu stellen als an den Urheberrechtsschutz von Werken der zweckfreien bildenden Kunst oder des literarischen und musikalischen Schaffens. Es genüge somit, dass sie eine Gestaltungshöhe erreichen, die es nach Auffassung der für Kunst empfänglichen und mit Kunstanschauungen einigermaßen vertrauten Kreise rechtfertige, von einer "künstlerischen" Leistung zu sprechen.

5. Lichtbildwerke einschließlich der Werke, die ähnlich wie Lichtbildwerke geschaffen werden (§ 2 Abs. 1 Nr. 5 UrhG)

104 Lichtbildwerke sind aus dem Alltäglichen aufgrund ihrer Individualität und künstlerischen Aussagekraft (zB im Hinblick auf Ausdruck, Motiv, Licht oder Perspektive) herausstechende Fotografien.[185]

105 Lichtbildwerke sind von normalen (einfachen) **Lichtbildern** (zB Familien- oder Urlaubsfotos)[186] iS von § 72 Abs. 1 UrhG zu unterscheiden. Letztere werden von den dem Urheberrecht verwandten Leistungsschutzrechten erfasst (dazu nachstehende Rn. 895 ff.). Die Leistungsschutzrechte gewähren allerdings den gleichen Schutz, wie das Urheberrecht. Lichtbilder werden nach dem Wortlaut des § 72 Abs. 1 UrhG „in entsprechender Anwendung der für Lichtbildwerke geltenden Vorschriften ... geschützt" und unterscheiden sich damit nur im Hinblick auf die Schutzdauer (§ 73 Abs. 3 Satz 1 UrhG).

106 Keine Lichtbildwerke sind **Computerbilder,** Computeranimationen oder digital zusammengesetzte Bilder.[187] Diese können aber unter § 2 Abs. 1 Nr. 4 oder Nr. 7 UrhG fallen.[188]

107 Urheberrechtsschutz genießt in diesem Zusammenhang auch die sog. „kleine Münze". Nach Art. 6 der Richtlinie 93/98/EWG ist für die Beurteilung der schöpferischen Qualität eines Bildes entscheidend, ob der Urheber des Werkes eine **freie kreative Entscheidung** trifft. Durch Radarfallen gefertigte Fotos oder reine Vervielfältigungen vorhandener Bilder sind demnach nicht geschützt. Automatisierte Verfahren, die bei der Einrichtung der technischen Parameter menschliche Gestaltung zulassen, wie zB Satellitenfotos[189], können hingegen im Einzelfall schutzfähig sein.[190]

---

185 *Pierson/Ahrens/Fischer,* Recht des geistigen Eigentums, S. 399.
186 IS nicht-schöpferischer, gewerbsmäßig-routinemäßig hergestellter Fotografien: *Pierson/Ahrens/Fischer,* Recht des geistigen Eigentums, S. 399.
187 *Lettl,* Urheberrecht, § 2 Rn. 87. Nach aA es kann sich um „ähnlich wie Lichtbildwerke" geschaffene Werke handeln: *Loewenheim/Leistner* in Schricker/Loewenheim, Urheberrecht, UrhG § 2 Rn. 210.
188 *Seifert/Wirth* in Eichelberger/Wirth/Seifert, Urheberrechtsgesetz, UrhG § 2 Rn. 23.
189 Siehe dazu LG Berlin, Urt. v. 30.5.1989 – 16 O 33/89 – GRUR 1990, 270 – Satellitenfoto.
190 *Seifert/Wirth* in Eichelberger/Wirth/Seifert, Urheberrechtsgesetz, UrhG § 3 Rn. 24 ff.

6. Filmwerke einschließlich der Werke, die ähnlich wie Filmwerke geschaffen werden (§ 2 Abs. 1 Nr. 6 UrhG)

Entsprechend der Differenzierung zwischen Lichtbild und Lichtbildwerk ist im Zusammenhang mit dem Film zwischen dem urheberrechtlich geschützten **Filmwerk** (§ 2 Abs. 1 Nr. 6 UrhG), dem als persönlich-geistige Schöpfung Werksqualität zukommt[191], und einfachen **Laufbildern** zu unterscheiden.

Letztere genießen nach § 95 UrhG Leistungsschutz (dazu nachstehende Rn. 905). Zu den Filmbildern, denen keine Werkqualität zukommt, zählen zB Amateur- (Video-) aufnahmen, Familien- und Urlaubsfilme, aber auch Tagesberichte für das Fernsehen ohne **individuelle Prägung**.[192]

Ein Filmwerk erschöpft sich nicht in einer bloß schematischen Aneinanderreihung von Lichtbildern, sondern in einem individuellen Schaffen, welches bspw. in der Auswahl, Anordnung und Sammlung des Stoffes sowie in der Art des Zusammenstellens liegen kann.[193]

Nach § 2 Abs. 1 Nr. 6 UrhG ist das Filmwerk als Ganzes geschützt.[194] Wenngleich sich das Filmwerk aus einzelnen urheberrechtlich geschützten Komponenten (zB Sprach- und Musikwerken, Bühnen- und Lichtbildern sowie der Leistung der ausübenden Künstler) zusammensetzt, ist auch das in laufende Bilder umgewandelte Kompositum als Gesamtwerk schutzfähig.

Filmwerke sind beispielsweise Kino- und Fernsehfilme[195], einschließlich Ausschnitten davon, sofern sie hinreichend individuell sind, DVDs, aber auch eine Fernseh-Livesendung[196].

Beim Filmwerk wirken viele Personen (zB der Regisseur, Kameraleute, Cutter, Kostüm- und Szenenbildner oder Tonverantwortliche) schöpferisch als **Miturheber** (§ 8 UrhG) mit.[197] Entscheidend für die Miturheberschaft ist, ob der einzelne Beitrag die schöpferische Gestaltungshöhe erreicht.[198]

Dies gilt auch für die sog. „kleine Münze". Auch die bloße Zusammenstellung (**Komposition**) von Bildfolgen kann hinreichende Individualität aufweisen, zB im Falle von Dokumentarfilmen, Nachrichtensendungen oder Sportreportagen. Computerspiele gelten als ähnlich wie Filmwerke geschaffene Werke und genießen einen Schutz hinsichtlich der grafischen und klanglichen Elemente.[199]

---

191 Zur Frage der Urheberrechtsfähigkeit eines sog. Fernseh-Features als Filmwerk iS von § 2 Abs. 1 Nr. 6 UrhG: BGH, Urt. v. 24.11.1983 – I ZR 147/81 – GRUR 1984, 730 – Filmregisseur: Fallen schöpferische Filmgestaltung durch den Regisseur und künstlerisch mitwirkende Regieleistung als einheitliche Leistung untrennbar zusammen, so ist neben dem Urheberrechtsschutz kein Raum für einen gleichzeitigen Leistungsschutz derselben Leistung (Ls. 2).
192 *Pierson/Ahrens/Fischer*, Recht des geistigen Eigentums, S. 399 f.; *Loewenheim/Leistner* in Schricker/Loewenheim, Urheberrecht, UrhG § 2 Rn. 221.
193 *Pierson/Ahrens/Fischer*, Recht des geistigen Eigentums, S. 399.
194 *Seifert/Wirth* in Eichelberger/Wirth/Seifert, Urheberrechtsgesetz, UrhG § 2 Rn. 27.
195 ZB Dokumentar-, Lehr-, Kultur-, Spiel-, Werbe- oder Zeichentrickfilme: so *Pierson/Ahrens/Fischer*, Recht des geistigen Eigentums, S. 399.
196 BGH, Beschl. v. 27.2.1962 – I ZR 118/60 – BGHZ 37, 1 = NJW 1962, 1295 – Akt.
197 Der Beitrag eines Mischtonmeisters zum Klangbild eines Filmwerkes kann eine urheberrechtlich schutzfähige Leistung sein und ihm die Rechtsstellung eines Miturhebers des Filmwerkes verschaffen: BGH, Urt. v. 13. 6. 2002 – I ZR 1/00, BGHZ 151, 92 = GRUR 2002, 961 – Mischtonmeister – Ls. 1.
198 *Seifert/Wirth* in Eichelberger/Wirth/Seifert, Urheberrechtsgesetz, UrhG § 2 Rn. 28.
199 *Seifert/Wirth* in Eichelberger/Wirth/Seifert, Urheberrechtsgesetz, UrhG § 2 Rn. 29.

115 Sonderregelungen für Filme finden sich in den §§ 88 ff. UrhG (dazu nachstehende Rn. 903 ff.). So hat bspw. der organisatorisch verantwortliche Produzent ein Leistungsschutzrecht am hergestellten Film (§ 94 UrhG).

116 Beim Filmwerk erlischt das Urheberrecht nach § 75 Abs. 2 UrhG 70 Jahre nach dem Tod des Längstlebenden bei folgenden Personen: dem Hauptregisseur, dem Urheber des Drehbuchs, dem Urheber der Dialoge bzw. dem Komponisten der für das betreffende Filmwerk komponierten Musik.

7. Darstellungen wissenschaftlicher oder technischer Art, wie Zeichnungen, Pläne, Karten, Skizzen, Tabellen und plastische Darstellungen (§ 2 Abs. 1 Nr. 7 UrhG)

117 Unter Darstellungen wissenschaftlicher oder technischer Art im weiteren Sinne versteht man veranschaulichendes oder unterrichtendes Lehr- und Anschauungsmaterial in zwei- oder dreidimensionaler Form.[200] Dies sind bspw. geo- oder topographische Flächendarstellungen, aber auch astronomische Karten und Konstruktionszeichnungen.[201]

118 Der Schutz kommt aber nicht dem der Darstellung innewohnenden Gedanken oder dem vermittelten Inhalt zu. Nicht die wissenschaftliche oder technische Lehre begründet die Schutzfähigkeit der Zeichnung[202], sondern nur die **schöpferische Form (Art) der Darstellung**. Urheberrechtsschutz genießt die Darstellung selbst (zB die technische Zeichnung), nicht jedoch das Dargestellte (Gegenstand der Darstellung, etwa eine Maschine).[203] Bestimmte Methoden von Mitteln der Darstellung sind gemeinfrei, dennoch kann ggf. ihre Auswahl und/oder Kombination hinreichende Individualität aufweisen.[204]

119 **Stadtpläne und Landkarten** können als Darstellungen wissenschaftlich-technischer Art nach § 2 Abs. 1 Nr. 7 UrhG Urheberrechtsschutz genießen, wenn es sich um persönliche geistige Schöpfungen iS von § 2 Abs. 2 UrhG handelt, wobei die schöpferische Eigentümlichkeit einer Karte sich bereits daraus ergeben kann, dass sie nach ihrer Konzeption von einer individuellen kartographischen Darstellungsweise geprägt ist, die sie zu einer in sich geschlossenen eigentümlichen Darstellung des betreffenden Gebiets macht.[205] Die urheberrechtlich bedeutsamen schöpferischen Züge können insoweit in der **Gesamtkonzeption** liegen, mit der durch die **individuelle Auswahl** des Dargestellten und der Kombination von (meist bekannten) Methoden (zB bei der Generalisierung) und von Darstellungsmitteln (zB bei der Farbgebung, Beschriftung oder Symbolgebung) ein eigentümliches Kartenwerk gestaltet worden ist.

120 So hat der BGH in der Stadtplanung-Entscheidung[206] festgestellt, dass ein Stadtplan als Abbildung wissenschaftlicher Art urheberrechtlichen Schutz genießen kann, wenn die kartographische Darstellung eine eigene geistige Leistung erkennen lässt. Schon die in einem digitalen Datenbestand verkörperte Vorstufe für einen Stadtplan kann ein urheberrechtlich geschütztes Werk iSd § 2 Abs. 1 Nr. 7 UrhG sein.[207] Daneben kommt auch der Schutz als Datenbank nach § 87a UrhG in Betracht (dazu nachstehende

---

200 *Lettl*, Urheberrecht, § 2 Rn. 96.
201 *Pierson/Ahrens/Fischer*, Recht des geistigen Eigentums, S. 400.
202 *Eisenmann/Jautz*, Grundriss, Rn. 44.
203 *Seifert/Wirth* in Eichelberger/Wirth/Seifert, Urheberrechtsgesetz, UrhG § 2 Rn. 30.
204 *Lettl*, Urheberrecht, § 2 Rn. 100.
205 BGH, Hinw.-Beschl. v. 26.2.2014 – I ZR 121/13 – GRUR 2014, 772 – Online-Stadtplan, Rn. 16 mwN.
206 BGH, Urt. v. 3.7.1964 – Ib ZR 146/62 – Stadtplan, Ls. 1.
207 BGH, Urt. v. 23. 6. 2005 – I ZR 227/02 – GRUR 2005, 854 – Karten-Grundsubstanz, Ls. 1.

V. Übersetzungen und andere Bearbeitungen eines Werkes

Rn. 859 ff.).[208] Auch eine Karte, die als einzelnes Kartenblatt aufgrund einer vorbekannten gestalterischen Konzeption erstellt ist, kann nach der Entscheidung Stadtplanwerk des BGH[209] urheberrechtlich schutzfähig sein, wenn bei ihrer Erarbeitung gleichwohl ein genügend großer Spielraum für individuelle formgebende kartographische Leistungen bestanden hat, wobei dem in einem solchen Fall geringeren Grad der Eigentümlichkeit des Werkes ein engerer Schutzumfang entspricht.

Bei einem technischen Regelwerk kann die schöpferische Leistung nicht nur in der Art der Sammlung, Auswahl, Einteilung und Anordnung des Stoffes, sondern auch in der **sprachlichen Vermittlung** eines komplexen technischen Sachverhalts liegen.[210]

121

Frage 7: Können Gedanken Urheberrechtsschutz genießen?

Lernspiele, die der Vermittlung von belehrenden oder unterrichtenden Informationen dienen und dazu das Ausdrucksmittel der grafischen oder plastischen Darstellung einsetzen, genießen nach Ansicht des BGH[211] als Darstellungen wissenschaftlicher Art iS von § 2 Abs. 1 Nr. 7 UrhG Urheberrechtsschutz, wenn in der Form der Darstellung eine persönliche, sich vom alltäglichen Schaffen im betroffenen Bereich abhebende geistige Schöpfung zum Ausdruck kommt.

122

V. Übersetzungen und andere Bearbeitungen eines Werkes

Nach § 3 Satz 1 UrhG werden auch Übersetzungen und andere Bearbeitungen eines bereits existenten (Original-) Werkes iS von § 2 UrhG wie **selbstständige Werke** geschützt[212], sofern sie als „persönliche geistige Schöpfungen" des Bearbeiters qualifiziert werden können. Das Urheberrecht des Schöpfers am Original bleibt bestehen. Es kommt mithin zu einer Erweiterung des Urheberrechtsschutzes insoweit, als nunmehr zwei Urheberrechte, nämlich das des Schöpfers des Originalwerks und das des Bearbeiters (Bearbeiterurheberrecht) nebeneinander bestehen. Zur Verwertung der Bearbeitung ist die Einwilligung des Original-Urhebers notwendig.[213]

123

Beispiele für Bearbeitungen sind das Verfassen eines Drehbuchs auf der Grundlage eines Romans, die Verfilmung eines Romans oder eines Drehbuchs oder auch die umfassende Überarbeitung eines wissenschaftlichen Werkes. An die Individualität des überarbeiten Werkes iSd § 2 Abs. 2 UrhG sind dabei „keine zu hohen Anforderungen zu stellen".[214] Eine **Ausnahme** besteht allerdings für eine „nur unwesentliche Bearbeitung eines nicht geschützten (bzw. gemeinfreien) Werkes der Musik". In diesem Fall wird die Bearbeitung nach § 3 Satz 2 UrhG nicht als selbstständiges Werk geschützt. Dies liegt darin begründet, „dass die Pflege der Volksmusik nicht durch die Anerkennung einer ˋkleinen Münzeˊ bei der Bearbeitung gemeinfreier Volksmusik behindert werden

124

---

208 *Seifert/Wirth* in Eichelberger/Wirth/Seifert, Urheberrechtsgesetz, UrhG § 2 Rn. 31 und § 87a Rn. 6.
209 BGH, Urt. v. 28.5.1998 – I ZR 81/96 – BGHZ 139, 68 = GRUR 1998, 3352, Ls. 1. Der Eigentümlichkeitsgrad und damit der Schutzumfang kann jedoch bei einem Kartenwerk (zB bei thematischen Karten) höher sein, wenn es bereits nach seiner gestalterischen Konzeption von einer individuellen Darstellungsweise geprägt ist, die es zu einer in sich geschlossenen eigenschöpferischen Darstellung des betreffenden Gebiets macht (BGH, aaO, L. 2).
210 BGH, Urt. v. 11.4.2002 – I ZR 231/99 – GRUR 2002, 958 – Technische Lieferbedingungen, Ls. 1.
211 BGH, Urt. v. 1.6.2011 – I ZR 140/09 – GRUR 2011, 803 – Lernspiele.
212 Beachte BGH, Urt. v. 24.1.1991 – I ZR 72/89 – GRUR 1991, 533 (534) – Brown Girl II.
213 *Seifert/Wirth* in Eichelberger/Wirth/Seifert, Urheberrechtsgesetz, UrhG § 3 Rn. 2.
214 *Lettl*, Urheberrecht, § 2 Rn. 102.

soll"[215]. Im Falle der Bearbeitung eines Theaterstücks durch den Bühnenregisseur ist die Entstehung eines Urheberrechts an der Bearbeitung grundsätzlich umstritten, während der Regisseur eines Films regelmäßig ein Bearbeiterurheberrecht erlangt.[216]

125 Unter „Bearbeitung" ist die **Umgestaltung** eines vorhandenen Werks – in Abgrenzung zur bloßen Vervielfältigung iS von § 16 UrhG – zu verstehen, die den Zweck verfolgt, das Originalwerk unter Beibehaltung seiner wesentlichen individuellen Züge bestimmten Verhältnissen anzupassen, um so seine Verwertungsmöglichkeiten zu erweitern.[217] Es handelt sich also um eine „von einem anderen Werk abhängige Schöpfung, die wesentliche Züge des Originalwerks übernimmt und dem Originalwerk dient"[218]. Auch ein gemeinfreies Werk bzw. ein dem Urheberrechtsschutz nicht unterliegendes amtliches Werk (§ 5 UrhG) kann Gegenstand einer Bearbeitung sein.[219]

126 **EXKURS: AMTLICHE WERKE § 5 URHG**

Amtliche Werke, wie beispielsweise Gesetze oder Bekanntmachungen, sind aufgrund des Interesses an der ungehinderten Verbreitung vollständig dem urheberrechtlichen Schutz entzogen. Dies gilt auch für das Urheberpersönlichkeitsrecht, da eine schutzwürdige persönliche Beziehung zwischen Schöpfer und Werk hier regelmäßig nicht vorliegt.[220] ◄

127 Ob eine Bearbeitung urheberrechtlich überhaupt **zulässig** ist, regelt § 23 UrhG. Die Bearbeitung oder Umgestaltung bedarf nach § 23 Abs. 1 Satz 1 UrhG der Zustimmung des Urhebers des Originalwerks. Keine Bearbeitung liegt nach § 23 Abs. 1 Satz 2 UrhG vor, wenn das neu geschaffene Werk einen hinreichenden Abstand zum benutzten Werk hält. Letztere Regelung stellt also die Begrenzung des urheberrechtlichen Schutzbereiches dar, welche früher durch die sog. „freien Benutzung" nach § 24 UrhG a.F. ihre rechtliche Ausprägung fand.[221] Während § 23 UrhG das Recht *zur* Bearbeitung (also die konkrete Handlung) regelt, behandelt § 3 UrhG das Recht *an* der Bearbeitung (also dem Ergebnis besagter Handlung).[222]

128 Je höher die **Individualität** des bearbeiteten Werks ist, desto höher muss die Individualität der Bearbeitung selbst sein, damit dieser ein eigenständiger Werkcharakter zukommt.

1. Zustimmungserfordernis nach § 23 UrhG

129 Bearbeitungen oder andere Umgestaltungen (als Oberbegriff der Bearbeitung) eines Werkes, bei denen die wesentlichen individuellen Züge des Originals erhalten bleiben[223], dürfen nach § 23 Abs. 1 UrhG nur mit **Zustimmung** des Urhebers des bearbeiteten oder umgestalteten Werkes veröffentlicht oder verwertet werden. In den Fällen des § 23 Abs. 2 UrhG, also bei

---

[215] *Pierson/Ahrens/Fischer*, Recht des geistigen Eigentums, S. 402.
[216] *Seifert/Wirth* in Eichelberger/Wirth/Seifert, Urheberrechtsgesetz, UrhG § 3 Rn. 3 mwN.
[217] So *Pierson/Ahrens/Fischer*, Recht des geistigen Eigentums, S. 401.
[218] *Loewenheim* in Schricker/Loewenheim, Urheberrecht, UrhG § 3 Rn. 5.
[219] *Pierson/Ahrens/Fischer*, Recht des geistigen Eigentums, S. 402; aA *Loewenheim* in Schricker/Loewenheim, Urheberrecht, UrhG § 3 Rn. 6: „die 'Bearbeitung' ungeschützten Materials ist ... originäres Schaffen, das nach § 2 (UrhG) zu beurteilen ist".
[220] *Seifert/Wirth* in Eichelberger/Wirth/Seifert, Urheberrechtsgesetz, UrhG § 5 Rn. 1.
[221] BT-Drs. 19/27426, S. 78.
[222] *Loewenheim* in Schricker/Loewenheim, Urheberrecht, UrhG § 3 Rn. 9.
[223] *Seifert/Wirth* in Eichelberger/Wirth/Seifert, Urheberrechtsgesetz, UrhG § 3 Rn. 1.

V. Übersetzungen und andere Bearbeitungen eines Werkes

- der Verfilmung eines Werkes,
- der Ausführung von Plänen und Entwürfen eines Werkes der bildenden Künste,
- dem Nachbau eines Werkes der Baukunst oder
- bei der Bearbeitung oder Umgestaltung eines Datenbankwerkes,

bedarf nach § 23 Abs. 2 UrhG bereits das Herstellen der Bearbeitung oder der Umgestaltung der Einwilligung des Urhebers, „weil sich in den fraglichen Fällen ... die Absicht der gewerblichen Verwertung stärker manifestiert"[224].

Keine Bearbeitungen iSd § 23 Abs. 1 und Abs. 2 UrhG sind nach § 23 Abs. 3 UrhG

- technisch bedingte Änderungen eines Werks im Rahmen des Text- und Data-Mining (§ 60d Abs. 1; 44b Abs. 2 UrhG) und
- formatumwandelnde Änderungen bei der Langzeitarchivierung (§§ 60e und f UrhG).

Fehlt es an einer **Umgestaltung** des Originalwerkes, wie beispielsweise bei der Digitalisierung eines Werkes, liegt in der Regel keine Bearbeitung, sondern eine Vervielfältigung vor.[225]

a) Verhältnis von Bearbeitung zu Vervielfältigung (§ 16 UrhG)

Jede Bearbeitung oder andere Umgestaltung iSd § 23 Abs. 1 UrhG stellt, soweit sie körperlich festgelegt ist, **zugleich** eine Vervielfältigung iSd § 16 UrhG dar.[226] Zu den „Vervielfältigungen" zählen nicht nur Nachbildungen, die mit dem Original identisch sind. Vom Vervielfältigungsrecht des Urhebers werden vielmehr auch solche (sogar in einem weiteren Abstand vom Original liegende) Umgestaltungen erfasst, die über keine eigene schöpferische Ausdruckskraft verfügen und sich daher trotz einer vorgenommenen Umgestaltung noch im Schutzbereich des Originals bewegen, weil dessen Eigenart in der Nachbildung erhalten bleibt und ein übereinstimmender Gesamteindruck besteht.[227] Es führt also nicht jede Veränderung eines Werkes zu einer Bearbeitung oder Umgestaltung iSd § 23 Abs. 1 UrhG. In einer nur unwesentlichen Veränderung einer benutzten Vorlage ist nicht mehr als eine Vervielfältigung iSd § 16 UrhG zu sehen.[228] Eine Bearbeitung oder andere Umgestaltung iSd § 23 Abs. 1 UrhG setzt daher eine wesentliche Veränderung der benutzten Vorlage voraus.[229] Ein Substanzeingriff ist damit jedoch nicht notwendig verbunden.[230]

b) Hinreichender Abstand zum Werk nach § 23 Abs. 1 Satz 1 UrhG

Ist die Veränderung der benutzten Vorlage indessen so weitreichend, dass die Nachbildung über eine eigene schöpferische Ausdruckskraft verfügt und die entlehnten **eigen-**

---

224 *Pierson/Ahrens/Fischer*, Recht des geistigen Eigentums, S. 403.
225 *Loewenheim* in Schricker/Loewenheim, Urheberrecht, UrhG § 3 Rn. 8.
226 BGH, Urt. v. 16.5.2013 – I ZR 28/12 – GRUR 2014, 65 – Beuys-Aktion unter Bezugnahme auf BGH, Urt. v. 2.11.1962 – I ZR 48/61 – GRUR 1963, 441 (443) – Mit Dir allein.
227 BGH, Urt. v. 16.5.2013 – I ZR 28/12 – GRUR 2014, 65 – Beuys-Aktion, juris Rn. 36 unter Bezugnahme auf BGH, Urt. v. 10.12.1987 – I ZR 198/85 – GRUR 1988, 533 (535) – Vorentwurf II; BGH, Urt. v. 29.4.2010 – I ZR 69/08 – BGHZ 185, 291 – Vorschaubilder I, Rn. 17.
228 BGH, Urt. v. 16.5.2013 – I ZR 28/12 – GRUR 2014, 65 – Beuys-Aktion, juris Rn. 37 unter Bezugnahme auf BGH, Urt. v. 8.11.1989 – I ZR 14/88 – GRUR 1990, 669 (673) – Bibelreproduktion.
229 Siehe dazu auch die Beispiele bei *Loewenheim* in Schricker/Loewenheim, Urheberrecht, UrhG § 3 Rn. 8.
230 BGH, Urt. v. 7.2.2002 – I ZR 304/99 – GRUR 2002, 532 (534) – Unikatrahmen.

persönlichen Züge des Originals angesichts der Eigenart der Nachbildung **verblassen**, liegt keine Bearbeitung oder andere Umgestaltung und erst recht keine Vervielfältigung iSd § 16 UrhG vor, sondern ein selbstständiges Werk, das in „freier Benutzung" des Werkes eines anderen geschaffen worden ist und das nach § 23 Abs. 1 Satz 2 UrhG ohne Zustimmung des Urhebers des benutzten Werkes veröffentlicht und verwertet werden darf.[231]

134 **Freie Benutzung (§ 24 UrhG a. F.)**

Nach § 24 UrhG a.F. durfte ein selbstständiges Werk, das in freier Benutzung des Werkes eines anderen geschaffen worden ist, ohne Zustimmung des Urhebers des benutzten Werkes veröffentlicht und verwertet werden. Die schutzbereichsbegrenzende Funktion dieser Norm hat der Gesetzgeber mit der Urheberrechtsnovelle 2021 in § 23 Abs. 1 Satz 2 UrhG überführt.[232] Die Funktion des § 24 UrhG a.F. als gesetzliche Nutzungserlaubnis (Schranke) für Karikaturen und Parodien ist künftig in § 51a UrhG geregelt.[233] ◀

135 Für die Abgrenzung zwischen einer (ohne Einwilligung) verbotenen Übernahme nach § 23 UrhG und einer freien Benutzung iS von § 24 Abs. 1 UrhG a.F. kam es nach Ansicht des BGH[234] auf die **Übereinstimmung** der Werke im Bereich der objektiven Merkmale an, durch die die schöpferische Eigentümlichkeit des Originals bestimmt wird. Die Rechtsprechung zu § 24 Abs. 1 UrhG ist jedoch auf die freie Benutzung nach § 23 Abs. 1 Satz 2 UrhG nur eingeschränkt anwendbar.[235]

136 Maßgeblich für die Beurteilung eines hinreichenden Abstandes iSv § 23 Abs. 1 Satz 2 UrhG ist, ob nach der Bearbeitung oder Umgestaltung noch ein Ausdruck der eigenen geistigen Schöpfung des Urhebers des vorbestehenden Werkes erkennbar ist.[236] Nur der äußere Abstand zum Werk kann also eine dem Schutzbereich des Urheberrechts entzogene freie Benutzung begründen. Die „Bearbeitung" mit lediglich innerem Abstand kann als Eingriff in das Urheberrecht nur durch die neue Schrankenbestimmung für Parodien, Karikaturen und Pastiches in § 51a UrhG gerechtfertigt werden.[237]

2. Freie Benutzung

137 Ein selbstständiges Werk, das in freier Benutzung des Werks eines anderen geschaffen worden ist, stellt nach § 23 Abs. 1 Satz 2 UrhG keine Bearbeitung iSv § 23 Abs 1 Satz 1 UrhG dar und kann damit ohne Zustimmung des Urhebers des benutzten Werkes **veröffentlicht und verwertet** werden. Eine freie Benutzung liegt vor, wenn das in Rede stehende Werk in einer so weitreichenden Abstandnahme von der Vorlage geschaffen wurde, dass es als vollständige **Neuschöpfung** qualifiziert werden kann.[238] Das Originalwerk ist bei der freien Benutzung nicht als Werkunterlage oder Vorbild, sondern

---

231 BGH, Urt. v. 16.5.2013 – I ZR 28/12 – GRUR 2014, 65 – Beuys-Aktion, juris Rn. 37 unter Bezugnahme auf BGH, Urt. v. 1. 12. 2010 – I ZR 12/08 – GRUR 2011, 134 – Perlentaucher, Rn. 33; BGH, Urt. v. 1.6.2011 – I ZR 140/09 – GRUR 2011, 803 Rn. 47 – Lernspiele.
232 dazu BR-Drs. 142/21, S. 60.
233 BT-Drs. 19/27426, S. 78.
234 BGH, Urt. v. 17.7.2013 – I ZR 52/12 – NJW 2014, 711 = GRUR 2014, 258 – Pippi-Langstrumpf-Kostüm, Ls. 2.
235 Siehe auch BT-Drs. 19/27426, S. 78.
236 BT-Drs. 19/27426, S. 78.
237 BR-Drs. 142/21, S. 89.
238 „Wenn angesichts der Eigenart des neuen Werkes die entlehnten eigenpersönlichen, charakteristischen Züge der geschützten Vorlage `verblassen`", so *Pierson/Ahrens/Fischer*, Recht des geistigen Eigentums, S. 403 unter Bezugnahme auf BGH, Urt. v. 16.5.2013 – I ZR 28/12 – GRUR 2014, 65 – Beuys-Aktion.

nur als bloße **Anregung** erkennbar.[239] Die eigenpersönlichen Züge des Originalwerkes müssen gegenüber der Eigenart des neuen Werkes so stark verblassen, dass das Originalwerk nicht mehr oder nur noch rudimentär erkennbar ist.[240]

BEACHTE: UNTERSCHEIDUNG VON BEARBEITUNG UND FREIER BENUTZUNG

Abhängige Neuschöpfung (§ 23 Abs. 1 Satz 1 UrhG) und freie Benutzung (§ 23 Abs. 1 Satz 2 UrhG) bestimmen sich nach dem äußeren **Abstand** des neu geschaffenen Werks in Bezug auf dessen objektiven Merkmale, welche die schöpferische Eigentümlichkeit des zugrundeliegenden und benutzten Originalwerks ausmachen.[241]

Rechtsprechung liegt bisher nur zur früheren freien Benutzung nach § 24 UrhG a.F. vor. Diese wird nach der Urheberrechtsnovelle insoweit noch anwendbar sein, als sie auf den äußeren Abstand des Werkes abstellt.

138

Genießt beispielsweise ein Schriftwerk allein aufgrund seiner sprachlichen Gestaltung Urheberrechtsschutz, stellt – so der BGH in seiner Perlentaucher-Entscheidung[242] – eine Zusammenfassung des gedanklichen Inhalts in eigenen Worten grundsätzlich eine urheberrechtlich unbedenkliche freie Benutzung dieses Schriftwerks iSd § 24 Abs. 1 UrhG a.F. dar. Enthält eine solche Zusammenfassung auch Formulierungen, auf denen die schöpferische Eigenart des Schriftwerks beruht, kommt es für die Prüfung, ob eine abhängige Bearbeitung (§ 23 Satz 1 UrhG a.F.) oder eine freie Benutzung (§ 24 Abs. 1 UrhG a.F.) vorliegt darauf an, ob die Zusammenfassung trotz dieser Übereinstimmungen in der Gesamtschau einen so großen äußeren Abstand zum Schriftwerk einhält, dass sie als ein selbstständiges Werk anzusehen ist.

Der EuGH hat bestätigt, dass Werke, die nur Teile eines Originalwerks übernehmen, welche für sich genommen nicht die eigenschöpferische Leistung des Urhebers des Originalwerkes erkennen lassen, nicht in den urheberrechtlichen Schutzbereich des Originalwerkes fallen.[243] Nicht abschließend geklärt ist, inwieweit der grundrechtliche Schutz der Kunstfreiheit eine schutzbereichsbegrenzende Funktion auch bei der rudimentär erkennbaren Übernahme schutzfähiger Werkteile entfalten kann.[244]

Keine freie Benutzung liegt in aller Regel in der Fortsetzung eines Romans unter Übernahme der Charaktere oder anderer wesentlicher Eigentümlichkeiten des Originalwerks.[245]

139

a) Ausnahme: Melodienschutz

Nach der umstrittenen[246] Regelung des § 24 Abs. 2 UrhG a.F. war die Benutzung eines Werkes der Musik, durch welche eine Melodie erkennbar dem Werk entnommen und einem neuen Werk zugrunde gelegt wird, nicht als freie Benutzung zu charakterisieren.

140

---

239 *Seifert/Wirth* in Eichelberger/Wirth/Seifert, Urheberrechtsgesetz, UrhG § 3 Rn. 4.
240 BGH, Urt. v. 11.3.1993 – I ZR 264/91 – GRUR 1994, 191 (193) – Asterix-Persiflagen; BT-Drs. 19/27426, S. 78.
241 BT-Drs. 19/27426, S. 78; BGH, Urt. v. 20.3.2003 – I ZR 117/00 – GRUR 2003, 956 – Gies-Adler; *Seifert/Wirth* in Eichelberger/Wirth/Seifert, Urheberrechtsgesetz, UrhG § 23 Rn. 1.
242 BGH, Urt. v. 1.12.2010 – I ZR 12/08 – GRUR 2011, 134 – Ls. 1. Für die Beurteilung, ob eine abhängige Bearbeitung (§ 23 Abs. 1 UrhG) oder eine freie Benutzung (§ 24 Abs. 1 UrhG a.F.) vorliegt, kommt es nicht darauf an, ob das neue Werk dazu geeignet oder bestimmt ist das ältere Werk zu ersetzen, so BGH, aaO, Ls. 2.
243 EuGH, Urt. v. 16.7.2009 – C-5/08 – Infopaq, Rn. 51; BT-Drs. 19/27426, S. 78.
244 *Freischem/Würtenberger*, GRUR 2021, 37 (39 f.).
245 *Seifert/Wirth* in Eichelberger/Wirth/Seifert, Urheberrechtsgesetz, UrhG § 24 Rn. 2. Ausführlich zu Fortsetzungswerken *Loewenheim* in Schricker/Loewenheim, Urheberrecht, UrhG § 24 Rn. 25 f.
246 *Loewenheim* in Schricker/Loewenheim, Urheberrecht, UrhG § 24 Rn. 34 mwN.

Melodie ist eine Tonfolge, die dem Werk eine individuelle Prägung gibt.[247] Die Regelung ist durch die Urheberrechtsnovelle in den § 23 Abs. 1 Satz UrhG („insbesondere auch einer Melodie") übernommen worden.[248] Ein hinreichender Abstand iSv § 23 Abs. 1 Satz 2 UrhG wird nicht gewahrt, wenn Melodien oder andere werkkonstituierende Elemente von Musikwerken (z.B. Rhythmus) erkennbar in neue Musikwerke übernommen werden.[249]

b) Exkurs: Tonträger-Sampling

141 Sampling bezeichnet die Übernahme kleinster Teile, insbesondere aus einem Musikwerk, welche in aller Regel mangels Schöpfungshöhe selbst keinen Urheberrechtsschutz genießen.[250] Es kommen jedoch Leistungsschutzrechte, wie bspw. § 85 UrhG, in Betracht. Die Frage, ob auch im Rahmen der Leistungsschutzrechte eine Ausnahme für die freie Benutzung gilt und welchen Umfang diese ggf. hat, beschäftigt im Fall „Metall auf Metall" nun schon seit ca. 20 Jahren mehrere Gerichte.[251]

142 In den ersten beiden obergerichtlichen Urteilen entschied der BGH, dass der Leistungsschutz – anders als das Urheberrecht – schon die Entnahme kleinster Tonfetzen umfassen würde.[252] Allerdings sei die Regelung des § 24 Abs. 1 UrhG a.F. im Falle der Benutzung eines fremden Tonträgers grundsätzlich entsprechend anwendbar. Eine entsprechende Anwendung scheide allerdings ua dann aus, wenn es einem durchschnittlich ausgestatteten und befähigten Musikproduzenten zum Zeitpunkt der Benutzung der fremden Tonaufnahme möglich ist, eine eigene Tonaufnahme herzustellen, die dem Original bei einer Verwendung im selben musikalischen Zusammenhang aus der Sicht des angesprochenen Verkehrs gleichwertig ist.[253]

143 Sinn und Zweck des § 24 Abs. 1 a.F. UrhG sei es, **Freiraum für eine schöpferische Auseinandersetzung** mit bestehenden Werken zu schaffen und damit eine kulturelle Fortentwicklung zu ermöglichen. Dem liefe es zuwider, wenn zwar der Urheber eine freie Benutzung seines Werkes hinnehmen müsste, der Tonträgerhersteller aber eine freie Benutzung des das Werk enthaltenden Tonträgers verhindern könnte. Müsse selbst der Urheber eine Beschränkung seines Urheberrechts hinnehmen, sei auch dem Tonträgerhersteller eine Einschränkung seines Leistungsschutzrechts zuzumuten. Aus dem Sinn und Zweck des § 24 Abs. 1 UrhG a.F. (Ermöglichung einer Fortentwicklung des Kulturschaffens) ergebe sich allerdings nicht nur der Grund, sondern auch eine **Grenze** für eine entsprechende Anwendung der Norm: Ist derjenige, der die auf einem fremden Tonträger aufgezeichneten Töne oder Klänge für eigene Zwecke verwenden möchte, imstande, diese selbst herzustellen, stünden die Rechte des Tonträgerherstellers einer

---

247 BGH, Urt. v. 3.2.1988 – I ZR 143/86 – GRUR 1988, 810 (811) – Fantasy; *Seifert/Wirth* in Eichelberger/Wirth/Seifert, Urheberrechtsgesetz, UrhG § 24 Rn. 5; *Loewenheim* in Schricker/Loewenheim, Urheberrecht, UrhG § 24 Rn. 35.
248 BT-Drs. 19/29894, S. 94.
249 BT-Drs. 19/29894, S. 94.
250 *Ernst* in Hoeren/Sieber/Holznagel, Handbuch Multimedia-Recht, Teil 7.1 Rn. 54.
251 *Seifert/Wirth* in Eichelberger/Wirth/Seifert, Urheberrechtsgesetz, Einleitung Rn. 99.
252 BGH, Urt. v. 20.11.2008 – I ZR 112/06 – NJW 2009, 770 = GRUR 2009, 403 – Metall auf Metall I; BGH, Urt. v. 13.12.2012 – I ZR 182/11 – NJW 2013, 1885 = GRUR 2013, 614 – Metall auf Metall II.
253 BGH, Urt. v. 13.12.2012 – I ZR 182/11 – NJW 2013, 1885 = GRUR 2013, 614 – Metall auf Metall II – Ls. in Fortführung von BGH, Urt. v. 20.11.2008 – I ZR 112/06 – NJW 2009, 770 = GRUR 2009, 403 – Metall auf Metall I.

VI. Sammelwerke und Datenbankwerke

Fortentwicklung des Kulturschaffenden nicht im Wege, weswegen es in diesem Fall für einen Eingriff in seine unternehmerische Leistung keine Rechtfertigung gebe.[254]

In der Ausnahme sah jedoch das BVerfG das **Grundrecht auf künstlerische Betätigung** (Art. 5 Abs. 3 GG) verletzt, da die Hersteller von Tonträgern durch die Übernahme kleinster Rhythmussequenzen keinen erheblichen Nachteil erlitten habe und damit nur ein geringfügiger Eingriff in deren Eigentum (Art. 14 Abs. 1 GG) vorliege.[255] Der BGH wandte sich schließlich zur Beurteilung der **unionsrechtlichen Zulässigkeit** der Anwendung von § 24 Abs. 1 UrhG a.F. auf Tonträgersamples an den EuGH.[256]

144

Dieser schloss zwar durch sein Urteil die Anwendung des § 24 Abs. 1 UrhG a.F. auf den Leistungsschutz des Tonträgerherstellers aus[257], entschied aber, dass der Tonträgerhersteller in seinen weitreichenden Investitionsschutzrechten nicht verletzt sei, wenn das Sample „in geänderter und beim Hören nicht wiedererkennbarer Form in einem neuen Werk"[258] genutzt werde. Der BGH entschied am 30.4.2020, dass das Sample im Fall „Metall auf Metall" diese vom EuGH postulierte „Hörbarkeitsschwelle"[259] überschreitet.[260] Da die relevante Vervielfältigung allerdings vor dem 22.12.2002, also vor Ablauf der Umsetzungsfrist der die Auslegung des § 24 Abs. 1 UrhG a.F. begründenden Richtlinie 2001/29/EG stattgefunden hat und damit – unter Berücksichtigung der Ansicht des BVerfG – zulässig war, ist im zugrundliegenden Fall ausschließlich das Verbreitungsrecht des Tonträgerherstellers berührt, welches sich wiederum nach Ansicht des EuGH nicht auf die Übernahme kurzer Sequenzen erstreckt.[261]

145

Nachdem der EuGH in seiner Entscheidung zu dieser Rechtssache die Vereinbarkeit des § 24 UrhG a. F. mit europäischem Recht verneint hatte, wurde dieser im Rahmen der Urheberrechtsnovelle 2021 abgeändert und ging in den Vorschriften der §§ 23 und 51a UrhG auf.[262]

Frage 8: Wodurch unterscheidet sich eine verbotene Übernahme von der freien Bearbeitung eines Werkes?

VI. Sammelwerke und Datenbankwerke

Auch eine Sammlung von Werken (unterschiedlicher Urheber) oder eine Sammlung nicht geschützter Elemente (zB Rezepte in einem Kochbuch), kann insgesamt urheberrechtlichen Schutz genießen. Ein Unterfall eines solchen Sammlungswerkes ist ein Datenbankwerk. Der Schöpfer der Sammlung ist alleiniger Urheber der Sammlung, benötigt aber zur Verwertung die Zustimmung der Urheber der in die Sammlung aufgenommenen Werke.[263]

146

---

254 BGH, Urt. v. 13.12.2012 – I ZR 182/11 – NJW 2013, 1885 = GRUR 2013, 614 – Metall auf Metall II, juris Rn. 13 ff. unter Bezugnahme auf BGH, Urt. v. 20.11.2008 – I ZR 112/06 – NJW 2009, 770 = GRUR 2009, 403 – Metall auf Metall I, Rn. 20 ff.
255 BVerfG, Urt. v. 31.5.2016 – 1 BvR 1585/13, NJW 2016, 2247; *Seifert/Wirth* in *Eichelberger/Wirth/Seifert*, Urheberrechtsgesetz, Einleitung Rn. 99.
256 BGH, Beschl. v. 1.6.2017 – I ZR 115/16, MMR 2017, 719 – Metall auf Metall III.
257 Kritisch *Apel*, MMR 2019, 596 (603).
258 EuGH, Urt. v. 29.7.2019 – C-476/17, MMR 2019, 596 – Metall auf Metall, Rn. 31.
259 So *Apel*, MMR 2019, 596 (603).
260 BGH, Urt. v. 30.4.2020 – I ZR 115/16 – GRUR 2020, 843 – Metall auf Metall IV, Rn. 30.
261 *Ohly* in GRUR 2020, 843, Anmerkung zu BGH, Urt. v. 30.4.2020 – I ZR 115/16 – Metall auf Metall IV, Rn. 6.
262 BT-Drs. 19/27426, S. 1.
263 *Seifert/Wirth* in Eichelberger/Wirth/Seifert, Urheberrechtsgesetz, UrhG § 4 Rn. 1.

1. Sammelwerke

147 § 4 Abs. 1 UrhG weist auf der Grundlage der Richtlinie 96/6/EG, mit der korrespondierenden Notwendigkeit einer richtlinienkonformen Auslegung, auch Sammelwerken (zB Lexika, Jahrbüchern oder Gedichtbänden bzw. Festschriften) urheberrechtlichen Schutz zu.

148 Unter einem Sammelwerk versteht der Gesetzgeber die Sammlung von Werken iS von § 2 Abs. 1 UrhG, Daten (iS von Darstellungen kommunizierender Fakten)[264] oder anderen unabhängigen Elementen, die aufgrund der **Auswahl** (Auslese) oder **Anordnung** (Kombination) der Elemente eine persönliche geistige Schöpfung iS von § 2 Abs. 2 UrhG darstellen.[265]

149 An die Gestaltungshöhe sind zwar keine hohen Anforderungen zu stellen, doch müssen jedenfalls andere Gestaltungsmöglichkeiten bestehen, weshalb die bloße Auflistung von Daten **ohne gestalterische Elemente**, zB in einem Telefonbuch, die Schwelle zum Urheberrechtsschutz idR nicht erreicht.[266] Es greift dann aber ggf. der Leistungsschutz für Datenbanken (§ 87 Abs. 1 UrhG).[267]

150 Bei der Bestimmung des **Schutzumfangs eines Sammelwerks** ist nach Ansicht des BGH[268] zu beachten, dass der Schutzgrund des § 4 Abs. 1 UrhG in der eigenschöpferischen Auswahl oder Anordnung der Elemente liegt, weswegen eine Verletzung des Urheberrechts an einem Sammelwerk nur angenommen werden kann, wenn das beanstandete Werk diejenigen **Strukturen** hinsichtlich der Auslese und Anordnung des Stoffs enthält, die das Sammelwerk als eine persönliche geistige Schöpfung iSd § 4 UrhG ausweisen. Dies hat zur Folge, dass der übernommene Teil so weitgehend Ausdruck der individuellen Auswahlkonzeption des Urhebers des Sammelwerks sein muss, dass er noch einen gemäß § 4 UrhG selbstständig schutzfähigen Teil seines Sammelwerks darstellt.

151 Sammelwerke werden damit nach § 4 Abs. 1 UrhG in Erweiterung des Urheberrechtscharakters, unbeschadet eines an den einzelnen Elementen ggf. bestehenden Urheberrechts oder verwandten Schutzrechts, **wie selbstständige Werke** geschützt. Damit kann sowohl am Sammelwerk selbst als auch an seinen einzelnen Elementen Urheberrechtsschutz bestehen.

Frage 9: Was versteht man unter einem Sammelwerk und wie ist dieses geschützt?

2. Datenbankwerke

152 Beispielhaft wird in § 4 Abs. 2 UrhG das „Datenbankwerk" als „Sammelwerk" iS von § 4 Abs. 1 UrhG benannt. Datenbankwerk iSd UrhG ist nach dessen § 4 Abs. 2 Satz 1 ein Sammelwerk (iS von § 4 Abs. 1 UrhG), dessen Elemente **systematisch** (dh einem Ordnungsschema folgend) oder **methodisch** (dh nach einem bestimmten Plan) ange-

---

[264] *Lettl*, Urheberrecht, § 2 Rn. 113.
[265] So die Legaldefinition des „Datenwerks" als weitere urheberrechtlich geschützte Werkkategorie in § 4 Abs. 1 UrhG.
[266] *Seifert/Wirth* in Eichelberger/Wirth/Seifert, Urheberrechtsgesetz, UrhG § 4 Rn. 2.
[267] BGH, Urt. v. 6.5.1999 – I ZR 199 / 96 – BGHZ 141, 329 = GRUR 1999, 923 – Tele-Info-CD, Ls.
[268] BGH, Urt. v. 27.3.2013 – I ZR 9/12 – GRUR 2013, 1213 – Sumo, in Bestätigung von BGH, (Teil-) Urt. v. 24.5.2007 – I ZR 130/04 – BGHZ 172, 268 – Gedichttitelliste I, Rn. 25 f.

VII. Veröffentlichte und erschienene Werke (§ 6 UrhG)

ordnet und einzeln mithilfe elektronischer Mittel oder auf andere Weise (dh elektronisch oder nicht elektronisch, on- oder offline) zugänglich sind.

Eine Datenbank bildet somit den Unterfall eines Sammelwerks. Sie genießt deshalb auch nur dann Urheberrechtsschutz, wenn sie sich als eine persönliche geistige Schöpfung im Sinne von § 2 Abs. 2 UrhG darstellt. Notwendig ist also, dass dem Ersteller der Datenbank ein ausreichender Spielraum für eine **individuelle Anordnung** der Daten zur Verfügung stand.[269]

BEACHTE: URHEBER- VERSUS LEISTUNGSSCHUTZ AN DATENBANKEN

Der Urheber eines Datenbankwerks nach § 4 Abs. 2 UrhG muss vom Datenbankhersteller im Sinne von § 87a Abs. 2 UrhG unterschieden werden. Letzterer ist eine Person, die deshalb Schutz genießt, weil sie die notwendigen Investitionen in eine Datenbank iS von § 87a Abs. 1 UrhG vorgenommen hat (dazu nachstehende Rn. 859 ff.).

Das Datenbankwerk muss also – um den Erfordernissen der persönlichen geistigen Schöpfung iS von § 4 Abs. 1 iVm § 2 Abs. 2 UrhG zu genügen – strukturell eine hinreichende Individualität aufweisen.[270] Ein zur Schaffung des Datenbankwerkes oder zur Ermöglichung des Zugangs zu dessen Elementen verwendetes Computerprogramm (vgl. § 69a UrhG) ist allerdings gemäß § 4 Abs. 2 Satz 2 UrhG nicht Bestandteil des Datenbankwerkes.

Dem Schöpfer des Sammelwerks bzw. der Datenbank steht daran das Urheberrecht zu (vgl. § 7 UrhG).

Frage 10: Was versteht man unter einem Datenbankwerk und wie ist dieses geschützt?

VII. Veröffentlichte und erschienene Werke (§ 6 UrhG)

§ 6 UrhG definiert zwei zentrale Begrifflichkeiten des Urheberrechts, nämlich

- in Abs. 1 den Terminus „**Veröffentlichung**" (relevant zB im Kontext mit § 5 Abs. 2, § 8 Abs. 2, § 9 Abs. 2, § 12 Abs. 2, § 37 Abs. 1, § 46 Abs. 1, § 51 Satz 1 und 2 Nr. 1 und 2 oder § 52 Abs. 1 UrhG) und
- in Abs. 2 den weitergehenden Begriff des „**Erscheinens**" eines Werks (bedeutsam zB im Zusammenhang mit § 10 Abs. 1, § 38 Abs. 1, § 42 Abs. 2, § 46 Abs. 1 oder § 51 Satz 2 Nr. 3 UrhG).

Ein Werk ist nach § 6 Abs. 1 UrhG veröffentlicht (sog. **veröffentlichtes Werk**), wenn es mit Zustimmung (vgl. §§ 182 ff. BGB) des Berechtigten (Urheber oder Rechtsnachfolger) der Öffentlichkeit (wobei der weite Begriff der Öffentlichkeit iS von § 15 Abs. 3 UrhG hier nicht gilt[271]) zugänglich gemacht worden ist.

Ein Werk ist der Öffentlichkeit „**zugänglich gemacht**", sobald diese zum ersten Mal – egal an welchem Ort – die Möglichkeit erlangt (ohne dass davon auch tatsächlich Gebrauch gemacht worden sein muss), den Werkinhalt wahrzunehmen.[272]

---

269 *Seifert/Wirth* in *Eichelberger/Wirth/Seifert*, Urheberrechtsgesetz, UrhG § 4 Rn. 3.
270 *Lettl*, Urheberrecht, § 2 Rn. 114.
271 Der eigenständige Begriff der Öffentlichkeit in § 6 Abs. 1 UrhG sei enger, uU könne hier auch eine „begrenzte Öffentlichkeit" genügen: so *Lettl*, Urheberrecht, § 2 Rn. 127.
272 *Lettl*, Urheberrecht, § 2 Rn. 128 – womit auch eine Rückgängigmachung ausgeschlossen ist.

159 Das UrhG knüpft bestimmte **Rechtsfolgen** an die Veröffentlichung eines Werkes. Mit der Veröffentlichung verliert der Urheber beispielsweise sein alleiniges Recht der Inhaltsbeschreibung aus § 12 Abs. 2 UrhG sowie das Ausstellungsrecht nach § 18 UrhG. Grundsätzlich eröffnet sich mit der Veröffentlichung auch die Zulässigkeit von Zitaten.[273]

160 Das **Erscheinen** ist eine qualifizierte Veröffentlichung.[274] Ist ein Werk bereits erschienen, so ist beispielsweise der Anspruch aus § 71 UrhG (Veröffentlichung nachgelassener Werke) ausgeschlossen.[275] Ein Werk ist gemäß § 6 Abs. 2 Satz 1 UrhG erschienen (sog. **erschienenes Werk**), wenn mit Zustimmung des Berechtigten Vervielfältigungsstücke des Werkes (dh Verkörperungen, die eine Wahrnehmung ermöglichen)[276] nach ihrer Herstellung in **genügender Anzahl** der Öffentlichkeit (iS von § 6 Abs. 1 UrhG) angeboten oder in Verkehr gebracht worden sind.[277] Während jedes Erscheinen eine Veröffentlichung voraussetzt, gilt dies nicht umgekehrt.[278] Eine Anzahl ist „genügend" in diesem Sinne, wenn sie erwartungsgemäß den normalen Bedarf deckt.[279]

161 Ein **Werk der bildenden Künste** iS von § 2 Abs. 1 Nr. 4 UrhG (bspw. ein Gemälde oder eine Skulptur) gilt auch dann als „erschienen", wenn das Original oder ein Vervielfältigungsstück des Werkes mit Zustimmung des Berechtigten bleibend der Öffentlichkeit zugänglich ist. Bei Bild- oder Tonträgern reicht unter Umständen schon das Überlassen an ein Sendeunternehmen, um von einem Erscheinen auszugehen.[280]

162 Streitig ist, ob ein im **Internet** mit Zustimmung des Berechtigten zum Herunterladen bereitgehaltenes oder jedenfalls über das Internet dauerhaft öffentlich zugängliches Werk bereits „erschienen" ist. Der BGH hat dies in einer Entscheidung zu § 10 Abs. 1 UrhG offengelassen.[281]

VIII. Zusammenfassung

163 Zu den urheberrechtlich geschützten „**Werken der Literatur, Wissenschaft und Kunst**" iSd § 1 UrhG gehören nach § 2 Abs. 1 UrhG Sprachwerke, wie Schriftwerke, Reden und Computerprogramme (Nr. 1), Werke der Musik (Nr. 2), pantomimische Werke einschließlich der Werke der Tanzkunst (Nr. 3), Werke der bildenden Künste einschließlich der Werke der Baukunst und der angewandten Kunst und Entwürfe solcher Werke (Nr. 4), Lichtbildwerke einschließlich der Werke, die ähnlich wie Lichtbildwerke geschaffen werden (Nr. 5), Filmwerke einschließlich der Werke, die ähnlich wie Filmwerke geschaffen werden (Nr. 6), sowie Darstellungen wissenschaftlicher oder technischer Art, wie Zeichnungen, Pläne, Karten, Skizzen, Tabellen und plastische Darstellungen (Nr. 7).

---

273 *Seifert/Wirth* in Eichelberger/Wirth/Seifert, Urheberrechtsgesetz, UrhG § 6 Rn. 1.
274 *Ahlberg* in Ahlberg/Götting, BeckOK Urheberrecht, UrhG § 6 Rn. 9; *Seifert/Wirth* in Eichelberger/Wirth/Seifert, Urheberrechtsgesetz, UrhG § 6 Rn. 4.
275 BGH, Urt. v. 22.1.2009 – I ZR 19/07 – GRUR 2009, 942 – Motezuma; *Seifert/Wirth* in Eichelberger/Wirth/Seifert, Urheberrechtsgesetz, UrhG § 6 Rn. 2.
276 *Lettl*, Urheberrecht, § 2 Rn. 132.
277 Dazu *Katzenberger/Metzger* in Schricker/Loewenheim, Urheberrecht, UrhG § 6 Rn. 34 ff.
278 *Lettl*, Urheberrecht, § 2 Rn. 125.
279 *Seifert/Wirth* in Eichelberger/Wirth/Seifert, Urheberrechtsgesetz, UrhG § 6 Rn. 4; *Katzenberger/Metzger* in Schricker/Loewenheim, Urheberrecht, UrhG § 6 Rn. 39 ff.
280 BGH, Urt. v. 21.4.2016 – I ZR 43/14, I ZR 43/14 – GRUR 2016, 1048 – An Evening with Marlene Dietrich, Rn. 35 ff.; *Seifert/Wirth* in Eichelberger/Wirth/Seifert, Urheberrechtsgesetz, UrhG § 6 Rn. 4.
281 BGH, Urt. v. 18.9.2014 – I ZR 76/13, GRUR 2015, 258 – CT-Paradies, Rn. 43; *Seifert/Wirth* in Eichelberger/Wirth/Seifert, Urheberrechtsgesetz, UrhG § 6 Rn. 5.

VIII. Zusammenfassung

Ein den Urheberrechtsschutz genießendes „Werk" liegt nach § 2 Abs. 2 UrhG nur vor, wenn es sich um eine „**persönliche geistige Schöpfung**" handelt". Voraussetzung dafür ist zunächst, dass es sich um eine sinnlich wahrnehmbare Manifestation einer persönlichen geistigen Leistung des Schöpfers handeln muss, welche sich in nicht unerheblichem Maße von dem Vorbestehenden abhebt (Schöpfungshöhe). 164

Übersetzungen, Bearbeitungen und Sammlungen von Werken genießen – sofern darin eine persönliche geistige Schöpfung Ausdruck findet – ebenfalls einen urheberrechtlichen Schutz. Dies allerdings unbeschadet des Urheberrechts an den zugrundeliegenden Werken. 165

Frage 11: Unter welchen Voraussetzungen genießt ein Werk Urheberrechtsschutz?

§ 3 Der Urheber

166 Nach § 1 UrhG genießt der Urheber von Werken der Literatur, Wissenschaft und Kunst für sein Werk Urheberrechtsschutz. Der Urheber als **Schutzsubjekt** ist nach § 7 UrhG der **Schöpfer des Werkes**, dh derjenige, der dieses im Rahmen eines Realakts[1] geschaffen hat. Der Schöpfer schafft aus einer nicht schutzfähigen Idee das geschützte Werk[2] und erbringt dabei die persönliche geistige Leistung nach § 2 Abs. 2 UrhG, welche den urheberrechtlichen Schutzbedarf begründet.[3]

167 Aufgrund dieses sog. **Schöpfungsprinzips** ist das Urheberrecht als solches gemäß § 29 Abs. 1 UrhG grundsätzlich nicht übertragbar.[4] Da das Werk eine persönliche geistige Schöpfung (vgl. § 2 Abs. 2 UrhG) ist, kann Urheber allein eine natürliche Person sein. Juristische Personen (GmbH, AG oder eG) oder rechtsfähige Personengesellschaften (GbR, OHG oder KG) können nicht „Urheber" sein, da sie nicht selbst handlungsfähig sind. Sie können aber in die Rechtsstellung des Urhebers als Rechtsnachfolger einrücken.[5]

BEACHTE: „MONISTISCHE THEORIE"

Nach der monistischen Theorie können die wirtschaftliche und die persönlichkeitsrechtliche Seite des Urheberrechts nicht voneinander getrennt werden (**einheitliches Urheberrecht**), was letztlich aufgrund der Personenbindung des Persönlichkeitsrechts zu einer Bindung an die Person des Urhebers führt und eine Übertragung des Urheberrechts durch Rechtsgeschäft oder durch Gesetz ausschließt.[6]

Dem steht die „**dualistische Theorie**" gegenüber. Danach sind der persönlichkeitsrechtliche und der verwertungsrechtliche Teil des Urheberrechts jeweils selbstständig. Der verwertungsrechtliche Teil kann demnach jedenfalls getrennt auf einen anderen übertragen werden.[7]

168 Maschinen[8] oder Tiere können nicht „Schöpfer" iSd des Urheberrechts sein.

169 Da das Urheberrecht durch einen Realakt entsteht, setzt die Stellung als Urheber keine Geschäftsfähigkeit voraus.[9]

170 Vom Urheberbegriff nicht erfasst werden Personen, die (selbst bei Auferlegung von Vorgaben) lediglich Anregungen, Initiativen oder Aufträge zur Schöpfung eines Werks gegeben haben (bspw. Arbeitgeber und Vorgesetzte). Auch Gehilfen (Assistenten, Hilfskräfte, etc), welche nur eine Hilfestellung **ohne wesentlichen Eigenbeitrag** am Werk geleistet haben, sind keine Urheber.

---

1 OLG Frankfurt aM, Urt. v. 6.12.2005 – 11 U 26/05 – GRUR 2006, 578 (579) – Erstverwertungsrechte. Vgl. dazu auch *Loewenheim/Peifer* in Schricker/Loewenheim, Urheberrecht, UrhG § 7 Rn. 5.
2 *Seifert/Wirth* in Eichelberger/Wirth/Seifert, Urheberrechtsgesetz, UrhG § 7 Rn. 1.
3 *Loewenheim/Peifer* in Schricker/Loewenheim, Urheberrecht, UrhG § 7 Rn. 2.
4 *Lettl*, Urheberrecht, § 3 Rn. 1.
5 *Seifert/Wirth* in Eichelberger/Wirth/Seifert, Urheberrechtsgesetz, UrhG § 7 Rn. 1.
6 *Seifert/Wirth* in Eichelberger/Wirth/Seifert, Urheberrechtsgesetz, UrhG § 7 Rn. 2.
7 *Loewenheim/Peifer* in Schricker/Loewenheim, Urheberrecht, UrhG § 11 Rn. 3.
8 Siehe dazu LG Berlin, Urt. v. 30.5.1989 – 16 O 33/89 – Satellitenfoto; *Seifert/Wirth* in Eichelberger/Wirth/Seifert, Urheberrechtsgesetz, UrhG § 7 Rn. 1.
9 *Seifert/Wirth* in Eichelberger/Wirth/Seifert, Urheberrechtsgesetz, UrhG § 7 Rn. 3; *Loewenheim/Peifer* in Schricker/Loewenheim, Urheberrecht, UrhG § 7 Rn. 5.

Allerdings ist ein Künstler auch der „Schöpfer", wenn er nicht selbst händisch malt, sondern durch Assistenten als Gehilfen aufgrund ins Detail gehender Vorgaben malen lässt. Es kommt für die Abgrenzung darauf an, ob der Beitrag des Gehilfen schöpferische Qualität aufweist oder beispielsweise nur eine rein mechanische Umsetzung der Anweisungen des eigentlichen Schöpfers ist.[10]

171

BEACHTE: MITWIRKUNG AM WERK

Wirken bei der Erstellung eines Werkes mehrere Personen zusammen, erlangt nur derjenige Urheberschaft, dessen Beitrag eigenschöpferische Qualität hat.[11]

Für die Abgrenzung zwischen einem Gehilfen des Urhebers und einem Miturheber (§ 8 UrhG) kommt es also darauf an, ob der Beitrag des Assistenten für sich genommen Individualität aufweist oder er lediglich die Umsetzung eines fremden Werkes unterstützt.[12]

Sind mehrere Personen an der Entstehung eines Werks beteiligt, hängt die Schöpfereigenschaft davon ab, welche Person einen schöpferischen Beitrag gemäß § 2 Abs. 2 UrhG und welche Person lediglich einen nichtschöpferischen Gehilfenbeitrag geleistet hat.[13] Solange Gehilfen sich nur auf die nicht schöpferische Durchführung oder Ausgestaltung der Vorgabe des Urhebers beschränken und ihnen kein Spielraum für eine eigene individuelle schöpferische Gestaltung bleibt, sind sie keine Urheber.[14] Ein an vorgegebene Zeichenschlüssel und Musterblätter gebundener Hersteller von Karten kann deshalb nur dann Urheber sein, wenn ihm ein für die Erreichung des Urheberrechtsschutzes genügend großer **Spielraum** für eigene individuelle kartographische Leistungen bleibt.[15] Die Frage, ob diese Voraussetzungen erfüllt sind, unterliegt der tatrichterlichen Beurteilung.[16]

172

Urheber ist also jede natürliche Person, die einen eigenen schöpferischen Beitrag zu einem Werk iSd § 2 UrhG geleistet hat. Die **Miturheberschaft** regelt § 8 UrhG. In § 9 UrhG sind Fälle vorgesehen, in denen mehrere Urheber ihre Werke zur Verwertung verbinden (**Werkverbindung**).

173

BEACHTE: URHEBERSCHAFT BEI OPEN-SOURCE-PROJEKTEN

Im Bereich von Open-Source- und Open-Content-Projekten ergeben sich durch die komplexen Urheberstrukturen, bei denen in der Regel Rechtsverhältnisse mit Miturheberschafts-, Werkverbindungs- und Bearbeitungscharakter nebeneinanderstehen, erhebliche Abgrenzungsprobleme.[17]

Initiatoren, Koordinatoren oder Organisatoren können allerdings – als Nicht-Schöpfer – gleichwohl urheberrechtlichen Leistungsschutz nach den §§ 71, 81, 85, 87, 87a oder 94 UrhG genießen[18].

174

---

10 *Seifert/Wirth* in Eichelberger/Wirth/Seifert, Urheberrechtsgesetz, UrhG § 7 Rn. 5. Vgl. dazu beispielsweise BGH, Teilurt. v. 24.5.2007 – I ZR 130/04 – NJW 2008, 755 – Gedichttitelliste I (Hilfskräfte an Lehrstuhl); BGH, Urt. v. 14.11.2002 – I ZR 199/00 – NJW 2003, 665 – Staatsbibliothek (Miturheberschaft an einem Werk der Baukunst).
11 *Loewenheim/Peifer* in Schricker/Loewenheim, Urheberrecht, UrhG § 7 Rn. 6.
12 *Loewenheim/Peifer* in Schricker/Loewenheim, Urheberrecht, UrhG § 7 Rn. 8.
13 BGH, Hinweisbeschl. v. 26.2.2014 – I ZR 121/13, GRUR 2014, 772 – Online-Stadtplan, juris Rn. 9.
14 Vgl. BGH, Teilurt. v. 24. 5. 2007 – I ZR 130/04, NJW 2008, 755 – Gedichttitelliste I.
15 Vgl. BGH, Urt. v. 23. 6. 2005 – I ZR 227/02 – GRUR 2005, 854 (856) – Karten-Grundsubstanz.
16 BGH, Hinweisbeschl. v. 26.2.2014 – I ZR 121/13 – GRUR 2014, 772 – Online-Stadtplan, juris Rn. 9.
17 *Thum* in Wandtke/Bullinger, Urheberrecht, § 8 Rn. 182 ff.
18 *Lettl*, Urheberrecht, § 3 Rn. 3.

175 Urheber eines Filmwerks ist gemäß § 65 Abs. 2 UrhG (vgl. auch Art. 2 Abs. 1 der Richtlinie 93/98/EWG) der Hauptregisseur.[19]

Frage 12: Wer kann Urheber sein und wer nicht?

I. Urheberrecht in Arbeits- und Dienstverhältnissen

176 Probleme können dann auftreten, wenn ein Arbeitnehmer (zB ein Werbegrafiker oder ein Fotograf) im Rahmen eines bestehenden Arbeitsverhältnisses (§ 611a BGB) ein Werk schafft. Schöpfer und damit Urheber dieser Werke ist auch in solchen Fällen der Arbeitnehmer, nicht etwa (wie beispielsweise in den USA)[20] der Arbeitgeber. Dem Arbeitgeber können allenfalls **Nutzungsrechte** (zB § 69b Abs. 1 UrhG) am Werk zustehen.

177 Daraus resultiert ein **Interessenwiderstreit**, da der Arbeitgeber zwar den Arbeitnehmer für die Erbringung der Leistung bezahlt, dieser aber den Status als Urheber behält. Mit § 43 UrhG versucht der Gesetzgeber diesem Interessenkonflikt angemessen Rechnung zu tragen. Demnach sind die Vergütungsvorschriften der §§ 31 ff. UrhG auch anzuwenden, wenn der Urheber das Werk in Erfüllung seiner Verpflichtungen aus einem Arbeits- (§ 611a BGB) oder einem freien Dienstverhältnis (§ 611 BGB) geschaffen hat, soweit sich aus dem Inhalt oder dem Wesen des Arbeits- oder Dienstverhältnisses nichts anderes ergibt.

178 Dies eröffnet die Möglichkeit, dass der Arbeitgeber sich im Arbeitsvertrag oder in einem separaten Vertrag mit dem Arbeitnehmer nach § 40 UrhG durch ausdrückliche **schriftliche Vereinbarung** die sich aus dem Arbeitsverhältnis – auch künftig noch – ergebenden Nutzungsrechte an dem vom Arbeitnehmerurheber geschaffenen Werk einräumen lässt. Möglich ist auch eine Regelung in einer das Arbeitsverhältnis erfassenden Kollektivvereinbarung.[21]

179 Fehlt eine entsprechende ausdrückliche Vereinbarung, so kann sich nach der sog. **Zweckübertragungstheorie** eine stillschweigende Einräumung der Nutzungsrechte an den Arbeitgeber aus dem Zweck des Arbeitsvertrages ergeben.[22] Nach hM wird dies jedenfalls dann angenommen, wenn der Arbeitnehmer das Werk in **Erfüllung seiner Verpflichtung** aus dem Arbeitsvertrag geschaffen hat.[23] Die Übertragung gilt dann – iS einer Fiktion – auch als mit dem Arbeitslohn vergütet[24], wenn nicht der Arbeitnehmer nachweist, dass der Arbeitslohn nicht der nach Maßgabe der §§ 32, 32 a UrhG angemessenen Vergütung genügt (dazu nachstehende Rn. 584 ff.).[25]

---

19 *Lettl*, Urheberrecht, § 3 Rn. 3.
20 *Seifert/Wirth* in Eichelberger/Wirth/Seifert, Urheberrechtsgesetz, § 7 Rn. 2. Nach der „work-made-for-hire"-Doktrin des Common Law entstehen die Rechte hingegen direkt beim Arbeitgeber, siehe *Wirth* aaO § 43 Rn. 2.
21 *Wandtke* in Wandtke/Bullinger, Urheberrecht, § 43 Rn. 13.
22 BGH, Urt. v. 15.6.1966 – Ib ZR 55/64 – GRUR 1966, 691 – Schlafsäcke.
23 *Wirth* in Eichelberger/Wirth/Seifert, Urheberrechtsgesetz, UrhG § 43 Rn. 2.
24 *Rojahn/Frank* in Schricker/Loewenheim, Urheberrecht, § 43 Rn. 64.
25 *Dreier* in Dreier/Schulze, Urheberrecht, § 43 Rn. 30; *Wirth* in Eichelberger/Wirth/Seifert, Urheberrechtsgesetz, UrhG § 43 Rn. 7.

II. Gesetzliche Vermutung der Urheber- oder Rechtsinhaberschaft

Frage 13: Wer ist Urheber im Rahmen eines Arbeitsverhältnisses und wie wird hier der Interessenkonflikt zwischen Arbeitgeber und Arbeitnehmer aufgelöst?

Auf einen freien Mitarbeiter, der im Rahmen eines Dienstverhältnisses (selbstständiger Dienstvertrag nach § 611 BGB) oder eines Werkvertrags (§ 631 BGB) ein urheberrechtlich geschütztes Werk geschaffen hat, finden die Grundsätze der Zweckübertragungstheorie in gleicher Weise Anwendung.

Schafft der Arbeitnehmer im Rahmen seines Vertragsverhältnisses Werke, die über die arbeitsvertraglich geschuldeten Pflichten hinausgehen, so muss er dem Arbeitgeber nach überwiegender Ansicht in der Literatur die Nutzungsrechte – ähnlich wie bei einer Arbeitnehmererfindung (§§ 6, 9 ArbnErfG)[26] – anbieten.[27]

Die stillschweigende Einräumung der Nutzungsrechte bedeutet in der Regel allerdings nicht die Übertragung der gesamten Verwertungsrechte. Unter normalen Umständen – so der BGH[28] – kann beispielsweise nicht davon ausgegangen werden, dass ein Landesbediensteter (Architekt), der in Erfüllung seiner Dienstpflichten ein urheberrechtlich geschütztes Werk geschaffen und seinem Dienstherrn hieran ein ausschließliches Nutzungsrecht eingeräumt hat, damit auch seine stillschweigende Zustimmung erteilt hat, dass der Dienstherr anderen Bundesländern zur Erfüllung der ihnen obliegenden oder übertragenen Aufgaben Unterlizenzen gewährt oder das Nutzungsrecht auf sie weiter überträgt.

Die **Urheberpersönlichkeitsrechte**, zB das Recht als Autor benannt zu werden (§ 13 UrhG) oder das Bearbeitungsrecht (§ 39 UrhG), verliert der schöpferische Arbeitnehmer bzw. Dienstnehmer auch im Arbeits- bzw. Dienstverhältnis grundsätzlich nicht. Hier ist lediglich ein vertraglicher Verzicht auf die Ausübung der Rechte möglich.[29]

II. Gesetzliche Vermutung der Urheber- oder Rechtsinhaberschaft

Wer geltend macht, alleiniger Urheber eines Werkes zu sein, hat nach den allgemeinen Grundsätzen die Darlegungs- und Beweislast hinsichtlich seiner Schöpfung, dh der das Werk prägenden Gestaltungselemente.[30]

Allerdings statuiert § 10 UrhG im Interesse der Rechtsklarheit für den Geschäftsverkehr eine gesetzliche Vermutung der Urheber- oder Rechtsinhaberschaft. Wer auf den Vervielfältigungsstücken eines erschienenen Werkes oder auf dem Original eines Werkes der bildenden Künste in der üblichen Weise als Urheber bezeichnet ist (zB durch eine Signatur), wird nach § 10 Abs. 1 UrhG bis zum Beweis des Gegenteils als Urheber des Werkes angesehen.[31] Dies gilt auch für eine Bezeichnung, die als Deckname (Pseudonym) oder Künstlerzeichen des Urhebers bekannt ist. Die Vermutung greift allerdings nur dann, wenn nachweisbar ist, dass die Kennzeichnung eine natürliche Per-

---

26 Dazu näher *Ring/Geißler*, Gewerblicher Rechtsschutz, Kapitel 2 Rn. 87 ff.
27 *Wirth* in Eichelberger/Wirth/Seifert, Urheberrechtsgesetz, UrhG § 43 Rn. 9. Ausführlich *Rojahn/Frank* in Schricker/Loewenheim, Urheberrecht, UrhG § 43 Rn. 100 ff.
28 BGH, Urt. v. 12.5.2010 – I ZR 209/07 – GRUR 2011, 59 – Ls.
29 *Wirth* in *Eichelberger/Wirth/Seifert*, Urheberrechtsgesetz, UrhG § 43 Rn. 11.
30 *Seifert/Wirth* in *Eichelberger/Wirth/Seifert*, Urheberrechtsgesetz, UrhG § 7 Rn. 5.
31 *Loewenheim/Peifer* in Schricker/Loewenheim, Urheberrecht, UrhG § 10 Rn. 7 f.

son als Urheber bezeichnet.[32] Der BGH hat daher die Vermutungswirkung für mit einer Firma gekennzeichnete Werke abgelehnt.[33]

BEACHTE:

§ 10 UrhG begründet kein Urheberrecht. Vielmehr statuiert die Norm eine **gesetzliche Beweislastumkehr**.

186 In den §§ 73 Abs. 1 Satz 3, 74 Abs. 3, 85 Abs. 4, 87 Abs. 4, 87b Abs. 2 und 94 Abs. 4 UrhG erfolgt (in Umsetzung von Art. 5b der Richtlinie 2004/48/EG) zugunsten der Inhaber **verwandter Schutzrechte** ein Verweis auf § 10 Abs. 1 UrhG.

187 § 10 Abs. 2 UrhG erlaubt es dem Urheber, seine **Anonymität** zu wahren. Ist der Urheber nicht entsprechend § 10 Abs. 1 UrhG bezeichnet, so wird nach § 10 Abs. 2 Satz 1 UrhG vermutet, dass derjenige ermächtigt ist, die Rechte des Urhebers (im eigenen Namen und in Prozessstandschaft) geltend zu machen, der auf den Vervielfältigungsstücken des Werkes als **Herausgeber** bezeichnet ist. Ist kein Herausgeber angegeben, so wird gemäß § 10 Abs. 2 Satz 2 UrhG vermutet, dass der **Verleger** hierzu ermächtigt ist.

188 Für die **Inhaber ausschließlicher Nutzungsrechte** (welche die Rechte auf vertraglichem Wege erworben haben) gilt nach § 10 Abs. 3 Satz 1 UrhG die gesetzliche Vermutung der Rechtsinhaberschaft des § 10 Abs. 1 UrhG entsprechend, soweit es sich um Verfahren des einstweiligen Rechtsschutzes handelt oder Unterlassungsansprüche geltend gemacht werden. Die Vermutung gilt gemäß § 10 Abs. 3 Satz 2 UrhG jedoch nicht im Verhältnis zum Urheber oder zum ursprünglichen Inhaber des verwandten Schutzrechts.

189 **FALL 5 – CT-PARADIES**
Nach BGH, Urt. v. 18.9.2014, Az.: I ZR 76/13 (OLG Nürnberg), GRUR 2015, 258.
Sachverhalt:
P vertreibt unter der Bezeichnung „CT-Paradies" und seiner aus diesem Namen bestehenden Internetseite Sammelfiguren, die als „Cherished Teddies" bezeichnet werden. Er fertigt von diesen selbst Produktfotos an, die er zur Veranschaulichung in seinen Onlineshop einbindet und mit dem Schriftzug „CT-Paradies" in der Bildecke versieht. Die E verkauft ebenfalls solche Figuren, jedoch über Ebay. Bei der Recherche im Internet findet sie die von P auf seiner Internetseite bereitgestellten Bilder, die in ihren sog. EXIF-Daten neben Blende und Belichtungszeit lediglich den Hinweis auf das verwendete Kameramodell (identisch mit dem des P), nicht aber den Fotografen, enthalten. E nutzt diese zur Illustration ihrer Ebay-Angebote. P möchte dagegen vorgehen, fragt sich allerdings, ob es ihm gelingen kann, seine Urheberschaft in einem möglichen Prozess zu belegen.
Bearbeitervermerk: *Es ist davon auszugehen, dass es sich bei den von P gefertigten Fotografien um Lichtbildwerke iSd § 2 Abs. 1 Nr. 5 UrhG handelt.*
Lösung:

A. Ausweislich des Bearbeitervermerks handelt es sich bei den streitgegenständlichen Fotografien um Lichtbildwerke, die gemäß § 2 Abs. 1 Nr. 5 urheberrechtlichen Schutz genießen.

---

[32] *Loewenheim/Peifer* in Schricker/Loewenheim, Urheberrecht, UrhG § 10 Rn. 9; *Seifert/Wirth* in Eichelberger/Wirth/Seifert, Urheberrechtsgesetz, UrhG § 10 Rn. 3.
[33] BGH, Urt. v. 18.9.2014 – I ZR 76/13 – GRUR 2015, 258 – CT-Paradies.

II. Gesetzliche Vermutung der Urheber- oder Rechtsinhaberschaft

B. P behauptet, dass ihm als Urheber sämtliche Verwertungsrechte an den Lichtbildern zustehen, da er der Fotograf gewesen sei. Urheber ist gemäß § 7 UrhG der Schöpfer des Werkes, vorliegend also der Fotograf. Problematisch ist im Falle einer etwaigen gerichtlichen Geltendmachung urheberrechtlicher Ansprüche allerdings die Beweislastverteilung.

I. Im Zivilprozess gilt der Grundsatz, dass jeder die Tatsachen darlegen und (im Bestreitensfalle) beweisen muss, die seinen Anspruch stützen.[34] Die Behauptung, der P, dessen geltend zu machender Anspruch sich auf die Tatsache seiner Urheberschaft stützt, sei der Fotograf und damit auch der Urheber der streitgegenständlichen Lichtbildwerke, wird er im Prozess problemlos führen können, weshalb die Darlegungslast hier erfüllt werden kann. Aller Voraussicht nach wird diese Behauptung aber nicht unwidersprochen bleiben, so dass der P dafür auch die Beweislast trägt. Dies gilt insbesondere angesichts der Tatsache, dass die E sich mit Nichtwissen erklären kann (§ 138 Abs. 4 ZPO), da sie selbst natürlich keine eigene Wahrnehmung von der Anfertigung der Fotos hatte.[35] Ein weitergehendes, substantiiertes Bestreiten ist also nicht erforderlich.

Nach dem vorliegenden Sachverhalt sind allerdings keine Anhaltspunkte ersichtlich, die auf dem P zur Verfügung stehende Beweismittel hindeuten. Insbesondere genügt die Übereinstimmung im verwendeten Kameramodell mit den EXIF-Daten der Lichtbilder nicht, um einen Beweis zu erbringen, da es unzählig viele Kameras dieses Modells geben dürfte und eine Seriennummer oder ähnliche, eindeutige Identifikationsmerkmale nicht ersichtlich sind. Selbst dann müsste noch bewiesen werden, dass die Kamera durch den P verwendet wurde. Folglich würde er einen von ihm angestrebten Prozess verlieren, da eine Beweislastentscheidung gegen ihn ergehen würde.

II. Etwas anderes könnte hier dann gelten, wenn § 10 UrhG eine Beweislastumkehr zugunsten des P bewirken würde, nach der er bis zum Beweis des Gegenteils als Urheber anzusehen wäre. Voraussetzung ist, dass der P auf dem Vervielfältigungsstück eines erschienenen Werkes in der üblichen Weise als Urheber bezeichnet ist.

1. Bei den Lichtbildern auf der Internetpräsenz des P müsste es sich demnach um Vervielfältigungsstücke handeln. Diese werden im Rahmen des Vervielfältigungsrechts iSd § 16 Abs. 1 UrhG hergestellt. Dem Wortsinn nach kann damit nur eine körperliche Festlegung gemeint sein.[36]
Vorliegend wurden die Lichtbilder ins Internet eingestellt. Technische Voraussetzung hierfür ist das Hochladen der elektronischen Dateien, die die Fotos enthalten, auf die Festplatte eines Servers. Da eine Festplatte eine Vorrichtung zur Wiedergabe von Bild- und Tonfolgen iSd § 16 Abs. 2 UrhG ist, bewirkt ein Hochladen auf den Server eine Vervielfältigung in diesem Sinne. Es handelt sich demnach bei den Lichtbildern auf der Server-Festplatte um Vervielfältigungsstücke iSd § 16 Abs. 1 UrhG. Folglich kann die Vermutung der Urheberschaft auch durch das Hochladen von Lichtbildern auf eine Internetseite begründet werden.[37]

---

34 Zur Beweisbedürftigkeit vgl. zB Musielak/Voit, Grundkurs ZPO, Rn. 737.
35 Zu den Möglichkeiten des Bestreitens vgl. Musielak/Voit, Grundkurs ZPO, Rn. 727.
36 BGH, Urt. v. 18.5.1955 – I ZR 8/54 – GRUR 1955, 492 (494); BGH, Urt. v. 22.1.2009 – I ZR 19/07 – GRUR 2009, 942 (944).
37 BGH, Urt. v. 18.9.2014 – I ZR 76/13 – GRUR 2015, 258 (260) mwN; aA *Schulze* in Dreier/Schulze, Urheberrechtsgesetz, UrhG § 10 Rn. 6a.

2. Das Werk muss sodann bereits erschienen sein. § 6 Abs. 2 UrhG bestimmt, dass ein Werk erschienen ist, wenn mit Zustimmung des Berechtigten Vervielfältigungsstücke des Werkes nach ihrer Herstellung in genügender Anzahl der Öffentlichkeit angeboten oder in den Verkehr gebracht worden sind. Das Werk muss also der Öffentlichkeit in verkörperter Form zugänglich gemacht worden sein.[38] Es ist fraglich, ob das Hochladen auf die Internetpräsenz des P hier schon genügt. Zwar wird – durch das Übertragen auf einen Server – vorliegend ein Vervielfältigungsstück hergestellt. Jedoch müsste dieses eine Vervielfältigungsstück eine „genügende Anzahl" darstellen. Entscheidend ist dabei, ob dem interessierten Publikum ausreichend Gelegenheit zur Kenntnisnahme gegeben wurde.[39] Dies kann bei einem einzigen Vervielfältigungsstück, von dem hier ausgegangen werden muss, nur in Ausnahmefällen angenommen werden. Die Besonderheit des vorliegenden Falles ist allerdings, dass dieses Vervielfältigungsstück zugleich von einer Vielzahl von Menschen weltweit zur Kenntnis genommen werden kann, da über das Internet ein nahezu unbeschränkter Zugriff einer Vielzahl von Menschen auf das Lichtbildwerk besteht. Demnach genügt hier ein einziges Vervielfältigungsstück.

3. Dieses Vervielfältigungsstück muss der Öffentlichkeit angeboten oder in den Verkehr gebracht worden sein, was im vorliegenden Fall problematisch erscheint, da das Vervielfältigungsstück – also letztlich die Festplatte mit den Bildern im Server – gerade nicht der Öffentlichkeit angeboten bzw. in den Verkehr gebracht wurde. Die Festplatte bleibt nämlich, wo sie ist. In der Literatur[40] wird in Fällen wie dem vorliegenden, in denen das Vervielfältigungsstück gerade nicht dazu bestimmt ist, die Betriebssphäre zu verlassen, vertreten, dass das fragliche Merkmal des öffentlichen Anbietens bzw. Inverkehrbringens nicht erforderlich sein soll, da die Möglichkeiten des Abrufs oder des Downloads ausreichen. Damit wird letztlich eine hinreichende Gelegenheit zur Kenntnisnahme gegeben. Zudem besteht die Möglichkeit für den Nutzer, eine dauerhafte Vervielfältigung des Werkes herzustellen, was der dem Erscheinen immanenten, nachhaltigen Verkörperung entspricht.

Auf diese Frage kommt es aber letztlich nicht an, wenn die Anwendbarkeit des § 10 Abs. 1 Satz 1 UrhG an anderen Voraussetzungen scheitert.

4. Auf diesen Vervielfältigungsstücken müsste der P in der üblichen Weise als Urheber bezeichnet worden sein. Dies ist dann der Fall, wenn die Bezeichnung an einer Stelle, an der sie üblich ist, angebracht ist[41] und wenn sie inhaltlich erkennen lässt, dass sie den Urheber des Werkes benennt.

   a) Hinsichtlich der üblichen Stelle, an der die Bezeichnung angebracht ist, ist der Begriff der Üblichkeit weit auszulegen. Danach ist die Bezeichnung an einer nicht ganz versteckten oder völlig außergewöhnlichen Stelle des Vervielfältigungsstücks als üblich anzusehen.[42] Nach dem Sachverhalt wurde die Bezeichnung hier in der Bildecke angebracht. Das ist jedenfalls keine au-

---

38 *Katzenberger/Metzger* in Schricker/Loewenheim, Urheberrecht, UrhG § 6 Rn. 30.
39 BGH, Urt. v. 23.1.1981 – I ZR 170/78 – GRUR 1981, 360 (362).
40 *Katzenberger/Metzger* in Schricker/Loewenheim, Urheberrecht, UrhG § 6 Rn. 56; *Süßenberger/Czychowski*, GRUR 2003, 489 (491).
41 BGH, Urt. v. 26.2.2009 – I ZR 142/06 – GRUR 2009, 1046 (1048).
42 BGH, Urt. v. 26.2.2009 – I ZR 142/06 – GRUR 2009, 1046 (1048); *Schulze* in Dreier/Schulze, Urheberrechtsgesetz, UrhG § 10 Rn. 10.

ßergewöhnliche Stelle, so dass von einer Bezeichnung an üblicher Stelle auszugehen ist.

b) Ferner muss es sich bei dem Terminus „CT-Paradies" aber auch um eine geeignete Bezeichnung handeln. Dabei ist im Übrigen das Schöpferprinzip iSd § 7 UrhG zu beachten. Nach diesem Prinzip können nur natürliche Personen Schöpfer eines urheberrechtlichen Werkes sein. Demgemäß muss die verwendete Bezeichnung vom Verkehr aber auch als Hinweis auf eine natürliche Person zu verstehen sein.[43] Dies ist jedenfalls bei der Verwendung von Namen, Decknamen oder Künstlerzeichen zu bejahen.[44]

Im vorliegenden Fall nutzte der P den Begriff „CT-Paradies", unter dem er zugleich seine Webseite mit dem Onlineshop betrieb. Grundsätzlich sind auch die Firma und die Geschäftsbezeichnung eines Einzelkaufmannes geeignet, einer natürlichen Person zugeordnet zu werden, soweit der Verkehr darin einen Hinweis auf eine natürliche Person sieht.[45] Die hier verwendete Bezeichnung „CT-Paradies" wird diesen Anforderungen jedoch nicht gerecht. Ein Hinweis auf die natürliche Person des Schöpfers ist ihr gerade nicht zu entnehmen.

III. Im Ergebnis ist festzustellen, dass der Urheber im vorliegenden Fall gerade nicht bezeichnet wurde. Folglich greift die Vermutung des § 10 Abs. 1 Satz 1 UrhG nicht ein. Es bleibt daher bei der ursprünglichen Beweislastverteilung (vgl. I.).

C. Demnach ist nicht davon auszugehen, dass es P im Falle eines Prozesses gelingen wird, seine Urheberschaft zu beweisen. ◀

III. Miturheberschaft (§ 8 UrhG)

1. Entstehung der Miturheberschaft

Haben mehrere Personen im Zeitpunkt der Entstehung des Werks ein einheitliches Werk (iSd § 2 Abs. 2 UrhG) gemeinsam geschaffen, ohne dass sich die Anteile ihrer Zusammenarbeit gesondert, dh im Sinne einer selbstständigen Verkehrsfähigkeit des jeweiligen Beitrags[46], verwerten lassen, so sind sie nach § 8 Abs. 1 UrhG **Miturheber** dieses Werkes.

Gemeinsames Schaffen meint – in Abgrenzung zur Werkverbindung (§ 9 UrhG) – eine vertikale oder horizontale Arbeitsteilung bei Unterordnung unter eine Gesamtidee in allen Entstehungsstadien des Werkes.[47] Beispiele sind die gemeinsame Erstellung eines Drehbuchs durch mehrere Autoren oder das Zusammenwirken bei einem Filmwerk von Regisseur, Kameramann und bei entsprechendem schöpferischem Anteil auch der Schauspieler[48]. Für die Miturheberschaft kommt es nicht darauf an, ob sich die Anteile der Miturheber theoretisch voneinander trennen lassen. Maßgeblich ist nur, ob die Anteile ausschließlich als Gesamtwerk **verwertbar** sind.[49] Dies trifft beispielsweise im Falle von Text und Musik eines Musikstücks nicht zu, da sich der Text als Sprachwerk und die Musik als Musikwerk eigenständig verwerten lassen und auch eigenständigen

---

43 BGH, Urt. v. 18.9.2014 – I ZR 76/13 – GRUR 2015, 258 (261).
44 BGH, Urt. v. 14.7.1993 – I ZR 47/91 – GRUR 1994, 39 (40).
45 LG Frankfurt aM, Urt. v. 20.2.2008 – 2-06 O 247/07 – ZUM-RD 2009, 22, 23; BGH, Urt. v. 18.9.2014 – I ZR 76/13 – GRUR 2015, 258 (261).
46 So *Lettl*, Urheberrecht, § 3 Rn. 13.
47 *Lettl*, Urheberrecht, § 3 Rn. 10 f.
48 Siehe dazu BGH, Urt. v. 20.7.2018 – V ZR 130/17 – GRUR 2018, 1280 – My Lai, Rn. 13.
49 *Seifert/Wirth* in Eichelberger/Wirth/Seifert, Urheberrechtsgesetz, UrhG § 8 Rn. 1.

urheberrechtlichen Schutz genießen. Folglich handelt es sich hier um ein verbundenes Werk iSd § 9 UrhG.[50]

192 Im Falle einer gesonderten Verwertbarkeit eines Beitrags im Gesamtkontext des Werks (Doppelcharakter) kann dafür ein eigenständiger urheberrechtlicher Schutz bestehen.[51]

193 Die Miturheberschaft iS einer **gemeinsamen Werkschöpfung** ist von der **Bearbeitung** nach § 3 UrhG zu unterscheiden. Entsteht ein Werk in einem mehrstufigen Schaffensprozess, so reicht es für die Miturheberschaft auch aus, wenn eine eigenschöpferische Mitwirkung in einem Vorstadium erfolgt ist, insofern dieses Vorstadium Teil eines einheitlichen Schöpfungsprozesses ist.[52]

2. Die Gesamthandsgemeinschaft der Miturheber

194 Für den Fall der Miturheberschaft steht den Miturhebern gemäß § 8 Abs. 2 UrhG das Recht zur Veröffentlichung und zur Verwertung des Werkes zur gesamten Hand zu (Gesamthandsgemeinschaft der Miturheber). Dabei ist zwischen dem **Innenverhältnis** der Miturheber untereinander und dem **Außenverhältnis** der Miturheber (-gemeinschaft) zu außenstehenden Dritten zu unterscheiden. Ein Miturheber kann seinen Anteil an der Gesamthandsgemeinschaft aufgrund § 29 UrhG nicht übertragen. Der Anteil ist jedoch vererblich (vgl. § 28 UrhG).

195 Für die Gesamthandsgemeinschaft kommen ergänzend die §§ 705 ff. BGB zur Anwendung. Daraus resultiert eine **gesamthänderische Bindung**, aufgrund der Änderungen des Werkes nur mit Einwilligung aller Miturheber zulässig sind. Ein Miturheber darf jedoch seine Einwilligung zur Veröffentlichung, Verwertung oder Änderung nicht wider Treu und Glauben (vgl. § 242 BGB) unter Berücksichtigung der konkreten Umstände des Einzelfalls verweigern (§ 8 Abs. 2 Satz 2 UrhG).

196 Jeder Miturheber ist nach § 8 Abs. 2 Satz 3 1. Hs. UrhG auch allein berechtigt (**aktiv legitimiert**), Ansprüche aus Verletzungen des gemeinsamen Urheberrechts geltend zu machen. Er kann in einem solchen Fall, in dem er als gesetzlicher Prozessstandschafter handelt, jedoch grundsätzlich nur Leistung an alle Miturheber verlangen (so § 8 Abs. 2 Satz 3 2. Hs. UrhG). Leistungen an sich selbst kann ein Miturheber nur für den Anspruch auf eine weitere angemessene Beteiligung nach § 32a Abs. 1 bzw. Abs. 2 UrhG geltend machen.

197 Ein Miturheber kann einen Anspruch auf weitere angemessene Beteiligung nach § 32a Abs. 1 oder 2 Satz 1 UrhG und einen diesen Anspruch vorbereitenden Auskunftsanspruch also grundsätzlich unabhängig von anderen Miturhebern und allein zu seinen Gunsten geltend machen. Die Bestimmungen des § 8 Abs. 2 Satz. 1 Hs. 1 und des § 8 Abs. 2 Satz 3 Hs. 2 UrhG stehen dem nicht entgegenstehen.[53]

3. Rechte der Miturheber

198 Die **Erträgnisse** aus der Nutzung des Werkes gebühren den Miturhebern nach dem Umfang ihrer Mitwirkung an der Schöpfung des Werkes, wenn zwischen den Miturhe-

---

50 *Seifert/Wirth* in Eichelberger/Wirth/Seifert, Urheberrechtsgesetz, UrhG § 8 Rn. 2.
51 *Lettl*, Urheberrecht, § 3 Rn. 15.
52 BGH, Urt. v. 3.3.2005 – I ZR 111/02 – NJW-RR 2005, 1403 – Flash 2000; *Seifert/Wirth* in Eichelberger/Wirth/Seifert, Urheberrechtsgesetz, UrhG § 8 Rn. 4.
53 BGH, Urt. v. 22.9.2011 – I ZR 127/10 – GRUR 2012, 496 – Das Boot, Ls. 1.

bern (vertraglich) nichts Anderes vereinbart ist (so § 8 Abs. 3 UrhG). Lässt sich der Anteil nicht ermitteln, so kommt auch eine Schätzung nach Billigkeit in Betracht.[54]

Ein Miturheber kann nach § 8 Abs. 4 UrhG auf seinen Anteil an den Verwertungsrechten (§ 15 UrhG) – zwecks Erleichterung der Verteilung – auch verzichten. Der Verzicht ist eine einseitige empfangsbedürftigen Willenserklärung nach § 130 BGB. In einem solchen Fall ist der **Verzicht** den anderen Miturhebern als Erklärungsadressaten gegenüber zu erklären. Ein entsprechender Verzicht erfasst jedoch nicht die (unverzichtbaren) Urheberpersönlichkeitsrechte (insbesondere §§ 12, 13, 14 und 25 UrhG)[55]. Mit der Erklärung wächst der Anteil den anderen Miturhebern zu (Anwachsung).

199

Frage 14: Was versteht man unter Miturheberschaft und welche Rechte gebühren jedem Miturheber?

IV. Urheber verbundener Werke

Von der Miturheberschaft nach § 8 UrhG (iS der gemeinsamen Schaffung eines einheitlichen Werks) ist die Werkverbindung als eigenständige Nutzungsart gemäß § 9 UrhG zu unterschieden. Bei der Werkverbindung schließen sich mehrere Urheber selbstständiger Werke mit gesondertem Urheberrecht zu einer **gemeinsamen Verwertung** zusammen.[56] Miturheberschaft und Werkverbindung können auch nebeneinander bestehen. Die Werkverbindung ist außerdem vom Sammelwerk (vgl. § 38 UrhG) abzugrenzen.

200

> **BEACHTE: ABGRENZUNG DER WERKVERBINDUNG**[57]
>
> Im Unterschied zur Miturheberschaft entsteht durch die Werkverbindung kein einheitliches Werk, sondern beide Werke bleiben selbstständig und werden nur gemeinsam verwertet.
>
> Im Falle von Sammelwerken erfolgt in der Regel eine Übertragung von Nutzungsrechten zur Verwertung an einen Dritten, wobei die jeweiligen Werkinhaber untereinander durch die Teilnahme ihres Werkes an dem Sammelwerk keine Rechtsbindungen haben.

Haben mehrere Urheber ihre Werke zu gemeinsamer Verwertung miteinander (mittels darauf gerichteter Willensübereinstimmung, mithin **kraft Rechtsgeschäfts**) verbunden, liegt eine Werkverbindung iSd § 9 UrhG vor. Voraussetzung ist aber, dass die Werke, die der Werkverbindung zugrunde liegen, jeweils urheberrechtlich geschützt sind. Keine Werkverbindung liegt bspw. vor, wenn ein Werk mit einem gemeinfreien Werk verbunden wird.[58]

201

Nach § 9 UrhG kann jeder Urheber, dessen Werk Teil eines verbundenen Werkes ist, vom anderen die **Einwilligung** zur Veröffentlichung (iS von § 6 Abs. 1 UrhG), Verwertung (§ 15 UrhG) und Änderung der verbundenen Werke verlangen, wenn die Einwilligung dem anderen Urheber nach Treu und Glauben (§ 242 BGB) zuzumuten ist.

202

---

54 *Loewenheim* in Loewenheim, Handbuch des Urheberrechts, § 11 Rn. 13.
55 *Seifert/Wirth* in Eichelberger/Wirth/Seifert, Urheberrechtsgesetz, UrhG § 8 Rn. 5.
56 *Loewenheim/Peifer* in Schricker/Loewenheim, Urheberrecht, UrhG § 9 Rn. 1.
57 Nach *Loewenheim/Peifer* in Schricker/Loewenheim, Urheberrecht, UrhG § 9 Rn. 6.
58 *Seifert/Wirth* in Eichelberger/Wirth/Seifert, Urheberrechtsgesetz, UrhG § 9 Rn. 3.

203 Kommt zwischen mehreren Urhebern eine entsprechende Werkverbindung (iS eines auf eine gemeinsame Verwertung gerichteten Rechtsgeschäfts[59]) zustande, besteht zwischen ihnen idR eine **Verwertungs-GbR** (iSd §§ 705 ff. BGB).[60]

204 **EXKURS: DIE VERWERTUNGSGEMEINSCHAFT**

Die Urheber verfolgen den gemeinsamen Zweck einer Verwertung ihrer Werke und bilden daher eine GbR (§ 705 BGB). Zu diesem Zweck bringen die Urheber die notwendigen Verwertungsrechte in das Gesellschaftsvermögen ein (§ 718 BGB).[61]

Durch die Verbindung in der GbR unterliegen die Urheber einer Treuepflicht nicht nur in der Ausprägung des § 9 UrhG, sondern auch darüber hinaus, wenn eine Interessenabwägung im Einzelfall dieses gebietet.[62]

Die Geschäftsführung steht den Beteiligten gemeinschaftlich zu (§§ 709, 714 BGB), dh für Geschäftsführungsmaßnahmen ist die Zustimmung aller Urheber erforderlich, wenn nichts anderes vereinbart wurde. Die Geschäftsführung schließt bspw. den Abschluss von Verwertungsverträgen sowie deren Kündigung ein.[63] Ein beteiligter Urheber kann die gebotene Zustimmung der anderen Urheber zu einer Geschäftsführungsmaßnahme ggf. durch eine Klage erzwingen.[64] Ist es zur wirtschaftlichen Erhaltung des Werkes notwendig, ist in Ausnahmefällen auch eine alleinige Geschäftsführung möglich (§ 744 Abs. 2 BGB analog).[65]

Die Gesellschaft endet, wenn der Zweck nicht mehr verfolgt werden kann, weil beispielsweise die Schutzrechte an einem beteiligten Werk erlöschen. Nach dem Tod eines Gesellschafters wird die Gesellschaft idR mit den Erben weitergeführt.[66] Eine Kündigung aus wichtigem Grund ist in Ausnahmefällen möglich (§ 723 BGB).[67] ◄

205 Entsprechend § 8 Abs. 2 Satz 3 UrhG ist jeder Urheber berechtigt, Ansprüche aus Verletzungen des gemeinsamen Urheberrechts geltend zu machen – er kann jedoch nur Leistung an alle Urheber verlangen. In der Praxis kann es sinnvoll sein, die **Kompetenzen** der einzelnen Urheber bei verbundenen Werken vertraglich festzulegen.[68] Die Regelungen in § 9 UrhG sind, wie die §§ 705 ff. BGB, dispositiv. Sie können also durch vertragliche Vereinbarung abgeändert werden.[69] Hinsichtlich der übertragenen Rechte werden diese bei der Werkverbindung grundsätzlich gemäß dem Übertragungszweckgedanken (§ 31 Abs. 5 UrhG) nur in dem Umfang auf die Verwertungsgemeinschaft übertragen, in dem es für die gemeinsame Verwertung notwendig ist.[70]

206 Hinsichtlich der Schutzdauer werden grundsätzlich die Werke, welche Teil des verbundenen Werkes sind, getrennt beurteilt. Eine Ausnahme besteht nur für Werke aus Musik und Text (§ 65 Abs. 3 UrhG).[71]

---

59 Dazu *Loewenheim/Peifer* in Schricker/Loewenheim, Urheberrecht, UrhG § 9 Rn. 7 f.
60 BGH, Urt. v. 2.10.1981 – I ZR 81/79 – NJW 1982, 641 = GRUR 1982, 42 – Musikverleger III.
61 *Loewenheim/Peifer* in Schricker/Loewenheim, Urheberrecht, UrhG § 9 Rn. 9.
62 Seibt/Wiechmann, GRUR 1995, 562 (565); *Loewenheim/Peifer* in Schricker/Loewenheim, Urheberrecht, UrhG § 9 Rn. 10.
63 *Loewenheim/Peifer* in Schricker/Loewenheim, Urheberrecht, UrhG § 9 Rn. 11.
64 BGH, Urt. v. 9.6.1982 – I ZR 5/80 – GRUR 1982, 743 – Verbundene Werke.
65 *Thum* in Wandtke/Bullinger, Urheberrecht, § 9 Rn. 61 f.
66 *Loewenheim/Peifer* in Schricker/Loewenheim, Urheberrecht, UrhG § 9 Rn. 12.
67 *Loewenheim/Peifer* in Schricker/Loewenheim, Urheberrecht, UrhG § 9 Rn. 13.
68 *Seifert/Wirth* in Eichelberger/Wirth/Seifert, Urheberrechtsgesetz, UrhG § 9 Rn. 2.
69 *Loewenheim/Peifer* in Schricker/Loewenheim, Urheberrecht, UrhG § 9 Rn. 2.
70 *Loewenheim/Peifer* in Schricker/Loewenheim, Urheberrecht, UrhG § 9 Rn. 9; *Seifert/Wirth* in Eichelberger/Wirth/Seifert, Urheberrechtsgesetz, UrhG § 9 Rn. 4.
71 *Dreier* in Dreier/Schulze, Urheberrechtsgesetz, UrhG § 63 Rn. 8 ff.; *Seifert/Wirth* in Eichelberger/Wirth/Seifert, Urheberrechtsgesetz, UrhG § 9 Rn. 5.

V. Zusammenfassung

Urheber eines Werkes ist der Schöpfer, dh diejenige natürliche Person, deren persönliche geistige Schöpfung sich in dem Werk manifestiert (**Urheberschaftsprinzip**). Wer lediglich Anregungen oder Hilfestellungen gibt, gilt nicht als Urheber. 207

Im Rahmen eines **Arbeitsverhältnisses** ist der Arbeitnehmer, der ein Werk schafft (und nicht der Arbeitgeber), Schöpfer und damit Urheber des Werks. Grundsätzlich kann sich jedoch der Arbeitgeber Nutzungsrechte an dem vom Arbeitnehmer geschaffenen Werk vertraglich einräumen lassen. Sind im Arbeitsvertrag keine ausdrücklichen Vereinbarungen dahingehend getroffen, so ist jedenfalls von einer stillschweigenden Übertragung der Nutzungsrechte an den in Ausführung der arbeitsvertraglichen Pflichten entstandenen Werken auszugehen (**Zweckübertragungstheorie**). 208

Sind mehrere Schöpfer an einem Werk beteiligt, so handelt es sich um 209

- **Miturheber** (§ 8 UrhG), wenn beide Urheber gemeinsam ein einheitliches Werk in der Art geschaffen haben, dass sich ihre Anteile nicht mehr gesondert verwerten lassen, oder um
- eine **Verwertungsgemeinschaft**, wenn das Werk aus zwei oder mehreren urheberrechtlich geschützten, trennbaren Werken besteht, welche nur zum Zwecke der Verwertung verbunden wurden (§ 9 UrhG).

Nach § 10 UrhG gilt eine gesetzliche Vermutung der Urheberschaft bzw. der Rechtsinhaberschaft hinsichtlich der auf Werkstücken bezeichneten Personen (**Urhebervermutung**). 210

§ 4 Der Inhalt des Urheberrechts

I. Positiver Inhalt des Urheberrechts

211 Nach seinem positiven Inhalt schützt das Urheberrecht den Urheber nach § 11 Satz 1 UrhG in seinen geistigen und persönlichen Beziehungen zum Werk (**Urheberpersönlichkeitsrecht**) und in der Nutzung des Werkes (**vermögensrechtliche Befugnisse des Urhebers**).

212 Damit wird zum einen der Schutz des Urheberpersönlichkeitsrechts (vgl. §§ 12 bis 14 UrhG) statuiert (**immaterielle Komponente**) und zum anderen die materielle Komponente aufgezeigt. Das Urheberrecht dient nämlich gemäß § 11 Satz 2 UrhG zugleich auch der Sicherung einer angemessenen Vergütung zugunsten des Urhebers für eine Nutzung des Werkes. Daher werden dem Urheber in den §§ 15 ff. UrhG diverse Verwertungsrechte eingeräumt (**materielle Komponente** des Urheberrechts).

213 Zugleich hat der das Urheberrecht tragende Leitgedanke einer **angemessenen Vergütung** eine Leitbildfunktion im Sinne des AGB-Rechts. Eine Einschränkung der Vertragsfreiheit, beispielsweise im Sinne einer festgeschriebenen Mindestvergütung, lässt sich daraus jedoch nicht ableiten.[1]

214 Daneben räumen die §§ 25 bis 27 UrhG dem Urheber noch „sonstige Rechte" (Zugang zu Werkstücken, Folgerecht und Vergütung für Vermietung und Verleihen) ein, die zum Teil auch einen Schutz des Urheberpersönlichkeitsrechts bezwecken.

215 Das Urheberpersönlichkeitsrecht und die vermögensrechtlichen Befugnisse spiegeln die **Doppelnatur des Urheberrechts** wider. Sie sind allerdings untrennbar miteinander verknüpft (sog. monistische Theorie, vorstehende Rn. 167).[2]

Frage 15: Umschreiben Sie bitte den positiven Inhalt des Urheberrechts.

1. Das Urheberpersönlichkeitsrecht

216 Das Urheberpersönlichkeitsrecht ist eine **Spezialausprägung** des allgemeinen Persönlichkeitsrechts (Art. 2 Abs. 1 iVm Art. 1 Abs. 1 GG).[3]

a) Grundlagen

217 Das Urheberpersönlichkeitsrecht als geistige und persönliche Beziehung des Urhebers zu seinem Werk (vgl. § 11 Satz 1 1. Alt. UrhG) und immaterieller Teilaspekt des umfassenden Urheberrechts ist als **absolutes Recht** zu qualifizieren, das gegenüber jedermann Geltung beansprucht. Es ist aufgrund seines höchstpersönlichen Charakters grundsätzlich nicht übertragbar (§ 29 Abs. 1 UrhG) – wohl aber vererblich (§ 28 Abs. 1 UrhG).

218 Das Urheberpersönlichkeitsrecht endet regelmäßig 70 Jahre nach dem Tod des Urhebers (vgl. § 64 UrhG – **Regelschutzfrist**). Es gewährt dem Urheber als Schöpfer ein Recht auf umfassende Anerkennung seiner Leistung, was in den §§ 12 bis 14 UrhG eine Konkretisierung erfährt.

---

1 *Seifert/Wirth* in Eichelberger/Wirth/Seifert, Urheberrechtsgesetz, UrhG § 11 Rn. 2.
2 *Lettl*, Urheberrecht, § 4 Rn. 2.
3 BGH, Urt. v. 25.5.1954 – I ZR 211/53 – BGHZ 13, 334 (338 f.) – Hjalmar Schacht; aA *Schulze* in Dreier/Schulze, Urheberrechtsgesetz, UrhG Vor. §§ 12 ff. UrhG, Rn. 5 f.; *Lettl*, Urheberrecht, § 4 Rn. 5: rechtlich selbstständige Erscheinungsformen des allgemeinen Persönlichkeitsrechts.

I. Positiver Inhalt des Urheberrechts

Der Inhalt des Urheberpersönlichkeitsrechts spiegelt sich weiterhin auch in dessen besonderen Ableitungen wider. So hat der Urheber in positiver Hinsicht ein **Veröffentlichungsrecht** (§ 12 UrhG) und einen Anspruch auf **Anerkennung** seiner Urheberschaft (§ 13 UrhG). Der negative Inhalt des Urheberpersönlichkeitsrechts gewährt dem Urheber das Recht, gegen eine **Entstellung** seines Werks einzuschreiten (vgl. § 14 UrhG), weil diese seinem Ruf und seiner Ehre abträglich sein könnte. Die Bedeutung des Urheberpersönlichkeitsrechts geht jedoch als Schutz der geistigen und persönlichen Bindung des Urhebers zu seinem Werk über den Inhalt der einzelnen Paragrafen hinaus.[4]

EXKURS: ALLGEMEINES PERSÖNLICHKEITSRECHT

Das allgemeine Persönlichkeitsrecht findet Spezialausprägungen im Namensrecht nach § 12 BGB und im Recht am eigenen Bild nach den §§ 22 ff. KUG. Die Privatsphäre (insbesondere auch in Gestalt des Rechts auf informationelle Selbstbestimmung) wird nach § 823 Abs. 1 BGB iVm Art. 2 Abs. 1 und Art. 1 Abs. 1 GG geschützt – die Ehre gemäß § 823 Abs. 2 BGB iVm den strafrechtlichen Ehrschutzdelikten (§§ 185 ff. StGB) bzw. nach § 824 BGB (Kreditgefährdung). ◀

b) Veröffentlichungsrecht (§ 12 UrhG)

Der Urheber allein hat nach § 12 Abs. 1 UrhG als Ausdruck seines Urheberpersönlichkeitsrechts das Recht zu bestimmen, „ob", „wann", „wo" und „wie" bzw. in welcher Form sein Werk zu veröffentlichen ist. „Veröffentlichen" meint das Zugänglichmachen des Werkes für die Allgemeinheit.[5] Der Urheber entscheidet über die Veröffentlichungsreife („Zeitpunkt") und die Veröffentlichungsform („Art der Veröffentlichung") des Werks.[6] Das **Erstveröffentlichungsrecht** ist zugleich Abwehrrecht des Urhebers gegen eine unbefugte Veröffentlichung.[7] Ist das Werk mit Zustimmung des Urhebers aus seiner Sphäre an die Öffentlichkeit gelangt, ist sein Erstveröffentlichungsrecht „verbraucht".[8]

Gemäß § 12 Abs. 2 UrhG ist es außerdem allein dem Urheber vorbehalten, den Inhalt seines Werkes öffentlich (erstmals) mitzuteilen (dh über das „Ob", „Wann", „Wo" und das „Wie" der **Inhaltsmitteilung** zu entscheiden) oder zu beschreiben, solange weder das Werk noch der wesentliche Inhalt oder eine Beschreibung des Werkes mit seiner Zustimmung veröffentlicht ist. Der Urheber kann sich damit vor einem unerwünschten vorzeitigen Bekanntwerden seines Werkes, beispielsweise durch Vorab-Rezensionen, schützen.[9] § 12 Abs. 2 UrhG schränkt den Schutz des Urhebers nach der Veröffentlichung nicht ein, denn es kann hier nicht im Wege eines Umkehrschlusses abgeleitet werden, dass nach der Veröffentlichung jedermann das Recht hätte, den Inhalt ohne Zustimmung des Urhebers mitzuteilen.[10]

Das Veröffentlichungsrecht kann allerdings, neben den einschlägigen urheberrechtlichen Schranken und gesetzlichen Publikationspflichten, im Einzelfall verfassungsrecht-

---
4 *Seifert/Wirth* in Eichelberger/Wirth/Seifert, Urheberrechtsgesetz, UrhG § 12 Rn. 3.
5 *Peukert* in Schricker/Loewenheim, Urheberrecht, UrhG § 12 Rn. 7.
6 *Peukert* in Schricker/Loewenheim, Urheberrecht, UrhG § 12 Rn. 9; *Seifert/Wirth* in Eichelberger/Wirth/Seifert, Urheberrechtsgesetz, UrhG § 12 Rn. 1.
7 *Lettl*, Urheberrecht, § 5 Rn. 15.
8 *Lettl*, Urheberrecht, § 4 Rn. 11.
9 *Seifert/Wirth* in Eichelberger/Wirth/Seifert, Urheberrechtsgesetz, UrhG § 12 Rn. 4.
10 BGH, Urt. v. 1.12.2010 – I ZR 12/08 – NJW 2011, 761 – Perlentaucher; *Peukert* in Schricker/Loewenheim, Urheberrecht, UrhG § 12 Rn. 29.

lichen **Schranken** unterliegen[11], bspw. weil ein überragendes öffentliches Interesse an einer Veröffentlichung besteht.[12]

c) Urheberbenennungsrecht

224 Zum anderen hat der Urheber nach § 13 Satz 1 UrhG das Recht auf **Anerkennung seiner Urheberschaft** am Werk. Der Urheber kann nach § 13 Satz 2 UrhG entscheiden, **ob** das Werk mit einer Urheberbezeichnung zu versehen ist oder ob seine Person anonym bleiben soll. Ihm kommt außerdem das Recht zu, die konkrete Bezeichnung (bürgerlicher Name oder Künstlername) zu wählen. Voraussetzung ist aber, dass durch die Bezeichnung eine eindeutige Zuordnung zwischen Urheber und Werk möglich ist.

225 Das Recht nach § 13 UrhG ermöglicht es dem Urheber sich gegen die Anmaßung eines Dritten zu wehren. Im Falle einer Verletzung greifen die §§ 97 ff. UrhG (nachstehende Rn. 335 ff.). Im Rahmen der materiellen Schadenersatzansprüche kann die fehlende Namensnennung berücksichtigt werden, wenn ihr ein objektiver Werbewert zukommt.[13] Eine diesem Recht zuwiderlaufende Aberkennung der Urheberschaft liegt auch vor, wenn der Bearbeiter eines Werkes sich als Alleinurheber darstellt. Miturheber haben jeweils ein eigenständiges Recht auf Benennung.[14]

226 **FALL 6 – NAMENSNENNUNGSRECHT DES ARCHITEKTEN**
Nach BGH, Urt. v. 16.6.1994 – Az. I ZR 3/92 – NJW 1994, 2621.
Sachverhalt:
A ist Architekt. Die Stadt S errichtete ein Weiterbildungszentrum nach den Plänen des A, wobei dieser die Entwurfs- und Ausführungsplanung bis zur Kündigung des zu Grunde liegenden Vertrages durch die S erbrachte. Im Zeitpunkt der Kündigung war der Rohbau fertiggestellt. Zwischenzeitlich ist das Gebäude nach den Plänen des A vollständig errichtet. A meint nun, er habe einen Anspruch auf Anbringung der Urheberbezeichnung in Form einer vom öffentlichen Verkehrsraum aus gut sichtbaren Sandsteinplatte, in die der Schriftzug „Architekt Dipl.-Ing. A" eingraviert worden ist. Die S wendet ein, es handle sich um einen reinen Zweckbau, der das Namensnennungsrecht entfallen lasse. A entgegnet, dass sich das Gebäude aufgrund seiner herausragenden künstlerischen Leistung hervorragend in den historischen Stadtteil einfüge und dennoch den Anforderungen an moderne Gebäude genüge. Diese Fusion bewirke, dass für das von ihm geplante Weiterbildungszentrum zu seinen Gunsten ein Namensnennungsrecht bestehe.
Hat der A einen Anspruch auf Anbringung seiner Urheberbezeichnung?
<u>Bearbeitervermerk:</u> *Es ist für den vorliegenden Sachverhalt davon auszugehen, dass die von A geforderte Namensnennung als unüblich anzusehen ist, und dass es insoweit eine allgemein bekannte Branchenübung gibt, dass bei Bauwerken auf die Namensnennung verzichtet wird.*
Lösung:
Ein Anspruch auf Anbringung einer Urheberbezeichnung könnte sich aus § 13 Satz 2 UrhG ergeben. Danach kann der Urheber bestimmen, ob und mit welcher Urheberbezeichnung sein Werk zu versehen ist.

---

11 *Peukert* in Schricker/Loewenheim, Urheberrecht, UrhG § 12 Rn. 24 f.
12 *Seifert/Wirth* in Eichelberger/Wirth/Seifert, Urheberrechtsgesetz, UrhG § 12 Rn. 3.
13 *Peukert* in Schricker/Loewenheim, Urheberrecht, UrhG § 13 Rn. 20.
14 *Seifert/Wirth* in *Eichelberger/Wirth/Seifert*, Urheberrechtsgesetz, UrhG § 13 Rn. 1, § 98 Rn. 3; *Peukert* in Schricker/Loewenheim, Urheberrecht, UrhG § 13 Rn. 5.

I. Positiver Inhalt des Urheberrechts

A. Zunächst müsste es sich bei dem streitgegenständlichen Gebäude um ein Werk iSd § 2 UrhG handeln. In Betracht kommt hier ein Werk der Baukunst gemäß § 2 Abs. 1 Nr. 4 UrhG. Unter diesen Begriff lassen sich Bauwerke wie Häuser, Brücken Denkmäler uä subsumieren[15]. Die Anforderungen an eine hinreichende Individualität sind dabei ähnlich wie bei anderen Werkarten zu beurteilen[16], so dass auch hier die sog. „kleine Münze" geschützt ist. Insbesondere steht der Gebrauchszweck des Gebäudes einem Urheberrechtsschutz nicht entgegen. Allerdings spielt es im Hinblick auf § 2 Abs. 2 UrhG, der eine persönliche geistige Schöpfung des Urhebers verlangt, eine Rolle, inwiefern das Bauwerk durch seine Rolle oder seine Umgebung vorgegeben ist. Es muss sich dann jedenfalls deutlicher von durchschnittlichen Lösungen abheben, um den Schutz des Urheberrechts zu genießen.[17] Das Anpassen der Außenkante eines Bauwerks ist dabei zB nicht ausreichend.[18] Gelingt es andererseits, dass sich das Bauwerk harmonisch in die Umgebung einfügt, so kann dies zur Begründung des urheberrechtlichen Schutzes genügen.[19]

Im vorliegenden Fall ist nach dem Sachverhalt davon auszugehen, dass die sich in das bauliche Umfeld einfügende Formgestaltung meisterlich mit dem Gebrauchszweck des Gebäudes verbunden worden ist. Dafür, dass das Gebäude weitgehend durch seine Funktion und das Umfeld bestimmt wird, enthält der Sachverhalt allerdings keine Informationen. Letztlich liegt damit ein Werk der Baukunst vor, das urheberrechtlichen Schutz genießt.

B. Der A müsste zudem Urheber dieses Werkes sein.

I. § 7 UrhG bestimmt, dass der Schöpfer des Werkes Urheber ist. Im vorliegenden Fall ist der A, der als Architekt die Pläne erstellte, die bei der Errichtung des streitgegenständlichen Bauwerks laut Sachverhalt in Gänze umgesetzt wurden, als Schöpfer anzusehen, da das Bauwerk damit seine persönliche und geistige Schöpfung darstellt.

II. Fraglich ist weiterhin, ob sich aus der Tatsache, dass der A die Errichtung des Bauwerks nicht bis zur Vollendung betreut hat, etwas anderes ergibt. Allerdings muss festgestellt werden, dass es für die Entstehung des Urheberrechts – und damit letztlich auch des Rechts auf Namensnennung – hierauf nicht ankommt. Selbst wenn der Architekt die Bauleitung nicht ausübt, entsteht der urheberrechtliche Schutz soweit das Werk nach seinen Plänen (die im Übrigen als Entwürfe auch einen selbstständigen urheberrechtlichen Schutz genießen können) gebaut wurde. Dies ist ausweislich des Sachverhalts der Fall, so dass das Recht zur Namensnennung hierdurch nicht beeinflusst wird.

C. Damit kann A als Urheber grundsätzlich bestimmen, dass sein Werk eine Urheberbezeichnung trägt. Dieses Recht könnte allerdings dadurch eingeschränkt sein, dass es vorliegend eine Branchenübung gibt, nach der der Urheber das Recht aus § 13 Satz 2 UrhG üblicherweise gerade nicht geltend macht.

I. Es wird teilweise vertreten, dass dieses Recht bei Werken, die vorrangig praktischen Zwecken dienen und deren künstlerischer Wert sich erst im Zusammenspiel mit anderen Faktoren (zB der Umgebung) ergibt, entfällt.[20] Diese Annahme beruht auf

---

15 *Schulze* in Dreier/Schulze, Urheberrechtsgesetz, UrhG § 2 Rn. 181.
16 *Schulze* in Dreier/Schulze, Urheberrechtsgesetz, UrhG § 2 Rn. 182.
17 LG Köln, Urt. v. 25.4.2007 – 28 O 72/05 – ZUM-RD 2008, 88 (89).
18 BGH, Urt. v. 19.1.1989 – I ZR 6/87 – GRUR 1989, 416 (417).
19 BGH, Urt. v. 29.3.1957 – I ZR 236/55 – GRUR 1957, 391 (393 f.).
20 Rehbinder, ZUM 1991, 220 (224).

dem Gedanken, dass es Verkehrsgewohnheiten oder ggf. der allgemeinen Branchenübung entspreche, dass entsprechende Werke nicht mit einer Namensnennung des Urhebers bedacht werden. Solche Erwägungen können jedoch die Reichweite eines grundsätzlich nach dem Gesetz bestehenden Rechts nicht beeinflussen.[21] Der Wortlaut des § 13 Satz 2 UrhG enthält schließlich keine Schranken.
Auch lässt sich eine derartige Einschränkung nicht mit dem Wesen des Rechts auf Anbringung der Urheberbezeichnung vereinbaren. Dieses Recht gehört – wie sich aus seiner systematischen Einordnung im UrhG ergibt – zu den wesentlichen urheberpersönlichkeitsrechtlichen Berechtigungen, die sich auf die geistigen und persönlichen Beziehungen des Urhebers zu seinem Werk stützen.

II. Fraglich ist allerdings, ob das Recht auf Namensnennung hier – außerhalb seines unverzichtbaren Kerns[22] – disponibel ist, also durch Vertrag zwischen Urheber und Werkverwalter eingeschränkt werden darf. § 13 Satz 2 UrhG beinhaltet nur ein Recht des Urhebers, nicht aber zugleich die Pflicht, das Werk mit der Namensbezeichnung zu versehen. Demnach kann der Urheber frei entscheiden, ob er dieses Recht ausübt oder nicht. Auf die Geltendmachung dieses Rechts kann der Urheber auch verzichten.[23] In jedem Falle bedarf es hierfür einer entsprechenden Erklärung des Urhebers. Im vorliegenden Fall hat der A aber keine ausdrückliche Erklärung dieses Inhaltes abgegeben.

Diese Erklärung könnte jedoch stillschweigend in dem zwischen A und S geschlossenen Vertrag enthalten sein. Von der Gesetzeslage abweichende Vereinbarungen müssen deutlich zum Ausdruck gebracht werden[24], wobei daran keine zu geringen Anforderungen gestellt werden dürfen[25].

Hiervon kann insbesondere dann ausgegangen werden, wenn sich Verkehrsgewohnheiten oder allgemeine Branchenübungen herausgebildet haben. Diese könnten dann stillschweigend dem Vertrag zu Grunde gelegt worden sein.[26] Voraussetzung für die wirksame Einbeziehung ist dabei die Erkennbarkeit der Branchenübung.[27] Ausweislich des Bearbeitervermerks zum vorliegenden Sachverhalt existiert eine Branchenübung, nach der die Namensnennung des Urhebers bei Bauwerken nicht erfolgt. Diese Branchenübung ist zudem allgemein bekannt. Es muss also auch davon ausgegangen werden, dass A und S dahingehende Kenntnis besaßen und diese Übung somit zum Vertragsbestandteil geworden ist. Lediglich eine ausdrückliche Ablehnung im Vertragstext hätte hier zu einem gegenteiligen Ergebnis führen können. Das müsste der A auch erkannt haben, da er als Architekt mit den entsprechenden Übungen vertraut sein muss. Folglich ist eine vertraglich geregelte Abweichung zu § 13 Satz 2 UrhG vorhanden.

D. Im Ergebnis bleibt festzustellen, dass dem A als Urheber des Bauwerks zwar das Recht zur Namensnennung aus § 13 Satz 2 UrhG zustand, dieses aber durch vertragliche Regelung ausgeschlossen wurde. ◀

---

21 BGH, Urt. v. 16.6.1994 – I ZR 3/92 – NJW 1994, 2621.
22 *Schulze* in Dreier/Schulze, Urheberrechtsgesetz, UrhG § 13 Rn. 24.
23 OLG München, Urt. v. 4.9.2003 – 29 U 4743/02 – ZUM 2003, 964 (967).
24 BGH, Urt. v. 22.4.2004 – I ZR 174/01 – GRUR 2004, 938 (939).
25 BGH, Urt. v. 16.6.1994 – I ZR 3/92 – NJW 1994, 2621 (2622).
26 BGH, Urt. v. 19.10.1962 – I ZR 174/60 – GRUR 1963, 40 (42 f.).
27 BGH, Urt. v. 16.6.1994 – I ZR 3/92 – NJW 1994, 2621 (2623).

I. Positiver Inhalt des Urheberrechts

Das Benennungsrecht ist als Urheberpersönlichkeitsrecht unverzichtbar. Ein schuldrechtlicher Verzicht auf seine Geltendmachung ist jedoch möglich.[28] Umgekehrt steht das Namensbenennungsrecht dem Urheber zu und kann nicht ohne Weiteres vom Eigentümer des Werks oder einer Verwertungsgesellschaft ausgeübt werden.[29]

BEACHTE: GHOSTWRITER

Problematisch sind in diesem Zusammenhang Konstellationen des sog. Ghostwriting. Dabei verpflichtet sich der Urheber gegenüber einem Dritten seine Urheberschaft geheim zu halten, während er diesem das Recht einräumt, das Werk als eigenes zu verwerten. Solche Vereinbarungen sind nicht generell unwirksam[30], können aber je nach zugrundeliegender Konstellation sittenwidrig (§ 138 BGB) sein.[31]

Ob die Namensnennung bei jeder einzelnen Verwertung erfolgen muss, ist bisher nicht geklärt.[32] Die Namensnennung muss allerdings so erfolgen, dass sie unabhängig davon, in welcher Form das Werk in Erscheinung tritt, dem Urheber zugeordnet werden kann.[33]

Urheberbezeichnungen an Werken der bildenden Kunst iSd § 2 Abs. 1 Nr. 4 UrhG genießen sogar nach § 107 UrhG strafrechtlichen Schutz gegen Manipulationen.[34] Die Norm hat allerdings keine praktische Bedeutung und begegnet außerdem verfassungsrechtlichen Bedenken im Hinblick auf die nicht sachgerechte Einschränkung auf Werke der bildenden Kunst.[35] Ansonsten kann der Urheber bei Verletzung seines Rechts aus § 13 UrhG Ersatz des materiellen und immateriellen Schadens verlangen.[36] Das Recht auf Urheberbenennung steht einem Arbeitnehmer auch für Werke zu, die er im Rahmen seines Arbeitsverhältnisses geschaffen hat.[37]

d) Entstellung des Werks

Der Urheber hat nach § 14 UrhG zudem das Recht, eine Entstellung oder eine andere Beeinträchtigung seines Werkes zu verbieten, die geeignet ist, seine berechtigten geistigen oder persönlichen Interessen an diesem zu gefährden. Dieser Bestandsschutz des Werks in seiner konkreten Gestalt (**Änderungsverbot**) resultiert aus dem Recht des Urhebers auf Anerkennung seiner Urheberschaft an dem konkreten Werk.

Beispiele für eine solche Entstellung sind eine Verfälschung oder Verzerrung des Werkinhalts, eine Sinnentstellung, aber etwa auch die Ausstellung eines vormals in der früheren DDR staatlich verfemten Künstlers mit „Staatskünstlern" einer früheren Zeit

---

28 *Peukert* in Schricker/Loewenheim, Urheberrecht, UrhG § 13 Rn. 26; *Seifert/Wirth* in Eichelberger/Wirth/Seifert, Urheberrechtsgesetz, UrhG § 13 Rn. 5; *Schulze* in Dreier/Schulze, Urheberrechtsgesetz, UrhG § 13 Rn. 24 ff.
29 *Seifert/Wirth* in Eichelberger/Wirth/Seifert, Urheberrechtsgesetz, UrhG § 13 Rn. 4.
30 OLG Frankfurt aM, Urt. v. 9.1.2009 – 11 U 51/08 – GRUR 2011, 221 – Betriebswirtschaftlicher Aufsatz.
31 *Ahrens*, GRUR 2013, 21; *Schulze* in Dreier/Schulze, Urheberrechtsgesetz, UrhG § 13 Rn. 31.
32 *Seifert/Wirth* in Eichelberger/Wirth/Seifert, Urheberrechtsgesetz, UrhG § 13 Rn. 3; *Schulze* in Dreier/Schulze, Urheberrechtsgesetz, UrhG § 13 Rn. 8.
33 *Seifert/Wirth* in Eichelberger/Wirth/Seifert, Urheberrechtsgesetz, UrhG § 13 Rn. 4.
34 *Kudlich* in Schricker/Loewenheim, Urheberrecht, UrhG § 107 Rn. 1 ff.; *Seifert/Wirth* in Eichelberger/Wirth/Seifert, Urheberrechtsgesetz, UrhG § 13 Rn. 5.
35 *Reinbacher* in Wandtke/Bullinger, Urheberrecht, UrhG § 107 Rn. 1.
36 BGH, Urt. v. 15.1.2015 – I ZR 148/13 – NJW 2015, 3165.
37 *Wirth* in Eichelberger/Wirth/Seifert, Urheberrechtsgesetz, UrhG § 43 Rn. 11. Ausführlich für das Arbeitsverhältnis von wissenschaftlichen Mitarbeitern und der in diesem Zusammenhang teilweise vertretenen Auffassung, dass sich aus dem Zweck des Arbeitsverhältnisses ein Verzicht ergebe: *Leuze*, GRUR 2006, 552.

in einer heutigen Ausstellung. Die Eignung der Gefährdung der Urheberinteressen muss im Rahmen eines **Abwägungsprozesses der betroffenen Interessen** festgestellt werden. Dazu zählen zB das Ausstellungsinteresse des Museums als Eigentümer des Bildes nach § 903 BGB und demgegenüber das Interesse des Künstlers als Inhaber des Urheberpersönlichkeitsrechts an einer positiven Präsentation[38].

232 Eine Beeinträchtigung iSd § 14 UrhG setzt keinen Substanzeingriff voraus. Beispielsweise kann schon in einer Zweckentfremdung eine unzulässige Beeinträchtigung liegen. Allerdings muss der Urheber bei sonstigen Beeinträchtigungen, anders als bei der Entstellung, nachweisen, dass die Beeinträchtigung geeignet ist, seine persönlichen Interessen zu gefährden. Voraussetzung ist regelmäßig, dass die Beeinträchtigung von der Öffentlichkeit (§ 15 Abs. 3 UrhG) wahrgenommen werden kann.[39]

233 **FALL 7 – WAHLKAMPFMUSIK**
Nach OLG Jena, Urt. v. 22.6.2016 – 2 U 868/15 – ZUM 2017, 166.
Sachverhalt:
K ist Texter und Komponist zweier Musikstücke der Popmusik, die von der rechtsextremen N-Partei auf diversen Wahlkampfveranstaltungen von Tonträgern abgespielt wurden, nachdem der Landesvorsitzende seine Wahlkampfrede beendet hatte und man im nächsten Programmteil mit Bürgerinnen und Bürgern ins Gespräch kommen wollte. Aufführungs- und Wahrnehmbarmachungsrechte hatte der K an die GEMA übertragen. Die Musikstücke erzielten aufgrund der Texte und der mitreißenden musikalischen Gestaltung – wie von der N-Partei beabsichtigt – eine die Anwesenden begeisternde Stimmung, die auch Gegenstand medialer Berichterstattung war, und damit letztlich die Wirkung des Wahlkampfes unterstützte. Hierin sieht K eine Verletzung seines Urheberpersönlichkeitsrechts, die er verbieten lassen möchte.
Zu Recht?
Lösung:
Das Urheberpersönlichkeitsrecht umfasst die in den §§ 12 ff. UrhG normierten Rechte. Im vorliegenden Fall könnte es sich um eine Entstellung des Werkes iSd § 14 UrhG handeln, die dem K zugleich die Möglichkeit gäbe, diese zu verbieten. Erforderlich hierfür ist eine Entstellung oder Beeinträchtigung des Werkes, die geeignet ist, die berechtigten geistigen oder persönlichen Interessen des Urhebers am Werk zu gefährden.

A. § 14 UrhG ist neben direkten Beeinträchtigungen des Werkes (zB einen direkten Eingriff in die auf einem Tonträger fixierte Darbietung) auch auf indirekte Beeinträchtigungen anwendbar, bei denen die Darbietung selbst zwar unangetastet bleibt, diese jedoch in einen Zusammenhang gestellt wird, der für den Urheber nachteilig ist und ihn mithin in seinen berechtigten geistigen und persönlichen Interessen am Werk beeinträchtigt.[40] Eine Beeinträchtigung des Urheberpersönlichkeitsrechts durch die Form und die Art der Wiedergabe ist in einem solchen Zusammenhang ausreichend.[41]
Im vorliegenden Fall wurden die Lieder des K im Wahlkampfveranstaltungsprogramm der N-Partei für den Übergang von der Wahlkampfrede des Landesvorsitzenden zur Diskussion mit den Bürgern verwendet. Insoweit wurde ein Zusammenhang mit dem poli-

---

38 Dazu *Schlingloff,* GRUR 2017, 572 (578).
39 *Seifert/Wirth* in *Eichelberger/Wirth/Seifert,* Urheberrechtsgesetz, UrhG § 14 Rn. 4.
40 OLG Jena, Urt. v. 22.6.2016 – 2 U 868/15 – GRUR 2017, 622 (624).
41 BGH, Beschl. v. 11.5.2017 – I ZR 147/16 – GRUR-RR 2018, 61; BGH, Urt. v. 2.10.1981 – I ZR 137/79 – GRUR 1982, 107 (110); BGH, Urt. v. 7.2.2002 – I ZR 304/99 – GRUR 2002, 532 (534); BGH, Urt. v. 1.10.1998 – I ZR 104/96 – GRUR 1999, 230 (232); BGH, Urt. v. 18.12.2008 – I ZR 23/06 – GRUR 2009, 395 (397).

tischen Wahlkampf hergestellt. Die Lieder des K wurden hier zumindest als Begleitmusik für den Übergang in die Phase des Wahlkampfes genutzt, in der der Landesvorsitzende der N-Partei persönlichen Kontakt mit den Bürgerinnen und Bürgern herstellte. Sie sorgten laut Sachverhalt für eine begeisternde Stimmung.

Ein während einer andauernden Wahlkampfveranstaltung eingesetztes Mittel – wie hier die Wiedergabe der Aufzeichnung eines Musikstücks – ist stets als im Zusammenhang mit dieser Veranstaltung stehend anzusehen.[42] Dieser Zusammenhang mit dem parteipolitischen Wahlkampf – hier die Verwendung als Instrument des Wahlkampfes – stellt eine Beeinträchtigung iSd § 14 UrhG dar.[43]

B. Diese Beeinträchtigung muss geeignet sein, die berechtigten geistigen oder persönlichen Interessen des Urhebers am Werk zu gefährden. Die Gefährdung wird allerdings grundsätzlich durch die vorliegende Beeinträchtigung indiziert[44], wobei umstritten ist, ob dies auch für den Fall einer indirekten Beeinträchtigung gelten soll[45]. Unabhängig von dieser Indizwirkung kann die erforderliche Gefährdungslage hier aber auch positiv festgestellt werden. Soweit nicht ausgeschlossen werden kann, dass ein unvoreingenommener Durchschnittsbeobachter aufgrund der Wiedergabe des Werkes bei der Veranstaltung eine zumindest duldende Mitwirkung des Schöpfers an dieser Veranstaltung oder auch nur das Nahestehen des Schöpfers zu den politischen Ansichten des Veranstalters annimmt, kann von einer Gefährdung der persönlichen oder geistigen Interessen des Urhebers am Werk ausgegangen werden. Bereits gedankliche Assoziationen sind ausreichend für die Eignung zur Interessensgefährdung.[46]

Im vorliegenden Fall war zwar davon auszugehen, dass es auch Durchschnittsbeobachter gab, die die eingespielten Lieder als „Geräuschkulisse" ohne Verbindung zum Wahlkampf wahrgenommen haben. Allerdings ist es andererseits nicht auszuschließen, dass andere durchschnittliche Veranstaltungsbeobachter sich die Frage nach dem Zusammenhang zwischen den Werken des K und der Wahlkampfveranstaltung der N-Partei gestellt haben.

Schließlich ist auch der Transfer der von den Werken ausgehenden Stimmung in die Wahlkampfveranstaltung ein maßgeblicher Aspekt, der den Zusammenhang hier deutlich macht und besonders geeignet ist, die Interessen des Urhebers zu beeinträchtigen[47]. Dabei ist insbesondere zu berücksichtigen, dass die politische Überzeugung ein sensibler Bereich ist, in dem es jedem selbst überlassen werden muss, sich zu positionieren. Auf die Frage, welche politische Partei betroffen ist, kommt es dabei nicht an.[48]

Folglich ist davon auszugehen, dass die Verwendung der Musikstücke in der Wahlkampfveranstaltung der N-Partei die berechtigten geistigen und persönlichen Interessen des Urhebers am Werk beeinträchtigt.

C. Schließlich sind die Interessen der Beteiligten gegeneinander abzuwägen:
   I. Dabei ist für den K die Leistungshöhe seines Werkes zu berücksichtigen, die bei Werken der Popmusik zumindest im durchschnittlichen Bereich liegt.[49]

---

42 OLG Jena, Urt. v. 22.6.2016 – 2 U 868/15 – GRUR 2017, 622 (624).
43 OLG Jena, Urt. v. 22.6.2016 – 2 U 868/15 – GRUR 2017, 622 (624); OLG Frankfurt aM, Urt. v. 20.12.1994 – 11 U 63/94 – GRUR 1995, 215 (216).
44 OLG München, Urt. v. 26.9.1991 – 29 U 2285/89 – GRUR 1993, 332 (333).
45 OLG Jena, Urt. v. 22.6.2016 – 2 U 868/15 – GRUR 2017, 622 (624).
46 BGH, Urt. v. 18.3.1959 – IV ZR 182/58 – GRUR 1959, 430 (432).
47 BGH, Beschl. v. 11.5.2017 – I ZR 147/16 – GRUR-RR 2018, 61 (62).
48 OLG Jena, Urt. v. 22.6.2016 – 2 U 868/15 – GRUR 2017, 622 (624).
49 OLG Jena, Urt. v. 22.6.2016 – 2 U 868/15 – GRUR 2017, 622 (625).

II. Auf Seiten der N-Partei sind im Sachverhalt zumindest keine wirtschaftlichen Interessen erkennbar. Auch ist es ihr nicht unzumutbar, entweder auf gemeinfreie Werke zurückzugreifen oder bei geschützten Werken die Urheber um ihr Einverständnis zu bitten.

III. Auch die Intensität des Eingriffs ist zu berücksichtigen. Insbesondere bestand durch die Verwendung bei Wahlkampfveranstaltungen ein besonderer Öffentlichkeitsbezug. Bei dem hier erfolgten Hineinstellen der Darbietung in den unmittelbaren politischen Zusammenhang einer Wahlkampfveranstaltung, die auch in den Medien thematisiert wurde, ist von einer nicht unerheblichen Eingriffsintensität auszugehen.[50]

IV. Fraglich ist allerdings, ob § 52 Abs. 1 Satz 1 UrhG, der die öffentliche Wiedergabe eines veröffentlichten Werkes unter gewissen Voraussetzungen für zulässig erklärt, eine Einschränkung des § 14 UrhG bewirkt. Dabei ist allerdings zu beachten, dass die von Gesetzeswegen zustimmungsfrei mögliche öffentliche Nutzung eines Werkes nicht automatisch Eingriffs- und Änderungsbefugnisse beinhaltet. Dementsprechend lässt sich auch keine Erlaubnis zum Eingriff in das Urheberpersönlichkeitsrecht aus der gesetzlichen Lizenz des § 52 Abs. 1 Satz 1 UrhG herleiten.

Hieran vermag auch die Übertragung der Rechte zur Aufführung und Wahrnehmbarmachung an die GEMA nichts zu ändern. Der Sachverhalt gibt keinerlei Informationen über eine Vereinbarung der N-Partei mit der GEMA zum Zwecke der Übertragung einer Änderungsbefugnis. Zudem wäre auch bei Vorliegen einer solchen Vereinbarung einzuwenden, dass der Urheber sich nur mit einer üblichen und vorhersehbaren öffentlichen Wiedergabe einverstanden erklärt hat.[51] Hierzu gehört in aller Regel nicht, dass das Werk auf Wahlkampfveranstaltungen einer Partei genutzt wird.

Auch für eventuelle vertragliche Absprachen oder eine nachträgliche Billigung der Verwendung der Lieder gibt der Sachverhalt keine Anhaltspunkte. Zudem ist zu beachten, dass auch übertragene Verwertungsrechte und Nutzungsmöglichkeiten ihre Grenzen im Urheberpersönlichkeitsrecht finden.[52]

V. In Ermangelung einer staatlichen Maßnahme kann auch die durch das Grundgesetz privilegierte Stellung der N-Partei (vgl. Art. 21 Abs. 1 GG) nicht direkt für die N-Partei streiten.

Etwas anderes könnte sich ergeben, wenn man die mittelbare Drittwirkung der Grundrechte der Parteien bzw. des Art. 21 Abs. 1 GG einbezieht. Aber auch ein Verbot der Verwendung der Werke beschränkt die N-Partei nicht in der Teilnahme am politischen Willensbildungsprozess oder am Wahlkampf als solchem. Ebenso wenig werden die Wettbewerbschancen gegenüber anderen politischen Parteien behindert. Es ist davon auszugehen, dass sich die politische Willensbildung nicht in der Inanspruchnahme der ebenfalls grundrechtlich geschützten künstlerischen Leistung des K (vgl. Art. 5 Abs. 3 GG) konkretisiert.[53]

VI. Ergebnis der Interessenabwägung kann demnach nur sein, dass die persönlichkeitsrechtlichen Interessen des K deutlich überwiegen.

---

50 OLG Jena, Urt. v. 22.6.2016 – 2 U 868/15 – GRUR 2017, 622 (625).
51 Vgl. BGH, Urt. v. 18.12.2008 – I ZR 23/06 – GRUR 2009, 395.
52 OLG Frankfurt aM, Urt. v. 20.12.1994 – 11 U 63/94 – GRUR 1995, 215 (215 f.).
53 OLG Jena, Urt. v. 22.6.2016 – 2 U 868/15 – GRUR 2017, 622 (624).

D. Nach alledem ist eine Beeinträchtigung des Werks des K gegeben, die geeignet ist, seine berechtigten geistigen und persönlichen Interessen am Werk zu gefährden. Demnach hat der K gemäß § 14 UrhG das Recht, diese Beeinträchtigung verbieten zu lassen. ◀

Berechtigte sind aus Rechtsgründen nicht gehindert, der GEMA das Recht zur Nutzung bearbeiteter oder anders umgestalteter Musikwerke als Klingeltöne oder Freizeichenuntermalungsmelodien nur unter der aufschiebenden Bedingung (§ 158 Abs. 1 BGB) einzuräumen, dass der Lizenznehmer der GEMA in jedem Einzelfall vor Beginn der Nutzung eine ihm von der Berechtigten zur Wahrung der Urheberpersönlichkeitsrechte der Komponisten erteilte Benutzungsbewilligung vorgelegt hat.[54]

ÜBERSICHT – ZULÄSSIGKEIT VON ÄNDERUNGEN AM WERK

- Berechtigung zur Veränderung unter Miturhebern (§ 8 Abs. 2 UrhG)
- Bearbeitung, Umgestaltung und freie Benutzung (§ 23 UrhG)
- Parodie, Karikatur und Pastiche (§ 51a UrhG)
- Änderungen des Nutzungsberechtigten (§ 39 UrhG)
- Änderungsverbot bei erlaubnisfreier Nutzung (§§ 44a ff., 62 UrhG) ◀

Bei **Parodien** handelt es sich grundsätzlich, wegen der Meinungs- und Kunstfreiheit (Art. 5 Abs. 1 Satz 1 bzw. Art. 5 Abs. 2 Satz 1 GG) des Parodisten, nicht um eine unzulässige Beeinträchtigung des Urheberrechts des Parodierten.[55]

Besonderheiten ergeben sich bei den Urheberinteressen eines Architekten nach dessen Tod. So hat der BGH entschieden, dass den Urheberinteressen bei Änderungen an einem urheberrechtlich geschützten Gebäude Jahre oder Jahrzehnte nach dem Tod des Urhebers (sog. **postmortales Urheberrecht des Architekten**) nicht notwendig das gleiche Gewicht wie zu seinen Lebzeiten zukommt.[56] Der Eigentümer eines urheberrechtlich geschützten Bauwerks, der sich zu Änderungen genötigt sieht, müsse zwar grundsätzlich eine den betroffenen Urheber in seinen persönlichkeitsrechtlichen Interessen möglichst wenig berührende Lösung suchen. Habe er sich jedoch für eine bestimmte Planung entschieden, so gehe es im Rahmen der Interessenabwägung nur noch darum, ob dem betroffenen Urheber die geplanten Änderungen des von ihm geschaffenen Bauwerks zuzumuten sind. Ob daneben noch andere, den Urheber ggf. weniger beeinträchtigende Lösungen denkbar sind, sei dabei nicht von entscheidender Bedeutung.[57] Diese Grundsätze gelten nicht nur für Bauwerke mit durchschnittlicher oder unterdurchschnittlicher Schöpfungshöhe.[58] Auch bei einem Werk der Baukunst sei im Rahmen der Interessenabwägung insbesondere der **Gebrauchszweck** des Bauwerks zu berücksichtigen. Der Urheber eines Bauwerks wisse, dass der Eigentümer das Bauwerk für einen bestimmten Zweck verwenden möchte. Er müsse daher damit rechnen, dass sich aus wechselnden Bedürfnissen des Eigentümers ein Bedarf nach Veränderung des

---

54 BGH, Urt. v. 11. 3.2010 – I ZR 18/08 – GRUR 2010, 920 – Klingeltöne für Mobiltelefone II in Ergänzung von BGH, Urt. v. 18. 12.2008 – I ZR 23/06 – Klingeltöne für Mobiltelefone I.
55 *Lettl*, Urheberrecht, § 4 Rn. 29.
56 Ebenso BGH, Urt. v. 13.10.1988 – I ZR 15/87 – GRUR 1989, 106 (107) – Oberammergauer Passionsfestspiele II; BGH, Urt. v. 19.3.2008 – I ZR 166/05 – GRUR 2008, 984 – St. Gottfried.
57 Vgl. BGH, Urt. v. 31.5.1974 – I ZR 10/73 – BGHZ 62, 331 (338 f.) = GRUR 1974, 675 – Schulerweiterung; BGH, Urt. v. 19.3.2008 – I ZR 166/05 – GRUR 2008, 984 – St. Gottfried, Rn. 39.
58 BGH, Beschl. v. 9.11.2011 – I ZR 216/1 – GRUR 2012, 172 – juris, Rn. 6.

Bauwerks ergeben kann.⁵⁹ Danach sind öffentliche Interessen an der Veränderung eines öffentlichen Zwecken dienenden Bauwerks in die Interessenabwägung einzubeziehen, wenn diese öffentlichen Interessen zugleich eigene Interessen des Eigentümers sind.⁶⁰

238 Über das Entstellungsverbot hinaus ist dem Urheberpersönlichkeitsrecht auch ein **grundsätzliches Änderungsverbot** immanent, welches bei Substanzeingriffen Geltung beansprucht.⁶¹ Für Filme gilt die Spezialregelung des § 93 UrhG, welche voraussetzt, dass die Beeinträchtigung des Werkes „gröblich" ist.

Frage 16: Was versteht man unter dem Urheberpersönlichkeitsrecht?

239 Seit dem 21.2.2019 gilt auch die gänzliche Vernichtung eines Kunstwerks als sonstige Beeinträchtigung iSd § 14 UrhG. In drei Urteilen hat der BGH der auf einem Urteil des Reichsgerichts⁶² basierenden vorherigen Rechtspraxis widersprochen.⁶³ Ob die Vernichtung geeignet ist, die berechtigten persönlichen Interessen des Urhebers zu gefährden, muss durch eine Interessenabwägung im Einzelfall festgestellt werden.⁶⁴

e) Schutz des allgemeinen Persönlichkeitsrechts

240 Der Urheberpersönlichkeitsschutz ist vom Schutz des allgemeinen Persönlichkeitsrechts (Art. 2 Abs. 1 iVm Art. 1 Abs. 1 GG) des Urhebers zu unterscheiden. Werden beispielsweise gefälschte Werke mit der Signatur eines Künstlers versehen, so ist nicht dessen Urheberpersönlichkeitsrecht beeinträchtigt, da es sich ja nicht um seine Werke handelt, wohl aber sein allgemeines Persönlichkeitsrecht.⁶⁵

2. Die Verwertungsrechte des Urhebers

241 In § 15 UrhG werden die Verwertungsrechte des Urhebers beispielhaft aufgezählt. Aufgrund der nur schwer abschätzbaren technischen Entwicklung lässt die Norm zugleich Raum für neue Arten der Verwertung (sog. „unbenannte Verwertungsrechte").⁶⁶ Dem Schutz des Art. 14 GG entsprechend sind die Verwertungsrechte als absolute und ausschließliche Rechte konzipiert, die den Zweck einer **angemessenen Beteiligung** des Urhebers an den wirtschaftlichen Früchten seiner Arbeit verfolgen.⁶⁷ Da die Verwer-

---

59 Vgl. BGH, Urt. v. 31.5.1974 – I ZR 10/73 – BGHZ 62, 331 (335) = GRUR 1974, 675 – Schulerweiterung; BGH, Urt. v. 19.3.2008 – I ZR 166/05 – GRUR 2008, 984 – St. Gottfried, Rn. 38.
60 BGH, Beschl. v. 9.11.2011 – I ZR 216/1 – GRUR 2012, 172 – juris, Rn. 7.
61 *Seifert/Wirth* in Eichelberger/Wirth/Seifert, Urheberrechtsgesetz, UrhG § 14 Rn. 1.
62 RG, Urt. v. 8.6.1912 – I 382/11 – RGZ 79, 397 – juris.
63 BGH, Urt. v. 21.2.2019 – I ZR 98/17 – GRUR 2019, 609; BGH, Urt. v. 21.2.2019 – I ZR 99/17 – GRUR 2019, 621; BGH, Urt. v. 21.2.2019 – I ZR 15/18 – GRUR 2019, 619; *Seifert/Wirth* in Eichelberger/Wirth/Seifert, Urheberrechtsgesetz, UrhG § 14 Rn. 7.
64 *Seifert/Wirth* in Eichelberger/Wirth/Seifert, Urheberrechtsgesetz, UrhG § 14 Rn. 7.
65 BGH, Urt. v. 8.6.1989 – I ZR 135/87 – NJW 1990, 1986; *Seifert/Wirth* in Eichelberger/Wirth/Seifert, Urheberrechtsgesetz, UrhG § 14 Rn. 10.
66 *Seifert/Wirth* in Eichelberger/Wirth/Seifert, Urheberrechtsgesetz, UrhG § 15 Rn. 2. Zu den Voraussetzungen v. *Ungern-Sternberg* in Schricker/Loewenheim, Urheberrecht, UrhG § 15 Rn. 264 ff.
67 *Seifert/Wirth* in Eichelberger/Wirth/Seifert, Urheberrechtsgesetz, UrhG § 15 Rn. 2, 3; *Heerma* in Wandtke/Bullinger, Urheberrecht, UrhG § 15 Rn. 1; *Schulze* in Dreier/Schulze, Urheberrechtsgesetz, UrhG § 15 Rn. 1; *Wiebe* in Spindler/Schuster, Recht der elektronischen Medien, § 15 Rn. 1 ff.

I. Positiver Inhalt des Urheberrechts

tungsrechte weitgehend durch EU-Richtlinien harmonisiert sind, müssen die diesbezüglichen Regelungen des UrhG **richtlinienkonform** ausgelegt werden.[68]

§ 15 UrhG differenziert im Hinblick auf die Verwertungsrechte des Urhebers zwischen solchen in körperlicher Form (Abs. 1) und solchen in unkörperlicher Form (Abs. 2 und Abs. 3). Voraussetzung eines Verwertungsrechts nach § 15 Abs. 1 UrhG ist, dass das **Werk verkörpert**, mithin in einem körperlichen Gegenstand (zB in einem Buch oder auf einer Leinwand) enthalten oder auf einen solchen verbracht worden sein muss.[69]

§ 15 Abs. 1 1. Hs. UrhG gewährt dem Urheber eines Werks das ausschließliche Recht, dieses in körperlicher Form zu verwerten. Dabei handelt es sich um ein allgemeines Verwertungsrecht iS eines Gesamtverwertungsrechts (vgl. auch § 11 Satz 2 UrhG). Dieses Recht umfasst nach § 15 Abs. 1 2. Hs. UrhG einzelne, besondere Verwertungsrechte, „insbesondere" eine **Verwertung in körperlicher Form** als Original oder Vervielfältigungsstücke. Dazu zählen

- das Vervielfältigungsrecht (Nr. 1 iVm § 16 UrhG),
- das Verbreitungsrecht (Nr. 2 iVm § 17 UrhG) sowie
- das Ausstellungsrecht (Nr. 3 iVm § 18 UrhG).

Dem Urheber kommt demnach zum einen das Recht zu, sein Werk auf diese Art zu nutzen (**positive Nutzungsrechte**). Zum anderen korrespondieren mit den Nutzungsrechten **Verbotsrechte**, die es dem Urheber ermöglichen, Dritten eine solche Verwertung seines Werks zu verbieten.

Der Urheber hat außerdem nach § 15 Abs. 2 Satz 1 UrhG, als zweitem Teilaspekt des allgemeinen Verwertungsrechts, ein ausschließliches Recht, sein Werk auch in **unkörperlicher Form** öffentlich wiederzugeben (**Recht der öffentlichen Wiedergabe**). Das Recht der öffentlichen Wiedergabe umfasst nach § 15 Abs. 2 Satz 2 UrhG „insbesondere" folgende Formen einer Verwertung in unkörperlicher Form:

- das Vortrags-, Aufführungs- und Vorführungsrecht (Nr. 1 iVm § 19 UrhG),
- das Recht der öffentlichen Zugänglichmachung (Nr. 2 iVm § 19a UrhG),
- das Senderecht (Nr. 3 iVm § 20 UrhG),
- das Recht der Wiedergabe durch Bild- oder Tonträger (Nr. 4 iVm § 21 UrhG) sowie
- das Recht der Wiedergabe von Funksendungen und das Recht der öffentlichen Zugänglichmachung (Nr. 5 iVm § 22 UrhG).

Eine Wiedergabe ist dann eine **öffentliche Wiedergabe**, wenn sie für eine Mehrzahl von Mitgliedern der Öffentlichkeit bestimmt ist (so § 15 Abs. 3 UrhG). Zur Öffentlichkeit gehört jeder, der nicht mit demjenigen, der das Werk verwertet, oder mit den anderen Personen, denen das Werk in unkörperlicher Form wahrnehmbar oder zugänglich gemacht wird, durch persönliche Beziehungen verbunden ist. Unter den Begriff der öffentlichen Wiedergabe fallen somit bspw. nicht Wiedergaben im Familien- und Freundeskreis anlässlich privater Festivitäten.

---

68 *Seifert/Wirth* in Eichelberger/Wirth/Seifert, Urheberrechtsgesetz, UrhG § 15 Rn. 5. Ausführlich *v. Ungern-Sternberg* in Schricker/Loewenheim, Urheberrecht, UrhG § 15 Rn. 1 ff.
69 *Lettl*, Urheberrecht, § 4 Rn. 32.

BEACHTE: BEGRIFF DER ÖFFENTLICHEN WIEDERGABE IM EU-RECHT

Der Begriff der „öffentlichen Wiedergabe" ist durch Art. 3 Abs. 1 der Informationsgesellschaftsrichtlinie (InfoSoc-Richtlinie) 2001/29/EG harmonisiert.[70]

Die Auslegung des Begriffs der öffentlichen Wiedergabe beurteilt sich daher nach der EuGH-Rechtsprechung. Demnach kann beispielsweise die Zurverfügungstellung von Abspielgeräten in einem Hotelzimmer[71] oder auch der Verkauf eines Medienabspielgeräts[72] eine öffentliche Wiedergabe sein.[73]

247 Die Verwertungsrechte werden durch die Schranken des Urheberrechts in den §§ 44a ff. UrhG eingeschränkt (**gesetzliche Lizenzen**).[74]

248 Als problematisch erweist sich im Zusammenhang mit modernen technischen Möglichkeiten die Frage nach der urheberrechtlichen Relevanz bestimmter Arten der Nutzung.[75] So beschäftigt sich die Rechtsprechung beispielsweise immer wieder mit Fragen rund um die **Verlinkung fremder Inhalte** und deren Einbettung auf Webseiten (Framing).[76] Auch hier kommt es entscheidend darauf an, ob die Zweitnutzung im Vergleich zur Erstnutzung (Ursprungshomepage) ein **neues Publikum** erreicht.[77] Dies ist nach Ansicht des EuGH im Falle des Framing nur dann anzunehmen, wenn der Rechteinhaber wirksame technische Schutzmaßnahmen gegen Framing getroffen oder veranlasst hat. Durch die Umgehung der Maßnahmen werde nämlich im Hinblick auf das ursprüngliche Publikum (Besucher der Ursprungswebseite) das Werk einem erweiterten Personenkreis (Besucher anderer Seiten) zugänglich gemacht.[78]

249 Im Jahre 2003 entschied der BGH im Fall eines Internetsuchdienstes für Presseartikel, dass eine Verlinkung, die lediglich das Auffinden eines fremden Werkes erleichtern soll, keine Vervielfältigung darstellt.[79] Führt der Link auf einer Internetseite die Nutzer jedoch auf ein Download-Center des Seitenbetreibers, auf dem fremde Inhalte heruntergeladen werden können, so liegt nach Ansicht des BGH in der Zurverfügungstellung der Inhalte über den Link eine urheberrechtliche Nutzungshandlung.[80] Neuerdings ist aufgrund der Notwendigkeit einer Orientierung an der Rechtsprechung des EuGH bei der Beurteilung des Sachverhalts darauf abzustellen, ob eine öffentliche Wiedergabe vorliegt.[81] Ausschlaggebend ist zunächst, ob ein Inhalt verlinkt wurde, der bereits vorher im Internet rechtmäßig frei verfügbar war.[82] Dabei kommt es darauf an, ob der Link mit Gewinnerzielungsabsicht gesetzt wurde oder der Betreiber der Seite ggf. die

---

70 Dazu *v. Ungern-Sternberg* in Schricker/Loewenheim, Urheberrecht, UrhG § 15 Rn. 1 ff.
71 EuGH, Urt. v. 15.3.2012 – C-162/10, GRUR 2012, 597 – PLL/Ireland.
72 EuGH, Urt. v. 26.4.2017 – C-527/15 – Stichting Brein/Wullems.
73 *Seifert/Wirth* in Eichelberger/Wirth/Seifert, Urheberrechtsgesetz, UrhG § 15 Rn. 5. Vgl. auch *Peukert* in Rehbinder/Peukert, Urheberrecht, Rn. 382 ff.
74 *Seifert/Wirth* in Eichelberger/Wirth/Seifert, Urheberrechtsgesetz, UrhG § 15 Rn. 4; *Peukert* in Rehbinder/Peukert, Urheberrecht, Rn. 612 f.
75 *Seifert/Wirth* in Eichelberger/Wirth/Seifert, Urheberrechtsgesetz, UrhG § 15 Rn. 3.
76 Derzeit aktuell in der RS C-392/19 der VG Bildkunst gegen die Deutsche Digitale Bibliothek (Stiftung Preußischer Kulturbesitz): EuGH, Urt. v. 9.3.21 – C-392/19.
77 EuGH, Urt. v. 16.3.2017 – C-138/16 – GRUR 2017, 510 – AKM/Zürs.net, Rn. 25; *Peukert* in Rehbinder/Peukert, Urheberrecht, Rn. 404.
78 EuGH, Urt. v. 9.3.2021 – C-392/19, Rn. 38, 46.
79 BGH, Urt. v. 17.7.2003 – I ZR 259/00 – NJW 2003, 3406.
80 BGH, Urt. v. 4.7.2013 – I ZR 39/12 – GRUR 2014, 180.
81 EuGH, Urt. v. 13.2.2014 – C-466/12 – NJW 2014, 759; *Seifert/Wirth* in Eichelberger/Wirth/Seifert, Urheberrechtsgesetz, UrhG § 15 Rn. 3.
82 EuGH, Beschl. v. 21.10.2014 – C-348/13, NJW 2015, 148 – Best Water.

Rechtswidrigkeit kennen musste.[83] Im Falle von Suchmaschinenergebnissen hat der BGH ein Kennenmüssen des kommerziellen Suchmaschinenbetreibers verneint.[84]

BEACHTE: „ÖFFENTLICHE WIEDERGABE" IN DER RECHTSPRECHUNG DES EuGH[85]:

> Wiedergabe iS eines absichtlichen, gezielten Zugänglichmachens des geschützten Werkes
> Wiedergabe für ein Publikum, welches einen solchen Zugang ansonsten nicht oder nicht in dieser spezifischen technischen Form hätte.
> Öffentliche Wiedergabe iS einer potenziell unbestimmten Anzahl von Adressaten.
> Gewichtung von einzelfallbezogenen Kriterien, wie zB Erwerbszweck oder Zahl der Adressaten.

Nach § 1 Abs. 1 UrhDaG gibt ein Diensteanbieter (§ 2 UrhDaG) Werke öffentlich wieder, wenn er der Öffentlichkeit Zugang zu urheberrechtlich geschützten Werken verschafft, die von Nutzern des Dienstes hochgeladen worden sind.[86]

Sehr umstritten ist auch der Einsatz von Musikwerken als Hintergrundmusik in Praxen und ähnlichen Einrichtungen.[87]

a) Das Vervielfältigungsrecht nach § 15 Abs. 1 Nr. 1 iVm § 16 UrhG

Das Vervielfältigungsrecht ist das Recht, Vervielfältigungsstücke des Werkes herzustellen, gleichviel ob vorübergehend oder dauerhaft, in welchem Verfahren, in welcher Zahl (so § 16 Abs. 1 UrhG) und zu welchem Zweck. Erfasst sind auch Vervielfältigungen im privaten Bereich.[88] Vervielfältigung ist jede **körperliche Festlegung** des Werks, die tauglich ist, das Werk den menschlichen Sinnen mittelbar oder unmittelbar wahrnehmbar zu machen.[89]

Darunter fällt nach § 16 Abs. 2 UrhG auch die Übertragung des Werkes auf Vorrichtungen zur wiederholbaren Wiedergabe von Bild- oder Tonfolgen (**Speichermedium**) und dies unabhängig davon, ob es sich um die Aufnahme einer Wiedergabe des Werkes auf einen Bild- oder Tonträger oder um die Übertragung des Werkes von einem Bild- oder Tonträger auf einen anderen handelt. Keine Vervielfältigung liegt mangels Körperlichkeit in der Wiedergabe eines Werkes auf einem Bildschirm.[90] Ansonsten kommt es auf das Medium der Vervielfältigung nicht an. Bspw. ist das Foto einer Skulptur

250

251

252

253

---

83 BGH, Urt. v. 9.7.2015 – I ZR 46/12 – GRUR 2016, 171 – Die Realität II; EuGH, Urt. v. 8.9.2016 – C-160/15 – NJW 2016, 3149 – GS Media/Sanoma.
84 BGH, Urt. v. 21.9.2017 – I ZR 11/16 – GRUR 2018, 178.
85 Vgl. *Seifert/Wirth* in Eichelberger/Wirth/Seifert, Urheberrechtsgesetz, UrhG § 15 Rn. 9.
86 siehe dazu Rn.
87 Dazu BGH, Urt. v. 18.6.2015 – I ZR 14/14 – GRUR 2016, 278 – Hintergrundmusik in Zahnarztpraxen; BGH, Urt. v. 11.1.2018 – I ZR 85/17 – GRUR 2018, 608 – Krankenhausradio; EuGH, Urt. v. 15.3.2012 – C-135/10 – GRUR 2012, 593 – SCF/Del Corso; LG Köln, Beschl. v. 20.2.2015 – 14 S 30/14 – GRUR 2015, 885; EuGH, Urt. v. 31.5.2016 – C-117/15 – NJW 2016, 2397 – Reha Training/GEMA.
88 *Seifert/Wirth* in Eichelberger/Wirth/Seifert, Urheberrechtsgesetz, UrhG § 16 Rn. 1; *Loewenheim* in Schricker/Loewenheim, Urheberrecht, UrhG § 16 Rn. 13.
89 BGH, Urt. v. 23.2.2017 – I ZR 92/16 – GRUR 2017, 793 Rn. 41; *Lettl*, Urheberrecht, § 4 Rn. 35: zB das Kopieren, Scannen oder Versenden eines Textes als Telefax bzw. das Digitalisieren und Herunterladen aus dem Internet einschließlich des Speicherns auf der Festplatte oder einem Datenträger.
90 BGH, Urt. v. 6.10.2016 – I ZR 25/15 – GRUR 2017, 266 – World of Warcraft I, Rn. 38; *Seifert/Wirth* in Eichelberger/Wirth/Seifert, Urheberrechtsgesetz, UrhG § 16 Rn. 4; *Loewenheim* in Schricker/Loewenheim, Urheberrecht, UrhG § 16 Rn. 19.

ebenso eine Vervielfältigung wie ein Bauwerk nach den Plänen eines Architekten.[91] Auch die Speicherung der **digitalen Fassung** eines Werkes auf einem Datenträger, zB einer Festplatte, einem USB-Stick, aber auch in einer Cloud[92] ist eine Vervielfältigung.

254 Der Erschöpfungsgrundsatz (§ 17 Abs. 2 UrhG, nachstehende Rn. 266 ff.) kann auch das Vervielfältigungsrecht einschränken, da eine zur Weiterverbreitung berechtigte Person üblicherweise berechtigt ist, die Ware anzubieten, auch wenn darin – wie beispielsweise im Fall eines auf einem Buchdeckel abgedruckten Bildwerks – eine Vervielfältigung liegt.[93]

255 Für die Vervielfältigung von Computerprogrammen gilt die Sonderregelung des § 69c Nr. 1 UrhG (nachstehende Rn. 737 ff.)

256 Nach Ansicht des BGH[94] stellt jede **Bearbeitung** oder andere Umgestaltung iSd § 23 Abs. 1 UrhG – soweit sie körperlich festgelegt ist – zugleich eine „Vervielfältigung" iSd § 16 UrhG dar. Umgekehrt sei in einer unwesentlichen Veränderung einer benutzten Vorlage nicht mehr als eine Vervielfältigung iS von § 16 UrhG zu sehen, weshalb eine Bearbeitung oder andere Umgestaltung iSd § 23 Abs. 1 UrhG daher eine wesentliche Veränderung der benutzten Vorlage voraussetze.

257 Das Vervielfältigungsrecht ist durch Art. 2 der Info-Richtlinie 2001/29 vollständig harmonisiert. Es unterliegt zahlreichen Schrankenbestimmungen. Erlaubnisfrei ist beispielsweise die Privatkopie (§ 53 UrhG, nachstehende Rn. 702 ff.).[95] Auch die **vorübergehende Vervielfältigung**, zB im Arbeitsspeicher[96] eines Computers (*Caching*)[97], ist vom Begriff der Vervielfältigung umfasst. Bei technisch bedingten Vervielfältigungen greift jedoch die Schranke des § 44a UrhG.[98]

b) Verbreitungsrecht (§ 15 Abs. 1 2. Hs. Nr. 2 iVm § 17 UrhG)

258 Das Verbreitungsrecht gewährt dem Urheber das Recht, Werkstücke in körperlicher Form zu verbreiten.[99] Ihm kommt damit ein Erstbestimmungsrechts bezüglich der Modalitäten (ob, wann und wie) der Verbreitung des Originals oder von Vervielfältigungsstücken des Werkes in der Öffentlichkeit zu.[100]

259 Die Verbreitung in unkörperlicher Form fällt – anders als nach Art. 4 der Info-Richtlinie 2001/29 – jedoch nicht unter § 17 UrhG. Einschlägig ist dann vielmehr § 15 Abs. 2 UrhG.[101]

---

91 *Seifert/Wirth* in Eichelberger/Wirth/Seifert, Urheberrechtsgesetz, UrhG § 16 Rn. 5.
92 Dazu EuGH, Urt. v. 29.11.2017 – C-265/16 – GRUR Int. 2018, 267 – VCAST.
93 *Seifert/Wirth* in Eichelberger/Wirth/Seifert, Urheberrechtsgesetz, UrhG § 16 Rn. 7.
94 BGH, Urt. v. 16. 5. 2013 – I ZR 28/12, GRUR 2014, 65 – Beuys-Aktion.
95 *Seifert/Wirth* in Eichelberger/Wirth/Seifert, Urheberrechtsgesetz, UrhG § 16 Rn. 2.
96 BGH, Urt. v. 6.10.2016 – I ZR 25/15 – GRUR 2017, 266 – World of Warcraft I, Rn. 38.
97 Dazu ausführlich *v. Welser* in Wandtke/Bullinger, Urheberrecht, § 44a Rn. 4 ff.
98 *Loewenheim* in Schricker/Loewenheim, Urheberrecht, UrhG § 16 Rn. 17; *Seifert/Wirth* in *Eichelberger/Wirth/Seifert*, Urheberrechtsgesetz, UrhG § 16 Rn. 7.
99 *Seifert/Wirth* in Eichelberger/Wirth/Seifert, Urheberrechtsgesetz, UrhG § 17 Rn. 1; *Loewenheim* in Schricker/Loewenheim, Urheberrecht, UrhG § 17 Rn. 6.
100 *Heerma* in Wandtke/Bullinger, Urheberrecht, UrhG § 17 Rn. 1.
101 *Seifert/Wirth* in Eichelberger/Wirth/Seifert, Urheberrechtsgesetz, UrhG § 17 Rn. 1.

aa) Der Begriff der Verbreitung

„Verbreitung" liegt nach § 17 Abs. 1 UrhG vor, wenn das Werk bzw. Vervielfältigungsstücke öffentlich angeboten oder in den Verkehr gebracht werden.[102] Zur Öffentlichkeit gehört in **qualitativer Hinsicht** nach § 15 Abs. 3 Satz 2 UrhG jeder, der nicht mit demjenigen, der das Werk verwertet, oder mit den anderen Personen, denen das Werk in unkörperlicher Form wahrnehmbar oder zugänglich gemacht wird, durch persönliche Beziehungen verbunden ist.

260

„Anbieten" ist in Umsetzung von Art. 4 Abs. 1 der Richtlinie 2001/29/EG im **wirtschaftlichen Sinne** zu verstehen, wobei Vorbereitungshandlungen, welche die wirtschaftlichen Chancen des Rechteinhabers gefährden könnten, ausreichend sind.[103] Ein Anbieten liegt bereits dann vor, wenn eine Person auf einer Internetseite auf die Möglichkeit hinweist, dass ein Produkt, welches sie mangels urheberrechtlicher Nutzungsrechte nicht in Deutschland vertreiben darf, im Ausland erworben werden kann, wo ein Urheberrechtsschutz nicht besteht[104], bzw. solche Produkte über das Internet bewirbt. Für eine Verbreitung ist zwar nach einschlägiger Ansicht des EuGH in der Regel eine Eigentumsübertragung notwendig.[105] Solche Werbemaßnahmen oder Angebote im Internet können allerdings dann das Verbreitungsrecht verletzen, wenn sie zum Erwerb der Produkte anregen.[106]

261

Bekanntheit erlangte in diesem Zusammenhang auch die Veräußerung von bemalten Teilen der Berliner Mauer.[107] Fand diese im Inland statt, so waren die Künstler angemessen zu beteiligen.[108] Im Falle eines Staatsgeschenks an die UNO, welches zwar in Deutschland symbolisch übergeben, aber erst später im Ausland tatsächlich übereignet wurde, sah der BGH kein Inverkehrbringen iSd § 17 Abs. 1 UrhG.[109]

262

Die Ausstellung eines Produkts auf einer Messe stellt noch kein Inverkehrbringen dar, sofern die Möglichkeit eines Erwerbs des Produktes dort ausdrücklich ausgeschlossen wird.[110]

263

Die Verbreitung rechtswidrig hergestellter Vervielfältigungsstücke richtet sich nach § 96 UrhG.[111]

264

Bei einem **grenzüberschreitenden Verkauf** liegt nach Ansicht des BGH[112] ein „Verbreiten" in Deutschland nach § 17 UrhG schon dann vor, wenn ein Händler, der seine Werbung auf in Deutschland ansässige Kunden ausrichtet und ein spezifisches Liefersystem und spezifische Zahlungsmodalitäten schafft, für sie zur Verfügung stellt oder dies einem Dritten erlaubt und diese Kunden so in die Lage versetzt, sich Vervielfälti-

265

---

102 *Lettl*, Urheberrecht, § 4 Rn. 46.
103 *Lettl*, Urheberrecht, § 4 Rn. 45.
104 BGH, Urt. v. 15.2.2007 – I ZR 114/04 – ZUM 2007, 744 – Wagenfeld Leuchte.
105 EuGH, Urt. v. 17.4.2008 – C-456/06 – GRUR 2008, 604 – Peek & Cloppenburg; BGH, Urt. v. 22.1.2009 – I ZR 247/03 – NJW 2009, 2960 – Le-Corbusier-Möbel II.
106 BGH, Urt. v. 5.11.2015 – I ZR 91/11, NJW 2016, 2335 – Marcel-Breuer-Möbel II; BGH, Urt. v. 5.11.2015 – I ZR 76/11, NJW 2016, 2338 – Wagenfeld-Leuchte II; *Seifert/Wirth* in Eichelberger/Wirth/Seifert, Urheberrechtsgesetz, UrhG § 17 Rn. 2.
107 Siehe auch *Seifert/Wirth* in Eichelberger/Wirth/Seifert, Urheberrechtsgesetz, UrhG § 17 Rn. 2.
108 BGH, Urt. v. 23.2.1995 – I ZR 68/93 – GRUR 1995, 673 – Mauer-Bilder.
109 BGH, Urt. v. 24. 5. 2007 – I ZR 42/04 – GRUR 2007, 691 – Staatsgeschenk.
110 BGH, Urt. v. 23.2.2017 – I ZR 92/16 – GRUR 2017, 793 – Mart-Stam-Stuhl.
111 *Seifert/Wirth* in Eichelberger/Wirth/Seifert, Urheberrechtsgesetz, UrhG § 17 Rn. 3.
112 BGH, Urt. v. 11.10.2012 – 1 StR 213/10 – GRUR 2013, 62, Ls. 1.

gungen von Werken liefern zu lassen, die in Deutschland urheberrechtlich geschützt sind.

bb) Der Erschöpfungsgrundsatz (§ 17 Abs. 2 UrhG)

266 Sind das Original oder Vervielfältigungsstücke des Werkes mit Zustimmung des zur Verbreitung berechtigten Urhebers im Gebiet der EU (EU-Binnenmarkt) oder eines anderen EWR-Vertragsstaates im Wege der **Veräußerung** einmal in Verkehr gebracht worden – hat der Urheber also für seine Schöpfung (Leistung) bereits ein Entgelt erhalten (Abgeltung gegen Herrschaftsaufgabe) –, so ist die **Weiterverbreitung** dieses konkret in Rede stehenden Werkstücks nach § 17 Abs. 2 UrhG (in Umsetzung von Art. 9 Abs. 2 der Richtlinie 92/100/EWG respektive Art. 4 Abs. 2 der Richtlinie 2001/29/EG) zulässig.

267 Im Interesse einer **Verkehrsfähigkeit** des mit Zustimmung des Berechtigten in den Verkehr gelangten Werkstücks begründet eine erneute Weiterveräußerung also keinen Urheberrechtsverstoß.[113] Das Verbreitungsrecht ist in diesem Fall vom Berechtigten ausgeübt worden und damit verbraucht. Es tritt **Erschöpfung**, als Begrenzung des Verbreitungsrechts des Urhebers, ein. Den materiellen Interessen des Urhebers ist durch die Abgeltung in hinreichendem Maße Rechnung getragen worden. Seine materiellen Interessen sind „erschöpft". Schuldrechtliche Abreden, die das Weiterverbreitungsrecht einschränken, bleiben davon unberührt.[114]

268 Die Erschöpfung tritt bei **rechtmäßigem Inverkehrbringen**[115], also bei jeder rechtmäßigen Übereignung und Entäußerung des Eigentums, unabhängig von dem zugrundliegenden Kausalgeschäft, ein.[116] Parallele Regelungen finden sich für Computerprogramme in § 69c Nr. 3 UrhG und für Datenbanken in § 87b Abs. 2 UrhG.[117] Der Verkauf „gebrauchter" Computersoftware ist vom Erschöpfungsgrundsatz gedeckt, wenn der Verkäufer seine Kopie mit dem Verkauf unbrauchbar gemacht hat.[118]

269 Vom Erschöpfungsgrundsatz nicht gedeckt ist die **Vermietung** des Werkstücks da diese keine „Veräußerung" ist.[119] Unter „Vermietung" versteht das UrhG nach seinem § 17 Abs. 3 die zeitlich begrenzte, unmittelbar oder mittelbar Erwerbszwecken dienende Gebrauchsüberlassung. So verbleibt das Recht der Vermietung des Werks allein beim Urheber. Damit korrespondiert § 27 Abs. 1 UrhG. Danach muss der Vermieter, wenn der Urheber das Vermietungsrecht (§ 17 UrhG) an einem Bild- oder Tonträger dem Tonträger- oder Filmhersteller eingeräumt hat, dem Urheber gleichwohl eine angemessene Vergütung für die Vermietung zahlen.

270 Vom „Vermieten" im Sinne einer Gebrauchsüberlassung zu Erwerbszwecken ist das „Verleihen" im Sinne einer zeitlich begrenzten Gebrauchsüberlassung zu **anderen Zwecken** abzugrenzen.[120] Außerhalb des privaten Bereichs ist jedoch zu beachten, dass für das Verleihen von Originalen oder Vervielfältigungsstücken eines Werkes, deren Wei-

---

113 BGH, Urt. v. 4. 5. 2000 – I ZR 256/97 – BGHZ 144, 232 = GRUR 2001, 51 – Reichweite der Erschöpfung; *Heerma* in Wandtke/Bullinger, Urheberrecht, UrhG § 15 Rn. 38.
114 *Seifert/Wirth* in Eichelberger/Wirth/Seifert, Urheberrechtsgesetz, UrhG § 17 Rn. 4.
115 Ausführlich *Loewenheim* in Schricker/Loewenheim, Urheberrecht, UrhG § 17 Rn. 48 ff.
116 *Seifert/Wirth* in Eichelberger/Wirth/Seifert, Urheberrechtsgesetz, UrhG § 17 Rn. 5.
117 *Heerma* in Wandtke/Bullinger, Urheberrecht, 2019, UrhG § 15 Rn. 35.
118 BGH, Urt. v. 11.12.2014 – I ZR 8/13 – GRUR 2015, 772.
119 Womit bei der „Vermietung" das Verbreitungsrecht des Berechtigten nach § 17 Abs. 1 UrhG fortbesteht.
120 *Seifert/Wirth* in Eichelberger/Wirth/Seifert, Urheberrechtsgesetz, UrhG § 17 Rn. 7.

terverbreitung nach § 17 Abs. 2 UrhG zulässig ist, dem Urheber gemäß § 27 Abs. 2 UrhG eine angemessene Vergütung gezahlt werden muss, wenn die Originale oder Vervielfältigungsstücke durch eine der Öffentlichkeit zugängliche Einrichtung (Bücherei, Sammlung von Bild- oder Tonträgern bzw. anderer Originale oder Vervielfältigungsstücke) verliehen werden. Entsprechende Vergütungsansprüche können nach § 27 Abs. 3 UrhG nur durch eine Verwertungsgesellschaft geltend gemacht werden.

Nicht unter den Begriff des „Vermietens" iS von § 17 UrhG fällt die erwerbsmotivierte Gebrauchsüberlassung von **Bauwerken** und Werken der angewandten Kunst (Nr. 1) und auch nicht die Überlassung von Werken im Rahmen eines Arbeits- oder Dienstverhältnisses zum ausschließlichen Zweck der Erfüllung von Verpflichtungen aus dem Arbeits- oder Dienstverhältnis (Nr. 2). 271

Nicht vom Erschöpfungsgrundsatz erfasst wird außerdem die Weiterverwertung in unkörperlicher Form, bspw. das Senderecht. 272

Der Erschöpfungsgrundsatz nach § 17 Abs. 2 UrhG erfasst zwar grundsätzlich weder das Vervielfältigungsrecht nach § 16 UrhG noch das Recht der öffentlichen Wiedergabe gemäß § 15 Abs. 2 UrhG.[121] Zur Weiterverbreitung eines Werkes **notwendige Begleithandlungen** sind allerdings vom Erschöpfungsgrundsatz gedeckt.[122] Eine Grenze finden sie jedoch, sobald die urheberrechtlich relevante Verwendung über den Zweck der Weiterverbreitung hinaus anderen Zwecken dient.[123] 273

Derjenige, der sich auf Erschöpfung beruft, ist für das Vorliegen der Voraussetzungen des § 17 Abs. 2 UrhG (ggf. unter Berufung auf die Vermutungswirkung nach § 1006 Abs. 1 und 2 BGB)[124] darlegungspflichtig und im Bestreitensfalle auch beweispflichtig. 274

c) Das Ausstellungsrecht (§ 15 Abs. 1 2. Hs. Nr. 3 iVm § 18 UrhG)

Das Ausstellungsrecht ist gemäß § 18 UrhG das Recht des Urhebers, darüber zu entscheiden, ob, wann und wo das Original oder Vervielfältigungsstücke seines **unveröffentlichten Werkes** der bildenden Künste (bspw. ein Gemälde) oder seines unveröffentlichten Lichtbildwerkes (zB ein Foto) öffentlich (etwa in einem Museum) zur Schau gestellt wird. Es handelt sich dabei um eine Sonderform des Veröffentlichungsrechts iS von § 12 UrhG.[125] 275

Das Ausstellungsrecht gilt nach § 72 Abs. 1 UrhG auch für unveröffentlichte (§ 6 Abs. 1 UrhG) Lichtbilder.[126] 276

Mit einer rechtmäßigen Erstveröffentlichung tritt **Erschöpfung** des Ausstellungsrechts ein. Diese liegt bei einer Veräußerung des Werks grundsätzlich nicht vor, allerdings verliert der Urheber eines Werkes der bildenden Künste mit der Veräußerung sein Ausstellungsrecht nach § 44 Abs. 2 UrhG, wenn er es sich nicht ausdrücklich vorbehält. Zweck der Regelung ist es, den Kunsthandel nicht unnötig zu behindern.[127] 277

---

121 *Lettl*, Urheberrecht, § 4 Rn. 50.
122 *Seifert/Wirth* in Eichelberger/Wirth/Seifert, Urheberrechtsgesetz, UrhG § 17 Rn. 4.
123 OLG Düsseldorf, Urt. v. 15.4.2008 – 20 U 143/07 – GRUR-RR 2009, 45 – Schaufensterdekoration.
124 BGH, Urt. v. 3.3.2005 – I ZR 133/02 – NJW 2005, 1581 – Atlanta; *Lettl*, Urheberrecht, § 4 Rn. 51.
125 *Lettl*, Urheberrecht, § 4 Rn. 52.
126 *Seifert/Wirth* in Eichelberger/Wirth/Seifert, Urheberrechtsgesetz, UrhG § 18 Rn. 1; *Vogel* in Schricker/Loewenheim, Urheberrecht, UrhG § 18 Rn. 20.
127 *Seifert/Wirth* in Eichelberger/Wirth/Seifert, Urheberrechtsgesetz, UrhG § 18 Rn. 2, 3.

278 Die Anwendung des weitergehenden Ausstellungsrechts gemäß § 18 UrhG beschränkt sich auf Sachverhalte, die nicht unter das europarechtlich harmonisierte **Verbreitungsrecht** subsumiert werden können. Es gilt also nicht für Ausstellungen, bei denen die Werke zum Verkauf angeboten werden.[128]

d) Das Vortrags-, Aufführungs- und Vorführungsrecht (§ 15 Abs. 2 Satz 2 Nr. 1 iVm § 19 UrhG)

279 Bei dem Vortrags-, Aufführungs- und Vorführungsrecht handelt es sich um ein Verwertungsrecht in unkörperlicher Form.

280 Das **Vortragsrecht** ist nach § 19 Abs. 1 UrhG das Recht, ein Sprachwerk (iS von § 2 Abs. 1 Nr. 1 UrhG) durch persönliche Darbietung öffentlich im Sinne einer unmittelbaren Wahrnehmung zu Gehör zu bringen (zB eine Dichterlesung oder ein politischer bzw. wissenschaftlicher Vortrag). Die persönliche Darbietung ist – in Abgrenzung zur ebenfalls erfassten öffentlichen Darbietung (iS von § 15 Abs. 3 UrhG) im Radio oder Fernsehen – eine akustische Darbietung durch eine beliebige Person.

281 Das **Aufführungsrecht** ist gemäß § 19 Abs. 2 1. Alt. UrhG das Recht, ein Werk der Musik (iS von § 2 Abs. 1 Nr. 2 UrhG) durch persönliche Darbietung öffentlich (iS von § 15 Abs. 3 UrhG) zu Gehör zu bringen (zB Konzert) oder nach § 19 Abs. 2 2. Alt. UrhG ein Werk (jeder Art) öffentlich bühnenmäßig darzustellen.

Beachte: „Kleines" und „grosses" Recht

Im Zusammenhang mit Bühnenaufführungen dramatisch-musikalischer Werke werden die Begriffe „großes Recht" – als das Recht der bühnenmäßigen Aufführung des Werkes – und „kleines Recht" – als alle sonstigen Rechte an einem dramatisch-musikalischen Werk – unterschieden.[129]

282 Das Vortrags- und das Aufführungsrecht umfassen auch das Recht, Vorträge und Aufführungen außerhalb des Raumes, in dem die persönliche Darbietung stattfindet, durch Bildschirm, Lautsprecher oder ähnliche **technische Einrichtungen** – im Übertragungswege zeitgleich an einem anderen Ort – öffentlich wahrnehmbar zu machen (so § 19 Abs. 3 UrhG als Klarstellung des Umfangs des Aufführungs- und Vortragsrechts). Das bedeutet, dass der Urheber, der einer Aufführung in einem geschlossenen Raum zugestimmt hat, einer öffentlichen Aufführung durch technisches Gerät außerhalb dieses Raums gesondert zustimmen muss.[130]

283 Das **Vorführungsrecht** ist nach § 19 Abs. 4 Satz 1 UrhG das Recht, ein Werk der bildenden Künste (§ 2 Abs. 1 Nr. 4 UrhG), ein Lichtbildwerk (§ 2 Abs. 1 Nr. 5 UrhG), ein Filmwerk (§ 2 Abs. 1 Nr. 6 UrhG) oder Darstellungen wissenschaftlicher oder technischer Art (§ 2 Abs. 1 Nr. 7 UrhG) durch **technische Einrichtungen** öffentlich (iS von § 15 Abs. 3 UrhG) wahrnehmbar zu machen. Das Vorführungsrecht umfasst gemäß § 19 Abs. 4 Satz 2 UrhG **nicht** das Recht, die Funksendung oder die öffentliche Zu-

---

[128] Siehe EuGH, Urt. v. 13.2.2014 – C-466/12 – NJW 2014, 759, Ls. 2; *Seifert/Wirth* in Eichelberger/Wirth/Seifert, Urheberrechtsgesetz, UrhG § 18 Rn. 4; *Vogel* in Schricker/Loewenheim, Urheberrecht, UrhG § 18 Rn. 9.
[129] So beispielsweise in § 1 Buchst. a des GEMA-Berechtigungsvertrages, wonach nur die kleinen Aufführungsrechte an die GEMA übertragen werden; *Seifert/Wirth* in Eichelberger/Wirth/Seifert, Urheberrechtsgesetz, UrhG § 19 Rn. 2. Siehe auch BGH, Urt. v. 14.10.1999 – I ZR 117/97 – NJW 2000, 2207 – Musical-Gala.
[130] *Seifert/Wirth* in Eichelberger/Wirth/Seifert, Urheberrechtsgesetz, UrhG § 19 Rn. 3.

I. Positiver Inhalt des Urheberrechts

gänglichmachung solcher Werke öffentlich wahrnehmbar zu machen (§ 22 UrhG). Fernsehübertragungen in Gaststätten richten sich folglich nach § 22 UrhG (nachstehende Rn. 302 f.).[131]

e) Das Recht der öffentlichen Zugänglichmachung (§ 15 Abs. 2 Satz 2 Nr. 2 iVm § 19a UrhG)

Das Recht der öffentlichen Zugänglichmachung ist nach § 19a UrhG das Recht, das Werk **drahtgebunden oder drahtlos** (mithin technologieneutral)[132] der Öffentlichkeit (§ 15 Abs. 3 UrhG) orts- und zeitunabhängig zugänglich zu machen. Erfasst ist insbesondere eine Zugriffs- bzw. Empfangsmöglichkeit zu jeder Zeit über das Internet (On-Demand-Dienste).[133] Der Tatbestand ist auch dann erfüllt, wenn die betroffenen Inhalte auf einem Server im Ausland für den Abruf in Deutschland zur Verfügung gestellt werden (**Schutzlandprinzip**).[134] Das Recht des Urhebers auf öffentliche Zugänglichmachung unterliegt nicht der Erschöpfung.[135]

284

Ein Zugänglichmachen im Sinne dieser Vorschrift setzt nur voraus, dass Dritten der Zugriff auf das sich in der Zugriffssphäre des Vorhaltenden befindliche geschützte Werk eröffnet wird.[136] Der Betreiber einer **Suchmaschine**, der Abbildungen von Werken, die Dritte ins Internet eingestellt haben, als Vorschaubilder (sog. Thumbnails) in der Trefferliste seiner Suchmaschine auflistet, macht die abgebildeten Werke nach § 19a UrhG öffentlich zugänglich.[137] Eine schlichte Einwilligung in die Wiedergabe der Abbildung eines urheberrechtlich geschützten Werks liegt nach Ansicht des BGH[138] im Hinblick auf die Wiedergabe von Fotografien in einer Suchmaschine als Vorschaubild in Ergebnislisten (sog. **Thumbnails**) auch dann vor, wenn ein Dritter die Abbildung mit Zustimmung des Urhebers ins Internet eingestellt hat, ohne **technische Vorkehrungen** gegen ein Auffinden und Anzeigen dieser Abbildung durch Suchmaschinen zu treffen. Eine vom Urheber oder mit seiner Zustimmung von einem Dritten erklärte Einwilligung in die Wiedergabe der Abbildung eines Werkes als **Vorschaubild** erstreckt sich auch auf die Wiedergabe von Abbildungen dieses Werkes, die nicht vom Urheber oder mit seiner Zustimmung von einem Dritten ins Internet eingestellt worden sind.[139] Wenn lediglich ein Link zu einem Werk gesetzt wird, das sich auf einer anderen Internetseite befindet, ist § 19a UrhG nicht einschlägig.[140]

285

Wird im Rahmen einer Online-Berichterstattung über eine Veranstaltung (zB eine Ausstellungseröffnung) berichtet, bei der urheberrechtlich geschützte Werke wahrnehmbar werden, dürfen nach Ansicht des BGH[141] Abbildungen dieser Werke nur so lange als

286

---

131 *Seifert/Wirth* in Eichelberger/Wirth/Seifert, Urheberrechtsgesetz, UrhG § 19 Rn. 4; *v. Ungern-Sternberg* in Schricker/Loewenheim, Urheberrecht, UrhG § 22 Rn. 15 ff.
132 *Lettl*, Urheberrecht, § 4 Rn. 66; *Schulze*, ZUM 2011, 2 (4).
133 *Seifert/Wirth* in Eichelberger/Wirth/Seifert, Urheberrechtsgesetz, UrhG § 19a Rn. 3; *Bullinger* in Wandtke/Bullinger, Urheberrecht, UrhG § 19a Rn. 12 f.
134 *Seifert/Wirth* in Eichelberger/Wirth/Seifert, Urheberrechtsgesetz, UrhG § 19a Rn. 5. Zum Schutzlandprinzip siehe *Lauber-Rönsberg* in Ahlberg/Götting, BeckOK Urheberrecht, Kollisionsrecht und internationale Zuständigkeit, Rn. 7 ff.
135 Lettl, Urheberrecht, § 4 Rn. 67 unter Bezugnahme auf Art. 3 Abs. 3 der Richtlinie 2001/29/EG.
136 Vgl. BGH, Urt. v. 22.4.2009 – I ZR 216/06 – GRUR 2009, 845 – Internet-Videorecorder, Rn. 27; BGH, Urt. v. 20.5.2009 – I ZR 239/06 – NJW 2009, 3509 – CAD-Software.
137 BGH, Urt. v. 29.4.2010 – I ZR 69/08 – BGHZ 185, 291 = GRUR 2010, 628 – Vorschaubilder I, Ls. 1.
138 BGH, Urt. v. 19.10.2011 – I ZR 140/10 – GRUR 2012, 602 – Vorschaubilder II.
139 BGH, Urt. v. 29.4.2010 – I ZR 69/08, BGHZ 185, 291 = GRUR 2010, 628 – Vorschaubilder I, Ls. 2.
140 BGH, Urt. v. 21.9.2017 – I ZR 11/16 – NJW 2018, 772 – Vorschaubilder III.
141 BGH, Urt. v. 5.10.2010 – I ZR 127/09 – GRUR 2011, 415.

Teil dieser Berichterstattung im Internet öffentlich zugänglich gemacht werden, wie die Veranstaltung noch als Tagesereignis angesehen werden kann.

287 Eine öffentliche Wiedergabe iS von § 15 Abs. 2 Satz 1 UrhG liegt vor, wenn eine Fotografie auf eine Webseite eingestellt wird, die zuvor ohne beschränkende Maßnahme, die ihr Herunterladen verhindert, und mit Zustimmung des Urheberrechtsinhabers auf einer anderen Webseite veröffentlicht worden ist.[142]

f) Das Senderecht (§ 15 Abs. 2 Satz 2 Nr. 3 iVm §§ 20 bis 20b UrhG)

288 Das Senderecht ist nach § 20 UrhG das Recht, das Werk durch Funk der Öffentlichkeit iS von § 15 Abs. 3 UrhG zugänglich zu machen. „Funk" meint „jede Übertragung von Zeichen, Tönen und Bildern durch elektromagnetische Wellen, welche die Sendestelle absendet und eine beliebige Zahl von Empfangsanlagen auffängt sowie in Zeichen, Töne und Bilder zurückverwandelt.[143] Beispiele sind Ton- und Fernsehrundfunk, Satellitenrundfunk, Kabelfunk oder ähnliche technische Mittel. Die Sendung kann analog oder digital, kabelgebunden der kabellos erfolgen. Auf die konkrete Technik kommt es dabei nicht an.[144]

289 Ausreichend ist die Möglichkeit eines ortsungebundenen Empfangs. Auf einen tatsächlichen Empfang kommt es nicht an. Erfasst ist nicht nur die Ausstrahlung von Werken durch Rundfunk- und Fernsehanstalten, sondern auch die **Weitersendung** über „anstaltseigene Verteileranlagen", beispielsweise in Krankenhäusern[145], Altenheimen, Haftanstalten[146] oder Hotelzimmern.[147] Die dem deutschen Recht entspringende Problematik der Weitersendung hat sich allerdings durch die Rechtsprechung des EuGH weitgehend erledigt, denn dieser sieht bereits im Aufstellen von betriebsbereiten Empfangsgeräten eine öffentliche Wiedergabe der dadurch zugänglichen Werke.[148]

290 Nach traditionellem Verständnis des deutschen Urheberrechts fällt der **Empfang** grundsätzlich nicht unter das Senderecht. Abgrenzungsschwierigkeiten ergeben sich hier mitunter bei gemeinschaftlich genutzten Empfangsanlagen (zB Hausgemeinschaftsantennen), an die mehrere Wiedergabegeräte (im Beispiel Fernseher) angeschlossen sind.[149] Der BGH entschied im Fall einer Satellitengemeinschaftsantenne einer Wohnungseigentümergemeinschaft, die Fernsehsignale an Geräte in 343 Wohneinheiten in einem Gebäude weiterleitete, dass es sich nicht um eine öffentliche Wiedergabe handle, da es sich bei den Wohnungseigentümern nicht um Personen allgemein, sondern um eine abgegrenzte private Gruppe handle.[150] Der EuGH knüpft die Zustim-

---

142 BGH, Urt. v. 10.1.2019 – I ZR 267/15 – GRUR 2019, 813 – Cordoba II.
143 *Lettl*, Urheberrecht, § 4 Rn. 69.
144 *Seifert/Wirth* in Eichelberger/Seifert/Wirth, Urheberrechtsgesetz, UrhG § 20 Rn. 1.
145 BGH, Urt. v. 9.6.1994 – I ZR 23/92 – GRUR 1994, 797 – Verteileranlage im Krankhaus; BGH, Urt. v. 11.1.2018 – I ZR 85/17 – GRUR 2018, 608 – Krankenhausradio.
146 BGH, Urt. v. 8.7.1993 – I ZR 124/91 – NJW 1993, 2871 – Verteileranlagen in Haftanstalt.
147 *Eisenmann/Jautz*, Grundriss, Rn. 65; *Seifert/Wirth* in Eichelberger/Seifert/Wirth, Urheberrechtsgesetz, UrhG § 20 Rn. 2.
148 EuGH, Urt. v. 7.12.2006 – C-306/05 – GRUR 2007, 225 – SGAE/Raphael Hoteles; EuGH, Urt. v. 15.3.2012 – C-162/10 – GRUR 2012, 597 – PPL/Ireland; EuGH, Beschl. v. 18.3.2010 – C-136/09 – BeckEuRS 2010, 518970 – OSDD/Divani Akropolis; anders aber BGH, Urt. v. 17.12.2015 – I ZR 21/14 – GRUR 2016, 697 – Königshof; dazu v. *Ungern-Sternberg*, GRUR 2019, 1 (2 ff.); *Seifert/Wirth* in Eichelberger/Seifert/Wirth, Urheberrechtsgesetz, UrhG § 20 Rn. 2.
149 *Seifert/Wirth* in Eichelberger/Seifert/Wirth, Urheberrechtsgesetz, UrhG § 20 Rn. 3.
150 BGH, Urt. v. 17.9.2015 – I ZR 228/14 – NJW 2016, 807 – Ramses; *Seifert/Wirth* in Eichelberger/Seifert/Wirth, Urheberrechtsgesetz, UrhG § 20 Rn. 3.

mungsfreiheit an die Voraussetzung, dass es sich bei der Übermittlung durch die Anlage um eine bloße technische Wiedergabemodalität handelt, die der Urheber des Werkes bei Erteilung der Zustimmung zur ursprünglichen Sendung bereits berücksichtigt hat.[151] Entscheidend ist hier, ob ein „**neues Publikum**" erreicht wird, beispielsweise also der Empfang der Sendung in dem durch die in Rede stehende Anlage befindlichen Gebiet durch die ursprüngliche Sendung gewollt war.[152]

Die Rundfunkanstalten oder Sendeunternehmen müssen die Einwilligung des Urhebers für die gesendeten Werke einholen, in der Regel also **Nutzungsrechte** erwerben.[153] 291

Nur das Recht, ein gesendetes Werk im Rahmen eines zeitgleich, unverändert und vollständig weiterübertragenen Programms durch Kabelsysteme oder Mikrowellensysteme weiterzusenden (**Kabelweitersendung**), konnte nach § 20b Abs. 1 UrhG a.F. nur durch eine Verwertungsgesellschaft geltend gemacht werden.[154] Dies galt nicht für Rechte, die ein Sendeunternehmen in Bezug auf seine Sendungen geltend gemacht hat. Die Vorschrift des § 20b Abs. 1 UrhG a.F. erfasste bis zur Urheberrechtsnovelle 2021 nicht andere **Sendetechnologien**, wie beispielsweise Handy-TV[155], wurde schließlich jedoch technologieneutral als Recht der Weitersendung ausgestaltet und erfasst heute das Recht, ein gesendetes Werk im Rahmen eines zeitgleich, unverändert und vollständig weiterübertragenen Programms weiterzusenden. Dazu zählt die Sendung über das offene Internet (z.B. durch OTT-Dienste), wobei allerdings Schutzmaßnahmen zu treffen sind, dass die Weitersendung ausschließlich an berechtigte Nutzer erfolgt (§ 20b Abs. 1a UrhG).[156] Der erleichterte Rechtserwerb über die Verwertungsgesellschaften soll die grenzüberschreitende Nutzung europäischer Rundfunkprogramme erleichtern.[157] 292

Hat der Urheber das Recht der Weitersendung einem Sendeunternehmen oder einem Tonträger bzw. Filmhersteller eingeräumt, so hat der Weitersendedienst gleichwohl dem Urheber gemäß § 20b Abs. 2 UrhG eine **angemessene Vergütung** für die Weitersendung zu zahlen. Auf den Vergütungsanspruch kann nicht verzichtet werden. Er kann im Voraus nur an eine **Verwertungsgesellschaft** abgetreten und nur durch eine solche geltend gemacht werden. Diese Regelung steht Tarifverträgen, Betriebsvereinbarungen und gemeinsamen Vergütungsregeln von Sendeunternehmen nicht entgegen, soweit dadurch dem Urheber eine angemessene Vergütung für jede Kabelweitersendung eingeräumt wird.

Nach § 20d Abs. 2 UrhG gilt § 20b UrhG entsprechend auch für die sog. Direkteinspeisung (§ 20d Abs. 1 UrhG).

Mitunter schwierig gestaltet sich die Abgrenzung vom Recht der öffentlichen Zugänglichmachung nach § 19a UrhG. Entscheidend für die Sendung ist es, dass es sich um eine inhaltlich unveränderte und zeitgleiche Übertragung handelt, während § 19a 293

---

151 EuGH, Urt. v. 16.3.2017 – C-138/16 – AKM/Zürs.net, Ls.
152 EuGH, Urt. v. 16.3.2017 – C-138/16 – AKM/Zürs.net, Rn. 18 und 27 ff.; BGH, Urt. v. 4.6.1987 – I ZR 117/85 – GRUR 1988, 206 – Kabelfernsehen II, Ls. 2; BGH, Urt. v. 17.2.2000 – I ZR 194/97 – GRUR 2000, 699 – Kabelweitersendung; *Seifert/Wirth* in Eichelberger/Seifert/Wirth, Urheberrechtsgesetz, UrhG § 20 Rn. 3.
153 *Seifert/Wirth* in Eichelberger/Seifert/Wirth, Urheberrechtsgesetz, UrhG § 20 Rn. 1.
154 *V. Ungern-Sternberg* in Schricker/Loewenheim, Urheberrecht, UrhG § 20b Rn. 20.
155 *V. Ungern-Sternberg* in Schricker/Loewenheim, Urheberrecht, UrhG § 20b Rn. 18.
156 BT-Drs. 19/27426, S. 54.
157 BT-Drs. 19/27426, S. 54; *Seifert/Wirth* in Eichelberger/Seifert/Wirth, Urheberrechtsgesetz, UrhG § 20b Rn. 1.

UrhG Fälle erfasst, bei denen die Öffentlichkeit die Wiedergabe zu einer Zeit ihrer Wahl empfangen kann.[158]

FALL 8 – INTERNET-VIDEORECORDER
Nach BGH, Urt. v. 22.4.2009 – Az.: I ZR 216/06.
Sachverhalt:
S ist ein Sendeunternehmen, das das Fernsehprogramm eines bekannten deutschen Fernsehsenders ausstrahlt. R bietet auf seiner Internetseite einen „internetbasierten persönlichen Videorecorder (‚PVR')" an. Auf diesem Portal können sich die Nutzer zunächst registrieren und erhalten dann die Möglichkeit, zu privaten Zwecken bestimmte Sendungen des deutschen Fernsehens – darunter auch die des S – aufzeichnen zu lassen. Die Nutzer müssen an R einen Kostenbeitrag zahlen, der aber lediglich die laufenden Kosten des Systems deckt. Die von R bereitgestellte technische Infrastruktur bewältigt dabei den Empfang der vom Kunden ausgewählten Sendungen, die Umwandlung in ein vom System des R lesbares Format, die sofortige Weiterleitung an die jeweiligen PVR und die Aufzeichnung im persönlichen Ordner, den der die Aufnahme veranlassende Nutzer bei seiner Registrierung auf den Servern der R erhalten hat, völlig automatisch. S meint, dass R dadurch die ihm durch das UrhG eingeräumten Rechte verletzt.
Zu Recht?
Lösung:

A. R könnte durch das Aufzeichnen der Sendungen das Vervielfältigungsrecht iSd § 87 Abs. 1 Nr. 2 iVm §§ 15 Abs. 1 Nr. 1, 16 UrhG verletzt haben. Dazu müsste R vorübergehende oder dauerhafte Vervielfältigungsstücke eines Werkes hergestellt haben. Auf das Verfahren der Vervielfältigung sowie die Anzahl der Vervielfältigungsstücke kommt es dabei nicht an (§ 16 Abs. 1 UrhG aE).
   I. Fernsehsendungen sind als Filmwerke iSd § 2 Abs. 1 Nr. 6 UrhG als Werk anzusehen, da Filme jeglichen Inhalts[159] – sogar Live-Sendungen[160] – Schutz genießen.
   II. Fraglich ist, ob R Vervielfältigungsstücke hergestellt hat.
      1. Unter Vervielfältigung versteht man allgemein jede körperliche Festlegung eines Werkes, die geeignet ist, das Werk den menschlichen Sinnen auf irgendeine Weise unmittelbar oder mittelbar wahrnehmbar zu machen.[161] Daneben bestimmt § 16 Abs. 2 UrhG, dass als Vervielfältigung auch die Übertragung des Werkes auf Bild- oder Tonträger – entsprechend der Legaldefinition der Norm also Vorrichtungen zur wiederholbaren Wiedergabe von Bild- oder Tonfolgen – meint.
      Nach dem Sachverhalt „programmiert" ein Nutzer des Angebots der R die aufzunehmende Sendung so, wie er dies bei einem Videorecorder tun würde. Im weiteren Verlauf wird die programmierte Sendung aufgezeichnet und dem Nutzer über den ihm zugewiesenen Cloud-Speicher zur Verfügung gestellt. Damit wird in jedem Falle eine Vervielfältigung angefertigt, da die Fernsehsendung auf eine Vorrichtung zur wiederholbaren Wiedergabe von Bild- und Tonfolgen – im vorliegenden Fall also den jedem Nutzer zugewiesenen Speicher auf dem Server

---

158 *Seifert/Wirth* in Eichelberger/Seifert/Wirth, Urheberrechtsgesetz, UrhG § 20 Rn. 7.
159 *Schulze* in Dreier/Schulze, Urheberrechtsgesetz, UrhG § 2 Rn. 206.
160 *Schulze* in Dreier/Schulze, Urheberrechtsgesetz UrhG § 2 Rn. 205.
161 BGH, Urt. v. 18.5.1955 – I ZR 8/54 – GRUR 1955, 492 (494).

des R, der technisch betrachtet nichts anderes als eine Festplatte bzw. ein Teil davon ist – überspielt wird.

2. Zudem ist derjenige, der die Vervielfältigung als rein technisch-mechanischen Vorgang technisch bewerkstelligt als Hersteller anzusehen, wobei es unerheblich ist, ob er sich technischer Hilfsmittel bedient und wem diese gehören.[162] Fertigt der Hersteller im Auftrag eines Dritten zu dessen privater Verwendung eine Vervielfältigung an, so ist diese Herstellung unter den Voraussetzungen des § 53 Abs. 1 Satz 2 UrhG dem Auftraggeber zuzurechnen.[163] Hierfür ist eine am Schutzzweck des § 53 Abs. 1 Satz 2 UrhG ausgerichtete normative Bewertung maßgeblich.[164] Der Hersteller muss an die Stelle des Vervielfältigungsgerätes treten und damit als notwendiges Werkzeug des anderen tätig werden. Wenn das Ausmaß und die Intensität einer urheberechtlich relevanten Nutzung allerdings mit den Erwägungen, die der Privilegierung des Privatgebrauchs zu Grunde liegen, nicht mehr zu rechtfertigen ist, muss die Vervielfältigung dem Hersteller zugeordnet werden.[165]

Im vorliegenden Fall stellt R nur die technische Infrastruktur zur Verfügung, die im Übrigen vollautomatisch und ohne Eingriffe des R die von den Nutzern gewünschten Aufzeichnungen fertigt und diese in den entsprechenden Cloud-Speichern ablegt. Das von R betriebene System macht damit nichts anderes als ein handelsüblicher Videorecorder. Nach den og Grundsätzen ist damit jedenfalls der jeweilige Nutzer als Hersteller der Vervielfältigung anzusehen. Da die Aufzeichnungen der Nutzer zu privaten Zwecken erfolgen, ist die Regelung des § 53 Abs. 1 Satz 1 UrhG einschlägig, zumal hier keine Anzeichen für eine offensichtlich rechtswidrig hergestellte Vorlage zur Herstellung der Vervielfältigung ersichtlich sind. Demnach ist die Herstellung der Aufnahmen durch die Nutzer der Plattform des R zulässig iSd § 53 Abs. 1 UrhG und stellt somit keine Verletzung der Rechte des S dar.[166]

3. Überdies würde, soweit der R die Vervielfältigung im Auftrag des Nutzers durchgeführt hätte, die in § 53 Abs. 1 Satz 2 UrhG geforderte Unentgeltlichkeit einer Privilegierung nicht entgegenstehen. Diese setzt nämlich eine Gewinnerzielungsabsicht voraus, da damit der private Charakter der Vervielfältigung durch den kommerziellen ersetzt wird.[167] Eine Gewinnerzielungsabsicht fehlt jedenfalls dort, wo – wie vorliegend – nur die Kosten des laufenden Betriebs durch die Beiträge gedeckt werden sollen.

III. Im Ergebnis ist eine Verletzung des Vervielfältigungsrechts iSd § 87 Abs. 1 Nr. 2 iVm §§ 15 Abs. 1 Nr. 1, 16 UrhG auszuschließen.

B. R könnte aber das Recht des S aus § 87 Abs. 1 Nr. 1 Fall 2 iVm §§ 15 Abs. 2 Nr. 2, 19a UrhG, seine Sendungen öffentlich zugänglich zu machen, verletzt haben, indem er diese in dem jedem Nutzer zugewiesenen Ordner speichert. Dazu müsste der R die Sendungen

---

[162] BGH, Urt. v. 22.4.2009 – I ZR 216/06 – ZUM-RD 2009, 369 (371).
[163] BGH, Urt. v. 25.2.1999 – I ZR 118/96 – NJW 1999, 1953 (1954).
[164] BGH, Urt. v. 16.1.1997 – I ZR 9/95 – ZUM-RD 1997, 329 (334).
[165] BGH, Urt. v. 16.1.1997 – I ZR 9/95 – ZUM-RD 1997, 329 (334).
[166] Anders wäre der Fall zu beurteilen, wenn eine zentrale Masterkopie erstellt worden wäre und die Kunden zB nur eine Verlinkung zu dieser Kopie erhalten hätten, vgl. OLG München, Urt. v. 19.9.2019 – 29 U 3989/12 – ZUM 2014, 813 (816).
[167] BGH, Urt. v. 22.4.2009 – I ZR 216/06 – ZUM-RD 2009, 369 (376).

des S der Öffentlichkeit so zugänglich machen, dass diese von Orten und zu Zeiten ihrer Wahl darauf zugreifen können.

Fraglich ist, ob hier ein Zugänglichmachen gegenüber der Öffentlichkeit vorliegt. Ein Zugänglichmachen ist dann öffentlich, wenn die Sendungen einer Mehrzahl der Mitglieder der Öffentlichkeit zugänglich gemacht werden (§ 15 Abs. 3 UrhG). Im vorliegenden Fall verhält es sich aber so, dass die Aufzeichnungen direkt in den Nutzerordnern gespeichert werden, so dass sie jeweils nur einem Nutzer zugänglich waren.[168] Mithin scheidet ein Zugänglichmachen gegenüber der Öffentlichkeit aus.

Insbesondere kann nicht auf die Gesamtheit der Nutzer des Services des R als Öffentlichkeit abgestellt werden, da sich § 19a UrhG auf das Bereithalten eines Werkes zum Abruf bezieht. Das Angebot zur Aufzeichnung und zum Abruf künftiger Sendungen ist kein öffentliches Zugänglichmachen, da sich das Werk zum Zeitpunkt des Angebots noch nicht in der Zugriffssphäre des R befindet.[169]

C. R könnte durch das Weiterleiten des Signals von der Empfangseinheit an die PVR der Nutzer auch das Senderecht der S iSd § 15 Abs. 2 Satz 2 Nr. 3 iVm § 20 UrhG verletzt haben. Dazu müsste R ein Werk der Öffentlichkeit durch Funk, wie Ton oder Fernsehrundfunk, Satellitenrundfunk, Kabelfunk oder ähnliche technische Mittel, zugänglich gemacht haben.

I. Dies scheidet nicht schon deshalb aus, weil die Weitergabe hier denknotwendig erst einen Verarbeitungsprozess durchlaufen muss, damit das Fernsehsignal in eine Videodatei konvertiert wird, und diese Verarbeitung zu einer zeitlichen Verzögerung (Latenz) führt. Die empfangenen Signale werden laut Sachverhalt sofort an die Nutzer weitergeleitet, und hierauf allein kommt es an.[170]

II. Es müsste sich zudem um eine Sendung iSd § 20 UrhG handeln. Die Weiterleitung an die PVR ist grundsätzlich nichts anderes als das Geschehen in Rundfunkverteileranlagen, deren Weiterübertragung als Sendung zu sehen ist.[171]

Zur Bestimmung des Begriffs der Sendung iSd § 20 UrhG ist eine wertende Betrachtung vorzunehmen.[172] Dabei ist zu berücksichtigen, dass R hier nicht nur den Empfang des TV-Programms nebst Weiterleitung an die PVR durchführt, sondern den Nutzern mit der PVR auch gleich ein „Empfangsmodul", nämlich den PVR, selbst zur Verfügung stellt. Hierin liegt der entscheidende Unterschied zu den og Rundfunkverteileranlagen, der allerdings ebenso für die Beurteilung als Sendung iSd § 20 UrhG spricht.

Da R mit seinem System den Nutzern den Zugang zu den Sendungen – ua – des S liefert, ist auch der Schutzbereich des Art. 3 der Richtlinie 2001/29/EG betroffen, der das Zugänglichmachen von der Erlaubnis des Rechteinhabers abhängig macht.

III. Fraglich ist, ob die Sendung die Werke der Öffentlichkeit zugänglich macht. Öffentlichkeit setzt eine Mehrzahl von Personen voraus.

1. Über die og Vervielfältigung hinaus eröffnet R den Nutzern – der eigentlichen Aufzeichnung vorgelagert – auch den Zugang zu den Sendungen des S. Ein Zugänglichmachen dieser Werke ist hier ohne Zweifel gegeben.

---

[168] BGH, Urt. v. 22.4.2009 – I ZR 216/06 – ZUM-RD 2009, 369 (373).
[169] BGH, Urt. v. 22.4.2009 – I ZR 216/06 – ZUM-RD 2009, 369 (373).
[170] BGH, Urt. v. 22.4.2009 – I ZR 216/06 – ZUM-RD 2009, 369 (373).
[171] BGH, Urt. v. 8.7.1993 – I ZR 124/91 – NJW 1993, 2871 (2871).
[172] BGH, Urt. v. 8.7.1993 – I ZR 124/91 – NJW 1993, 2871 (2872).

2. Dieses Zugänglichmachen muss allerdings auch gegenüber der Öffentlichkeit geschehen. Dies ist anzunehmen, wenn das Werk einer Mehrzahl der Mitglieder der Öffentlichkeit zugänglich gemacht wird (§ 15 Abs. 3 UrhG). Erforderlich ist eine unbestimmte Vielzahl potenzieller Adressaten und zudem sind recht viele Personen notwendig.[173] Um die erreichbaren Personen zu ermitteln, muss die kumulative Wirkung des Zugänglichmachens berücksichtigt werden. Entscheidend ist also, wie viele Personen gleichzeitig und nacheinander Zugang zu einem Werk erhalten. Mit dem Kriterium der ziemlich großen Zahl von Personen soll eine Mindestschwelle gesetzt werden, die eine allzu kleine oder unbedeutende Zahl von Nutzern ausschließt.[174]

Vorliegend verhält es sich jedenfalls so, dass das Zugänglichmachen nicht nur einen Nutzer des Portals des R betrifft, wie dies im Rahmen der Vervielfältigung (s. o.) der Fall ist. Alle Nutzer erhalten die Möglichkeit, eine Sendung ihrer Wahl aufzuzeichnen und damit auch den für die Aufzeichnung als Durchgangsstadium notwendigen Zugang zur Sendung.[175] Damit wird der Zugang einer unbestimmten Vielzahl von Adressaten, jedenfalls aber recht vielen Personen gewährt.

3. Fraglich ist allerdings, ob hier eine öffentliche Wiedergabe iSd § 52 UrhG als gesetzlich erlaubte Nutzung in Rede steht. Das insoweit erforderliche Merkmal der „öffentlichen Wiedergabe" setzt sich wiederum aus zwei Tatbestandsmerkmalen – nämlich der „Handlung der Wiedergabe" und der „Öffentlichkeit" der Wiedergabe – zusammen.[176]

a) Die Wiedergabe muss tatsächlich öffentlich erfolgen – also eine unbestimmte Vielzahl an Adressaten und zudem recht viele Personen betreffen.[177] Im vorliegenden Fall überträgt das System das TV-Signal an die PVR der Nutzer, wo die Sendungen im Auftrag der jeweiligen Nutzer aufgezeichnet werden. Dieses Angebot richtet sich an die Gesamtheit der Personen, die das Angebot des R nutzen, was den Anforderungen an eine Öffentlichkeit im Sinne der og Definition genügt.[178]

Die Übertragung erfolgt zudem durch den Fernsehsender (als TV-Programm) und durch den R im Rahmen seiner Dienstleistung nach unterschiedlichen Verfahren zur Verbreitung der Werke. Jede Übertragung ist für die jeweilige Öffentlichkeit bestimmt.[179] Vor dem Hintergrund der unterschiedlichen technischen Verfahren zur Übertragung ist nicht entscheidend, ob sich die Wiedergabe an dieselbe Öffentlichkeit richtet, oder ob ein neues Publikum in Rede steht.[180] Es handelt sich daher um unterschiedliche öffentliche Wiedergaben mit der Folge, dass für jede öffentliche Wiedergabe eine Erlaubnis der betreffenden Rechteinhaber einzuholen ist.

---

173 EuGH, Urt. v. 31.5.2016 – C-117/15 – GRUR 2016, 684 (686).
174 *Schulze* in Dreier/Schulze, Urheberrechtsgesetz, UrhG § 15 Rn. 39.
175 EuGH, Urt. v. 29.11.2017 – C-265/16 – GRUR 2018, 68 (69).
176 EuGH, Urt. v. 31.5.2016 – C-117/15 – GRUR 2016, 684 (686).
177 EuGH, Urt. v. 31.5.2016 – C-117/15 – GRUR 2016, 684 (686).
178 EuGH, Urt. v. 29.11.2017 – C-265/16 – GRUR 2018, 68 (70).
179 EuGH, Urt. v. 29.11.2017 – C-265/16 – GRUR 2018, 68 (70). Eine Tatsache, die den vom EuGH zu beurteilenden Fall von dem vorliegenden unterscheidet, ist, dass im erstgenannten die Aufnahmen auf eine externe Cloud überspielt wurden, während hier die Speicherung auf dem System des R erfolgte. Das kann allerdings keine andere Beurteilung der Frage nach der Öffentlichkeit der Übertragung rechtfertigen.
180 EuGH, Urt. v. 7.3.2013 – C-607/11 – GRUR 2013, 500 (502).

b) Wiedergabe kann jede Übertragung geschützter Werke, unabhängig vom eingesetzten technischen Mittel, sein. Jede Übertragung oder Weiterverbreitung muss vom Urheber einzeln erlaubt werden.[181] Daher ist es unerheblich, dass die Übertragung an die PVR laut Sachverhalt nach einer Konvertierung – also offensichtlich in einem anderen Format – erfolgt.

c) Die öffentliche Wiedergabe bedarf stets der Einwilligung des Berechtigten (§ 52 Abs. 3 UrhG). Eine solche fehlt allerdings.

d) Hieran vermag auch § 53 UrhG mit der im Hinblick auf Art. 5 Abs. 2 Buchst. b der Richtlinie 2001/29/EG gebotenen europarechtskonformen Auslegung nichts zu ändern, der als Ausnahmeregelung eng auszulegen ist.[182] Eine direkte Anwendung scheidet hier aus, da die Regelung dem Wortlaut nach für Vervielfältigungen gilt und es hier um ein öffentliches Zugänglichmachen geht. Eine Analogie kommt mangels ersichtlicher Regelungslücke nicht in Betracht.

IV. In Ermangelung einer Erlaubnis werden daher die Rechte des S beeinträchtigt. Art. 5 Abs. 5 der Richtlinie 2001/29/EG ist folglich nicht mehr zu prüfen. ◄

295 Im Falle von Satellitensendungen stellt sich die Frage, welcher Vorgang die urheberrechtlich relevante Sendung ist, wenn sich die Sendestelle und das empfangende Publikum in **unterschiedlichen Ländern** befinden.[183] Nach der *Bogsch-Theorie* (**Empfangstheorie**) sind die Urheberrechte je nach Empfangsland gesondert zu beurteilen.[184] Dagegen stellt die **Sendelandtheorie** auf den Standort des Senders ab.[185] Für die Empfangstheorie spricht, dass die Sendelandtheorie eine Umgehung des Urheberrechts durch die Wahl des Sendelandes ermöglicht. Ferner erscheint die Berücksichtigung des Empfangslandes für die Beurteilung des Vermögenswertes der Sendung zur angemessenen Beteiligung des Urhebers sachgerecht.[186] Gegen die *Bogsch-Theorie* spricht, dass die Sendetätigkeit, also das öffentliche Zugänglichmachen, am Ort des Senders bewirkt wird und unabhängig davon zu beurteilen ist, wo und wie der Empfang erfolgt[187], und dass bei verschiedenen Empfangsländern eine einheitliche Verletzungshandlung zur Anwendung unterschiedlicher Rechtsordnungen führen würde.[188]

296 Infolge der Richtlinie 93/83/EWG wurde die Regelung des § 20a UrhG neu geschaffen: Wird eine Satellitensendung innerhalb des Gebietes eines EU-Mitgliedstaates oder EWR-Vertragsstaates ausgeführt (sog. **Europäische Satellitensendung**), so gilt sie nach § 20a Abs. 1 UrhG ausschließlich als in diesem Mitgliedstaat oder Vertragsstaat erfolgt. Es gilt also grundsätzlich die Sendelandtheorie.[189] § 20a Abs. 1 UrhG erfasst nur direkte Satellitensendungen, also Sendungen, die dem Empfänger direkt per Satellit zur

---

181 EuGH, Urt. v. 31.5.2016 – C-117/15 – GRUR 2016, 684 (685).
182 EuGH (Dritte Kammer), Urt. v. 29.11.2017 – C-265/16 – GRUR 2018, 68 (69).
183 Vgl. dazu auch BGH, Urt. v. 7.11.2002 – I ZR 175/00 – Sender Felsenberg; *Seifert/Wirth* in Eichelberger/Seifert/Wirth, Urheberrechtsgesetz, UrhG § 20 Rn. 5, 6.
184 *Schwarz/Reber* in Loewenheim, Handbuch des Urheberrechts, § 21 Rn. 108 ff.; *Seifert/Wirth* in Eichelberger/Seifert/Wirth, Urheberrechtsgesetz, UrhG § 20a Rn. 1; *Peukert* in Rehbinder/Peukert, Urheberrecht, Rn. 412.
185 *Seifert/Wirth* in Eichelberger/Seifert/Wirth, Urheberrechtsgesetz, UrhG § 20 Rn. 5; *Schwarz/Reber* in Loewenheim, Handbuch des Urheberrechts, § 21 Rn. 107.
186 *Peukert* in Rehbinder/Peukert, Urheberrecht, Rn. 412.
187 *Schwarz/Reber* in Loewenheim, Handbuch des Urheberrechts, § 21 Rn. 107, 109.
188 *Schwarz/Reber* in Loewenheim, Handbuch des Urheberrechts, § 21 Rn. 110 f.
189 *Seifert/Wirth* in Eichelberger/Seifert/Wirth, Urheberrechtsgesetz, UrhG § 20a Rn. 1.

Verfügung gestellt werden.[190] **Satellitensendung** iS von § 20a Abs. 1 und 2 UrhG ist gemäß § 20a Abs. 3 UrhG die unter der Kontrolle und Verantwortung des Sendeunternehmens stattfindende Eingabe der für den öffentlichen Empfang bestimmten programmtragenden Signale in eine ununterbrochene Übertragungskette, die zum Satelliten und zurück zur Erde führt.

Indem § 20a UrhG in seinem Abs. 2 fiktive, in der EU liegende Orte der europäischen Satellitensendung für den Fall definiert, dass Sendeunternehmen die nach Abs. 3 maßgebliche Verwertungshandlung in einem Drittstaats mit niedrigerem **Schutzniveau** durchführen, trägt die Norm auch der *Bogsch-Theorie* Rechnung.[191] Wird eine Satellitensendung im Gebiet eines Staates ausgeführt, der weder EU-Mitgliedstaat noch EWR-Vertragsstaat ist und in dem für das Recht der Satellitensendung das in Kapitel II der Richtlinie 93/83/EWG des Rates vom 27.9.1993 zur Koordinierung bestimmter urheber- und leistungsschutzrechtlicher Vorschriften betreffend Satellitenrundfunk und Kabelweiterverbreitung[192] vorgesehene Schutzniveau nicht gewährleistet ist, so gilt sie gemäß § 20a Abs. 2 UrhG als in dem Mitgliedstaat oder Vertragsstaat erfolgt,

- in dem die Erdfunkstation liegt, von der aus die programmtragenden Signale zum Satelliten geleitet werden (Nr. 1), oder
- in dem das Sendeunternehmen seine Niederlassung hat, wenn die Voraussetzung nach Nr. 1 nicht gegeben ist (Nr. 2).

Das Senderecht ist im Fall von Nr. 1 gegenüber dem Betreiber der Erdfunkstation, im Fall von Nr. 2 gegenüber dem Sendeunternehmen geltend zu machen. Bei der Regelung handelt es sich um eine gesetzliche Fiktion, die verhindern soll, dass auf Länder mit geringerem Schutzniveau ausgewichen wird.[193]

Die Online-SatCab-Richtlinie (EU) 2019/789 vom 17.4.2019, welche von den Mitgliedsstaaten bis zum 21.6.2021 umzusetzen war, sieht neben einer technologieneutralen Ausgestaltung des Rechts der Kabelweitersendung[194] vor, dass Sendeunternehmen für bestimmte unionsweit verbreitete Internetangebote nur noch in dem Land Lizenzen erwerben müssen, in dem der Sender seinen Sitz hat (Ursprungslandprinzip).[195] Im Rahmen der Urheberrechtsnovelle 2021 wurde dies im § 20c UrhG für die Bereitstellung des Programms von Sendeunternehmen im Internet umgesetzt.[196]

g) Das Wiedergaberecht durch Bild- oder Tonträger (§ 15 Abs. 2 Satz 2 Nr. 4 iVm § 21 UrhG)

Das Recht der Wiedergabe durch Bild- oder Tonträger (iS von § 16 Abs. 2 UrhG) ist nach § 21 Satz 1 UrhG das Recht, Vorträge (iS von § 19 Abs. 1 UrhG) oder Aufführungen des Werkes (iS von § 19 Abs. 2 UrhG) durch Bild- oder Tonträger öffentlich wahrnehmbar zu machen. Dabei handelt es sich um eine **mittelbare Werkwiedergabe**, wobei die bloße Möglichkeit eines Empfangs nicht ausreicht.[197] Das Recht der Wiedergabe

---

190 BGH, Urt. v. 7.11.2002 – I ZR 175/00 – Sender Felsenberg; *Seifert/Wirth* in Eichelberger/Seifert/Wirth, Urheberrechtsgesetz, UrhG § 20a Rn. 3.
191 *Katzenberger/Metzger* in Schricker/Loewenheim, Urheberrecht, Vorbemerkung Rn. 139.
192 ABl. EG Nr. L 248 S. 15.
193 *Seifert/Wirth* in Eichelberger/Seifert/Wirth, Urheberrechtsgesetz, UrhG § 20a Rn. 2.
194 Dazu *Niebler*, ZUM 2019, 545.
195 BR-Drs. 142/21, S. 52 ff.
196 BT-Drs. 19/27426, S. 54.
197 *Lettl*, Urheberrecht, § 4 Rn. 75.

durch Bild- und Tonträger ergänzt das Rechts der unmittelbaren Werkwiedergabe gemäß § 19 UrhG.[198] Es handelt sich mithin um ein Zweitverwertungsrecht, da die Werke bereits auf Bild- oder Tonträgern fixiert sein müssen.[199] Gemäß § 21 Satz 2 UrhG gilt § 19 Abs. 3 UrhG entsprechend.

300 Das Recht, Vorträge und Aufführungen außerhalb des Raumes, in dem die persönliche Darbietung stattfindet, durch Bildschirm, Lautsprecher oder ähnliche technische Einrichtungen – im Übertragungswege zeitgleich an einen anderen Ort – öffentlich wahrnehmbar zu machen, wird also ebenfalls erfasst.

301 Die Frage, ob die Wiedergabe „öffentlich" ist, beurteilt sich nach § 15 Abs. 3 UrhG und den dazu entwickelten Grundsätzen. Maßgeblich ist eine europarechtskonforme Auslegung.[200] Demnach reicht es beispielsweise aus, wenn ein Hotelier in einem Hotelzimmer Trägermedien und zugehörige Abspielgeräte zur Verfügung stellt.[201]

h) Das Wiedergaberecht von Funksendungen und öffentliche Zugänglichmachung (§ 15 Abs. 2 Satz 2 Nr. 5 iVm § 22 UrhG)

302 Das Recht der Wiedergabe von Funksendungen und der Wiedergabe von öffentlicher Zugänglichmachung ist gemäß § 22 UrhG das Recht, Funksendungen (iS von § 20 UrhG) und auf öffentlicher Zugänglichmachung (iSv § 19a UrhG) beruhende Wiedergaben des Werkes durch Bildschirm, Lautsprecher oder ähnliche technische Einrichtungen öffentlich wahrnehmbar zu machen. Das Recht ergänzt das Recht auf unmittelbare Werkwiedergabe nach § 19 UrhG[202] (vorstehende Rn. 279 ff.) und das Senderecht nach § 20 UrhG[203] (Rn. 288 ff.), indem es dem Urheber eine angemessene wirtschaftliche Beteiligung an der **Zweitverwertung** seines Werkes[204] in öffentlichen Einrichtungen einräumt.[205]

303 Auch für diesen Fall gilt § 19 Abs. 3 UrhG entsprechend mit der Folge, dass davon auch das Recht umfasst wird, Vorträge und Aufführungen außerhalb des Raumes, in dem die persönliche Darbietung stattfindet, durch Bildschirm, Lautsprecher oder ähnliche technische Einrichtungen – im Übertragungswege zeitgleich an einem anderen Ort – öffentlich wahrnehmbar zu machen. Erfasst sind auch Werke, die auf Online-Abrufen (§ 19a UrhG) beruhen.[206]

---

198 *Lettl*, Urheberrecht, § 4 Rn. 73.
199 *Seifert/Wirth* in Eichelberger/Seifert/Wirth, Urheberrechtsgesetz, UrhG § 21 Rn. 1; *Ehrhardt* in Wandtke/Bullinger, Urheberrecht, UrhG § 21 Rn. 1; *Peukert* in Rehbinder/Peukert, Urheberrecht, Rn. 401.
200 *Seifert/Wirth* in Eichelberger/Seifert/Wirth, Urheberrechtsgesetz, UrhG § 21 Rn. 2.
201 EuGH, Urt. v. 15.3.2012 – C-162/10 – GRUR 2012, 597 – PPL/Ireland; *Seifert/Wirth* in Eichelberger/Seifert/Wirth, Urheberrechtsgesetz, UrhG § 21 Rn. 2.
202 *Lettl*, Urheberrecht, § 4 Rn. 80.
203 *Seifert/Wirth* in Eichelberger/Seifert/Wirth, Urheberrechtsgesetz, UrhG § 22 Rn. 1; *Ehrhardt* in Wandtke/Bullinger, Urheberrecht, UrhG § 22 Rn. 1.
204 *Peukert* in Rehbinder/Peukert, Urheberrecht, Rn. 397 ff.
205 *Seifert/Wirth* in Eichelberger/Seifert/Wirth, Urheberrechtsgesetz, UrhG § 22 Rn. 1.
206 *Seifert/Wirth* in Eichelberger/Seifert/Wirth, Urheberrechtsgesetz, UrhG § 22 Rn. 1; *Ehrhardt* in Wandtke/Bullinger, Urheberrecht, UrhG § 22 Rn. 2; *v. Ungern-Sternberg* in Schricker/Loewenheim, Urheberrecht, UrhG § 22 Rn. 10.

I. Positiver Inhalt des Urheberrechts

Frage 17: Geben Sie bitte einen Überblick über die Verwertungsrechte des Urhebers.

i) Sonstige (finanzielle) Rechte des Urhebers

Die „sonstigen Rechte" des Urhebers nach den §§ 25 bis 27 UrhG unterscheiden sich vom vorab behandelten Urheberpersönlichkeitsrecht und den Verwertungsrechten dadurch, dass es sich **nicht** um **absolute Rechte** handelt. Sie wirken also nicht unmittelbar gegenüber jedermann.

aa) Zugang zu Werkstücken (§ 25 UrhG)

Der Urheber ist nicht zwingend Besitzer des Werks iS von § 854 BGB, da aus § 11 UrhG kein Besitzrecht an den Werkstücken folgt. Er kann jedoch vom Besitzer des Originals oder eines Vervielfältigungsstückes seines Werkes nach § 25 Abs. 1 UrhG verlangen, dass dieser ihm das Original oder das Vervielfältigungsstück zugänglich macht, soweit dies zur Herstellung von Vervielfältigungsstücken oder zur Bearbeitung des Werkes erforderlich ist und nicht berechtigte Interessen des Besitzers[207] entgegenstehen.

Der Anspruch richtet sich gegen den Besitzer des Werkes, also denjenigen, der die tatsächliche Sachherrschaft nach § 854 BGB daran ausübt, der aber nicht der Eigentümer sein muss.

Es handelt sich um ein **Zugangsrecht**. Eine Herausgabepflicht ist damit nicht verbunden. Das Zugangsrecht wird eingeschränkt durch die berechtigten Interessen des Besitzers (zB dessen Privatsphäre), woraus ein Abwägungserfordernis[208] resultiert. Der Zugang ist nur zu den im Gesetz benannten Zwecken[209] zu gewähren und auch nur, wenn der Urheber diese nicht auf anderem Wege, zB durch den Kauf eines Vervielfältigungsstückes, erreichen kann.[210] Welches Motiv der Urheber mit der gewünschten Herstellung von Vervielfältigungsstücken oder der Bearbeitung verfolgt, ist allerdings unerheblich.[211]

FALL 9 – TOTENMASKE II

KG, Urt. v. 8.2.1983 – Az. 5 U 376/82 – GRUR 1983, 507.
Sachverhalt:
B ist Urheber einer Totenmaske des Malers Max Liebermann, von der er einen Bronzeabguss anfertigte. Sowohl die Gipsmaske als auch die Bronzemaske gingen in den Wirren des Kriegsendes 1945 verloren. K kaufte die wieder aufgetauchte Bronzemaske im Jahre 1954 von S, dessen Quelle unbekannt blieb. Schließlich wird der Bronzeabguss vom 17.3. bis 4.5.1980 ausgestellt und im Katalog zur Ausstellung als „Totenmaske von Max Liebermann, abgenommen von B, Bronze, 1935" bezeichnet.
B verlangt die Herausgabe der Bronzemaske an die Kunstgießerei G, mit der er schon seit Jahrzehnten zusammenarbeitet und die seine künstlerischen Präferenzen sehr gut kennt. Er

---

207 Dazu *Schulze* in Dreier/Schulze, Urheberrechtsgesetz, UrhG § 25 Rn. 21.
208 Zusammenfassend dazu *Peukert* in Loewenheim, Handbuch des Urheberrechts, § 17 Rn. 8 ff.
209 *Vogel* in Schicker/Loewenheim, Urheberrecht, UrhG § 25 Rn. 12; *Bullinger* in Wandtke/Bullinger, Urheberrecht, UrhG § 25 Rn. 7 ff.
210 *Seifert/Wirth* in Eichelberger/Seifert/Wirth, Urheberrechtsgesetz, UrhG § 25 Rn. 1, 2; *Vogel* in Schicker/Loewenheim, Urheberrecht, UrhG § 25 Rn. 13; *Schulze* in Dreier/Schulze, Urheberrechtsgesetz, UrhG § 25 Rn. 19.
211 *Seifert/Wirth* in Eichelberger/Seifert/Wirth, Urheberrechtsgesetz, UrhG § 25 Rn. 2.

will die Herstellung von Vervielfältigungsstücken auf eigene Kosten erreichen. K weigert sich und meint, die ortsansässige Kunstgießerei X sei gleichgeeignet oder – wegen der örtlichen Nähe – sogar besser geeignet. Zudem sei die Maske nach einer Vervielfältigung kein Unikat mehr und daher weniger wert. Schließlich befürchtet K eine Beschädigung der künstlichen Patina der Maske. Außerdem will K, dass B eine Versicherung für den Transport der Maske abschließt.
Bearbeitervermerk: *Es ist zu unterstellen, dass K zwischenzeitlich durch Ersitzung Eigentum an der Maske erlangt hat.*
Zu Recht?
Lösung:
Nach § 25 Abs. 1 UrhG kann der Urheber vom Besitzer des Originals oder eines Vervielfältigungsstückes seines Werkes verlangen, dass Letzterer ihm dieses zugänglich macht, soweit dies zur Herstellung von Vervielfältigungsstücken oder Bearbeitungen des Werkes erforderlich ist und keine berechtigten Interessen des Besitzers entgegenstehen. Eine Verpflichtung des Besitzers zur Herausgabe an den Urheber ist damit allerdings nicht verbunden, § 25 Abs. 2 UrhG.

A. Bei dem Bronzeabguss der Totenmaske handelt es sich um ein Werk der bildenden Künste iSd § 2 Abs. 1 Nr. 4 UrhG. Insbesondere handelt es nicht nur um ein Vervielfältigungsstück der ursprünglich als Gipsabguss abgenommenen Maske, sondern um ein eigenständiges Kunstwerk, da auch hierfür eine – ggf. geringere – schöpferische Leistung erforderlich war, um eine den Anforderungen des Verfahrens des Bronzegusses genügende Gussform zu schaffen.[212]

B. Da der B laut Sachverhalt der Schöpfer des Werkes ist, wird er gemäß § 7 UrhG als Urheber angesehen.

C. Folglich kann B nach § 25 Abs. 1 UrhG von K verlangen, ihm die Bronzemaske zugänglich zu machen, um Vervielfältigungsstücke herzustellen, soweit nicht berechtigte Interessen des K entgegenstehen. Insbesondere handelt es sich um das einzige vorhandene Exemplar, auf das B angewiesen ist, wenn er sich des ihm zustehenden Vervielfältigungsrechts nach § 16 Abs. 1 UrhG bedienen will.[213]

I. Fraglich ist allerdings, wo und in welcher Weise dem Urheber das Werk zugänglich zu machen ist. Dies ist durch eine umfassende Abwägung der beiderseitigen Interessen zu bestimmen. Nicht zwingend beinhaltet dies nur die Zugänglichmachung in den Räumlichkeiten des K. Vielmehr ist entscheidend, welche sachlichen Gründe für einen bestimmten Ort des Zugänglichmachens sprechen und was dem Besitzer zugemutet werden kann. Ferner kann der Urheber in Fällen wie dem vorliegenden auch bestimmen, wo und von wem das Vervielfältigungsstück hergestellt werden soll, da sein Urheberpersönlichkeitsrecht dafür streitet, dass die Vervielfältigungsstücke seinen künstlerischen Vorstellungen in jeder Beziehung genügen. Insbesondere ist deshalb zu berücksichtigen, dass das laut Sachverhalt sehr lange bestehende Vertrauensverhältnis zwischen B und der Kunstgießerei G, welche die Vorstellungen des B bereits gut kennt, im Rahmen des dem B aus seinem Urheberpersönlichkeitsrecht ableitbaren Wahlrechts zu berücksichtigen ist. Dieses anerkennenswerte Interesse spricht für B.[214] B ist daher grundsätzlich der Anspruch auf Zugang zum Werk in der von ihm geltend gemachten Form zuzubilligen.

---

212 KG, Urt. v. 22.5.1981 – 5 U 2295/81 – GRUR 1981, 742 (743) – Totenmaske I.
213 KG, Urt. v. 8.2.1983 – 5 U 376/82 – GRUR 1983, 507 (508) – Totenmaske II.
214 KG, Urt. v. 8.2.1983 – 5 U 376/82 – GRUR 1983, 507 (508) – Totenmaske II.

I. Positiver Inhalt des Urheberrechts

II. Demgegenüber kann der Einwand des K, die Kunstgießerei X sei ebenso geeignet und aufgrund der räumlichen Nähe zum Aufbewahrungsort der Maske vorzugswürdig, nicht überzeugen. Einerseits ist nicht bekannt, ob X überhaupt mit B ein Vertragsverhältnis eingehen will. Verpflichten kann man die X jedenfalls nicht. Auch die höheren Gefahren durch einen längeren Transport der Maske können hier nicht ins Gewicht fallen, da B diese zu tragen hat. Zudem ist die Möglichkeit einer Beschädigung bei ordnungsgemäßer Ladungssicherheit als eher unwahrscheinlich einzustufen. Damit vermögen diese Einwände das überragende künstlerische Interesse des B nicht zu überwinden.[215] Jedenfalls können die Bedenken hinsichtlich der durch die größere Entfernung gestiegenen Gefahr einer Beschädigung mittels einer Verpflichtung des B zum Abschluss einer entsprechenden Versicherung ausgeräumt werden.

III. Die Tatsache, dass mit der Vervielfältigung die Eigenschaft „Unikat" entfällt, wurde vom Gesetzgeber bewusst in Kauf genommen. Damit ist das Interesse des Besitzers, ein Kunstwerk als Unikat zu besitzen, auch dem Interesse des Urhebers an der Vervielfältigung seiner Werke (§ 16 UrhG) nach dem Gesetzeszweck des § 25 Abs. 1 UrhG unterzuordnen. Insbesondere in Fällen wie dem vorliegenden, in denen das Werk nur einmal für recht kurze Zeit öffentlich ausgestellt wurde, ist das aus dem Urheberpersönlichkeitsrecht fließende Interesse des Urhebers, sein Werk der Öffentlichkeit zugänglich zu machen, zugunsten des B zu berücksichtigen.[216]

IV. Fraglich ist, ob der Umstand, dass die Patina beschädigt werden könnte – mithin also eine Beschädigung des Werkes eintritt – im Interesse des K zu einem Ausschluss des Anspruchs führt. Bei drohenden Beschädigungen des Werkes überwiegt in der Regel das Interesse des Besitzers an der Unversehrtheit des Werkes das Interesse des Urhebers an der Möglichkeit einer Fertigung von Vervielfältigungsstücken. Allerdings sind hier die besonderen Umstände des Einzelfalls zu beachten: Der Urheber hat das Werk – ohne es vorher veröffentlichen zu können – in den Wirren des Krieges verloren und aufgrund der Ersitzung des K (vgl. § 937 BGB) das Eigentum gegen oder jedenfalls ohne seinen Willen verloren. In Fällen, in denen der Urheber Eigentum und Besitz an seinem Werk gegen seinen Willen verliert, muss ausnahmsweise sein Interesse, wenigstens ein Vervielfältigungsstück zu erhalten, deutlich schwerer wiegen, als das Interesse des Eigentümers.[217]

V. Ein berechtigtes Interesse des K an einer Versicherung für Schäden, die beim Hin- und Rücktransport bzw. bei der Herstellung der Vervielfältigungsstücke entstehen, ist allerdings zu bejahen.[218] Dieses Interesse vermag jedoch die Durchsetzbarkeit des Anspruchs des B allenfalls vorübergehend – nämlich bis zum Abschluss einer solchen Versicherung – zu hemmen.

D. Im Ergebnis muss K dem B also den Zugang zu der Maske zum Zwecke der Vervielfältigung gewähren, indem er die Übersendung der Maske an die Kunstgießerei G bewilligt, wenn und soweit der B eine ausreichende Versicherung gegen Schäden bei Transport und Vervielfältigung abschließt. ◄

§ 25 UrhG „gewährleistet das unauflösliche urheberpersönlichkeitsrechtliche Band zwischen Urheber und Werk".[219] Der Besitzer ist gemäß § 25 Abs. 2 UrhG nicht ver-

309

---

215 KG, Urt. v. 8.2.1983 – 5 U 376/82 – GRUR 1983, 507 (508) – Totenmaske II.
216 KG, Urt. v. 8.2.1983 – 5 U 376/82 – GRUR 1983, 507 (508 f.) – Totenmaske II.
217 KG, Urt. v. 8.2.1983 – 5 U 376/82 – GRUR 1983, 507 (509) – Totenmaske II.
218 KG, Urt. v. 8.2.1983 – 5 U 376/82 – GRUR 1983, 507 (509) – Totenmaske II.
219 *Lettl*, Urheberrecht, § 4 Rn. 109. Zum persönlichkeitsrechtlichen Gehalt des Zugangsrecht siehe auch *Peukert* in Loewenheim, Handbuch des Urheberrechts, § 17 Rn. 1.

pflichtet, das Original oder das Vervielfältigungsstück dem Urheber herauszugeben. In der Folge sind Vervielfältigungsstücke beim Besitzer anzufertigen. Entstehende Kosten hat der Urheber dem Besitzer nach § 811 BGB zu erstatten.[220]

bb) Das Folgerecht (§ 26 UrhG)

310 Das Folgerecht gewährt dem Urheber einen bestimmten Anteil am Gewinn einer gewerblichen Weiterveräußerung seines Werkoriginals. Wird das **Original** eines Werkes der bildenden Künste (§ 2 Abs. 1 Nr. 4 UrhG) oder eines Lichtbildwerkes (§ 2 Abs. 1 Nr. 5 UrhG) gegen Entgelt weiterveräußert und ist hieran ein **Kunsthändler** oder **Versteigerer** als Erwerber, Veräußerer oder Vermittler beteiligt, so hat der Veräußerer dem Urheber nach § 26 Abs. 1 Satz 1 UrhG einen Anteil des Veräußerungserlöses zu entrichten. Nicht erfasst ist die erste Veräußerung.[221]

311 Die Regelung erfasst nicht nur Unikate, sondern auch vom Künstler in begrenzter Auflage autorisierte (nummerierte und signierte) Exemplare des Werks.

312 Die Weiterveräußerung setzt sowohl ein schuldrechtliches Verpflichtungs- als auch ein dingliches Verfügungsgeschäft voraus (bspw. § 433 BGB sowie § 929 Satz 1 BGB), wobei aufgrund des **Territorialitätsprinzips** zumindest ein Teil des Veräußerungsgeschäfts in Deutschland stattfinden muss.[222] Ausreichend ist beispielsweise die Kaufvertragsunterzeichnung in Deutschland.[223] Nicht ausschlaggebend sind einfache Vorbereitungshandlungen im Inland oder die Nationalität der beteiligten Personen.[224]

313 Das Folgerecht findet auf Werke der Baukunst und der angewandten Kunst keine Anwendung (§ 26 Abs. 8 UrhG).

314 Das Folgerecht trägt dem Umstand Rechnung, dass ein Urheber der bildenden Kunst das von ihm geschaffene Bild nur einmal an einen Käufer veräußern kann und nicht wie ein Literat, Komponist oder Musiker über Verwertungsgesellschaften an der weiteren Nutzung des Werkes beteiligt ist.[225] Aufgrund des Erschöpfungsgrundsatzes (§ 17 Abs. 2 UrhG) ist eine Weiterveräußerung auch ohne Zustimmung des Urhebers uneingeschränkt möglich. Durch § 26 UrhG partizipiert der Urheber an Wertsteigerungen seines Werkes, auch wenn das Verbreitungsrecht bereits erschöpft ist.[226]

315 Die Weiterveräußerung muss entgeltlich erfolgen.[227] Als Veräußerungserlös in diesem Sinne gilt nach § 26 Abs. 1 Satz 2 UrhG der Verkaufspreis ohne Steuern. Ist der Veräußerer eine Privatperson, so haftet der als Erwerber oder Vermittler beteiligte Kunsthändler oder Versteigerer neben ihm als Gesamtschuldner (§ 421 BGB). Im Innenverhältnis ist der Veräußerer allein verpflichtet. Die Verpflichtung auf anteilige Entrichtung des Veräußerungserlöses entfällt gemäß § 26 Abs. 1 Satz 4 UrhG, wenn dieser we-

---

220 *Lettl*, Urheberrecht, § 4 Rn. 114; *Schulze* in Dreier/Schulze, Urheberrecht, UrhG § 25 Rn. 27.
221 Zur Abgrenzung *Bullinger* in Wandtke/Bullinger, Urheberrecht, UrhG § 26 Rn. 12.
222 *Bullinger* in Wandtke/Bullinger, Urheberrecht, UrhG § 26 Rn. 15.
223 BGH, Urt. v. 17.7.2008 – I ZR 109/05 – NJW 2009, 765 – Sammlung Ahlers; *Seifert/Wirth* in Eichelberger/Seifert/Wirth, Urheberrechtsgesetz, UrhG § 26 Rn. 7.
224 BGH, Urt. v. 16.6.1994 – I ZR 24/92 – GRUR 1994, 798; *Bullinger* in Wandtke/Bullinger, Urheberrecht, UrhG § 26 Rn. 15.
225 *Katzenberger/Schierholz* in Schricker/Loewenheim, UrhG § 26 Rn. 7; *Peukert* in Rehbinder/Peukert, Urheberrecht, Rn. 465.
226 *Seifert/Wirth* in Eichelberger/Seifert/Wirth, Urheberrechtsgesetz, UrhG § 26 Rn. 1; *Schulze* in Dreier/Schulze, Urheberrechtsgesetz, § 26 Rn. 2.
227 *Seifert/Wirth* in Eichelberger/Seifert/Wirth, Urheberrechtsgesetz, UrhG § 26 Rn. 2; *Schulze* in Dreier/Schulze, Urheberrechtsgesetz, UrhG § 26 Rn. 1.

I. Positiver Inhalt des Urheberrechts

niger als 400 Euro beträgt. Die **Höhe des Anteils am Veräußerungserlös** beträgt gemäß § 26 Abs. 2 Satz 1 UrhG anteilig und gestaffelt nach der Höhe des erzielten Veräußerungserlöses:

- 4 % für den Teil des Veräußerungserlöses bis zu 50.000 Euro,
- 3 % für den Teil des Veräußerungserlöses von 50.000,01 bis 200.000 Euro,
- 1 % für den Teil des Veräußerungserlöses von 200.000,01 bis 350.000 Euro,
- 0,5 % für den Teil des Veräußerungserlöses von 350.000,01 bis 500.000 Euro,
- 0,25 % für den Teil des Veräußerungserlöses über 500.000 Euro.

Der Gesamtbetrag der Folgerechtsvergütung aus einer Weiterveräußerung beträgt nach § 26 Abs. 2 Satz 2 UrhG höchstens 12.500 Euro. Die Staffelung und die Grenzen sind Ergebnis der Umsetzung der EU-Folgerechtsrichtlinie 2001/84.[228]

Der Anspruch gilt nur für gewerbliche Weiterveräußerungen. Kunsthändler ist jeder, der aus eigenem wirtschaftlichem Interesse heraus an der Veräußerung beteiligt ist.[229] Beteiligung ist jede den Verkauf fördernde Handlung.[230] Schuldner des Folgerechtsanspruchs ist der Veräußerer, also derjenige, der das Kunstwerk in eigenem Namen veräußert.[231]

Das Folgerecht ist nach § 26 Abs. 3 Satz 1 UrhG unveräußerlich. Der Urheber kann auf seinen Anteil im Voraus nicht verzichten (§ 26 Abs. 3 Satz 2 UrhG). Eine Vorausabtretung des Anspruchs ist allerdings ebenso zulässig wie ein Verzicht auf das Folgerecht nach Entstehen des Anspruchs.[232]

Zur Erleichterung der Anspruchsverfolgung sehen die Abs. 4, 5 und 7 des § 26 UrhG Auskunfts- und Prüfungsansprüche vor, die jedoch (zwecks Bündelung der Ansprüche im Interesse des Urhebers sowie der Kunsthändler oder Vermittler)[233] nur von Verwertungsgesellschaften geltend gemacht werden können (Abs. 6). Aktivlegitimiert ist folglich nur die Verwertungsgesellschaft (VG Bildkunst).

Der Urheber kann von einem Kunsthändler oder Versteigerer gemäß § 26 Abs. 4 UrhG Auskunft darüber verlangen, welche Originale von Werken des Urhebers innerhalb der letzten drei Jahre vor dem Auskunftsersuchen unter Beteiligung des Kunsthändlers oder Versteigerers weiterveräußert wurden.

Der Urheber kann, soweit dies zur Durchsetzung seines Anspruchs gegen den Veräußerer erforderlich ist, von dem Kunsthändler oder Versteigerer nach § 26 Abs. 5 UrhG Auskunft über den Namen und die Anschrift des Veräußerers sowie über die Höhe des Veräußerungserlöses verlangen. Der Kunsthändler oder Versteigerer darf die Auskunft über Namen und Anschrift des Veräußerers verweigern, wenn er dem Urheber den Anteil entrichtet.

---

228 *Seifert/Wirth* in Eichelberger/Seifert/Wirth, Urheberrechtsgesetz, UrhG § 26 Rn. 2.
229 BGH, Urt. v. 17.7.2008 – I ZR 109/05 – NJW 2009, 765 – Sammlung Ahlers; *Seifert/Wirth* in Eichelberger/Seifert/Wirth, Urheberrechtsgesetz, UrhG § 26 Rn. 3.
230 BGH, Urt. v. 17.7.2008 – I ZR 109/05 – NJW 2009, 765 – Sammlung Ahlers, Rn. 15; *Seifert/Wirth* in Eichelberger/Seifert/Wirth, Urheberrechtsgesetz, UrhG § 26 Rn. 3.
231 *Katzenberger/Schierholz* in Schricker/Loewenheim, UrhG § 26 Rn. 45; *Bullinger* in Wandtke/Bullinger, Urheberrecht, UrhG § 26 Rn. 5.
232 *Seifert/Wirth* in Eichelberger/Seifert/Wirth, Urheberrechtsgesetz, UrhG § 26 Rn. 3.
233 *Lettl*, Urheberrecht, § 4 Rn. 125.

322 Bestehen begründete Zweifel an der Richtigkeit oder Vollständigkeit einer erteilten Auskunft, so kann die Verwertungsgesellschaft verlangen, dass nach Wahl des Auskunftspflichtigen ihr oder einem von ihm zu bestimmenden Wirtschaftsprüfer oder vereidigten Buchprüfer Einsicht in die Geschäftsbücher oder sonstige Urkunden so weit gewährt wird, wie dies zur Feststellung der Richtigkeit oder Vollständigkeit der Auskunft erforderlich ist. Erweist sich die Auskunft als unrichtig oder unvollständig, so hat der Auskunftspflichtige die Kosten der Prüfung zu erstatten (§ 26 Abs. 7 UrhG).

323 Das Folgerecht erlischt siebzig Jahre nach dem Tod des Urhebers (§ 64 UrhG). Für die einzelnen Zahlungsansprüche gelten die allgemeinen Verjährungsregeln (§§ 195 ff. BGB).[234]

cc) Vergütung für Vermietung und Verleihen (§ 27 UrhG)

324 Wird das Original oder ein Vervielfältigungsstück mit Zustimmung des Urhebers veräußert, tritt gemäß § 17 Abs. 2 UrhG Erschöpfung ein. Die Weiterverbreitung ist damit – „mit Ausnahme der Vermietung" – zulässig. Im Gegensatz zur Vermietung tritt hinsichtlich der Verleihung die Erschöpfung ein.

325 Hat der Urheber das **Vermietungsrecht** (§ 17 UrhG) an einem Bild- oder Tonträger (§ 16 Abs. 2 UrhG) dem Tonträger- oder Filmhersteller eingeräumt, so hat der Vermieter (zB eine Videothek) dem Urheber dennoch nach § 27 Abs. 1 Satz 1 UrhG eine angemessene Vergütung (iS des Art. 4 Abs. der Richtlinie 92/100/EWG) zu zahlen (Vermietungs- oder Verleihtantiemen).

326 Ob ein Vermietungsrecht eingeräumt wurde, ist nach den Auslegungsregelungen für den Filmbereich der §§ 88, 89 und 92 UrhG zu bestimmen. Eine Vermietung iS von § 17 Abs. 3 Satz 1 UrhG ist jede zeitlich begrenzte unmittelbar oder mittelbar Erwerbszwecken dienende Gebrauchsüberlassung, dh jede Art einer kommerziellen Nutzungsüberlassung.

327 **FALL 10 – KAUF MIT RÜCKGABERECHT**
Nach BGH, Urt. v. 2.2.1989 – I ZR 100/87 (KG) – GRUR 1989, 417
Sachverhalt:
V verkauft Filme auf DVD und Blu-ray Disk. Die von ihm ausgestellten Rechnungen enthalten den Vermerk „Filmverkauf mit Rückgaberecht. Bei Nichtgefallen, Mängeln, etc werden bis ... EUR erstattet, soweit der Film nicht beschädigt ist." Der V zahlt dabei allerdings nicht den gesamten Kaufpreis zurück, sondern zieht einen von der Länge der Nutzung sowie von der Höhe des Kaufpreises abhängigen, geringen Betrag ab.
Die Verwertungsgesellschaft G sieht in dieser Klausel die Vermietung der Filme und meint, V sei folglich vergütungspflichtig.
Besteht der Anspruch dem Grunde nach?
Lösung:
Ein Anspruch auf Zahlung einer angemessenen Vergütung könnte sich im vorliegenden Fall aus § 27 Abs. 1 UrhG ergeben. Voraussetzung hierfür ist, dass der Urheber das Vermietrecht an einem Bild- oder Tonträger dem Tonträger- oder Filmhersteller eingeräumt hat und eine Vermietung stattgefunden hat.

---

234 *Seifert/Wirth* in Eichelberger/Seifert/Wirth, Urheberrechtsgesetz, UrhG § 26 Rn. 8.

I. Positiver Inhalt des Urheberrechts

A. Zunächst ist fraglich, ob die Verwertungsgesellschaft G den Anspruch überhaupt geltend machen darf. Nach § 27 Abs. 3 UrhG können die Ansprüche aus § 27 Abs. 1 und 2 UrhG nur durch eine Verwertungsgesellschaft geltend gemacht werden.
Die Verwertungsgesellschaft muss allerdings Inhaberin der entsprechenden Rechte sein, wofür sie nach den allgemeinen Grundsätzen die Darlegungs- und Beweislast trägt. Insoweit hilft aber die Vermutung des § 49 Abs. 1 VGG[235] weiter. Macht eine Verwertungsgesellschaft Vergütungsansprüche aus § 27 UrhG geltend, so wird vermutet, dass sie die Rechte aller Rechteinhaber wahrnimmt. Diese Vermutungswirkung kann widerlegt werden. Erforderlich hierfür ist allerdings, dass konkrete Darlegungen zu den einzelnen Produktionen hinsichtlich der Urheber vorhanden sind. An solchen Darlegungen fehlt es im vorliegenden Sachverhalt, sodass sich G auf die Vermutung des § 49 Abs. 1 VGG stützen kann.

B. Fraglich ist allerdings, ob im vorliegenden Fall eine Vermietung stattgefunden hat. Darunter versteht man die zeitlich begrenzte, unmittelbar oder mittelbar Erwerbszwecken dienende Gebrauchsüberlassung, § 17 Abs. 3 Satz 1 UrhG.

I. Man könnte davon ausgehen, dass dieser Gebrauchsüberlassung ein Mietvertrag iSd § 535 BGB zu Grunde liegen muss. Hierfür spricht zunächst der Wortlaut des § 27 Abs. 1 UrhG und der Grundsatz der Einheit der Rechtsordnung, der letztlich gebietet, dass sich die gesamte Rechtsordnung als Einheit nicht widerspricht. Demnach sollten gleiche Begrifflichkeiten auch in verschiedenen Gesetzen die gleiche Bedeutung haben.
Auf den vorliegenden Fall übertragen führt dieser Ansatz zu folgendem Ergebnis: Die zwischen V und seinen Kunden geschlossenen Verträge sind der Auslegung zugänglich. Diese waren grundsätzlich als Kaufverträge mit den entsprechenden Hauptleistungspflichten der Übergabe und Übereignung der Kaufsache gemäß § 433 Abs. 1 Satz 1 BGB einerseits und der Abnahme der Kaufsache und der Kaufpreiszahlung nach § 433 Abs. 2 BGB andererseits konzipiert. Die Vereinbarung des Rücktrittsrechts mit einer Art vertraglich vereinbartem Nutzungsersatz ändert hieran zunächst nichts. Schließlich sollte in jedem Falle Eigentum und Besitz an den Bildträgern übertragen werden und nicht nur der Besitz, wie es bei einem Mietvertrag der Fall gewesen wäre. Folglich liegt hier ein Kaufvertrag vor, der der Vermietung im vorliegenden Kontext nicht genügt.

II. Andererseits könnte aber auch eine wirtschaftliche Betrachtungsweise geboten sein, die es erlaubt, den Begriff der Vermietung weit auszulegen und im urheberrechtlichen Sinne so zu verstehen, dass jede kommerzielle Nutzung erfasst wird.[236] Anknüpfungspunkt für den hier gegenständlichen Vergütungsanspruch wäre dann nicht das Vermieten iS eines Mietvertrages, sondern vielmehr das Vermieten als Form der Weiterverbreitung.[237] Ihre Grundlage findet diese Argumentation in dem allgemeinen urheberrechtlichen Grundsatz, dass der Urheber tunlichst angemessen an den wirtschaftlichen Erträgen seiner Werke zu beteiligen ist.[238] Die hierbei gebotene Berücksichtigung der wirtschaftlichen Interessen des Urhebers lässt es letztlich nicht zu, dass nur die in der Gebrauchsform der Vermietung (oder der Leihe, § 27

---

235 Gesetz über die Wahrnehmung von Urheberrechten und verwandten Schutzrechten durch Verwertungsgesellschaften – Verwertungsgesellschaftengesetz vom 24.5.2016 (BGBl. I S. 1190), das zuletzt durch Art. 4a des Gesetzes vom 12.12.2018 (BGBl. I S. 2651) geändert worden ist.
236 *Schulze* in Dreier/Schulze, Urheberrechtsgesetz, UrhG § 27 Rn. 4.
237 BGH, Urt. v. 28.6.1984 – I ZR 65/82 – GRUR 1985, 134 (135).
238 BGH, Urt. v. 2.2.1989 – I ZR 100/87 – GRUR 1989, 417 (418).

Abs. 2 UrhG) durchgeführten Gebrauchsüberlassungen die Vergütungspflicht auslösen. Voraussetzung ist dann allerdings, dass die Gebrauchsüberlassung eine uneingeschränkt wiederholbare Werknutzung ermöglicht, so dass der Kauf eines eigenen Vervielfältigungsstücks unterbleibt.[239]

Im vorliegenden Fall bedeutet das, dass der Verkauf der Filme mit Rücktrittsrecht insbesondere angesichts der Nutzungsentschädigung, die ausweislich der Schilderung des Sachverhalts der Höhe nach vom Kaufpreis und von der Dauer der Nutzung abhängig ist, letztlich als Vermietung iSd § 27 Abs. 1 UrhG zu qualifizieren ist. Insbesondere ermöglicht sie eine durch beliebig wiederholbare Gebrauchsüberlassungen ständig andauernde Werknutzung, wodurch eine Verkürzung der Einnahmen aus dem Verkauf des Werks eintreten kann. Das von V etablierte Mischsystem eröffnet die realistische Möglichkeit, dass die Filme nicht nur verkauft, sondern auch entsprechend einer Mietsache vergeben werden. Insbesondere kommt es nicht darauf an, zu welchem Prozentsatz die eine oder die andere Art der Vertragsabwicklung gewählt wurde. Allein das Angebot der Rückabwicklung begründet den Vergütungsanspruch dem Grunde nach.[240] Demnach wäre ein Vergütungsanspruch dem Grunde nach zu bejahen.

III. Die letztgenannte Ansicht erscheint vorzugswürdig, da nur sie den Besonderheiten des Urheberrechts – namentlich dem Schutz der wirtschaftlichen Bedürfnisse des Urhebers – gerecht wird.

C. Im Ergebnis ist demnach festzustellen, dass der Anspruch auf Vergütung gegen den V aus § 27 Abs. 1 UrhG dem Grunde nach zu bejahen ist. ◄

328 Der Urheber soll umfassend an allen Nutzungen seines Werks beteiligt werden.[241] Der Anspruch nach § 27 Abs. 1 Satz 1 UrhG ist ein aus dem Urheberrecht fließender vermögensrechtlicher, rein schuldrechtlicher Anspruch sui generis des Urhebers gegen den Vermieter.[242] Wenn der Vermieter bereits eine Vergütung an den Tonträgerhersteller bzw. Filmhersteller gezahlt hat, ist dies für § 27 Abs. 1 UrhG ohne Bedeutung. Ihn trifft dann eine vom Gesetz gewollte Doppelbelastung.[243]

329 Auf den Vergütungsanspruch kann nach § 27 Abs. 1 Satz 2 UrhG nicht verzichtet werden. Er kann im Voraus nur an eine Verwertungsgesellschaft abgetreten werden (§ 27 Abs. 1 Satz 3 UrhG). Gegen § 27 Abs. 1 Satz 2 oder 3 UrhG verstoßende Vereinbarungen sind nach § 134 BGB nichtig.

330 Auch für das **Verleihen von Originalen oder Vervielfältigungsstücken** eines Werkes ist dem Urheber gemäß § 27 Abs. 2 UrhG eine angemessene Vergütung zu zahlen, wenn die Originale oder Vervielfältigungsstücke durch eine der Öffentlichkeit zugängliche (vgl. § 15 Abs. 3 UrhG) Einrichtung verliehen werden. Beispiele sind Staats-, Universitäts- oder kommunale Bibliotheken, aber auch Sammlungen von Bild- oder Tonträgern bzw. anderer Originale oder Vervielfältigungsstücke. Nicht erfasst ist damit ein Verleih unter Privatpersonen.

---

[239] BGH, Urt. v. 28.6.1984 – I ZR 65/82 – GRUR 1985, 134 (135).
[240] BGH, Urt. v. 2.2.1989 – I ZR 100/87 – GRUR 1989, 417 (419).
[241] *Lettl*, Urheberrecht, § 4 Rn. 126; *Schulze* in Dreier/Schulze, Urheberrechtsgesetz, UrhG § 28 Rn. 1; *Heerma* in Wandtke/Bullinger, Urheberrecht, UrhG § 27 Rn. 1. Umfassend zum Zweck der Norm siehe *Loewenheim* in Schricker/Loewenheim, Urheberrecht, UrhG § 27 Rn. 1 f.
[242] *Lettl*, Urheberrecht, § 4 Rn. 132.
[243] *Lettl*, Urheberrecht, § 4 Rn. 132.

II. Der negative Inhalt des Urheberrechts

Unter „Verleihen" ist nach der Legaldefinition des § 27 Abs. 2 Satz 2 1. Hs. UrhG im weiteren Sinne die zeitlich begrenzte, weder unmittelbar noch mittelbar Erwerbszwecken dienende (dh unentgeltliche) Gebrauchsüberlassung zu verstehen. Die Überlassung von Originalen und Vervielfältigungsstücken gilt gemäß § 27 Abs. 2 Satz 2 2. Hs. iVm § 17 Abs. 3 Satz 2 UrhG nicht als „Verleihen". 331

Nach Ansicht des BGH liegt in der Auslage von Zeitschriften in Warteräumen von Arztpraxen[244] oder beim Frisör[245] kein vergütungspflichtiges Verleihen.[246] 332

Der Anspruch nach § 27 Abs. 2 Satz 1 UrhG des Urhebers gegen den Verleiher ist ein aus dem Urheberrecht fließender (rein schuldrechtlicher) Anspruch sui generis.[247] Er erfasst neben dem üblichen Bibliotheksbestand auch Videos, CDs, Gemälde und Skulpturen (Artothek). Auch E-Books sind erfasst, wenn sie auf dem Server einer öffentlichen Bibliothek abgelegt sind und es den Nutzern ermöglicht wird, diese herunterzuladen und auf dem eigenen Computer zu reproduzieren, wobei nur eine einzige Kopie während der Leihfrist und nicht darüber hinaus genutzt werden kann.[248] 333

Entsprechende Vergütungsansprüche (§ 27 Abs. 1 und 2 UrhG) können nach § 27 Abs. 3 UrhG nur durch eine Verwertungsgesellschaft geltend gemacht werden. Nach § 38 VGG setzt die **Verwertungsgesellschaft** Tarife (im Hinblick auf eine „angemessene" Vergütungshöhe) fest. 334

Frage 18: Was versteht man unter den sog. „sonstigen Rechten"?

II. Der negative Inhalt des Urheberrechts

In den §§ 97 bis 105 UrhG finden sich zivilrechtliche Anspruchsgrundlagen und Regelungen für den Fall einer Verletzung des Urheberrechts oder sonstiger im UrhG geschützter Rechte (verwandte Schutzrechte).[249] Vorgesehen sind Abwehr-, Zahlungs- und Auskunftsansprüche.[250] 335

1. Anspruch auf Schadensersatz und Unterlassung

Im Hinblick auf den negativen Inhalt des Urheberrechts gewährt § 97 UrhG einen Anspruch auf Unterlassung und Schadensersatz. Geschützt sind nur absolute Rechte[251]: 336

- das **Urheberrecht** als absolutes, einheitliches und umfassendes Recht – mithin
  - das **Urheberpersönlichkeitsrecht** (§ 11 Satz 1, §§ 12 bis 14 UrhG), einschließlich der Änderungsverbote aus §§ 39, 62 UrhG und der Pflicht zur Quellenangabe (§ 63 UrhG), und
  - die **Verwertungsrechte** (§ 11 Satz 2, §§ 15 bis 22, 69c UrhG) bzw. die besonderen (dinglichen) **Verwertungsrechte** des Urhebers nach den §§ 16 ff. UrhG (einschließlich der Verwertungsverbote nach § 96 UrhG),

---

244 BGH, Urt. v. 28.6.1984 – I ZR 65/82 – GRUR 1985, 134.
245 BGH, Urt. v. 28.6.1984 – I ZR 84/82 – GRUR 1985, 131.
246 *Seifert/Wirth* in Eichelberger/Seifert/Wirth, Urheberrechtsgesetz, UrhG § 27 Rn. 1.
247 *Lettl*, Urheberrecht, § 4 Rn. 137.
248 EuGH, Urt. v. 10.11.2016 – C-174/15 – GRUR 2016, 1266 – VOB/Stichting, Ls. 1.
249 *Eichelberger* in Eichelberger/Seifert/Wirth, Urheberrechtsgesetz, Vor §§ 97–105 UrhG Rn. 1.
250 *Peukert* in Rehbinder/Peukert, Urheberrecht, Rn. 1011.
251 *Eichelberger* in Eichelberger/Seifert/Wirth, Urheberrechtsgesetz, UrhG § 97 Rn. 1; *v. Wolff* in Wandtke/Bullinger, Urheberrecht, § 97 Rn. 4; *Specht* in Dreier/Schulze, Urheberrechtsgesetz, UrhG § 97 Rn. 3.

- ein **anderes nach dem UrhG geschütztes Recht** – bspw. die Leistungsschutzrechte nach Maßgabe der §§ 70 ff. UrhG (sofern es sich um absolute Rechte handelt)[252], weiter
- **ausschließliche Nutzungsrechte** (§ 31 Abs. 3 UrhG) an solchen Urheber- oder Leistungsschutzrechten bzw.
- **Verwertungsverbote** (§ 96 UrhG).

337 Nicht geschützt sind einfache Nutzungsrechte, da diese keine Ausschließlichkeitswirkung gegenüber Dritten entfalten. Auch schuldrechtliche Ansprüche gegen Werknutzer (zB §§ 26, 32, 32a, 54, 78 Abs. 2 UrhG) werden nicht von § 97 UrhG erfasst.[253]

338 Derjenige, der ein solches absolutes Recht verletzt (**Verletzer**), kann nach § 97 Abs. 1 UrhG von dem Verletzten auf Beseitigung der Beeinträchtigung und, bei Wiederholungsgefahr, auf Unterlassung in Anspruch genommen werden. Es handelt sich dabei um sog. **Abwehransprüche** des Verletzten gegen den Verletzer. Der Anspruch auf Unterlassung besteht auch schon dann, wenn eine Zuwiderhandlung erstmalig droht (Erstbegehungsgefahr).[254]

a) Anspruchsgegner

339 Adressat (Schuldner) des Abwehranspruchs ist der Verletzer, dh jeder, der die Rechtsverletzung selbst begangen hat oder zu begehen droht. Die Ansprüche richten sich gegen den Täter, den Mittäter (§ 830 Abs. 1 Satz 1 BGB), den mittelbaren Täter oder auch den Teilnehmer (§ 830 Abs. 2 BGB) einer Rechtsverletzung. Für die Beurteilung gelten die strafrechtlichen Grundsätze.[255]

340 Ein **Gehilfe** haftet wie eine Täter, wenn er Vorsatz hinsichtlich seines Beitrags und der Haupttat hatte.[256] Hilfspersonen, denen die Tat in sozialtypischer Hinsicht nicht als eigene zugeordnet werden kann, weil sie aufgrund ihrer untergeordneten Stellung keine Entscheidungsbefugnis, also keine Herrschaft über die Tat hatten, sind urheberrechtlich nicht verantwortlich.[257]

aa) Haftung für Rechtsverletzungen Dritter

341 Eine Haftung für Rechtsverletzungen Dritter kommt bei einer Verletzung der Aufsichtspflicht in Betracht (§ 832 Abs. 1 Satz 1 BGB).[258] Im Falle eines normal entwickelten, grundsätzlich folgsamen Kindes genügen Eltern ihrer Aufsichtspflicht nach Ansicht des BGH, wenn sie ihr Kind über die Rechtswidrigkeit der Teilnahme an Internettauschbörsen belehren und ein entsprechendes Verbot aussprechen. Eine Überwa-

---

[252] *Eichelberger* in Eichelberger/Seifert/Wirth, Urheberrechtsgesetz, UrhG § 97 Rn. 2: zB die §§ 70 Abs. 1, 71 Abs. 1, 72 Abs. 1, 74, 76 Abs. 1, 81, 83 Abs. 1, 85 Abs. 1, 87 Abs. 1, 93, 94 Abs. 1 oder 95 UrhG.
[253] *Eichelberger* in Eichelberger/Seifert/Wirth, Urheberrechtsgesetz, UrhG § 97 Rn. 3.
[254] BGH, Urt. v. 19.4.2007 – I ZR 35/04 – MMR 2007, 507 – Internetversteigerung II, Ls. 3.
[255] BGH, Urt. v. 6.12.2017 – I ZR 186/16 – NJW 2018, 784; *Eichelberger* in Eichelberger/Seifert/Wirth, Urheberrechtsgesetz, UrhG § 97 Rn. 24, 25; 33; *Specht* in Dreier/Schulze, Urheberrechtsgesetz, UrhG § 97 Rn. 24. Ausführlich *Leistner* in Schricker/Loewenheim, Urheberrecht, UrhG § 97 Rn. 57 ff.
[256] *Eichelberger* in Eichelberger/Seifert/Wirth, Urheberrechtsgesetz, UrhG § 97 Rn. 33; *Leistner* in Schricker/Loewenheim, Urheberrecht, UrhG § 97 Rn. 68 ff.
[257] BGH, Urt. v. 5.11.2015 – I ZR 88/13 – NJW 2016, 2341 – Al Di Meola, Rn. 20; *Eichelberger* in Eichelberger/Seifert/Wirth, Urheberrechtsgesetz, UrhG § 97 Rn. 33; *Leistner* in Schricker/Loewenheim, Urheberrecht, UrhG § 97 Rn. 70 f.
[258] *Eichelberger* in Eichelberger/Seifert/Wirth, Urheberrechtsgesetz, UrhG § 97 Rn. 34; *Specht* in Dreier/Schulze, Urheberrechtsgesetz, UrhG § 97 Rn. 48c.

chung der Nutzung, eine Überprüfung des Computers und die Einrichtung von Zugangsbeschränkungen sind nur angezeigt, wenn es konkrete Anhaltspunkte für einen Verstoß seitens des Kindes gibt.[259]

Eine Haftung des Anschlussinhabers für Rechtsverletzungen anderer Anschlussnutzer im Internet (zB illegales File-Sharing) kann sich außerdem dann ergeben, wenn dieser seiner Darlegungs- und Beweislast nicht nachkommt.[260] Zwar liegt im Grundsatz die Darlegungs- und Beweislast auch für die Täterschaft beim Anspruchsteller, doch spricht eine tatsächliche Vermutung für eine Täterschaft des Anschlussinhabers, wenn dieser konkret[261] im Zeitpunkt der Rechtsverletzung der Einzige war, der den Anschluss nutzen konnte.[262] Diese Vermutung ist ausgeschlossen, wenn der Anschluss im maßgeblichen Zeitpunkt nicht hinreichend gesichert war oder bewusst Dritten zur Nutzung überlassen wurde. Für den Anschlussinhaber ergibt sich dann allerdings eine sekundäre Darlegungslast, der er genügt, wenn er vorträgt, welche anderen Personen selbstständigen Zugang zu seinem Internetanschluss hatten und als Täter in Frage kommen. Dabei muss er im Rahmen des Zumutbaren Nachforschungen anstellen und darlegen, welche Personen mit Rücksicht auf Nutzerverhalten, Kenntnisse und Fähigkeiten sowie in zeitlicher Hinsicht Gelegenheit hatten, die Verletzungshandlung ohne Wissen und Zutun des Anschlussinhabers zu begehen.[263] Der Umfang zumutbarer Nachforschungen muss im Rahmen einer umfassenden Interessenabwägung ermittelt werden.[264]

bb) Ansprüche gegen den Störer

Ein Anspruch ist darüber hinaus ggf. auch gegen einen **Störer** als Nicht-Verletzer möglich.[265] Störer ist, wer an einer fremden Rechtsverletzung willentlich und adäquat-kausal mitwirkt.[266] Von der Rechtsprechung wird hier allerdings vorausgesetzt, dass der Beteiligte eine urheberrechtliche Prüfungs- oder Überwachungspflicht verletzt hat[267] und die zumutbare Möglichkeit, die Rechtsverletzung (wenn auch nur teilweise)[268] zu verhindern, nicht wahrgenommen hat.[269] So kann bspw. gegen ein Presseunternehmen, welches erkennbar urheberrechtswidrige Anzeigen veröffentlicht, ein Anspruch nach § 97 UrhG gegeben sein.[270]

Ob und in welchem Umfang der potenzielle Störer eine Verletzungshandlung hätte verhindern müssen, ist nach den Umständen des Einzelfalles unter Berücksichtigung seiner

---

259 BGH, Urt. v. 15.11.2012 – I ZR 74/12 – NJW 2013, 1441 – Morpheus, Ls.
260 Zusammenfassend *Eichelberger* in Eichelberger/Seifert/Wirth, Urheberrechtsgesetz, UrhG § 97 Rn. 35.
261 BGH, Urt. v. 11.6.2015 – I ZR 75/14 – NJW, 2016, 953 – Tauschbörse III, Rn. 39.
262 BGH, Urt. v. 30.3.2017 – I ZR 19/16 – NJW 2018, 65 – Loud, Rn. 14.
263 BGH, Urt. v. 30.3.2017 – I ZR 19/16 – NJW 2018, 65 – Loud, Rn. 15; BGH, Urt. v. 12.5.2016 – I ZR 48/15 – NJW 2017, 78 – Everytime we touch, Rn. 31 ff. Vgl. auch EuGH, Urt. v. 18.10.2018 – C-149/17 – NJW 2019, 33.
264 Zur Zumutbarkeit der Überwachung von Familienangehörigen siehe BGH, Urt. v. 6.10.2016 – I ZR 154/15 – NJW 2017, 1961 – Afterlife; BGH, Urt. v. 30.3.2017 – I ZR 19/16 – NJW 2018, 65 – Loud, Rn. 20.
265 So BGH, Urt. v. 15.10.1998 – I ZR 120/96, GRUR 1999, 418 – Möbelklassiker.
266 BGH, Urt. v. 24.11.2016 – I ZR 220/15 – NJW 2017, 1965 – WLAN-Schlüssel, Rn. 11. Für eine separate Störerhaftung in Bezug auf begangene fremde Wettbewerbsverstöße nach Einführung von Verkehrssicherungspflichten im Bereich des geistigen Eigentums soll kein sachlicher Grund bestehen: so *Lettl*, Urheberrecht, § 11 Rn. 52 unter Bezugnahme auf *Köhler*, GRUR 2008, 1 (6).
267 *Ohly*, ZUM 2015, 308 (312).
268 *Specht* in Dreier/Schulze, Urheberrechtsgesetz, UrhG § 97 Rn. 28.
269 BGH, Urt. v. 24.11.2016 – I ZR 220/15 – NJW 2017, 1965 – WLAN-Schlüssel, Rn. 11.
270 BGH, Urt. v. 15.10.1998 – I ZR 120/96, GRUR 1999, 418 – Möbelklassiker.

345 Auch die Verletzung einer **urheberrechtlichen Verkehrssicherungspflicht** kann Abwehr- und Schadensersatzansprüche begründen. Derjenige, der durch sein Verhalten im geschäftlichen Verkehr die Gefahr schafft, dass Dritte durch das Urheberrecht geschützte Interessen von Marktteilnehmern verletzen, muss alle ihm möglichen und zumutbaren Maßnahmen ergreifen, um diese Gefahr zu begrenzen.[272]

Vorangehender Absatz (oben auf Seite): Funktion und Aufgabenstellung sowie im Hinblick auf die Eigenverantwortung des unmittelbaren Verletzers zu ermitteln.[271]

346 Die Reichweite einer möglichen Haftung für mittelbare Verletzungen, insbesondere im Internet, gewinnt stetig an Bedeutung.[273] Der Gesetzgeber hat dazu mittlerweile die Sorgfaltspflichten von Diensteanbieter im UrhDaG gesetzlich geregelt.

cc) Ansprüche gegen Unternehmensinhaber (§ 99 UrhG)

347 Ist im Geschäftskreis eines Unternehmens von einem Arbeitnehmer (iSd § 611a BGB) oder Beauftragten ein nach dem UrhG geschütztes Recht widerrechtlich verletzt worden, hat der Verletzte die Ansprüche aus den §§ 97 Abs. 1 und 98 UrhG auch gegen den Inhaber des Unternehmens (§ 99 UrhG – **Haftung des Unternehmensinhabers**).

348 **Beauftragter** ist jeder, der im oder für das Unternehmen durch Eingliederung in dasselbe, ohne Arbeitnehmer zu sein, tätig ist und dessen Tätigkeit dem Unternehmen zugutekommt.[274]

349 **Inhaber** ist derjenigen, in dessen Namen das Unternehmen geführt wird.[275] Als Inhaber des Unternehmens kommt ein Einzelinhaber, eine Personengesellschaft (GbR, KG, OHG), ein Rechtsträger (juristische Person) oder auch ein Pächter oder Nießbraucher in Betracht. Die Gesellschafter oder Organe von Personen- oder Kapitalgesellschaften sind hingegen nicht Inhaber iS der Vorschrift.[276] Der Unternehmensbegriff ist weit auszulegen und erfasst bspw. auch juristische Personen des öffentlichen Rechts[277] oder politische Parteien[278].

350 Nicht erfasst sind Urheberrechtsverletzungen, die der Arbeitnehmer bzw. Beauftragte aus reinem **Eigeninteresse** nur bei Gelegenheit einer Tätigkeit begeht.[279] Die Beweislast für den Unternehmensbezug obliegt dem Anspruchsteller. Der Unternehmer muss allerdings im Falle eines privilegierten Zugangs zu den begründenden Informationen an der Aufklärung des Sachverhalts mitwirken (sekundäre Behauptungslast).[280]

---

271 BGH, Urt. v. 24.11.2016 – I ZR 220/15 – NJW 2017, 1965 – WLAN-Schlüssel, Rn. 11; *Eichelberger* in Eichelberger/Seifert/Wirth, Urheberrechtsgesetz, UrhG § 97 Rn. 36.
272 *Lettl*, Urheberrecht, § 11 Rn. 51.
273 Dazu *Ohly*, ZUM 2015, 308; *Wagner*, GRUR 2020, 447. Vgl. bspw. auch *Specht* in Dreier/Schulze, Urhebergesetz, UrhG § 97 Rn. 46 zur Haftung von Plattformbetreibern.
274 *Bohne* in Wandtke/Bullinger, Urheberrecht, UrhG § 99 Rn. 6.
275 *Eichelberger* in Eichelberger/Seifert/Wirth, Urheberrechtsgesetz, UrhG § 99 Rn. 4; *Leistner* in Schricker/Loewenheim, Urheberrecht, UrhG § 99 Rn. 2. Konkreter siehe *Bohne* in Wandtke/Bullinger, Urheberrecht, UrhG § 99 Rn. 7.
276 *Eichelberger* in Eichelberger/Seifert/Wirth, Urheberrechtsgesetz, UrhG § 99 Rn. 4.
277 BGH, Urt. v. 16.1.1992 – I ZR 36/90 – NJW 1992, 1310 – Seminarkopien; OLG Frankfurt aM, Urt. v. 9.5.2017 – 11 U 153/16 – ZUM-RD 2017, 469
(nicht rechtskräftig).
278 OLG Bremen, Urt. v. 7.3.1985 – 2 U 115/84 – GRUR 1983, 536 – Asterix-Plagiate.
279 *Eichelberger* in Eichelberger/Seifert/Wirth, Urheberrechtsgesetz, UrhG § 99 Rn. 2.
280 OLG München, Urt. v. 7.12.2006 – 29 U 3845/06 – GRUR-RR 2007, 345 – Beweislastverteilung.

II. Der negative Inhalt des Urheberrechts

Von der Regelung des § 99 UrhG ausgenommen sind der **Schadensersatzanspruch** nach § 97 Abs. 2 UrhG und korrespondierende Auskunftsansprüche. Solche können sich jedoch wegen § 102a UrhG auch aus anderen Normen ergeben (zB § 823 iVm § 31 BGB oder § 831 BGB).[281]

351

§ 99 UrhG statuiert einen Erfolgshaftungstatbestand ohne die Möglichkeit einer Exkulpation[282] als selbstständiger zweiter Anspruch des Verletzten. Aus § 99 UrhG entspringt also ein **eigenständiger Anspruch** gegen den Unternehmensinhaber, der neben dem ursprünglichen Anspruch gegen den eigentlichen Verletzer steht.[283]

352

Damit werden dem Unternehmensinhaber die Verletzungshandlungen seiner Arbeitnehmer und Beauftragten wie eigene Handlungen zugerechnet, und dies sogar dann, wenn er von den Handlungen keine Kenntnis hatte oder diese gegen seinen ausdrücklichen Willen erfolgt sind.[284] Auch kommt es nicht darauf an, ob der Beschäftigte hinsichtlich der verletzenden Handlung den Weisungen des Inhabers unterlag oder selbstständig entscheiden durfte.[285]

353

dd) Haftung des Geschäftsführers

Ein Geschäftsführer haftet für eine deliktische Handlung der von ihm vertretenen Gesellschaft persönlich, wenn er aktiv beteiligt war oder eine Garantenstellung innehatte. Das Vorliegen einer **Garantenstellung** beurteilt sich dabei nach den allgemeinen Grundsätzen des Deliktsrechts. Beruht eine Rechtsverletzung auf einer Maßnahme der Gesellschaft, die typischerweise auf Geschäftsführungsebene entschieden wird, kann nach dem äußeren Erscheinungsbild und mangels abweichender Feststellungen davon ausgegangen werden, dass die Verletzungshandlung vom Geschäftsführer veranlasst worden ist.[286]

354

ee) Haftung von Diensteanbietern nach UrhDaG

Im Rahmen der Urheberrechtsnovelle 2021 hat der Gesetzgeber die unmittelbare Verantwortlichkeit von Internet-Plattformen für von den Nutzern hochgeladene Inhalte geregelt. Verschafft ein Diensteanbieter iSd § 2 UrhDaG[287] der Öffentlichkeit Zugang zu urheberrechtlich geschützten Werken, so gibt er diese gem. § 1 Abs. 1 UrhDaG öffentlich wieder und haftet damit für unerlaubte Nutzungen grundsätzlich nach den §§ 97 ff. UrhG. Um der urheberrechtlichen Verantwortung für von den Nutzern hochgeladene Inhalte zu entgehen, muss ein Diensteanbieter die in den §§ 4 und 7-11 UrhDaG geregelten Pflichten „nach Maßgabe hoher branchenüblicher Standards unter Beachtung des Grundsatzes der Verhältnismäßigkeit" (§ 1 Abs. 2 UrhG) erfüllen. Die Vorschriften des UrhDaG erfassen nicht die in § 3 UrhDaG aufgezählten Dienste, wie beispielsweise nicht gewinnorientiere Online-Enzyklopädien (Nr. 1) oder Online-Marktplätze (Nr. 5).

354a

---

281 *Bohne* in Wandtke/Bullinger, Urheberrecht, UrhG § 99 Rn. 8 f.
282 *Dreier* in Dreier/Schulze, Urheberrechtsgesetz, UrhG § 99 Rn. 1.
283 *Eichelberger* in Eichelberger/Seifert/Wirth, Urheberrechtsgesetz, UrhG § 99 Rn. 5.
284 *Eichelberger* in Eichelberger/Seifert/Wirth, Urheberrechtsgesetz, UrhG § 99 Rn. 1, 5; *Bohne* in Wandtke/Bullinger, Urheberrecht, UrhG § 99 Rn. 1 f.; *Dreier* in Dreier/Schulze, Urheberrechtsgesetz, UrhG § 99 Rn. 1.
285 Vgl. dazu aus dem Wettbewerbsrecht BGH, Urt. v. 29.6.2000 – I ZR 29/98 – NJW-RR 2001, 620, Ls. 1.
286 BGH, Urt. v. 5.11.2015 – I ZR 91/11 – NJW 2016, 2335 – Marcel-Breuer-Möbel II, Rn. 36.
287 Gesetz über die urheberrechtliche Verantwortlichkeit von Diensteanbietern für das Teilen von Online-Inhalten (Urheberrechts-Diensteanbieter-Gesetz), BGBl. 2021, S. 1215.

354b Nach Maßgabe des § 4 UrhDaG muss der Diensteanbieter zunächst bestmögliche Anstrengungen unternehmen, um vertragliche Nutzungsrechte an den geschützten Werken zu erlangen. Dies umfasst jedoch nicht die angesichts der großen Anzahl an Rechteinhabern unverhältnismäßige Verpflichtung, nach Lizenzangeboten von einzelnen, ihm unbekannten Rechteinhabern zu suchen.[288] Der Diensteanbieter erfüllt seine Pflicht, indem er ihm angebotene Nutzungsrechte erwirbt, die über repräsentative, ihm bekannte Rechteinhaber oder inländische Verwertungsgesellschaften verfügbar sind und den Anforderungen des § 4 Abs. 2 UrhDaG entsprechen.

Vertragliche Nutzungsrechte, die der hochladenden Person zustehen, gelten zwar auch zugunsten der Plattformbetreiber (§ 6 UrhDaG). Diese entbinden den Diensteanbieter allerdings grundsätzlich nicht von der – ggf. schadenersatzbewährten – Pflicht zum Erwerb von Nutzungsrechten nach § 4 UrhDaG.[289] Plattformnutzer, welche nicht kommerziell handeln oder nur unerhebliche Einnahmen erzielen, können sich hinsichtlich ihrer Handlungen der öffentlichen Wiedergabe auf die Nutzungsrechte der Plattformbetreiber berufen.[290]

Im Sinne einer angemessenen Beteiligung der Urheber an den Gewinnen der Plattformen, sieht § 4 Abs. 3 UrhDaG einen Direktvergütungsanspruch des Urhebers für die Nutzung seiner Werke auf der Plattform auch für den Fall vor, dass der Urheber seine Rechte vertraglich einem Dritten eingeräumt hat. Die Regelung soll die Lücke im System des Urhebervertragsrechts (§§ 32 ff. UrhG) schließen, die durch die ggf. nicht sachgerechte Erfassung der mehrseitigen Vertragsmodelle der Plattformbetreiber entsteht.[291]

354c Die Schranken des Urheberrechts gelten grundsätzlich auch für die öffentliche Wiedergabe auf einer Plattform (§ 5 Abs. 1 UrhDaG). Die Regelung des § 5 UrhDaG soll im Zusammenhang mit den §§ 9 bis 12 und 14 UrhDaG sicherstellen, dass im Rahmen eines fairen Interessenausgleichs mit den geschützten Interessen des Urhebers eine effektive Wahrnehmung der auf den Kommunikationsgrundrechten beruhenden, gesetzlichen Nutzungsbefugnisse sichergestellt wird.[292] Wiedergaben, welche aufgrund der Schranke des § 51a UrhG erlaubt sind, lösen einen Direktvergütungsanspruch[293] gegen den Plattformbetreiber aus (§ 5 Abs. 2 UrhDaG), welcher nur durch Verwertungsgesellschaften geltend gemacht werden kann. Aufgrund der sonstigen Schranken des Urheberrechts erlaubte Nutzungen bleiben vergütungsfrei, um Fehlanreize für eine übermäßige Blockierung zu vermeiden.[294]

354d Um sich vor der Haftung für von den Plattformnutzern unerlaubt hochgeladene Inhalte zu schützen muss der Diensteanbieter den in den §§ 7 ff. UrhDaG geregelten Verpflichtungen zur Blockierung von unerlaubten Inhalten nachkommen. Das Gesetz unterscheidet die qualifizierte Blockierung (§ 7 UrhDaG) und die einfache Blockierung (§ 8 UrhDaG). Beide Verfahren erfordern zunächst die Initiative des Rechteinhabers. Diese verpflichtet den Diensteanbieter allerdings aufgrund des Grundsatzes der Verhältnismäßigkeit nur dann zum Tätigwerden, wenn ihm effektive und geeignete Mittel

---

[288] BT-Drs. 19/27426, S. 133.
[289] BT-Drs. 19/27426, S. 132.
[290] BT-Drs. 19/27426, S. 136.
[291] BT-Drs. 19/27426, S. 134.
[292] BT-Drs. 19/27426, S. 135.
[293] Zur Ermittlung der Höhe der Vergütung siehe BT-Drs. 19/27426, S. 136.
[294] BT-Drs. 19/29894, S. 97.

II. Der negative Inhalt des Urheberrechts

zur Verfügung stehen, welche mit für ihn zumutbaren Kosten verbunden sind.[295] Im Falle von missbräuchlichen Blockierungsverlangen kann der Diensteanbieter Personen nach Maßgabe des § 18 UrhDaG für einen angemessenen Zeitraum von den Verfahren nach §§ 7 und 8 UrhDaG ausschließen. Fälschliche Blockierungsverlangen können bei Vorsatz oder Fahrlässigkeit einen Schadenersatzanspruch sowohl des Diensteanbieters als auch des Nutzers begründen (§ 18 UrhDaG). Nicht kommerzielle Vereine zur Verfolgung von Nutzerinteressen können im Falle wiederholter fälschlicher Blockierungen einen Unterlassungsanspruch geltend machen (§ 18 UrhDaG).

Der Urheber kann nach § 7 Abs. 1 UrhDaG vom Diensteanbieter verlangen, dass dieser unerlaubte Inhalte entfernt und auch bestmöglich sicherstellt, dass sie nicht erneut hochgeladen werden („stay down").[296] Die Pflicht trifft den Diensteanbieter aber nur dann, wenn der Rechteinhaber die für die Blockierung erforderlichen Informationen bereitstellt (§ 7 Abs. 1 UrhDaG).[297] Ausgenommen sind Startup-Diensteanbieter (§ 2 Abs. 2 UrhDaG) nach Maßgabe des § 7 Abs. 4 UrhDaG. Für kleine Diensteanbieter gilt nach § 7 Abs. 5 UrhDaG die Vermutung, dass eine Verpflichtung nach § 7 Abs. 1 UrhDaG unverhältnismäßig ist.

354e

Die qualifizierten Blockierungsmaßnahmen dürfen allerdings nicht dazu führen, dass erlaubte Inhalte nicht mehr verfügbar sind (§ 7 Abs. 2 Satz 1 UrhDaG). Die Nutzung automatisierter Verfahren wird daher durch die §§ 9 – 11 UrhDaG besonderen Regeln unterworfen (§ 7 Abs. 2 Satz 2 UrhDaG). Der Diensteanbieter hat außerdem betroffene Nutzer im Falle einer Blockierung zu informieren und auf die Möglichkeit eines Beschwerdeverfahrens nach § 14 UrhDaG hinzuweisen.

Der Ausgleich zwischen den Interessen der Urheber und Plattformnutzer ist aufgrund der Verwendung von automatisierten Blockierungsverfahren (Upload-Filter) besonders schwierig, denn es besteht die Gefahr einer unrechtmäßigen Blockierung erlaubter Inhalte („Overblocking"), da algorithmenbasierte Technologien kontextbasierte Nutzungen nicht als erlaubte Nutzungen erkennen können.[298] Die in Art. 17 Abs. 4 lit. b DSM-RL vorgesehene Pflicht, das Hochladen eines urheberrechtlich geschützten Werkes zu verhindern, welche der deutsche Gesetzgeber nun in § 7 UrhDaG umgesetzt hat, ist daher besonders umstritten.[299]

In den §§ 9 ff. UrhDaG hat der Gesetzgeber im Sinne der Plattformnutzer und auch der Plattformbetreiber Regelungen zu „mutmaßlich erlaubten Inhalten" getroffen, die den Einsatz von automatisierten Verfahren zur Blockierung von unerlaubten Inhalten ermöglichen sollen, ohne die Rechte der Nutzer oder der Urheber übermäßig zu beschränken.[300] Mutmaßlich erlaubte Nutzungen – im Sinne einer widerleglichen Vermutung des Vorliegens einer gesetzlichen Erlaubnis nach Maßgabe des § 5 UrhDaG – sind gem. § 9 Abs. 2 UrhDaG nutzergenerierte Inhalte, die

354f

---

295 BT-Drs. 19/27426, S. 137 f.
296 BT-Drs. 19/27426, S. 137.
297 BT-Drs. 19/27426, S. 137.
298 BT-Drs. 19/27426, S. 139.
299 Siehe dazu nur das beim EuGH unter dem Aktenzeichen C- 401/19 anhängige Gerichtsverfahren.
300 BT-Drs. 19/27426, S. 139 ff.

1. weniger als die Hälfte eines Werkes eines Dritten oder mehrerer Werke Dritter enthalten und
2. die Werkteile nach Nummer 1 mit anderem Inhalt kombinieren und
3. Werke Dritter nur geringfügig nutzen (§ 10 UrhDaG) oder als gesetzlich erlaubt kennzeichnen (§ 11 UrhDaG).

Abbildungen dürfen nach Maßgabe des §§ 10, 11 UrhDaG auch ganz genutzt werden (§ 9 Abs. 2 Satz 2 UrhDaG). Solche Inhalte dürfen vom Diensteanbieter bis zum Abschluss des Beschwerdeverfahrens nach § 14 UrhDaG zunächst nicht blockiert werden, es sei denn ein „vertrauenswürdiger Rechteinhaber" erklärt nach der Prüfung durch eine natürliche Person, dass die Vermutung nach § 9 Abs. 2 UrhDaG zu widerlegen ist und die fortdauernde öffentliche Wiedergabe die wirtschaftliche Verwertung des Werkes erheblich beeinträchtigt (§ 14 Abs. 4 UrhDaG).

In § 10 UrhDaG sind „geringfügige Nutzungen" dem Umfang nach bestimmt. Die Kennzeichnung als erlaubte Nutzung iSd § 11 UrhDaG ermöglicht es dem Nutzer, die Vermutung des § 9 Abs. 2 UrhDaG auch bei diesen Umfang übersteigenden Nutzungen zu begründen. Im Falle wiederholt falscher Kennzeichnungen kann der Diensteanbieter einen Nutzer für einen angemessenen Zeitraum von dieser Möglichkeit ausschließen (§ 18 Abs. 5 UrhDaG).

Die §§ 9 bis 11 UrhDaG finden keine Anwendung auf die Nutzung von Filmwerken oder Laufbildern bis zum Abschluss ihrer erstmaligen öffentlichen Wiedergabe, insbesondere während der zeitgleichen Übertragung von Sportveranstaltungen, soweit der Rechteinhaber dies vom Diensteanbieter verlangt und die erforderlichen Angaben macht (§ 7 Abs. 2 Satz 3 UrhDaG).

354g Für die öffentliche Wiedergabe mutmaßlich erlaubter Nutzungen muss der Diensteanbieter dem Urheber nach § 12 Abs. 1 UrhDaG eine angemessene Vergütung bezahlen. Während des Beschwerdeverfahren ist er urheberrechtlich für die öffentliche Wiedergabe nicht verantwortlich. Nach Ablauf des Beschwerdeverfahrens trifft ihn eine Schadensersatzpflicht nur dann, wenn er schuldhaft gegen die in § 14 UrhDaG auferlegten Pflichten verstoßen hat (§ 12 Abs. 2 UrhDaG). Der Nutzer ist im Falle einer geringfügigen Nutzung (§ 10 UrhDaG) ebenfalls für die Dauer des Beschwerdeverfahrens von der urheberrechtlichen Verantwortlichkeit befreit (§ 12 Abs. 3 UrhDaG).

354h Unabhängig von der Pflicht zur qualifizierten Blockierung sieht § 8 UrhDaG die Pflicht zur einfachen Blockierung nach einem hinreichend begründeten Hinweis des Rechteinhabers vor („Notice-and-takedown").[301] Die §§ 7 Abs. 2 Satz 1 und Abs. 3 UrhDaG gelten entsprechend.

354i Im Falle von Entstellungen seines Werkes (§ 14 UrhG) kann der Urheber auch im Anwendungsbereich der §§ 9 bis 11 UrhDaG die einfache Blockierung verlangen (§ 13 Abs. 3 UrhDaG). Der Gesetzgeber stellt mit der Regelung klar, dass eine gesetzliche Nutzungserlaubnis die Entstellung eines Werkes nicht rechtfertigen kann.[302]

354j Sofern der Diensteanbieter urheberrechtlich für die Inhalte verantwortlich ist, weil er den geforderten Sorgfaltspflichten nicht hinreichend Rechnung getragen hat oder weil

---

301 BT-Drs. 19/27426, S. 138.
302 BT-Drs. 19/27426, S. 143.

die Beteiligung an Urheberrechtsverletzungen seinen Geschäftszweck darstellt (§ 1 Abs. 4 UrhDaG), finden die Bestimmungen des vierten Teils des UrhG Anwendung.[303]

Die §§ 14-17 UrhDaG regeln das interne und ggf. externe Beschwerdeverfahren sowie die Möglichkeiten der außergerichtlichen Streitbeilegung im Falle von Streitigkeiten hinsichtlich der Blockierung oder öffentlichen Wiedergabe von Nutzungen.

Die Bestimmungen des UrhDaG finden grundsätzlich auch auf die verwandten Schutzrechte iSd Urheberrechts Anwendung (§ 21 Abs. 1 UrhDaG). Der Vergütungsanspruch nach § 4 UrhDaG steht nur dem Lichtbildner und dem ausübenden Künstler zu (§ 21 Abs. 2 UrhDaG). Die Vorschriften des UrhDaG können nicht durch Vertrag abbedungen werden (§ 22 UrhDaG). Nach § 19 UrhDaG stehen den Rechteinhabern umfangreiche Auskunftsansprüche gegen den Diensteanbieter zu.

b) Aktivlegitimation

Aktiv legitimiert hinsichtlich der Ansprüche nach § 97 UrhG ist der Inhaber des verletzten Rechts, dh der Urheber, der Leistungsschutzberechtigte oder der Inhaber eines ausschließlichen Nutzungsrechts (iSd § 31 Abs. 3 UrhG).[304]

Im Hinblick auf das **Urheberpersönlichkeitsrecht** ist daher zunächst der Urheber bzw. der Inhaber des verwandten Schutzrechts aktivlegitimiert. Nach dessen Tod geht die Aktivlegitimation auf den/die Erben oder aufgrund einer letztwilligen Verfügung (vgl. § 28 Abs. 2 UrhG) auf einen Testamentsvollstrecker als Partei kraft Amtes (§ 2212 BGB) über. Eine Ausnahme besteht nach § 76 Satz 4 UrhG für ausübende Künstler (§§ 74, 75 UrhG). Das Urheberpersönlichkeitsrecht steht danach nicht den Erben, sondern den „Angehörigen" des verstorbenen Künstlers zu. Angehörige sind gemäß § 60 Abs. 2 UrhG dessen Ehe- und Lebenspartner, Kinder oder hilfsweise die Eltern.[305]

Bei einer Verletzung **ausschließlicher Nutzungsrechte** ist der Rechteinhaber, dh der Urheber oder die Person, der der Urheber das ausschließliche Nutzungsrecht eingeräumt hat, aktivlegitimiert. Ob der Inhaber eines ausschließlichen Nutzungsrechts im Falle einer Verletzung eigene Ansprüche hat, hängt vom Umfang des Nutzungsrechtes ab.[306] Die Aktivlegitimation des Urhebers im Falle, dass er einem Dritten die ausschließlichen Nutzungsrechte eingeräumt hat und diese verletzt wurden, setzt voraus, dass eigene schutzwürdige Interessen des Urhebers durch die Verletzung berührt sind.[307] Ein solches schutzwürdiges Interesse ist bspw. das materielle Interesse aus der Lizenzverga-

---

303 BT-Drs. 19/27426, S. 131.
304 *Eichelberger* in Eichelberger/Seifert/Wirth, Urheberrechtsgesetz, UrhG § 97 Rn. 27; *Leistner* in Schricker/Loewenheim, Urheberrecht, UrhG § 97 Rn. 43; *Specht* in Dreier/Schulze, Urheberrechtsgesetz, UrhG § 97 Rn. 16.
305 *Eichelberger* in Eichelberger/Seifert/Wirth, Urheberrechtsgesetz, UrhG § 97 Rn. 27; *Leistner* in Schricker/Loewenheim, Urheberrecht, UrhG § 97 Rn. 41 f.; *Specht* in Dreier/Schulze, Urheberrechtsgesetz, UrhG § 97 Rn. 17.
306 BGH, Urt. v. 12.12.1991 – I ZR 165/89 – NJW 1992, 1320 – Taschenbuchlizenz, Ls. 3; BGH, Urt. v. 29.4.1999 – I ZR 65/96 – NJW 2000, 2202 – Laras Tochter; BGH, Urt. v. 15.8.2013 – I ZR 85/12 – ZUM-RD 2013, 514 – Der Vorleser, Rn. 23. Zusammenfassend: *Eichelberger* in Eichelberger/Seifert/Wirth, Urheberrechtsgesetz, UrhG § 97 Rn. 29; *Specht* in Dreier/Schulze, Urheberrechtsgesetz, UrhG § 97 Rn. 18.
307 BGH, Urt. v. 11.4.2013 – I ZR 152/11 – NJW-RR 2014, 112 – Online-Videorecorder II, Rn. 33; BGH, Urt. v. 5.11.2015 – I ZR 76/11 – NJW 2016, 2338 – Wagenfeld-Leuchte II, Rn. 26; *Eichelberger* in Eichelberger/Seifert/Wirth, Urheberrechtsgesetz, UrhG § 97 Rn. 28; *Specht* in Dreier/Schulze, Urheberrechtsgesetz, UrhG § 97 Rn. 19.

be.[308] Gleiches gilt im Verhältnis zwischen dem ursprünglichen Inhaber von Nutzungsrechten und dem neuen Inhaber im Falle der Weiterübertragung des (ausschließlichen) Nutzungsrechts. Hier ist mithin eine lückenlose Rechtekette bis zum Urheber nachzuweisen.[309] Die Einräumung ausschließlicher Nutzungsrechte tangiert außerdem nicht die Aktivlegitimation des Urhebers hinsichtlich der Ansprüche aus dem Urheberpersönlichkeitsrecht.[310]

358 **Inhaber einfacher Nutzungsrechte** sind nicht aus eigenem Recht aktiv legitimiert. Die Sachbefugnis verbleibt insoweit beim Urheber. Der Urheber kann allerdings den Inhaber eines Nutzungsrechtes ermächtigen, die Ansprüche im Wege der gewillkürten Prozessstandschaft geltend zu machen. Eine weitere Voraussetzung ist allerdings, dass dieser ein schutzwürdiges eigenes Interesse an der Prozessführung hat.[311] Berührt die streitgegenständliche Rechtsverletzung die Nutzungsrechte des einfachen Nutzungsberechtigten, so liegt ein schutzwürdiges Interesse in aller Regel vor.[312] Ebenfalls denkbar ist eine Verpflichtung des die Nutzungsrechte einräumenden Urhebers, gegen eine den Inhaber des einfachen Nutzungsrechts betreffende Rechtsverletzung vorzugehen. Diese kann sich aus dem Vertrag zur Einräumung der Nutzungsrechte und unter Umständen sogar nach Treu und Glauben (§ 242 BGB)[313] ergeben.[314]

359 **Miturheber** können nach § 8 Abs. 2 Satz 3 1. Hs. UrhG Ansprüche wegen einer Verletzung des gemeinsamen Urheberrechts individuell geltend machen – Leistung kann jedoch nur an alle Miturheber verlangt werden (§ 8 Abs. 2 Satz 3 2. Hs. UrhG).[315]

360 **Mehreren ausübenden Künstlern** nach § 80 Abs. 1 UrhG steht das Verwertungsrecht zur gesamten Hand zu. Damit müssen ähnlich wie im Falle der Miturheberschaft die Leistungsschutzrechte einheitlich wahrgenommen werden.[316] Keiner der Beteiligten darf seine Einwilligung zur Verwertung wider Treu und Glauben (§ 242 BGB) verweigern.[317] Für die Geltendmachung der sich aus den §§ 77, 78 und 79 Abs. 3 UrhG ergebenden Rechte und Ansprüche gilt nach § 80 Abs. 2 UrhG die Regelung des §§ 74 Abs. 2 Satz 2 und Satz 3 UrhG entsprechend. Im Unterschied zur Miturheberschaft ist bei Gruppen von ausübenden Künstlern ein Vertreter zu wählen, der die Rechte der

---

308 KG, Urt. v. 16.8.2005 – 5 U 66/03 – GRUR 2006, 53 (55) – Bauhaus-Glasleuchte II; *Eichelberger* in Eichelberger/Seifert/Wirth, Urheberrechtsgesetz, UrhG § 97 Rn. 28; *Peukert* in Rehbinder/Peukert, Urheberrecht, Rn. 831.
309 *Eichelberger* in Eichelberger/Seifert/Wirth, Urheberrechtsgesetz, UrhG § 97 Rn. 29 mwN; *Specht* in Dreier/Schulze, Urheberrechtsgesetz, UrhG § 97 Rn. 19.
310 KG, Urt. v. 16.8.2005 – 5 U 66/03 – GRUR 2006, 53 (55) – Bauhaus-Glasleuchte II; *Eichelberger* in Eichelberger/Seifert/Wirth, Urheberrechtsgesetz, UrhG § 97 Rn. 28.
311 BGH, Urt. v. 30.6.1994 – I ZR 32/92 – NJW 1994, 2891 – Museumskatalog.
312 *Eichelberger* in Eichelberger/Seifert/Wirth, Urheberrechtsgesetz, UrhG § 97 Rn. 31; *Specht* in Dreier/Schulze, Urheberrechtsgesetz, UrhG § 97 Rn. 20.
313 So entschieden im Falle einer patentrechtlichen Parallelproblematik: BGH, Urt. v. 29.4.1965 – I a ZR 260/63 – NJW 1965, 1861 – Wellplatten.
314 *Eichelberger* in Eichelberger/Seifert/Wirth, Urheberrechtsgesetz, UrhG § 97 Rn. 27; *Specht* in Dreier/Schulze, Urheberrechtsgesetz, UrhG § 97 Rn. 20.
315 *Eichelberger* in Eichelberger/Seifert/Wirth, Urheberrechtsgesetz, UrhG § 97 Rn. 30; *Leistner* in Schricker/Loewenheim, UrhG § 97 Rn. 47.
316 *Wirth* in Eichelberger/Seifert/Wirth, Urheberrechtsgesetz, UrhG § 80 Rn. 1; *Büschner* in Wandtke/Bullinger, Urheberrecht, UrhG § 80 Rn. 2.
317 Dazu *Büschner* in Wandtke/Bullinger, Urheberrecht, UrhG § 80 Rn. 10.

II. Der negative Inhalt des Urheberrechts

Gruppe dann geltend machen kann.[318] Einzelne Gruppenmitglieder sind hierzu hilfsweise berechtigt.[319]

c) Widerrechtliche Verletzung

Ein Anspruch besteht nur, wenn der Eingriff in den Schutzbereich des absoluten Rechts widerrechtlich erfolgt ist. Dieser Schutzbereich wird bereits durch die urheberrechtlichen Schranken (z.B. §§ 44a ff., § 69d, § 87c UrhG) begrenzt. Eine von diesen Schranken erfasste Nutzung stellt schon tatbestandlich keine Verletzung des Urheberrechts dar.[320] Gleiches gilt für Nutzungen auf der Grundlage eines vom Urheber eingeräumten Nutzungsrechts (§ 31 UrhG).[321]

361

Darüber hinaus liegt eine bereits die Rechtswidrigkeit indizierende Verletzungshandlung vor. Möglich bleibt die Exkulpation beim Eingreifen der (in der Praxis wenig relevanten)[322] allgemeinen Rechtfertigungsgründe der §§ 226 ff. BGB oder bei Zustimmung des Rechteinhabers (§§ 182 ff. BGB). Die Zustimmung kann sowohl ausdrücklich als auch stillschweigend (konkludent) erklärt werden.[323] Möglich ist neben der schuldrechtlichen Einwilligung iS von § 29 Abs. 2 UrhG auch die „schlichte" Einwilligung. Nach Ansicht des BGH muss es sich bei der Einwilligung also nicht zwingend um eine auf den Eintritt dieser Rechtsfolge gerichtete rechtsgeschäftliche Willenserklärung handeln.[324]

362

FALL 11 – ABBILDUNG VON KUNSTWERKEN ALS THUMBNAILS IN SUCHMASCHINEN

363

Nach BGH, Urt. v. 20.4.2010 – VI ZR 245/08 – NJW 2010, 2731.
Sachverhalt:
Die bildende Künstlerin K unterhält unter ihrer Domain eine Internetpräsenz, auf der sie Abbildungen ihrer Kunstwerke – in der Regel auf Leinwand gemalte Bilder – einstellt. Die einzelnen Seiten sind dabei mit Copyrighthinweisen versehen und alle Seiten der Internetpräsenz sind suchmaschinenoptimiert. G betreibt eine große Internetsuchmaschine, die auch über eine textgesteuerte Bildersuchfunktion verfügt. Hierfür lässt die G das Internet stetig von eigens programmierten Anwendungen (sog. „robots" oder „crawler") nach entsprechenden Abbildungen durchsuchen und speichert diese als Thumbnails – also Vorschaubilder in reduzierter Auflösung, die aber das ursprüngliche Bild in seinen wesentlichen Zügen gut erkennen lassen – auf ihren Servern in den USA. Kann ein Bild durch die „crawler" nicht mehr aufgefunden werden, so wird auch das Thumbnail vom Server gelöscht. Diese Vorschaubilder werden dann bei entsprechenden Suchanfragen in der Trefferliste angezeigt. Die K geht davon aus, dass die G ihre Kunstwerke durch dieses Verhalten veröffentlicht und vervielfältigt und dadurch das der K zustehende Urheberpersönlichkeitsrecht und die daraus resultierenden Rechte verletzt. Die G tritt dem entgegen und verweist auf die Schran-

---

318 *Wirth* in Eichelberger/Seifert/Wirth, Urheberrechtsgesetz, UrhG § 80 Rn. 3; *Büschner* in Wandtke/Bullinger, Urheberrecht, UrhG § 80 Rn. 13 ff.; *Dreier* in Dreier/Schulze, Urheberrechtsgesetz, UrhG § 80 Rn. 6.
319 BGH, Urt. v. 18.2.1993 – I ZR 71/91 – NJW 1993, 2183 – The Doors.
320 *Eichelberger* in Eichelberger/Seifert/Wirth, Urheberrechtsgesetz, UrhG § 97 Rn. 4.
321 *Leistner* in Schricker/Loewenheim, Urheberrecht, UrhG § 97 Rn. 25.
322 Grundrechtskonflikte werden eher auf der Ebene der Auslegung des Schutzbereichs oder der Schrankenbestimmungen gelöst: so *Eichelberger* in Eichelberger/Seifert/Wirth, Urheberrechtsgesetz, UrhG § 97 Rn. 5.
323 *Leistner* in Schricker/Loewenheim, Urheberrecht, UrhG § 97 Rn. 29.
324 BGH, Urt. v. 29.4.2010 – I ZR 69/08 – NJW 2010, 2731 – Vorschaubilder I, Rn. 33 ff.; *Eichelberger* in Eichelberger/Seifert/Wirth, Urheberrechtsgesetz, UrhG § 97 Rn. 5; aA *Leistner* in Schricker/Loewenheim, Urheberrecht, UrhG § 97 Rn. 30.

ken des Urheberrechts sowie auf eine konkludente Einwilligung, die die K durch das Einstellen der suchwortoptimierten Kunstwerke ins Internet ohne jegliche Zugangsbeschränkungen erteilt habe. Die K erklärt daraufhin, sie widerrufe eine etwaige Einwilligung. Außerdem seien auch Bilder in der Suchmaschine zu finden, die sie schon längst von ihrer Internetpräsenz gelöscht habe. Dabei hat sie allerdings nur den jeweiligen Verweis auf die Bilder auf einzelnen Seiten gelöscht, die einzelnen Bilddateien jedoch auf dem ihre Webseite beherbergenden Server belassen.

Bearbeitervermerk: *Es sind nur Verletzungshandlungen innerhalb der Bundesrepublik Deutschland zu berücksichtigen.*
Zu Recht?

Lösung:
Fraglich ist, ob das Speichern und – im Falle einer zutreffenden Suchanfrage – das Anzeigen der Thumbnails die K in ihren Rechten verletzt.

A. In Betracht kommt zunächst ein Eingriff in das ausschließliche Recht des Urhebers sein Werk in körperlicher Form zu verwerten, § 15 Abs. 1 UrhG. Dann müsste es sich bei den von K gefertigten Bildern um Werke handeln die die G – unter anderem durch Vervielfältigung iSd § 16 UrhG – verletzt hat.

 I. Die von K auf Leinwand gemalten Bilder sind ohne Zweifel als Werke der bildenden Kunst nach § 2 Abs. 1 Nr. 4 UrhG als Werke der Kunst geschützt.

 II. Die von G auf ihren Servern in den USA gespeicherten Thumbnails sind lediglich verkleinerte Darstellungen, die die Werke der K ansonsten ohne wesentliche Veränderungen identisch in ihren schöpferischen Zügen wiedergeben. Damit handelt es sich um Vervielfältigungen iSd § 16 Abs. 2 UrhG.[325]
 Problematisch ist dabei allerdings, dass die Speicherung dieser Bilder auf Servern in den USA erfolgt ist und die Verletzungshandlung selbst damit auch in den USA geschehen ist. Etwaige Verletzungshandlungen dort sind aber ausweislich des Bearbeitervermerks nicht zu prüfen. Daher kommt eine Verletzung des Vervielfältigungsrechts aus § 16 UrhG nicht in Betracht.

B. Es könnte jedoch ein Eingriff in das urheberrechtliche Verwertungsrecht der K, ihre Werke iSd § 15 Abs. 2 UrhG in unkörperlicher Form öffentlich wiederzugeben, vorliegen. Nach § 15 Abs. 2 Nr. 1 iVm § 19a UrhG steht dem Urheber das ausschließliche Recht der öffentlichen Zugänglichmachung seiner Werke zu.

 I. Die Gemälde der K sind Werke iSd § 2 Abs. 1 Nr. 4 UrhG.

 II. Die K ist als Schöpferin der Gemälde Urheberin iSd § 7 UrhG.

 III. Das ausschließliche Recht der öffentlichen Zugänglichmachung iSd § 19a UrhG beinhaltet das Recht, das Werk drahtgebunden oder drahtlos der Öffentlichkeit in einer Weise zugänglich zu machen, dass es Mitgliedern der Öffentlichkeit von Orten und zu Zeiten ihrer Wahl zugänglich ist. Erforderlich für ein solches Zugänglichmachen ist, dass Dritten der Zugriff auf das geschützte Werk, das sich in der Zugriffssphäre das Vorhaltenden befindet, eröffnet wird.[326] G macht die Bilder der K demnach durch die Anzeige in den Vorschaubildern der Trefferliste öffentlich zugänglich. G hält die Vorschaubilder, die durch ihre „crawler" aufgefunden wurden, zudem auf ihren eigenen Servern vor. Damit übt sie auch die Kontrolle über die Bereithaltung

---

325 BGH, Urt. v. 29.4.2010 – I ZR 69/08 – GRUR 2010, 2731 (2732).
326 BGH, Urt. v. 22.4.2009 – I ZR 216/06 – NJW 2009, 3511 (3515); *Dreier* in Dreier/Schulze, Urheberrechtsgesetz, UrhG § 19a Rn. 6.

II. Der negative Inhalt des Urheberrechts

der Werke aus. Folglich ist sie als Nutzerin im Rahmen des § 19a UrhG anzusehen, da die Nutzungshandlung in dem von der G kontrollierten Zugänglichmachen liegt. Insoweit unerheblich ist, dass die Anzeige der Bilder zunächst die Eingabe eines passenden Suchwortes erfordert.[327]

C. Fraglich ist allerdings, ob Schrankenbestimmungen des UrhG hier zugunsten der G eingreifen.

I. Es könnte sich zunächst um eine Bearbeitung oder Umgestaltung des Werkes iSd § 23 UrhG a.F. handeln, da die von K auf ihrer Internetpräsenz verwendeten Bilder in geringerer Auflösung gespeichert und damit quasi automatisiert bearbeitet wurden. Allerdings ist eine verkleinerte Abbildung eines Werkes, die dieses in seinen wesentlichen schöpferischen Zügen genauso gut wie das Original erkennen lässt, keine Umgestaltung iSd § 23 UrhG a.F.[328] Zudem wäre gemäß § 23 Satz 1 UrhG a.F. auch allenfalls das Herstellen ohne Zustimmung des Urhebers möglich. Das Veröffentlichen oder Verwerten hingegen bedarf ausweislich des klaren Wortlauts der Einwilligung des Urhebers. Folglich hilft § 23 UrhG a.f. nicht weiter.

II. Auch § 24 UrhG a.F. führt zu keinem anderen Ergebnis, da durch die Reduzierung der Auflösung kein selbstständiges, vom Originalwerk unabhängiges, neues Werk entsteht.

III. Soweit man § 12 Abs. 2 UrhG im Wege des Umkehrschlusses eine Schrankenbestimmung dahingehend entnehmen will, dass nach Veröffentlichung des Werkes eine Inhaltsbeschreibung zulässig ist, hilft das im vorliegenden Fall nicht weiter, da die Vorschaubilder nicht nur eine Inhaltsbeschreibung sind, sondern bereits den Genuss der jeweiligen Werke ermöglichen.

IV. Nach § 44a UrhG sind vorübergehende Vervielfältigungshandlungen, die flüchtig oder begleitend sind und die einen integralen und wesentlichen Teil eines technischen Verfahrens darstellen, zulässig, wenn deren alleiniger Zweck eine Übertragung des Werkes in einem Netz zwischen Dritten durch einen Vermittler einerseits bzw. eine rechtmäßige Nutzung eines Werkes andererseits oder eines sonstigen Schutzgegenstands zu ermöglichen ist. Zudem dürfen die Vervielfältigungshandlungen keine wirtschaftliche Bedeutung haben.
Allerdings betrifft § 44a UrhG lediglich die Verwertung des Werks in körperlicher Form (vgl. § 15 Abs. 1 sowie § 16 Abs. 1 und 2 UrhG). Eine analoge Anwendung auf das Recht auf Zugänglichmachung erfordert neben vergleichbaren Sachverhalten auch, dass der Gesetzgeber eine planwidrige Regelungslücke gelassen hat. Diese ist allerdings nicht zu erkennen, da die Schrankenbestimmungen des Urheberrechts das Ergebnis einer grundsätzlich abschließend vorgenommenen Güterabwägung des Gesetzgebers darstellen.[329] Überdies fehlte es auch an den Tatbestandsvoraussetzungen des § 44a UrhG, da die Anzeige der Werke als Vorschaubilder eine eigenständige Nutzungsmöglichkeit mit wirtschaftlicher Bedeutung – zB Werbung – darstellt.[330]

V. Schließlich ist auch ein Zitat iSd § 51 UrhG nicht zu erkennen. Die Verwertungshandlungen sind nur insoweit zulässig, als sie zum Zwecke des Zitats vorgenommen werden. Erforderlich hierfür ist eine innere Verbindung zwischen den verwendeten Wer-

---

[327] BGH, Urt. v. 29.4.2010 – I ZR 69/08 – GRUR 2010, 2731 (2732).
[328] BGH, Urt. v. 29.4.2010 – I ZR 69/08 – GRUR 2010, 2731 (2733).
[329] BGH, Urt. v. 24.1.2002 – I ZR 102/99 – GRUR 2002, 605 (605 f.).
[330] OLG Jena, Urt. v. 27.2.2008 – 2 U 319/07 – GRUR 2008, 223 (224).

ken bzw. Werkteilen und den eigenen Gedanken des Zitierenden.[331] Zitate sollen als Erörterungsgrundlage oder Belegstelle für die eigenen Ausführungen des Zitierenden dienen.[332]

Im vorliegenden Fall werden die Thumbnails in der von der Suchmaschine generierten Trefferliste als Hilfsmittel zum möglichen Auffinden von Inhalten im Internet angezeigt. Die Vorschaubilder werden allerdings nur als bloßer Nachweis der von der Suchmaschine aufgefundenen Abbildungen verwendet. Dies genügt den eben geschilderten Anforderungen an den Zitatzweck nicht.

Dabei ist insbesondere zu beachten, dass die auf der Sozialbindung des geistigen Eigentums beruhenden Schrankenbestimmungen des Urheberrechts – also die §§ 45 ff. UrhG – grundsätzlich eng auszulegen sind, da der Urheber an der wirtschaftlichen Nutzung seiner Werke angemessen beteiligt und die ihm zustehenden Ausschließlichkeitsrechte nicht übermäßig beschränkt werden sollen.[333] Eine erweiternde Auslegung des § 51 UrhG kommt mithin nicht in Betracht. Eine allgemeine Güter- und Interessenabwägung außerhalb der urheberrechtlichen Verwertungsbefugnisse sowie der Schrankenbestimmungen der §§ 45 ff. UrhG muss grundsätzlich ausscheiden.[334]

D. Der Eingriff in das Recht der K aus § 19a UrhG könnte allerdings gerechtfertigt sein.
   I. Zunächst könnte ein Eingriff in ein urheberrechtliches Verwertungsrecht ausscheiden, wenn der Urheber bzw. der Berechtigte dem Handelnden durch ein urheberrechtliches Verfügungsgeschäft das Recht zur entsprechenden Nutzung seines Werkes eingeräumt hat (§ 31 Abs. 1 bis 3 UrhG).
      1. Für eine ausdrückliche Vereinbarung ist nichts ersichtlich.
      2. Die K könnte jedoch durch das Einstellen der Bilder auf die eigene Internetpräsenz mit entsprechender Urheberbezeichnung eine Rechteeinräumung konkludent vorgenommen haben. Diese konkludente Vereinbarung muss allerdings den Anforderungen an eine Verfügung über Rechte genügen. Erforderlich ist insoweit, dass der auf die Einräumung urheberrechtlicher Nutzungsbefugnisse gerichtete Parteiwille aus dem schlüssigen Verhalten des Berechtigten unter Berücksichtigung der gesamten Begleitumstände entnommen werden kann.[335] In dem Anbringen des Urhebervermerks im vorliegenden Fall ist allerdings gerade nicht die Übertragung von Rechten zu sehen, sondern vielmehr der Wille der Urheberin, ihre urheberrechtlichen Befugnisse behalten zu wollen. Insbesondere wird diese Auslegung gestützt durch die allgemeine Auslegungsregel, dass urheberrechtliche Befugnisse tendenziell so weit wie möglich beim Urheber verbleiben sollen. Hintergrund dieser Auslegungsregel ist, dass der Urheber an den Erträgen seiner Werke in angemessener Weise beteiligt werden soll.[336]

      Aus dem Einstellen von Abbildungen ins Internet kann überdies auch nur der Wille des Urhebers entnommen werden, dass diese Bilder von den anderen Nutzern des Internets angesehen werden können. Auch aus einer etwaigen Kennt-

---

331 BGH, Urt. v. 20.12.2007 – I ZR 42/05 – GRUR 2008, 693 (696).
332 BGH, Urt. v. 23.5.1985 – I ZR 28/83 – GRUR 1986, 59 (60).
333 BGH, Urt. v. 24.1.2002 – I ZR 102/99 – GRUR 2002, 605 (606). Vom Kriterium der grundsätzlich engen Auslegung weicht der BGH in jüngerer Zeit immer wieder ab zugunsten einer praktischen Wirksamkeit der Schranke.
334 BGH, Urt. v. 20.3.2003 – I ZR 117/00 – GRUR 2003, 956 (957).
335 RG, Urt. v. 14.11.1936 – I 124/36 – RGZ 153, 1 (22 ff.); BGH, Urt. v. 17.10.1958 – I ZR 180/57 – BGHZ 28, 235 (238). = GRUR 1959, 197 (199 f.).
336 BGH, Urt. v. 22.4.2004 – I ZR 174/01 – NJW 2005, 151 (152).

II. Der negative Inhalt des Urheberrechts

nis der Funktionsweise der von den Suchmaschinen verwendeten Algorithmen lässt sich hier kein anderes Ergebnis gewinnen, denn die für eine entsprechende Verfügung erforderliche Klarheit der konkludenten Willenserklärung ist im vorliegenden Fall mangels entsprechender Sachverhaltsangaben nicht gegeben.

II. Für eine eventuelle schuldrechtliche Gestattung müsste gleichermaßen ein Rechtsgeschäft abgeschlossen werden. Hierfür wäre eine rechtsgeschäftliche Willenserklärung der K erforderlich. Freilich kann diese auch konkludent abgegeben werden, jedoch genügen die Sachverhaltsangaben nicht, um einen schuldrechtlichen Rechtsbindungswillen zu bejahen. Es gilt letztlich das gerade Gesagte.

III. Fraglich ist allerdings, ob eine schlichte Einwilligung vorliegt, die den Eingriff der G in das Recht der K rechtfertigen könnte. Der Unterschied zwischen einer dinglichen Übertragung von Nutzungsrechten bzw. einer schuldrechtlichen Gestattung einerseits und der schlichten Einwilligung andererseits ist, dass letztere lediglich als Erlaubnis die Rechtswidrigkeit der Handlungen entfallen lässt, während bei den ersten beiden Konstellationen entweder ein dingliches Recht übertragen oder ein schuldrechtlicher Anspruch begründet wird. Folgerichtig ist für eine schlichte Einwilligung auch keine auf der Eintritt einer solchen Rechtsfolge gerichtete rechtsgeschäftliche Willenserklärung notwendig.[337] Unabhängig von der konkreten dogmatischen Einordnung der schlichten Einwilligung wird für diese kein konkreter Rechtsfolgewille benötigt, der auf die Begründung, die inhaltliche Änderung oder die Beendigung eines privaten Rechtsverhältnisses dahingehend gerichtet ist, dass er ein dingliches Recht oder einen schuldrechtlichen Anspruch auf Vornahme einer Handlung einräumt.[338]

Zu beachten ist dabei, dass sich die K, wenn sie sich auf die Verletzung ihrer Rechte aus § 19a UrhG beruft, widersprüchlich zu ihrem vorangegangenen Tun verhält. Die K hat ihre Internetpräsenz erstellt und dort – frei verfügbar – Abbildungen ihrer Werke eingestellt. Diese wurden mit entsprechendem Urhebervermerk versehen. Schließlich wurden alle Seiten für Suchmaschinen optimiert. Diese Optimierung hatte zum Ziel, die entsprechenden Seiten und deren Inhalt leichter auffindbar zu machen. Wenn die K die Lichtbilder ihrer Werke demnach nicht gegen den Zugriff der Suchmaschinen schützen wollte, so ist nicht verständlich, weshalb sie sich später dagegen wehren sollte.

Schließlich hätte sie auch eine Blockierung der entsprechenden Seiten bzw. Bilder für Suchmaschinen vornehmen können.[339] Werden Bilder oder Texte im Internet ohne Einschränkungen durch den Berechtigten frei zugänglich gemacht, so muss dieser davon ausgehen, dass die nach den Umständen üblichen Nutzungshandlungen durchgeführt werden.[340] Dabei kommt es auf den objektiven Inhalt der Erklärung aus Sicht des Empfängers an. Fraglich ist, ob der Berechtigte wusste, welche Nutzungshandlungen im Einzelnen mit der Bildersuche verbunden sind.[341] Nach diesen Maßgaben hat sich K durch das Einstellen der Bilder auf ihrer Internetpräsenz ohne Sicherung gegen das Auffinden durch Suchmaschinen mit der Wiedergabe ihrer Werke in den Trefferlisten einverstanden erklärt.

---

337 BGH, Urt. v. 29.4.2010 – I ZR 69/08 – GRUR 2010, 2731 (2735).
338 BGH, Urt. v. 29.4.2010 – I ZR 69/08 – GRUR 2010, 2731 (2735); v. Ungern-Sternberg, GRUR 2009, 369 (372).
339 BGH, Urt. v. 29.4.2010 – I ZR 69/08 – GRUR 2010, 2731 (2735).
340 BGH, Urt. v. 6.12.2007 – I ZR 94/05 – GRUR 2008, 245 (247).
341 BGH, Urt. v. 29.4.2010 – I ZR 69/08 – GRUR 2010, 2731 (2736).

IV. Fraglich ist, ob der Widerruf der Einwilligung durch die K hieran etwas ändert. Dabei ist zunächst festzustellen, dass die Einwilligung grundsätzlich gemäß § 183 Satz 1 BGB für die Zukunft widerrufen werden kann. Allerdings bedarf es für den Widerruf der Einwilligung hier grundsätzlich eines *actus contrarius* zur Erteilung – also eines gegenläufigen Verhaltens. Da die Einwilligung hier durch das Einstellen auf der Internetpräsenz der K ohne Schutz gegen das Auffinden durch Suchmaschinen erteilt wurde, reicht der geäußerte Widerruf allein nicht aus für die Annahme eines *actus contrarius*. Insbesondere genügt der Widerruf gegenüber G nicht, da die Einwilligung selbst gegenüber einem unbekannten Personenkreis geäußert wurde. Bei der Auslegung solcher Erklärungen können nur allgemein erkennbare Umstände einbezogen werden.[342] Nur einzelnen Beteiligten bekannte Umstände hingegen bleiben außer Betracht. Soweit die an die Allgemeinheit gerichtete Erklärung weiterhin die Einwilligung in die Vornahme der üblichen Nutzungshandlungen verkündet, wie dies im vorliegenden Fall durch die unverändert fortbestehende Internetpräsenz der K der Fall ist, ist eine gegenteilige Verwahrung unbeachtlich.[343]

Dem stehen auch Zumutbarkeitserwägungen nicht im Wege. Das Einbeziehen einer entsprechenden Sicherung ihrer Bilder ist der K zuzumuten, während G für jedes einzelne Bild prüfen müsste, ob ein beachtlicher Widerruf vorliegt, was dem Betreiber einer auf die Verarbeitung unzähliger Bilder ausgerichteten Suchmaschine nicht zuzumuten ist.[344]

V. Fraglich ist, ob für die von der Internetpräsenz der K gelöschten Bilder etwas anderes gilt. Wie bereits festgestellt, bezieht sich die Einwilligung auf die bei der Bildersuche üblichen Nutzungshandlungen. Dabei prüfen die „crawler" der G laut Sachverhalt intervallmäßig, ob die Bilder noch vorhanden sind und sorgen auch dafür, dass vollständig gelöschte Bilder nicht mehr gefunden werden können. Ausweislich des vorliegenden Sachverhalts wurden die Bilder allerdings nicht gelöscht, sondern es wurde lediglich der Verweis auf die Bilder aus den einzelnen Seiten entfernt. Die Bilder befinden sich nach wie vor abrufbar auf dem Server, auf dem sich auch die übrige Internetpräsenz der K befindet. Damit wurde die Einwilligung auch bezüglich dieser Bilder nicht wirksam widerrufen.[345]

E. Im Ergebnis ist demnach festzustellen, dass G in das der K als Urheberin iSd § 7 UrhG zustehende ausschließliche Recht der öffentlichen Zugänglichmachung gemäß § 19a UrhG eingegriffen hat. Dieser Eingriff ist jedoch aufgrund der schlichten Einwilligung der K nicht rechtswidrig. ◄

364 Räumt ein Nichtberechtigter einem Dritten Nutzungsrechte an einem Werk ein oder bezieht er eine Vergütung für die Werknutzung, so liegt darin allein noch keine Urheberrechtsverletzung. Ein Anspruch ergibt sich jedoch unter Umständen gegen den Nichtberechtigten als Teilnehmer der darauffolgenden Urheberrechtsverletzung durch den vermeintlich berechtigten Dritten.[346]

---

342 BGH, Urt. v. 29.4.2010 – I ZR 69/08 – GRUR 2010, 2731 (2736).
343 BGH, Urt. v. 29.4.2010 – I ZR 69/08 – GRUR 2010, 2731 (2736).
344 BGH, Urt. v. 29.4.2010 – I ZR 69/08 – GRUR 2010, 2731 (2736).
345 BGH, Urt. v. 29.4.2010 – I ZR 69/08 – GRUR 2010, 2731 (2736).
346 BGH, Urt. v. 11.7.2002 – I ZR 255/00 – NJW 2002, 3393 – Elektronischer Pressespiegel.

II. Der negative Inhalt des Urheberrechts

Eine Kenntnis der Widerrechtlichkeit durch den Verletzer setzen die Ansprüche nach § 97 UrhG nicht voraus. Ein Verschulden ist nur für den Anspruch auf Schadensersatz erforderlich.[347]

365

d) Anspruchsinhalt

Ist der Tatbestand des § 97 UrhG erfüllt, kommen folgende Ansprüche in Betracht:

366

- Beseitigungsanspruch nach § 97 Abs. 1 Satz 1, 1. Alt. UrhG (mit Sonderregelung § 98 UrhG),
- Unterlassungsanspruch nach § 97 Abs. 1 Satz 1, 2. Alt. und Abs. 1 Satz 2 UrhG,
- Schadensersatzanspruch wegen eines Vermögensschadens nach § 97 Abs. 2 S. 1 UrhG bzw.
- Schadensersatzanspruch wegen eines immateriellen, mithin eines Nichtvermögensschadens nach § 97 Abs. 2 Satz 4 UrhG.

aa) Der Beseitigungsanspruch

Der Verletzte kann beim Vorliegen der Voraussetzungen des § 97 Abs. 1 UrhG Beseitigung der Beeinträchtigung nach § 97 Abs. 1 Satz 1, 2. Alt. UrhG verlangen. Der Anspruch ist von einem Verschulden des Verletzers unabhängig.

367

Beeinträchtigung meint die fortdauernde, rechtswidrige und nicht durch eine Duldungspflicht gerechtfertigte Störung, die geschaffen, aufrechterhalten oder ausgenutzt wird. Der Beseitigungsanspruch geht also grundsätzlich als negatorischer Anspruch auf die Beseitigung (Abwehr) einer fortwirkenden Störung(squelle), nicht jedoch auf die Beseitigung schon eingetretener Störungsfolgen. Diese können nur im Wege des Schadensersatzanspruchs (§ 97 Abs. 2 UrhG) ausgeglichen werden, was aber ein Verschulden voraussetzt.

368

Die erforderlichen Beseitigungsmaßnahmen richten sich nach der Art der Beeinträchtigung.[348] Hinsichtlich der zu beseitigenden Maßnahmen ist der Verhältnismäßigkeitsgrundsatz zu beachten. Im Rahmen einer umfassenden **Interessenabwägung** sind also Geeignetheit, Erforderlichkeit und Zumutbarkeit aus der Sicht des Störers zu prüfen.[349] Auf den Grad des Verschuldens kommt es dabei allerdings nicht an.[350] Die Verpflichtung umfasst mithin nur Maßnahmen, die für den Anspruchsverpflichteten möglich und zumutbar sind.[351] Dennoch können die Maßnahmen zur Erfüllung des Beseitigungsanspruchs mit erheblichen Kosten und Aufwand verbunden sein. Bei schuldlosem Verhalten greift daher § 100 UrhG ein (nachstehende Rn. 404 ff.). Bei leichter Fahrlässigkeit ist ggf. im Einzelfall eine Begrenzung des Beseitigungsanspruchs im Rahmen der §§ 242, 226 BGB denkbar.[352]

369

---

347 *Eichelberger* in Eichelberger/Seifert/Wirth, Urheberrechtsgesetz, UrhG § 100 Rn. 1.
348 Siehe zB BGH, Urt. v. 8.6.1989 – I ZR 135/87 – NJW 1990, 1986 (1988) – Emil Nolde; *Eichelberger* in Eichelberger/Seifert/Wirth, Urheberrechtsgesetz, UrhG § 97 Rn. 9; *Wimmers* in Schricker/Loewenheim, Urheberrecht, UrhG § 97 Rn. 239.
349 *Specht* in Dreier/Schulze, Urheberrechtsgesetz, UrhG § 97 Rn. 70.
350 *Eichelberger* in Eichelberger/Seifert/Wirth, Urheberrechtsgesetz, UrhG § 100 Rn. 9.
351 BGH, Urt. v. 18.9.2014 – I ZR 76/13 – GRUR 2015, 258 – CT Paradies, Rn. 66.
352 *Eichelberger* in Eichelberger/Seifert/Wirth, Urheberrechtsgesetz, UrhG § 100 Rn. 2.

370 Dem Rechteinhaber stehen neben dem Beseitigungsanspruch noch spezielle Rechte hinsichtlich ggf. widerrechtlich hergestellter oder genutzter Vervielfältigungsstücke zu (nachstehende Rn. 408 ff.).

bb) Der Unterlassungsanspruch

371 Droht die Gefahr einer Wiederholung, kann der Verletzte beim Vorliegen der Voraussetzungen des § 97 Abs. 1 UrhG den Verletzer verschuldensunabhängig auch auf Unterlassung in Anspruch nehmen.

372 Der Verletzungsunterlassungsanspruch richtet sich auf Verhinderung einer bestimmten Verletzungshandlung, die in der Zukunft droht (§ 97 Abs. 1 Satz 1, 1. Alt. UrhG). Voraussetzung ist eine im Zeitpunkt der Geltendmachung vorliegende Wiederholungsgefahr, wofür grundsätzlich der Kläger beweispflichtig ist. Eine bereits begangene Verletzungshandlung indiziert allerdings regelmäßig die Gefahr, der Verletzer werde dieselbe oder eine kerngleiche Verletzungshandlung erneut begehen.[353] Die Wiederholungsgefahr kann nach Abgabe einer eindeutigen und hinreichend bestimmten, von einem ernsthaften Willen getragenen und mit einer Vertragsstrafe bewehrten Unterlassungsverpflichtungserklärung (vgl. auch § 97a UrhG – **Abmahnung**) entfallen.

BEACHTE: UNTERLASSUNGSVERPFLICHTUNGSERKLÄRUNG

Um die Wiederholungsgefahr auszuräumen, muss sich der Unterlassungsschuldner vertraglich verpflichten

1. das rechtsverletzende Verhalten in Zukunft zu unterlassen und
2. für jede Zuwiderhandlung eine angemessene[354] Vertragsstrafe zu zahlen (§ 339 BGB).[355]

373 Bei einer zu geringen Vertragsstrafe ist die Erklärung nicht geeignet, die Wiederholungsgefahr auszuräumen, weshalb in der Praxis die Höhe der Geldstrafe mitunter in das gerichtlich überprüfbare billige Ermessen (§ 315 Abs. 3 BGB) des Rechteinhabers gestellt wird (sog. „neuer Hamburger Brauch").[356]

374 Bei einem erneuten Verstoß muss der Verletzer, der die Verletzung zu vertreten hat[357], die Vertragsstrafe bezahlen. Diese wird nicht auf einen eventuellen Schadensersatzanspruch des Rechteinhabers angerechnet. Mit einer erneuten Unterlassungsverpflichtungserklärung kann er die Wiederholungsgefahr[358] nur dann ausräumen, wenn diese eine deutlich höhere Strafe enthält als die verletzte Erklärung.[359]

375 Mit dem Übergang des zugrundeliegenden Rechts geht auch der Unterlassungsanspruch auf den neuen Rechteinhaber über. Die strafbewehrte Unterlassungserklärung gegenüber einem Rechteinhaber ist grundsätzlich geeignet, die Wiederholungsgefahr

---

353 BGH, Urt. v. 20.6.2013 – I ZR 55/12 – NJW 2014, 775 – Restwertbörse II, Ls.
354 BGH, Urt. v. 13.11.2013 – I ZR 77/12 – NJW 2014, 2180 – Vertragsstrafenklauseln. Ausführlich *Wimmers* in Schricker/Loewenheim, Urheberrecht, UrhG § 97 Rn. 220.
355 BGH, Urt. v. 17.7.2008 – I ZR 219/05 – NJW 2008, 3565 – Clone-CD, Rn. 33; *Eichelberger* in Eichelberger/Seifert/Wirth, Urheberrechtsgesetz, UrhG § 97 Rn. 12.
356 *Eichelberger* in Eichelberger/Seifert/Wirth, Urheberrechtsgesetz, UrhG § 97 Rn. 12; *Wimmers* in Schricker/Loewenheim, Urheberrecht, UrhG § 97 Rn. 220.
357 Dies gilt auch für Verletzungen durch einen Erfüllungsgehilfen, so BGH, Urt. v. 15.5.1985 – I ZR 25/83 – NJW 1086, 127 – Erfüllungsgehilfe.
358 Zum Wiederaufleben der Wiederholungsgefahr im Verletzungsfall *Wimmers* in Schricker/Loewenheim, Urheberrecht, UrhG § 97 Rn. 223; *v. Wolff* in Wandtke/Bullinger, Urheberrecht, UrhG § 97 Rn. 38 und 40.
359 *Eichelberger* in Eichelberger/Seifert/Wirth, Urheberrechtsgesetz, UrhG § 97 Rn. 13.

II. Der negative Inhalt des Urheberrechts

hinsichtlich einer identischen oder kerngleichen Rechtsverletzung auch gegenüber weiteren Rechteinhabern auszuräumen.[360]

Im Falle einer konkret drohenden Rechtsverletzung steht dem Rechteinhaber auch ein vorbeugender Unterlassungsanspruch zu (§ 97 Abs. 1 Satz 2 UrhG).[361] Voraussetzung ist dann anstelle der Wiederholungsgefahr das Vorliegen einer **Erstbegehungsgefahr**. Eine solche ist zu vermuten, wenn ernsthafte und greifbare[362] Anhaltspunkte vorliegen, dass von einer bestimmten Person kurzfristig eine Verletzungshandlung droht. Solche Indizien sind bspw. gegeben, wenn sich der potenzielle Verletzer des Rechts zu Unrecht rühmt oder bereits Vorbereitungshandlungen im Hinblick auf einen Rechtsverstoß trifft. Verletzungen ausländischen Urheberrechts begründen nicht ohne Weiteres eine Erstbegehungsgefahr im Hinblick auf eine Verletzung deutschen Rechts.[363]

376

Der Anspruch kann sich auch gegen einen potenziellen Teilnehmer oder Störer richten.[364] Der begründenden Handlung kommt im Gegensatz zur Verletzung keine Vermutungswirkung zu.[365] Daher ist zur Beseitigung der Indizienwirkung ein dem die Gefahr begründenden Verhalten entgegenstehendes Verhalten ausreichend.[366]

377

cc) Der Anspruch auf Schadensersatz

Für eine vorsätzliche oder fahrlässige rechtswidrige Verletzung eines absoluten Rechts schuldet der Verletzer nach § 97 Abs. 2 UrhG Schadensersatz für materielle und unter den Voraussetzungen des § 97 Abs. 2 Satz 4 UrhG auch für immaterielle Schäden des Rechteinhabers.[367]

378

Bei der Geltendmachung eines immateriellen Schadens muss es sich um einen schwerwiegenden Eingriff in ein Recht handeln, deren immaterielle Beeinträchtigung nicht anderweitig befriedigend ausgeglichen werden kann.[368] Ob ein immaterieller Schadensersatz auch im Falle der Verletzung von Verwertungsrechten in Betracht kommt, ist bisher nicht abschließend geklärt.[369]

379

Schuldner kann nicht nur der (Mit-)Täter, sondern auch der Anstifter oder Gehilfe einer Urheberrechtsverletzung sein. Die Verletzungshandlung muss widerrechtlich und schuldhaft begangen worden sein. Hinsichtlich des Verschuldens ist einfachste Fahrläs-

380

---

360 *Eichelberger* in Eichelberger/Seifert/Wirth, Urheberrechtsgesetz, UrhG § 97 Rn. 13; kritisch *Wimmers* in Schricker/Loewenheim, Urheberrecht, UrhG § 97 Rn. 222.
361 *V. Wolff* in Wandtke/Bullinger, Urheberrecht, UrhG § 97 Rn. 41.
362 BGH, Urt. v. 17.8.2011 – I ZR 57/09 – GRUR 2011 – Stiftparfüm, Rn. 44; BGH, Urt. v. 29.5.1964 – Ib ZR 4/63 – GRUR 1965, 104 – Personalausweise; BGH, Urt. v. 22.1.1960 – I ZR 41/58 – GRUR 1960, 340 – Werbung für Tonbandgeräte; BGH, Urt. v. 12.6.1963 – Ib ZR 23/62 – GRUR 1964, 91 – Tonbänder-Werbung; BGH, Urteil v. 17.7.2003 – I ZR 259/00 – GRUR 2003, 958 – Paperboy; *Eichelberger* in Eichelberger/Seifert/Wirth, Urheberrechtsgesetz, UrhG § 97 Rn. 14; *a. Wolff* in Wandtke/Bullinger, Urheberrecht, UrhG § 97 Rn. 41.
363 BGH, Urt. v. 23.2.2017 – I ZR 92/16 – GRUR 2017, 793 – Mart-Stam-Stuhl, Rn. 34; *Eichelberger* in Eichelberger/Seifert/Wirth, Urheberrechtsgesetz, UrhG § 97 Rn. 14.
364 BGH, Beschl. v. 21.9.2017 – I ZR 230/16 – ZUM 2018, 182 – Product Keys, Rn. 15; *Eichelberger* in Eichelberger/Seifert/Wirth, Urheberrechtsgesetz, UrhG § 97 Rn. 14; *Specht* in Dreier/Schulze, Urheberrechtsgesetz, UrhG § 97 Rn. 28 ff.
365 BGH, Urt. v. 15.1.2009 – I ZR 57/07 – GRUR 2009, 841 – Cybersky, Rn. 23.
366 *Eichelberger* in Eichelberger/Seifert/Wirth, Urheberrechtsgesetz, UrhG § 97 Rn. 15.
367 *Eichelberger* in Eichelberger/Seifert/Wirth, Urheberrechtsgesetz, UrhG § 97 Rn. 1; *Wimmers* in Schricker/Loewenheim, Urheberrecht, UrhG § 97 Rn. 297 ff.; *Specht* in Dreier/Schulze, Urheberrechtsgesetz, UrhG § 97 Rn. 95 ff.
368 BGH, Urt. v. 15.1.2015 – I ZR 148/13 – NJW 2015, 3165 – Motorradteile, Rn. 40; *Specht* in Dreier/Schulze, Urheberrechtsgesetz, UrhG § 97 Rn. 97.
369 Vgl. *Eichelberger* in Eichelberger/Seifert/Wirth, Urheberrechtsgesetz, UrhG § 97 Rn. 25.

sigkeit (§ 276 Abs. 2 BGB) ausreichend.[370] Es gelten hohe Sorgfaltsanforderungen. Der Nutzer eines fremden Werkes muss sich Gewissheit hinsichtlich der Nutzungsberechtigung in Form einer rechtssicheren Dokumentation[371] der Lizenzkette bis hin zum Urheber verschaffen.[372]

381 Die Unkenntnis der Rechtslage schließt zwar im Zivilrecht (anders als im Strafrecht) den Vorsatz aus, doch reicht es für die Annahme von Fahrlässigkeit regelmäßig aus, wenn der Verletzer eine von seiner Einschätzung abweichende Rechtsauffassung jedenfalls für möglich halten konnte, sich die Handlung mithin erkennbar im Grenzbereich des rechtlich Zulässigen bewegte.[373] Der Verletzer kann sich auch nicht durch den Einwand exkulpieren, er sei von einem Rechtsanwalt oder einer anderen Stelle hinsichtlich der Rechtslage falsch beraten worden.[374]

382 Zunächst gilt auch im Rahmen des Anspruchs nach § 97 Abs. 2 UrhG der Grundsatz der Totalreparation oder **Naturalrestitution** (§ 249 Abs. 1 BGB), dh wenn die Rechtsverletzung nicht rückgängig gemacht werden kann, wird für alle adäquat-kausalen und im Schutzbereich der Norm liegenden Einbußen, einschließlich des entgangenen Gewinns (§ 252 BGB), Schadenersatz in Geld (§ 251 BGB) fällig.[375]

383 Es gibt aufgrund der praktischen Probleme im Zusammenhang mit dem Nachweis von Inhalt und Umfang des Schadensersatzes, insbesondere bei der Bestimmung der **Schadensersatzhöhe**, drei Möglichkeiten der Berechnung des Schadens, zwischen denen der Verletzte frei wählen kann (**Wahlrecht**):

384 ÜBERSICHT: MÖGLICHKEITEN DER SCHADENSBERECHNUNG

– Bezifferung des **tatsächlich entstandenen Schadens** nach den §§ 249 ff. BGB (vorstehende Rn. 382)
– **Herausgabe des Verletzergewinns** (nachstehende Rn. 386)
– **Lizenzanalogie** (nachstehende Rn. 387) ◀

385 Diese „dreifache Art der Schadensberechnung"[376] trägt dem Schutzbedürfnis des Verletzten Rechnung, da es diesem in aller Regel schwerfallen wird, den Schaden nachzuweisen.

386 Die Herausgabe des **Verletzergewinns** zielt auf eine vollständige Abschöpfung des Gewinns, den der Verletzer durch die Verletzung (unbefugte Nutzung) des Urheberrechts oder des vergleichbaren Rechts erzielt hat (vgl. § 97 Abs. 2 Satz 2 UrhG). Dieser kann

---

370 *Eichelberger* in Eichelberger/Seifert/Wirth, Urheberrechtsgesetz, UrhG § 97 Rn. 17; *Specht* in Dreier/Schulze, Urheberrechtsgesetz, UrhG § 97 Rn. 76.
371 BGH, Urt. v. 28.10.1987 – I ZR 164/85 – GRUR 1988, 373 (375) – Schallplattenimport III.
372 BGH, Urt. v. 12.11.2009 – I ZR 166/07 – NJW-RR 2010, 1276; *Eichelberger* in Eichelberger/Seifert/Wirth, Urheberrechtsgesetz, UrhG § 97 Rn. 17; *Wimmers* in Schricker/Loewenheim, Urheberrecht, UrhG § 97 Rn. 245 ff.
373 BGH, Urt. v. 29.4.2010 – I ZR 68/08 – NJW 2010, 2354 – Restwertbörse, Rn. 55; BGH, Urt. v. 17.2.2000 – I ZR 194/97 – NJW-RR 2001, 38 (41 f.) – Kabelweitersendung; BGH, Urt. v. 23.4.1998 – I ZR 205–95 – NJW 1999, 139 (141) – Bruce Springsteen and his Band. Ausnahme bei tatsächlich unklarer Rechtlage: BGH, Urt. v. 10.3.1972 – I ZR 30/70 – NJW 1972, 1273; *Eichelberger* in Eichelberger/Seifert/Wirth, Urheberrechtsgesetz, UrhG § 97 Rn. 18; *Wimmers* in Schricker/Loewenheim, Urheberrecht, UrhG § 97 Rn. 247.
374 Vgl. BGH, Urt. v. 8.7.1980 – VI ZR 158/78 – NJW 1080, 2810; OLG Frankfurt aM, Teil- und Schlussurt. v. 7.10.2003 – 11 U 53/99 – NJW-RR 2004, 403 (405) – Anonyme Alkoholiker; *Eichelberger* in Eichelberger/Seifert/Wirth, Urheberrechtsgesetz, UrhG § 97 Rn. 18.
375 *Eichelberger* in Eichelberger/Seifert/Wirth, Urheberrechtsgesetz, UrhG § 97 Rn. 19.
376 BGH, Urt. v. 25.9.2007 – X ZR 60/06 – NJW 2008, 373; Eichelberger in Eichelberger/Seifert/Wirth, Urheberrechtsgesetz, UrhG § 97, Rn. 19.

II. Der negative Inhalt des Urheberrechts

im Rahmen einer gerichtlichen Schätzung nach § 287 ZPO bestimmt werden.[377] Dabei erfolgt ein Abzug der Herstellungs- und Vertriebskosten[378], nicht jedoch der anteiligen Gemeinkosten[379], die der Verletzer aufwenden musste. Im Zuge einer Fiktion wird unterstellt, „dass der Verletzte durch die Verwertung seines verletzten Rechts den gleichen Gewinn wie der Verletzer erzielt hätte".[380] Daher ist es unerheblich, ob eine Verwertung durch den Verletzten selbst tatsächlich einen solchen Gewinn hätte generieren können.[381] Herauszugeben ist allerdings nur der Gewinn, der auf der Rechtsgutsverletzung beruht.[382] Im Falle einer widerrechtlichen Bearbeitung eines urheberrechtlich geschützten Werkes kommt es daher bei der Berechnung des Verletzergewinns darauf an, wie weit der Gewinn tatsächlich auf der Verwendung der charakteristischen Züge des ursprünglichen Werkes zurückzuführen ist.[383] Bei einer Kette von Verletzern, zB einer Vertriebskette, kann der Verletze von allen Beteiligten deren Gewinn herausverlangen.[384] Jeder Inanspruchgenommene kann allerdings ggf. die an seine Abnehmer wegen deren Inanspruchnahme gezahlten Ersatzleistungen in Abzug bringen.[385] Für Fälle mit einem geringen Verschulden (leichter Fahrlässigkeit) ist die Herausgabe des Verletzergewinns umstritten.[386]

Eine weitere Möglichkeit der Schadensberechnung ist die **Lizenzanalogie** (§ 97 Abs. 2 Satz 3 UrhG). Der Schaden wird dabei auf der Grundlage des Betrages berechnet, den der Verletzer als angemessene Vergütung hätte entrichten müssen, wenn er die Erlaubnis (Lizenz) zur Nutzung des Urheberrechts eingeholt hätte. Der Verletzer eines Rechts soll nicht bessergestellt sein, als jemand, der ordnungsgemäß die Rechte erworben hat.[387]

387

FALL 12 – HAFTUNG FÜR URHEBERRECHTSVERLETZUNGEN IM INTERNET DURCH KINDER 388
Nach BGH, Urt. v. 11.6.2015 – I ZR 7/14 – NJW 2016, 950.
Sachverhalt:
M und F sind die Eltern der minderjährigen, im gemeinsamen Haushalt lebenden Tochter T. F ist zudem Inhaber eines Internetzugangs, mit dem der Rechner der Familie, der zugleich Arbeitsplatz der F ist, in ordnungsgemäß gegen den Zugriff Dritter geschützter Art und Wei-

---

377 BGH, Urt. v. 15.1.2015 – I ZR 148/13 – NJW 2015, 3165 – Motorradteile, Rn. 39.
378 BGH, Urt. v. 14.5.2009 – I ZR 98/06 – GRUR 2009, 856 – Tripp-Trapp-Stuhl – Rn. 36.
379 OLG Düsseldorf, Urt. v. 14.10.2003 – 20 U 40/03 – GRUR 2004, 53 – Gewinnherausgabeanspruch; BGH, Urt. v. 2.11.2000 – I ZR 246/98 – NJW 2001, 2173 – Gemeinkostenanteil.
380 *Lettl*, Urheberrecht, § 11 Rn. 74.
381 BGH, Urt. v. 14.5.2009 – I ZR 98/06 – GRUR 2009, 856 – Tripp-Trapp-Stuhl, Rn. 77; Eichelberger in Eichelberger/Seifert/Wirth, Urheberrechtsgesetz, UrhG § 97 Rn. 21.
382 BGH, Urt. v. 14.5.2009 – I ZR 98/06 – GRUR 2009, 856 – Tripp-Trapp-Stuhl, Rn. 41; Eichelberger in Eichelberger/Seifert/Wirth, Urheberrechtsgesetz, UrhG § 97 Rn. 21.
383 BGH, Urt. v. 14.5.2009 – I ZR 98/06 – GRUR 2009, 856 – Tripp-Trapp-Stuhl, Rn. 41; BGH, Urt. v. 30.1.1959 – I ZR 82/57 – BGH 1959, 379 (380) – Gasparone; BGH, Urt. v. 10.7.1986 – I ZR 102/84 – GRUR 1987, 37 (39 f.) – Videolizenzvertrag; BGH, Urt. v. 7.2.2002 – I ZR 304/99 – GRUR 2002, 532 (535) – Unikatrahmen.
384 BGH, Urt. v. 14.5.2009 – I ZR 98/06 – GRUR 2009, 856 – Tripp-Trapp-Stuhl, Rn. 66 ff.; Eichelberger in Eichelberger/Seifert/Wirth, Urheberrechtsgesetz, UrhG § 97 Rn. 21.
385 BGH, Urt. v. 14.5.2009 – I ZR 98/06 – GRUR 2009, 856 – Tripp-Trapp-Stuhl, Rn. 73; Eichelberger in Eichelberger/Seifert/Wirth, Urheberrechtsgesetz, UrhG § 97 Rn. 21.
386 *Wimmers* in Schricker/Loewenheim, Urheberrecht, UrhG § 97 Rn. 278; *v. Ungern-Sternberg*, GRUR 2009, 460 (465); *ders.* GRUR 2009, 291 (299).
387 BGH, Urt. v. 23.6.2005 – I ZR 263/02 – GRUR 2006, 143 (145) – Catwalk; BGH, Urt. v. 17.6.1992 – I ZR 107/90 – BGHZ 119, 20 (27) = GRUR 1993, 55 – Tchibo/Rolex II; BGH, Urt. v. 14.3.2000 – X ZR 115/98 – GRUR 2000, 685 (688) – Formunwirksamer Lizenzvertrag. Vgl. auch EuGH, Urt. v. 25.1.2017 – C-367/15 – GRUR 2017, 264 Rn. 26 – OTK/SFP; *Eichelberger* in Eichelberger/Seifert/Wirth, Urheberrechtsgesetz, UrhG § 97 Rn. 20; *Wimmers* in Schricker/Loewenheim, Urheberrecht, UrhG § 97 Rn. 267.

se verbunden ist. T hat Zugang zum Familiencomputer und lädt dort über eine Tauschbörse 10 Musikstücke herunter, für die die W die ausschließlichen Verwertungsrechte besitzt. Die Tauschbörse funktioniert so, dass jeder Nutzer die von ihm bereits heruntergeladenen Fragmente einer Datei anderen Nutzern automatisch zum Download anbietet. Über die Rechtswidrigkeit solcher Tauschbörsen hatten M und F die T, die sich stets an die elterlichen Ge- und Verbote hält, nicht informiert.

W beansprucht von F für das Verhalten der T Schadenersatz in Form einer fiktiven Lizenzgebühr in Höhe von 200 EUR je Titel, obwohl W nicht bereit ist, anderen eine Lizenz an den Titeln einzuräumen.

Bearbeitervermerk: *Die Lizenzgebühr ist der Höhe nach angemessen.*
Zu Recht?
Lösung:
Ein Anspruch auf Zahlung des Schadensersatzes könnte sich aus § 97 Abs. 2 Satz 1 UrhG iVm § 832 Abs. 1 BGB ergeben.

A. Voraussetzung für den Anspruch ist zunächst eine tatbestandsmäßige und rechtswidrige unerlaubte Handlung durch eine aufsichtsbedürftige Person. Als eine solche unerlaubte Handlung kommt die vorsätzliche oder fahrlässige Verletzung des Urheberrechts oder eines anderen nach dem UrhG geschützten Rechts eines anderen in Betracht.

I. Als verletztes Recht kommt hier das ausschließliche Recht des Tonträgerherstellers, den Tonträger zu vervielfältigen, zu verbreiten und öffentlich zugänglich zu machen iSd § 85 Abs. 1 UrhG in Betracht.

1. Das Anbieten der Tonaufnahmen mittels eines File-Sharing-Programms im Internet verletzt das laut Sachverhalt der W zustehende Recht auf öffentliche Zugänglichmachung. Insbesondere vermag die Tatsache, dass ggf. lediglich Dateifragmente, nicht aber die ganzen Dateien durch Dritte vom Familienrechner geladen werden konnten, nicht vom Gegenteil zu überzeugen. Schutzgegenstand des § 85 Abs. 1 Satz 1 UrhG ist nicht die Tonfolge oder der Tonträger, sondern vielmehr die zur Festlegung der Tonfolge auf dem Tonträger erforderliche wirtschaftliche, organisatorische und technische Leistung des Tonträgerherstellers, die dieser denknotwendig für den gesamten Tonträger erbringt. Daher muss auch jeder noch so kleine Teil eines Tonträgers geschützt sein.[388]

2. Es kommt zudem auch nicht auf ein vollständiges Hochladen der Dateien vom Familienrechner an Dritte an, da das Zugänglichmachen iSd § 85 Abs. 1 Satz 1 UrhG lediglich fordert, dass Dritten der Zugriff auf die in der Zugriffssphäre des Vorhaltenden befindlichen, geschützten Werke ermöglicht wird.[389]

II. Die Verantwortlichkeit der F für die Verletzung der Rechte der W könnte sich aus § 832 Abs. 1 Satz 1 BGB ergeben, soweit die F aufsichtspflichtig bezüglich T war. Die Ersatzpflicht könnte allenfalls entfallen, wenn der Aufsichtspflichtige seiner Pflicht genügt oder der Schaden auch bei gehöriger Wahrnehmung der Aufsichtspflicht eingetreten wäre, § 832 Abs. 1 Satz 2 BGB.

Voraussetzung dafür ist zunächst, dass F kraft Gesetzes zur Führung der Aufsicht über eine Person verpflichtet ist, die wegen Minderjährigkeit der Beaufsichtigung bedarf.

---

388 BGH, Urt. v. 20.11.2008 – I ZR 112/06 – GRUR 2009, 403 (404).
389 BGH, Urt. v. 29.4.2010 – I ZR 69/08 – NJW 2010, 2731 (2733).

II. Der negative Inhalt des Urheberrechts

F war im vorliegenden Falle kraft Gesetzes zur Führung der Aufsicht über ihre 14-jährige Tochter verpflichtet, wie sich aus § 1626 Abs. 1 iVm § 1631 Abs. 1 BGB ergibt. Zu beaufsichtigen ist in jedem Falle auch die Internetnutzung, um eine Schädigung Dritter zu verhindern. Insbesondere gilt dies für eventuelle Urheberrechtsverletzungen durch Tauschbörsen. Im Falle eines durchschnittlich entwickelten Kindes, das die grundlegenden Ge- und Verbote der Eltern befolgt, reicht es aus, dass das Kind über die Rechtswidrigkeit der Teilnahme an Internettauschbörsen belehrt und ihm die Teilnahme daran verboten wird. Es besteht allerdings keine grundsätzliche Pflicht der Eltern, den Computer des Kindes zu überprüfen oder den Internetzugang zu beschränken. Allenfalls bei konkreten Anhaltspunkten für Verletzungen elterlicher Ge- und Verbote können entsprechende Pflichten bestehen.[390]

Da im vorliegenden Fall keine Anhaltspunkte für eine Belehrung zu erkennen sind, hat die F ihren Pflichten nicht genügt. Auch dafür, dass im Falle der Durchführung der Belehrung der Schaden dennoch eingetreten wäre, gibt es keinerlei Anhaltspunkte.

Im Ergebnis ist daher die Verantwortlichkeit der F zu bejahen.

III. Nach alledem ist ein Anspruch der W gegen die F auf Schadensersatz aus § 97 Abs. 2 Satz 1 UrhG dem Grunde nach gegeben.

B. Fraglich ist jedoch, in welcher Höhe dieser Anspruch besteht.

I. Es gelten grundsätzlich die allgemeinen Vorschriften der §§ 249 ff. BGB.[391] Da die Naturalrestitution für in der Vergangenheit liegende Verletzungen nicht in Betracht kommt, stehen hierfür grundsätzlich drei Berechnungsarten für den nach § 251 Abs. 1 BGB als Geldersatz zu leistenden Schadensersatz zur Verfügung, von denen zumindest eine den geforderten Schadensersatzbetrag tragen muss. Einerseits kann der konkrete Schaden geltend gemacht werden, § 97 Abs. 2 Satz 1 UrhG iVm §§ 249 ff. BGB. Andererseits ist es auch möglich, die Herausgabe des Verletzergewinns zu fordern, § 97 Abs. 2 Satz 2 UrhG. Die dritte Berechnungsart für die Feststellung der Schadensersatzhöhe ist die Lizenzanalogie, § 97 Abs. 2 Satz 3 UrhG.[392] Der Geschädigte hat insoweit ein Wahlrecht, das erst erlischt, wenn der Anspruch erfüllt oder rechtskräftig zuerkannt worden ist.[393]

Im vorliegenden Fall ist die Wahl der W laut Sachverhalt auf den Schadensersatz in Form einer fiktiven Lizenzgebühr gefallen. Dabei kann nicht vorausgesetzt werden, dass es bei korrektem Verhalten zum Abschluss eines Lizenzvertrages gekommen wäre[394], so dass es auf die Bereitschaft der W zur Erteilung von Lizenzen nicht ankommt.

Auch die Tatsache, dass die F nur wegen der Verletzung der Aufsichtspflicht für die Schäden, die der W entstanden sind, einstandspflichtig ist, ändert an der Anwendbarkeit der Lizenzanalogie nichts. Die für diese Art der Schadensberechnung zentrale Erwägung, nach der der Verletzer ausschließlicher Rechte anderer nicht besser stehen soll als der Inhaber einer ordnungsgemäß erteilten Erlaubnis[395], gilt auch in

---

390 BGH, Urt. v. 15.11.2012 – I ZR 74/12 – GRUR 2013, 511 (513).
391 *Specht* in Dreier/Schulze, Urheberrechtsgesetz, UrhG § 97 Rn. 79.
392 *Specht* in Dreier/Schulze, Urheberrechtsgesetz, UrhG § 97 Rn. 75.
393 BGH, Urt. v. 22.9.1999 – I ZR 48/97 – GRUR 2000, 226 (227).
394 BGH, Urt. v. 17.6.1992 – I ZR 107/90 – GRUR 1993, 55 (58).
395 BGH, Urt. v. 22.3.1990 – I ZR 59/88 – GRUR 1990, 1008 (1009).

diesem Falle uneingeschränkt. Es ist demnach der Abschluss eines Lizenzvertrages zu fingieren.[396]
Der Darlegung konkret entstandener Schäden bedarf es folglich nicht.[397]

II. Die konkrete Höhe der Lizenzgebühr ist schließlich im Wege einer Schätzung gemäß § 287 ZPO zu ermitteln. Entscheidend ist, was ein vernünftiger Lizenzgeber im Falle der vertraglichen Einräumung gefordert und was ein vernünftiger Lizenznehmer zu zahlen bereit gewesen wäre. Zu beachten ist dabei, dass es um den Ausgleich häufig nicht bezifferbarer Schäden geht und nicht um einen dem deutschen Recht gänzlich fremden Strafschadensersatz, so dass eine pauschale Erhöhung, um eine abschreckende Wirkung zu erzielen, nicht in Betracht kommt.[398]
Im vorliegenden Fall wird eine fiktive Lizenzgebühr i.H. von 200 EUR je Titel gefordert. Diese ist nach dem vorliegenden Sachverhalt als angemessen zu betrachten.

C. Im Ergebnis ist damit festzustellen, dass W einen Anspruch gegen F auf Schadensersatz nach § 97 Abs. 2 Satz 1 UrhG iVm § 832 Abs. 1 Satz 1 BGB hat. Die Höhe des Schadensersatzes wird durch die Höhe der fiktiven Lizenzgebühr bestimmt, die bei 200 EUR pro Titel liegt. Damit steht der W ein Schadensersatzanspruch in Höhe von 2.000 EUR zu. ◄

389 Da der Verletzer nicht bessergestellt werden soll als ein redlich handelnder Nutzer, kommt es für die Anwendung der Lizenzanalogie nicht darauf an, ob der Verletzer tatsächlich einen Gewinn erzielt hat.[399] Die Schadensersatzforderung beläuft sich auf den Betrag, den Verletzer und Verletzter als redliche Vertragspartner für die Nutzung in Form der vorliegenden Verletzungshandlung vereinbart hätten.[400] Eine Orientierung bietet hierbei zunächst die am Markt bisher durchgesetzte Lizensierungspraxis des Rechteinhabers. Hilfsweise können auch die branchenüblichen Vergütungssätze herangezogen werden.[401] Im Zweifel ist eine gerichtliche Schätzung unter Berücksichtigung aller Umstände des Einzelfalles (§ 278 ZPO) angezeigt.[402]

390 Bisher streitig hinsichtlich der Entstehung bzw. Höhe eines Lizenzschadens sind Fälle, bei denen die Erteilung einer kostenfreien Lizenz konstitutiv an die Einhaltung bestimmter Voraussetzungen, zB die Urheberbenennung, geknüpft wird und diese Voraussetzungen nicht eingehalten werden.[403]

391 Die Berechnung bzw. Schätzung des Schadens im Wege der Lizenzanalogie stellt keine nachträgliche Genehmigung zur Nutzung des Werkes dar und führt auch nicht zum Abschluss eines Lizenzvertrages bzw. zur Einräumung von Nutzungsrechten für die Zukunft.[404]

---

396 BGH, Urt. V. 17.6.1992 – I ZR 107/90 – GRUR 1993, 55 (58).
397 BGH, Urt. v. 11.6.2015 – I ZR 7/14 – NJW 2016, 950 (952).
398 *Peukert* in Rehbinder/Peukert, Rn. 1039.
399 BGH, Urt. v. 22.3.1990 – I ZR 59/88 – NJW-RR 1990, 1377 (1377 f.) – Lizenzanalogie; BVerfG, Beschl. v. 25.10.2002 – 1 BvR 2116/01 – NJW 2003, 1655.
400 BGH, Urt. v. 16.3.2017 – I ZR 36/15 – GRUR 2017, 694 – Gesamtvertrag PCs, Rn. 47; BGH, Urt. v. 6.10.2005 – I ZR 266/02 – GRUR 2006, 136 – Pressefotos, Rn. 23; BGH, Urt. v. 2.10.2008 – I ZR 6/06 – GRUR 2009, 407 – Whistling for a train, Rn. 22; *Eichelberger* in Eichelberger/Seifert/Wirth, Urheberrechtsgesetz, UrhG § 97 Rn. 20; *Wimmers* in Schricker/Loewenheim, UrhG § 97 Rn. 271.
401 BGH, Urt. v. 13.9.2018 – I ZR 187/17 – GRUR 2019, 292 – Foto eines Sportwagens, Rn. 19; *Eichelberger* in Eichelberger/Seifert/Wirth, Urheberrechtsgesetz, UrhG § 97 Rn. 20.
402 BGH, Urt. v. 13.9.2018 – I ZR 187/17 – GRUR 2019, 292 – Foto eines Sportwagens, Rn. 25 ff.; *Eichelberger* in Eichelberger/Seifert/Wirth, Urheberrechtsgesetz, UrhG § 97 Rn. 20. Zum Verhältnis der Branchenempfehlungen zur richterlichen Schätzung siehe OLG Köln, Urt. v. 11.1.2019 – 6 U 10/16 – GRUR 2019, 393.
403 *Eichelberger* in Eichelberger/Seifert/Wirth, Urheberrechtsgesetz, UrhG § 97 Rn. 20 mwN.
404 BGH, Urt. v. 5.7.2001 – I ZR 311/98 – NJW 2002, 896 – Ls. 3; *Eichelberger* in Eichelberger/Seifert/Wirth, Urheberrechtsgesetz, UrhG § 97 Rn. 20; *Wimmers* in Schricker/Loewenheim, UrhG § 97 Rn. 268.

II. Der negative Inhalt des Urheberrechts

EXKURS: VERLETZERZUSCHLAG 392

Die GEMA kann nach Ansicht des BGH im Falle einer unrechtmäßigen öffentlichen Musikaufführung die doppelte Tarifgebühr (GEMA-Kontrollzuschlag)[405] berechnen, da sie eine umfangreiche Überwachungsorganisation unterhalten muss, deren Kosten billigerweise von den Verletzern zu tragen sind.[406] Diese Rechtsprechung ist allerdings grundsätzlich nicht auf andere Rechtsverletzungen anwendbar, da sie dem Ausnahmecharakter der ohne aufwändigen Überwachungsapparat schwer zu entdeckenden Urheberrechtsverletzung durch die in einer unüberschaubaren Vielzahl stattfindenden öffentlichen Musikaufführungen Rechnung trägt.[407]

Auch aus präventiven Gesichtspunkten wird ein Verletzerzuschlag diskutiert, konnte sich aber trotz europarechtlicher Zulässigkeit[408] bisher nicht durchsetzen.[409]

Vom Verletzerzuschlag zu unterscheiden[410] ist der im Falle einer widerrechtlichen Unterlassung der Urheberbenennung zu zahlende Anspruch, bspw. für materielle Einbußen durch entgangene Folgeaufträge. Diesen berechnet der BGH in der Praxis als hundertprozentigen Aufschlag auf die fiktive Lizenzgebühr.[411] ◄

Frage 19: Welche Möglichkeiten bestehen, um im Falle eines Vermögensschadens eine Schadensberechnung vorzunehmen?

Neben dem Ersatz materieller Schäden kommt auch der Ersatz immaterieller Schäden in Betracht (§ 253 Abs. 1 BGB), dies insbesondere bei einer Verletzung des Urheberpersönlichkeitsrechts (§ 97 Abs. 2 Satz 4 UrhG). Urheber, Verfasser wissenschaftlicher Ausgaben (§ 70 UrhG), Lichtbildner (§ 72 UrhG) und ausübende Künstler (§ 73 UrhG) können im Falle einer widerrechtlichen und schuldhaften Verletzung des Urheberrechts bzw. eines nach den §§ 70 bis 73 UrhG geschützten verwandten Schutzrechts auch wegen des Schadens, der nicht Vermögensschaden ist, eine Entschädigung in Geld verlangen. Voraussetzung ist, dass dies der Billigkeit entspricht. Dazu muss eine schwerwiegende und nachhaltige Verletzung des Urheberpersönlichkeitsrechts vorliegen.[412] Dies bedarf jeweils einer Abwägung im Einzelfall: 393

MÖGLICHE KRITERIEN FÜR IMMATERIELLEN SCHADENERSATZ[413]: 394

- Anlass und Handlungsmotiv des Verletzers
- künstlerischer Rang des Verletzten und des Werkes
- Umfang und Bedeutung der Verletzung
- Ausmaß der Verbreitung
- alternative Beseitigungs- oder Abgeltungsmöglichkeiten
- Verschuldensgrad des Verletzers

---

405 Siehe auch *Specht* in Dreier/Schulze, Urheberrechtsgesetz, § 97 Rn. 93.
406 BGH, Urt. v. 24.6.1955 – I ZR 178/53 – NJW 1955, 1356; BGH, Urt. v. 10.3.1972 – I ZR 160/70 – NJW 1973, 96.
407 BGH, Urt. v. 22.1.1986 – I ZR 194/83 – NJW 1987, 1405 (1408) – Filmmusik.
408 EuGH, Urt. v. 25.1.2017 – C-367/15 – NJW 2017, 1373 – OTK/SFP.
409 *Eichelberger* in Eichelberger/Seifert/Wirth, Urheberrechtsgesetz, UrhG § 97 Rn. 22; *Bodewig/Wandtke*, GRUR 2008, 220.
410 *Eichelberger* in Eichelberger/Seifert/Wirth, Urheberrechtsgesetz, UrhG § 97 Rn. 22; *Wimmers* in Schricker/Loewenheim, UrhG § 97 Rn. 284.
411 BGH, Urt. v. 15.1.2015 – I ZR 148/13 – NJW 2015, 3165 – Motorradteile, Rn. 39.
412 *Lettl*, Urheberrecht, § 11 Rn. 85.
413 *Eichelberger* in Eichelberger/Seifert/Wirth, Urheberrechtsgesetz, UrhG § 97 Rn. 26.

395 Die Höhe der Entschädigung ist unter Berücksichtigung aller Umstände des konkret in Rede stehenden Einzelfalls nach § 287 ZPO zu schätzen. Dabei ist zu berücksichtigen, dass die Regelung Präventionswirkung entfalten und gegenüber dem Geschädigten eine Genugtuungsfunktion erfüllen soll. Für postmortale Verletzungen des Urheberpersönlichkeitsrecht gewährt § 97 Abs. 2 Satz 4 UrhG nach herrschender Ansicht keinen Schadensersatzanspruch.[414]

2. Die Abmahnung (§ 97a UrhG)

396 Der Verletzte soll vor Klageerhebung zunächst den Weg der Abmahnung beschreiten. Er soll den Verletzer gemäß § 97a Abs. 1 UrhG vor der Einleitung eines gerichtlichen Verfahrens auf Unterlassung abmahnen und ihm dabei die Gelegenheit geben, den Streit durch die Abgabe einer mit einer angemessenen Vertragsstrafe bewehrten Unterlassungsverpflichtung **beizulegen**. Zwar besteht keine Verpflichtung, vor der Inanspruchnahme gerichtlicher Hilfe eine Abmahnung auszusprechen. Jedoch läuft der Verletzer, der eine zumutbare Abmahnung unterlässt, Gefahr, die Kosten des Verfahrens trotz Obsiegen tragen zu müssen, wenn sich herausstellt, dass die Abmahnung Aussicht auf Erfolg gehabt hätte, weil bspw. der Inanspruchgenommene den Anspruch direkt anerkennt (§ 93 ZPO).[415] Die Kostenentscheidung zulasten des Klägers beruht dann darauf, dass der Beklagte durch sein Verhalten keine Veranlassung zur Erhebung der Klage gegeben hat.

397 Die Abmahnung muss **konkrete Angaben** zum verletzten Recht, der Verletzungshandlung und der Aktivlegitimation des Verletzten enthalten.[416] Enthält die Abmahnung eine vorformulierte Unterlassungserklärung, so ist darauf hinzuweisen, ob die Erklärung erheblich über die abgemahnte Verletzung hinausgeht (§ 97a Abs. 2 Nr. 4 UrhG).[417]

398 Soweit die Abmahnung **berechtigt** ist, kann der Abmahnende vom Abgemahnten Ersatz der erforderlichen Aufwendungen (§ 97a Abs. 3 UrhG) verlangen. Die Abmahnung ist berechtigt, wenn der zugrundeliegende Unterlassungsanspruch tatsächlich besteht und die Abmahnung dem Verletzer die Möglichkeit einräumt, den Streit durch Abgabe einer Unterlassungserklärung außergerichtlich beizulegen.[418]

399 Eine Abmahnung kann jedoch **missbräuchlich** sein, wenn sie ausschließlich den Zweck verfolgt, gegen den Verletzer einen Kostenerstattungsanspruch zu begründen.[419] Hier gelten grundsätzlich die im Wettbewerbsrecht zur missbräuchlichen Abmahnung ent-

---

[414] OLG Düsseldorf, Urt. v. 19.2.2013 – I-20 U 48/12 – GRUR 2013, 278 – Ganztagsrealschule; BGH, Urt. v. 29.4.2014 – VI ZR 246/12 – NJW 2014, 287; Eichelberger in Eichelberger/Seifert/Wirth, Urheberrechtsgesetz, UrhG § 97 Rn. 26; aA *Ludyga*, ZUM 2014, 374.

[415] BGH, Versäumnisurt. v. 22.3.2018 – I ZR 265/16 – NJW 2018, 2891 – Riptide, Rn. 18; *Eichelberger* in Eichelberger/Seifert/Wirth, Urheberrechtsgesetz, UrhG § 97a Rn. 3.

[416] OLG Düsseldorf, Beschl. v. 14.11.2011 – I-20 W 132/11 – ZUM-RD 2012, 135; OLG Frankfurt aM, Beschl. v. 28.8.2017 – 11 W 16/17 – ZUM-RD 2018,7; *Eichelberger* in Eichelberger/Seifert/Wirth, Urheberrechtsgesetz, UrhG § 97a Rn. 5.

[417] Zur aktuellen Änderung des § 97a Abs. 2 Nr. 4 UrhG durch das Gesetz zur Stärkung des fairen Wettbewerbs siehe BT-Drs. 19/12084, S. 40, Erläuterungen zu Artikel 4 Nr. 2.

[418] BGH, Urt. v. 21.1.2010 – I ZR 47/09 – NJW 2010, 1208; *Eichelberger* in Eichelberger/Seifert/Wirth, Urheberrechtsgesetz, UrhG § 97a Rn. 7.

[419] BGH, Versäumnisurt. v. 31.5.2012 – I ZR 106/10 – NJW 2013, 787 – Ferienluxuswohnung, Rn. 21; *Eichelberger* in Eichelberger/Seifert/Wirth, Urheberrechtsgesetz, UrhG § 97a Rn. 7. Siehe auch *Kefferpütz* in Wandtke/Bullinger, Urheberrecht, UrhG § 97a Rn. 30 ff.

II. Der negative Inhalt des Urheberrechts

wickelten Rechtsgrundsätze.[420] Die Rechtsmissbräuchlichkeit ergibt sich aus einer Gesamtschau von Indizien:

INDIZIEN FÜR EINE MISSBRÄUCHLICHE ABMAHNUNG[421]   400

- Abtretung des Kostenersatzanspruchs an den abmahnenden Rechtsanwalt
- größere Zahl von Abmahnungen am gleichen Tag
- vergleichbares Vorgehen in Parallelfällen
- Ermittlung der Verstöße durch den Rechtsanwalt selbst
- Beschränkung der Rechtsverfolgung auf das Inland

Eine missbräuchliche Abmahnung wegen einer Urheberrechtsverletzung führt grundsätzlich nicht zum Erlöschen des Unterlassungsanspruchs aus § 97 Abs. 1 UrhG und zur Unzulässigkeit einer nachfolgenden Klage.[422]   401

BEACHTE: KOSTENERSTATTUNG BEI UNBERECHTIGTER ABMAHNUNG

Nach § 97a Abs. 4 UrhG kann der Abgemahnte, wenn die Abmahnung unberechtigt oder unwirksam ist, Ersatz der für seine Rechtsverteidigung erforderlichen Aufwendungen verlangen. Etwas anderes gilt dann, wenn für den Abmahnenden nicht erkennbar war, dass die Abmahnung unberechtigt ist. Weitergehende Ersatzansprüche bleiben unberührt.

Im Rahmen des Aufwendungsersatzes für eine berechtigte Abmahnung sind grundsätzlich nur die tatsächlich entstandenen Kosten erstattungsfähig, welche der Verletzte für erforderlich halten durfte, um die Abmahnung auszusprechen.[423] Dazu zählen die Kosten für die Inanspruchnahme anwaltlicher Dienstleistungen bis zur gesetzlichen Höhe (RVG).[424] In den Fällen des § 97a Abs. 3 UrhG ist der Gegenstandswert, der für die Berechnung der Abmahnkosten herangezogen werden darf, beschränkt. Die Beschränkung gilt allerdings nicht für ein eventuell folgendes gerichtliches Verfahren und für sonstige Kosten der Abmahnung.[425] Die Begrenzung kann im Einzelfall unbillig sein.[426]   402

BESCHRÄNKUNG DES GEGENSTANDSWERTES BEI ABMAHNUNGEN (§ 97A ABS. 3 URHG)   403

Der Gegenstandswert, der zur Berechnung der Abmahnkosten herangezogen wird, beträgt maximal 1.000 Euro, wenn die folgenden Voraussetzungen[427] vorliegen:

---

420 BGH, Versäumnisurt. v. 28.5.2020 – I ZR 129/19 – GRUR 2020, 1087 – Al Di Meola – Ls. 1.
421 BGH, Versäumnisurt. v. 28.5.2020 – I ZR 129/19 – GRUR 2020, 1087 – Al Di Meola – Ls. 2.
422 BGH, Urt. v. 31.5.2012 – I ZR 106/10 – GRUR 2013, 176 – Ferienluxuswohnung – Ls.
423 BGH, Urt. v. 11.6.2015 – I ZR 7/14 – GRUR 2016, 184 – Tauschbörse II, Rn. 61; *Eichelberger* in Eichelberger/Seifert/Wirth, Urheberrechtsgesetz, UrhG § 97a Rn. 8.
424 BGH, Urt. v. 11.6.2015 – I ZR 7/14 – GRUR 2016, 184 – Tauschbörse II, Rn. 66. Zum Gegenstandswert: BGH, Urt. v. 12.5.2016 – I ZR 1/15 – NJW 2017, 814 – Tannöd; *Eichelberger* in Eichelberger/Seifert/Wirth, Urheberrechtsgesetz, UrhG § 97a Rn. 8.
425 OLG Celle, Beschl. v. 11.6.2014 – 13 W 40/14 – ZUM-RD 2014, 486; *Eichelberger* in Eichelberger/Seifert/Wirth, Urheberrechtsgesetz, UrhG § 97a Rn. 11.
426 AG München, Urt. v. 6.4.2018 – 158 C 13140/17 – ZUM 2018, 742; AG Bielefeld, Urt. v. 28.3.2018 – 42 C 309/17 – nrk – ZUM 2018, 736; OLG Celle, Beschl. v. 12.4.2019 – 13 W 7/19 – BeckRS 2019, 7753; OLG Düsseldorf, Urt. v. 29.8.2014 – I-20 U 114/13; LG Stuttgart, Urt. v. 9.5.2018 – 24 O 28/18 – ZUM 2018, 730; *Eichelberger* in Eichelberger/Seifert/Wirth, Urheberrechtsgesetz, UrhG § 97a Rn. 13 mwN.
427 *Eichelberger* in Eichelberger/Seifert/Wirth, Urheberrechtsgesetz, UrhG § 97a Rn. 9 ff.

- der Abgemahnte ist eine natürliche Person
- private Nutzung des Schutzgegenstandes
- keine vorher bestehende Unterlassungspflicht aus Vertrag, gerichtlicher Entscheidung oder einstweiliger Verfügung.

3. Entschädigung (§ 100 UrhG)

404 Handelt der Verletzer weder vorsätzlich noch fahrlässig, kann er nach § 100 Satz 1 UrhG (als Spezialfall des § 251 BGB)[428] zur Abwendung der Ansprüche nach den §§ 97 und 98 UrhG den Verletzten in Geld entschädigen (**Geldentschädigung**), wenn ihm durch die Erfüllung der Ansprüche ein unverhältnismäßig großer Schaden entstehen würde und dem Verletzten eine Abgeltung in Geld zumutbar ist. § 100 Satz 1 UrhG ist auch auf den Anspruch nach § 99 UrhG anwendbar.[429]

405 Die Regelung soll der Vernichtung wirtschaftlicher Werte entgegenwirken. Als Entschädigung ist der Betrag zu zahlen, der im Falle einer vertraglichen Einräumung des Rechts als Vergütung angemessen wäre (§ 100 Satz 2 UrhG). Mit der Zahlung der Entschädigung gilt nach der **gesetzlichen Fiktion** des § 100 Satz 3 UrhG die Einwilligung des Verletzten zur Verwertung im üblichen Umfang als erteilt. Der unschuldige Verletzer wird damit so gestellt, als hätte er ein Nutzungsrecht für die im Zeitpunkt der Verletzung beabsichtigte Verwertung erworben.[430]

406 Ob die Voraussetzungen vorliegen, ist im Rahmen einer umfassenden Interessenabwägung zu entscheiden.[431] Die Beweislast für das Vorliegen der Voraussetzungen obliegt dem Verletzer.[432]

407 Im Falle von Schadensersatzansprüchen gelangt § 100 UrhG nicht zur Anwendung. Denkbar ist aber die Anwendung von § 251 Abs. 2 BGB.[433]

4. Ansprüche auf Vernichtung, Rückruf und Überlassung (§ 98 UrhG)

408 Neben dem eigentlichen Beseitigungsanspruch gewährt § 98 UrhG dem Verletzten im Hinblick auf im Besitz oder Eigentum des Verletzers stehende rechtswidrig hergestellte, verbreitete oder zur rechtswidrigen Verbreitung bestimmte Vervielfältigungsstücke weitere spezielle Beseitigungsansprüche[434], namentlich auf

---

428 *Bohne* in Wandtke/Bullinger, Urheberrecht, UrhG § 100 Rn. 2.
429 *Eichelberger* in Eichelberger/Seifert/Wirth, Urheberrechtsgesetz, UrhG § 99 Rn. 5; *Wimmers* in Schricker/Loewenheim, Urheberrecht, UrhG § 100 Rn. 4.
430 *Eichelberger* in Eichelberger/Seifert/Wirth, Urheberrechtsgesetz, UrhG § 100 Rn. 6; *Bohne* in Wandtke/Bullinger, Urheberrecht, UrhG § 100 Rn. 10.
431 BGH, Urt. v. 28.2.1975 – I ZR 101/73 – GRUR 1976, 317 – Unsterbliche Stimmen. Details bei *Eichelberger* in Eichelberger/Seifert/Wirth, Urheberrechtsgesetz, UrhG § 100 Rn. 2; *Bohne* in Wandtke/Bullinger, Urheberrecht, UrhG § 100 Rn. 5 ff.
432 *Eichelberger* in Eichelberger/Seifert/Wirth, Urheberrechtsgesetz, UrhG § 100 Rn. 4; *Bohne* in Wandtke/Bullinger, Urheberrecht, UrhG § 100 Rn. 5; *Dreier* in Dreier/Schulze, Urheberrechtsgesetz, UrhG § 100 Rn. 7.
433 FG Sachsen, Beschl. v. 9.10.2014 – 8 V 1346/13 – MMR 2015, 275; *Eichelberger* in Eichelberger/Seifert/Wirth, Urheberrechtsgesetz, UrhG § 100 Rn. 3.
434 *Eichelberger* in Eichelberger/Seifert/Wirth, Urheberrecht, UrhG § 98 Rn. 1; *Wimmers* in Schricker/Loewenheim, Urheberrecht, UrhG § 98 Rn. 5.

II. Der negative Inhalt des Urheberrechts

- Vernichtung (§ 98 Abs. 1 Satz 1 UrhG),
- Rückruf bzw. Entfernen aller Vervielfältigungsstücke aus den Vertriebswegen (§ 98 Abs. 2 UrhG) bzw.
- Überlassung der Vervielfältigungsstücke (§ 98 Abs. 3 UrhG).

Die Ansprüche bestehen verschuldensunabhängig.[435] Die Ansprüche nach § 98 Abs. 1 bis 3 UrhG sind allerdings nach § 98 Abs. 4 UrhG ausgeschlossen, wenn die Maßnahme im Einzelfall unverhältnismäßig ist, wobei im Rahmen der Prüfung der Verhältnismäßigkeit auch die berechtigten Interessen Dritter zu berücksichtigen sind. Maßgeblich ist hierbei neben der Schwere des Eingriffs der Umfang des durch die Vernichtung beim Verletzer und bei Dritten entstehenden Schadens im Verhältnis zum Schaden des Verletzten und auch der Grad des Verschuldens des Verletzers.[436] Mildere Mittel sind grundsätzlich vorrangig, wobei allerdings zu beachten ist, dass der Anspruch auf Vernichtung dem gesetzgeberischen Willen nach einen über die bloße Folgenbeseitigung hinausgehenden **Präventivzweck** verfolgt.[437] Die Vernichtung von Bauwerken ist gemäß § 98 Abs. 5 UrhG niemals verhältnismäßig.[438] Ausscheidbare Teile von Vervielfältigungsstücken und Vorrichtungen, deren Herstellung und Verbreitung nicht rechtswidrig ist, unterliegen nach § 98 Abs. 5 UrhG ebenfalls nicht den in § 98 Abs. 1 bis 3 UrhG vorgesehenen Maßnahmen.

409

a) Vernichtung

Die Regelung des § 98 Abs. 1 Satz 1 UrhG ist nach § 98 Abs. 1 Satz 2 UrhG entsprechend auf die im Eigentum des Verletzers stehenden Vorrichtungen anzuwenden, die vorwiegend zur **Herstellung dieser Vervielfältigungsstücke** gedient haben. Vorrichtungen, die zwar zur Herstellung widerrechtlicher Vervielfältigungsstücke bestimmt sind, aber nicht benutzt wurden, unterfallen allerdings nicht dem Anspruch.[439] Als Vernichtung geschuldet ist, was notwendig ist, um den rechtswidrigen Zustand zu beenden.[440] Ein Vernichtungsanspruch besteht nur hinsichtlich von im Eigentum des Verletzers stehenden Vorrichtungen.[441] Für Vervielfältigungsstücke als solche gilt dies jedoch nicht.[442] Für Computerprogramme findet sich in § 69 f. UrhG eine Spezialregelung.[443]

410

---

435 LG Berlin, Urt. v. 17.11.2016 – 28 O 498/14 – ZUM-RD 2017, 190; *Eichelberger* in Eichelberger/Seifert/Wirth, Urheberrechtsgesetz, UrhG § 98 Rn. 1; *Wimmers* in Schricker/Loewenheim, Urheberrecht, UrhG § 98 Rn. 4.
436 OLG München, Urt. v. 17. 9. 2009 – 29 U 2579/09 – GRUR-RR 2010, 161 (165) – Bronzeskulptur; *Eichelberger* in Eichelberger/Seifert/Wirth, Urheberrechtsgesetz, UrhG § 98 Rn. 7.
437 LG Berlin, Urt. v. 17.11.2016 – 28 O 498/14 – ZUM-RD 2017, 190 (192); *Eichelberger* in Eichelberger/Seifert/Wirth, Urheberrechtsgesetz, UrhG § 98 Rn. 7.
438 *Eichelberger* in Eichelberger/Seifert/Wirth, Urheberrechtsgesetz, UrhG § 98 Rn. 8; *Wimmers* in Schricker/Loewenheim, Urheberrecht, UrhG § 98 Rn. 1a.
439 BGH, Urt. v. 27.11.2014 – I ZR 124/11 – GRUR 2015, 672 – Videospiel-Konsolen II, Rn. 72.
440 BGH, Versäumnisurt. v. 28. 11. 2002 – I ZR 168/00 – NJW 2003, 688 (670) – P-Vermerk; *Eichelberger* in Eichelberger/Seifert/Wirth, Urheberrechtsgesetz, UrhG § 98 Rn. 3; *Wimmers* in Schricker/Loewenheim, Urheberrecht, UrhG § 98 Rn. 14.
441 *Wimmers* in Schricker/Loewenheim, Urheberrecht, UrhG § 98 Rn. 11.
442 *Eichelberger* in Eichelberger/Seifert/Wirth, Urheberrechtsgesetz, UrhG § 98 Rn. 4.
443 *Eichelberger* in Eichelberger/Seifert/Wirth, Urheberrechtsgesetz, UrhG § 98 Rn. 1; *Dreier* in Dreier/Schulze, Urheberrechtsgesetz, UrhG § 69f Rn. 2.

b) Rückruf und Entfernung aus dem Vertriebsweg

411 Der Rückruf bzw. das Entfernen aller Vervielfältigungsstücke aus den Vertriebswegen beruht auf Art. 10 der Richtlinie 2004/48/EG und geht nur soweit ein Rückruf und eine Entfernung möglich ist. Der Verletzer muss sich also wenigstens ernsthaft bemühen, seine Abnehmer zur Rückgabe der rechtsverletzenden Ware zu bewegen.[444]

c) Überlassung

412 Anstatt einer Vernichtung kann der Rechteinhaber auch die Überlassung der im Eigentum des Verletzers stehenden Vervielfältigungsstücke verlangen, muss insofern aber eine auf die Herstellungskosten begrenzte angemessene Vergütung[445] dafür entrichten. Rechte Dritter an den Stücken können jedoch der Verwertung durch den Rechteinhaber entgegenstehen.[446] Nicht vom Überlassungsanspruch erfasst sind Vervielfältigungsvorrichtigen.[447]

5. Hilfsansprüche

413 Als Hilfsansprüche der gerade dargestellten Hauptansprüche auf Beseitigung, Unterlassung und Schadensersatz gewähren die §§ 101, 101a und 101b UrhG dem Verletzten weitere Ansprüche, die im Wesentlichen der **Sicherung und Durchsetzung** der Hauptansprüche dienen. Daneben haben sich außerdem gewohnheitsrechtlich anerkannte Auskunftsansprüche entwickelt.

a) Auskunftsanspruch

414 Der Rechteinhaber hat nach § 101 Abs. 1 UrhG einen Anspruch auf Auskünfte über die Herkunft und den Vertriebsweg rechtsverletzender Vervielfältigungsstücke gegen den Verletzer bzw. Störer und unter den Voraussetzungen des § 101 Abs. 2 Satz 1 Nr. 1 bis 4 UrhG auch gegen einen Nicht-Verletzer.

aa) Auskunftsanspruch gegen den Verletzer (Abs. 1)

415 Wer in **gewerblichem Ausmaß**, dh zum Zwecke der Erlangung wirtschaftlicher Vorteile, das Urheberrecht oder ein anderes nach dem UrhG geschütztes Recht widerrechtlich verletzt, kann nach § 101 Abs. 1 Satz 1 UrhG von dem Verletzten auf unverzügliche Auskunft über die Herkunft und den Vertriebsweg der rechtsverletzenden Vervielfältigungsstücke oder sonstigen Erzeugnisse in Anspruch genommen werden. Der Anspruch richtet sich neben dem Verletzer auch gegen den Störer. Ob eine Verletzung in gewerblichem Ausmaß vorliegt, kann sich sowohl aus der Anzahl der Rechtsverletzungen als auch aus der Schwere der Rechtsverletzung ergeben.[448]

---

[444] *Eichelberger* in Eichelberger/Seifert/Wirth, Urheberrechtsgesetz, UrhG § 98 Rn. 5; *Wimmers* in Schricker/Loewenheim, Urheberrecht, UrhG § 98 Rn. 16; *Dreier* in Dreier/Schulze, Urheberrechtsgesetz, UrhG § 98 Rn. 17.

[445] *Wimmers* in Schricker/Loewenheim, Urheberrecht, UrhG § 98 Rn. 18.

[446] *Wimmers* in Schricker/Loewenheim, Urheberrecht, UrhG § 98 Rn. 18; *Dreier* in Dreier/Schulze, Urheberrechtsgesetz, UrhG § 98 Rn. 21.

[447] *Eichelberger* in Eichelberger/Seifert/Wirth, Urheberrechtsgesetz, UrhG § 98 Rn. 6; *Wimmers* in Schricker/Loewenheim, Urheberrecht, UrhG § 98 Rn. 17.

[448] *Eichelberger* in Eichelberger/Seifert/Wirth, Urheberrechtsgesetz, UrhG § 98 Rn. 2. Dazu *Wimmers* in Schricker/Loewenheim, Urheberrecht, UrhG § 101 Rn. 29 ff.; *Bohne* in Wandtke/Bullinger, Urheberrecht, UrhG § 101 Rn. 8.

bb) Auskunftsanspruch gegen Dritte (Abs. 2)

Ein Auskunftsanspruch gegen einen gewerblich tätigen Dritten iSd § 101 Abs. 2 Nr. 1 bis 4 UrhG besteht bei offensichtlichen Rechtsverletzungen oder bei Rechtsverletzungen aufgrund derer der Rechteinhaber den Verletzer verklagt hat. Anspruchsgegner sind Personen, die in gewerblichem Ausmaß 416

- rechtsverletzende Vervielfältigungsstücke in ihrem Besitz hatten (Nr. 1),
- rechtsverletzende Dienstleistungen in Anspruch nahmen (Nr. 2),
- für rechtsverletzende Tätigkeiten genutzte Dienstleistungen erbrachten (Nr. 3) oder
- nach den Angaben einer in Nr. 1, 2 oder 3 genannten Person an der Herstellung, Erzeugung oder am Vertrieb solcher Vervielfältigungsstücke, sonstigen Erzeugnisse oder Dienstleistungen beteiligt waren (Nr. 4).

Eine Rechtsverletzung ist **offensichtlich**, wenn sie so eindeutig ist, dass eine ungerechtfertigte Belastung des Dritten ausgeschlossen erscheint, dh insbesondere wenn keine rechtlichen oder tatsächlichen Zweifel bestehen.[449] Der Anspruch gegen den gewerblich tätigen Dritten setzt nicht voraus, dass die auslösende Urheberrechtsverletzung selbst ein gewerbliches Ausmaß hat.[450] 417

Ein Auskunftsanspruch ist nach § 101 Abs. 2 Satz 2 UrhG ausgeschlossen, wenn die in Anspruch genommene Person im Prozess gegen den Verletzer zur **Zeugnisverweigerung** (nach den §§ 383 bis 385 ZPO) berechtigt wäre. Im Fall einer gerichtlichen Geltendmachung des Anspruchs nach § 101 Abs. 2 Satz 1 UrhG kann das Gericht den gegen den Verletzer anhängigen Rechtsstreit auf Antrag bis zur Erledigung des wegen des Auskunftsanspruchs geführten Rechtsstreits gemäß § 101 Abs. 2 Satz 3 UrhG aussetzen. 418

Der zur Auskunft Verpflichtete kann vom Verletzten den **Ersatz** der für die Auskunftserteilung erforderlichen Aufwendungen nach § 101 Abs. 2 Satz 4 UrhG verlangen.[451] 419

Der Anspruch erlangt zentrale Bedeutung für die Ermittlung von Rechtsverletzungen im **Internet**. § 101 Abs. 2 UrhG begründet nämlich grundsätzlich einen Auskunftsanspruch gegen Internet-Provider, der dem Verletzten eine Ermittlung des Verletzers ermöglichen soll.[452] 420

ÜBERSICHT: DRITTAUSKUNFTSANSPRUCH BEI RECHTSVERLETZUNGEN IM INTERNET[453] 421

- Anspruch gegen den Internetprovider auf Mitteilung der IP-Adressen
- Anspruch gegen den Zugangsanbieter auf Zuordnung der IP-Adresse zu einem bestimmten Internetanschluss[454] oder zu einer Benutzerkennung des Endanbieters[455]

---

449 BT-Drs. 16/5048, S. 39; *Eichelberger* in Eichelberger/Seifert/Wirth, Urheberrechtsgesetz, UrhG § 101 Rn. 4; *Wimmers* in Schricker/Loewenheim, Urheberrecht, UrhG § 101 Rn. 16 f.
450 BGH, Beschl. v. 19.4.2012 ff I ZB 80/11 – NJW 2012, 2958 – Alles kann besser werden, Ls. 1.
451 BGH, Beschl. v. 15.5.2014 – I ZB 71/13 – NJW 2014, 70 – Deus Ex; BGH, Beschl. v. 26.4.2017 – I ZB 41/16 – GRUR 2017, 854 – Anwaltskosten im Gestattungsverfahren; *Eichelberger* in Eichelberger/Seifert/Wirth, Urheberrechtsgesetz, UrhG § 101 Rn. 7.
452 *Lettl*, Urheberrecht, § 11 Rn. 94.
453 Nach *Eichelberger* in Eichelberger/Seifert/Wirth, Urheberrechtsgesetz, UrhG § 101 Rn. 6.
454 Dazu BGH, Urt. v. 11.6.2015 – I ZR 19/14 – NJW 2016, 942 – Tauschbörse I.
455 Dazu BGH, Urt. v. 13.7.2017 – I ZR 193/16 – NJW 2018, 781 – Benutzerkennung.

- Notwendigkeit der Verwendung von TK-Verkehrsdaten (§ 3 Nr. 30 TKG) → Gestattungsverfahren nach § 101 Abs. 9 UrhG[456]
- Sicherung der Drittauskunft bis zur Entscheidung über Gestattungsverfahren[457] ◀

cc) Inhalt der Auskunft

422 Der Auskunftsverpflichte muss die in § 101 Abs. 3 UrhG genannten Angaben machen. Dazu zählen Angaben über

- Namen und Anschrift
- der Hersteller,
- Lieferanten und anderer Vorbesitzer der Vervielfältigungsstücke oder sonstigen Erzeugnisse,
- Nutzer der Dienstleistungen,
- der gewerblichen Abnehmer und Verkaufsstellen,
- die Menge der hergestellten, ausgelieferten, erhaltenen oder bestellten Vervielfältigungsstücke oder sonstigen Erzeugnisse sowie
- die Preise, die für die betreffenden Vervielfältigungsstücke oder sonstigen Erzeugnisse bezahlt wurden.

423 Vom Begriff der „Anschrift" erfasst ist auch die E-Mail-Adresse[458] oder ggf. eine Benutzerkennung[459], nicht aber die Telefonnummer, die IP-Adresse oder Bank-Daten.[460]

dd) Verhältnismäßigkeit

424 Die Auskunftsansprüche nach § 101 Abs. 1 bzw. § 101 Abs. 2 UrhG sind gemäß § 101 Abs. 4 UrhG dann ausgeschlossen, wenn die Inanspruchnahme im Einzelfall **unverhältnismäßig** ist. Der Auskunftsanspruch ist unverhältnismäßig, wenn die begehrte Auskunft entweder ungeeignet, nicht erforderlich oder unangemessen ist. Dies ist bspw. dann der Fall, wenn der Verletzte nur ein sehr geringes Interesse an der Aufdeckung der Person des Rechtsverletzers hat.[461]

ee) Haftung bei falscher Auskunftserteilung

425 Erteilt der Auskunftsverpflichtete vorsätzlich oder grob fahrlässig eine unvollständige oder falsche Auskunft, haftet er dem Rechteinhaber nach § 101 Abs. 5 UrhG auf Ersatz des daraus entstandenen Schadens.

426 Bei freiwilliger Auskunftserteilung sieht § 101 Abs. 6 UrhG ein Haftungsprivileg für den Fall von Regressforderungen Dritter vor. Die Haftung beschränkt sich bei wahr-

---

456 BGH, Beschl. v. 19.4.2012 ff I ZB 80/11 – NJW 2012, 2958 – Alles kann besser werden, Rn. 37 ff. Zu den Kosten: BGH, Beschl. v. 15.5.2014 – I ZB 71/13 – NJW 2015, 70 – Deus Ex.
457 BGH, Urt. v. 21.9.2017 – I ZR 58/16 – ZUM 2018, 136 – Sicherung der Drittauskunft.
458 OLG Frankfurt aM, Urt. v. 22.8.2017 – 11 U 71/16 – GRUR 2017, 1116 – Anspruch auf Drittauskunft.
459 BGH, Urt. v. 13.7.2017 – I ZR 193/16 – NJW 2018, 781.
460 OLG Köln, Urt. v. 25.3.2011 – 6 U 87/10 – ZUM-RD 2011, 350; *Eichelberger* in Eichelberger/Seifert/Wirth, Urheberrechtsgesetz, UrhG § 101 Rn. 8.
461 BGH, Beschl. v. 19. 4. 2012 ff I ZB 80/11 – NJW 2012, 2958 – Alles kann besser werden, Rn. 36.

heitsgemäßen Angaben auf Vorsatz, da insbesondere in Fällen des § 101 Abs. 2 UrhG selten sicher beurteilt werden kann, ob überhaupt eine Rechtsverletzung vorliegt.[462]

ff) Sonstiges

In Fällen offensichtlicher Rechtsverletzung kann die Verpflichtung zur Erteilung der Auskunft nach § 101 Abs. 7 UrhG auch im Wege einer **einstweiligen Verfügung** (§§ 935 bis 945 ZPO) angeordnet werden.[463]

Um dem verfassungsrechtlich garantierten Recht, sich nicht selbst belasten zu müssen[464], Rechnung zu tragen, dürfen die im Auskunftsverfahren erlangten Informationen in einem **Strafverfahren** gegen den Auskunftspflichtigen oder dessen Angehörige (§ 52 Abs. 1 StPO) nur verwendet werden, wenn der Auskunftspflichtige zustimmt (§ 101 Abs. 8 UrhG).[465]

Die Verwendung von Verkehrsdaten regelt aufgrund des grundrechtlichen Schutzes des **Fernmeldegeheimnisses** nach Art. 10 GG der § 101 Abs. 9 UrhG. Kann die Auskunft nur unter Verwendung von Verkehrsdaten iS von § 3 Nr. 30 TKG erteilt werden, ist für ihre Erteilung eine vorherige richterliche Anordnung über die Zulässigkeit der Verwendung der Verkehrsdaten erforderlich, die vom Verletzten zu beantragen ist. Für den Erlass dieser Anordnung ist das LG, in dessen Bezirk der zur Auskunft Verpflichtete seinen Wohnsitz, seinen Sitz oder seine Niederlassung hat, ohne Rücksicht auf den Streitwert ausschließlich zuständig. Die Entscheidung trifft die Zivilkammer. Für das Verfahren gelten die Vorschriften des FamFG entsprechend. Die Kosten der richterlichen Anordnung trägt der Verletzte. Gegen die Entscheidung des LG ist die Beschwerde statthaft, die binnen einer Frist von zwei Wochen einzulegen ist. Die Vorschriften zum Schutz personenbezogener Daten bleiben im Übrigen unberührt. Die Begründetheit des Antrags nach § 101 Abs. 9 Satz 1 UrhG richtet sich zunächst nach dem Vorliegen der Voraussetzungen eines Auskunftsanspruchs. Bei der Entscheidung sind die betroffenen Rechte des Rechteinhabers, des Auskunftspflichtigen und der Nutzer unter Berücksichtigung des Grundsatzes der Verhältnismäßigkeit abzuwägen. Bei Vorliegen der Voraussetzungen des Auskunftsanspruchs ist der Antrag in der Regel begründet.[466]

gg) Gewohnheitsrechtliche Auskunftsansprüche

Sofern ein „gewerbliches Ausmaß" iSd § 101 UrhG nicht erreicht wird, kann sich ein Auskunftsanspruch im Hinblick auf die Durchsetzung eines Anspruchs aufgrund einer konkreten Verletzungshandlung auch auf der Grundlage von Treu und Glauben (§ 242 BGB) ergeben.[467]

---

462 *Eichelberger* in Eichelberger/Seifert/Wirth, Urheberrechtsgesetz, UrhG § 101 Rn. 11. Kritisch zur Angemessenheit der Vorschriften: *Bohne* in Wandtke/Bullinger, Urheberrecht, UrhG § 101 Rn. 24, 25.
463 Dazu OLG Hamburg, Beschl. v. 9.1.2007 – 5 W 147/06 – GRUR-RR 2007, 381 – BetriebsratsCheck.
464 BVerfG, Beschl. v. 13.1.1981 – 1 BvR 116/77 – NJW 1981, 1431.
465 *Eichelberger* in Eichelberger/Seifert/Wirth, Urheberrechtsgesetz, UrhG § 101 Rn. 12; *Bohne* in Wandtke/Bullinger, Urheberrecht, UrhG § 101 Rn. 27.
466 BGH, Beschl. v. 19.4.2012 – I ZB 80/11 – Alles kann besser werden, Ls. 2.
467 BGH, Urt. v. 17.5.2001 – I ZR 291/98 – GRUR 2001, 841 (842).

431 Bei Vorliegen eines Schadensersatzanspruchs ist außerdem zur Bezifferung des Schadens ein (akzessorischer) Anspruch auf Auskunft und Rechnungslegung nach den §§ 259, 242 BGB anerkannt.[468]

b) Anspruch auf Vorlage und Besichtigung (§ 101a UrhG)

432 Wer mit hinreichender Wahrscheinlichkeit das Urheberrecht oder ein anderes nach dem UrhG geschütztes Recht widerrechtlich verletzt, kann von dem Verletzten nach § 101a Abs. 1 Satz 1 UrhG auch auf Vorlage einer Urkunde oder Besichtigung einer Sache in Anspruch genommen werden, die sich in seiner Verfügungsgewalt befindet, wenn dies zur Begründung von dessen Ansprüchen „erforderlich" ist. Die Norm setzt Art. 6 und 7 der Richtlinie 2004/84/EG um.

aa) Voraussetzungen des Anspruchs

433 Der Anspruch richtet sich nur gegen den Täter, Teilnehmer oder Störer, nicht jedoch gegen Dritte.[469] Der Anspruchsgegner muss die zu besichtigende Sache in seinem Besitz haben.[470] Die Anforderungen an eine hinreichende Wahrscheinlichkeit müssen so hoch angesetzt werden, dass die Möglichkeit falscher Anschuldigungen auf ein Minimum reduziert wird.[471] Es müssen alle **Voraussetzungen** der geltend gemachten Rechtsverletzungen vorliegen. Diejenigen Voraussetzungen, deren Nachweis nicht von der Besichtigung abhängt, müssen bereits **nachgewiesen** sein.[472] Die Notwendigkeit der Besichtigung zur Geltendmachung des Anspruchs ist glaubhaft zu machen, um eine missbräuchliche Ausnutzung des Anspruchs im Sinne einer allgemeinen Ausforschung zu verhindern. Der Anspruch beschränkt sich allerdings nicht auf die Beschaffung von Beweismitteln.[473]

434 Besteht die hinreichende Wahrscheinlichkeit einer in **gewerblichem Ausmaß** begangenen Rechtsverletzung, erstreckt sich der Anspruch gemäß § 101a Abs. 1 Satz 2 UrhG auch auf die Vorlage von Bank-, Finanz- oder Handelsunterlagen. Soweit der vermeintliche Verletzer geltend macht, dass es sich um vertrauliche Informationen handelt, trifft das Gericht nach § 101 Abs. 1 Satz 3 UrhG zwecks Wahrung legitimer Geheimhaltungsinteressen die erforderlichen Maßnahmen, um den im Einzelfall gebotenen Schutz zu gewährleisten.[474] Der Anspruch ist nach § 101 Abs. 2 UrhG ausgeschlossen, wenn die Inanspruchnahme im Ausnahmefall unverhältnismäßig ist. Dabei ist ggf. die Ver-

---

468 BGH, Urt. v. 7.12.1979 – I ZR 157/77 – GRUR 1980, 227 (232 f.); BGH, Urt. v. 25. 3. 2010 ff I ZR 122/08 – NJW 2011, 758; BGH, Urt. v. 24.3.1994 – I ZR 42/93 – NJW 1994, 1958; *Eichelberger* in Eichelberger/Seifert/Wirth, Urheberrechtsgesetz, UrhG § 98 Rn. 39.
469 *Eichelberger* in Eichelberger/Seifert/Wirth, Urheberrechtsgesetz, UrhG § 101a Rn. 2; *Wimmers* in Schricker/Loewenheim, Urheberrecht, UrhG § 101a Rn. 15.
470 OLG Jena, Beschl. v. 8.6.2015 – 1 W 17/15 – NJW-RR 2015, 1392 – Babybilder, Rn. 59; *Wimmers* in Schricker/Loewenheim, Urheberrecht, UrhG § 101a Rn. 16. Zum nicht abschließend geklärten Fall des „Cloud Computing" siehe OLG München, Beschl. v. 11.3.2010 – 6 W 610/10.
471 BT-Drs. 16/5048, S. 40; LG Frankenthal, Urt. v. 9.9.2014 – 6 O 37/14 – BeckRS 2016, 17920; *Eichelberger* in Eichelberger/Seifert/Wirth, Urheberrechtsgesetz, UrhG § 101a Rn. 3.
472 OLG Köln, Urt. v. 20.4.2018 – 6 I 116/17 – BeckRS 2018, 10683, Rn. 146; BGH, Urt. v. 20.9.2012 – I ZR 90/09 – NJW-RR 2013, 878 – UniBasic-IDOS, Rn. 20; *Eichelberger* in Eichelberger/Seifert/Wirth, Urheberrechtsgesetz, UrhG § 101a UrhG Rn. 3; *Wimmers* in Schricker/Loewenheim, Urheberrecht, UrhG § 101a Rn. 17.
473 BT-Drs. 16/5048, S. 40; *Eichelberger* in Eichelberger/Seifert/Wirth, Urheberrechtsgesetz, UrhG § 101a Rn. 4.
474 Vgl. zB BGH, Beschl. v. 16.11.2009 – X ZB 37/08 – GRUR 2010, 318. Ausführlich *Wimmers* in Schricker/Loewenheim, Urheberrecht, UrhG § 101a Rn. 31 ff.

traulichkeit der Informationen zu berücksichtigen.⁴⁷⁵ Eine Unverhältnismäßigkeit ergibt sich insbesondere, wenn der Antragende im Falle einer geringwertigen Rechtsverletzung sehr umfangreiche Vorlageansprüche geltend macht.⁴⁷⁶

bb) Durchsetzung, Umsetzung und Schadensersatz

Die Verpflichtung zur Vorlage einer Urkunde oder zur Duldung der Besichtigung einer Sache kann nach § 101a Abs. 3 Satz 1 UrhG im Wege der **einstweiligen Verfügung** nach den §§ 935 bis 945 ZPO angeordnet werden – auch wenn es dadurch zu einer Vorwegnahme der Hauptsache kommt.⁴⁷⁷ Die Dringlichkeit der Vorlage muss der Anspruchsteller dennoch darlegen.⁴⁷⁸   435

Das Gericht hat den berechtigten Geheimhaltungsinteressen des Vorlageschuldners von Amts wegen Rechnung zu tragen.⁴⁷⁹   436

Für die Modalitäten der Vorlage gilt § 811 BGB entsprechend (§ 101a Abs. 4 UrhG). Die Vorlage hat grundsätzlich an dem Ort stattzufinden, an dem sich die vorzulegende Sache befindet. Kosten und Gefahr der Vorlage trägt der Gläubiger. Die Art der Vorlage richtet sich nach der Notwendigkeit zur Geltendmachung des primären Anspruchs.⁴⁸⁰ Im Rahmen der Verhältnismäßigkeit sind sogar Substanzeingriffe möglich.⁴⁸¹ Im Vorlageverfahren erlangte Informationen dürfen nicht in einem Strafverfahren gegen den Schuldner verwendet werden (§ 101a Abs. 4 iVm § 101 Abs. 8 UrhG).   437

Wenn keine Verletzung vorlag oder drohte, kann der vermeintliche Verletzer nach § 101a Abs. 5 UrhG von demjenigen, der die Vorlage oder Besichtigung nach § 101a Abs. 1 UrhG begehrt hat, den Ersatz des ihm durch das Begehren entstandenen Schadens verlangen. Der Anspruch besteht verschuldensunabhängig.⁴⁸²   438

Der Streitwert beim Vorlage- und Besichtigungsverfahren entspricht dem Wert des durchzusetzenden Anspruchs.⁴⁸³   439

c) Sicherung von Schadensersatzansprüchen (§ 101b UrhG)

Zur Verwirklichung eines Schadensersatzanspruchs nach § 97 Abs. 2 Satz 2 UrhG gewährt § 101b UrhG – in Umsetzung von Art. 9 Abs. 2 der Richtlinie 2004/48/EG – dem Verletzten einen Anspruch auf Vorlage der Bank-, Finanz- und Handelsunterlagen. Der Anspruch soll die Erfüllung von Schadensersatzansprüchen sichern. Er setzt daher voraus, dass ein Schadensersatzanspruch besteht und dessen Erfüllung gefährdet   440

---

475 *Eichelberger* in Eichelberger/Seifert/Wirth, Urheberrechtsgesetz, UrhG § 101a Rn. 3.
476 BT-Drs. 16/5048, S. 41; *Eichelberger* in Eichelberger/Seifert/Wirth, Urheberrechtsgesetz, UrhG § 101a Rn. 9; *Wimmers* in Schricker/Loewenheim, Urheberrecht, UrhG § 101a Rn. 41.
477 *Wimmers* in Schricker/Loewenheim, Urheberrecht, UrhG § 101a Rn. 44.
478 OLG Nürnberg, Beschl. v. 17.8.2015 – 3 W 1412/15 – GRUR-RR 2016, 108 – Besichtigungsanspruch; *Eichelberger* in Eichelberger/Seifert/Wirth, Urheberrechtsgesetz, UrhG § 101a Rn. 10.
479 *Eichelberger* in Eichelberger/Seifert/Wirth, Urheberrechtsgesetz, UrhG § 101a Rn. 10; *Wimmers* in Schricker/Loewenheim, Urheberrecht, UrhG § 101a Rn. 46.
480 *Eichelberger* in Eichelberger/Seifert/Wirth, Urheberrechtsgesetz, UrhG § 101a Rn. 11.
481 BT-Drs. 16/5048, S. 41.
482 *Eichelberger* in Eichelberger/Seifert/Wirth, Urheberrechtsgesetz, UrhG § 101a Rn. 12; *Wimmers* in Schricker/Loewenheim, Urheberrecht, UrhG § 101a Rn. 54.
483 BGH, Beschl. v. 31.3.2010 – I ZR 27/09 – GRUR-RR 2010, 407 – Vollautomatische Röntgenbildbearbeitung; *Eichelberger* in Eichelberger/Seifert/Wirth, Urheberrechtsgesetz, UrhG § 101a Rn. 13; *Wimmers* in Schricker/Loewenheim, Urheberrecht, UrhG § 101a Rn. 40; *Dreier* in Dreier/Schulze, Urheberrechtsgesetz, UrhG § 101a Rn. 12a.

ist.⁴⁸⁴ Der Anspruch stellt auf eine Situation ab, in der der Anspruchsinhaber zur Durchsetzung seines Anspruchs im Wege der **Zwangsvollstreckung** keine ausreichende Kenntnis über das Vermögen des Verletzers hat. Der Anspruch beschränkt sich daher inhaltlich auf die Vorlage von Dokumenten, welche zur Auskunft über die Vermögenswerte benötigt werden, wobei im Rahmen des Zwecks des Anspruchs auch Geheimhaltungsinteressen des Verletzers zu wahren sind.⁴⁸⁵ Das Auskunftsbegehren muss ferner verhältnismäßig sein (§ 101b Abs. 2 UrhG). Die Modalitäten der Vorlage entsprechen denen des Anspruchs nach § 101a UrhG.⁴⁸⁶ Ebenso gilt das Beweisverwertungsverbot des § 101 Abs. 8 UrhG entsprechend (§ 101b Abs. 4 UrhG).

441 Wenn der Schadensersatzanspruch offensichtlich besteht, kann der Auskunftsanspruch auch im Wege einer einstweiligen Verfügung nach den §§ 935 bis 945 ZPO verfolgt werden, wobei nach Ansicht des OLG Frankfurt aM hohe Anforderungen an die Offensichtlichkeit zu stellen sind.⁴⁸⁷

442 Auf der Grundlage von Treu und Glauben (§ 242 BGB) besteht (analog zum gewohnheitsrechtlich anerkannten Auskunftsanspruch gemäß § 242 BGB) auch ein Anspruch auf Rechnungslegung (zur Ermittlung einer fiktiven Lizenzgebühr).

6. Verjährung und Verwirkung

443 Hinsichtlich der Verjährung der Ansprüche wegen einer Verletzung des Urheberrechts oder eines anderen nach dem UrhG geschützten Rechts verweist § 102 UrhG auf die §§ 194 ff. BGB. Dies gilt auch für die – im Hinblick auf die Hauptansprüche selbstständig verjährenden – akzessorischen Hilfsansprüche.⁴⁸⁸

444 Demnach greift die **Regelverjährung** nach § 195 BGB, welche drei Jahre beträgt. Die regelmäßige Verjährungsfrist von drei Jahren beginnt nach § 199 Abs. 1 BGB grundsätzlich mit dem Schluss des Jahres, in dem der Anspruch entstanden ist und der Gläubiger von den anspruchsbegründenden Umständen und der Person des Schuldners Kenntnis erlangt oder ohne grobe Fahrlässigkeit erlangen müsste.⁴⁸⁹

445 Hat der Verpflichtete durch eine Verletzung auf Kosten des Berechtigten etwas erlangt, findet § 852 BGB entsprechende Anwendung. Dies hat zur Folge, dass er auch nach Eintritt der Verjährung des Schadensersatzanspruchs zur Herausgabe nach den Vorschriften über die ungerechtfertigte Bereicherung (§§ 812 ff. BGB) verpflichtet bleibt. (sog. **Restschadensersatzanspruch**).⁴⁹⁰ Der Anspruchsinhalt kann grundsätzlich im Wege der Lizenzanalogie errechnet werden.⁴⁹¹ Eine Herausgabe des Verletzergewinns als Alternative für die Berechnung eines Restschadensersatzanspruchs ist jedenfalls im Patentrecht anerkannt.⁴⁹² Es gelten **Verjährungshöchstfristen** von zehn Jahren (§§ 199

---

484 BT-Drs. 16/5048, S. 41; *Eichelberger* in Eichelberger/Seifert/Wirth, Urheberrechtsgesetz, UrhG § 101b Rn. 1, 2.
485 BT-Drs. 16/5048, S. 41; *Eichelberger* in Eichelberger/Seifert/Wirth, Urheberrechtsgesetz, UrhG § 101b Rn. 2; *Wimmers* in Schricker/Loewenheim, Urheberrecht, UrhG § 101b Rn. 13.
486 *Eichelberger* in Eichelberger/Seifert/Wirth, Urheberrechtsgesetz, UrhG § 101b Rn. 3.
487 Dazu OLG Frankfurt aM, Beschl. v. 25.8.2011 – 11 W 29/11 – GRUR-RR 2012, 197.
488 BGH, Urt. v. 10.5.2012 – I ZR 145/11 – GRUR 2012, 1248, Rn. 22; *Eichelberger* in Eichelberger/Seifert/Wirth, Urheberrechtsgesetz, UrhG § 102 Rn. 1.
489 Dazu BGH, Urt. v. 16.6.2016 – I ZR 222/14 – GRUR 2016, 1291 – Geburtstagskarawane, Rn. 28.
490 BGH, Urt. v. 15.1.2015 – I ZR 148/13 – NJW 2015, 3165 – Motorradteile; *Eichelberger* in Eichelberger/Seifert/Wirth, Urheberrechtsgesetz, UrhG § 102 Rn. 5; *Peukert* in Peukert/Rehbinder, Urheberrecht, Rn. 1081.
491 *Eichelberger* in Eichelberger/Seifert/Wirth, Urheberrechtsgesetz, UrhG § 102 Rn. 5.
492 BGH, Urt. v. 26.3.2019 – X ZR 109/16 – GRUR 2019, 496 – Spannungsversorgungsvorrichtung, Rn. 22.

Abs. 3 Satz 1 Nr. 1, 199 BGB) ab Entstehung des Anspruchs bzw. von 30 Jahren nach einem einen Schaden auslösenden Ereignis (§ 199 Abs. 3 Satz 1 Nr. 2 BGB).[493]

Rechtsverletzende Dauerhandlungen sind insofern in Einzelhandlungen aufzuspalten, für die jeweils gesonderte Verjährungsfristen laufen.[494] Neben der Verjährung kommt im Falle einer andauernden Rechtsverletzung, die der Verletzte über Jahre hinweg hingenommen hat, auch die **Verwirkung** der bis zur Abmahnung entstandenen Ansprüche in Betracht.[495] Rechtsfolge der Verwirkung nach § 242 BGB ist, dass der Rechteinhaber seine Rechte im Hinblick auf bestimmte konkrete bereits begangene oder noch andauernde Rechtsverletzungen nicht mehr durchzusetzen vermag. Ein Freibrief für künftige Rechtsverletzungen ist damit jedoch nicht verbunden.[496]

446

Verjährungshemmend wirken insbesondere die Klageerhebung (§ 204 Abs. 1 Nr. 1 BGB) bzw. der Antrag auf Erlass einer einstweiligen Verfügung (§ 204 Abs. 1 Nr. 9 BGB) und unter Umständen auch ein Verhandeln über den Anspruch (§ 203 BGB).[497]

447

7. Konkurrenzen

Nach § 102a UrhG bleiben Ansprüche aus anderen gesetzlichen Vorschriften (außerhalb des UrhG) unberührt. Dabei sind allerdings die urheberrechtlichen Wertungen zu respektieren.[498] Bei einer Verletzung können somit einige weitere Ansprüche in Betracht kommen, zB.

448

- Eingriffskondiktion, dh eine Bereicherung in sonstiger Weise ohne rechtlichen Grund (§ 812 Abs. 1 Satz 1 2. Alt. BGB)[499],
- irrtümliche oder angemaßte Eigengeschäftsführung (§ 687 Abs. 2 BGB)[500],
- § 809 BGB (Besichtigung einer Sache) bzw.
- Vorschriften des Lauterkeitsrechts (§§ 8 bis 10 UWG).

Die Vorschrift des § 102a UrhG ist von praktischer Bedeutung, da es für die Eingriffskondiktion, welche einen nach der Lizenzanalogie errechneten Wertersatz (§ 818 Abs. 2 BGB) ermöglicht, im Unterschied zum Schadensersatzanspruch des § 97 Abs. 2 UrhG keines Verschuldens bedarf.[501]

449

III. Der strafrechtliche Schutz des Urheberrechts

Die §§ 106 ff. UrhG enthalten Straf- und Bußgeldvorschriften. Zwar steht im Bereich des Urheberrechts die zivilrechtliche Rechtsverfolgung im Vordergrund.[502] Doch

450

---

493 *Eichelberger* in Eichelberger/Seifert/Wirth, Urheberrechtsgesetz, UrhG § 102 Rn. 2.
494 BGH, Urt. v. 15.1.2015 – I ZR 148/13 – NJW 2015, 3165, Rn. 23; *Eichelberger* in Eichelberger/Seifert/Wirth, Urheberrechtsgesetz, UrhG § 101b Rn. 3.
495 BGH, Urt. v. 6.2.2014 – I ZR 86/12 – NJW 2014, 1888 – Peter Fechter, Rn. 48 f.; *Peukert* in Peukert/Rehbinder, Urheberrecht, Rn. 1082.
496 BGH, Urt. v. 6.2.2014 – I ZR 86/12 – NJW 2014, 1888 – Peter Fechter, Rn. 48 f. Dazu auch BGH, Urt. v. 18.1.2012 ff I ZR 17/11GRUR 2012, 928 – Honda-Grauimport; BGH, Urt. v. 30.6.1976 – I ZR 63/75 – GRUR 1977, 42 (46) – Schmalfilmrechte.
497 *Eichelberger* in Eichelberger/Seifert/Wirth, Urheberrechtsgesetz, UrhG § 102 Rn. 2.
498 *Eichelberger* in Eichelberger/Seifert/Wirth, Urheberrechtsgesetz, UrhG § 102a Rn. 1.
499 Dazu *Wimmers* in Schricker/Loewenheim, Urheberrecht, UrhG § 102a Rn. 2.
500 Dazu *Wimmers* in Schricker/Loewenheim, Urheberrecht, UrhG § 102a Rn. 4.
501 *Eichelberger* in Eichelberger/Seifert/Wirth, Urheberrechtsgesetz, UrhG § 102a Rn. 1.
502 *Kudlich* in Schricker/Loewenheim, Urheberrecht, UrhG Vor. §§ 106 ff. Rn. 1.

kommt es, insbesondere im Zusammenhang mit groß angelegten Verletzungshandlungen über das Internet[503], immer wieder zu größeren Strafverfahren.[504]

1. Allgemeine Voraussetzungen der Strafbarkeit

451 Strafbewehrt sind im Einzelnen:

- die unerlaubte Verwertung urheberrechtlich geschützter Werke (§ 106 UrhG),
- das unzulässige Anbringen der Urheberrechtsbezeichnung (§ 107 UrhG),
- unerlaubte Eingriffe in verwandte Schutzrechte (§ 108 UrhG) und
- unerlaubte Eingriffe in technische Schutzmaßnahmen und zur Rechtewahrnehmung erforderliche Informationen (§ 108b UrhG).

452 Für die Fälle der §§ 106 bis 108 UrhG sieht § 108a UrhG eine strafrahmenerhöhende Qualifikation für den Fall der gewerbsmäßigen Tatbegehung vor. Gewerbsmäßig handelt, wer sich durch die wiederholte Begehung der Tat eine nicht nur vorübergehende (auch mittelbare)[505] Einnahmequelle von einigem Umfang verspricht. Die Qualifikation erfordert die **Absicht** der gewerbsmäßigen Tatbegehung als besonderes persönliches Merkmal des Täters (vgl. zu mehreren Tatbeteiligten § 28 Abs. 2 StGB).[506] Auch für die Taten nach § 108b UrhG ist in dessen Abs. 3 eine analoge strafrahmenerhöhende Qualifikation für die gewerbsmäßige Tatbegehung enthalten.[507]

a) Objektiver Tatbestand

453 Bei der Anwendung und Auslegung der Straf- und Bußgeldnormen ist deren strenge **Urheberrechts-Akzessorietät** zu beachten, dh die Reichweite der Strafbarkeit hängt von der Auslegung der zivilrechtlichen Tatbestände ab. Die Grenze bildet jedoch aufgrund des strafrechtlichen Analogieverbotes (Art. 103 Abs. 2 GG, § 1 StGB)[508] der Wortlaut der Tatbestände.[509] Weiterhin folgt aus der Akzessorietät, dass eine strafrechtliche Relevanz (abweichend von § 7 StGB) nur für im Inland begangene Taten in Frage kommt.[510]

b) Subjektiver Tatbestand

454 Strafbar ist im Urheberrecht nur vorsätzliches Verhalten, also das Wissen und Wollen der Tatbestandsverwirklichung (vgl. § 15 StGB). Sofern der Wortlaut der Norm keinen qualifizierten Vorsatz (zB Absicht) verlangt, ist bedingter Vorsatz, also die billigende

---

503 ZB BGH, Beschl. v. 11.1.2017 – 5 StR 164/16 – NJW 2017, 838 – kino.to.
504 *Eichelberger* in Eichelberger/Seifert/Wirth, Urheberrechtsgesetz, UrhG Vor §§ 106–111c, Rn. 1.
505 BGH, Urt. v. 3.3.2004 – 2 StR 109/03 – NJW 2004, 1674 (1679) – Tonträgerpiraterie durch CD-Export; *Eichelberger* in Eichelberger/Seifert/Wirth, Urheberrechtsgesetz, UrhG § 108a Rn. 1.
506 BGH, Urt. v. 3.3.2004 – 2 StR 109/03 – NJW 2004, 1674 (1679) – Tonträgerpiraterie durch CD-Export; *Eichelberger* in Eichelberger/Seifert/Wirth, Urheberrechtsgesetz, UrhG § 108a Rn. 2.
507 *Eichelberger* in Eichelberger/Seifert/Wirth, Urheberrechtsgesetz, UrhG § 108b Rn. 6; *Kudlich* in Schricker/Loewenheim, Ureberrecht, UrhG § 108b Rn. 16; *Dreier* in Dreier/Schulze, Urheberrechtsgesetz, UrhG § 108b Rn. 10.
508 BVerfG, Beschl. v. 23.6.2010 – 2 BvR 2559/08 – NJW 2010, 3209, Rn. 69 mwN.
509 Zu der daraus folgenden Konsequenz, dass eine richtlinienkonforme Auslegung von Tatbeständen über den Wortlaut hinaus ein Tätigwerden des Gesetzgebers erfordert: *Eichelberger* in Eichelberger/Seifert/Wirth, Urheberrechtsgesetz, UrhG Vor §§ 106–111c, Rn. 3.
510 BGH, Urt. v. 3.3.2004 – 2 StR 109/03 – NJW 2004, 1674 – Tonträgerpiraterie durch CD-Export, Ls. 2; *Eichelberger* in Eichelberger/Seifert/Wirth, Urheberrechtsgesetz, UrhG Vor §§ 106–111c, Rn. 7.

Inkaufnahme der Tatbestandsverwirklichung, ausreichend. Die Annahme des Vorsatzes erfordert allerdings eine positive Kenntnis aller den Tatbestand begründenden Tatsachen.[511] Bei normativen Tatsachen bzw. rechtlichen Wertungen reicht es aus, wenn eine Parallelwertung aus der Perspektive eines Laien zum selben Ergebnis kommt.[512] Problematisch ist die Einordnung von Fehlvorstellungen hinsichtlich der Strafbarkeit eines Verhaltens (Verbotsirrtum, vgl. § 17 StGB). Ein Unrechtsbewusstsein ist jedenfalls schon dann anzunehmen, wenn der Täter die Möglichkeit der Strafbarkeit billigend in Kauf nimmt, eine genaue Kenntnis der verletzen Normen ist nicht notwendig.[513] Ansonsten wirkt ein fehlendes Unrechtsbewusstsein nach der im Strafrecht vorherrschenden Schuldtheorie nicht tatbestandsausschließend auf der Ebene des subjektiven Tatbestandes oder rechtfertigend, sondern erst strafmindernd auf der Ebene der Schuld.[514]

c) Strafbarkeit des Versuchs

Mit Ausnahme des § 108b UrhG ist auch der Versuch jeweils strafbar (§§ 107 Abs. 2, 108 Abs. 2, 108a Abs. 2. UrhG).

455

d) Strafantrag und Erhebung der Anklage (§ 109 UrhG)

Während § 108a UrhG von Amts wegen verfolgt wird (Offizialdelikt)[515], erfolgt eine Verfolgung in den Fällen der §§ 106 bis 108 und 108b UrhG nur auf Antrag (Antragsdelikt), es sei denn, die Strafverfolgungsbehörden halten aufgrund eines öffentlichen Interesses an der Strafverfolgung ein Einschreiten für geboten (§ 109 UrhG).[516] Ein solches öffentliche Interesse besteht insbesondere dann, wenn

456

- der Täter einschlägig vorbestraft ist,
- ein erheblicher Schaden droht bzw. eingetreten ist,
- die vom Täter erstrebte Bereicherung dies gebietet[517],
- die Tat den Verletzten in seiner Existenz bedroht oder
- die öffentliche Sicherheit oder Gesundheit der Verbraucher gefährdet ist (Nr. 261a RiStBV)[518].

Antragsberechtigt ist der Verletzte (§ 77 Abs. 1 StGB), also der urheberrechtlich Aktivlegitimierte. Der Antrag muss binnen drei Monaten nach Kenntnisnahme von der Tat und der Person des Täters gestellt werden (§ 77b Abs. 1 Satz 1, Abs. 2 Satz 1 StGB).[519]

457

---

511 Vgl. *Kudlich* in Schricker/Loewenheim, Urheberrecht, UrhG § 106 Rn. 46 f.
512 *Eichelberger* in Eichelberger/Seifert/Wirth, Urheberrechtsgesetz, UrhG Vor §§ 106–111c, Rn. 4.
513 BGH, Urt. v. 11.10.2012 – 1 StR 213/10 – NJW 2013, 93; *Eichelberger* in Eichelberger/Seifert/Wirth, Urheberrechtsgesetz, UrhG Vor §§ 106–111c, Rn. 5.
514 *Peukert* in Peukert/Rehbinder, Urheberrecht, Rn. 1089.
515 *Eichelberger* in Eichelberger/Seifert/Wirth, Urheberrechtsgesetz, UrhG § 108a Rn. 3; *Dreier* in Dreier/Schulze, Urheberrechtsgesetz, UrhG § 108a Rn. 3.
516 Dazu *Peukert* in Rehbinder/Peukert, Urheberrecht, Rn. 1090; *Dreier* in Dreier/Schulze, Urheberrechtsgesetz, UrhG § 109 Rn. 2. Einschränkend *Reinbacher* in Wandtke/Bullinger, Urheberrecht, UrhG § 109 Rn. 2.
517 *Dreier* in Dreier/Schulze, Urheberrechtsgesetz, UrhG § 109 Rn. 2.
518 *Eichelberger* in Eichelberger/Seifert/Wirth, Urheberrechtsgesetz, UrhG § 109 Rn. 1.
519 *Eichelberger* in Eichelberger/Seifert/Wirth, Urheberrechtsgesetz, UrhG § 109 Rn. 2; *Peukert* in Rehbinder/Peukert, Urheberrecht, Rn. 1090; detailliert *Dreier* in Dreier/Schulze, Urheberrechtsgesetz, UrhG § 109 Rn. 5 ff.

458 Auch die Anklageerhebung durch die Staatsanwaltschaft ist in diesen Fällen vom Bestehen eines öffentlichen Interesses abhängig (Privatklagedelikt §§ 374 Abs. 1 Nr. 8, 376 StPO), welches in der Regel bei einer nicht geringfügigen Schutzrechtsverletzung zu bejahen ist (Nr. 261 RiStBV).[520]

2. Einziehung (§ 110 UrhG) und Beschlagnahme (§§ 111b, 111c UrhG)

459 Nach § 110 Satz 1 UrhG können Gegenstände, auf die sich eine Straftat nach den §§ 106, 107 Abs. 1 Nr. 2 und 108 bis 108b UrhG beziehen, eingezogen werden.[521] Zu den möglichen Einziehungsgegenständen gehören neben den Piraterie-Produkten auch andere zur Vorbereitung und Durchführung der Tat eingesetzte Mittel (zB ein Kopiergerät). Nach Maßgabe des § 74a StGB kann die Einziehung auch bei Dritten erfolgen.[522] Die Einziehung muss jedoch verhältnismäßig sein (§ 74f Abs. 1 Satz 1 StGB). Daher ist, insbesondere im Falle der Einziehung auch rechtmäßig verwendbarer Gegenstände, zu prüfen, ob mildere Mittel ausreichend sind (§ 74f Abs. 1 Satz 2 StGB).[523]

460 Werden im (praktisch kaum relevanten) **Adhäsionsverfahren** (§§ 403 bis 406c StGB)[524] Ansprüche nach § 98 UrhG auf Vernichtung, Rückruf und Überlassung rechtsverletzender Gegenstände geltend gemacht, gehen diese der Einziehung durch die Behörden vor.[525]

461 Die §§ 111b (Verfahren nach deutschem Recht) und 111c UrhG (Verfahren nach der VO (EG) Nr. 608/2013) regeln das **Zollbeschlagnahmeverfahren**. Verletzt die Herstellung oder Verbreitung von Vervielfältigungsstücken das Urheberrecht oder ein anderes nach dem UrhG geschütztes Recht, so unterliegen die Vervielfältigungsstücke auf Antrag und gegen Sicherheitsleistung des Rechteinhabers bei ihrer Einfuhr oder Ausfuhr nach § 111b UrhG der Beschlagnahme durch die Zollbehörde, sofern die Rechtsverletzung „offensichtlich" ist. Dies gilt jedoch nur soweit nicht die VO (EU) Nr. 608/2013 anzuwenden ist.[526] Die Vorschriften dienen dazu, offensichtlich urheberrechtsverletzende Waren (Produktpiraterieware) frühzeitig aus dem Verkehr zu ziehen.[527] Stellt sich die Ware als nicht rechtsverletzend heraus, erhält der Verfügungsberechtigte einen verschuldensunabhängigen Schadensersatzanspruch (§ 111b Abs. 5 UrhG).[528]

3. Bekanntmachung der Verurteilung (§ 111 UrhG)

462 Nach § 111 UrhG kann der Verletzte im Falle einer strafrechtlichen Verurteilung des Verletzers verlangen, dass diese öffentlich bekanntgemacht wird. Die Bekanntmachung

---

520 *Eichelberger* in Eichelberger/Seifert/Wirth, Urheberrechtsgesetz, UrhG § 109 Rn. 3; *Dreier* in Dreier/Schulze, Urheberrechtsgesetz, UrhG § 109 Rn. 1; eingehend zur Privatklage *Kudlich* in Schricker/Loewenheim, Urheberrecht, UrhG Vor. §§ 106 ff. Rn. 11 f.
521 *Peukert* in Rehbinder/Peukert, Urheberrecht, Rn. 1090.
522 *Dreier* in Dreier/Schulze, Urheberrechtsgesetz, UrhG § 110 Rn. 1.
523 *Eichelberger* in Eichelberger/Seifert/Wirth, Urheberrechtsgesetz, UrhG § 110 Rn. 2.
524 Dazu *Kudlich* in Schricker/Loewenheim, Urheberrecht, UrhG Vor. §§ 106 ff. Rn. 13.
525 *Dreier* in Dreier/Schulze, Urheberrechtsgesetz, UrhG § 110 Rn. 2.
526 *Kefferpütz* in Wandtke/Bullinger, Urheberrecht, UrhG § 111b Rn. 3. Dazu ausführlich *Kudlich* in Schricker/Loewenheim, Urheberrecht, UrhG § 111c Rn. 1 ff.
527 Dazu *Eichelberger* in Eichelberger/Seifert/Wirth, Urheberrechtsgesetz, UrhG § 111b Rn. 1–8 und § 111c Rn. 1–4; *Kefferpütz* in Wandtke/Bullinger, Urheberrecht, UrhG § 111b Rn. 1.
528 *Eichelberger* in Eichelberger/Seifert/Wirth, Urheberrechtsgesetz, UrhG § 111b Rn. 7.

dient dem Zweck der Folgenbeseitigung und Rehabilitation des Verletzten[529] sowie präventiven Zwecken, wie der Ausbildung eines Unrechtsbewusstseins in der Bevölkerung.[530] Voraussetzung ist, dass der Verletzte ein berechtigtes Interesse an der Bekanntmachung darlegt und dieses einer Interessenabwägung standhält, die auch das Resozialisierungsinteresse des Täters angemessen berücksichtigt.[531]

4. Die Straftatbestände im Einzelnen

Im Hinblick auf die einzelnen Straftatbestände ergeben sich jeweils Besonderheiten, bspw. bezüglich des Umfangs der Tatbestände.

a) Unerlaubte Verwertung urheberrechtlich geschützter Werke (§ 106 UrhG)

Nach § 106 UrhG ist mit Ausnahme des Ausstellungsrechts (§ 18 UrhG) und des Rechts nach § 23 Abs. 2 UrhG die Verletzung sämtlicher Verwertungsrechte strafbewehrt.[532] Nicht erfasst sind Verletzungen des Urheberpersönlichkeitsrechts (§ 11 Satz 1 UrhG).[533] Die urheberrechtlichen Schranken (nachstehende Rn. 617 ff.) wirken tatbestandsausschließend und sind nicht etwa auf der Ebene der Rechtswidrigkeit zu prüfen.[534] Dies gilt auch für die Einräumung von Nutzungsrechten, nicht jedoch für die schlichte Einwilligung. Letztere lässt ausschließlich die Rechtswidrigkeit entfallen.[535] Eine nachträgliche Genehmigung lässt zwar den Tatbestand unberührt, führt jedoch, da es sich bei § 106 UrhG um ein Antragsdelikt handelt, ebenso zur Straflosigkeit.[536]

Taugliche Tatobjekte sind Werke iSd § 2 UrhG. Dazu zählen auch (als Sprachwerke) Computerprogramme, Bearbeitungen und Umgestaltungen von geschützten Werken (§ 3 Satz 1 UrhG).[537] Die in § 106 UrhG genannten Tathandlungen sind iS der entsprechenden Verwertungsrechte (§§ 15 ff. UrhG) in den strafrechtskonform engen Grenzen des Wortlauts auszulegen.[538]

Kommt es in Folge von Veränderungen in der Rechtsprechung oder technischer Neuerungen zu einer Erweiterung der Tatbestände, so kann der Vorsatz ausgeschlossen sein, wenn auf Basis der Bewertung aus der Laiensphäre eine entsprechende Subsumtion

---

529 LG Leipzig, Urt. v. 14.6.2012 – 11 KLs 390 Js 191/11 – ZUM 2013, 338 (347 f.); *Eichelberger* in Eichelberger/Seifert/Wirth, Urheberrechtsgesetz, UrhG § 111 Rn. 1; *Dreier* in Dreier/Schulze, Urheberrechtsgesetz, UrhG § 111 Rn. 1; *Kudlich* in Schricker/Loewenheim, Urheberrecht, UrhG § 111 Rn. 1.
530 *Eichelberger* in Eichelberger/Seifert/Wirth, Urheberrechtsgesetz, UrhG § 111 Rn. 1; *Dreier* in Dreier/Schulze, Urheberrechtsgesetz, UrhG § 111 Rn. 1; *Kudlich* in Schricker/Loewenheim, Urheberrecht, UrhG § 111 Rn. 1.
531 *Eichelberger* in Eichelberger/Seifert/Wirth, Urheberrechtsgesetz, UrhG § 111 Rn. 2; *Reinbacher* in Wandtke/Bullinger, Urheberrecht, UrhG § 111 Rn. 5; *Dreier* in Dreier/Schulze, Urheberrechtsgesetz, UrhG § 111 Rn. 4; *Kudlich* in Schricker/Loewenheim, Urheberrecht, UrhG § 111 Rn. 6 f.
532 *Reinbacher* in Wandtke/Bullinger, Urheberrecht, UrhG § 106 Rn. 11; *Dreier* in Dreier/Schulze, Urheberrechtsgesetz, UrhG § 106 Rn. 3.
533 *Eichelberger* in Eichelberger/Seifert/Wirth, Urheberrechtsgesetz, UrhG § 106 Rn. 1.
534 *Eichelberger* in Eichelberger/Seifert/Wirth, Urheberrechtsgesetz, UrhG § 106 Rn. 4; *Kudlich* in Schricker/Loewenheim, Urheberrecht, UrhG § 106 Rn. 26 ff.
535 So *Eichelberger* in Eichelberger/Seifert/Wirth, Urheberrechtsgesetz, UrhG § 106 Rn. 5; die Rechtsnatur der Einwilligung ist allerdings umstritten. Dazu ausführlich: *Kudlich* in Schricker/Loewenheim, Urheberrecht, UrhG § 106 Rn. 31 ff. mwN.
536 *Eichelberger* in Eichelberger/Seifert/Wirth, Urheberrechtsgesetz, UrhG § 106 Rn. 5; *Sternberg-Lieben* in Ahlberg/Götting, BeckOK Urheberrecht, UrhG § 106 Rn. 34.
537 *Eichelberger* in Eichelberger/Seifert/Wirth, Urheberrechtsgesetz, UrhG § 106 Rn. 2; *Kudlich* in Schricker/Loewenheim, Urheberrecht, UrhG § 106 Rn. 2 f. Ausführlich auch zu Streitständen bezüglich einer hinreichenden Bestimmtheit: *Sternberg-Lieben* in Ahlberg/Götting, BeckOK Urheberrecht, UrhG § 106 Rn. 21 ff.
538 *Eichelberger* in Eichelberger/Seifert/Wirth, Urheberrechtsgesetz, UrhG § 106 Rn. 3.

vom Täter nicht erwartet werden kann.[539] Der Vorsatz entfällt auch, wenn der Täter irrtümlich annimmt, es handle sich um ein gemeinfreies Werk oder der Urheber sei seit mehr als siebzig Jahren tot.[540] Nimmt der Täter irrig an, dass eine Einwilligung des Rechteinhabers vorliegt, kommt ein vorsatzausschließender Erlaubnistatbestandsirrtum in Betracht.[541]

b) Unzulässiges Anbringen der Urheberrechtsbezeichnung (§ 107 UrhG)

467 Nach § 107 UrhG ist die urheberpersönlichkeitsrechtliche Befugnis zur Entscheidung über die Anbringung einer Urheberrechtsbezeichnung (§ 13 Satz 2 UrhG) strafrechtlich geschützt.[542] Der Tatbestand erfasst ausschließlich das Anbringen der zutreffenden Urheberrechtsbezeichnung auf einem Werk der bildenden Künste oder einem Vervielfältigungsstück eines solchen.[543] Für das Anbringen einer falschen Bezeichnung auf einem Werk bzw. einer Kunstfälschung kommt eine Strafbarkeit nach § 263 StGB (Betrug) oder § 267 StGB (Urkundenfälschung) in Betracht.[544]

c) Unerlaubte Eingriffe in verwandte Schutzrechte (§ 108 UrhG)

468 Nach § 108 UrhG sind Verletzungen der Rechte nach §§ 70, 71, 72, 77 Abs. 1, 77 Abs. 2 Satz 1, 78, 85, 87, 94, 95, 87b Abs. 1 UrhG sowie der Versuch strafbar. Die Einwilligung wirkt hier, wie die urheberrechtlichen Schranken, tatbestandsausschließend.[545] Gleiches gilt für die Schrankenbestimmungen der §§ 44a ff. UrhG.[546]

d) Unerlaubte Eingriffe in technische Schutzmaßnahmen und zur Rechtewahrnehmung erforderliche Informationen

469 Nach § 108b UrhG sind Verstöße gegen die §§ 95a und 95c UrhG teilweise strafbewehrt. Bei Verstößen gegen § 95a Abs. 1 UrhG (*wirksame* technische Maßnahmen)[547] ist die **Absicht** erforderlich, sich oder einem Dritten Zugang zu geschützten Werken bzw. Leistungen zu verschaffen. Dem Täter muss es also bei der Tathandlung subjektiv gerade auf die Verschaffung von Zugang oder Nutzungsmöglichkeiten ankommen (*dolus directus* ersten Grades).[548]

---

539 *Eichelberger* in Eichelberger/Seifert/Wirth, Urheberrechtsgesetz, UrhG § 106 Rn. 3.
540 *Kudlich* in Schricker/Loewenheim, Urheberrecht, UrhG § 106 Rn. 46 f.
541 *Sternberg-Lieben* in Ahlberg/Götting, BeckOK Urheberrecht, UrhG § 106 Rn. 35 b.
542 *Eichelberger* in Eichelberger/Seifert/Wirth, Urheberrechtsgesetz, UrhG § 107 Rn. 1; *Sternberg-Lieben* in Ahlberg/Götting, BeckOK Urheberrecht, UrhG § 106 Rn. 1; *Dreier* in Dreier/Schulze, Urheberrechtsgesetz, UrhG § 107 Rn. 1.
543 *Dreier* in Dreier/Schulze, Urheberrechtsgesetz, UrhG § 107 Rn. 1.
544 *Eichelberger* in Eichelberger/Seifert/Wirth, Urheberrechtsgesetz, UrhG § 107 Rn. 2; *Sternberg-Lieben* in Ahlberg/Götting, BeckOK Urheberrecht, UrhG § 106 Rn. 2; *Dreier* in Dreier/Schulze, Urheberrechtsgesetz, UrhG § 107 Rn. 3.
545 *Eichelberger* in Eichelberger/Seifert/Wirth, Urheberrechtsgesetz, UrhG § 108 Rn. 1.
546 *Dreier* in Dreier/Schulze, Urheberrechtsgesetz, UrhG § 108 Rn. 3.
547 Dazu *Sternberg-Lieben* in Ahlberg/Götting, BeckOK Urheberrecht, UrhG § 108b Rn. 4.
548 Siehe dazu auch OLG Celle, Beschl. v. 31.8.2016 – 2 Ss 93/16 – BeckRS 2016, 18380; *Eichelberger* in Eichelberger/Seifert/Wirth, Urheberrechtsgesetz, UrhG § 108b Rn. 2; *Flechsig/Heinrich* in Loewenheim, Handbuch des Urheberrechts, § 95 Rn. 110.

III. Der strafrechtliche Schutz des Urheberrechts

EXKURS: SCHUTZ TECHNISCHER SCHUTZMASSNAHMEN 470

§ 95a UrhG schützt wirksame technische Maßnahmen (Legaldefinition in § 95a Abs. 2 UrhG), die geeignet und erforderlich sind[549], eine unbefugte Nutzung urheberrechtlich geschützter Werke vor einer widerrechtlichen Umgehung zu verhindern. Die Vorschrift trägt der besonderen Gefährdung immaterieller Güter im digitalen und vernetzten Raum Rechnung.[550]
Nach § 95b UrhG muss der Rechteinhaber allerdings den jeweiligen Begünstigten von Schrankenbestimmungen, die zu deren Durchsetzung notwendigen Mittel zur Verfügung stellen.[551] Ein Recht zur Selbsthilfe besteht hier jedoch nicht.[552]
Parallel dazu gewährt das Gesetz zum Schutz von zugangskontrollierten Diensten und von Zugangskontrolldiensten (ZKDSG) vom 19.3.2001[553] den Schutz von technischen Maßnahmen, die eine unbefugte Nutzung von zugangskontrollierten Diensten verhindern sollen. Dieser überschneidet sich teilweise mit dem urheberrechtlichen Schutz[554], verfolgt aber einen anderen Schutzzweck, insbesondere hinsichtlich des geschützten Personenkreises.[555] ◂

Bei einem Eingriff in die zur Rechtewahrnehmung erforderlichen Informationen (§ 95c Abs. 1 Buchst. a bzw. Abs. 2 Buchst. b UrhG) muss die Tathandlung **wissentlich** erfolgen. Bedingter Vorsatz oder leichte Fahrlässigkeit reichen damit nicht aus. Hinsichtlich des Tatererfolgs, also der Veranlassung, Ermöglichung, Erleichterung oder Verschleierung einer Urheber- oder Schutzrechtsverletzung, reicht Leichtfertigkeit iS einer erhöhten Fahrlässigkeit aus. Der Begriff der Leichtfertigkeit im Strafrecht ist mit der groben Fahrlässigkeit im Zivilrecht vergleichbar.[556] 471

Der Tatbestand ist nicht erfüllt, wenn die Tat ausschließlich dem privaten Gebrauch des Täters oder mit dem Täter verbundener Personen dient.[557] 472

Verstöße gegen § 95 Abs. 3 UrhG sind nach § 108b UrhG teilweise strafrechtlich relevant. Bei weniger schwerwiegenden Verstößen handelt es sich nur um Ordnungswidrigkeiten (§ 111a Abs. 1 UrhG).[558] 473

5. Bußgeldvorschriften (§ 111a UrhG)

Nach § 111a UrhG handelt ordnungswidrig, wer bestimmte Verstöße gegen §§ 95a Abs. 3, 95b Abs. 1 Satz 1 oder 95d Abs. 2 UrhG begeht. 474

---

549 EuGH, Urt. v. 23.1.2014 – C-355/12 – ZUM 2014, 219 – Zulässige Reichweite wirksamer technischer Maßnahmen; *Peukert* in Rehbinder/Peukert, Urheberrecht, Rn. 998.
550 *Specht* in Dreier/Schulze, Urheberrechtsgesetz, UrhG § 95a Rn. 1; *Götting* in Schricker/Loewenheim, Urheberrecht, UrhG Vor. §§ 95 ff. Rn. 1.
551 *Götting* in Schricker/Loewenheim, Urheberrecht, UrhG Vor. §§ 95 ff. Rn. 15; *Specht* in Dreier/Schulze, Urheberrechtsgesetz, UrhG § 95b Rn. 14 ff.
552 *Götting* in Schricker/Loewenheim, Urheberrecht, UrhG Vor. §§ 95 ff. Rn. 14.
553 BGBl. I 1090.
554 *Specht* in Dreier/Schulze, Urheberrechtsgesetz, UrhG § 95a Rn. 1; *Götting* in Schricker/Loewenheim, Urheberrecht, UrhG Vor. §§ 95 ff. Rn. 24.
555 *Götting* in Schricker/Loewenheim, Urheberrecht, UrhG Vor. §§ 95 ff. Rn. 23.
556 *Eichelberger* in Eichelberger/Seifert/Wirth, Urheberrechtsgesetz, UrhG § 108b Rn. 3; *Flechsig/Heinrich* in Loewenheim, Handbuch des Urheberrechts, § 95 Rn. 110 Rn. 113.
557 *Eichelberger* in Eichelberger/Seifert/Wirth, Urheberrechtsgesetz, UrhG § 108b Rn. 4; *Flechsig/Heinrich* in Loewenheim, Handbuch des Urheberrechts, § 95 Rn. 114.
558 *Eichelberger* in Eichelberger/Seifert/Wirth, Urheberrechtsgesetz, UrhG § 111a Rn. 1.

475 Eine gewerbliche Ausübung der in § 111a Abs. 1 Nr. 1 UrhG geschilderten Tathandlung ist nach § 108b Abs. 2 UrhG strafbar. Der Ordnungswidrigkeitentatbestand wird insofern verdrängt (§ 21 Abs. 1 Satz 1 OWiG).[559]

IV. Zusammenfassung

476 Das Urheberrecht entfaltet sowohl positive als auch negative Rechtswirkungen und genießt strafrechtlichen Schutz. Positiv schützt es den Urheber in seiner geistigen und persönlichen Beziehung zum Werk (**Urheberpersönlichkeitsrecht**) und in der Nutzung des Werkes (**Verwertungsrechte**). Das Urheberpersönlichkeitsrecht als immaterieller Teilaspekt des umfassenden Urheberrechts ist ein absolutes Recht. Die Verwertungsrechte beinhalten jeweils das Recht, das Werk zu vervielfältigen, zu verbreiten, auszustellen und öffentlich wiederzugeben (**positiver Inhalt**).

477 Das Urheberrecht gewährt einen Anspruch auf Unterlassung, Beseitigung der Beeinträchtigung und Schadensersatz im Falle widerrechtlicher Nutzung oder bei Verletzung des Urheberpersönlichkeitsrechts (**negativer Inhalt**). Der Anspruch auf Unterlassung besteht grundsätzlich auch, wenn die Rechtsverletzung erstmalig droht (Erstbegehungsgefahr). Hinsichtlich rechtswidrig hergestellter Vervielfältigungsstücke eines Werkes hat der Berechtigte einen Anspruch auf Vernichtung, Rückruf bzw. Entfernen aus den Vertriebswegen und auf die Überlassung der Vervielfältigungen. Vor der gerichtlichen Geltendmachung eines Unterlassungsanspruchs sollte der Rechteinhaber den Verletzer zunächst abmahnen.

478 Hat der Verletzer die Urheberrechtsverletzung zu vertreten, so ist er gegenüber dem Rechteinhaber zum **Schadensersatz** verpflichtet. Der Schaden kann alternativ berechnet werden:

- Geldentschädigung für den tatsächlich entstandenen Schaden
- Herausgabe des Verletzergewinns
- Zahlung des Betrages, der für eine angemessene Vergütung bei Einräumung der Rechte zu zahlen gewesen wäre (Lizenzanalogie).

479 Auch immaterielle Verletzungsfolgen (dh ein Nichtvermögensschaden) kann der Rechteinhaber gegenüber dem Verletzer ggf. geltend machen. Zur Unterstützung der Durchsetzung der Ansprüche auf Unterlassung, Beseitigung und Schadensersatz sieht das Gesetz außerdem Hilfsansprüche (Rn. 413 ff.) vor. Sämtliche Ansprüche unterliegen der Regelverjährung (§ 195 BGB).

Frage 20: Umschreiben Sie bitte den negativen Inhalt des Urheberrechts.

---

[559] *Eichelberger* in Eichelberger/Seifert/Wirth, Urheberrechtsgesetz, UrhG § 111a Rn. 1; *Dreier* in Dreier/Schulze, Urheberrechtsgesetz, UrhG § 108b Rn. 8.

§ 5 Rechtsnachfolge und Rechteübertragung

Das Urheberrecht ist als einheitliches Recht mit persönlichkeits- wie vermögensrechtlichem Inhalt zwar von Todes wegen übertragbar. Wegen seiner Höchstpersönlichkeit kommt jedoch eine Übertragung unter Lebenden nicht in Betracht (§ 29 UrhG). Allein die aus dem Urheberrecht resultierenden Nutzungsrechte als Korrelat zu den urheberrechtlichen Verwertungsrechten sind übertragbar. 480

I. Rechtsnachfolge von Todes wegen

Das Urheberrecht ist nach § 28 Abs. 1 UrhG an natürliche oder juristische Personen sowie an rechtsfähige Personengesellschaften vererblich (vgl. § 1922 BGB). Nicht vererblich ist hingegen die Urheber*schaft* des Schöpfers iS von § 7 UrhG als solche.[1] 481

Grundsätzlich unterliegt also das Urheberrecht der gesetzlichen oder gewillkürten Erbfolge. Es gelten insofern die allgemeinen Regeln des BGB. Sofern der Urheber nicht im Wege der letztwilligen Verfügung (Testament, Erbvertrag) einen oder mehrere Erben bestimmt, gilt die gesetzliche Erbfolge.[2] Möglich ist auch eine Zuwendung des Urheberrechts an einen Dritten durch Vermächtnis (§§ 2147 ff. BGB), wobei in diesem Fall das Urheberrecht von den Erben rechtsgeschäftlich auf den Vermächtnisnehmer übertragen werden muss (§ 29 Abs. 1 UrhG).[3] 482

Der Urheber kann außerdem die Ausübung des Urheberrechts an einen Testamentsvollstrecker (§ 2167 BGB) übertragen (§ 28 Abs. 2 Satz 1 UrhG), bspw. weil ihm die Erben zur Ausübung der Rechte nicht geeignet erscheinen.[4] Die Aufgabe des Testamentsvollstreckers besteht darin, die letztwilligen Verfügungen des Erblassers, ggf. auch gegen entgegenstehende Interessen des/der Erben, zur Ausführung zu bringen. Die Anordnung der Testamentsvollstreckung ist in Abweichung von der Regelung des § 2010 BGB für das Urheberrecht auch länger als 30 Jahre nach dem Erbfall möglich (§ 28 Abs. 2 Satz 2 UrhG). Die Ausnahme trägt der Wertung des § 64 UrhG Rechnung, der eine Schutzdauer des Urheberrechts von 70 Jahren nach dem Tod des Urhebers vorsieht.[5] 483

Der Rechtsnachfolger des Urhebers (Erbe) – aber auch der Testamentsvollstrecker, der nicht Erbe ist[6] – kann Ansprüche wegen Verletzungen des Urheberrechts im eigenen Namen geltend machen, soweit er ein eigenes schutzwürdiges Interesse an der rechtlichen Verfolgung der Ansprüche hat.[7] 484

FALL 13 – UMFANG DES POSTMORTALEN PERSÖNLICHKEITSRECHTS EINES ARCHITEKTEN 485
Nach BGH, Beschluss vom 9.11.2011 – I ZR 216/10 – GRUR 2012, 172.

---

1 *Schulze* in Dreier/Schulze, Urheberrechtsgesetz, UrhG § 28 Rn. 3.
2 *Seifert/Wirth* in Eichelberger/Seifert/Wirth, Urheberrechtsgesetz, UrhG § 28 Rn. 1; *Schulze* in Dreier/Schulze, Urheberrechtsgesetz, UrhG § 28 Rn. 7; *Ohly* in Schricker/Loewenheim, Urheberrecht, UrhG § 28 Rn. 10.
3 *Hoche* in Wandtke/Bullinger, Urheberrecht, UrhG § 28 Rn. 3; *Ohly* in Schricker/Loewenheim, Urheberrecht, UrhG § 28 Rn. 13 f., ders. § 29 Rn. 12 ff.
4 *Ohly* in Schricker/Loewenheim, Urheberrecht, UrhG § 28 Rn. 15; *Schulze* in Dreier/Schulze, Urheberrechtsgesetz, UrhG § 28 Rn. 8.
5 *Seifert/Wirth* in Eichelberger/Seifert/Wirth, Urheberrechtsgesetz, UrhG § 28 Rn. 2; *Ohly* in Schricker/Loewenheim, Urheberrecht, UrhG § 28 Rn. 15.
6 BGH, Urt. v. 5.11.2015 – I ZR 76/11 – NJW 2016, 2338 – Wagenfeld-Leuchte II, Ls. 2.
7 *Seifert/Wirth* in Eichelberger/Seifert/Wirth, Urheberrechtsgesetz, UrhG § 28 Rn. 2.

Sachverhalt:
E ist Eigentümerin eines von dem namhaften, 1966 verstorbenen Architekten A mit innovativer Formgebung entworfenen Bahnhofsgebäudes aus den 20'er Jahren des vergangenen Jahrhunderts. Im Zuge der aufgrund weitgehend veränderter Anforderungen an den Zugverkehr zwingend notwendigen Modernisierungsarbeiten will die E Teile des Gebäudes abreißen lassen, um die verbleibenden Gebäudeteile in Verbindung mit den anstelle der abgerissenen Teile neu zu errichtenden Abschnitten weiter nutzen zu können. Zudem sollen diese auf den aktuellen Stand der Technik gebracht werden. Die geplanten Maßnahmen werden den Gesamteindruck des Gebäudes verändern.
R ist der Alleinerbe des A. Er will den geplanten Teilabriss unbedingt verhindern und meint, sich auf eine Verletzung des Urheberpersönlichkeitsrechts des A berufen zu können.
Zu Recht?
Bearbeitervermerk: *Für den Bearbeitungszeitpunkt ist auf das Jahr 2021 abzustellen.*
Lösung:
Fraglich ist, ob R von E das Unterlassen des Teilabrisses verlangen kann.

A. Voraussetzung hierfür ist zunächst, dass dem R das Urheberrecht oder ein sonstiges durch das UrhG geschütztes Recht an dem streitgegenständlichen Gebäude zusteht.
   I. Bei dem Gebäude handelt es sich um ein Werk der Baukunst iSd § 2 Abs. 1 Nr. 4 UrhG, da es aufgrund seiner innovativen Formgebung als persönliche und geistige Schöpfung des A anzusehen ist.
   II. Gemäß § 11 UrhG schützt das Urheberrecht zunächst den Urheber. Urheber wiederum ist nach § 7 UrhG der Schöpfer des Werkes, so dass hier der A als Urheber anzusehen ist. Da der A allerdings bereits verstorben ist, geht das Urheberrecht auf dessen Erben über (§ 28 Abs. 1 UrhG iVm § 1922 Abs. 1 BGB). Laut Sachverhalt ist der R Alleinerbe des A, weshalb ihm auch das Urheberrecht zusteht.
   III. Zu beachten sind allerdings die zeitlichen Grenzen des Urheberrechts, die sich aus den § 64 ff. UrhG ergeben. § 64 UrhG sieht insoweit eine Schutzdauer von 70 Jahren nach dem Tod des Urhebers vor. Hiervon sind im maßgeblichen Bearbeitungszeitpunkt erst 55 Jahre verstrichen, so dass das Urheberrecht noch nicht erloschen ist.
   IV. Der R kann sich demnach grundsätzlich auf das Urheberrecht berufen.
B. Der Teilabriss könnte eine „Entstellung" des Werkes iSd § 14 UrhG sein.
   I. Die „andere Beeinträchtigung" iS dieser Norm meint als Oberbegriff die Änderung, Umgestaltung, Entstellung oder sonstige Form, mit denen der geistig-ästhetische Gesamteindruck eines geschützten Werkes verändert wird.[8] Es muss zumindest in die geistige Substanz des Werkes eingegriffen werden. Zudem wird ein anderer Gesamteindruck auch durch eine Verbindung des Werkes mit anderen Werken oder schutzlosen Gegenständen vermittelt.[9] Eine Teil-Werknutzung kann ebenfalls als Beeinträchtigung angesehen werden, da der vom Urheber bestimmte Gesamteindruck eines Werkes durch das vollständige Werk, wie der Urheber es veröffentlicht hat, geprägt wird.[10] Demnach ist auch der teilweise Abriss eines Gebäudes, der sogar in die körperliche Substanz des Werkes eingreift und Teile des Werkes jeglicher Nutzung entzieht, als Beeinträchtigung iSd § 14 UrhG anzusehen.

---

[8] Dreier/Schulze/Schulze, UrhG, § 14 Rn. 10.
[9] Dreier/Schulze/Schulze, UrhG, § 14 Rn. 11.
[10] *Schulze* in Dreier/Schulze, Urheberrechtsgesetz, UrhG, § 14 Rn. 12.

I. Rechtsnachfolge von Todes wegen

II. Diese Beeinträchtigung muss zudem geeignet sein, die berechtigten Interessen des Urhebers zu gefährden. Die bloße Gefährdung genügt, so dass eine direkte oder indirekte, objektiv nachweisbare Änderung des Werkes ausreichendes Indiz hierfür ist.

III. Die Tatsache, dass den Urheberinteressen Jahre oder gar Jahrzehnte nach dem Tod des Urhebers ein anderes Interesse beizumessen ist[11], muss allerdings im Rahmen einer nunmehr durchzuführenden Interessenabwägung berücksichtigt werden.

1. Im vorliegenden Fall ist zunächst davon auszugehen, dass von der 70-jährigen Schutzdauer des § 64 UrhG bereits 55 Jahre und damit über dreiviertel der genannten Zeitspanne abgelaufen ist. Fraglich ist daher, in welchem Umfang das Urheberpersönlichkeitsrecht, auf das sich der R im vorliegenden Fall beruft, noch schützen kann. Insoweit könnte man annehmen, dass sich die Urheberinteressen – darunter auch das Erhaltungsinteresse – im Laufe der Zeit zunächst abschwächt, bevor es mit dem Ablauf der in § 64 UrhG genannten Frist erlischt.[12] Dies gilt für Bauwerke in besonderem Maße, da sich mit steigender Nutzungsdauer auch der Modernisierungsbedarf erhöht.[13] Ausgangspunkt für diese Erwägung ist das allgemeine Persönlichkeitsrecht (Art. 2 Abs. 1 iVm Art. 1 Abs. 1 GG), dessen Schutzbedürfnis in dem Maße schwindet, wie die Erinnerung an den Verstorbenen im Laufe der Zeit verblasst.[14] Dementsprechend muss angenommen werden, dass die Verbindung des Urhebers mit seinem Bauwerk als persönliche geistige Schöpfung ebenfalls immer mehr in den Hintergrund tritt.[15]

Gegen eine solche Auslegung spricht insbesondere nicht § 64 UrhG. Zwar regelt dieser eine Schutzdauer – also die Frage, ob das Urheberpersönlichkeitsrecht über den Tod des Urhebers hinaus weiterbesteht.[16] Keine Regelung trifft die Norm jedoch hinsichtlich der Frage des „Wie", also der Schutzintensität.

Auch die monistische Konzeption des Urheberrechts, die die ideellen und materiellen Interessen als einheitliches Recht miteinander verbindet, führt zu keinem anderen Ergebnis. Zu beachten ist dabei, dass die vermögensrechtlichen Verwertungsrechte – ebenso wie das Urheberpersönlichkeitsrecht – an die Person des Urhebers gebunden sind und daher einer zeitlichen Begrenzung unterliegen sollen. Daraus resultiert auch die volle Vererblichkeit des Urheberpersönlichkeitsrechts (§ 28 Abs. 1 iVm § 30 UrhG).[17]

2. Dem gegenüber stehen die Interessen der Eigentümerin E, die das ihr gehörende Gebäude modernisieren will. Beachtlich scheint hier vor allem, dass es sich bei dem Bahnhofsgebäude um einen Zweckbau handelt, wobei der Gebrauchszweck im Rahmen der Interessensabwägung zu berücksichtigen ist.[18] Das Bahnhofsgebäude soll laut Sachverhalt partiell abgerissen werden, um die verbleibenden Gebäudeteile weiter nutzen und auf den aktuellen Stand der Technik bringen zu können. Dem A als Urheber dieses Gebäudes muss klar gewesen

---

11 BGH, Urt. v. 13.10.1988 – I ZR 15/87 – GRUR 1989, 106 (107).
12 BGH, Urt. v. 13.10.1988 – I ZR 15/87 – GRUR 1989, 106 (107).
13 OLG Stuttgart, Urt. v. 6.10.2010 – 4 U 106/10 – GRUR-RR 2011 (56).
14 BVerfG, Beschluss vom 24.2.1971 – 1 BvR 435/68 – NJW 1971, 1645 (1647).
15 OLG Stuttgart, Urt. v. 6.10.2010 – 4 U 106/10 – GRUR-RR 2011, 56 (62).
16 BGH, Urt. v. 8.6.1989 – I ZR 135/87 – GRUR 1995, 668 (670).
17 BGH, Urt. v. 26.11.1958 – I ZR 266/52 – GRUR 1955, 201 (204).
18 BGH, Beschluss vom 9.11.2011 – I ZR 216/10 – GRUR 2012, 172 (172).

sein, dass früher oder später bauliche Anpassungen an dem von ihm entworfenen Werk unumgänglich sind.[19]

3. Im Ergebnis ist festzustellen, dass die Interessen der Eigentümerin E im vorliegenden Fall jene des R deutlich überwiegen, so dass aus urheberrechtlicher Sicht keine Bedenken gegen das Bauvorhaben bestehen. Eine beachtliche Verletzung des Urheberrechts des R als Alleinerbe des A kann mithin ausgeschlossen werden. ◄

486 Die **Erben als Rechtsnachfolger** des Urhebers haben, soweit nichts anderes bestimmt ist, nach § 30 UrhG die dem Urheber nach dem UrhG zustehenden Rechte einschließlich des Urheberpersönlichkeitsrechtes mit der Möglichkeit, nach § 97 Abs. 2 UrhG immateriellen Schadensersatz geltend zu machen, aber mit der Ausnahme der Rechte aus der Urheberschaft iSd § 7 UrhG.

487 Ist bei der Geltendmachung von Rechten eine Interessenabwägung vorzunehmen, so sind die Interessen des verstorbenen Urhebers und nicht etwa die des/der Erben maßgeblich. Die Urheberinteressen haben aber nach dem Tod des Urhebers unter Umständen nicht mehr dasselbe Gewicht wie zu Lebzeiten.[20]

488 Der Erbe kann das Urheberrecht auch seinerseits wieder vererben.

II. Rechtsnachfolge unter Lebenden

489 Ausgangspunkt für die Rechtsnachfolge unter Lebenden ist zunächst § 29 UrhG. Danach ist zwar das Urheberrecht unter Lebenden nicht übertragbar (Abs. 1). Zulässig sind aber nach § 29 Abs. 2 UrhG[21]

- die Einräumung von (absoluten) Nutzungsrechten (§ 31 UrhG),
- (schuldrechtliche) Einwilligungen oder Vereinbarungen zu Verwertungsrechten, welche im UrhG nicht geregelt sind, und
- Rechtsgeschäfte über Urheberpersönlichkeitsrechte, sofern der Urheber darüber verfügen kann (§ 39 UrhG).

BEACHTE: VERWERTUNGSRECHTS VERSUS NUTZUNGSRECHTE

Das „Verwertungsrecht" liegt als unübertragbare vermögensrechtliche Komponente des Urheberrechts stets in der Hand des Urheberrechtsinhabers – also des Urhebers oder seines Erben. Dieser kann jedoch auf rechtsgeschäftlicher Basis die Verwertungs*befugnis* einem Dritten einräumen. Der Dritte verfügt dann über ein „Nutzungsrecht".[22]

1. Unübertragbarkeit des Urheberrechts (§ 29 Abs. 1 UrhG)

490 Das Urheberrecht ist unter Lebenden nach § 29 Abs. 1, 1. Hs. UrhG nicht übertragbar (**Grundsatz der Unübertragbarkeit des Urheberrechts**). Damit kommt das Grundprinzip des Urheberrechts zum Ausdruck, nach dem dieses als untrennbares Recht (monis-

---

[19] BGH, Urt. v. 31.5.1974 – I ZR 10/73 – GRUR 1974, 675 (677).
[20] BGH, Beschl. v. 9.11.2011 – I ZR 216/10 – Stuttgart 21 – GRUR 2012, 172; BGH, Urt. v. 13.10.1988 – I ZR 15/87 – NJW 1989, 348; *Seifert/Wirth* in Eichelberger/Seifert/Wirth, Urheberrechtsgesetz, UrhG § 30 Rn. 1.
[21] *Seifert/Wirth* in Eichelberger/Seifert/Wirth, Urheberrechtsgesetz, UrhG § 29 Rn. 2; *Schulze* in Dreier/Schulze, Urheberrechtsgesetz, UrhG § 29 Rn. 15 ff.; *Hoche* in Wandtke/Bullinger, Urheberrecht, UrhG § 29 Rn. 34 ff.
[22] *Ohly* in Schricker/Loewenheim, Urheberrecht, UrhG § 29 Rn. 19.

III. Die Einräumung von Nutzungsrechten (§ 31 UrhG)

tische Theorie) mit einem unübertragbaren persönlichkeitsrechtlichen Anteil nicht an Dritte übertragen werden kann.[23]

Etwas anderes gilt nur dann, wenn das Urheberrecht in **Erfüllung einer Verfügung von Todes wegen** oder an Miterben im Wege der **Erbauseinandersetzung** übertragen wird (§ 29 Abs. 1 2. Hs. UrhG).[24]

491

2. Einräumung von Verwertungsrechten (§ 29 Abs. 2 UrhG)

Das UrhG gestattet es dem Urheber nach § 29 Abs. 2 UrhG allerdings, Dritten an seinem Urheberrecht vertraglich **Nutzungsrechte** iS von § 31 UrhG einzuräumen.

492

a) Hintergrund

Der Urheber kann im Hinblick auf die einzelnen Werkarten sein ihm eingeräumtes Verwertungsrecht meist ohne Hilfe wirtschaftlich starker Dritter überhaupt nicht ausüben. So braucht bspw. der Romanautor einen Verlag, um sein urheberrechtlich geschütztes Werk zu vertreiben, oder der Sänger ein Musikunternehmen, das seine Lieder einspielt und vertreibt. Daher eröffnet ihm das UrhG in § 29 Abs. 2 UrhG die Möglichkeit, wirtschaftlich an seinem Werk zu partizipieren, indem er anderen Nutzungsrechte einräumt.

493

b) Vertragsfreiheit

Ein eigenständiges Urhebervertragsrecht sieht das Urheberrecht, abgesehen von den speziellen Regelungen im VerlagsG, nicht vor.[25] Das UrhG regelt insoweit nur die Art und Weise der **Verfügung**. Das zugrundeliegende schuldrechtliche Verpflichtungsgeschäft unterliegt der dispositiven Vertragsfreiheit (Abschluss- sowie Inhaltsfreiheit) zwischen dem Urheber und seinem Vertragspartner. Es gelten die allgemeinen Regelungen des Vertragsrechts (§§ 145 ff., 133, 157, 305 ff., 433 ff., 631 ff. BGB). So kann bspw. ein Kunstmäzen einem Maler den Auftrag zur Erstellung eines Gemäldes entweder auf der Grundlage eines Werkvertrags (§ 631 BGB) oder auch auf der Basis eines Dienstvertrags (§ 611 BGB) erteilen.

494

c) Beendigung der Rechteübertragung

Endet die vereinbarte Nutzungsdauer oder fällt der Zweck der Rechteübertragung weg, erlangt der Urheber das Nutzungsrecht kraft Gesetzes zurück. Eine Rückübertragung ist aufgrund des im Urheberrecht geltenden **Kausalitätsprinzips** nicht erforderlich.[26]

495

III. Die Einräumung von Nutzungsrechten (§ 31 UrhG)

Der Urheber kann einem anderen (Dritten) nach § 31 Abs. 1 Satz 1 UrhG das Recht einräumen, das Werk zu nutzen. Die Einräumung der Nutzungsrechte kann sich auf einzelne oder auch auf alle Nutzungsarten beziehen. Sie ist grundsätzlich formfrei

496

---

23 *Eisenmann/Jautz*, Grundriss, Rn. 81; *Seifert/Wirth* in Eichelberger/Seifert/Wirth, Urheberrechtsgesetz, UrhG § 29 Rn. 1; *Hoche* in Wandtke/Bullinger, Urheberrecht, UrhG § 29 Rn. 4; *Ohly* in Schricker/Loewenheim, Urheberrecht, UrhG § 29 Rn. 8 ff.
24 *Ohly* in Schricker/Loewenheim, Urheberrecht, UrhG § 29 Rn. 12 ff.
25 *Schulze* in Dreier/Schulze, Urheberrechtsgesetz, UrhG § 31 Rn. 1.
26 *Lettl*, Urheberrecht, § 5 Rn. 4.

möglich. Eine Ausnahme bildet die Einräumung von bisher unbekannten Nutzungsarten (§ 31a UrhG) oder die Einräumung von Nutzungsrechten an künftigen Werken (§ 40 UrhG).

497 Bei der Nutzungseinräumung handelt es sich um ein Verfügungsgeschäft über ein Recht, welches grundsätzlich unabhängig von einer (ggf. zusätzlich vereinbarten) Übergabe des Werkstücks (vgl. § 9 Abs. 1 VerlagsG) ist. Ist eine Übergabe des Werkstücks vorgesehen, gelten die allgemeinen Regeln der §§ 929 ff. BGB.

498 Voraussetzungen einer wirksamen Nutzungseinräumung iS von § 31 Abs. 1 Satz 1 UrhG als Verfügungsgeschäft sind:

- **Bestehen des Nutzungsrechts:** Der Übertragende ist **Inhaber des Nutzungsrechts** und hat dieses ggf. in einer ununterbrochenen Erwerbskette auf den Urheber zurückführbar erworben.
- Zwischen Übertragendem und Erwerber ist eine (dingliche) Einigung darüber erfolgt, dass das Nutzungsrecht übergehen soll (**Einigung über den Rechtserwerb**).

499 Der Urheber kann dem Dritten einzelne aber auch alle ihm zustehenden Verwertungsrechte als Nutzungsrechte übertragen.

500 Inhaltlich deckt sich das durch den Dritten erworbene Nutzungsrecht zwar mit den Verwertungsrechten der §§ 16 ff. UrhG (Inhaltsgleichheit).[27] Gleichwohl handelt es sich bei den übertragenen Nutzungsrechten und den korrespondierenden Verwertungsrechten des Urhebers aber jeweils um selbstständige Rechte. Während die Verwertungsrechte die gesetzlichen Befugnisse des Urhebers eher abstrakt umschreiben, bestimmt das Nutzungsrecht die Berechtigung eines Dritten konkret hinsichtlich des Umfangs (zur Terminologie vorstehende Rn. 211 ff.).[28]

501 Mehrere Nutzungsrechte können auch zusammen übertragen werden (zB Vervielfältigung und Vertrieb). Man spricht dann von einer **Bündelung der Nutzungsrechte**. Auch die Teilübertragung an jeweils verschiedene Dritte ist möglich (**Spaltung von Nutzungsrechten**).

1. Grundlagen der Übertragung von Nutzungsrechten

502 Die Übertragung von Nutzungsrechten durch den Urheber auf Dritte vollzieht sich nach Maßgabe der §§ 31 ff. UrhG auf der Grundlage von Urheberrechtsverträgen. Aufgrund der speziellen Interessenlage des Urheberrechts, wonach die Übertragungsmöglichkeit grundsätzlich dem Zweck dient, für den Urheber die Wahrnehmung seiner Verwertungsrechte zu ermöglichen[29], ergeben sich einige Besonderheiten.

a) Trennungs- und Abstraktionsprinzip

503 Bei der Übertragung nach den §§ 31 ff. UrhG handelt es sich um ein **Verfügungsgeschäft**. Ergänzend gelten hier auch die allgemeinen Regeln zur Rechteübertragung (§ 413 iVm §§ 398 ff. BGB). Der Urheberrechtsvertrag enthält das der Übertragung zugrundeliegende schuldrechtliche **Verpflichtungsgeschäft**. Dieser richtet sich nach dem

---

[27] So Eisenmann/Jautz, Grundriss, Rn. 82.
[28] *Wirth* in Eichelberger/Seifert/Wirth, Urheberrechtsgesetz, UrhG § 31 Rn. 3.
[29] *Ohly* in Schricker/Loewenheim, Urheberrecht, UrhG § 31 Rn. 1; *Wirth* in Eichelberger/Seifert/Wirth, Urheberrechtsgesetz, UrhG § 31 Rn. 10.

III. Die Einräumung von Nutzungsrechten (§ 31 UrhG)

sog. Urhebervertragsrecht. In der Regel enthält der Urhebervertrag auch die dingliche Einigung hinsichtlich des Rechteüberganges.

Das **Trennungsprinzip**, nach dem zwischen dem schuldrechtlichen Verpflichtungs- und dem dinglichem Verfügungsgeschäft zu trennen ist, gilt auch im Urheberrecht (vgl. bspw. § 40 Abs. 1 Satz 1 und Abs. 3 UrhG). Die Geltung des **Abstraktionsprinzips**, wonach beide Geschäfte auch hinsichtlich ihrer Wirksamkeit abstrakt, dh unabhängig voneinander sind, ist hingegen umstritten.[30]

504

Vertreter des **Kausalitätsprinzips** stellen darauf ab, dass im Falle eines unwirksamen Verpflichtungsgeschäfts *ipso iure* auch das Verfügungsgeschäft ungültig ist bzw. wird und damit die Verwertungsrechte automatisch an den Urheber zurückfallen. So bestimmt § 9 Abs. 1 VerlagsG, welchen der BGH als „exemplarisch" bezeichnet[31], dass mit der Beendigung des (schuldrechtlichen) Vertragsverhältnisses das Nutzungsrecht des Verlegers (als Verpflichtungsgeschäft) erlischt.

505

Für die Geltung des Kausalitätsprinzips spricht die für das gesamte Urheberrecht enge Verknüpfung von Verpflichtungs- und Verfügungsgeschäft.[32] Die Rechteübertragung erfolgt grundsätzlich in dem durch das Verpflichtungsgeschäft anhand des Vertragszwecks festgelegten Umfang (**Zweckübertragungsgedanke**, dazu nachstehende Rn. 512 ff.).[33] Darin spiegelt sich auch die Prämisse wider, dass die Rechte des Urhebers so weit wie möglich erhalten bleiben sollen.[34] Da ein gutgläubiger Erwerb von Nutzungsrechten ausgeschlossen ist[35], fehlt es außerdem an der die Anwendung des Abstraktionsprinzips begründenden Rechts- und Verkehrsunsicherheit.[36]

506

b) Umfang der Rechteübertragung

Das Nutzungsrecht ist ein aus dem Urheberrecht mittels Übertragung auf den Erwerber abgeleitetes Recht und umfasst bspw. das Vermiet- oder Bearbeitungsrecht, das Recht zur Nutzung einzelner Teile eines Werks oder auch das Recht, Nutzungsrechte weiter zu übertragen.

507

Das aus den Verwertungsrechten der §§ 16 ff. UrhG resultierende Nutzungsrecht kann einem (oder auch mehreren) Dritten im Hinblick auf § 31 Abs. 1 Satz 2 UrhG als

508

- **einfaches** Recht (mit schuldrechtlicher Wirkung) oder
- als **ausschließliches** (exklusives) **Nutzungsrecht** (mit dinglicher Wirkung) sowie
- räumlich, zeitlich oder inhaltlich beschränkt bzw. auch unbeschränkt

eingeräumt werden.

---

30 Ausführlich zum Streitstand *Ohly* in Schricker/Loewenheim, Urheberrecht, UrhG § 31 Rn. 15 ff.; *Schulze* in Dreier/Schulze, Urheberrechtsgesetz, UrhG § 31 Rn. 18 f.
31 BGH, Urt. v. 19.7.2012 – I ZR 70/10 – GRUR 2012, 916 – M2Trade, Rn. 19; *Wirth* in Eichelberger/Seifert/Wirth, Urheberrechtsgesetz, UrhG § 31 Rn. 5; *Wandtke/Grunert* in Wandtke/Bullinger, Urheberrecht, UrhG Vor §§ 31 ff. Rn. 50.
32 *Lettl*, Urheberrecht, § 5 Rn. 17; *Peukert* in Rehbinder/Peukert, Urheberrecht, Rn. 812.
33 *Wirth* in Eichelberger/Seifert/Wirth, Urheberrechtsgesetz, UrhG § 31 Rn. 5.
34 *Lettl*, Urheberrecht, § 5 Rn. 17.
35 Dazu *Schulze* in Dreier/Schulze, Urheberrechtsgesetz, UrhG § 31 Rn. 24.
36 *Lettl*, Urheberrecht, § 5 Rn. 17.

c) Begrenzung der Nutzung

509 Bei einer entsprechenden Beschränkung in räumlicher, zeitlicher oder inhaltlicher Hinsicht ist zu beachten, dass eine schuldrechtliche Beschränkung nur zwischen den Vertragsparteien (*inter partes*) wirkt. Möglich ist allerdings auch eine im Urhebervertrag vereinbarte Beschränkung mit **dinglicher Wirkung**.[37] Dies hat zur Folge, dass eine darüber hinausgehende Nutzung nicht nur eine Verletzung des Vertragszweckes darstellt, sondern auch eine Urheberrechtsverletzung ist.[38]

510 Die Nutzungseinräumung muss sich auf mindestens eine bestimmte Nutzungsart beziehen. Eine inhaltliche Einschränkung mit dinglicher Wirkung ist nur hinsichtlich bestimmter Nutzungsarten möglich.[39] Nutzungsart ist jede konkrete, technisch und wirtschaftlich eigenständige Verwertungsform des Werkes, die Gegenstand einer selbstständigen Rechteeinräumung sein kann.[40]

511 Räumliche Beschränkungen sind in verschiedenem Umfang denkbar, dürfen aber bei Rechteübertragungen im EU-Binnenmarkt nicht zu einer wettbewerbswidrigen Marktabschottung führen.[41]

d) Zweckübertragungstheorie (§ 31 Abs. 5 UrhG)

512 Nach § 31 Abs. 5 UrhG richtet sich der Umfang der eingeräumten Nutzungsrechte, wenn diese im Vertrag nicht genauer benannt sind[42] und die darin bestehende Regelungslücke auch nicht durch Auslegung (§§ 133, 157 BGB) beseitigt werden kann, nach dem Vertragszweck.[43] Dies soll zum einen sicherstellen, dass Rechte in genügendem Umfang übertragen werden, so dass der Vertragszweck erfüllt werden kann. Zum anderen soll der Urheber seine Rechte bestmöglich verwerten können, weshalb die nicht zur Erreichung des Vertragszweckes notwendigen Rechte in größtmöglichem Umfang bei ihm verbleiben sollen.[44] Der Übertragungszweckgedanke[45] hat zwar Leitbildfunktion, schränkt jedoch die Vertragsparteien nicht in ihrer Vertragsfreiheit ein.[46]

---

37 *Ohly* in Schricker/Loewenheim, Urheberrecht, UrhG § 31 Rn. 31; *Schulze* in Dreier/Schulze, Urheberrechtsgesetz, UrhG § 31 Rn. 28.
38 BGH, Urt. v. 6.10.2016 – I ZR 25/15 – GRUR 2017, 266 – World of Warcraft I, Rn. 46.
39 Vgl. etwa BGH, Urt. v. 12.12.1991 – I ZR 165/89 – NJW 1992, 1320 – Taschenbuchlizenz; BGH 21.11.1958 – I ZR 98/57 – GRUR 1959, 200 – Heiligenhof; *Wirth* in Eichelberger/Seifert/Wirth, Urheberrechtsgesetz, UrhG § 31 Rn. 6. Für eine Interessenabwägung: *Schulze* in Dreier/Schulze, Urheberrechtsgesetz, UrhG § 31 Rn. 29.
40 BGH, Urt. v. 4.7.1996 – I ZR 101/94 – NJW 1997, 320 (322) – Klimbim; *Wirth* in Eichelberger/Seifert/Wirth, Urheberrechtsgesetz, UrhG § 31 Rn. 6.
41 EuGH, Urt. v. 4.10.2011 – C-403/08 und C-429/08 – GRUR-Int. 2011, 1063 – Football Association Premier League ua; *Wirth* in Eichelberger/Seifert/Wirth, Urheberrechtsgesetz, UrhG § 31 Rn. 7. Detailliert *Ohly* in Schricker/Loewenheim, Urheberrecht, UrhG § 31 Rn. 35 ff.
42 BGH, Urt. v. 27.9.1995 – I ZR 215/93 – NJW 1995, 3252 – Pauschale Rechtseinräumung. Davon zu unterscheiden ist der Fall, in dem die Vertragsparteien keinen Regelungsbedarf gesehen haben, vgl. BGH, Urt. v. 25.11.2004 – I ZR 49/02 – NJW-RR 2005, 687 – Kehraus; BGH, Urt. v. 19.12.2002 – I ZR 297/99 – GRUR 2003, 699 – Eterna; *Wirth* in Eichelberger/Seifert/Wirth, Urheberrechtsgesetz, UrhG § 31 Rn. 10.
43 Siehe dazu auch BGH, Urt. v. 29.4.2010 – I ZR 68/08 – NJW 2010, 2354 – Restwertbörse; BGH, Urt. v. 19.10.2011 ff I ZR 140/10 – NJW 2012, 1886 – Vorschaubilder II, Rn. 27; LG Köln, Urt. v. 20.12.2006 – 28 O 468/06 – ZUM 2008, 76 – Bewerbungsbilder.
44 *Wirth* in Eichelberger/Seifert/Wirth, Urheberrechtsgesetz, UrhG § 31 Rn. 10.
45 Vgl. bspw. BGH, Beschl. v. 11.5.2017 – I ZR 147/16 – ZUM 2018, 50 – Die Höhner, Rn. 16.
46 Vgl. BGH, Urt. v. 24.9.2014 – I ZR 35/11 – NJW 2015, 1690 – Hi Hotel II; BGH, Urt. v. 31. 5. 2012 ff I ZR 73/10 – BGHZ 193, 268 = GRUR 2012, 1031 – Honorarbedingungen Freie Journalisten; *Wirth* in Eichelberger/Seifert/Wirth, Urheberrechtsgesetz, UrhG § 31 Rn. 10.

III. Die Einräumung von Nutzungsrechten (§ 31 UrhG)

Ob es sich bei der Zweckübertragungsregel um eine reine Auslegungsnorm oder auch um eine (dispositive) Inhaltsnorm handelt, ist nicht abschließend geklärt.[47]

Eisenmann/Jautz[48] folgern aus dem Regelungsgehalt des § 31 Abs. 5 UrhG (**Zweckübertragungstheorie**) den Grundsatz, dass wenn „ein Nutzungsrecht zugunsten eines Dritten weder ausdrücklich im Einzelnen bezeichnet, noch aus dem von den Parteien zugrunde gelegten Vertragszweck ableitbar (ist), so verbleibt es bei dem Urheber". Damit gelte prinzipiell bei der Einräumung von Nutzungsrechten der Grundsatz: „im Zweifel für den Urheber".[49] Der Urheber überträgt „im Zweifel keine weiterreichenden Rechte, als es der Zweck der Verfügung erfordert".[50]

513

Die Einräumung von über den unmittelbaren Vertragszweck hinausgehenden Rechten bedarf also eines entsprechenden, mindestens in Begleitumständen und schlüssigem Verhalten[51] objektivierten, rechtsgeschäftlichen Erklärungswillens der Vertragsparteien, auch wenn die Rechteeinräumung in dem in Rede stehenden Umfang in der Branche üblich ist.[52] In der Praxis wird deshalb regelmäßig ein umfangreicher und detaillierter Rechtekatalog in den AGB verwendet.[53] So ist auch die faktisch vollständige Übertragung von allen bekannten Nutzungsarten (Buy-Out-Verträge) möglich.[54]

514

Die Einräumung von Nutzungsrechten an einem Werk beinhaltet außerdem nicht ohne Weiteres die Erlaubnis zur Nutzung (zB Verbreitung) von Bearbeitungen.[55]

515

Entsprechendes gilt nach § 31 Abs. 5 Satz 2 UrhG für die Frage, ob ein Nutzungsrecht eingeräumt wird (1. Alt.), ob es sich um ein einfaches oder ein ausschließliches Nutzungsrecht handelt (2. Alt.), wie weit Nutzungsrecht und Verbotsrecht reichen (3. Alt.) und welchen Einschränkungen das Nutzungsrecht unterliegt (4. Alt.).

516

e) Gutgläubiger Erwerb und Scheinrechte

Ein gutgläubiger Erwerb eines urheberrechtlichen Nutzungsrechts von einem Nichtberechtigten ist mangels Publizitätsobjekt, an den ein guter Glaube anknüpfen könnte (vgl. § 1006 Abs. 1 Satz 1 BGB oder § 891 BGB), ausgeschlossen.

517

Davon abzugrenzen ist der Erwerb eines **Scheinrechts**. Als Scheinrecht bezeichnet man ein Recht an einem Werk, bei dem es sich nicht um eine urheberrechtlich geschützte Leistung handelt.[56] Die Übertragung eines urheberrechtlich nicht schutzfähigen Scheinrechts berührt grundsätzlich nicht die Wirksamkeit eines Lizenzvertrages und damit auch nicht die ggf. darin enthaltene Verpflichtung zur Zahlung von Lizenzgebühren.[57] Das Interesse des Lizenznehmers gilt nämlich in der Regel der rechtssicheren Einräumung der in dem Vertrag vereinbarten Nutzung des Schutzgegenstandes. Bestehen Zweifel an der Erforderlichkeit der Einräumung des Rechtes, so werden diese, auch

518

---

47 Dazu ausführlich *Schulze* in Dreier/Schulze, Urheberrechtsgesetz, UrhG § 31 Rn. 114 ff.
48 *Eisenmann/Jautz*, Grundriss, Rn. 97.
49 *Eisenmann/Jautz*, Grundriss, Rn. 97.
50 *Lettl*, Urheberrecht, § 5 Rn. 9 und 20.
51 BGH, Urt. v. 27.3.2013 – I ZR 9/12 – GRUR 2013, 1213 – SUMO, Rn. 19.
52 BGH, Urt. v. 22.4.2004 – I ZR 174/01 – NJW 2005, 151 – Comic-Übersetzungen III.
53 *Wirth* in Eichelberger/Seifert/Wirth, Urheberrechtsgesetz, UrhG § 31 Rn. 11.
54 Dazu *Wandtke/Grunert* in Wandtke/Bullinger, Urheberrecht, UrhG § 31 Rn. 41 ff. Zur Wirksamkeit von Buy-Out-Klauseln siehe auch KG, Urt. v. 9.2.2012 – 23 U 192/08 – GRUR-RR 2012, 362 – Synchronsprecher.
55 *Wirth* in Eichelberger/Seifert/Wirth, Urheberrechtsgesetz, UrhG § 31 Rn. 7.
56 Lettl, Urheberrecht, § 4 Rn. 18.
57 BGH, Urt. v. 2.2.2012 ff I ZR 162/09 – NJW 2012, 3512 – Delcantos Hits; *Wirth* in Eichelberger/Seifert/Wirth, Urheberrechtsgesetz, UrhG § 31 Rn. 3.

wenn sich die Einräumung später als nicht erforderlich herausstellt, durch den Lizenzvertrag aus dem Weg geräumt, was dem Lizenznehmer eine dem Erwerb eines echten Schutzrechts gleichstehende wirtschaftliche Vorteilsposition bietet.[58] Zur Vermeidung einer solchen Situation kann die Pflicht zur Zahlung von Lizenzgebühren vertraglich an den Nachweis der Schutzfähigkeit des eingeräumten Rechts geknüpft werden.[59]

519 Die GEMA ist nach den Bestimmungen des Berechtigungsvertrages zur Erhebung und Verrechnung von Aufführungsgebühren nur berechtigt und verpflichtet, wenn der Bezugsberechtigte in Zweifelsfällen nachweist, dass die aufgeführten Musikstücke urheberrechtlich geschützt sind.

f) Beendigung des Nutzungsrechts

520 Hinsichtlich der Beendigung von Nutzungsrechten muss zwischen der Hauptlizenz, welche der Nutzungsberechtigte direkt vom Urheber erworben hat, und den auf der Basis der Hauptlizenz erworbenen Unterlizenzen (vgl. § 35 UrhG) unterschieden werden.

521 Endet der Lizenzvertrag bspw. durch eine einvernehmliche Aufhebung oder durch Zeitablauf, so fällt das urheberrechtliche Nutzungsrecht, das der Lizenzgeber einem Lizenznehmer eingeräumt hat, nach Ansicht des BGH[60] mit der Beendigung des Lizenzvertrages grundsätzlich *ipso iure* an den Lizenzgeber zurück (**Erlöschen der Hauptlizenz**).[61] Abweichende Vereinbarungen zwischen den Vertragsparteien sind jedoch möglich. Auch die Ausübung der Rückrufrechte wegen gewandelter Überzeugung (§ 42 UrhG) und wegen Nichtausübung (§ 41 UrhG) führt entsprechend zum Erlöschen des Nutzungsrechts.[62]

522 Das Erlöschen einer Hauptlizenz hat in aller Regel aber nicht das Erlöschen der Unterlizenz zur Folge.[63] Der Hauptlizenzgeber hat gegen den Hauptlizenznehmer nach § 812 Abs. 1 Satz 1 2. Alt. BGB einen Anspruch auf Abtretung von dessen ausstehenden Ansprüchen gegen den Unterlizenznehmer.[64]

2. Einfache und ausschließliche Nutzungsrechte

523 Es ist zwischen einfachen und ausschließlichen Nutzungsrechten zu unterscheiden. Das einfache Nutzungsrecht beinhaltet nur die positive Befugnis zur Nutzung des Werkes, während das ausschließliche Recht auch Abwehrbefugnisse hinsichtlich der Nutzung durch Dritte umfasst.[65]

---

58 BGH, Urt. v. 2.2.2012 ff I ZR 162/09 – NJW 2012, 3512, Rn. 18.
59 *Wirth* in Eichelberger/Seifert/Wirth, Urheberrechtsgesetz, UrhG § 31 Rn. 3.
60 BGH, Urt. v. 19.7.2012 ff I ZR 70/10 – GRUR 2012, 916 – M2Trade, Ls. 1.
61 Zur früheren Anwendung des Abstraktionsprinzips siehe BGH, Urt. v. 15.4.1958 – I ZR 31/57 – NJW 1958, 1583 – Privatsekretärin.
62 *Wirth* in Eichelberger/Seifert/Wirth, Urheberrechtsgesetz, UrhG § 31 Rn. 5.
63 BGH, Urt. v. 19.7.2012 ff I ZR 24/11 – GRUR 2012, 914 – Take Five, Ls.
64 BGH, Urt. v. 19.7.2012 ff I ZR 70/10 – GRUR 2012, 916 – M2Trade, Ls. 3. Zur Gestaltung von Lizenzverträgen siehe *Meyer-van Raay*, NJW 2012, 3691.
65 *Wirth* in Eichelberger/Seifert/Wirth, Urheberrechtsgesetz, UrhG § 31 Rn. 4; *Schulze* in Dreier/Schulze, Urheberrechtsgesetz, UrhG § 31 Rn. 7; *Wandtke/Grunert* in Wandtke/Bullinger, Urheberrecht, UrhG § 31 Rn. 27 ff.; *Peukert* in Rehbinder/Peukert, Urheberrecht, Rn. 819.

III. Die Einräumung von Nutzungsrechten (§ 31 UrhG)

a) Das einfache Nutzungsrecht

Das einfache Nutzungsrecht[66] berechtigt den Inhaber (Erwerber) gemäß § 31 Abs. 2 UrhG, das Werk auf die erlaubte Art zu nutzen, ohne dass eine Nutzung durch andere ausgeschlossen ist. Der Urheber kann also Dritten noch weitere gleichartige Nutzungsrechte erteilen und das Werk auch selbst weiter nutzen.

Dennoch entfaltet auch das einfache Nutzungsrecht eine (quasi-) dingliche Wirkung[67], insbesondere, da, auch wenn der Lizenzgeber sein Recht überträgt oder verliert[68] oder einem Dritten ein ausschließliches Nutzungsrecht einräumt, das einfache Nutzungsrecht erhalten bleibt (**Sukzessionsschutz**, § 33 UrhG).[69] Ein zeitlich später eingeräumtes ausschließliches Nutzungsrecht ist mit dem zeitlich prioritären (einfachen) Nutzungsrecht belastet. Der Urheber kann dem zeitlich nachrangigen Erwerber nämlich nur noch das einräumen, was ihm rechtlich selbst zusteht.[70]

Der Inhaber eines einfachen Nutzungsrechts hat allerdings im Gegensatz zum Inhaber eines ausschließlichen Nutzungsrechts nicht die Möglichkeit, Dritte von der Nutzung auszuschließen und damit auch kein eigenes Klagerecht.[71]

Frage 21: Was versteht man unter einem einfachen Nutzungsrecht?

b) Das ausschließliche Nutzungsrecht

Das ausschließliche Nutzungsrecht[72] berechtigt den Inhaber nach § 31 Abs. 3 UrhG, das Werk unter Ausschluss aller anderen Personen – einschließlich des Urhebers[73] – auf die ihm erlaubte Art zu nutzen (**Exklusivrecht**). Dieses Recht entfaltet also dingliche, dh drittausschließende Wirkung. Der Inhaber eines ausschließlichen Nutzungsrechts kann somit Dritte und auch den Urheber selbst im Umfang seines Rechts von der Nutzung ausschließen.[74]

Etwas anderes gilt nur, wenn der Urheber sich gemäß § 31 Abs. 3 Satz 2 UrhG die Nutzung vorbehält. Dann hat der Inhaber des ausschließlichen Nutzungsrechts keine Abwehransprüche gegen den Urheber.[75]

---

66 Dazu näher *Eisenmann/Jautz*, Grundriss, Rn. 86.
67 *Peukert* in Rehbinder/Peukert, Urheberrecht, Rn. 820.
68 BGH, Urt. v. 26. 3. 2009 – I ZR 153/06 – NJW-RR 2010, 186 – Reifen Progressiv, Rn. 21.
69 *Wirth* in Eichelberger/Seifert/Wirth, Urheberrechtsgesetz, UrhG § 31 Rn. 4.
70 *Wandtke/Grunert* in Wandtke/Bullinger, Urheberrecht, UrhG § 31 Rn. 30.
71 UU kann er aber die Rechte des Lizenzgebers im Wege der Prozessstandschaft geltend machen: *Wirth* in Eichelberger/Seifert/Wirth, Urheberrechtsgesetz, UrhG § 31 Rn. 4; *Soppe* in Ahlberg/Götting, BeckOK Urheberrecht, UrhG § 31 Rn. 65.
72 Dazu näher *Eisenmann/Jautz*, Grundriss, Rn. 85; *Peukert* in Rehbinder/Peukert, Urheberrecht, Rn. 821.
73 Umkehrschluss aus § 31 Abs. Abs. 3 Satz 2 UrhG: *Soppe* in Ahlberg/Götting, BeckOK Urheberrecht, UrhG § 31 Rn. 66.
74 BGH, Urteil v. 12.12.1991 – I ZR 165/89 – GRUR 1992, 310; AG Hamburg, Urt. v. 6.2.2015 – 36a C 38/14 – BeckRS 2015, 12311. Zum eigenen Klagerecht siehe: BGH, Urt. v. 17.6.1992 – I ZR 182/90 – NJW 1992, 2824 – Alf.
75 *Peukert* in Rehbinder/Peukert, Urheberrecht, Rn. 822.

529 Das ausschließliche Nutzungsrecht beinhaltet außerdem die Befugnis, mit Zustimmung des Urhebers Dritten weitere Nutzungsrechte einzuräumen. Der Urheber kann diese Befugnis dann grundsätzlich nicht mehr ausüben.

Frage 22: Was ist unter einem ausschließlichen Nutzungsrecht zu verstehen?

3. Lizenzen im Rechtsverkehr

530 Der Handel mit Lizenzen ist von erheblicher praktischer Bedeutung. So kommt es oftmals dazu, dass der Ersterwerber einer Lizenz sein Recht unter Aufgabe der eigenen Rechtsposition weiterveräußern oder Dritten abgeleitete Nutzungsrechte einräumen möchte. Im Grundsatz ermöglichen die §§ 34 und 35 UrhG solche Verfügungen mit Zustimmung des Urhebers.[76]

a) Übertragung von Nutzungsrechten

531 Ein einfaches oder ausschließliches Nutzungsrecht kann – im Unterschied zum Urheberrecht selbst bzw. zu den Verwertungsrechten (§§ 16 ff. UrhG) – übertragen werden. Eine Weiterübertragung durch den Veräußerer auf einen Dritten (unter Lebenden) ist nach § 34 Abs. 1 Satz 1 UrhG jedoch an die (ausdrückliche oder konkludente) **Zustimmung des Urhebers** gebunden, da infolge der Übertragung der Urheber einen neuen Vertragspartner erhält. Infolge der Weiterübertragung erwirbt der Erwerber (dh der Dritte) vom Veräußerer (dh dem Vertragspartner des Urhebers) das Nutzungsrecht, wodurch es zu einem Wechsel der Vertragsparteien kommt. Der Dritte erlangt voll umfänglich die Rechtsstellung des Veräußerers im Verhältnis zum Urheber, weshalb sowohl materielle als auch ideelle Interessen des Urhebers dadurch berührt werden. Will der bisherige Vertragspartner des Urhebers das Nutzungsrecht hingegen behalten und dem Dritten nur ein **weiteres Nutzungsrecht** einräumen, greift § 35 UrhG (nachstehende Rn. 539 ff.).

532 Die Regelung des § 34 UrhG ist dispositiv (vgl. § 34 Abs. 5 Satz 2 UrhG) und bezieht sich nur auf das dingliche Verfügungsgeschäft.

533 Der Urheber darf die Zustimmung aber nicht wider Treu und Glauben (§ 242 BGB) verweigern (§ 34 Abs. 1 Satz 2 UrhG). Ob eine Zustimmungspflicht im Einzelfall (ausnahmsweise)[77] besteht, ist unter Abwägung der beteiligten Interessen zu beurteilen.[78] Diese kann der Nutzungsberechtigte ggf. gerichtlich geltend machen (vgl. § 894 ZPO).

534 Fehlt die notwendige Zustimmung des Urhebers, ist die Übertragung mit dinglicher Wirkung *erga omnes* unwirksam und das Nutzungsrecht fällt *ipso jure* (aufgrund des Kausalitätsprinzips) an den Urheber zurück.[79] Eine Genehmigung des Urhebers kann nach den §§ 182 Abs. 1, 184 Abs. 1 BGB aber mit ex-tunc-Wirkung eine Heilung nach sich ziehen.

535 Werden mit dem Nutzungsrecht an einem Sammelwerk (§ 4 UrhG) Nutzungsrechte an den in das Sammelwerk aufgenommenen einzelnen Werken übertragen, so genügt gemäß § 34 Abs. 2 UrhG die Zustimmung des Urhebers des Sammelwerkes.

---

[76] *Wirth* in Eichelberger/Seifert/Wirth, Urheberrechtsgesetz, UrhG § 34 Rn. 1.
[77] LG Frankfurt aM, Urt. v. 6.7.2011 – 1–06 O 576/09 – ZUM 2012, 162 (165) – nrk.
[78] Dazu *Ohly* in Schricker/Loewenheim, Urheberrecht, UrhG § 34 Rn. 26 ff.; *Schulze* in Dreier/Schulze, Urheberrechtsgesetz, UrhG § 34 Rn. 18 ff.
[79] *Lettl*, Urheberrecht, § 5 Rn. 80.

III. Die Einräumung von Nutzungsrechten (§ 31 UrhG)

Zu einem Unternehmen gehörende Nutzungsrechte können bei einer Übertragung des Gesamtunternehmens zustimmungsfrei mitveräußert werden. Ist dem Urheber die Nutzung durch den Erwerber nach Treu und Glauben (§ 242 BGB) nicht zumutbar, kann er das Nutzungsrecht zurückrufen (§ 34 Abs. 3 Satz 1 und 2 UrhG).[80] Der Rückruf ist aus dem gleichen Grund auch bei einer wesentlichen Veränderung der Beteiligungsverhältnisse, dh einer Veränderung der Kontrolle über das Unternehmen, möglich.[81] Mit dem Wirksamwerden des Rückrufs erlischt das Nutzungsrecht (§ 41 Abs. 5 UrhG).[82]

Der Erwerber des Nutzungsrechtes haftet zusammen mit dem Veräußerer dem Urheber gesamtschuldnerisch (§ 421 BGB) für die Verpflichtungen aus dem ursprünglichen Lizenzvertrag (§ 34 Abs. 4 UrhG). Der Urheber kann auf das Rückrufsrecht und die Haftung des Erwerbers nicht im Voraus verzichten (34 Abs. 5 Satz 1 UrhG). Ein Verzicht durch ausdrückliche Zustimmung im Einzelfall ist möglich.[83]

§ 34 UrhG gilt nicht für die Nutzung von Filmrechten (§ 90 Abs. 1 Satz 1 Nr. 1 UrhG).

b) Einräumung weiterer Nutzungsrechte (§ 35 UrhG)

Der Erwerber eines ausschließlichen Nutzungsrechts kann auch Dritten wiederum konstitutiv[84] Nutzungsrechte einräumen. Er bedarf dazu grundsätzlich der Zustimmung des Urhebers (vgl. §§ 31 Abs. 3 Satz 3, 35 UrhG). Dieser darf die Zustimmung allerdings nicht wider Treu und Glauben (§ 242 BGB) verweigern (§§ 35 Abs. 2, 34 Abs. 1 Satz 2 UrhG), ist also im Falle überwiegender und berechtigter Interessen des Nutzungsrechteinhabers zur Zustimmung verpflichtet.[85]

Die Zustimmung ist nach § 35 Satz 2 UrhG entbehrlich, wenn das ausschließliche Nutzungsrecht nur zur Wahrnehmung der Belange des Urhebers eingeräumt ist. Gemeint sind hier vor allem Lizensierungen durch Verwertungsgesellschaften.[86] Die Rechteeinräumung darf dann zwar ohne die Zustimmung des Urhebers, jedoch nicht gegen seinen ausdrücklichen Willen erfolgen.[87]

Sublizenzen an Filmwerken können außerdem, insbesondere zur Erleichterung ihrer Verwertung durch den Filmhersteller (§ 94 UrhG), ohne Zustimmung des Urhebers erteilt werden (§ 90 Abs. 1 Satz 1 Nr. 2 UrhG).[88]

---

80 Dazu *Ohly* in Schricker/Loewenheim, Urheberrecht, UrhG § 34 Rn. 40 ff.; *Wandtke/Grunert* in Wandtke/Bullinger, Urheberrecht, UrhG § 31 Rn. 24 f.
81 *Wandtke/Grunert* in Wandtke/Bullinger, Urheberrecht, UrhG § 31 Rn. 26.
82 Mit Beispiel *Wirth* in Eichelberger/Seifert/Wirth, Urheberrechtsgesetz, UrhG § 34 Rn. 3.
83 *Wirth* in Eichelberger/Seifert/Wirth, Urheberrechtsgesetz, UrhG § 34 Rn. 4.
84 *Wirth* in Eichelberger/Seifert/Wirth, Urheberrechtsgesetz, UrhG § 35 Rn. 1; *Peukert* in Rehbinder/Peukert, Urheberrecht, Rn. 914.
85 *Wirth* in Eichelberger/Seifert/Wirth, Urheberrechtsgesetz, UrhG § 35 Rn. 2 und UrhG § 43 Rn. 2; *Soppe* in Ahlberg/Götting, BeckOK Urheberrecht, UrhG § 35 Rn. 6; *Ohly* in Schricker/Loewenheim, Urheberrecht, UrhG § 35 Rn. 11 ff.; *Schulze* in Dreier/Schulze, Urheberrechtsgesetz, UrhG § 35 Rn. 10 ff.
86 *Wirth* in Eichelberger/Seifert/Wirth, Urheberrechtsgesetz, UrhG § 35 Rn. 2; *Peukert* in Rehbinder/Peukert, Urheberrecht, Rn. 914; *Soppe* in Ahlberg/Götting, BeckOK Urheberrecht, UrhG § 35 Rn. 8.
87 *Soppe* in Ahlberg/Götting, BeckOK Urheberrecht, UrhG § 35 Rn. 9.
88 *Wirth* in Eichelberger/Seifert/Wirth, Urheberrechtsgesetz, UrhG § 90 Rn. 1; *Manegold/Czernik* in Wandtke/Bullinger, Urheberrecht, UrhG § 90 Rn. 2.

c) Grundsatz des Sukzessionsschutzes

542 Im gewerblichen Rechtsschutz und im Urheberrecht gilt der Grundsatz des Sukzessionsschutzes (§ 33 UrhG, § 30 Abs. 5 MarkenG, § 31 Abs. 5 DesignG, § 15 Abs. 3 PatG bzw. § 22 Abs. 3 GebrMG).[89]

543 Demnach bleiben das ausschließliche und auch das einfache Nutzungsrecht selbst dann wirksam, wenn der Inhaber des Rechts, der das Nutzungsrecht eingeräumt hat, wechselt (§ 33 Satz 2, Alt. 1 UrhG).[90] Im Urheberrecht ist darüber hinaus bestimmt, dass das abgeleitete Nutzungsrecht bestehen bleibt, wenn der Inhaber des Rechts, der das Nutzungsrecht eingeräumt hat, auf sein Recht verzichtet (§ 33 Satz 2, Alt. 2 UrhG). Daraus erschließt sich, dass auch das Erlöschen eines Nutzungsrechts nach der Vorstellung des Gesetzgebers nicht zum Entfallen der daraus abgeleiteten Nutzungsrechte führen muss.[91] Zweck des Sukzessionsschutzes ist es, das Vertrauen des Rechteinhabers in den Fortbestand seines Rechts zu schützen und ihm die Amortisation seiner Investitionen zu ermöglichen.[92]

544 **FALL 14**
BGH, Urt. v. 19.7.2012 ff I ZR 70/10 – BGHZ 194, 136 = GRUR 2012, 916.
Sachverhalt
K ist ein Unternehmen, das Software entwickelt und vertreibt. Die M-Service-GmbH ist als Teil des M-Konzerns (M-Gruppe) u.A. für die Digitalisierung der Unternehmensgruppe verantwortlich. Die K entwickelt für die M-Service-GmbH (S) eine Logistiksoftware (M2Trade) aus einem ihrer bestehenden Computerprogramme. Sie schließt mit der S einen mündlichen Vertrag über die Nutzung von M2Trade, welcher der S die Verbreitung der Software an Unternehmen der M-Gruppe und die Erteilung entsprechender Lizenzen an Subunternehmer erlaubt. Die MS zahlt der M2Trade dafür eine fortlaufende, monatlich zu entrichtende Lizenzgebühr. Die S erteilt der M-Abrechnungs-GmbH (A) eine Unterlizenz. Diese wiederum erteilt Unterlizenzen an die restlichen Tochter- und Enkelunternehmen der M-Gruppe. Notwendige Wartungsarbeiten übernehmen jeweils die Mitarbeiter der S.
Als die K im Februar 2020 keine Zahlungen der Lizenzgebühr mehr erhält, kündigt sie mit Schreiben vom 5.6.2020 den Lizenzvertrag mit der S zum 30.6.2020. Am 1.7.2020 wird das Insolvenzverfahren über mehrere Unternehmen der M-Gruppe eröffnet, darunter auch die S.
Die M-Bau-GmbH (B) nutzt das Programm M2Trade auf Basis der ihr von der A eingeräumten Lizenz auch noch nach dem 1.7.2020 weiter. Die K begehrt von B für die Nutzung die Zahlung einer angemessenen (fiktiven) Lizenzgebühr als Schadensersatz für die Verletzung ihrer Rechte.
Zu Recht?
<u>Bearbeiterhinweis</u>: Es ist davon auszugehen, dass das Programm M2Trade ein urheberrechtlich schutzfähiges Werk iSd § 69a Abs. 3 UrhG ist, an dem die K ausschließliche Rechte hat.

---

89 BGH, Urt. v. 19.7.2012 ff I ZR 24/11 – GRUR 2012, 914 – Take Five; *Peukert* in Rehbinder/Peukert, Urheberrecht, Rn. 815.
90 Anschaulich *Ohly* in Loewenheim, Handbuch des Urheberrechts, § 26 Rn. 32.
91 BGH, Urt. v. 26.3.2009 – I ZR 153/06 – BGHZ 180, 344 = MMR 2009, 838 – Reifen Progressiv, Rn. 19.
92 RegE, BT-Drs. IV/270, 56.

III. Die Einräumung von Nutzungsrechten (§ 31 UrhG)

Lösung:

A. <u>Anspruch von K gegen B aus § 97 Abs. 2 UrhG</u>
K könnte gegen B einen Anspruch auf Zahlung von Schadensersatz in Höhe einer fiktiven Lizenzgebühr haben, wenn B durch die Nutzung der Software nach dem 1.7.2020 die Rechte der K an der Software verletzt hat.

  I. <u>Rechteinhaberschaft</u>
  Nach dem Bearbeiterhinweis ist davon auszugehen, dass die Software M2Trade ein urheberrechtlich schutzfähiges Werk ist, an dem die K die Rechte innehat.

  II. <u>Verletzungshandlung</u>
  Eine Rechtsverletzung scheidet aus, wenn die B ein wirksames Nutzungsrecht hinsichtlich der Software M2Trade besitzt.
  Ursprünglich erteilte die K der S ein Nutzungsrecht, auf dessen Basis diese wiederum der A ein Nutzungsrecht einräumte. Das Nutzungsrecht der B basiert auf einem Lizenzvertrag mit der A. Hinsichtlich der ursprünglichen Wirksamkeit der Einräumung der Nutzungsrechte bestehen nach den Angaben des Sachverhalts zunächst keine Bedenken.
  Allerdings hat die K ihren Lizenzvertrag mit der B zum 1.7.2020 aufgrund von mehrmonatigen Zahlungsrückständen gekündigt. Durch die Kündigung könnte das Nutzungsrecht der S an die K zurückgefallen sein.

  1. <u>Wirksamkeit der Kündigung</u>
  Für den Lizenzvertrag gelten grundsätzlich die allgemeinen Vorschriften des BGB. Da es sich um eine entgeltliche Gebrauchsüberlassung der Software handelt, finden vorliegend die Vorschriften über den Mietvertrag (§§ 535 ff. BGB) Anwendung.[93] Da die S mit den Zahlungen mehr als zwei Monate in Verzug war, stand der K ein (fristloses) Kündigungsrecht wegen Zahlungsverzugs (§ 543 Abs. 2 BGB) zu, welches diese durch ihr Schreiben vom 5.6.2020 wirksam ausgeübt hat. Der Lizenzvertrag zwischen K und S endete also am 30.6.2020.

  2. <u>Rechtsfolge der Kündigung für das Nutzungsrecht des S</u>
  Fraglich ist, welche Folge der Wegfall des Lizenzvertrages für das Nutzungsrecht der S hat. Auch im Urheberrecht gilt das Trennungsprinzip[94]: Bei der Einräumung eines ausschließlichen Nutzungsrechtes nach § 31 UrhG zwischen K und S handelt es sich um eine Verfügung, welche ihren Rechtsgrund in dem zwischen diesen Parteien geschlossenen Lizenzvertrag hat. Umstritten ist, ob mit dem Wegfall des Rechtsgrundes auch das Nutzungsrecht an den Urheber zurückfällt (Kausalitätsprinzip), oder ob es einer darauf gerichteten Rückverfügung durch den Inhaber bedarf (Abstraktionsprinzip).

---

[93] Vgl. BGH, Urt. v. 4.11.1987 – VIII ZR 314/86 – NJW 1988, 406; BGH, Urt. v. 15.11.2006 – XII ZR 120/04 – NJW 2007, 2394. Zur typologischen Einordnung von Verträgen zur Nutzung von Software und den damit verbundenen Diskussionen siehe *Roth-Neuschild* in Auer-Reinsdorf/Conrad, Handbuch IT- und Datenschutzrecht, § 13 Rn. 4 ff.
[94] *Ohly* in Schricker/Loewenheim, Urheberrecht, UrhG § 31 Rn. 13 f.

Nach einer Ansicht gilt das Abstraktionsprinzip als allgemeiner Grundsatz des Zivilrechts auch im Urheberrecht.[95] Weiterhin sei eine Anwendung des Abstraktionsprinzips aus Gründen des Verkehrsschutzes in Lizenzketten notwendig.[96]
Eine andere Ansicht geht hingegen von einer Durchbrechung des Abstraktionsprinzips aus.[97] Das Abstraktionsprinzip gelte zwar grundsätzlich auch im Urheberrecht. Dieses werde aber im Hinblick auf den Übertragungszweckgedanken (§ 31 Abs. 5 UrhG) idR unter der auflösenden Bedingung (§ 158 Abs. 2 BGB) eines wirksamen Verpflichtungsgeschäftes eingeräumt.[98]
Weitgehend wird eine Geltung des Abstraktionsprinzips auch grundsätzlich abgelehnt. Dies wird überwiegend mit einer analogen Anwendung des das Kausalitätsprinzip für das Verlagswesen konstatierenden § 9 Abs. 1 VerlagsG begründet.[99] Auch die Vorschriften der §§ 40 Abs. 3, 41 Abs. 5 und 42 Abs. 5 UrhG bewirken jeweils eine Abhängigkeit des Verfügungsgeschäftes vom Verpflichtungsgeschäft. Sie werden deshalb zu einer das Kausalitätsprinzip als allgemeinen Grundgedanken des Urheberrechts zum Ausdruck bringenden Gesamtanalogie herangezogen.[100]
Im Ergebnis ist eine Anwendung des Abstraktionsprinzips im Urheberrecht grundsätzlich abzulehnen. Hinsichtlich der urheberrechtlichen Nutzungsrechte gibt es nicht, wie etwa im Sachenrecht[101], einen Typenzwang. Der Inhalt des Rechts, auf das sich die Verfügung bezieht, wird erst durch den schuldrechtlichen Vertrag näher bestimmt. Dieser besonderen Verbindung von Verpflichtungs- und Verfügungsgeschäft kann nur das Kausalitätsprinzip angemessen Rechnung tragen.[102]
Damit ist das Nutzungsrecht des S mit der Kündigung zum 30.6.2020 an die K zurückgefallen.

3. Rechtsfolge für aus dem Nutzungsrecht des S abgeleitete Rechte

Fraglich ist, ob die so entstandene Lücke in der Lizenzkette auch zu einem Erlöschen der Lizenz von B geführt hat. Eine Unterlizenz im Urheberrecht kann nur wirksam erteilt werden, wenn der Lizenzgeber seine Rechte in einer ununterbrochenen Lizenzkette auf den Urheber zurückführen kann. Ein gutgläubiger Erwerb ist ausgeschlossen.

Doch hat B das Recht ursprünglich wirksam von A erworben und damit auch ein schützenswertes Vertrauen auf dessen Fortbestand erlangt. Es handelt sich außerdem auch nach Wegfall der Lizenz des S nicht um eine Situation des gutgläubigen Erwerbs, da das Nutzungsrecht als Recht mit dinglichem Charakter bereits

---

95 BGH, Urt. v. 15.4.1958 – I ZR/57 – GRUR 1958, 504 – Die Privatsekretärin; BGH, Urt. v. 13.11.1981 – I ZR 168/79 – GRUR 1982, 369 – Allwetterbad; BGH, Urt. v. 14.12.1989 – I ZR 56/88 – GRUR 1990, 443 – Musikverleger IV.
96 *Wente/Härle*, GRUR 1997, 96 (99), die dennoch die Geltung des Kausalitätsprinzips für die „erste" Verfügung annehmen und dann unter dem Gesichtspunkt des Verkehrsschutzes im Rest der Lizenzkette das Abstraktionsprinzip anwenden möchten. Dazu auch *Ohly* in Schricker/Loewenheim, Urheberrecht, UrhG § 31 Rn. 16 mwN.
97 So BGH, Urt. v. 19.7.2012 – I ZR 70/10 – GRUR 2012, 916 – M2 Trade, Rn. 17 mwN.
98 OLG Hamburg, Urt. v. 15.3.2001 – 3 U 57/99 – ZUM 2001, 1005 = GRUR 2002, 335 – Kinderfernseh-Sendereihe; *Peukert* in Rehbinder/Peukert, Urheberrecht, Rn. 812.
99 *Schulze* in Dreier/Schulze, Urheberrechtsgesetz, UrhG § 31 Rn. 18; *Ohly* in Schricker/Loewenheim, Urheberrecht, UrhG § 31 Rn. 17.
100 Vgl. *Peukert* in Rehbinder/Peukert, Urheberrecht, Rn. 812.
101 *Gaier* in Säcker (et al.), MüKo BGB, Einl. SachenR Rn. 11.
102 BGH, Urt. v. 19.7.2012 – I ZR 70/10 – GRUR 2012, 916 – M2 Trade, Rn. 19.

III. Die Einräumung von Nutzungsrechten (§ 31 UrhG)

eingeräumt ist und nicht wiederkehrend eingeräumt werden muss. Damit ist eine abweichende Beurteilung der Situation möglich.[103]

Im Urheberrecht gilt der Grundsatz des Sukzessionsschutzes (§ 33 UrhG). Ausschließliche und einfache Nutzungsrechte bleiben wirksam, wenn der Inhaber des Rechts, der das Nutzungsrecht eingeräumt hat, wechselt (§ 33 Satz 2 Fall 1 UrhG) oder auf sein Recht verzichtet (§ 33 Satz 2 Fall 2 UrhG). Zweck des Sukzessionsschutzes ist es, das Vertrauen des Rechteinhabers auf den Fortbestand seines Rechts zu schützen und ihm die Amortisation seiner Investition zu ermöglichen.

Auch B hat ein schutzwürdiges Vertrauen auf den Fortbestand ihrer Lizenz. Hinsichtlich der Schutzwürdigkeit des Unterlizenznehmers macht es keinen Unterschied, ob der Lizenzgeber wechselt, sein Recht durch Verzicht oder aus anderen Gründen verliert. Diese Wertung führt auch nicht zu einem unbilligen Nachteil des Hauptlizenzgebers, denn dieser kann den Zahlungsanspruch des Hauptlizenznehmers gegen den Unterlizenznehmer nach den Regeln über die ungerechtfertigte Bereicherung (§§ 812 ff. BGB) herausverlangen.[104]

Daran ändert auch die Insolvenz des Hauptlizenznehmers nichts, wenn der Insolvenzverwalter gemäß § 103 Abs. 1 InsO zwar die Nichterfüllung des Hauptlizenzvertrags, aber die Erfüllung des Unterlizenzvertrags wählt. Eine derartige Verbindlichkeit aus einer nach Eröffnung des Insolvenzverfahrens eingetretenen ungerechtfertigten Bereicherung der Masse wäre nach § 55 Abs. 1 Nr. 3 InsO eine Masseverbindlichkeit, die gemäß § 53 InsO aus der Insolvenzmasse vorweg zu berichtigen ist.[105]

4. Zwischenergebnis

Aufgrund des unter dem Gesichtspunkt der gesetzgeberischen Wertung des § 33 UrhG schützenswerten Vertrauens des B auf den Fortbestand seiner Lizenz bleibt diese trotz der Kündigung des Lizenzvertrags zwischen Hauptlizenznehmer und Hauptlizenzgeber bestehen.

III. Zwischenergebnis

Damit fehlt es an einer Verletzung des Urheberrechts des K durch B.

B. Ergebnis

Der K hat mangels einer urheberrechtsverletzenden Handlung keinen Schadensersatzanspruch gegen den B.

Der Sukzessionsschutz greift nicht bei rein schuldrechtlichen Gestaltungen.[106]

4. Urhebervertragsrecht – wie werden Nutzungsrechte übertragen?

Der tatsächliche Vorgang der Einräumung von Nutzungsrechten lässt sich rechtlich in zwei Ebenen untergliedern:

- Auf der Ebene des **Verpflichtungsgeschäftes** verpflichtet sich der Urheber zur Einräumung eines Nutzungsrechts in bestimmtem Umfang.
- Auf der Ebene des **Verfügungsgeschäftes** findet die eigentliche Rechteeinräumung statt.

---

103 BGH, Urt. v. 16.3.2009 – I ZR 153/06 – GRUR 2009, 946 – Reifen Progressiv, Rn. 19 f.
104 BGH, Urt. v. 19.7.2012 – I ZR 70/10 – GRUR 2012, 916 – M2 Trade, Rn. 26.
105 BGH, Urt. v. 19.7.2012 – I ZR 70/10 – GRUR 2012, 916 – M2 Trade, Rn. 26.
106 *Peukert* in Rehbinder/Peukert, Urheberrecht, Rn. 816.

547 Rechtsgrund für die Verfügung ist, wie bspw. auch beim Kauf (vgl. §§ 433 ff. und §§ 929 ff. BGB), das Verpflichtungsgeschäft (Kausalgeschäft). Es handelt sich bei dem Verpflichtungsgeschäft um einen Vertrag besonderer Art (Vertrag *sui generis*). Im Rahmen der im Schuldrecht geltenden **Vertragsfreiheit** (vgl. § 311 Abs. 1 BGB) verpflichtet sich der Urheber dazu, einem Dritten bestimmte Nutzungsbefugnisse iS von § 31 Abs. 1 Satz 2 UrhG an seinem urheberrechtlich geschützten Werk als einfaches oder als ausschließliches Nutzungsrecht, räumlich, zeitlich oder inhaltlich beschränkt bzw. auch unbeschränkt (gebündelt oder gespalten) zu übertragen.

548 Auf der Grundlage des Verpflichtungsgeschäfts erfolgt dann im Zuge des dinglichen Verfügungsgeschäfts (**Erfüllung**) nach Maßgabe der §§ 413, 398 BGB die Übertragung des Nutzungsrechts auf den Erwerber. Nach § 413 BGB finden die Vorschriften über die Übertragung von Forderungen (§§ 398 ff. BGB) auf die Übertragung anderer Rechte, mithin auch auf die Übertragung von Nutzungsrechten nach den §§ 31 ff. UrhG, entsprechende Anwendung, soweit nicht das Gesetz etwas anderes vorsieht. Ein (Nutzungs-) Recht kann demnach entsprechend § 398 Satz 1 BGB von seinem Inhaber (Zedent) durch dinglichen Vertrag (Abtretung/Zession) auf den Erwerber (Zessionar) übertragen werden. Bei diesem vom Kausalgeschäft zu unterscheidenden Vertrag handelt es sich um die Einigung, dass das Recht übergehen soll. Mit dem Abschluss des dinglichen Vertrags tritt der Erwerber des Nutzungsrechts an die Stelle des bisherigen Inhabers (§ 398 Satz 2 BGB). Der Vertrag nach § 398 Satz 1 BGB kommt durch formlose Einigung zwischen Rechteinhaber und Erwerber zustande.

Frage 23: Beschreiben Sie bitte das Verfahren, wie ein Nutzungsrecht übertragen wird.

549 Die Einräumung von Nutzungsrechten kann zur eigenen Nutzung des Berechtigten (zB **Verlagsvertrag**) oder auch zur Wahrnehmung durch einen Dritten (**Wahrnehmungsvertrag** mit einer Verwertungsgesellschaft) erfolgen.

a) Nutzungsrechte zur eigenen Nutzung des Berechtigten

550 Der Verlagsvertrag dient als **Regelbeispiel** für die Übertragung von Nutzungsrechten zur eigenen Nutzung.

551 Durch den Verlagsvertrag[107] verpflichtet sich der Urheber (bspw. der Verfasser eines Werks der Literatur oder der Tonkunst) gegenüber einem Verleger, diesem das Werk zur Vervielfältigung und Verbreitung für eigene Rechnung zu überlassen. Der Verleger ist damit nach § 1 VerlagsG verpflichtet, das Werk zu vervielfältigen und zu verbreiten.

552 Der Verlagsvertrag ist sowohl **schuldrechtlicher** als auch **dinglicher Natur**. Das Trennungs- und Abstraktionsprinzip ist weitgehend aufgehoben. Er beinhaltet nämlich sowohl die gegenseitigen Verpflichtungen von Urheber und Verleger als auch die Rechteübertragung (dingliche Einigung). Bei dem Verlagsvertrag handelt es sich um einen nicht formbedürftigen schuldrechtlichen Vertrag *sui generis*. In der Praxis ist zur Beweiserleichterung die Schriftform (§ 126 BGB) üblich.

553 Die Verpflichtung des Urhebers aus dem Verlagsvertrag besteht darin, dem Verleger das Verlagsrecht zu verschaffen. Dieses entsteht nach § 9 Abs. 1 VerlagsG mit der **Ab-**

---

[107] Dazu *Eisenmann/Jautz*, Grundriss, Rn. 92; *Peukert* in Rehbinder/Peukert, Urheberrecht, Rn. 751 ff.; *Ulmer-Eilfort* in Ulmer-Eilfort/Obergfell, Verlagsrecht, VerlG § 1 Rn. 1 ff.

III. Die Einräumung von Nutzungsrechten (§ 31 UrhG)

lieferung des Werkes an den Verleger und erlischt mit der Beendigung des Vertragsverhältnisses. Das Verlagsrecht ist ein **absolutes Recht** und entfaltet damit gegenüber jedermann Rechtswirkung. Es verschafft dem Verleger nach § 8 VerlagsG das ausschließliche Recht zur Vervielfältigung und Verbreitung des Werkes.

Im Einzelnen treffen die Vertragspartner aus dem Verlagsvertrag folgende Pflichten. Der Verleger ist grundsätzlich verpflichtet 554

- das Werk in der zweckentsprechenden und üblichen Weise zu vervielfältigen und zu verbreiten (§ 14 Satz 1 VerlagsG) und
- dem Verfasser die vereinbarte Vergütung zu zahlen (§ 22 VerlagsG).

Die **Form und Ausstattung** der Abzüge wird nach § 14 Satz 2 VerlagsG unter Beachtung der im Verlagshandel herrschenden Übung sowie mit Rücksicht auf Zweck und Inhalt des Werkes von dem Verleger bestimmt. 555

Wenn die Überlassung des Werkes den Umständen nach nur gegen eine Vergütung zu erwarten ist, gilt diese im Zweifel als stillschweigend vereinbart (§ 22 Abs. 1 VerlagsG). Ist die Höhe der Vergütung nicht bestimmt, so ist eine **angemessene Vergütung** in Geld als vereinbart anzusehen (§ 22 Abs. 2 VerlagsG). Wenn sich die Vergütung danach bestimmt, hat der Verleger dem Verfasser nach § 24 VerlG jährlich für das vorangegangene Geschäftsjahr Rechnung zu legen. 556

Der Verleger eines Werkes der Literatur bzw. der Tonkunst ist verpflichtet, dem Verfasser **Freiexemplare** zu liefern (§ 25 VerlagsG). Er hat nach Maßgabe des § 26 VerlagsG dem Verfasser zu dem niedrigsten Preis, für welchen er das Werk im Betrieb seines Verlagsgeschäfts abgibt, Freiexemplare abzugeben. Die Bestimmung des **Ladenpreises**, zu welchem das Werk verbreitet wird, steht für jede Auflage dem Verleger zu, der den Ladenpreis ermäßigen darf, soweit nicht berechtigte Interessen des Verfassers verletzt werden (§ 21 VerlagsG). Zur Erhöhung des Preises bedarf es stets der Zustimmung des Verfassers. 557

Der Verfasser ist nach § 1 Satz 1 VerlagsG verpflichtet, 558

- dem Verleger das Werk zur Vervielfältigung und Verbreitung rechtzeitig (vgl. § 11 VerlG) in einem für die Vervielfältigung geeigneten (§ 10 VerlagsG, dh druckreifem) Zustand abzuliefern und
- sich während der Dauer des Vertragsverhältnisses jeder Vervielfältigung und Verbreitung des Werkes zu enthalten, die einem Dritten während der Dauer des Urheberrechts untersagt ist (§ 2 Abs. 1 VerlagsG).

Frage 24: Beschreiben Sie bitte das Verfahren zur Einräumung von Nutzungsrechten zur eigenen Nutzung des Berechtigten.

b) Die Einräumung von Nutzungsrechten zur Wahrnehmung

Oftmals kann der Urheber seine Verwertungsrechte nach den §§ 15 ff. UrhG aus rechtlichen[108] oder tatsächlichen Gründen nicht selbst wahrnehmen. In solchen Fällen hat 559

---

[108] Verwertungsgesellschaftspflichtige Vergütungsansprüche sind in folgenden Regelungen normiert: § 20b Abs. 1 Satz 1 und Abs. 2 Satz 3, § 26 Abs. 6, § 27 Abs. 3, § 45a Abs. 2 Satz 2, § 45c Abs. 4 Satz 2, § 49 Abs. 1, § 54h Abs. 1, § 60h Abs. 4, § 79 Abs. 3 Satz 2 bzw. § 137l Abs. 5 Satz 3 UrhG. Dazu auch *Freudenberg* in Ahlberg/Götting, Urheberrecht, VGG § 1 Rn. 4.

er die Möglichkeit, die Wahrnehmung seiner Rechte treuhänderisch auf Verwertungsgesellschaften zu übertragen. Bekannte Verwertungsgesellschaften sind bspw.

- die GEMA (Gesellschaft für musikalische Aufführungs- und mechanische Vervielfältigungsrechte),
- die Verwertungsgesellschaft (VG) Wort oder
- die VG BILD-Kunst.

560 Daneben existieren diverse Verwertungsgesellschaften im Filmbereich.[109] Die Übertragung der Nutzungsrechte dient der treuhänderischen Rechtewahrnehmung.

561 Die Rechtsmaterie war bis zum 1.6.2016 im Urheberrechtswahrnehmungsgesetz (WahrnG) geregelt. Seither gilt das Verwertungsgesellschaftengesetz (VGG). Dieses regelt nach § 1 VGG die Wahrnehmung von Urheberrechten und verwandten Schutzrechten durch Verwertungsgesellschaften[110], abhängige und unabhängige Verwertungseinrichtungen und enthält öffentlich-rechtliche Pflichten der Verwertungsgesellschaften, die teilweise auch privatrechtliche Ansprüche begründen.[111] Das Gesetz dient ua der richtlinienkonformen Ausgestaltung des deutschen Wahrnehmungsrechts (vgl. dazu die EG-Richtlinie 2014/26/EU)[112], geht aber über die dort festgelegten Anforderungen hinaus.[113]

562 Bei der Wahrnehmung von Rechten nach dem UrhG bedarf die Verwertungsgesellschaft einer Erlaubnis des Deutschen Patent- und Markenamtes (DPMA, §§ 75 ff. VGG).

563 In § 2 VGG ist die Verwertungsgesellschaft definiert als eine Organisation, die gesetzlich oder auf der Grundlage einer vertraglichen Vereinbarung berechtigt ist, die Urheberrechte und verwandten Schutzrechte mehrerer Rechteinhaber zu deren kollektivem Nutzen wahrzunehmen. Bei der Rechtewahrnehmung muss es sich um den hauptsächlichen Zweck der Organisation handeln. Außerdem darf sie keine Gewinnerzielungszwecke zugunsten von Dritten (Nicht-Mitgliedern, vgl. § 7 VGG) verfolgen (vgl. § 2 Abs. 2 VGG). Im Gegensatz zur früheren Definition in § 1 WahrnG sind nun auch Gesellschaften erfasst, die Urheberrechte und verwandte Schutzrechte ausschließlich im europäischen Ausland wahrnehmen.[114]

564 Die Einräumung von Nutzungsrechten zur treuhänderischen Wahrnehmung erfolgt in der Regel aufgrund eines **Wahrnehmungs- oder Berechtigungsvertrages** zwischen einem Urheber und der Verwertungsgesellschaft nach Maßgabe der §§ 9 ff. VGG. Die Verträge unterliegen als allgemeine Geschäftsbedingungen (AGB) der Inhaltskontrolle nach den §§ 307 ff. BGB.[115]

---

109 Eine Übersicht aller Verwertungsgesellschaften in Deutschland findet sich bei *Seifert* in Eichelberger/Seifert/Wirth, Urheberrechtsgesetz, VGG Einleitung Rn. 31; *Freudenberg* in Ahlberg/Götting, Urheberrecht, VGG § 1 Rn. 8 f.
110 Zum Umfang *Schulze* in Dreier/Schulze, Urheberrechtsgesetz, VGG § 1 Rn. 2 ff.
111 *Seifert* in Eichelberger/Seifert/Wirth, Urheberrechtsgesetz, VGG § 1 Rn. 3.
112 Zur Begründung siehe RegE zum VG-Richtlinien-Umsetzungsgesetz vom 11.11.2015, S. 65 ff. und 71 ff.
113 *Gerlach* in Wandtke/Bullinger, Urheberrecht, VGG § 1 Rn. 2.
114 *Seifert* in Eichelberger/Seifert/Wirth, Urheberrechtsgesetz, VGG § 2 Rn. 3, 11; *Schulze* in Dreier/Schulze, Urheberrechtsgesetz, VGG § 2 Rn. 4; *Freudenberg* in Ahlberg/Götting, Urheberrecht, VGG § 2 Rn. 5; *Reinbothe* in Schricker/Loewenheim, Urheberrecht, VGG § 2 Rn. 5.
115 BGH, Urt. v. 5.12.2012 – I ZR 23/11 – Missbrauch des Verteilungsplans; *Peukert* in Rehbinder/Peukert, Urheberrecht, Rn. 766. Dazu umfassend: *v. Ungern-Sternberg*, GRUR 2020, 923.

III. Die Einräumung von Nutzungsrechten (§ 31 UrhG)

Der Wahrnehmungsvertrag nach Maßgabe des VGG wird von einem Abschlusszwang (Kontrahierungszwang) beherrscht: 565

- Zum einen trifft die Verwertungsgesellschaft ein **Wahrnehmungszwang**. Nach § 9 VGG ist sie verpflichtet, die zu ihrem Tätigkeitsbereich gehörenden Rechte und Ansprüche auf Verlangen der Berechtigten zu angemessenen Bedingungen wahrzunehmen.
- Zum anderen besteht ein **Abschlusszwang**. Die Verwertungsgesellschaft ist nach § 34 VGG verpflichtet, aufgrund der von ihr wahrgenommenen Rechte jedermann auf Verlangen zu angemessenen Bedingungen Nutzungsrechte einzuräumen.

Den Verwertungsgesellschaften kommt in ihrem jeweiligen Bereich in aller Regel eine **Monopolstellung**[116] zu. Urheber und Nutzer sollen durch die Regelungen vor einem Missbrauch geschützt werden[117], indem die Verwertungsgesellschaften sicherstellen, dass jeder Urheber und auch jeder Rechteinhaber (§ 5 VGG) Zugang zur Verwertung seiner Rechte über die Verwertungsgesellschaft und damit zu einer angemessenen Vergütung für die Nutzung seines Werkes durch Dritte erhält und auch, dass Nutzer die Werke zu angemessenen, also nicht diskriminierenden, und objektiven Bedingungen, gegen eine angemessene Vergütung (vgl. § 34 Abs. 2 UrhG) nutzen können. 566

Nutzungsinteressierte Dritte, bspw. Veranstalter von Konzert- oder Theateraufführungen, müssen vor der Veranstaltung die Einwilligung jener Verwertungsgesellschaft einholen, welche die Nutzungsrechte an den in Rede stehenden Werken wahrnimmt (§ 42 VGG). Diese muss die Aufführung gestatten (Kontrahierungszwang), macht aber im Gegenzug zugunsten des Urhebers einen Vergütungsanspruch nach Maßgabe des Tarifs (vgl. §§ 13 ff. VGG) geltend. 567

Insgesamt handelt es sich um einen gesetzlichen Zwang zur Erteilung einer Lizenz (Zwangslizenz), nicht um eine gesetzliche Lizenz. Vorteil der Zwangslizenz ist im Vergleich zur gesetzlichen Lizenz (zB in § 52 Abs. 1 Satz 1 und 2 UrhG, nachstehende Rn. 697 ff.), dass der Urheber die Erteilung der Zustimmung zur Lizenz von der Zahlung der geschuldeten Vergütung abhängig machen kann und nicht die Nutzung zunächst dulden und im Nachhinein die Vergütung einklagen muss.[118] 568

Die Verwertungsgesellschaft kann die Erteilung einer Lizenz verweigern, wenn ein berechtigtes Interesse der Verwertungsgesellschaft das Interesse des eine Lizenz begehrenden Verwerters im Einzelfall überwiegt. 569

FALL 15 – ÖFFENTLICHE WIEDERGABE DURCH FRAMING UNTER UMGEHUNG VON SCHUTZMASSNAHMEN 570
Nach BGH, Beschl. v. 25.4.2019 – I ZR 113/18 – MMR 2019, 436.[119]
Sachverhalt:
D betreibt eine Onlineplattform, die Kultur- und Wissenschaftseinrichtungen miteinander vernetzt und die jedermann zugänglich ist. Nutzer der Plattform können über die integrierte Suchfunktion nach Objekten suchen, über die die teilnehmenden Einrichtungen verfü-

---

116 Vgl. *Seifert* in Eichelberger/Seifert/Wirth, Urheberrechtsgesetz, VGG § 34 Rn. 4; v. *Ungern-Sternberg*, GRUR 2020, 923 (929); *Schulze* in Dreier/Schulze, Urheberrechtsgesetz, VGG § 34 Rn. 2; *Gelach* in Wandtke/Bullinger, Urheberrecht, VGG § 34 Rn. 1.
117 Siehe dazu EuGH, Urt. v. 2.3.1983 – Rs. 7/82 – GRUR Int 1983, 734; *Seifert* in Eichelberger/Seifert/Wirth, Urheberrechtsgesetz, VGG Einleitung Rn. 87 ff.
118 Vgl. BGH, Urt. v. 5.7.2001 – I ZR 311/98 – NJW 2002, 896; *Seifert* in Eichelberger/Seifert/Wirth, Urheberrechtsgesetz, VGG § 34 Rn. 3.
119 EuGH, Urt. v. 9.3.2021 – C-392/19.

gen, wobei die Ergebnisse mit auf eigenen Servern der D abgelegten Vorschaubildern der Objekte (Auflösung 800x600 Pixel) versehen werden. D will hierfür einen Lizenzvertrag mit der insoweit zuständigen Verwertungsgesellschaft V abschließen. Diese will den im Übrigen komplett ausverhandelten Vertrag jedoch nur unter der Bedingung abschließen, dass sich D verpflichtet, eine Sicherung gegen Framing[120] zur Anwendung bringen zu lassen, so dass die Vorschaubilder nicht durch eine entsprechende Verlinkung außerhalb der Plattform der D angezeigt werden können. Damit soll einerseits erreicht werden, dass die Mitglieder der V die Kontrolle über die Nutzung ihrer Werke behalten und andererseits Einbußen bei den Verwertungsrechten bzw. Beeinträchtigungen des Urheberpersönlichkeitsrechts verhindert werden. D weigert sich.

Kann D von V die Einräumung entsprechender Nutzungsrechte verlangen?

Lösung:
Ein Anspruch der D gegen die V auf Einräumung entsprechender Nutzungsrechte könnte sich aus § 34 Abs. 1 Satz 1 VGG ergeben. Danach sind Verwertungsgesellschaften verpflichtet, jedermann auf Verlangen zu angemessenen Bedingungen Nutzungsrechte einzuräumen.

A. Unproblematisch handelt es sich bei der V laut Sachverhalt um eine Verwertungsgesellschaft.

B. Fraglich ist allerdings, welche Bedingungen die V als „angemessen" erachten und für die Einräumung von Nutzungsrechten stellen darf. Ausweislich des § 34 Abs. 1 Satz 2 VGG müssen diese Bedingungen insbesondere objektiv sowie nichtdiskriminierend sein und eine angemessene Vergütung vorsehen. Damit wird zunächst klargestellt, dass sich diese angemessenen Bedingungen nicht nur auf die Angemessenheit der Vergütung beziehen. Der in § 34 Abs. 1 Satz 1 VGG normierte Abschlusszwang ist letztlich die Folge der Monopolstellung der Verwertungsgesellschaft, die ihre Rechte nicht missbräuchlich ausüben darf. Dennoch besteht die Möglichkeit, die Einräumung der Nutzungsrechte zu verweigern, wenn hierfür ein sachlicher Grund besteht.[121] Um die Angemessenheit einer Bedingung beurteilen zu können, müssen grundsätzlich die Interessen der Beteiligten unter Berücksichtigung der Zielsetzungen des VGG und des Zwecks der grundsätzlichen Abschlusspflicht gegeneinander abgewogen werden.

Im vorliegenden Fall will die V neben den übrigen Bestimmungen des zu schließenden Vertrages, über die laut Sachverhalt schon Einigkeit besteht, die D verpflichten, einen technischen Framing-Schutz zu nutzen. Als Argument hierfür bringt sie vor, dass ihre Mitglieder die Kontrolle über ihre Werke behalten müssen und dass sie vor Einbußen bei den Verwertungsrechten und Beeinträchtigungen des Urheberpersönlichkeitsrechts geschützt werden müssen.

Dabei ist allerdings schon fraglich, ob das Framing unter Umgehung der hier verlangten Schutzmaßnahmen eine öffentliche Wiedergabe und damit eine urheberrechtlich relevante Verwertungshandlung darstellt. Ist dies nicht der Fall, so wäre die von der V gestellte Bedingung unangemessen, da sie ein Verhalten untersagt, was im Übrigen keinen derartigen Beschränkungen unterliegt.

---

[120] Beim Framing werden auf einem Teilbereich der eigenen Internetseite Inhalte von Dritten angezeigt. Es können also fremde Bilder, Videos oder sonstige Inhalte auf der eigenen Seite eingebettet werden, was nicht zuletzt auch der Begriff „Embedded Code" beschreibt, der in diesem Zusammenhang für den Quelltext der Seite verwendet wird.

[121] BGH, Urt. v. 22.4.2009 – I ZR 5/07 - MMR 2010, 42 (42).

III. Die Einräumung von Nutzungsrechten (§ 31 UrhG)

I. Wird ein für alle Internetnutzer frei zugängliches Werk im Wege des Framing in die eigene Internetseite eingebunden, so stellt dies keine öffentliche Wiedergabe iSd § 15 Abs. 2 und 3 UrhG dar.[122] Da das Material lediglich auf der eigenen Seite verknüpft wird und der Inhaber der fremden Internetseite die Kontrolle darüber behält, ob das Material verfügbar bleibt oder gelöscht wird, ist er derjenige, der das Werk für die Öffentlichkeit zugänglich macht.[123] Soweit man die Wiedergabehandlung in der Öffentlichkeit bejaht, ist der maßgebliche Anknüpfungspunkt dabei die Frage, ob das Werk durch die Verknüpfung einem neuen Publikum zugänglich gemacht wird.[124]

II. Fraglich ist, ob der Einsatz der von V geforderten Framingsperre hieran etwas ändert.

1. Dabei gilt, dass noch nicht einmal Beschränkungen, die vom Nutzer erst das Aufsuchen einer bestimmten Seite erfordern, um über diese dann zum Werk zu gelangen, etwas an der fehlenden öffentlichen Wiedergabe ändern, soweit das Werk im Übrigen uneingeschränkt verfügbar ist.[125] Lediglich eine Zugangsbeschränkung auf der Ursprungsseite würde – soweit diese umgangen wird – dazu führen, dass die verlinkende Seite, die einem anderen Personenkreis oder dem gesamten Internet zugänglich ist, neues Publikum für die Werke generiert.

2. Allerdings könnte sich aus der notwendigen richtlinienkonformen Auslegung des § 15 Abs. 2 UrhG etwas anderes ergeben. Dies gilt insbesondere in dem Fall, dass Art. 3 Abs. 1 der Richtlinie 2001/29/EG ein unbenanntes Recht der öffentlichen Wiedergabe für den Fall des Framings unter Umgehung einer Framingsperre und mithin weitergehende Rechte als § 15 Abs. 2 UrhG vorsieht.[126] Um dies beurteilen zu können, muss der Begriff der öffentlichen Wiedergabe, der einer individuellen Beurteilung bedarf, näher betrachtet werden. Dieser setzt sich aus zwei Tatbestandsmerkmalen zusammen: einer Handlung der Wiedergabe und der Öffentlichkeit dieser Wiedergabehandlung.

   a) Voraussetzung einer Wiedergabe ist, dass der Nutzer absichtlich und gezielt Dritten den Zugang zum geschützten Werk verschafft, wobei die Frage der tatsächlichen Nutzung durch Dritte keine Rolle spielt. Hierfür genügt es, wenn im Internet anklickbare Links zu geschützten, auf anderen Seiten veröffentlichten, frei zugänglichen Werken bereitgestellt werden, da hiermit ein direkter Zugang zu dem Werk eröffnet wird.[127] Danach ist eine Wiedergabe iSd Art. 3 Abs. 1 der Richtlinie 2001/29/EG im vorliegenden Fall ohne Weiteres zu bejahen.

   b) Öffentlichkeit iS der Norm meint eine unbestimmte Vielzahl potenzieller Adressaten und recht viele Personen.[128] Die hier gegenständliche Wiedergabehandlung betrifft sämtliche potenzielle Nutzer der Seite – also eine unbestimmte Vielzahl von Adressaten, deren Zahl auch als recht groß qualifiziert werden kann.

---

122 BGH, Urt. v. 9.7.2015 – I ZR 46/12 – GRUR 2016, 171 (172).
123 BGH, Beschl. v. 16.5.2013 – I ZR 46/12 – GRUR 2013, 818 (818 f.).
124 KG, Urt. v. 18.6.2018 – 24 U 146/17 – MMR 2018, 680 (682).
125 EuGH, Urt. v. 8.9.2016 – C-160/15 – GRUR 2016, 1152 (1154 f.).
126 BGH, Beschl. v. 25.4.2019 – I ZR 113/18 – MMR 2019, 436 (437).
127 EuGH, Urt. v. 13.2.2014 – V-466/12 – GRUR 2014, 360 (361); EuGH, Urt. v. 9.3.2021 – C-392/19, Rn. 29 ff.
128 EuGH, Urt. v. 13.2.2014 – V-466/12 – GRUR 2014, 360 (361).

c) Erforderlich für eine öffentliche Wiedergabe ist, dass ein geschütztes Werk unter Verwendung eines technischen Verfahrens, das sich von dem bisherigen unterscheidet oder – ansonsten – für ein neues Publikum, an das der Inhaber des Urheberrechts nicht dachte, als er die ursprüngliche öffentliche Wiedergabe erlaubte, zur Verfügung gestellt wird.[129] Da sich das technische Verfahren beim Framing nicht unterscheidet, kann es nur auf das „neue Publikum" ankommen.

Vor diesem Hintergrund ist die Frage relevant, ob eine öffentliche Wiedergabe iSd Art. 3 Abs. 1 der Richtlinie 2001/29/EG vorliegt, wenn frei im Internet auffindbare Werke unter Umgehung des vom Urheberrechtsinhaber genutzten Framingschutzes mittels Framing in einer Webseite verlinkt werden. Diese Frage kann im Einzelfall nur durch eine Interessenabwägung zwischen den von Art. 17 Abs. 2 GRCh garantierten Interessen des Urhebers und der in Art. 11 GRCh gewährleisteten Meinungs- und Informationsfreiheit ermittelt werden.

Dem Urheber steht nach Art. 3 Abs. 1 und 3 der Richtlinie 2001/29 das Recht zu, die öffentliche Wiedergabe seiner Werke zu erlauben oder zu verbieten. Dieses Recht unterliegt nicht der Erschöpfung. Es soll es dem Urheber in angemessenem Umfang ermöglichen, die Schutzgegenstände kommerziell zu nutzen.[130]

Wäre die Einbettung fremder Inhalte von einer frei zugänglichen Webseite unter Umgehung technischer Schutzmaßnahmen gegen Framing nicht als öffentliche Wiedergabe anzusehen, liefe dies auf eine Erschöpfung des Rechts der öffentlichen Wiedergabe im Internet hinaus.[131] Zu berücksichtigen ist also das rechtmäßige Interesse des Berechtigten, der durch die Verwendung technischer Schutzmaßnahmen gegen das Framing zum Ausdruck gebracht hat, dass er sein Werk nur den Besuchern der ursprünglichen Webseite und eben nicht einer Gesamtheit der Internetnutzer zur Verfügung stellen wollte.[132]

Allerdings sind Hyperlinks für das Funktionieren des Internets von großer Bedeutung und es kann den Internetnutzern vor dem Hintergrund der durch Art. 11 GRCh gewährleisteten Meinungs- und Informationsfreiheit nicht zugemutet werden bei jeder Nutzung die Erlaubnis des Rechteinhabers einzuholen.[133] Sie dürfen deshalb – auch im Sinne eines Funktionierens des Internets und der Rechtssicherheit – grundsätzlich davon ausgehen, dass ein Urheber, der sein Werk auf einer frei verfügbaren Internetseite eingestellt hat, auch mit der weiterführenden Wiedergabe des Werkes im Internet einverstanden war. Nur wenn der Urheber technische Schutzmaßnahmen getroffen hat, ist es den Internetnutzern zumutbar, den Willen des Urhebers zu erkennen – mit der Folge, dass die Umgehung des technischen Framingschutzes eine öffentliche Wiedergabe darstellt, welche die Erlaubnis des Urhebers erfordert.[134]

---

129 BGH, Beschl. v. 25.4.2019 – I ZR 113/18 (KG) – MMR 2019, 436 (437).
130 EuGH, Urt. v. 9.3.2021 – C-392/19, Rn. 50, 53.
131 EuGH, Urt. v. 9.3.2021 – C-392/19, Rn. 52.
132 EuGH, Urt. v. 9.3.2021 – C-392/19, Rn. 42.
133 EuGH, Urt. v. 9.3.2021 – C-392/19, Rn. 49.
134 EuGH, Urt. v. 9.3.2021 – C-392/19, Rn. 46.

III. Die Einräumung von Nutzungsrechten (§ 31 UrhG)

Daraus folgt, dass beim Framing unter Umgehung technischer Schutzmaßnahmen eine öffentliche Wiedergabe vorliegt.
3. Die technischen Schutzmaßnahmen haben einen Einfluss auf den Schutz des Werks.
III. Die Framingsperre ist als angemessene Bedingung iSd. § 34 Abs. 1 Satz 1 VGG anzusehen.
C. Es besteht also kein Anspruch auf Einräumung einer Lizenz ohne diese Bedingung.

Bei Verhandlungen zwischen Verwertungsgesellschaften und potenziellen Nutzern gelten der Grundsatz von Treu und Glauben (§ 242 BGB) sowie die weiteren Vorgaben des § 36 VGG. Damit die Rechteeinräumung nicht an der Verhandlung über eine angemessene Vergütung scheitert, bietet § 37 VGG die Möglichkeit, durch Hinterlegung oder vorbehaltliche Zahlung des streitigen Betrages eine Fiktion der Lizenzeinräumung zu erwirken.[135]

Die Verwertungsgesellschaft muss Tarife über die Vergütung für die von ihr wahrgenommenen Rechte aufstellen (§ 38 VGG), damit sichergestellt werden kann, dass in gleichgelagerten Fällen gleiche Vergütungen zu entrichten sind.[136] Die GEMA darf bspw. die angemessene Vergütung für Musikaufführungen bei Freiluftveranstaltungen (wie Straßen- oder Stadtfesten) grundsätzlich nach der Größe der Veranstaltungsfläche (gerechnet vom ersten bis zum letzten Stand und von Häuserwand zu Häuserwand) bemessen – was auch dann gilt, wenn die Musik nicht auf der gesamten Veranstaltungsfläche wahrnehmbar ist.[137]

Nach der Veranstaltung hat der Veranstalter gemäß § 42 Abs. 2 Satz 1 VVG der Verwertungsgesellschaft grundsätzlich eine Aufstellung über die bei der Veranstaltung benutzten Werke zu übersenden. Die Verwertungsgesellschaft hat nach § 27 Abs. 1 VGG die Einnahmen aus ihrer Tätigkeit nach festen Regeln (**Verteilungsplan**) aufzuteilen, die ein willkürliches Vorgehen bei der Verteilung ausschließen. In § 27b VGG ist für den Fall der Verlegerbeteiligung eine Mindestbeteiligung des Urhebers vorgesehen.

Neben Verträgen zur kollektiven Wahrnehmung von Rechten ist in verschiedenen Branchen auch die Vereinbarung einer individuellen Rechtewahrnehmung, zB durch eine Agentur, üblich. Zivilrechtlich handelt es sich hier um einen Geschäftsbesorgungsvertrag (§ 675 Abs. 1 BGB).[138]

Frage 25: Beschreiben Sie bitte das Verfahren zur Einräumung von Nutzungsrechten zur Wahrnehmung.

Mit der Urheberrechtsnovelle 2021 hat der Gesetzgeber in Umsetzung von Art. 12 der DSM-RL die sog. „kollektive Lizenz mit erweiterter Wirkung eingeführt". Das neuartige Regelungsinstrument ermöglicht es repräsentativen Verwertungsgesellschaften

---

135 *Seifert* in Eichelberger/Seifert/Wirth, Urheberrechtsgesetz, VGG § 37 Rn. 2 ff.; *Freudenberg* in Ahlberg/Götting, BeckOK Urheberrecht, VGG § 37 Rn. 2; *Schulze* in Dreier/Schulze, Urheberechtsgesetz, VGG § 37 Rn. 8. Siehe auch zum früheren Pendant im Wahrnehmungsgesetz: BGH, Urt. v. 15.6.2000 – I ZR 231/97 – GRUR 2000, 872 – Schiedsstellenanrufung.
136 *Seifert* in Eichelberger/Seifert/Wirth, Urheberrechtsgesetz, VGG § 38 Rn. 2; *Freudenberg* in Ahlberg/Götting, BeckOK Urheberrecht, VGG § 38 Rn. 2.
137 BGH, Urt. v. 27. 10. 2011 – I ZR 125/10 – GRUR 2012, 711 – Barmen Live, Ls. 3.
138 *Peukert* in Rehbinder/Peukert, Urheberrecht, Rn. 764.

(§ 51b VGG), unter den Voraussetzungen des § 51a VGG, Rechte auch an den Werken von Außenstehenden (§ 7a VGG) einzuräumen (§ 51 VGG).

c) Verträge über Rechte für unbekannte Nutzungsrechte

575 Angesichts der fortschreitenden technischen Entwicklung kann es vorkommen, dass zukünftig entstehende Nutzungsarten[139] bei Vertragsschluss noch nicht bekannt sind. Möchten Erwerber und Urheber vermeiden, dass in solchen Fällen Rechte erneut erworben werden müssen, können sie einen Vertrag über unbekannte Nutzungsarten nach Maßgabe des § 31a UrhG abschließen.

576 Eine neue Nutzungsart ist eine im Verhältnis zu den im Zeitpunkt des Vertragsschlusses[140] bereits bekannten (wirtschaftlich bedeutsamen und verwertbaren)[141] Nutzungsarten neue, technisch und wirtschaftlich eigenständige Verwendungsform des Werkes.[142] Die Verwertung von Spielfilmen auf DVD stellt nach Ansicht des BGH aber zB keine neue Nutzungsart gegenüber der Verwertung auf Video dar.[143] Als neue Nutzungsarten anerkannt[144] wurden hingegen bspw.

- die Vervielfältigung alter Filme auf Videokassetten[145],
- die Digitalisierung von Musikaufnahmen auf CD[146],
- die Nutzung von Musikaufnahmen als Handyklingeltöne[147] oder
- die Nutzung von Werkstücken auf CD-ROM[148] oder im Internet[149].

577 Ein Vertrag, durch den der Urheber im Zuge einer pauschalen Rechteeinräumung Rechte für unbekannte Nutzungsarten einräumt oder sich dazu verpflichtet, ist zulässig. Er bedarf nach § 31a Abs. 1 Satz 1 UrhG im Interesse eines Schutzes des Urhebers aber der **Schriftform** (§ 126 BGB).

578 Der Schriftform bedarf es gemäß § 31a Abs. 1 Satz 2 UrhG nicht, wenn der Urheber unentgeltlich ein einfaches Nutzungsrecht für jedermann einräumt. Die Ausnahme trägt den Erfordernissen von **Open-Source-Software** und **Open Content** (zB Wikipedia) Rechnung und ermöglicht damit die vereinfachte Überführung von solchen typischerweise in Zusammenarbeit erstellten Werken in eine neue Nutzungsart.[150]

579 Nach § 31a Abs. 1 Satz 3 UrhG kommt dem Urheber ein **Widerrufsrecht** zu, welches jeweils zeitlich auf drei Monate nach Mitteilung der beabsichtigten Aufnahme einer neuen Nutzungsart an die zuletzt bekannte Anschrift des Urhebers beschränkt ist. Der Urheber ist gehalten, seine aktuelle Adresse dem Verwerter mitzuteilen. Als bekannt iS

---

139 Siehe auch *Lettl*, Urheberrecht, § 5 Rn. 36.
140 BGH, Urt. v. 26.4.1974 – I ZR 137/72 – GRUR 1974, 786 (787) – Kassettenfilm.
141 BGH, Urt. v. 5.6.1985 – I ZR 53/83 – GRUR 1986, 62 (65) – GEMA-Vermutung I.
142 *Schulze* in Dreier/Schulze, Urheberrechtsgesetz, UrhG § 31a Rn. 29; *Soppe* in Ahlberg/Götting, BeckOK Urheberrecht, UrhG § 31a Rn. 5.
143 BGH, Urt. v. 19.5.2005 – I ZR 285/02 – NJW 2005, 3354 – Der Zauberberg.
144 *Seifert* in Eichelberger/Seifert/Wirth, Urheberrechtsgesetz, § 32c Rn. 1. Weitere Beispiele bei *Schulze* in Dreier/Schulze, Urheberrechtsgesetz, UrhG § 31a Rn. 41 ff.; *Spindler* in Schricker/Loewenheim Urheberrecht, UrhG § 31a Rn. 38 ff.; *Wandtke/Grunert* in Wandtke/Bullinger, Urheberrecht, UrhG § 31a Rn. 24 ff.
145 BGH, Urt. v. 11.10.1990 – I ZR 59/89 – GRUR 1991, 133 – Videozweitauswertung.
146 *Schulze* in Dreier/Schulze, Urheberrechtsgesetz, UrhG § 31a Rn. 47.
147 BGH, Urt. v. 18.12.2008 – I ZR 23/06 – GRUR 2009, 395 – Klingeltöne für Mobiltelefone.
148 BGH, Urt. v. 5.7.2001 – I ZR 311/98 – GRUR 2002, 248 – Spiegel-CD-ROM.
149 *Spindler* in Schricker/Loewenheim Urheberrecht, UrhG § 31a Rn. 50 ff.
150 *Wirth* in Eichelberger/Seifert/Wirth, Urheberrechtsgesetz, § 31a Rn. 2; *Spindler* in Schricker/Loewenheim, Urheberrecht, UrhG § 31a Rn. 67 ff.; *Schulze* in Dreier/Schulze, Urheberrechtsgesetz, UrhG § 31a Rn. 83 ff.

III. Die Einräumung von Nutzungsrechten (§ 31 UrhG)

der Vorschrift gilt eine Adresse aber auch, wenn der Verwerter sie durch Nachfrage bei der Verwertungsgesellschaft ermitteln könnte.[151]

Das bisherige Rechtsverhältnis bleibt von der **Ausübung des Widerrufs** unberührt. Das Widerrufsrecht entfällt gemäß § 31a Abs. 2 UrhG, wenn sich die Parteien nach Bekanntwerden der neuen Nutzungsart auf eine Vergütung nach § 32c Abs. 1 UrhG geeinigt oder die Vergütung nach einer gemeinsamen Vergütungsregel (§ 36 Abs. 1 UrhG) bestimmt haben. Es erlischt gemäß § 31c Abs. 2 Satz 3 UrhG im Übrigen mit dem Tod des Urhebers.   580

Sind mehrere Werke oder Werkbeiträge zu einer Gesamtheit zusammengefasst, die sich in der neuen Nutzungsart in angemessener Weise nur unter Verwendung sämtlicher Werke oder Werkbeiträge verwerten lässt, kann der Urheber nach § 31a Abs. 3 UrhG das Widerrufsrecht nicht entgegen Treu und Glauben (§ 242 BGB) ausüben.[152] Die Norm soll die Überführung von **Sammelwerken** (§ 4 UrhG) und **verbundenen Werken** (§ 9 UrhG) vereinfachen, indem sie treuwidrige Blockaden durch einzelne Urheber untersagt.[153]   581

Der Urheber hat nach § 32c Abs. 1 UrhG einen Anspruch auf eine **gesonderte angemessene Vergütung**, wenn der Vertragspartner eine neue Art der Werknutzung nach § 31a UrhG aufnimmt, die im Zeitpunkt des Vertragsschlusses vereinbart, aber noch unbekannt war. Die Angemessenheit richtet sich nach Maßgabe des § 32 Abs. 2 UrhG (nachstehende Rn. 584 ff.).   582

Auf die Rechte für unbekannte Nutzungsarten nach § 31 Abs. 1 bis 3 UrhG kann gemäß § 31a Abs. 4 UrhG im Voraus nicht verzichtet werden. Gleiches gilt für die Rechte nach § 32c Abs. 1 und 2 UrhG.   583

5. Angemessene Vergütung für Nutzungsrechte

Der Urheber hat als Gegenleistung für die Einräumung von Nutzungsrechten und die Erlaubnis zur Werknutzung nach § 32 Abs. 1 Satz 1 UrhG einen Anspruch auf die **vertraglich vereinbarte Vergütung**. Die Vorschrift dient der Sicherung einer „angemessenen Vergütung" für die Nutzung des Werks nach § 11 Satz 2 UrhG (**Beteiligungsgrundsatz**).[154] Die Einräumung von Nutzungsrechten an den Werken ist in der Regel die **Grundlage der wirtschaftlichen Existenz** des Urhebers. Da der Urheber oftmals die gesamten Verwertungsrechte an seinem Werk überträgt und zugleich existenziell von den Erträgen abhängig ist, sind die Regelungen über die angemessene Vergütung für den Urheber von großer Bedeutung.[155] Grundsätzlich gilt allerdings der Vorrang der vertraglichen Vergütungsabrede.[156]   584

---

151 *Wirth* in Eichelberger/Seifert/Wirth, Urheberrechtsgesetz, § 31 Rn. 3; *Spindler* in Schricker/Loewenheim, Urheberrecht, UrhG § 31a Rn. 92 f.; *Schulze* in Dreier/Schulze, Urheberrechtsgesetz, UrhG § 31a Rn. 109 f.
152 Ausführlich *Schulze* in Dreier/Schulze, Urheberrechtsgesetz, UrhG § 31a Rn. 132 f.; *Spindler* in Schricker/Loewenheim, Urheberrecht, UrhG § 31a Rn. 113 f.; *Wandtke/Grunert* in Wandtke/Bullinger, Urheberrecht, UrhG § 31a Rn. 110 ff.
153 *Wirth* in Eichelberger/Seifert/Wirth, Urheberrechtsgesetz, § 31a Rn. 5.
154 Zur verfassungsrechtlichen Zulässigkeit siehe BVerfG, Beschl. v. 18.4.2018 – 1 BvR 1213/16 – GRUR 2018, 829 – Verlegeranteil.
155 *Wirth* in Eichelberger/Seifert/Wirth, Urheberrechtsgesetz, § 32 Rn. 2. Zur Bedeutung siehe auch *Soppe* in Ahlberg/Götting, BeckOK Urheberrecht, UrhG § 32 Rn. 2.
156 Vgl. BT-Drs. 14/6433, 7 f.; *Wirth* in Eichelberger/Seifert/Wirth, Urheberrechtsgesetz, § 32 Rn. 2. Zur Bedeutung der Vertragsfreiheit auch hinsichtlich der Urhebervergütung *Wandtke/Grunert* in Wandtke/Bullinger, Urheberrecht, UrhG § 32 Rn. 23.

585 Ist die Höhe der Vergütung nicht bestimmt (**unbestimmte Vergütungshöhe**), gilt nach der gesetzlichen **Fiktion** des § 32 Abs. 1 Satz 2 UrhG eine „angemessene Vergütung" als vereinbart.

586 **Tarifvertraglich** begründete Vergütungen und nach einer **gemeinsamen Vergütungsregel** (§ 36 UrhG, nachstehende Rn. 598 ff.) bemessene Vergütungen gelten grundsätzlich als „angemessen" (§ 32 Abs. 2 Satz 1 und Abs. 4 UrhG). Dies gilt auch für die nachträgliche Vergütung neuer Nutzungsarten (§ 32c Abs. 1 Satz 2 UrhG). Ansonsten[157] ist die Vergütung „angemessen", wenn sie im Zeitpunkt des Vertragsschlusses dem entspricht, was im **Geschäftsverkehr** nach Art und Umfang der eingeräumten Nutzungsmöglichkeit, insbesondere nach Dauer, Häufigkeit, Ausmaß und Zeitpunkt der Nutzung unter Berücksichtigung aller Umstände üblicherweise zu leisten ist (§ 32 Abs. 2 UrhG).

587 Nach Ansicht des BVerfG ist eine Regelung im Urheberrecht, die einen Anspruch auf gerichtliche Kontrolle der Angemessenheit vertraglich vereinbarter Vergütungen für die Werknutzung gewährt, mit dem Grundgesetz vereinbar.[158]

a) Angemessenheitsprüfung und Anpassungsanspruch

588 Soweit die vereinbarte Vergütung „nicht angemessen" ist (**unangemessene Vergütungsabsprache**), kann der Urheber von seinem Vertragspartner nach § 32 Abs. 1 Satz 3 UrhG die Einwilligung in die Änderung des Vertrages verlangen (**Vertragsanpassung**). Dies stellt einen starken Eingriff in die Vertragsfreiheit (§ 311 Abs. 1 BGB) der Parteien dar, denn es betrifft die Vereinbarung über die Gegenleistung. Nach dem im bürgerlichen Recht geltenden Grundsatz der Vertragsfreiheit können die Vertragspartner Leistung und Gegenleistung grundsätzlich frei regeln. Der Eingriff rechtfertigt sich allerdings durch die schwächere Stellung des Urhebers gegenüber seinem Vertragspartner. Nach § 32 Abs. 1 Satz 3 UrhG kann der Urheber aber nur eine Anpassung auf eine Vergütung erwirken, die im Zeitpunkt des Vertragsschlusses angemessen gewesen wäre (**ex-ante-Betrachtung**). Nachträgliche Erhöhungen (ex-post-Korrekturen) sind nach Maßgabe des § 32a UrhG (nachstehende Rn. 602 ff.) möglich.[159] Der Korrekturanspruch kann sich insbesondere auch darauf richten, eine angemessene Vergütung über die gesamte Laufzeit des Vertrages zu sichern.[160] Die Vereinbarung eines Pauschalhonorars ist deshalb aber nicht zwingend unangemessen.[161]

589 Die Vereinbarung eines **Pauschalhonorars** für die Einräumung von Nutzungsrechten unterliegt als Bestimmung der Hauptleistungspflicht nicht der AGB-Kontrolle.[162] Daher kommt auch eine Anwendung des in § 31 Abs. 5 UrhG festgeschriebenen Schutzgedankens als Maßstab einer Inhaltskontrolle nach § 307 Abs. 2 Nr. 1 BGB nicht in Be-

---

157 Zum Verhältnis siehe BGH, Urt. v. 21.5.2015 – I ZR 62/14 – GRUR 2016, 62 – GVR Tageszeitung I; *Wirth* in Eichelberger/Seifert/Wirth, Urheberrechtsgesetz, § 32 Rn. 4; *Wandtke/Grunert* in Wandtke/Bullinger, Urheberrecht, UrhG § 32 Rn. 34 ff.
158 BVerfG, Beschl. v. 23.10.2013 – 1 BvR 1842/11, 1 BvR 1843/11 – NJW 2014, 46 – Übersetzerhonorare.
159 BGH, Urt. v. 16.6.2016 – I ZR 222/14 – GRUR 2016, 1291 – Geburtstagskarawane, Rn. 24; *Wirth* in Eichelberger/Seifert/Wirth, Urheberrechtsgesetz, § 32 Rn. 5.
160 Siehe BGH, Urt. v. 7.10.2009 – I ZR 38/07 – NJW 2010, 771 – Talking to Addison; BGH, Urt. v. 20.1.2011 – I ZR 19/09 – GRUR 2011, 328 – Destruktive Emotions.
161 *Wirth* in Eichelberger/Seifert/Wirth, Urheberrechtsgesetz, § 32 Rn. 5. Ausführlich zur Praxis von Pauschalvergütungen *Wandtke/Grunert* in Wandtke/Bullinger, UrhG § 32 Rn. 57; *Loewenheim/J.B.Nordemann/Ohly* in Loewenheim, Handbuch des Urheberrechts, § 67 Rn. 11 f.
162 BGH, Urt. v. 31.5.2012 ff I ZR 73/10 – GRUR 2012, 1031 – Honorarbedingungen Freie Journalisten, Ls. 2; *Wirth* in Eichelberger/Seifert/Wirth, Urheberrechtsgesetz, UrhG § 31 Rn. 7.

tracht.[163] Daran hat die Einführung des § 11 Satz 2 UrhG nichts geändert, wonach das Urheberrecht auch der Sicherung einer „angemessenen Vergütung" für die Nutzung des Werks dient.[164] Allein der Umstand, dass in einer formularmäßigen Klausel die Einräumung weitreichender Nutzungsrechte pauschal abgegolten wird, lässt nicht den Schluss zu, dass diese Vergütung den Urheber „unangemessen" benachteiligt. Im Rahmen der Inhaltskontrolle nach den §§ 307 ff. BGB lässt sich ohne Kenntnis der vereinbarten Vergütung und der Honorarpraxis keine Aussage über eine etwaige Unangemessenheit der Vergütung treffen.[165]

In Umsetzung des Art. 18 der DSM-Richtlinie 2019/790 müssen Pauschalhonorare ab dem 7.6.2021 nicht nur eine angemessene Beteiligung des Urhebers vorsehen, sondern auch durch besondere Umstände der Branche gerechtfertigt sein.[166]

Betrifft eine Vereinbarung zwischen Urheber und Werknutzer auch andere Elemente (zB Fahrtkosten), so muss die Angemessenheitskontrolle nach § 32 UrhG allein auf die Vergütungselemente beschränkt werden, die auf das eingeräumte Nutzungsrecht entfallen.[167] 590

Die Ansprüche nach § 32 UrhG unterfallen der allgemeinen **Verjährungsfrist** nach den §§ 195, 199 BGB.[168] Der Korrekturanspruch verjährt also in der Regel drei Jahre nach Beginn der Nutzungshandlung bzw. nach Vertragsschluss, es sei denn, der Urheber hat ohne grobe Fahrlässigkeit keine Kenntnis von der Unangemessenheit der Vergütung. Der Anspruch verjährt spätestens zehn Jahre nach dem Vertragsschluss.[169] 591

Die §§ 32d und 32e UrhG räumen dem Urheber weitreichende Auskunfts- und Rechenschaftsansprüche gegen den Nutzer ein, die im Rahmen der Umsetzung der Richtlinie 2019/790 nochmals erweitert wurden.[170] § 32f UrhG sieht Möglichkeit der Einleitung eines Verfahrens der außergerichtlichen Konfliktbeilegung vor. Nach Maßgabe des § 32g UrhG können sich Urheber außerdem im Rahmen des Rechtsdienstleistungsgesetzes und der Prozessordnungen bei vergütungsbezogenen Streitigkeiten von Vereinigungen von Urhebern vertreten lassen. 592

b) Abweichende Vereinbarungen

Auf eine Vereinbarung, die zum Nachteil des Urhebers von den vorgenannten Grundsätzen nach § 32 Abs. 1 bis 2a UrhG abweicht, kann sich der Vertragspartner im Interesse eines wirksamen Urheberschutzes nicht berufen (§ 32 Abs. 3 Satz 1 UrhG). Dies schließt Umgehungsgeschäfte mit ein (§ 32 Abs. 3 Satz 2 UrhG). Der Vertrag bleibt im Übrigen wirksam. 593

Um einer Umgehung von § 32 UrhG durch die Vereinbarung ausländischen Rechts als Vertragsstatut zu begegnen, bestimmt § 32b UrhG, dass die §§ 32 ff. UrhG zwingend Anwendung finden, 594

---

163 BGH, Urt. v. 31.5.2012 ff I ZR 73/10 – GRUR 2012, 1031 – Honorarbedingungen Freie Journalisten, Ls. 1; BGH GRUR 1984, 45 – Honorarbedingungen Sendevertrag.
164 BGH, Urt. v. 31.5.2012 ff I ZR 73/10 – GRUR 2012, 1031 – Honorarbedingungen Freie Journalisten, Ls. 2.
165 BGH, Urt. v. 31.5.2012 ff I ZR 73/10 – GRUR 2012, 1031 – Honorarbedingungen Freie Journalisten, Ls. 3.
166 BR-Drs. 142/21, S. 84.
167 BGH, Urt. v. 21.5.2015 – I ZR 39/14 – GRUR 2016, 67 – GVR Tageszeitung II.
168 *Lettl*, Urheberrecht, § 5 Rn. 60.
169 BGH, Urt. v. 16.6.2016 – I ZR 222/14 – GRUR 2016, 1291 – Geburtstagskarawane; *Wirth* in Eichelberger/Seifert/Wirth, Urheberrechtsgesetz, § 32 Rn. 7.
170 *Reber*, ZUM 2020, 217; *Wirth* in Eichelberger/Seifert/Wirth, Urheberrechtsgesetz, § 32 d Rn. 1.

- wenn auf den Nutzungsvertrag mangels einer Rechtswahl deutsches Recht anzuwenden wäre (Nr. 1) oder
- soweit Gegenstand des Vertrages maßgebliche Nutzungshandlungen im räumlichen Geltungsbereich des UrhG sind (Nr. 2).

595 Unabhängig davon, welches Recht auf einen urheberrechtlichen Vertrag angewandt wird, setzen sich also bei Nutzungshandlungen mit Inlandsbezug die §§ 32 und 32a UrhG und auch die §§ 32d bis 32f und 38 Abs. 4 UrhG zwingend durch.[171]

c) Freie Lizenzen

596 Die Vereinbarung einer **unentgeltlichen Rechteeinräumung** ist grundsätzlich möglich, wenn dies angemessen ist. In einer solchen Konstellation ist die Vergütung als Pauschalhonorar von Null Euro zu werten.[172]

597 Der Urheber kann außerdem nach § 32 Abs. 3 Satz 3 UrhG unentgeltlich ein einfaches Nutzungsrecht für jedermann einräumen. Die Vorschrift bezieht sich auf den **Open-Content-Bereich**. Hier stellt der Urheber sein Werk (zB einen Quellcode für eine Software) unentgeltlich für jedermann zur Verfügung.[173] Da in einer solchen Situation mangels eines marktmächtigen Vertragspartners von einer freiwilligen Entscheidung des Urheber ausgegangen werden kann, entfällt dessen Schutzbedarf.[174] Wie weit eine solche Open-Source-Lizenz oder Creative-Commons-Lizenz geht und ob sie bspw. die Weiterentwicklung mit anschließender kommerzieller Nutzung des frei verfügbaren Quellcodes erlaubt, entscheidet sich im Einzelfall.[175]

d) Gemeinsame Vergütungsregeln

598 Zur Bestimmung der Angemessenheit von Vergütungen nach § 32 UrhG stellen Vereinigungen von Urhebern mit Vereinigungen von Werknutzern oder einzelnen Werknutzern nach § 36 Abs. 1 UrhG **gemeinsame Vergütungsregeln** auf. Die gemeinsamen Vergütungsregeln sollen die Umstände des jeweiligen Regelungsbereichs berücksichtigen, insbesondere die Struktur und Größe der Verwerter. In Tarifverträgen enthaltene Regelungen gehen gemeinsamen Vergütungsregeln vor. Die **Vereinigungen von Urhebern** sowie jene von Werknutzern müssen gemäß § 36 Abs. 2 UrhG repräsentativ, unabhängig und zur Aufstellung gemeinsamer Vergütungsregeln ermächtigt sein.[176]

599 Die so verhandelten Vergütungssätze gelten unwiderleglich als angemessen iSd § 32 Abs. 1 UrhG. Eine Pflicht zur Aushandlung besteht allerdings nicht.[177] Möglich ist aber, bei Scheitern der Verhandlungen einseitig ein Verfahren vor der Schlichtungsstelle anzustreben, dem sich die andere Partei nicht entziehen kann (§ 36 Abs. 3 UrhG).[178]

600 Die **Schlichtungsstelle** hat den Parteien gemäß § 36 Abs. 4 UrhG einen begründeten Einigungsvorschlag zu machen, der den Inhalt der gemeinsamen Vergütungsregeln ent-

---

171 *Wirth* in Eichelberger/Seifert/Wirth, Urheberrechtsgesetz, § 32b Rn. 1 ff.
172 *Wirth* in Eichelberger/Seifert/Wirth, Urheberrechtsgesetz, § 32 Rn. 8.
173 Details bei *Lehmann/Spindler* in Loewenheim, Handbuch des Urheberrechts, UrhG § 82 Rn. 70 ff.
174 *Lettl*, Urheberrecht, § 5 Rn. 58; *Schulze* in Dreier/Schulze, Urheberrecht, UrhG § 32 Rn. 80.
175 Siehe dazu *Wirth* in Eichelberger/Seifert/Wirth, Urheberrechtsgesetz, § 32 Rn. 17, 18.
176 Siehe dazu BGH, Urt. v. 15.9.2016 – I ZR 20/15 – NJW 2017, 819 – GVR Tageszeitungen III.
177 BGH, Urt. v. 2.3.2017 – I ZR 45/16 – GRUR 2017, 894 – Verhandlungspflicht.
178 *Wirth* in Eichelberger/Seifert/Wirth, Urheberrechtsgesetz, § 36 Rn. 5; *Wandtke/Grunert/Hollenders* in Wandtke/Bullinger, Urheberrecht, UrhG § 36 Rn. 25; *Schulze* in Dreier/Schulze, Urheberrechtsgesetz, UrhG § 36 Rn. 29 ff.

III. Die Einräumung von Nutzungsrechten (§ 31 UrhG)

hält. Er gilt als angenommen, wenn ihm nicht innerhalb von drei Monaten nach Empfang des Vorschlages schriftlich widersprochen wird. Näheres regelt § 36a UrhG. Die Schlichtungsstelle besteht aus der gleichen Anzahl von Beisitzern der jeweiligen Parteien und einem neutralen Vorsitzenden. Können sich die Parteien nicht auf die konkrete Zusammensetzung der Schlichtungsstelle einigen, entscheidet das nach § 1062 ZPO zuständige OLG.

e) Nachträgliche Vergütungsanpassungen

War die vereinbarte Vergütung im Zeitpunkt des Vertragsschlusses angemessen, so besteht ein Korrekturanspruch im Falle eines nachträglich eintretenden Missverhältnisses zwischen den Erträgen des Nutzers und der Vergütung des Urhebers nicht nach § 32 UrhG, da diese Norm einen Korrekturanspruch nur für Fälle einer unangemessenen Vergütung im Zeitpunkt des Vertragsschlusses einräumt. 601

Den Fall, dass eine einmal vereinbarte Vergütung infolge nachträglich eintretender Umstände „unangemessen" wird, regelt § 32a UrhG. Hat der Urheber einem anderen ein Nutzungsrecht zu Bedingungen eingeräumt, die nachträglich dazu führen, dass sich die vereinbarte Gegenleistung unter Berücksichtigung der gesamten Beziehungen des Urhebers zu seinem Vertragspartner als unverhältnismäßig niedrig im Vergleich zu den Erträgen und Vorteilen aus der Nutzung des Werks erweist, so ist der Vertragspartner auf Verlangen des Urhebers nach § 32a Abs. 1 Satz 1 UrhG verpflichtet, in eine Änderung des Vertrags einzuwilligen, durch die dem Urheber eine den Umständen nach **weitere angemessene Beteiligung** gewährt wird. Die frühere Regelung verlangte ein „auffälliges Missverhältnis". Dieses wurde von der Rechtsprechung zB in Fällen von zu niedrigen Pauschalvergütungen angenommen.[179] In Umsetzung von Art. 20 Abs. 1 der DSM-Richtlinie 2019/790 gilt der Anspruch auf nachträgliche Vergütungsanpassung ab dem 7.6.2021 nicht mehr erst bei einem „auffälligen Missverhältnis", sondern greift bereits bei einer „unverhältnismäßig niedrigen Vergütung" ein.[180] 602

Früher musste es sich um einen Fall der Unzumutbarkeit für den Urheber handeln, wobei sich der Korrekturanspruch aus Gerechtigkeitsgesichtspunkten ergab. Ob ein auffälliges Missverhältnis vorlag, orientierte sich an der tatsächlich vereinbarten Vergütung.[181] Richtwert war eine Vergütung, die geringer ist als die Hälfte der angemessenen Beteiligung an den Erträgen und Vorteilen.[182] Zu berücksichtigen waren dabei auch im Ausland erzielte Erträge.[183] Die Urheberrechtsnovelle hat die Anforderungen abgesenkt. Die Auslegung der Begrifflichkeit „unverhältnismäßig niedrig" obliegt nun der Rechtsprechung. 603

Ob die Vertragspartner die Höhe der erzielten Erträge oder Vorteile vorhergesehen haben oder hätten vorhersehen können, ist nach § 32a Abs. 1 Satz 2 UrhG unerheblich.

---

179 BGH, Urt. v. 22.9.2011 – I ZR 127/10 – GRUR 2012, 496 – Das Boot; KG, Urt. v. 29.6.2011 – 24 U 2/10 – ZUM 2011, 741 – Synchronsprecher; KG, Urt. v. 24.2.2010 – 24 U 154/08 – ZUM 2010, 532; LG München I, Urteil v. 24.3.2010 – 21 O 11590/09 – Tatort Vorspann; LG Berlin, Urteil v. 19.5.2009 – 16 O 8/07 – ZUM 2009, 781 – Drehbuchautor (nrk). Zum früheren „Bestsellerparagraphen" siehe BGH, Urt. v. 21.6.2001 – I ZR 245/98 – GRUR 2002, 153; OLG München, Urt. v. 7.6.2001 – 29 U 2196/00 – ZUM 2001, 994 (nrk.); *Wandtke/Grunert* in Wandtke/Bullinger, Urheberrecht, UrhG § 32a Rn. 21.
180 BR-Drs. 142/21, S. 84 f. und 129.
181 BGH, Urt. v. 16.6.2016 – I ZR 222/14 – GRUR 2016, 1291 – Geburtstagskarawane, Rn. 52 ff.; *Wirth* in Eichelberger/Seifert/Wirth, Urheberrechtsgesetz, § 32a Rn. 5.
182 *Wirth* in Eichelberger/Seifert/Wirth, Urheberrechtsgesetz, § 32a Rn. 3.
183 BGH, Urt. v. 10.5.2012 – I ZR 145/11 – GRUR 2012, 1248 – Fluch der Karibik, Rn. 56.

§ 32a UrhG ist daher kein Sonderfall des Wegfalls der Geschäftsgrundlage (§ 313 BGB), sondern als gesetzlicher Fall der Inhaltskontrolle zu qualifizieren.[184]

604 Der Anspruch geht regelmäßig auf eine prozentuale Beteiligung an der erfolgreichen Werknutzung. Nach Maßgabe des Einzelfalles sind aber auch pauschalierte Zahlungen denkbar. Es gilt die regelmäßige Verjährung.[185] Der Anspruch kann auch durch einzelne Miturheber allein geltend gemacht werden.[186]

605 Hat der Vertragspartner des Urhebers das Nutzungsrecht übertragen oder weitere Nutzungsrechte eingeräumt und ergibt sich die Unverhältnismäßigkeit aus den Erträgnissen oder Vorteilen eines Dritten, so haftet dieser gemäß § 32a Abs. 2 Satz 1 UrhG dem Urheber unmittelbar nach § 32a Abs. 1 UrhG unter Berücksichtigung der vertraglichen Beziehung in der Lizenzkette. Die Haftung des ursprünglichen Vertragspartners des Urhebers entfällt dann nach § 32a Abs. 2 Satz 2 UrhG.

606 Auf die Ansprüche nach § 32a Abs. 1 und 2 UrhG kann der Urheber gemäß § 32a Abs. 3 Satz 1 UrhG im Interesse seines wirksamen Schutzes im Voraus nicht verzichten. Auch im Kontext mit § 32a UrhG ist die Wahl eines ausländischen Rechts nach § 32b UrhG (vorstehende Rn. 594) beschränkt. Der Urheber kann aber nach § 32a Abs. 3 Satz 3 UrhG unentgeltlich ein einfaches Nutzungsrecht für jedermann einräumen. Der Urheber hat nach § 32 Abs. 4 UrhG keinen Anspruch nach § 32 Abs. 1 UrhG, soweit die Vergütung nach einer gemeinsamen Vergütungsregel (vgl. § 36 UrhG) oder tarifvertraglich bestimmt worden ist und ausdrücklich eine weitere angemessene Beteiligung für den Fall des § 32a Abs. 1 UrhG vorgesehen ist.

607 Die Geltendmachung des Anspruchs gestaltet sich in der Praxis oftmals schwierig, da ein harter Wettbewerb in den betroffenen Branchen herrscht und Urheber aus Angst, keine Aufträge mehr zu erhalten (sog. „schwarze Listen"), vor der Geltendmachung zurückschrecken. Abhilfe könnte ggf. eine weitreichendere Unterstützungsmöglichkeit durch die Verwertungsgesellschaften bringen.[187]

IV. Zusammenfassung

608 Das Urheberrecht ist vererblich. Unter Lebenden ist es hingegen nicht übertragbar.

609 Der Urheber kann Dritten an seinem Urheberrecht nur Nutzungsrechte einräumen. Das Nutzungsrecht ist ein aus dem Urheberrecht mittels Übertragung auf den Erwerber abgeleitetes Recht. Der Urheber kann dem Dritten einzelne, aber auch alle ihm zustehenden Verwertungsrechte („Buy-Out") als Nutzungsrechte übertragen.

610 Das Nutzungsrecht kann einem oder auch mehreren Dritten als einfaches oder ausschließliches Nutzungsrecht sowie räumlich, zeitlich oder inhaltlich beschränkt bzw. auch unbeschränkt eingeräumt werden (beschränkte und unbeschränkte Nutzungsrechte). Mehrere Nutzungsrechte können auch zusammen übertragen oder aufgespalten werden. Die Übertragung von Nutzungsrechten durch den Urheber auf Dritte vollzieht sich auf der Grundlage von Urheberrechtsverträgen.

---

[184] *Lettl*, Urheberrecht, § 5 Rn. 65.
[185] *Wirth* in Eichelberger/Seifert/Wirth, Urheberrechtsgesetz, § 32a Rn. 5.
[186] BGH, Urt. v. 22.9.2011 – I ZR 127/10 – GRUR 2012, 496 – Das Boot.
[187] So sieht es auch Erwägungsgrund 78 der Richtlinie 2019/790 (Urheberrechtsrichtlinie) vor: Vertreter der Urheber sollen es ermöglichen, innerhalb eines zu installierenden Vertragsanpassungsmechanismus die Identität der Urheber so lange wie möglich zu schützen.

IV. Zusammenfassung

Das einfache Nutzungsrecht berechtigt den Erwerber, das Werk auf die erlaubte Art zu nutzen, ohne dass eine Nutzung durch andere ausgeschlossen ist. Dem ausschließlichen Nutzungsrecht kommt dingliche Wirkung zu. Der Inhaber ist berechtigt, das Werk unter Ausschluss aller anderen Personen (ggf. einschließlich des Urhebers) auf die ihm erlaubte Art zu nutzen. 611

Sind bei der Einräumung eines Nutzungsrechts die Nutzungsarten nach ihrem Inhalt und Umfang nicht ausdrücklich einzeln bezeichnet, so bestimmt sich nach dem von beiden Partnern zugrunde gelegten Vertragszweck, ob überhaupt ein Nutzungsrecht eingeräumt wurde und auf welche Nutzungsarten es sich dann ggf. erstreckt (Zweckübertragungstheorie). 612

Die Übertragung von Nutzungsrechten (Verfügung, §§ 413, 398 BGB) erfolgt auf der Grundlage eines schuldrechtlichen Verpflichtungsgeschäfts als Kausalgeschäft. Grundsätzlich gilt das Trennungs- und Abstraktionsprinzip. Letzteres wird allerdings durchbrochen, da bei Hinfälligkeit des Kausalgeschäfts auch die am Vertragszweck des Kausalgeschäfts orientierte Übertragung des Nutzungsrechts hinfällig wird. Das Urheberrecht fällt dann in der Regel an den Urheber zurück. 613

Man unterscheidet zum einen die Einräumung von Nutzungsrechten zu eigener Nutzung des Berechtigten (zB Verlagsvertrag). Hier räumt der Urheber gegen eine Vergütung dem Verwerter das Recht ein, das Werk auf eigene Rechnung zu verwerten. Zum anderen ist die Einräumung von Nutzungsrechten zur Wahrnehmung möglich (zB Wahrnehmungsvertrag mit Verwertungsgesellschaft). Die Verwertungsgesellschaft verwertet die Rechte des Urhebers dann treuhänderisch. 614

Für beide Vertragsarten gibt es teilweise gesetzliche Vorgaben, welche die Vertragsfreiheit einschränken. Im Bereich der Wahrnehmungsverträge herrscht für die Verwertungsgesellschaften sogar beidseitig ein Kontrahierungszwang. 615

Der Urheber hat als Gegenleistung für die Einräumung von Nutzungsrechten und die Erlaubnis zur Werknutzung einen Anspruch auf die vertraglich vereinbarte Vergütung. Ist bzw. wird die vertragliche Vereinbarung jedoch unangemessen, so hat der Urheber ein Recht auf Vertragsanpassung (§§ 32, 32a UrhG). Um Rechtssicherheit hinsichtlich einer angemessenen Vergütung zu schaffen, können Vereinigungen von Urhebern mit Vereinigungen von Werknutzern gemeinsame Vergütungsregeln aufstellen. Der Anspruch auf angemessene Vergütung und Vertragsanpassung wird flankiert von weitreichenden Auskunfts- und Rechenschaftsansprüchen des Urhebers gegen den Werknutzer. 616

§ 6 Beschränkungen des Schutzumfangs

617 Das Urheberrecht ist weder umfassend noch schrankenlos gewährleistet.[1] Als nach Art. 14 Abs. 1 GG eigentumsrechtlich verfestigte Position bedarf das Urheberrecht, wie das Eigentum selbst (vgl. Art. 14 Abs. 2 GG), Einschränkungen im Interesse der Allgemeinheit und Dritter.[2] Das Urheberrecht sieht daher in seinen §§ 44a ff. UrhG verschiedene Schranken vor, die aufgrund vielfältiger Zweckrichtungen[3] das Recht des Urhebers, andere von der Nutzung seines Werkes auszuschließen, beschränken. Das bedeutet, dass es in verschiedenen Konstellationen dem Urheber verwehrt ist, anderen die Nutzung seines Werkes zu verbieten.[4]

618 Daneben ist das Urheberrecht auch räumlich durch das Territorialitätsprinzip und zeitlich durch die Einschränkungen der Schutzdauer (§ 64 UrhG) begrenzt.[5] Die äußerste sachliche Grenze des Urheberrechtsschutzes stellt das Recht zur freien Benutzung (§ 23 Abs. 2 Satz 1 UrhG) dar.[6] Innerhalb dieser Grenzen wirken die Schrankenbestimmungen der §§ 44a ff. UrhG mit unterschiedlicher Intensität.[7]

BEACHTE: EINSCHRÄNKUNGEN DES URHEBERRECHTS[8]

> Gemeinfreiheit des Werkes
> Freistellung der Nutzung (ohne Gegenleistung)
> gesetzliche Lizenz (mit Gegenleistung)
> Zwangslizenz (Verpflichtung zum Vertragsabschluss)
> Verwertungsgesellschaftspflichtigkeit

619 Diese Schranken des Urheberrechts lassen sich grob in zwei Kategorien einteilen. Zum einen sieht das Urheberrecht Einschränkungen für Nutzungszwecke vor, die direkt im Interesse der Allgemeinheit liegen. Zum anderen benennt das Gesetz auch zugunsten Privater verschiedene Nutzungshandlungen, gegen die sich der Urheber grundsätzlich nicht rechtlich wehren kann.

620 Gerade hinsichtlich der Schranken des Urheberrechts hat die Entwicklung zur Wissensgesellschaft zahlreiche Änderungen mit sich gebracht, wobei insoweit der Prozess zur Umsetzung der Urheberrechtsrichtlinie 2019/790 noch nicht abgeschlossen ist.

---

1 *Wirth* in Eichelberger/Seifert/Wirth, Urheberrechtsgesetz, UrhG Vor. §§ 44a ff. Rn. 1.
2 BVerfG, Beschl. v. 7.7.1971 – 1 BvR 765/66 – NJW 1971, 2136. Dies gilt auch für die Leistungsschutzrechte: BVerfG, Beschl. v. 23.1.1990 – 1 BvR 306/86 – GRUR 1990, 438 – Bob Dylan; BVerfG, Urt. v. 31.5.2016 – 1 BvR 1585/13 – GRUR 2016, 690 – Metall auf Metall. Ausführlich, auch zur historischen Entwicklung, *Stieper* in Schricker/Loewenheim, Urheberrecht, UrhG Vor. §§ 44a ff. Rn. 1 ff.; *Götting* in Loewenheim, Handbuch des Urheberrechts, § 30 Rn. 1 ff.
3 Dazu *Götting* in Loewenheim, Handbuch des Urheberrechts, § 30 Rn. 5 ff.
4 *Wirth* in Eichelberger/Seifert/Wirth, Urheberrechtsgesetz, UrhG Vor. §§ 44a ff. Rn. 1.
5 *Peukert* in Rehbinder/Peukert, Urheberrecht, Rn. 474, 476.
6 *Peukert* in Rehbinder/Peukert, Urheberrecht, Rn. 475.
7 *Stieper* in Schricker/Loewenheim, Urheberrecht, UrhG Vor. §§ 44a ff. Rn. 9.
8 Nach *Stieper* in Schricker/Loewenheim, Urheberrecht, UrhG Vor. §§ 44a ff. Rn. 9 ff.

Frage 26: Warum und zu wessen Gunsten erfährt das Urheberrecht Beschränkungen?

Die Schranken des Urheberrechts sind nicht nur wegen ihres Charakters als Ausnahmetatbestände grundsätzlich eng auszulegen, sondern auch wegen der überragenden Bedeutung der wirtschaftlichen Verwertung des Werkes für den Urheber.[9] Die Schrankenbestimmungen dürfen dadurch allerdings nicht ihre praktische Wirksamkeit verlieren, da sie selbst Ausdruck einer gesetzgeberischen Abwägung von Grundrechten der Nutzer (zB Meinungs- und Pressefreiheit, Art. 5 Abs. 1 GG) mit den Rechten des Urhebers darstellen.[10]

I. Restriktionen des Urheberrechts im Allgemeininteresse

Durch Art. 5 der Info-Richtlinie 2001/29/EG sind die Schranken des Urheberrechts auf europäischer Ebene harmonisiert worden. Es ist daher erforderlich, dass nationale Regelungen in der Umsetzung urheberrechtlicher Vorgaben des europäischen Sekundärrechts richtlinienkonform ausgestaltet sind, um unterschiedliche Schranken im Binnenmarkt zu vermeiden.[11]

Nach Art. 5 Abs. 5 der Richtlinie 2001/29/EG unterliegt eine wirksame Beschränkung des Urheberrechts durch den nationalen Gesetzgeber einem Drei-Stufen-Vorbehalt (auch „**Dreistufentest**"):

- Zwecks Vermeidung eines Leerlaufens des Urheber- als Ausschließlichkeitsrechts kommen als Schranke nur **Sonderfälle** in Betracht.
- Die Schrankenregelung darf die **normale Verwertung** des Rechts durch den Urheber (Rechteinhaber) nicht beeinträchtigen.
- Die **berechtigten Interessen** des Urhebers (Rechteinhabers) dürfen nicht in unzumutbarer Weise verletzt werden.

Die Wertungen des Dreistufentests sind durch die gesetzgeberische Ausgestaltung der nationalen Schrankenregelungen bereits umgesetzt, so dass sich seine Anwendung im Einzelfall auf einen Auslegungsmaßstab für die nationalen Regelungen beschränkt.[12] Für Computerprogramme und Datenbanken ist diese „Schranken-Schranke"[13] explizit verankert (vgl. § 69a Abs. 3 bzw. §§ 87b Abs. 1 Satz 2, 87e UrhG).

Eine Anwendung der Schrankenregelungen über die ausdrücklich normierten Fälle hinaus ist unzulässig.[14] Mit dem durch Art. 14 Abs. 1 GG geschützten geistigen Eigen-

---

[9] BGH, Urt. v. 17.11.2014 – I ZR 177/13 – NJW 2015, 2119 – Möbelkatalog, Rn. 19; *Wirth* in Eichelberger/Seifert/Wirth, Urheberrechtsgesetz, UrhG Vor. §§ 44a ff. Rn. 5; aA *Peukert* in Rehbinder/Peukert, Urheberrecht, Rn. 483; einschränkend auch *Götting* in Loewenheim, Handbuch des Urheberrechts, § 30 Rn. 13.
[10] BGH, Urt. v. 30.4.2020 – I ZR 228/15 – NJW 2020, 2554 – Reformistischer Aufbruch II, Rn. 48.
[11] EuGH, Urt. v. 26.4.2012 – C-510/10 – GRUR 2012, 810 – DR und TV2 Danmark, Rn. 35; EuGH, Urt. v. 10.4.2014 – C-435/12 – GRUR 2014, 546 – ACI Adam ua/Thuiskopie ua, Rn. 34; *Wirth* in Eichelberger/Seifert/Wirth, Urheberrechtsgesetz, UrhG Vor. §§ 44a ff. Rn. 3.
[12] BGH, Urt. v. 28.11.2013 – I ZR 76/12 – NJW 2014, 2117, Rn. 46; OLG Stuttgart, Urt. v. 4.4.2012 – 4 U 171/11 – GRUR 2012, 718 – Moodle (nrk.); LG München I, Urt. v. 27.5.2015 – 37 O 11673/14 – MMR 2015, 660 (667); *Wirth* in Eichelberger/Seifert/Wirth, Urheberrechtsgesetz, UrhG Vor. §§ 44a ff. Rn. 4; v. *Welser* in Wandtke/Bullinger, Urheberrecht, § 44a Rn. 22. Zur Anwendung der Schranke auf europäischer Ebene: EuGH, Urt. v. 5.6.2014 – C-360/13 – GRUR 2014, 654 – PRCA/BLA, Rn. 54 ff.; EuGH, Urt. v. 26.4.2017 – C-572/15 – GRUR 2017, 610 – Stichting Brein/Wullems, Rn. 59 ff.
[13] *Wirth* in Eichelberger/Seifert/Wirth, Urheberrechtsgesetz, UrhG Vor. §§ 44a ff. Rn. 4.
[14] EuGH, Urt. v. 5.3.2015 – C-463/12 – GRUR 2015, 478 – Copydan/Nokia, Rn. 87; *Wirth* in Eichelberger/Seifert/Wirth, Urheberrechtsgesetz, UrhG Vor. §§ 44a ff. Rn. 5.

tum des Urhebers müssen die durch die jeweilige Schrankenbestimmung geschützten kollidierenden Grundrechte Dritter (zB Pressefreiheit, Art. 5 Abs. 1 Satz 2 GG) abgewogen werden.[15]

626 **EXKURS: PARODIE**

Für Parodien sah das Urhebergesetz vor der Novelle 2021 keine eigenständige Schrankenregelung vor. Die Rechtsprechung subsummierte die Parodie unter § 24 Abs. 1 UrhG a.F. (freie Benutzung).[16] Da es sich insoweit materiell allerdings um die Anwendung einer Schrankenregelung iSd Art. 5 Abs. 3 Buchst. k der Richtlinie 2001/29/EG handelte, waren dabei bereits die Vorgaben des Dreistufentests zu beachten.[17] ◀

Im Rahmen des Art. 5 Abs. 3 Buchst. k der Richtlinie 2001/29/EG wird auch auf Pastiches[18] verwiesen. Dieses der französischen Sprache entstammende Wort wird übersetzt mit „Nachahmung" oder „Nachempfindung".[19] Die Verwendung des Begriffs ist allerdings je nach Werkgattung und Kunstepoche unterschiedlich.[20] Im Rahmen der vorgenannten Norm ist davon auszugehen, dass zunächst die erkennbare Übernahme schöpferischer Züge konkret in Bezug genommener Werke gemeint ist.[21] Noch ungeklärt ist, ob einer Pastiche – ebenso wie einer Parodie – eine humoristische Komponente innewohnt.[22] Unabhängig von ihrer genauen dogmatischen Einordnung muss eine zu enge Anlehnung an die Vorlage unterbunden werden, wenn Verwechslungsgefahr mit dem Original besteht.[23] ◀

Durch das Gesetz zur Anpassung des Urheberrechts an die Erfordernisse des digitalen Binnenmarktes[24] wurde in Umsetzung des EuGH-Urteils in der Rechtssache *Pelham* („Metall auf Metall"), welches die Bestimmung des § 24 UrhG a.F. als mit dem abschließenden Schrankenkatalog des Art. 5 der Richtlinie 2001/29/EG unvereinbar erklärt hat[25], eine neue Schranke für Karikaturen und Parodien sowie erstmals auch für Pastiches normiert.[26] Der neue § 51a UrhG soll die Auseinandersetzung mit vorbestehenden schöpferischen Leistungen, die Aufnahme von Anregungen und die gegenseitige Inspiration als Grundlage geistigen Schaffens, wie sie beispielsweise in der Parodie als fester Bestandteil der europäischen Kultur zum Ausdruck kommt, ermöglichen.[27] Die Schrankenbestimmung soll sowohl für professionelle als auch für private Nutzer und zudem unabhängig vom genutzten Medium eingreifen.[28] Das Ergebnis der erlaubten Nutzung muss in Weiterführung der dazu auf der

---

15 BGH, Urt. v. 11.7.2002 – I ZR 225/00 – NJW 2002, 3393 (3395) – Elektronischer Pressespiegel; BGH, Urt. v. 27.1.2005 – I ZR 119/02 – NJW 2005, 2698 (2700) – Wirtschaftswoche; *Wirth* in Eichelberger/Seifert/Wirth, Urheberrechtsgesetz, UrhG Vor. §§ 44a ff. Rn. 5 mwN; *Götting* in Loewenheim, Handbuch des Urheberrechts, § 30 Rn. 14.
16 Siehe dazu *Seifert/Wirth* in Eichelberger/Seifert/Wirth, Urheberrechtsgesetz, UrhG § 24, Rn. 3.
17 *Wirth* in Eichelberger/Seifert/Wirth, Urheberrechtsgesetz, UrhG Vor §§ 44a ff. Rn. 6.
18 Vgl. hierzu auch *Stieper*, GRUR 2020, 699 (702 f.); *Pötzlberger*, GRUR 2018, 675; Ohly, GRUR 2017, 964 (968).
19 Pons, Wörterbuch, Stichwort „pastiche", abrufbar unter https://de.pons.com/übersetzung/französischdeutsch/pastiche, zuletzt abgerufen am 9.1.2021.
20 Ausführlich hierzu *Pötzlberger*, GRUR 2018, 675 (676 ff.).
21 *Stieper*, GRUR 2020, 699 (702).
22 *Stieper*, GRUR 2020, 699 (702).
23 *Stieper*, GRUR 2020, 699 (703).
24 Gesetzesentwurf, BR-Drs. 142/21.
25 EuGH, Urt. v. 29.7.2019 – C-476/17 – GRUR 2019, 929 = NJW 2019, 2913, Rn. 56 ff.
26 BR-Drs. 142/21, S. 95 ff.
27 BR-Drs. 142/21, S. 96.
28 BR-Drs. 142/21, S. 96.

I. Restriktionen des Urheberrechts im Allgemeininteresse

Grundlage von § 24 UrhG a.f. ergangenen Rechtsprechung[29] nicht die Schöpfungshöhe eines Werkes erlangen.[30] ◄

Die Nutzung fremder Werke im Rahmen des neuen § 51a UrhG dient der Auseinandersetzung mit einem Werk, welche Ausdruck des Grundrechts der Meinungsfreiheit (Art. 11 Abs. 1 GRCh), der Pressefreiheit (Art. 11 Abs. 2 GRCh) und der Kunstfreiheit (Art. 12 GRCh) ist.[31] Da nur dadurch die Schrankenregelung gerechtfertigt ist, erfordert ihre Anwendung im Einzelfall einen angemessenen Ausgleich der Interessen des Urhebers und des Karikaturisten.[32] Es kann insofern hinsichtlich Parodie und Karikatur auf die bisherige Rechtsprechung zurückgegriffen werden.[33] ◄

FALL 16 – PARODIE UND REINE BILDBEARBEITUNG 627

Nach BGH, Urt. v. 28.7.2016 – I ZR 9/15 – NJW 2017, 806.

Sachverhalt:
Die B betreibt eine Internetseite und fordert deren Leser zu einem Contest unter dem Titel „Auf fett getrimmt" auf, Lichtbilder Prominenter derart zu bearbeiten, dass sie möglichst fettleibig wirken. Eines der dabei eingereichten Bilder zeigte im Original die junge, recht schlanke Schauspielerin S in aufreizender Pose bekleidet mit einem Bikini, das vom Fotografen F in seinem Studio gefertigt worden war. Die B zeigt die bearbeitete Version dieses Bildes sowie die übrigen, eingereichten und bearbeiteten Fotografien im Zeitraum vom 03.08. bis zum 14.10. auf ihrer Internetseite. Die Farbgestaltung ist im Wesentlichen unverändert. Gleiches gilt für die Art der Kleidung. Allerdings erscheint die auch jetzt noch ohne Weiteres zu erkennende S nun so erstaunlich und unnatürlich fettleibig, dass der Betrachter die vorgenommene Bearbeitung erkennt. Trotz der offensichtlichen Unterschiede erinnert das bearbeitete Lichtbild aber noch sehr stark an das Originalfoto.
Der F, der in der Öffentlichkeit mit dem Bild nicht in Verbindung gebracht wird, sieht hierin gleichwohl eine unberechtigte Nutzung und eine Entstellung seines Lichtbildwerks.
Zu Recht?

Lösung:
Fraglich ist, ob in der Veröffentlichung des bearbeiteten Lichtbildes, das der F von der S fertigte, eine Verletzung der dem F zustehenden Rechte zu sehen ist.

A. In Betracht kommt eine Verletzung des ausschließlichen Rechts der öffentlichen Zugänglichmachung gemäß § 15 Abs. 1 1. Hs. und 2. Hs. Nr. 2 iVm § 19a UrhG.
  I. Das Zeigen eines Bildes auf einer Internetseite stellt unproblematisch eine öffentliche Zugänglichmachung iSd § 19a UrhG dar.
  II. Dieses Recht erstreckt sich auch auf Vervielfältigungsstücke des Werkes iS von § 16 UrhG sowie auf Bearbeitungen und Umgestaltungen iS von § 23 UrhG a.F. (heute: § 23 Abs. 1 Satz 1 UrhG), da diese lediglich besondere Fälle der Vervielfältigung eines Werkes sind.[34] Nicht erfasst sind hingegen freie Benutzungen des Werkes gemäß § 24 Abs. 1 UrhG a.F (heute: § 23 Abs. 1 Satz 2 UrhG). Fraglich ist daher, wie eine freie Benutzung von einer unfreien Nutzung iS einer Bearbeitung (§ 23 UrhG a.F.) oder einer Vervielfältigung (§ 16 UrhG) abzugrenzen ist.

---
29 BGH, Urt. v. 28.7.2016 – I ZR 9/15 – BGHZ 211, 309 = GRUR 2016, 1157 – Auf Fett getrimmt, Rn. 28. Vgl. auch EuGH, Urt. v. 3.9.2014 – C-201/13 – GRUR 2014, 972 – Deckmyn, Rn. 21.
30 BR-Drs. 142/21, S. 96.
31 BR-Drs. 142/21, S. 96.
32 BR-Drs. 142/21, S. 96 f.
33 BR-Drs. 142/21, S. 97.
34 BGH, Urt. v. 16.5.2013 – I ZR 28/12 – GRUR 2014, 65 (70).

1. Hierbei kommt es auf den Abstand des neuen Werks zu den entlehnten eigenpersönlichen Zügen des benutzten Werks an. Bei einer freien Benutzung müssten diese Züge des alten Werks gegenüber der Eigenart des neuen Werks verblassen.[35] Regelmäßig ist das dann der Fall, wenn die dem älteren Werk entlehnten Züge nur noch als Anregung für das neue, selbstständige Werkschaffen zu verstehen sind.[36] Von Bedeutung ist insoweit der Gesamteindruck der Werke: Weicht dieser deutlich voneinander ab, so liegt weder eine Vervielfältigung noch eine Bearbeitung vor. Es könnte sich dann um eine freie Benutzung handeln.

Auch bei einer deutlichen Übernahme – gerade in der Formgestaltung – kann der erforderliche Abstand zu den entlehnten eigenpersönlichen Zügen des älteren Werkes darin bestehen, dass es einen so großen inneren Abstand hält, dass es seinem Wesen nach als selbstständig anzusehen ist. Denn auch dann kann vom Verblassen der entlehnten Züge gesprochen werden.[37] Dieser innere Abstand ist insbesondere bei künstlerischen Auseinandersetzungen mit einem älteren Werk von Bedeutung, bei denen das alte Werk und seine Eigenheiten als Gegenstand der Auseinandersetzung im neuen Werk erkennbar bleiben. Der innere Abstand kann, muss aber nicht zwingend in einer antithematischen Behandlung zum Ausdruck kommen.[38] In diese Kategorie einzuordnen ist auch die Parodie, da der innere Abstand regelmäßig durch eine antithematische Behandlung hergestellt wird.[39] (Hinweis: Nach der Novellierung des Urheberrechtsgesetzes im Jahr 2021 ist nur noch ein Werk mit äußerem Abstand unter den Begriff der „freien Benutzung" zu subsumieren. Ein Werk mit lediglich innerem Abstand stellt eine Bearbeitung dar, die jedoch unter den Voraussetzungen des § 51a UrhG von den Schranken des Urheberrechts erfasst und damit erlaubt ist. Die Grundsätze des hier ausgeführten Urteils gelten, sofern sie auf der Rechtsprechung des Europäischen Gerichtshofs beruhen, auch weiterhin.)

Hier ist allerdings Art. 5 Abs. 3 Buchst. k der Richtlinie 2001/29/EG zu beachten, der Ausnahmen und Beschränkungen für die Nutzung von Werken zum Zwecke von Parodien, Karikaturen oder Pastiches vorsieht. Zwar gab es im deutschen Urheberrecht keine eigenständige Regelung zu diesen Formen (heute in § 51a UrhG). § 24 Abs. 1 UrhG a.F. ist jedoch durch seine Auslegung als Schutzschranke anzusehen mit der Folge, dass die Regelung richtlinienkonform auszulegen ist, soweit es um Parodien geht. Parodie ist dabei ein eigenständiger Begriff des Unionsrechts.[40] Eine Parodie in diesem Sinne zeichnet sich dadurch aus, dass einerseits an ein bestehendes Werk erinnert werden soll, wobei aber auch wahrnehmbare Unterschiede vorhanden sind. Andererseits ist die Parodie Ausdruck von Humor oder Spott. Zu beachten ist ein angemessener Interessensausgleich zwischen dem sich auf die freie Meinungsäußerung (Art. 5 Abs. 1 GG) stützenden Nutzer eines geschützten Werkes und den in Art. 2 und Art. 3 der Richtlinie 2001/29/EG genannten Personen.[41]

---

35 BGH, Urt. v. 11.3.1993 – I ZR 264/91 – GRUR 1994, 191 (194).
36 BGH, Urt. v. 11.3.1993 – I ZR 263/91 – NJW 1993, 2620 (2621).
37 BGH, Urt. v. 11.3.1993 – I ZR 263/91 – NJW 1993, 2620 (2621).
38 BGH, Urt. v. 11.3.1993 – I ZR 263/91 – NJW 1993, 2620 (2621).
39 BGH, Urt. v. 11.3.1993 – I ZR 263/91 – NJW 1993, 2620 (2621).
40 EuGH, Urt. v. 3.9.2014 – C-201/13 – GRUR 2014, 972 (973).
41 EuGH, Urt. v. 3.9.2014 – C-201/13 – GRUR 2014, 972 (974).

I. Restriktionen des Urheberrechts im Allgemeininteresse

Für Fälle, in denen durch Bildbearbeitungsprogramme Abbildungen geschaffen werden, wurde früher angenommen, dass es sich um Werke iSd § 24 Abs. 1 UrhG a.f. handle, da durch die Benutzung des fremden Werkes eine persönliche geistige Schöpfung gemäß § 2 Abs. 2 UrhG entsteht.[42] Vor dem Hintergrund der gerade aufgezeigten, zwingend gebotenen, unionsrechtskonformen Auslegung kann hieran allerdings nicht mehr festgehalten werden.[43]

2. Für den vorliegenden Fall ist zunächst festzuhalten, dass die Bearbeitung an das Originalbild erinnert, was an der gleichbleibenden Farbgestaltung und Kleidung der S liegen mag. Trotz der körperlichen Fülle, die die S im Rahmen der Bearbeitung erlangte, lässt sich die S auf dem bearbeiteten Lichtbild laut Sachverhalt ohne Weiteres erkennen.

Es könnte sich daher um eine Parodie handeln. Diese setzt – wie oben erläutert – voraus, dass die Bearbeitung an ein bestehendes Werk erinnert und darüber hinaus Ausdruck von Humor oder Spott ist. Auf der ursprünglichen Fotografie kommt das gängige, auch klischeehafte Schönheitsideal einer jungen Frau sowie die häufig als aufdringlich und selbstverliebt empfundene Selbstdarstellung Prominenter in der Öffentlichkeit zum Ausdruck. Diese wird in dem veränderten Bildnis auf boshafte und satirische Weise konterkariert und damit auch karikiert.[44]

Auch lässt sich die für die Parodie wichtige antithematische Auseinandersetzung nicht durch das Thema des Contests („Auf fett getrimmt") ausschließen, da man allein hieraus nicht darauf schließen kann, dass es sich um eine reine Verballhornung der abgebildeten Person mithilfe digitaler Medien oder einen Jux auf deren Kosten handelt. Insbesondere ist nicht erforderlich, dass die Eigenschaft als Parodie von jedermann erkannt wird, da ansonsten die Kunstfreiheit (Art. 5 Abs. 3 Satz 1 GG und Art. 13 GRCh) und die Meinungsäußerungsfreiheit (Art. 5 Abs. 1 GG und Art. 11 GRCh) zu sehr eingeengt werden würden. Entscheidend muss vielmehr sein, ob nach objektiver Beurteilung die konkrete Art der antithematischen Behandlung für denjenigen, dem das parodierte Werk bekannt ist und der das für die Wahrnehmung der Parodie erforderliche intellektuelle Verständnis besitzt, erkennbar ist.[45]

Zudem ist das Erfordernis einer antithematischen Auseinandersetzung nicht zwingend, da bei einer an das bestehende Werk erinnernden Bearbeitung auch ein zum Ausdruck gebrachter Spott genügt.[46] Diese Verspottung muss sich nicht auf das ursprüngliche Werk selbst richten.[47] Es ist demnach ausreichend, dass die S im vorliegenden Fall verspottet wird.[48]

3. Erforderlich ist allerdings im konkreten Fall ein angemessener Interessenausgleich zwischen den Urhebern und den Nutzern von Schutzgegenständen. Der Ausgleich muss also zwischen den Interessen und Rechten des Rechteinhabers einerseits und der freien Meinungsäußerung des Nutzers eines geschützten

---

42 BGH, Urt. v. 23.6.1961 – I ZR 105/59 – GRUR 1961, 631 (632).
43 BGH, Urt. v. 28.7.2016 – I ZR 9/15 – NJW 2017, 806 (809).
44 BGH, Urt. v. 28.7.2016 – I ZR 9/15 – NJW 2017, 806 (810).
45 BGH, Urt. v. 26.3.1971 – I ZR 77/69 – GRUR 1971, 588 (589).
46 EuGH, Urt. v. 3.9.2014 – C-201/13 – GRUR 2014, 972 (973).
47 EuGH, Urt. v. 3.9.2014 – C-201/13 – GRUR 2014, 972 (973).
48 BGH, Urt. v. 28.7.2016 – I ZR 9/15 – NJW 2017, 806 (810).

Werkes, der sich auf den Ausnahmetatbestand für Parodien beruft, andererseits erfolgen.[49]

Einerseits ist dabei das Interesse des F als Urheber des ursprünglichen Werkes zu berücksichtigen. Dieses Werk wird durch die Bearbeitung zweifellos entstellt iSd § 14 UrhG. Dies führt zu einer besonderen Betroffenheit der persönlichen und geistigen Interessen des F.

Andererseits setzt sich die Parodie hier nicht unmittelbar mit dem Werk auseinander, sondern sie nutzt das Werk lediglich als Mittel der Auseinandersetzung.

Für den Fall, dass eine Parodie gegen Art. 21 GRCh verstößt, diskriminierende Aussagen enthält und damit Rechte Dritter verletzt, ist davon auszugehen, dass der Urheber des ursprünglichen Werkes ein berechtigtes Interesse daran hat, nicht mit diesen Aussagen in Verbindung gebracht zu werden.[50] Hieraus darf allerdings keine „Political-Correctness-Kontrolle" hergeleitet werden, da die vom Unionsgesetzgeber vorgesehene Privilegierung der Parodie, die die Meinungsfreiheit in besonderem Maße zur Geltung bringt, nicht umgangen werden soll.[51] Nicht jede durch Parodie verursachte Beeinträchtigung rechtlich geschützter Interessen ist daher von Bedeutung. Es müssen gerade durch die den Begriff der Parodie ausmachende Veränderung des Werks Rechte Dritter verletzt werden und der Urheber muss ein schutzwürdiges Interesse daran haben, nicht damit in Verbindung gebracht zu werden.[52]

Auf den vorliegenden Fall übertragen ist zunächst schon fraglich, ob die Bearbeitung des Bildes Rechte Dritter verletzt. In Betracht kommt die Verletzung des allgemeinen Persönlichkeitsrechts der S aus Art. 2 Abs. 1 iVm Art. 1 Abs. 1 GG. Dies erscheint grundsätzlich möglich, ist allerdings nur dann anzunehmen, wenn die Manipulation des Bildes für den Betrachter nicht erkennbar und die Veränderung daher nicht als Teil der satirischen Darstellung zu identifizieren ist.[53] Eine solche verdeckte Bildmanipulation kommt vorliegend allerdings laut Sachverhalt nicht in Betracht.

Überdies wird der F nach den Sachverhaltsangaben von der Öffentlichkeit gar nicht mit dem Foto in Verbindung gebracht. Das Bild wird ihm daher vom angesprochenen Verkehr auch nicht als Urheber zugeordnet. Demnach wird auch keine Beziehung zwischen der Parodie und dem F als Urheber des Werkes hergestellt werden können.

B. Als Ergebnis dieser Interessenabwägung wird man hier zu einer freien Bearbeitung des Werkes iSd § 24 Abs. 1 UrhG a.F. kommen, da es sich um eine Parodie handelt. Damit kommt eine Verletzung des ausschließlichen Rechts des F der öffentlichen Zugänglichmachung gemäß § 15 Abs. 1 1. Hs. und 2. Hs. Nr. 2 iVm § 19a UrhG nicht in Betracht.[54] ◄

628 Die §§ 44a bis 63a UrhG lösen einerseits den Interessenkonflikt zwischen dem eigentumsrechtlich geschützten, gleichwohl der Sozialbindung des Eigentums unterfallenden Urheberrecht (Art. 14 Abs. 1 Satz 1 und Abs. 2 GG) und den schutzwürdigen Interessen der Allgemeinheit (zB der Rechtspflege und der öffentlichen Sicherheit, § 45 UrhG) andererseits. So ergeben sich Beschränkungen des Ausschließlichkeitsrechts im Kontext

---

[49] EuGH, Urt. v. 3.9.2014 – C-201/13 – GRUR 2014, 972 (974).
[50] EuGH, Urt. v. 3.9.2014 – C-201/13 – GRUR 2014, 972 (974).
[51] Generalanwalt beim EuGH, Schlussantrag vom 22.5.2014 – C-201/19 – BeckRS 2014, 80924, Rn. 80 ff.
[52] BGH, Urt. v. 28.7.2016 – I ZR 9/15 – NJW 2017, 806 (810).
[53] BVerfG, Beschl. V. 14.2.2005 – 1 BvR 240/04 – GRUR 2005, 500 (502).
[54] Eine abweichende Auffassung ist hier mit entsprechender Argumentation vertretbar.

I. Restriktionen des Urheberrechts im Allgemeininteresse

einer Verwertung des Werks. Diese bedürfen als Ausnahmeregelungen im Interesse des Urhebers, der an der wirtschaftlichen Nutzung seines Werks angemessen zu beteiligen ist, grundsätzlich einer engen Auslegung.

Für die in § 63 UrhG benannten Schranken ist eine Quellenangabe vorgeschrieben (dazu nachstehende Rn. 695). Die in § 95b bezeichneten Schrankenbestimmungen dürfen auch gegen technische Schutzmaßnahmen durchgesetzt werden. 629

1. Gemeinfreie und verwaiste Werke

Gemeinfreie Werke sind vollständig vom Urheberrecht ausgenommen. Nach Ablauf der in Umsetzung der Schutzdauer-Richtlinie 2006/116 normierten Fristen (§§ 64 bis 69 UrhG)[55] sind alle Werke gemeinfrei. Dh, jedermann kann sie ohne Zustimmung des Urhebers bzw. seines Rechtsnachfolgers nutzen. Auch alle abgeleiteten Nutzungsrechte und sogar das Urheberpersönlichkeitsrecht erlöschen.[56] 630

Vom Schutzbereich des Urheberrechts generell ausgeschlossen sind die in § 5 UrhG normierten amtlichen Werke (nachstehende Rn. 636 ff.). 631

a) Ablauf der Schutzfrist (§§ 64 bis 69 UrhG)

Das Urheberrecht erlischt gemäß § 64 UrhG siebzig Jahre nach dem Tode des Urhebers. Fristbeginn ist jeweils der auf den Todestag folgende 31. Dezember (§ 69 UrhG). Bei Miturhebern ist der Todestag des längstlebenden Urhebers maßgeblich (§ 65 Abs. 1 UrhG), bei anonymen oder pseudonymen Werken der Zeitpunkt der Veröffentlichung (§ 66 UrhG). Schwierigkeiten bereiten zuweilen internationale Sachverhalte[57], bspw. wenn die Schutzfristen in verschiedenen Ländern unterschiedlich lang sind.[58] 632

Neben den Urheberrechten (Persönlichkeits- und Verwertungsrechte) erlöschen nach Ablauf der Schutzfrist auch die abgeleiteten Nutzungsrechte.[59] Grundlage der Regelung ist zum einen das Interesse der Allgemeinheit an der kulturellen Weiterentwicklung[60], die durch die freie Benutzbarkeit gefördert wird, und zum anderen die mit Zeitablauf schwächer werdenden Interessen des Urhebers an seinem Immaterialgüterrecht. Nachdem zum Erhalt des Guts bei Immaterialgütern im Vergleich zum Sacheigentum keine Aufwendungen notwendig sind, nimmt das Verwertungsinteresse mit Zeitablauf ab. Außerdem wiegt der persönlichkeitsrechtlich relevante Anteil, also das Interesse des Urhebers an seiner persönlichen Bindung zum Werk, Jahre nach dessen Tod, nicht mehr so schwer, wie zu seinen Lebzeiten.[61] 633

---

55 Zur Übergangsregelung für ältere Werke vgl. § 129 Abs. 1 UrhG. Dazu bspw. *Dreier* in Dreier/Schulze, Urheberrechtsgesetz, UrhG § 64 Rn. 5.
56 *Freudenberg* in Ahlberg/Götting, BeckOK Urheberrecht, UrhG § 64 Rn. 7.
57 *Seifert/Wirth* in Eichelberger/Seifert/Wirth, Urheberrechtsgesetz, UrhG § 64 Rn. 4. Zur Schutzdauer von Werken im Ausland siehe *Katzenberg/Metzger* in Schricker/Loewenheim, Urheberrecht, UrhG § 64 Rn. 9 ff.; *Lüft* in Wandtke/Bullinger, Urheberrecht, UrhG § 64 Rn. 8 ff.
58 Siehe dazu zB BGH, Urt. v. 26.2.2014 – I ZR 49/13 – GRUR 2014, 559 – Tarzan.
59 *Peukert* in Rehbinder/Peukert, Urheberrecht, Rn. 629–634.
60 Vgl. auch BVerfG, Beschl. v. 29.6.2000 – 1 BvR 852/98 – GRUR 2001, 149 (151) – Germania 3; BVerfG, Beschl. v. 11.10.1988 – 1 BvR 743/86 – NJW 1992, 1307 (1308); *Freudenberg* in Ahlberg/Götting, BeckOK Urheberrecht, UrhG § 64 Rn. 2.
61 *Peukert* in Rehbinder/Peukert, Urheberrecht, Rn. 630 f.; *Freudenberg* in Ahlberg/Götting, BeckOK Urheberrecht, UrhG § 64 Rn. 6.

634 Eine Ausnahme bilden Werke, die nach Erlöschen des Urheberrechts erstmals erscheinen bzw. öffentlich wiedergegeben werden (sog. nachgelassene Werke, § 71 UrhG; nachstehende Rn. 899 ff.).

635 Verwaiste Werke sind Werke, deren Rechteinhaber auch nach sorgfältiger Suche (§ 61a UrhG) nicht festgestellt werden können (§ 61 Abs. 2 UrhG). Ihre Vervielfältigung und Verbreitung sind nach Maßgabe der §§ 61 ff. UrhG möglich.[62]

b) Amtliche Werke (§ 5 UrhG)

636 Vom Schutzbereich des Urheberrechts nicht erfasst werden nach § 5 Abs. 1 UrhG

- Gesetze und Verordnungen,
- amtliche Erlasse[63] und Bekanntmachungen[64] sowie
- Entscheidungen und amtlich verfasste Leitsätze zu (gerichtlichen) Entscheidungen,

d.h. amtliche Schriftwerke, die „eine normative oder einzelfallbezogene rechtliche Regelung enthalten".[65] Amtliche Schriftwerke sind Schriftstücke, die von einer Behörde des Bundes, der Länder oder der Gemeinden herrühren.

637 Das gleiche gilt gemäß § 5 Abs. 2 UrhG für andere (auch nicht notwendigerweise schriftlich verfasste) amtliche Werke, die im *amtlichen Interesse* zur allgemeinen Kenntnisnahme veröffentlicht (§ 6 Abs. 1 UrhG) worden sind.[66] Voraussetzung ist ein besonderes Verbreitungsinteresse, wie es bspw. bei Gesetzesentwürfen, nicht hingegen bei amtlichen Statistiken, Kartenwerken oder allgemeinen Merkblättern vorliegt.[67] Die Bestimmungen über das Änderungsverbot und die Notwendigkeit einer Quellenangabe in § 62 Abs. 1 bis 3 und § 63 Abs. 1 und 2 UrhG sind dabei jedoch entsprechend anzuwenden.

638 Hinsichtlich der amtlichen Werke besteht ein „genuines Informationsbedürfnis" der Öffentlichkeit, mithin überwiegt das Interesse der Öffentlichkeit an der „Publizität der Äußerungen der Staatsgewalt" die Interessen des jeweiligen Urhebers.[68]

639 **EXKURS: IFG**

Auch für den Fall, dass ein im Rahmen amtlicher Tätigkeiten erstelltes Werk nicht veröffentlicht wurde, kann ein schützenswertes Informationsinteresse bestehen.[69] Diesem trägt das Gesetz zur Regelung des Zugangs zu Informationen des Bundes vom 5.9.2005[70] Rechnung. Dieses statuiert zwar das Urheberrecht als Ausschlussgrund für einen Informationsanspruch. Die Ausnahmevorschrift hat jedoch in der Praxis nur einen sehr geringen Anwen-

---

62 Zur Bedeutung der Vorschrift *Staats* in Wandtke/Bullinger, Urheberrecht, UrhG § 61 Rn. 6 ff.; *Spindler* in Schricker/Loewenheim, Urheberrecht, UrhG § 61 Rn. 1 ff.; *Marquart* in Wandtke/Bullinger, Urheberrecht, UrhG § 5 Rn. 5 ff.
63 Dazu BGH, Urt. v. 6.7.2006 – I ZR 175/03 – ZUM 2006, 924 = GRUR 2006, 848 – Vergaberichtlinien.
64 Vgl. BGH, Urteil v. 20.7.2006 – I ZR 185/03 – NJW-RR 2007, 342 – Bodenrichtwertsammlung.
65 *Lettl*, Urheberrecht, § 2 Rn. 119. Ausführlich zu den Voraussetzungen und Beispiele bei *Dreier* in Dreier/Schulze, Urheberrechtsgesetz, UrhG § 5 Rn. 5 ff.
66 Siehe dazu auch OLG Köln, Urt. v. 12.6.2015 – 6 U 5/15 – NJW-RR 2016 – Afghanistan Papiere, Rn. 28 ff.; OLG Stuttgart, Urt. v. 14.6.2010 – 4 U 24/10 – ZUM-RD 2011, 20 (30) – Qualifizierter Mietspiegel.
67 *Lettl*, Urheberrecht, § 2 Rn. 122.
68 *Peukert* in Rehbinder/Peukert, Urheberrecht, Rn. 493.
69 Vgl. dazu BVerwG, Urt. v. 25.6.2015 – 7 C 1/14 – GRUR-RR 2016, 137 – Dokumentation für zu Guttenberg (MdB), Rn. 31; *Dreier* in Dreier/Schulze, Urheberrechtsgesetz, UrhG § 5 Rn. 1.
70 BGBl. I 2722.

I. Restriktionen des Urheberrechts im Allgemeininteresse

dungsbereich, da das Urheberrecht grundsätzlich nur die Darstellung und nicht die in einem Werk enthaltene Information schützt.[71] ◄

Amtliche Werke genießen – vorbehaltlich § 5 Abs. 3 UrhG – im Interesse der Allgemeinheit, unabhängig davon, ob sie den Voraussetzungen des § 2 Abs. 2 UrhG gerecht werden[72], keinen Urheberrechtsschutz und können somit frei genutzt werden. Die Verfasser amtlicher Werke erwerben kein Urheberrecht und können folglich weder der Behörde noch privaten Verwertern Nutzungsrechte einräumen.[73] Die Norm ist Ausnahmevorschrift und bedarf deshalb einer engen Auslegung.[74] Dennoch werden auch Werke erfasst, die von privaten Urhebern im Auftrag einer Behörde geschaffen wurden, wenn ein Hoheitsträger diese zum Inhalt seiner „Willensäußerung" gemacht hat.[75]

Dem hingegen wird das Urheberrecht an **privaten Normenwerken** (bspw. DIN- oder VDI-Normen) nach § 5 Abs. 3 UrhG durch § 5 Abs. 1 und 2 UrhG nicht berührt. Wenn Gesetze, Verordnungen, Erlasse oder amtliche Bekanntmachungen auf sie verweisen[76], ohne ihren Wortlaut wiederzugeben, besteht allerdings ein öffentliches Interesse an einer umfassenden Informationsmöglichkeit.[77] In diesem Fall ist der Urheber verpflichtet, jedem Verleger zu angemessenen Bedingungen ein Recht zur Vervielfältigung und Verbreitung einzuräumen. Ist ein Dritter Inhaber des ausschließlichen Rechts zur Vervielfältigung und Verbreitung, so ist dieser zur Einräumung eines Nutzungsrechts verpflichtet (**Zwangslizenz**). Die Zwangslizenz umfasst nicht das Onlinerecht (§ 19a UrhG).[78]

Sofern amtliche Werke eine Bearbeitung bzw. eine Aufnahme in ein Sammelwerk oder eine Datenbank erfahren haben, gelangen ggf. die §§ 3 und 4 UrhG zur Anwendung. Damit sind bspw. private Gesetzessammlungen, bei denen Auswahl und Sichtung des Stoffes eine schöpferische Leistung darstellen, als Sammelwerk geschützt.[79] Bei amtlichen Datenbanken, wie Gesetzessammlungen im Internet[80] oder einer internetbasierten Sammlung amtlicher Ausschreibungsunterlagen, die im Auftrag eines Ministeriums regelmäßig herausgegeben werden[81], ist die Frage nach der Anwendung des § 5 UrhG bisher nicht abschließend geklärt.[82]

2. Vorübergehende Vervielfältigungshandlungen (§ 44a UrhG)

Nach § 44a UrhG sind in Umsetzung von Art. 5 Abs. 1 der Richtlinie 2001/29/EG und einer korrespondierenden Begrenzung des Vervielfältigungsrechts nach § 16 UrhG vorübergehende Vervielfältigungshandlungen zulässig, die flüchtig oder begleitend sind und einen integralen und wesentlichen Teil eines technischen Verfahrens darstellen.

---

71 Dazu *Guckelberger* in Gersdorf/Paal, BeckOK Informations- und Medienrecht, IFG § 6 Rn. 5 ff.
72 Siehe OLG Köln, Urt. v. 28.10.2005 – 6 U 172/03 – GRUR-RR 2006, 78 (81 f.) – Elektronischer Zolltarif (nrk.).
73 *Dreier* in Dreier/Schulze, Urheberrechtsgesetz, UrhG § 5 Rn. 1.
74 *Lettl*, Urheberrecht, § 2 Rn. 118.
75 BGH, Urt. v. 6.7.2006 – I ZR 175/03 – ZUM 2006, 924 – Vergaberichtlinien.
76 Vgl. dazu auch OLG Hamburg, Urt. v. 27.7.2017 – 3 U 220/15 Kart – NZKart 2018, 322 – Urheberrechtsschutz von DIN-Normen.
77 *Peukert* in *Rehbinder/Peukert*, Urheberrecht, Rn. 499. Zur früheren Rechtslage: BGH, Urt. v. 26.4.1990 – I ZR 79/88 – GRUR 1990, 1003 – DIN-Normen.
78 *Seifert/Wirth* in Eichelberger/Seifert/Wirth, Urheberrechtsgesetz, UrhG § 5 Rn. 6.
79 *Peukert* in *Rehbinder/Peukert*, Urheberrecht, Rn. 498.
80 Vgl. dazu VGH Mannheim, Urt. v. 7.5.2013 – 10 S 281/12 – NJW 2013, 2045 – Juris Monopol.
81 BGH, Beschl. v. 28.9.2006 – I ZR 261/03 – GRUR 2007, 500 – Sächsischer Ausschreibungsdienst. Das Vorabentscheidungsersuchen wurde wieder zurückgezogen, GRUR Int. 2008, 1072.
82 *Seifert/Wirth* in Eichelberger/Seifert/Wirth, Urheberrechtsgesetz, UrhG § 5 Rn. 2.

Gemeint ist damit eine Nutzung auf digitale Weise, wie bspw. beim *Browsing* oder *Caching*[83]. Die vorübergehende Vervielfältigung ist hier als technisch notwendige Begleithandlung der Verfahren vom ausschließlichen Verfügungsrecht des Urhebers ausgenommen.[84] Dazu zählt allerdings nicht das Herunterladen.[85] Zweck der Vorschrift ist es, eine an sich zulässige Nutzung „nicht dadurch zu behindern, dass technisch bedingte Vervielfältigungen erfolgen, für die keine Einwilligung oder gesetzliche Rechtfertigung vorliegt."[86]

644 Die Voraussetzungen für die Privilegierung sind (kumulativ)[87], dass

- es sich um eine vorübergehende Vervielfältigung handelt,
- die flüchtig oder begleitend[88] und
- integraler oder wesentlicher Bestandteil eines technischen Verfahrens
- zum Zwecke
- einer rechtmäßigen Nutzung (Nr. 2) oder
- einer Übertragung in einem Netz zwischen Dritten durch einen Vermittler (Nr. 1) ist,
- die keine eigenständige wirtschaftliche Bedeutung hat.[89]

645 Zur ersten Fallgruppe gehören die Speichervorgänge auf den Servern von Zugangsvermittlern und das Zwischenspeichern bereits aufgerufener Netzinhalte auf den Rechnern von Nutzern und Anbietern, um diese schneller wieder abrufbar zu machen (**Caching**). Die zweite Fallgruppe erfasst vor allem die bei einer rechtmäßigen Nutzung[90] von Werken auf Endgeräten auftretende Vervielfältigung (vgl. § 16 Abs. 1 UrhG) im Arbeitsspeicher des jeweiligen Gerätes.[91]

646 Problematisch ist in diesem Zusammenhang das **Streaming**. Für das rechtmäßige Zurverfügungstellen eines Werkes als Stream ist unzweifelhaft ein Recht auf öffentliche Zugänglichmachung nach § 19a UrhG erforderlich.[92] Für das Recht auf öffentliche Zugänglichmachung ist die Schranke nicht anwendbar. Eine analoge Anwendung scheidet mangels planwidriger Regelungslücke aus. Die gesetzgeberische Güterabwägung, die in den Schrankenbestimmungen zum Ausdruck kommt, ist grundsätzlich abschließend.[93]

647 Ungeklärt ist jedoch die Rechtslage hinsichtlich des Betrachtens eines Streams, da der „reine Genuss eines urheberrechtlich geschützten Werks grundsätzlich keine Rechtsverletzung darstellt".[94] Technisch sind die Voraussetzungen der Schranke des § 44a UrhG

---

83 Siehe dazu EuGH, Urt. v. 5.6.2014 – C-360/13 – GRUR 2014, 654 – PRCA/NLA.
84 *Wirth* in Eichelberger/Seifert/Wirth, Urheberrechtsgesetz, UrhG § 44a Rn. 1.
85 *Lettl*, Urheberrecht, § 6 Rn. 4.
86 *Schulz* in Ahlberg/Götting, BeckOK Urheberrecht, UrhG § 44a Rn. 1.
87 *Wirth* in Eichelberger/Seifert/Wirth, Urheberrechtsgesetz, UrhG § 44a Rn. 2.
88 Vgl. *v Welser* in Wandtke/Bullinger, Urheberrecht, UrhG § 44a Rn. 2.
89 EuGH, Urt. v. 16.7.2009 – C-5/08 – GRUR 2009, 1041 – Infopaq, Rn. 54.
90 Zur Rechtmäßigkeit siehe EuGH, Urt. v. 26.3.2017 – C-527/15 – NJW 2017, 1933 – Stichting Brein./. Wullems.
91 *Peukert* in Rehbinder/Peukert, Urheberrecht, Rn. 489 f.
92 *Wirth* in Eichelberger/Seifert/Wirth, Urheberrechtsgesetz, UrhG § 44a Rn. 3.
93 BGH, Urt. v. 29.4.2010 – I ZR 69/08 – GRUR 2010, 628 – Vorschaubilder, Rn. 24; *v. Welser* in Wandtke/Bullinger, Urheberrecht, UrhG § 44a Rn. 1.
94 EuGH, Urt. v. 4.10.2011 – C-403, 429/08 – GRUR 2012, 156 – FAPL/Murphy, Rn. 171; *Wirth* in Eichelberger/Seifert/Wirth, Urheberrechtsgesetz, UrhG § 44a Rn. 4.

I. Restriktionen des Urheberrechts im Allgemeininteresse

durch die kurzzeitige Zwischenspeicherung zu Betrachtungszwecken zwar erfüllt. Ob die Tatsache, dass es sich um eine rechtwidrige Quelle handelt, bzw. die dahin gehende Kenntnis[95] des Nutzers die Nutzungshandlung insgesamt rechtswidrig werden lässt, wurde bisher höchstrichterlich noch nicht hinreichend geklärt.[96]

Nach Ansicht des EuGH hält die Subsumtion des Empfangs eines offensichtlich illegalen Streams unter die Ausnahmebestimmung des Art. 5 Abs. 1 und 5 der Richtlinie 2001/29/EG dem Drei-Stufen-Test nicht stand, da es die normale Verwertung der Werke und damit die berechtigten Interessen des Urhebers grundsätzlich beeinträchtigt.[97] Dies deutet zwar an, dass das Streaming jedenfalls aus erkennbar rechtswidrigen Quellen grundsätzlich eine rechtsverletzende Handlung darstellt. Ob und wie sich das Urteil für die nationale Rechtsprechung aber verallgemeinern lässt, ist bisher jedoch nicht entschieden worden.[98]

3. Text und Data Mining (§ 44b UrhG)

Text und Data Mining ist die automatisierte Analyse von einzelnen oder mehreren digitalen oder digitalisierten Werken, um daraus Informationen, insbesondere über Muster, Trends und Korrelationen, zu gewinnen (§ 44b Abs. 1 UrhG). Der Gesetzgeber erlaubt die Vervielfältigung von rechtmäßig zugänglichen Werken zu diesem Zweck (§ 44b Abs. 2 UrhG) nach der Urheberrechtsnovelle 2021 jetzt auch außerhalb der wissenschaftlichen Forschung. Der Urheber kann sich die Nutzung nach § 44b Abs. 3 UrhG vorbehalten. Der Vorbehalt muss jedoch in maschinenlesbarer Form erfolgen.

4. Öffentliche Reden, Journalismus und Berichterstattung

Zugunsten der Informationsfreiheit (Art. 5 Abs. 1 GG) sieht das UrhG verschiedene Einschränkungen der Rechte der Urheber an Reden, Zeitungsartikeln und Rundfunkkommentaren vor. Ferner ist nach § 50 UrhG die Berichterstattung über Tagesereignisse hinsichtlich einer damit in Zusammenhang stehenden öffentlichen Wiedergabe von Werken privilegiert.

a) Öffentliche Reden (§ 48 UrhG)

In § 48 UrhG sind Einschränkungen des Vervielfältigungsrechts (§ 16 UrhG), des Verbreitungsrechts (§ 17 UrhG) und des Rechts auf öffentliche Wiedergabe (§§ 15 Abs. 2, 19 bis 22 UrhG) hinsichtlich öffentlicher Reden vorgesehen.[99] Zulässig ist nach § 48 Abs. 1 UrhG im Interesse der Pressefreiheit und einer zeitnahen Unterrichtung der Öffentlichkeit[100]

- die Vervielfältigung und Verbreitung von Reden über Tagesfragen (öffentliche Reden) in Zeitungen, Zeitschriften sowie in anderen Druckschriften oder sonstigen

---

95 Im Falle der Schranke für Privatkopien nach § 53 UrhG hat der EuGH bereits dahingehend entschieden, vgl. EuGH, Urt. v. 5.3.2015 – C-463/12 – GRUR 2015, 478 – Copydan/Nokia.
96 Siehe dazu *Wirth* in Eichelberger/Seifert/Wirth, Urheberrechtsgesetz, UrhG § 44a Rn. 5; *Peukert* in Rehbinder/Peukert, Urheberrecht, Rn. 491; *Ernsthaler*, NJW 2014, 1553; *Stolz*, MMZ 2013, 353; *Jaworski*, GRUR-Prax 2019, 56.
97 EuGH, Urt. v. 26.4.2017 – C-572/15 – GRUR 2017, 610 – Stichting Brein/Wullems, Rn. 70.
98 Offen gelassen von OLG München, Urt. v. 14.6.2018 – 29 U 732/18 – GRUR 2018, 1050 – Kinox.to, Rn. 51; *Hegemann/Nadolny* in Hoeren/Sieber/Holznagel, Multimedia-Recht, Teil 7.3 Rn. 15.
99 *Wirth* in Eichelberger/Seifert/Wirth, Urheberrechtsgesetz, UrhG § 48 Rn. 1.
100 *Dreier* in Dreier/Schulze, Urheberrechtsgesetz, UrhG § 48 Rn. 1.

Datenträgern, die im Wesentlichen den Tagesinteressen Rechnung tragen, wenn die Reden bei öffentlichen Versammlungen gehalten oder durch öffentliche Wiedergabe iS von § 19a oder § 20 UrhG veröffentlicht worden sind, sowie die öffentliche Wiedergabe solcher Reden (Nr. 1) und
- die Vervielfältigung, Verbreitung und öffentliche Wiedergabe von Reden, die bei öffentlichen Verhandlungen vor staatlichen, kommunalen oder kirchlichen Organen gehalten worden sind (Nr. 2).

651 Es muss sich um eine Rede über Tagesfragen handeln. „Tagesfragen sind aktuelle Ereignisse, die kurz vor der Rede stattgefunden haben."[101] Daher sind wissenschaftliche Vorträge oder Lesungen nicht erfasst, soweit sie keinen tagesaktuellen Bezug haben.[102] Unerheblich ist, ob die wissenschaftlichen oder literarischen Vorträge anlässlich eines Tagesereignisses stattfinden.[103]

652 Auch nicht öffentliche Reden, zB bei der Hauptversammlung einer Aktiengesellschaft, erfasst die Schranke nicht.[104] Entscheidend ist hier nicht etwa die Anzahl der Personen oder die Modalitäten der Veranstaltung (Größe des Veranstaltungsraums, Eintrittsgeld, Ausschluss Minderjähriger oÄ), sondern die Zielrichtung der Versammlung. Diese muss sich an die Allgemeinheit oder zumindest an einen breiten Personenkreis richten und für diesen auch grundsätzlich zugänglich sein.[105]

653 Der Umfang der zulässigen Nutzung ist im Hinblick auf den Informationszweck zu bestimmen.[106] Erfasst ist nur die wörtliche Wiedergabe, nicht die Wiedergabe von Bearbeitungen oder Paraphrasierungen (vgl. § 62 UrhG).[107] Dabei sind außerdem öffentlich-rechtliche Bestimmungen, wie bspw. das Verbot von Film- und Tonaufnahmen nach § 169 GVG bei Gerichtsverhandlungen, zu beachten.[108]

654 Davon macht § 48 Abs. 2 UrhG im Hinblick auf bei öffentlichen Verhandlungen vor staatlichen, kommunalen oder kirchlichen Organen gehaltene Reden für den Fall eine Ausnahme, dass es sich bei diesen Reden um eine Sammlung handelt, die überwiegend Reden desselben Urhebers enthält.[109]

655 Zur Achtung des Urheberpersönlichkeitsrechts ist in jedem Fall die Quellenangabe (§ 63 UrhG) notwendig. Änderungen sind grundsätzlich unzulässig (§ 62 UrhG). Eine Vergütung ist allerdings nicht geschuldet.[110]

b) Zeitungsartikel und Rundfunkkommentare (§ 49 UrhG)

656 Einzelne Zeitungsartikel oder Rundfunkkommentare dürfen unter den Voraussetzungen des § 49 UrhG in anderen Zeitungen und Informationsblättern ohne Zustimmung des Urhebers abgedruckt bzw. zu Informationszwecken öffentlich wiedergegeben wer-

---

[101] *Lüft* in Wandtke/Bullinger, Urheberrecht, UrhG § 48 Rn. 2.
[102] *Wirth* in Eichelberger/Seifert/Wirth, Urheberrechtsgesetz, UrhG § 48 Rn. 2; *Engels* in Ahlberg/Götting, Urheberrecht, UrhG § 48 Rn. 7; *Peukert* in Rehbinder/Peuker, Urheberrecht, Rn. 500.
[103] *Dreier* in Dreier/Schulze, Urheberrechtsgesetz, UrhG § 48 Rn. 5.
[104] *Wirth* in Eichelberger/Seifert/Wirth, Urheberrechtsgesetz, UrhG § 48 Rn. 2; *Melchiar/Stieper*, Schricker/Loewenheim, Urheberrecht, UrhG § 48 Rn. 7.
[105] *Melchiar/Stieper*, Schricker/Loewenheim, Urheberrecht, UrhG § 48 Rn. 7; *Lüft* in Wandtke/Bullinger, Urheberrecht, UrhG § 48 Rn. 3; *Dreier* in Dreier/Schulze, Urheberrechtsgesetz, UrhG § 48 Rn. 6.
[106] *Peukert* in Rehbinder/Peukert, Urheberrecht, Rn. 502.
[107] *Dreier* in Dreier/Schulze, Urheberrechtsgesetz, UrhG § 48 Rn. 1.
[108] *Wirth* in Eichelberger/Seifert/Wirth, Urheberrechtsgesetz, UrhG § 48 Rn. 3.
[109] *Dreier* in Dreier/Schulze, Urheberrechtsgesetz, UrhG § 48 Rn. 10.
[110] *Peukert* in Rehbinder/Peukert, Urheberrecht, Rn. 503.

I. Restriktionen des Urheberrechts im Allgemeininteresse

den. Zulässig ist nach § 49 Abs. 1 Satz 1 UrhG im Interesse einer Unterrichtung der Öffentlichkeit die Vervielfältigung und Verbreitung einzelner Rundfunkkommentare und einzelner Artikel[111] sowie mit ihnen im Zusammenhang veröffentlichter Abbildungen aus Zeitungen und anderen lediglich Tagesinteressen dienenden Informationsblättern (Zeitungsartikel), wenn sie politische, wirtschaftliche oder religiöse Tagesfragen betreffen und nicht mit einem Vorbehalt der Rechte versehen sind (sog. Pressespiegelprivileg).

Zeitungen sind täglich, wöchentlich oder monatlich erscheinende Presseerzeugnisse, die „im Wesentlichen auf die Vermittlung aktueller Informationen gerichtet" sind.[112] Deshalb fallen bspw. Fachzeitschriften, deren Artikel nicht der Befriedigung des Informationsbedürfnisses über aktuelle Ereignisse dienen, sondern aufgrund ihrer bleibenden Bedeutung typischerweise archiviert werden, nicht darunter.[113] Nicht erfasst werden außerdem Online-Angebote (vgl. § 19a UrhG).[114] 657

Die Privilegierung kann ausgeschlossen werden, indem der Beitrag mit einem besonderen Vorbehalt (zB „Nachdruck ausgeschlossen") veröffentlicht wird.[115] 658

Inhaltlich ist die Privilegierung begrenzt auf Beiträge zu politischen, wirtschaftlichen oder religiösen Tagesfragen. Davon abzugrenzen sind Artikel mit einem vorrangig kulturellen, wissenschaftlichen oder unterhaltenden Inhalt.[116] Da die Norm der individuellen und öffentlichen Meinungsbildung dient, reicht es nach *Engels* aus, wenn die Artikel oder Kommentare politische, wirtschaftliche oder religiöse Tagesfragen berühren.[117] Nach *Lüft* darf die politische, religiöse oder wirtschaftliche Komponente nicht völlig untergeordnet sein.[118] Nachdem die Schrankenbestimmung ohnehin nur Artikel in Medien erfasst, die der Information über Tagesinteressen dienen[119], ist anzunehmen, dass diese Auslegung die Interessen der Urheber im Verhältnis zum Informationsinteresse der Allgemeinheit nicht über Gebühr beeinträchtigt. 659

Zulässig ist eine Übernahme in „andere Zeitungen und Informationsblätter". Dazu zählen insbesondere auch nicht öffentliche Pressespiegel von Behörden oder Unternehmen.[120] Kommerzielle Pressespiegelangebote fallen jedoch nicht mehr darunter.[121] Eine Wiedergabe in digitalen Medien ist durch § 49 UrhG gestattet, wenn die Speicherung zur Volltextrecherche nicht geeignet ist.[122] 660

Für die Vervielfältigung, Verbreitung und öffentliche Wiedergabe ist dem Urheber aber eine angemessene Vergütung zu zahlen (so § 49 Abs. 1 Satz 2 UrhG), es sei denn, dass 661

---

111 Dazu *Engels* in Ahlberg/Götting, Urheberrecht, UrhG § 29 Rn. 8.
112 BGH, Urt. v. 27.1.2005 – I ZR 119/02 – NJW 2005, 2698 – Wirtschaftswoche; *Lettl*, Urheberrecht 2018, § 6 Rn. 15.
113 *Wirth* in Eichelberger/Seifert/Wirth, Urheberrechtsgesetz, UrhG § 49 Rn. 2.
114 *Lettl* (Urheberrecht, § 6 Rn. 17) plädiert im Hinblick auf online angebotene Nachrichtendienste für eine analoge Anwendung des § 49 UrhG.
115 *Wirth* in Eichelberger/Seifert/Wirth, Urheberrechtsgesetz, UrhG § 49 Rn. 3; *Lüft* in Wandtke/Bullinger, Urheberrecht, UrhG § 49 Rn. 11; *Engels* in Ahlberg/Götting, BeckOK, Urheberrecht, UrhG § 49 Rn. 14.
116 *Wirth* in Eichelberger/Seifert/Wirth, Urheberrechtsgesetz, UrhG § 49 Rn. 3.
117 *Engels* in Ahlberg/Götting, BeckOK, Urheberrecht, UrhG § 49 Rn. 13.
118 *Lüft* in Wandtke/Bullinger, Urheberrecht, UrhG § 49 Rn. 10.
119 *Dreier* in Dreier/Schulze, Urheberrechtsgesetz, UrhG § 49 Rn. 7.
120 BGH, Urt. v. 11.7.2002 – I ZR 255/00 – ZUM 2002, 740 – Elektronischer Pressespiegel. Zum vorhergehenden Streit siehe *Engels* in Ahlberg/Götting, Urheberrecht, UrhG § 29 Rn. 11 f.
121 *Wirth* in Eichelberger/Seifert/Wirth, Urheberrechtsgesetz, UrhG § 49 Rn. 2. Zu Details zur praktischen Ausgestaltung der vertraglichen Rechteübertragung für solche Fälle *Wirth* in Eichelberger/Seifert/Wirth, Urheberrechtsgesetz, UrhG § 49 Rn. 6.
122 *Peukert* in Rehbinder/Peukert, Urheberrecht, Rn. 505.

es sich um eine Vervielfältigung, Verbreitung oder öffentliche Wiedergabe kurzer Auszüge aus mehreren Kommentaren oder Artikeln in Form einer Übersicht handelt. Der Anspruch kann nach § 49 Abs. 1 Satz 3 UrhG nur durch eine Verwertungsgesellschaft geltend gemacht werden und ist im Voraus nicht verzichtbar (§ 63a Abs. 1 UrhG)[123].

FALL 17 – ELEKTRONISCHER PRESSESPIEGEL

Nach BGH, Urteil vom 11.7.2002 – I ZR 255/00 – NJW 2002, 3393.

Sachverhalt:
Die insoweit zuständige Verwertungsgesellschaft W machte bisher den Vergütungsanspruch für herkömmliche Pressespiegel gemäß § 49 Abs. 1 Satz 2 UrhG geltend und ist der Auffassung, dies nun auch für elektronische Pressespiegel tun zu können. Schließlich könne man sich dem technischen Fortschritt nicht verschließen und der elektronische Datenträger von heute sei im Prinzip der Zeitung von gestern gleichgestellt. Bei der Einführung der Norm im Jahre 1965 habe schließlich keiner an die heutigen technischen Möglichkeiten denken können.
Zeitungsverleger Z ist gegenteiliger Ansicht und geht davon aus, dass § 49 UrhG hierfür nicht mehr gelte. Als Grund hierfür führt er an, dass die elektronische Erfassung in diesen Pressespiegeln dem Nutzer eine völlig neue Qualität des Informationszugriffs verschaffe, da – im Gegensatz zum Abdruck in Zeitungen – nun neben vielen anderen Unterschieden ein nahezu unbeschränkter Zugriff und die Möglichkeit der Volltextsuche bestehe.
Wer hat Recht?

Lösung:
Fraglich ist, ob der Vergütungsanspruch aus § 49 Abs. 1 Satz 2 UrhG auch auf elektronische Pressespiegel Anwendung findet.
Dabei wird vorausgesetzt, dass die elektronischen Pressespiegel als Vervielfältigung und Verbreitung einzelner Rundfunkkommentare und einzelner Artikel sowie mit ihnen im Zusammenhang veröffentlichte Abbildungen aus Zeitungen und anderen lediglich Tagesinteressen dienenden Informationsblättern in anderen Zeitungen und Informationsblättern dieser Art sowie die öffentliche Wiedergabe solcher Kommentare, Artikel und Abbildungen, wenn sie politische, wirtschaftliche oder religiöse Tagesfragen betreffen, zu qualifizieren sind (§ 49 Abs. 1 Satz 1 UrhG). Für diese Vervielfältigung, Verbreitung oder öffentliche Wiedergabe besteht nach § 49 Abs. 1 Satz 2 UrhG dann ein Vergütungsanspruch des Urhebers, wenn es sich nicht nur um eine Vervielfältigung, Verbreitung oder öffentliche Wiedergabe kurzer Auszüge aus Kommentaren oder Artikeln in Form einer Übersicht handelt.

A. Zunächst ist festzustellen, dass der herkömmliche Pressespiegel iS einer Zusammenstellung aktueller Presseberichte – trotz der sich aus dem Gesetzeswortlaut ergebenden Zweifel[124] – dem § 49 Abs. 1 UrhG unterfällt.[125] Zu diesen Pressespiegeln zählen jedenfalls alle Pressespiegel, die in Papierform verbreitet werden. Die Art und Weise der Herstellung hat hierauf keinen Einfluss, so dass neben dem Ausschneiden, Aufkleben oder Fotografieren auch das Einscannen der ausgewählten Artikel und deren elektronisches Anpassen an das Format des Pressespiegels möglich ist.

B. Fraglich ist allerdings, ob dieses Privileg auf den elektronischen Pressespiegel übertragbar ist.

---

123 *Peukert* in Rehbinder/Peukert, Urheberrecht, Rn. 506.
124 Vgl. hierzu die Ausführungen in BGH, Urt. v. 11.7.2002 – I ZR 255/00 – NJW 2002, 3393 (3394).
125 BGH, Urt. v. 11.7.2002 – I ZR 255/00 – NJW 2002, 3393 (3394).

I. Restriktionen des Urheberrechts im Allgemeininteresse

I. Dabei wird der Wortlaut allein nicht den Ausschluss des elektronischen Pressespiegels begründen können. Grund hierfür ist, dass die Schrankenregelungen der §§ 45 ff. UrhG aufgrund des technischen Fortschritts recht schnell veralten. Dem ist auch bei der Auslegung dieser Normen Rechnung zu tragen. Insbesondere kann der in § 49 Abs. 1 Satz 1 UrhG verwendete Begriff des „Informationsblatts" nicht gegen die Anwendbarkeit der Norm auf elektronische Pressespiegel sprechen.

Dem Wortsinn nach handelt es sich bei einem Informationsblatt zwar um eine körperliche Ausgabe. Das vermag angesichts der Tatsache, dass die Norm im Jahre 1965, als an eine elektronische Version noch gar nicht zu denken war, vom Gesetzgeber eingeführt wurde, nicht zu überzeugen. Insoweit ist grundsätzlich davon auszugehen, dass bei der Auslegung von Privilegierungstatbeständen auf die technischen Gegebenheiten zur Zeit der Einführung des Tatbestands abzustellen ist.[126] Darin ist jedoch keine starre Grenze zu sehen. Vielmehr ist eine Einzelfallprüfung angezeigt, wenn an die Stelle einer privilegierten Nutzung eine neue Nutzungsform tritt. Konkret bedeutet das für den vorliegenden Fall, dass zwar die Möglichkeiten der digitalen Speicherung 1965 noch nicht bekannt waren, aber Vervielfältigungen zum privaten und sonstigen eigenen Gebrauch als privilegiert angesehen wurden, was auch gelten kann, wenn sie digital erfolgen.[127]

II. Allerdings ist eine extensive Auslegung von Schrankenbestimmungen nur ausnahmsweise im Einzelfall möglich, da grundsätzlich eine enge Auslegung geboten ist. Der Urheber soll schließlich an der wirtschaftlichen Nutzung seiner Werke angemessen beteiligt werden, weshalb die ihm zustehenden Ausschließlichkeitsrechte nicht übermäßig beschränkt werden dürfen.[128] In jedem Falle dienen auch die Schrankenbestimmungen idR dem Schutz verfassungsrechtlicher Positionen, so dass die dadurch geschützten Interessen auch bei der Auslegung dieser Schranken neben denen des Urhebers zu beachten sind.[129]

Bei einer extensiven Auslegung von Schrankenbestimmungen ist also insbesondere die Auswirkung ihrer Geltung auf die Interessen des Urhebers zu berücksichtigen. Für eine Schranke, die unentgeltliche Nutzungen ermöglicht, gelten folglich andere Maßstäbe als für Fälle einer gesetzlichen Lizenz. Es spielt also auch eine Rolle, wenn ausnahmsweise die Schranke den Urheber günstiger stellt als das Ausschließlichkeitsrecht. Im Falle des § 49 Abs. 1 UrhG erhalten die Wortautoren jedenfalls einen erheblichen Teil der Vergütung für die Nutzung der geschützten Werke. Das Ausschließlichkeitsrecht kann im Gegensatz dazu keine signifikante Verbesserung der Position des Urhebers erreichen. In der Regel räumt nämlich der Urheber dem Zeitungsverleger umfassende Nutzungsrechte ein. Bei Nichtanwendung der Norm stünden dem Urheber faktisch weder Ausschließlichkeitsrechte noch ein Vergütungsanspruch zu. Diese Wirklichkeit muss bei der Auslegung der Norm ebenfalls Beachtung finden.[130]

Andererseits müssen auch die Interessen der Zeitungsverleger Berücksichtigung finden. Soweit diese allerdings eine Beeinträchtigung der durch sie ausgeübten Primärverwertung befürchten, bleibt ihnen die Möglichkeit, die Artikel mit einem „Vorbehalt der Rechte" iSd § 49 Abs. 1 Satz 1 UrhG zu versehen. Soweit der Urheber-

---

126 BGH, Urt. v. 18.5.1955 – I ZR 8/54 – GRUR 1955, 492 (495).
127 BGH, Urt. v. 5.7.2001 – I ZR 335/98 – GRUR 2002, 246 (248).
128 BGH, Urt. v. 24.1.2002 – I ZR 102/99 – GRUR 2002, 605 (606).
129 BGH, Urt. v. 24.1.2002 – I ZR 102/99 – GRUR 2002, 605 (606).
130 BGH, Urt. v. 11.7.2002 – I ZR 255/00 – NJW 2002, 3393 (3395).

rechtsschutz für den mit einem entsprechenden Vorbehalt versehenen Artikel zu bejahen ist, kann dieser nicht mehr im Rahmen eines Pressespiegels verwendet werden.[131]

III. Fraglich ist demnach, ob und unter welchen konkreten Bedingungen ein elektronischer Pressespiegel von der Schrankenregelung umfasst sein kann. Dabei ist zunächst kein wesentlicher Unterschied zu erkennen, der sich aus der Tatsache der elektronischen Übermittlung ergibt. Es kann schließlich kaum darauf ankommen, ob der Pressespiegel in einer grafischen Datei übermittelt und gespeichert oder als Ausdruck versendet wird. Eine den herkömmlichen Pressespiegeln entsprechende Behandlung ist indes nur dann möglich, wenn durch die elektronische Übermittlung im Wesentlichen keine zusätzlichen, die Belange des Urhebers beeinträchtigenden Nutzungs- und Missbrauchsmöglichkeiten ersichtlich sind.

Insoweit ist zunächst auf die Gefahren einer ungehinderten elektronischen Verbreitung abzustellen. Um diese zu begrenzen, können nur betriebs- oder behördeninterne Pressespiegel, die als sog. „In-house-Pressespiegel" bezeichnet werden, vom Privileg des § 49 Abs. 1 UrhG erfasst sein.

Ferner besteht die Gefahr, dass mittels elektronischer Pressespiegel ein Archiv aufgebaut wird, ohne dass die Voraussetzungen des § 53 Abs. 2 Nr. 2 UrhG erfüllt sind. Daher ist als weitere Voraussetzung zu fordern, dass die fremden Presseartikel als Faksimile nur grafisch dargestellt werden und nicht etwa als Volltextfassung, die eine Indizierung für Datenbanken ermöglichen würde, vorhanden sind. Die Gefahren eines solchen elektronischen Pressespiegels sind nicht signifikant größer als diejenigen eines herkömmlichen Pressespiegels. Beide können mittels einer Texterkennungssoftware in Volltext umgewandelt werden. Zusätzliche Nutzungs- oder Missbrauchsmöglichkeiten entstehen hierdurch nicht.[132]

IV. Dem stehen auch keine unionsrechtlichen Bedenken entgegen, da Art. 5 Abs. 3 Buchst. c der Richtlinie 2001/29/EG eine Privilegierung nicht nur für herkömmlich verfasste, sondern auch für elektronisch übermittelte, öffentlich zugänglich gemachte Pressespiegel vorsieht. Aufgrund des Vergütungsanspruchs in § 49 Abs. 1 Satz 2 UrhG bestehen auch keine Bedenken im Hinblick auf den Dreistufentest des Art. 5 Abs. 5 der Richtlinie 2001/29/EG.[133]

C. Im Ergebnis ist § 49 Abs. 1 UrhG also auch auf den elektronischen Pressespiegel anwendbar, soweit dieser lediglich als firmen- oder behördeninterner Pressespiegel und nicht als Volltextversion verfasst wird. ◄

663 Wird ein Artikel aus einer Zeitung oder einem anderen Informationsblatt nach § 49 Abs. 1 UrhG in einer anderen Zeitung oder in einem anderen Informationsblatt abgedruckt oder durch Funk gesendet, so ist gemäß § 63 Abs. 3 UrhG stets außer dem Urheber, der in der benutzten Quelle bezeichnet ist, auch die Zeitung oder das Informationsblatt anzugeben (Quellenangabe), woraus der Artikel ursprünglich entnommen wurde. Wird ein Rundfunkkommentar nach § 49 Abs. 1 UrhG in einer Zeitung oder einem anderen Informationsblatt abgedruckt oder durch Funk gesendet, so ist stets außer dem Urheber auch das Sendeunternehmen anzugeben, das den Kommentar gesendet hat.

---

131 BGH, Urt. v. 11.7.2002 – I ZR 255/00 – NJW 2002, 3393 (3395).
132 BGH, Urt. v. 11.7.2002 – I ZR 255/00 – NJW 2002, 3393 (3396).
133 BGH, Urt. v. 11.7.2002 – I ZR 255/00 – NJW 2002, 3393 (3396).

I. Restriktionen des Urheberrechts im Allgemeininteresse

Unbeschränkt zulässig ist nach § 49 Abs. 2 UrhG auch die Vervielfältigung, Verbreitung und öffentliche Wiedergabe von vermischten Nachrichten tatsächlichen Inhalts und von Tagesneuigkeiten, die durch Presse oder Funk veröffentlicht worden sind (Berichterstattung über Tagesereignisse).[134] Ein durch andere gesetzliche Vorschriften gewährter Schutz[135] bleibt hiervon unberührt.

664

c) Berichterstattung über Tagesereignisse (§ 50 UrhG)

Medien dürfen im Rahmen der Berichterstattung über Tagesereignisse Werke, die im Verlauf der Tagesereignisse wahrnehmbar werden[136], wiedergeben, soweit dies angesichts des Zwecks der Berichterstattung geboten ist.[137] Die Urheberrechte der Werkinhaber werden dadurch im Interesse der Meinungs- und Pressefreiheit sowie des Informationsinteresses der Allgemeinheit (Art. 5 Abs. 1 GG) beschränkt.[138] Im Einzelfall müssen zur Bestimmung der Rechtmäßigkeit diese Interessen mit den Interessen des Urhebers abgewogen werden.[139] Die Wiedergabe kann dann ohne Zustimmung des Urhebers erfolgen, ohne dass eine Vergütung fällig wird.

665

„Berichterstattung" meint die ausschnittsweise, jedoch möglichst wirklichkeitsnahe bzw. sachliche Schilderung tatsächlicher Geschehnisse[140] über Tagesereignisse[141] in Politik, Wirtschaft, Kultur oder Gesellschaft durch Funk (§ 20 UrhG) oder ähnliche technische Mittel (Online-Medien), in Zeitungen, Zeitschriften und in anderen Druckschriften oder auf sonstigen Datenträgern, die im Wesentlichen Tagesinteressen Rechnung tragen, sowie im Film. Erfasst sind nur Werke, die im Verlauf der Berichterstattung wahrnehmbar werden, nicht aber solche, die explizit Gegenstand der Berichterstattung sind.[142] Daraus folgt allerdings nicht, dass das Werk nur im Hintergrund der Berichterstattung wahrnehmbar sein darf.[143] Zulässig ist vielmehr der durch den Zweck der Berichterstattung gebotene Umfang.[144]

666

---

134 Dazu OLG Karlsruhe, Urt. v. 10.8.2011 – 6 U 78/10 – ZUM 2012, 49 – Urheberrechtsschutz von Nachrichtentexten (nrk.); *Dreier* in Dreier/Schulz, Urheberrechtsgesetz, UrhG § 49 Rn. 13 ff.; kritisch *Melichar/Stieper* in Schricker/Loewenheim, Urheberrecht, UrhG § 49 Rn. 34.
135 ZB ein wettbewerbsrechtlicher Schutz, vgl. BGH, Urt. v. 10.12.1987 – I ZR 221/85 – NJW-RR 1988, 809 – Informationsdienst; *Wirth* in Eichelberger/Seifert/Wirth, Urheberrechtsgesetz, UrhG § 49 Rn. 4; *Dreier* in Dreier/Schulze, Urheberrechtsgesetz, UrhG § 49 Rn. 23.
136 Vgl. BGH, Urt. v. 1.7.1982 – I ZR 118/80 – NJW 1983, 1196 – Presseberichterstattung und Kunstwerkwiedergabe I.
137 *Peukert* in Rehbinder/Peukert, Urheberrecht, Rn. 509.
138 BGH, Urt. v. 27.7.2017 – I ZR 228/15 – GRUR 2017, 1027 – Reformistischer Aufbruch, Rn. 41.
139 BGH, Urt. v. 30.4.2020 – I ZR 139/15 – GRUR 2020, 853 – Afghanistan Papiere II; BGH, Urt. v. 10.12.2007 – I ZR 42/05 – GRUR 2008, 693 – TV Total, Rn. 49; BGH, Urt. v. 27.3.2012 – KZR 108/10 – GRUR 2012, 1062 – Elektronischer Programmführer, Rn. 24; BGH, Urt. v. 17.12.2015 – I ZR 69/14 – GRUR 2016, 368 – Exklusivinterview.
140 *Lettl*, Urheberrecht, § 6 Rn. 20. Vgl. auch BGH, Urt. v. 20. 12. 2007 – I ZR 42/05 – NJW 2008, 2346 – TV-Total, Rn. 48.
141 Zum Begriff des Tagesereignisses siehe BGH, Urt. v. 5.10.2010 – I ZR 127/09 – GRUR 2011, 415 – Kunstausstellung im Online-Archiv.
142 *Peukert* in Rehbinder/Peukert, Urheberrecht, Rn. 510. Vgl. dazu auch BGH, Urt. v. 17.12.2015 – I ZR 69/14 – ZUM-RD 2016, 214 – Exklusivinterview; BGH, Vorlagebeschl. v. 1.6.2017 – I ZR 139/15 – NJW 2017, 3450 – Afghanistan Papiere, Rn. 16 ff.
143 BGH, Urt. v. 1.7.1982 – I ZR 118/80 – NJW 1983, 1196 – Presseberichterstattung und Kunstwerkwiedergabe I.
144 BGH, Urt. v. 11.7.2002 – I ZR 285/99 – NJW 2002, 3473 – Zeitungsbericht als Tagesereignis; BGH, Urt. v. 27.3.2012 ff KZR 108/10 – GRUR 2012, 1062 – Elektronischer Programmführer; BGH, Urt. v. 17.12.2015 – I ZR 69/14 – NJW 2016, 2576 – Exklusivinterview; OLG Frankfurt aM, Urt. v. 20.9.1984 – 6 U 142/83 – GRUR 1985, 380 – Operneröffnung; *Wirth* in Eichelberger/Seifert/Wirth, Urheberrechtsgesetz, UrhG § 50 Rn. 4, 5.

667 Die Wiedergabe muss durch den Zweck der Berichterstattung geboten sein. Erfasst sind in erster Linie Situationen, in denen eine lückenlose Rechteklärung nicht oder nur mit unverhältnismäßig hohem Aufwand möglich ist.[145]

5. Soziale Zwecke, Kultur und Bildung

668 Beim Vorliegen der tatbestandlichen Voraussetzungen sind zugunsten folgender Institutionen Vervielfältigungen und Verbreitungen zulässig:

- Gerichte, Schiedsgerichte und Behörden (§ 45 UrhG)
- Institutionen und Organe der Religionspflege (§ 46 UrhG).

669 Ferner sehen die §§ 45a bis d UrhG zugunsten von Menschen mit Behinderungen ein Vervielfältigungsrecht vor.

a) Rechtspflege und öffentliche Sicherheit

670 Rechtspflege und öffentliche Sicherheit handeln in Wahrnehmung öffentlicher Aufgaben, weswegen einer Werknutzung keine eigenständige wirtschaftliche Funktion zukommt.[146] Zulässig ist es nach § 45 Abs. 1 UrhG, einzelne Vervielfältigungsstücke von Werken zur Verwendung in Verfahren vor einem Gericht, einem Schiedsgericht (§§ 1025 ff. ZPO) oder einer Behörde herzustellen oder herstellen zu lassen (zB zu Beweiszwecken)[147]. Behörden sind Stellen, die Aufgaben der öffentlichen Verwaltung wahrnehmen.[148] Die Schranke ermöglicht auch die Nutzung unveröffentlichter Werke.[149] Die Quelle ist dabei anzugeben (§ 63 Abs. 1 und 2 UrhG).[150]

671 Gerichte und Behörden dürfen für Zwecke der Rechtspflege und der öffentlichen Sicherheit[151] gemäß § 45 Abs. 2 UrhG Bildnisse iSd § 22 ff. KUG vervielfältigen oder vervielfältigen lassen (zB Fahndungsfotos)[152]. Unter den gleichen Voraussetzungen wie die Vervielfältigung ist nach § 45 Abs. 3 UrhG auch die Verbreitung, öffentliche Ausstellung und öffentliche Wiedergabe der Werke zulässig. Die gebotene enge Auslegung der Schrankenbestimmung erfordert allerdings zwingende Gründe, einschließlich der Tatsache, dass andere Bildquellen nicht zur Verfügung stehen, und dass die Erlaubnis des Rechteinhabers nicht eingeholt werden kann.[153] Die eigeninitiierte Weiterverbreitung von Fahndungsbildern durch Private fällt allerdings nicht unter die Schrankenregelung.[154]

---

[145] BGH, Beschl. v. 27.7.2017 – I ZR 228/15 – GRUR 2017, 1027 – Reformistischer Aufbruch, Rn. 41; *Peukert* in Rehbinder/Peukert, Urheberrecht, Rn. 509.
[146] *Lettl*, Urheberrecht, § 6 Rn. 9.
[147] *Peukert* in Rehbinder/Peukert, Urheberrecht, Rn. 548.
[148] *Wirth* in Eichelberger/Seifert/Wirth, Urheberrechtsgesetz, UrhG § 45 Rn. 1; *Dreier* in Dreier/Schulze, Urheberrechtsgesetz, UrhG § 45 Rn. 5; *Lüft* in Wandtke/Bullinger, Urheberrecht, UrhG § 45 Rn. 2.
[149] OLG Frankfurt aM, Urt. v. 20.4.1999 – 11 U 38/98 – NJW-RR 2000, 119; *Lüft* in Wandtke/Bullinger, Urheberrecht, UrhG § 45 Rn. 4.
[150] *Wirth* in Eichelberger/Seifert/Wirth, Urheberrechtsgesetz, UrhG § 45 Rn. 1; *Melichar/Stieper* in Schricker/Loewenheim, Urheberrecht, UrhG § 45 Rn. 13.
[151] EuGH, Urt. v. 1.12.2011 – C-145/10 – GRUR 2012, 166 – Painer.
[152] *Wirth* in Eichelberger/Seifert/Wirth, Urheberrechtsgesetz, UrhG § 45 Rn. 2; *Melichar/Stieper* in Schricker/Loewenheim, Urheberrecht, UrhG § 45 Rn. 8 ff.; *Lüft* in Wandtke/Bullinger, Urheberrecht, UrhG § 45 Rn. 5.
[153] *Wirth* in Eichelberger/Seifert/Wirth, Urheberrechtsgesetz, UrhG § 45 Rn. 2.
[154] *Wirth* in Eichelberger/Seifert/Wirth, Urheberrechtsgesetz, UrhG § 45 Rn. 2.

I. Restriktionen des Urheberrechts im Allgemeininteresse

b) Menschen mit Behinderungen

Zulässig ist nach § 45a Abs. 1 UrhG in Umsetzung von Art. 5 Abs. 3b der Richtlinie 2001/29/EG die nicht Erwerbszwecken dienende Vervielfältigung eines Werkes für und deren Verbreitung ausschließlich an Menschen, soweit diesen der Zugang zu dem Werk in einer bereits verfügbaren Art der sinnlichen Wahrnehmung aufgrund einer Behinderung nicht möglich oder erheblich erschwert ist, soweit es zur Ermöglichung des Zugangs erforderlich ist. Dabei ist für die Vervielfältigung und Verbreitung dem Urheber gemäß § 45a Abs. 2 Satz 1 UrhG eine angemessene Vergütung zu zahlen. Ausgenommen ist die Herstellung lediglich einzelner Vervielfältigungsstücke. Der Anspruch kann nur durch eine Verwertungsgesellschaft geltend gemacht werden (so § 45a Abs. 2 Satz 2 UrhG).[155]

672

Die Schranke erfasst jede für die Zugänglichmachung des Werkes erforderliche Handlung.[156] Diese darf zwar nicht zu Erwerbszwecken erfolgen, ist aber nicht auf private Zwecke beschränkt.[157]

673

Die Vorschrift wurde in Umsetzung des Vertrages von Marrakesch und der zugehörigen Richtlinie 2017/1564 um die §§ 45b bis d UrhG erweitert.[158] Diese Neuregelungen gelten im Falle von Seh- oder Lesebehinderungen vorrangig vor § 45a UrhG (vgl. § 45a Abs. 3 UrhG) und sehen eine Erweiterung der Rechte, insbesondere ein Veröffentlichungsrecht durch befugte Stellen (§ 45c UrhG), vor.[159]

674

c) Sammlungen für den religiösen Gebrauch

Durch § 46 UrhG sind Sammlungen von in dessen Abs. 1 benannten Werken einer größeren Zahl an Urhebern, die ihrer Beschaffenheit nach nur für den Gebrauch während religiöser Feierlichkeiten bestimmt sind (**Zweckbeschaffenheit**)[160], gegen Zahlung einer angemessenen Vergütung[161] auch gegen den Willen der Urheber nutzbar.[162] Voraussetzung ist, dass die in die Sammlung aufgenommenen Werke bereits veröffentlicht wurden.[163] Der Hersteller der privilegierten Sammlung muss zumutbare Maßnahmen ergreifen, um einen Missbrauch zu vermeiden.[164] Unter den Voraussetzungen des § 46 Abs. 3 UrhG kann der Urheber einer ihm unzumutbaren Nutzung widersprechen. Der Hersteller muss den Urheber benachrichtigen. Dieser kann dann innerhalb von zwei Wochen nach Absendung eines eingeschriebenen Benachrichtigungsbriefes die Nutzung

675

---

155 Details bei *Lüft* in Wandtke/Bullinger, Urheberrecht, UrhG § 45a Rn. 5; *Wirth* in Eichelberger/Seifert/Wirth, Urheberrechtsgesetz, UrhG § 45a Rn. 5; *Dreier* in Dreier/Schulze, Urheberrechtsgesetz, UrhG § 45 Rn. 6 f.
156 *Dreier* in Dreier/Schulze, Urheberrechtsgesetz, UrhG § 45 Rn. 5; *Lüft* in Wandtke/Bullinger, Urheberrecht, UrhG § 45a Rn. 3.
157 *Wirth* in Eichelberger/Seifert/Wirth, Urheberrechtsgesetz, UrhG § 45a Rn. 3; *Dreier* in Dreier/Schulze, Urheberrechtsgesetz, UrhG § 45 Rn. 4; *Lüft* in Wandtke/Bullinger, Urheberrecht, UrhG § 45a Rn. 4.
158 *Wirth* in Eichelberger/Seifert/Wirth, Urheberrechtsgesetz, UrhG § 45a Rn. 2; *Grübler* in Ahlberg/Götting, BeckOK Urheberrecht, § 45c vor Rn. 1.
159 Dazu *Wirth* in Eichelberger/Seifert/Wirth, Urheberrechtsgesetz, UrhG § 45a Rn. 2, 4; § 45 c Rn. 1; vgl. auch *Staats* in Wandtke/Bullinger, Urheberrecht, UrhG § 45c Rn. 1.
160 *Wirth* in Eichelberger/Seifert/Wirth, Urheberrechtsgesetz, UrhG § 46 Rn. 5. Vgl. dazu auch zu § 46 UrhG aF BGH, Urt. v. 6.6.1991 – I ZR 26/90 – NJW 1992, 1686 – Liedersammlung.
161 Vgl. auch BVerfG, Beschl. v. 7.7.1971 – 1 BvR 765/66 – NJW 1971, 2163.
162 *Peukert* in Rehbinder/Peukert, Urheberrecht, Rn. 555.
163 *Wirth* in Eichelberger/Seifert/Wirth, Urheberrechtsgesetz, UrhG § 46 Rn. 3; *Melichar/Stieper* in Schricker/Loewenheim, UrhG § 46 Rn. 3; *Dreier* in Dreier/Schulze, Urheberrechtsgesetz, UrhG § 46 Rn. 6.
164 *Wirth* in Eichelberger/Seifert/Wirth, Urheberrechtsgesetz, UrhG § 46 Rn. 5; *Melichar/Stieper* in Schricker/Loewenheim, UrhG § 46 Rn. 12; *Dreier* in Dreier/Schulze, Urheberrechtsgesetz, UrhG § 46 Rn. 11.

verbieten, ansonsten kann der Hersteller die daraufhin angefangene Produktion abschließen und sie auch absetzen (§ 136 Abs. 1 und 2 UrhG).[165]

6. Kultur, Bildung und Wissenschaft (§§ 60a ff. UrhG)

676 Schulen und Lehrerbildungseinrichtungen sowie nicht kommerziell ausgerichtete sonstige Bildungseinrichtungen (vgl. § 60a UrhG)[166] können von der Schranke in § 47 UrhG profitieren. Ferner sieht das Gesetz in den §§ 60a ff. UrhG gesetzlich erlaubte Nutzungen für Unterricht, Wissenschaft und andere Institutionen vor, die den besonderen Interessen im Bereich Bildung und Wissenschaft Rechnung tragen sollen.[167] Die Wissenschaftsschranken der §§ 60a bis f UrhG genießen gemäß § 60g UrhG einen Vorrang vor Lizenzverträgen.[168]

a) Schulfunksendungen (§ 47 UrhG)

677 Schulen sowie Einrichtungen der Lehrerbildung und der Lehrerfortbildung dürfen nach § 47 Abs. 1 Satz 1 UrhG einzelne Vervielfältigungsstücke von Werken, die innerhalb einer Schulfunksendung gesendet werden, durch Übertragung der Werke auf Bild- oder Tonträger herstellen, um diese Sendungen nicht nur zum Zeitpunkt ihrer Ausstrahlung, sondern auch zu einem späteren Zeitpunkt vorführen zu können. Die Bild- oder Tonträger dürfen gemäß § 47 Abs. 2 Satz 1 UrhG nur für den Unterricht verwendet werden. Sie sind spätestens am Ende des auf die Übertragung der Schulfunksendung folgenden Schuljahres zu löschen, es sei denn, dass dem Urheber eine angemessene Vergütung gezahlt wird (§ 47 Abs. 2 Satz 1 UrhG). Der Urheber muss dieser Nutzung nicht zustimmen und hat ansonsten auch keinen Vergütungsanspruch. Die Schranke gilt auch für Heime der Jugendhilfe, staatliche Landesbildungsstellen und vergleichbare Einrichtungen.[169] Als Schulfunk gelten nur die von den Rundfunkanstalten ausdrücklich so bezeichneten Sendungen.[170]

b) Nutzung für Unterricht und Lehre (§ 60a UrhG)

678 Einen über die in § 47 UrhG privilegierten Nutzungen hinausgehenden Bedarf an Werknutzungen zur Veranschaulichung im Unterricht und in der Lehre an Bildungseinrichtungen deckt § 60a UrhG ab.[171] Die Vorschrift erfasst die in Abs. 4 genannten Bildungseinrichtungen. Diese dürfen für den in Abs. 1 Nr. 1 bis 3 bezeichneten abgegrenzten[172] Personenkreis bis zu 15 Prozent eines veröffentlichten Werkes bzw. die in Abs. 2 benannten Werke sogar vollständig zur Verfügung stellen. Die in Abs. 3 genannten Nutzungen, zB Schulbücher (nicht aber Lehrbücher für den Hochschulbereich), sind

---

165 *Wirth* in Eichelberger/Seifert/Wirth, Urheberrechtsgesetz, UrhG § 46 Rn. 7; *Melichar/Stieper* in Schricker/Loewenheim, UrhG § 46 Rn. 19 ff.
166 *Peukert* in Rehbinder/Peukert, Urheberrecht, Rn. 536 f.
167 Siehe dazu *Wirth* in Eichelberger/Seifert/Wirth, Urheberrechtsgesetz, UrhG Vor §§ 60a ff. Rn. 1 und 2; *Peukert* in Rehbinder/Peukert, Urheberrecht, Rn. 539.
168 *Wirth* in Eichelberger/Seifert/Wirth, Urheberrechtsgesetz, UrhG § 60g Rn. 1; *Jani* in Wandtke/Bullinger, Urheberrecht, UrhG § 60 Rn. 2; *Dreier* in Dreier/Schulze, Urheberrecht, UrhG § 69g Rn. 4.
169 *Peukert* in Rehbinder/Peukert, Urheberrecht, Rn. 536.
170 *Wirth* in Eichelberger/Seifert/Wirth, Urheberrechtsgesetz, UrhG § 47 Rn. 3.
171 *Peukert* in Rehbinder/Peukert, Urheberrecht, Rn. 537.
172 BGH, Urt. v. 10.1.2019 – I ZR 267/15 – GRUR 2019, 813 – Cordoba II, Rn. 61.

ausgenommen und bedürfen für die Nutzung in Unterricht und Lehre einer Einwilligung.[173]

In Umsetzung der DSM-Richtlinie 2019/790 gilt diese Bereichsausnahme ab dem 7.6.2021 nur noch, wenn der Erwerb einer geeigneten Lizenz für die benannten Schutzgegenstände am Markt unproblematisch möglich ist (§ 60a Abs. 3 Satz 2 UrhG). Ist eine vertragliche Gestaltung nicht erreichbar, kann der Nutzer sich künftig bei Schulbüchern auf die gesetzliche Erlaubnis des § 60a Abs. 1 UrhG berufen.[174]

Die Urheberrechtsrichtlinie sieht außerdem vor, dass die Nutzung zum Zwecke der Veranschaulichung des Unterrichts in einer gesicherten elektronischen Umgebung, die nur für die Schüler zugänglich ist, grundsätzlich möglich sein soll. Das UrhG setzt dies in § 60a Abs. 3a um.[175]

Erlaubt ist nur eine nicht-kommerzielle Nutzung zu Unterrichtszwecken. Privatschulen können sich auch auf die Schranke berufen, wenn sie keine Gewinnerzielungsabsicht verfolgen, sondern mit den Schulgeldern allein ihre tatsächlichen Kosten decken.[176] Darauf, ob die Nutzung zur Veranschaulichung geboten[177] ist, und auf die damit früher verbundene Abwägung, kommt es nicht mehr an.[178]

Der Urheber erhält hierfür eine pauschale Vergütung nach Maßgabe des § 60h UrhG.

c) Unterrichts- und Lehrmedien (§ 60b UrhG)

Die Hersteller von Unterrichts- und Lehrmedien für die in § 60a UrhG bezeichneten Bildungseinrichtungen dürfen unabhängig davon, ob sie digitale oder analoge Medien herstellen, Werke nach Maßgabe des § 60b UrhG nutzen.[179] Der Gesetzgeber definiert die Unterrichts- und Lehrmedien im Abs. 3 der Vorschrift und verlangt dabei insbesondere eine entsprechende Kennzeichnung der Medien. Die Schranke umfasst im Gegensatz zu den anderen Schranken auch die kommerzielle Nutzung.[180]

Eine Benachrichtigung des Urhebers ist nicht erforderlich. Es entfällt auch die Möglichkeit einer unzumutbaren Nutzung, zB wegen gewandelter Überzeugung, zu widersprechen.[181] denkbar ist allerdings eine analoge Anwendung des § 42 UrhG.[182]

d) Wissenschaftliche Forschung (§§ 60c und d UrhG)

Wer ernsthaft, methodenregerecht und nicht-kommerziell nach Wahrheit sucht, wird dabei durch die Schranke für wissenschaftliche Forschung (§ 60c UrhG) und die

---

173 *Peukert* in Rehbinder/Peukert, Urheberrecht, Rn. 538.
174 BR-Drs. 142/21, S. 102 f.
175 *Wirth* in Eichelberger/Seifert/Wirth, Urheberrechtsgesetz, UrhG § 60a Rn. 1.
176 *Wirth* in Eichelberger/Seifert/Wirth, Urheberrechtsgesetz, UrhG § 60a Rn. 3; *Dreier* in Dreier/Schulze, Urheberrechtsgesetz, UrhG § 60a Rn. 7; *Lüft* in Wandtke/Bullinger, Urheberrecht, UrhG § 60a Rn. 10.
177 Vgl. zB BGH, Urt. v. 28.11.2013 – I ZR 76/12 – NJW 2014, 2117 – Meilensteine der Psychologie.
178 *Wirth* in Eichelberger/Seifert/Wirth, Urheberrechtsgesetz, UrhG § 60a Rn. 5. Ausführlich dazu *Stieper* in Schricker/Loewenheim, Urheberrecht, UrhG § 60a Rn. 10.
179 *Wirth* in Eichelberger/Seifert/Wirth, Urheberrechtsgesetz, UrhG § 60b, Rn. 3. Dazu *Lüft* in Wandtke/Bullinger, Urheberrecht, UrhG § 60b Rn. 12.
180 *Peukert* in Rehbinder/Peukert, Urheberrecht, Rn. 544.
181 Das öffentliche Interesse an Bildung überwiegt grundsätzlich den Urheberinteressen, siehe *Stieper* in Schricker/Loewenheim, Urheberrecht, UrhG § 60b Rn. 1.
182 *Wirth* in Eichelberger/Seifert/Wirth, Urheberrechtsgesetz, UrhG § 60b UrhG. 5.

Schranke für Text und Data Mining (§ 60d UrhG) privilegiert.[183] Forschung in kommerziellen Unternehmen, die allein der Produktentwicklung dient, wird nicht erfasst.[184] Die Urheberrechtsrichtlinie sieht eine weitergehende Einschränkung von durch Drittmittel finanzierter Forschung, d.h. Forschung, bei der ein privates Unternehmen einen bestimmenden Einfluss und einen privilegierten Zugang zu den Forschungsergebnissen hat, vor.[185] Daher wurde der § 60d im Rahmen der Urheberrechtsnovelle umfangreich novelliert, um der europäischen Grundlegung zu genügen. Neben der Vervielfältigung, Verbreitung und öffentlichen Zugänglichmachung in dem in § 60c UrhG geregelten Umfang[186] ist zur automatisierten Auswertung von einer Vielzahl von Werken für die wissenschaftliche Forschung eine vorübergehende Vervielfältigung nach Maßgabe des § 60d UrhG möglich. § 60d UrhG privilegiert allerdings nur die Auswertung von vorhandenem Material und nicht dessen Beschaffung.[187]

Das sog. Text- und Data-Mining ist nach der Umsetzung von Art. 4 der DSM-Richtlinie 2019/790 unter bestimmten Voraussetzungen, bei rechtmäßig zugänglichen Werken, auch allgemein, also außerhalb des Rahmens wissenschaftlicher Forschung, erlaubt (§ 44b UrhG).[188]

e) Schranken zur Bewahrung des kulturellen Erbes

685   Öffentliche Bibliotheken, Archive, Museen und sonstige Bildungseinrichtungen werden durch die §§ 60e und f. UrhG bevorrechtigt. Die Vorschriften unterscheiden jeweils nach der Art der Nutzung und ermöglichen die zur Erfüllung des Einrichtungszwecks notwendigen Nutzungshandlungen.[189]

In den neuen §§ 61d ff. UrhG ist eine gesetzliche Nutzungserlaubnis für nicht verfügbare Werke zugunsten von Kulturerbe-Einrichtungen vorgesehen, welche für den Fall eingreift, dass die Lizensierung über eine repräsentative Verwertungsgesellschaft (vgl. § 52 VGG) nicht möglich ist.[190]

7. Das Zitierrecht

686   Nach § 51 Satz 1 UrhG ist die Vervielfältigung, Verbreitung und öffentliche Wiedergabe zum Zwecke des Zitats zulässig, sofern die Nutzung in ihrem Umfang dem besonderen Zweck angemessen ist. Die Vorschrift ist eine Generalklausel (vgl. auch Art. 5 Abs. 3 der Richtlinie 2001/29/EG), der allerdings Ausnahmecharakter zukommt. Nach *Eisenmann/Jautz* gilt daher bei Anwendung der Norm der Grundsatz „im Zweifel gegen den Zitierenden" bzw. „im Zweifel für den Autor".[191] Die Möglichkeit des zustimmungs- und vergütungsfreien Zitats, auch zu nicht-wissenschaftlichen Zwecken,

---

183   *Wirth* in Eichelberger/Seifert/Wirth, Urheberrechtsgesetz, UrhG § 60c Rn. 2; *Peukert* in Rehbinder/Peukert, Urheberrecht, Rn. 540; *Grübler* in Ahlberg/Götting, BeckOK Urheberrecht, UrhG § 60c Rn. 5 f.; *Stieper* in Schricker/Loewenheim, Urheberrecht, UrhG § 60c Rn. 5 ff.
184   *Peukert* in Rehbinder/Peukert, Urheberrecht, Rn. 540.
185   Erwägungsgrund 12 der Richtlinie 2019/790; *Wirth* in Eichelberger/Seifert/Wirth, Urheberrechtsgesetz, UrhG § 60c Rn. 2; BR-Drs. 142/21, S. 104.
186   Details siehe zB bei *Wirth* in Eichelberger/Seifert/Wirth, Urheberrechtsgesetz, UrhG § 60c Rn. 3 bis 6. Zusammenfassend *Peukert* in Rehbinder/Peukert, Urheberrecht, Rn. 541; *Lüft* in Wandtke/Bullinger, Urheberrecht, UrhG § 60c Rn. 14 ff.
187   *Peukert* in Rehbinder/Peukert, Urheberrecht, Rn. 542.
188   BR-Drs. 142/21, S. 94 ff.
189   *Peukert* in Rehbinder/Peukert, Urheberrecht, Rn. 545.
190   BT-Drs. 19/27426, S. 101.
191   *Eisenmann/Jautz*, Grundriss, Rn. 79.

I. Restriktionen des Urheberrechts im Allgemeininteresse

ist im Interesse der Allgemeinheit an einer Auseinandersetzung mit dem Inhalt der Werke anderer gerechtfertigt. Ein Zitat kann daher in ein selbstständiges, unabhängiges Werk aufgenommen werden (kein Fall der Bearbeitung iSd § 23 UrhG). Möglich ist auch die Übernahme in Texte oder Darstellungen, die selbst keinen urheberrechtlichen Schutz genießen.[192] Erforderlich ist aber eine wesentliche eigene Leistung des Übernehmenden.[193]

Voraussetzung ist, dass die Nutzung in ihrem Umfang durch den besonderen Zweck gerechtfertigt ist. Dabei geht es um die (wissenschaftliche) „Auseinandersetzung mit dem Gedankengut anderer"[194] (sog. **Zitierfreiheit**). Das Recht dient der kulturellen Weiterentwicklung, indem es Werkschöpfern ermöglicht, auf dem Werk ihrer Vorgänger aufzubauen. Solche Eingriffe in das Verwertungsrecht des Urhebers sind also zulässig, wenn sie der geistigen Kommunikation und damit der Förderung des kulturellen Lebens zum Nutzen der Allgemeinheit dienen.[195]

687

FALL 18:

688

Nach BGH, Urt. v. 30.4.2020 – I ZR 228/15 – NJW 2020, 2554 – Reformistischer Aufbruch II.
Sachverhalt:
Der bekannte Politiker V war von 1994 bis 2016 Mitglied des Deutschen Bundestages. Im Jahr 1988 hatte er einen 15-seitigen Aufsatz mit dem Titel „Reformistischer Aufbruch und Abschied von einer ´radikalen´ Forderung – Plädoyer für eine realistische Neuorientierung der Sexual- (Straf-) Politik" verfasst. In dem Aufsatz trat er für eine teilweise Entkriminalisierung von gewaltfreien sexuellen Handlungen Erwachsener an Kindern ein, wandte sich aber zugleich gegen eine vollständige Abschaffung des Sexualstrafrechts, wie sie seinerzeit diskutiert wurde. Der Aufsatz wurde von H im selben Jahr unter Nennung des vollen Namens des V mit dessen Zustimmung in einem Sammelband publiziert. H änderte jedoch ohne Rücksprache mit V den Titel in „Das Sexualstrafrecht ändern? Plädoyer für eine realistische Neuorientierung der Sexualpolitik" und kürzte den Text eigenmächtig um eine Zwischenüberschrift und einen Satz.
Der V beanstandete die ohne seine Zustimmung vorgenommenen Eingriffe in den Text, da sie nach seiner Ansicht den Tenor seines Artikels veränderten und forderte den H vergeblich auf, die Veränderungen durch einen Vermerk des Verlags bei der Auslieferung des Buches kenntlich zu machen.
Später distanzierte er sich im Zusammenhang mit einer Kandidatur für den Bundestag vollständig vom Inhalt seines Aufsatzes und versandte das Originalmanuskript zum Nachweis seiner Exculpation an verschiedene ausgewählte Journalisten. Um zu beweisen, dass der H seinen Beitrag verändert hatte, stellte er sowohl den Buchbeitrag als auch das Manuskript auf seiner Internetseite zum Abruf bereit. Die Seiten versah er mit großflächigen Hinweisen, in denen er über seine Distanzierung vom Inhalt des Manuskripts und über die Verfälschung des Buchbeitrags durch die unautorisierte Bearbeitung aufklärte.

---

192 *Wirth* in Eichelberger/Seifert/Wirth, Urheberrechtsgesetz, UrhG § 51 Rn. 3.
193 BGH, Urt. v. 23.5.1985 – I ZR 28/83 – NJW 1986, 131 – Geistchristentum; BGH, Urt. v. 21.11.1991 – I ZR 190/89 – NJW 1992, 1316 – Leitsätze; KG Berlin, Urt. v. 27.11.2007 – 5 U 63/07 – ZUM 2008, 329 – Grass-Briefe; BGH, Urt. v. 1.12.2010 ff I ZR 12/08 – NJW 2011, 761 – Perlentaucher; BGH, Urt. v. 17.12.2015 – I ZR 69/14 – NJW 2016, 2576 – Exklusivinterview; *Wirth* in Eichelberger/Seifert/Wirth, Urheberrechtsgesetz, UrhG § 51 Rn. 4.
194 *Eisenmann/Jautz*, Grundriss, Rn. 79; *Leistner*, GRUR 2019, 1008 (1012); so auch KG, Urt. v. 27.8.2002 – 5 U 46/01 – MMR 2003, 110 (112) – Paul und Paula.
195 BGH, Urt. v. 4.12.1986 – I ZR 189/84 – NJW 1987, 1408.

Die Betreiberin des Internet-Nachrichtenportals S veröffentlichte am selben Tag einen Text im Internet, in dem sie beschrieb, der V hätte die Öffentlichkeit hinsichtlich der von ihm behaupteten inhaltlichen Verfälschung durch den H getäuscht. Sie belegte diese Aussage mit der wörtlichen Zitation eines einzelnen Satzes aus dem ursprünglichen Manuskript, welcher nach der im Artikel der S beschriebenen Ansicht eine inhaltliche Übereinstimmung zwischen Buchbeitrag und Manuskript zu belegen geeignet sein sollte. Unter dem die Hintergründe, die aktuelle Diskussion und auch die Distanzierung des V vom Inhalt des Textes ausführlich beschreibenden Artikel waren über einen Link abrufbare PDF-Dateien mit dem Original-Manuskript und dem Buchbeitrag hinterlegt.

Der V beanstandete die Bereitstellung der vollständigen Texte auf der Internetseite der S als Verletzung seines Urheberrechts und seines Urheberpersönlichkeitsrechts. Über einen Rechtsanwalt ließ er die S erfolglos abmahnen. Dabei vertrat er die Auffassung, die S hätte, anstatt die Texte selbst als PDF zur Verfügung zu stellen, auf die Homepage des V und die dort bereitgestellten Texte verlinken müssen.

Kann V die S auf Unterlassung in Anspruch nehmen?

<u>Bearbeiterhinweis:</u> *Es ist davon auszugehen, dass die Texte Schriftwerke iSd § 2 Abs. 1 Nr. 1 und Abs. 2 UrhG sind. Ferner ist zwischen den Parteien unstreitig, dass die S sie ohne Einwilligung des V auf ihrer Internetseite eingestellt hat.*

Lösung:

V könnte gegen S einen Anspruch auf Unterlassung der öffentlichen Zugänglichmachung der in Rede stehenden Texte nach § 97 Abs. 1 iVm § 19a UrhG haben.

Voraussetzung des Unterlassungsanspruchs ist, dass die S, indem sie die Texte auf ihrer Internetseite bereitgestellt hat, das Urheberrecht des V widerrechtlich verletzt hat.

A. <u>Rechtsverletzung durch S</u>

Bei den Werken handelt es sich laut Bearbeiterhinweis um Schriftwerke iS von § 2 Abs. 1 Nr. 1 und Abs. 2 UrhG.

I. <u>Eingriff in das Urheberrecht des V</u>

Indem die S diese ohne Erlaubnis des V auf ihrer Internetseite zum Download bereitgestellt hat, hat sie in das dem V als Urheber zustehende Recht auf öffentliche Zugänglichmachung (§§ 15 Abs. 2 Satz 1 und Satz 2 Nr. 2, 19a UrhG) eingegriffen.[196]

II. <u>Schranke</u>

Der Eingriff stellt jedoch nur dann eine Verletzung des Urheberrechts des V dar, wenn keine Schrankenbestimmung iSd §§ 44a ff. UrhG eingreift.

1. <u>Schranke für öffentliche Berichterstattung (§ 50 UrhG)</u>

Bei der öffentlichen Zugänglichmachung der Texte könnte es sich um eine privilegierte Berichterstattung über Tagesereignisse iSd § 50 UrhG handeln.

Nach § 50 UrhG ist zur Berichterstattung über Tagesereignisse in einschlägigen Medien die Vervielfältigung und öffentliche Wiedergabe von Werken, die im Verlauf dieser Ereignisse wahrnehmbar werden, in einem durch den Zweck gebotenen Umfang und unter Angabe der Quelle (§ 63 Abs. 1 und Abs. 2 Satz 1 UrhG) zulässig.[197]

a) <u>Berichterstattung über ein Tagesereignis</u>

Tagesereignis ist ein jedes zur Zeit des Eingriffs in das Urheberrecht aktuelle Geschehen, das für die Öffentlichkeit von Interesse ist, wobei ein Geschehen

---

[196] LG, Berlin Urt. v. 17.6.2014 – 15 O 546/13 – BeckRS 2014, 126328, Rn. 17.
[197] BGH, Urt. v. 30.4.2020 – I ZR 228/15 – NJW 2020, 2554 – Reformistischer Aufbruch II, Rn. 20.

so lange aktuell ist, wie ein Bericht darüber von der Öffentlichkeit noch als Gegenwartsberichterstattung wahrgenommen wird.[198] Ein zeitlich zurückliegendes Tagesereignis kann erneut zum Tagesereignis werden, wenn es wieder Gegenstand einer aktuellen Auseinandersetzung in der Öffentlichkeit wird. Berichterstattung ist eine Handlung, mit der Informationen über ein Tagesereignis bereitgestellt werden.[199]

Zwar liegt die erste Veröffentlichung des Buchbeitrages schon viele Jahre zurück, doch ist die im Zusammenhang der Veröffentlichung des Originalmanuskripts entflammte Auseinandersetzung mit den Behauptungen des V als Tagesereignis anzusehen. Der Artikel befasst sich schwerpunktmäßig mit der Glaubwürdigkeit des V, welche aufgrund von dessen Kandidatur für den Bundestag von aktuellem öffentlichem Interesse ist. Dass sich der Artikel über die Diskussion hinaus auch mit den Hintergründen auseinandersetzt, steht der Anwendung der Schranke nicht entgegen, solange das aktuelle Ereignis im Vordergrund steht.[200]

b) Im Verlauf der Berichterstattung wahrnehmbar geworden

Nach Art. 5 Abs. 3 Buchst. c Fall 2 der Richtlinie 2002/19/EG muss die Nutzung des Werkes in Verbindung mit der Berichterstattung über ein Tagesereignis stehen. Gegenstand der Berichterstattung sind nicht die Texte des Klägers als solche, sondern das Verhalten des V angesichts der öffentlichen Konfrontation mit dem Originaltext. In Verbindung mit der Berichterstattung über diese Ereignisse sind die Texte des V von ihm auf seiner Seite veröffentlicht und damit wahrnehmbar geworden.[201]

c) Zustimmungserfordernis

Im Hinblick auf das überwiegende öffentliche Interesse an einer raschen Information hinsichtlich der Tagesereignisse fordert die Schrankenbestimmung nicht – wie früher vom BGH angenommen[202] – die Einholung der Zustimmung des Urhebers. Ein solches Erfordernis würde die praktische Wirksamkeit der Schranke im Hinblick auf die überragende Bedeutung der Informations- und Pressefreiheit (Art. 11 GRCh) in der demokratischen Gesellschaft unzulässig beeinträchtigen.[203]

d) Verhältnismäßigkeit

Die Berichterstattung über Tagesereignisse ist nur in dem im Hinblick auf den Informationszweck gebotenen Umfang zulässig. Die Veröffentlichung des Werkes durch die S muss also in ihrem tatsächlichen Umfang im Hinblick auf den damit verfolgten Informationszweck geeignet, erforderlich und angemessen sein.

---

198 BGH, Urt. v. 17.12.2015 – I ZR 69/14 – NJW 2016, 2576 – Exklusivinterview, Rn. 14.
199 BGH, Urt. v. 30.4.2020 – I ZR 228/15 – NJW 2020, 2554 – Reformistischer Aufbruch II, Rn. 37.
200 BGH, Urt. v. 30.4.2020 – I ZR 228/15 – NJW 2020, 2554 – Reformistischer Aufbruch II, Rn. 47; BGH, Urt. v. 11.7.2002 – I ZR 285/99 – GRUR 2002, 1050 (1051) – Zeitungsbericht als Tagesereignis.
201 BGH, Urt. v. 30.4.2020 – I ZR 228/15 – NJW 2020, 2554 – Reformistischer Aufbruch II, Rn. 43. Insbesondere wird hier nicht, wie im Falle des Zitationsrechts nach § 51 UrhG, eine rechtmäßige Erstveröffentlichung vorausgesetzt: BGH, Urt. v. 30.4.2020 – I ZR 228/15 – NJW 2020, 2554 – Reformistischer Aufbruch II, Rn. 76.
202 BGH, Urt. v. 17.12.2015 – I ZR 69/14 – NJW 2016, 2576 – Exklusivinterview; BGH, Urt. v. 27.3.2012 – KZR 108/10 – GRUR 2012, 1062 – Elektronischer Programmführer; BGH, Urt. v. 10.12.2007 – I ZR 42/05 – NJW 2008, 2346 – TV Total.
203 EuGH, Urt. v. 29.7.2019 – C-516/17 – GRUR 2019, 940 – Spiegel Online, Rn. 70 f.

Ziel der Berichterstattung war es, die Leser über die aktuelle Konfrontation des V mit dem Manuskript und seine Reaktion darauf zu informieren. Die Dokumente dienten dem Beleg der Ausführungen der S hinsichtlich der Täuschung des V über den Umfang der Veränderungen des Buchbeitrags. Sie ermöglichten den Lesern einen Vergleich der Werke und damit eine Prüfung des Standpunktes der S. Die Verlinkung der Texte unter dem Artikel der S war zu diesem Zweck geeignet.

Fraglich ist, ob die Verlinkung der vollständigen Texte auch erforderlich war, also ob nicht ein im Hinblick auf die Grundrechte des V milderes, aber gleichermaßen wirksames Mittel zur Verfügung gestanden hätte.

Als milderes Mittel kommt die Zitation kleinerer Textabschnitte in Betracht. Die gewünschte Darlegung des Umfangs der durch H vorgenommenen Änderungen konnte jedoch nur durch eine vollständige Zitation ermöglicht werden, da nur diese dem Leser eine tatsächliche Überprüfung möglich macht.

Alternativ kommt auch die Verlinkung auf die Internetseite des V in Betracht. Da die auf den Seiten angebrachten Distanzierungsvermerke jedoch die Wahrnehmung der Texte und die Meinungsbildung beeinträchtigen können, kann dies dem Informationsinteresse der S nicht entsprechend Rechnung tragen und ist folglich nicht gleich geeignet.[204] Auch hätte eine Verlinkung auf die Seite des V die kritische Berichterstattung durch S praktisch in dessen Hand gegeben. Ein Verweis der S auf diese Möglichkeit würde die praktische Wirksamkeit der Schranke unterlaufen.[205]

Fraglich ist, ob die Berichterstattung in dieser Form auch verhältnismäßig war.

Die Beschränkung beeinträchtigt das durch Art. 14 Abs. 1 UrhG geschützte Recht der öffentlichen Zugänglichmachung seiner Werke. Diese ist jedoch durch die Veröffentlichung der S nur unwesentlich betroffen, da mit einer weiteren wirtschaftlichen Verwertung des Aufsatzes durch V nicht mehr zu rechnen ist.

Die Veröffentlichung nur mit dem Hinweis auf seine gewandelte Überzeugung zu gestatten, ist als Teil seines Urheberpersönlichkeitsrechts geschützt. Die S hat allerdings in ihrem Artikel die gewandelte Überzeugung des V nicht verschwiegen. Daher ist das Urheberpersönlichkeitsrecht des V nur geringfügig betroffen.[206]

Für die S streiten die Grundrechte der Meinungs- und Pressefreiheit (Art. 5 Abs. 1 Satz 1 und Abs. 2 GG). Der Willens- und Meinungsbildungsprozess in einer Demokratie hängt von einer umfassenden und wahrheitsgemäßen Information der Bürger ab. Im Streitfall geht es um Informationen über die Glaubwürdigkeit eines Bundestagskandidaten und auch um dessen Überzeugungen hinsichtlich eines die Öffentlichkeit besonders berührenden Themas. Das Interesse an einer Berichterstattung hat deshalb in diesem Fall ein besonderes Gewicht.

Die S verfolgte mit der Bereitstellung der Zitate insbesondere das Ziel, es der Öffentlichkeit zu ermöglichen, sich ein eigenes Bild vom Ausmaß der Verfäl-

---

204 BGH, Urt. v. 30.4.2020 – I ZR 228/15 – NJW 2020, 2554 – Reformistischer Aufbruch II, Rn. 57.
205 BGH, Urt. v. 30.4.2020 – I ZR 228/15 – NJW 2020, 2554 – Reformistischer Aufbruch II, Rn. 58.
206 BGH, Urt. v. 30.4.2020 – I ZR 228/15 – NJW 2020, 2554 – Reformistischer Aufbruch II, Rn. 66.

I. Restriktionen des Urheberrechts im Allgemeininteresse

schungen des Buchbeitrags im Hinblick auf den Originaltext und damit auch von der Glaubwürdigkeit des V zu machen. Dabei war für die Öffentlichkeit auch von Interesse, welche Position der V hinsichtlich des brisanten Aufsatzthemas tatsächlich früher vertreten hat und ob er dies im Laufe der Jahre verharmlost hat.[207]

Die Berichterstattung ist folglich angemessen.

e) <u>Drei-Stufen-Test</u>

Nach Art. 5 Abs. 5 der Richtlinie 2001/29/EG muss die in Art. 5 Abs. 3 Buchst. c Fall 2 der Richtlinie genannte und mit § 50 UrhG umgesetzte Beschränkung (erste Stufe) nur in bestimmten Sonderfällen angewendet werden, in denen (zweite Stufe) die normale Verwertung des Werks beeinträchtigt wird und (dritte Stufe) die berechtigten Interessen des Rechteinhabers nicht ungebührlich verletzt werden.[208]

Bei der Regelung des § 50 UrhG handelt es sich nicht um eine grundsätzliche Beschränkung des Urheberrechts. Vielmehr ist sie nur in dem Sonderfall anwendbar, dass ein Werk im Zusammenhang mit einer Berichterstattung über Tagesereignisse wahrnehmbar wird.

Die normale Verwertung ist im vorliegenden Fall durch die Berichterstattung nicht beeinträchtigt, da eine Verwertung des Werkes nicht mehr zu erwarten ist.

Aus den Ausführungen zur Verhältnismäßigkeit ergibt sich, dass die Zitation die Rechte des V nicht ungebührlich beeinträchtigt.

f) <u>Quellenangabe</u>

Die erforderliche Quellenangabe liegt mit der Bezeichnung des V als Urheber der Werke vor.

g) <u>Ergebnis</u>

Die Voraussetzungen des § 50 UrhG liegen vor.

2. <u>Zitatschranke (§ 51 UrhG)</u>

Bei der Veröffentlichung könnte es sich außerdem um ein nach § 51 UrhG zulässiges Zitat handeln. Ein Zitat eines veröffentlichten Werkes ist nach § 51 Satz 1 UrhG zulässig, sofern die Nutzung in ihrem Umfang durch den besonderen Zweck gerechtfertigt ist. Es besteht zudem die Pflicht zur Quellenangabe nach § 63 Abs. 1 und 2 UrhG.

a) <u>Zitatzweck</u>

Die Verwendung des Textes durch die S müsste zum Zwecke des Zitats geschehen sein. Die Zitatfreiheit soll die geistige Auseinandersetzung mit fremden Werken erleichtern. Sie gestattet es nicht, das fremde Werk nur um seiner selbst willen der Allgemeinheit zur Kenntnis zu bringen. Vielmehr muss der Zitierende eine innere Verbindung zwischen dem fremden Werk und seinen eigenen Gedanken herstellen und das Zitat als Belegstelle oder Erörterungsgrundlage für selbstständige Ausführungen des Zitierenden erscheinen lassen.[209] An einer solchen inneren Verbindung fehlt es regelmäßig, wenn das zitierende Werk sich nicht näher mit dem eingefügten frem-

---

[207] BGH, Urt. v. 30.4.2020 – I ZR 228/15 – NJW 2020, 2554 – Reformistischer Aufbruch II, Rn. 65.
[208] BGH, Urt. v. 30.4.2020 – I ZR 228/15 – NJW 2020, 2554 – Reformistischer Aufbruch II, Rn. 69 ff.
[209] BGH, Urt. v. 30.4.2020 – I ZR 228/15 – NJW 2020, 2554 – Reformistischer Aufbruch II, Rn. 82.

den Werk auseinandersetzt und das fremde Werk nur den Zweck einer Illustration oder informierenden Berichterstattung verfolgt.[210]
Die S hat in ihrem Artikel den Vorwurf erhoben, der V habe die Öffentlichkeit durch seine Ausführungen getäuscht und dabei den von ihr im Artikel zitierten Satz als zentrale Aussage des Werkes des V in den Mittelpunkt gestellt. Da dieser Satz in beiden Versionen des Textes enthalten sei, habe die Veränderung des Manuskripts durch H die zentrale Aussage des ursprünglichen Textes nicht verändert. In dem Artikel hat sich die S also mit den beiden Texten auseinandergesetzt, die Inhalte beider Texte gewürdigt und daraus Schlüsse auf die Richtigkeit der Argumentation des V gezogen. Dadurch hat sie eine innere Verbindung ihrer Ausführungen mit den beiden zitierten Texten geschaffen. Der Zitatzweck erfordert keine ausführliche Auseinandersetzung mit dem zitierten Werk. Daher reichen die Ausführungen der S insofern aus, den Zitatzweck zu begründen.[211] Die zitierten Texte dienen als Belegstelle für die Ausführungen der Klägerin und ermöglichen den Lesern eine Prüfung des Standpunkts der Autorin. Die Wiedergabe der Texte war folglich nicht auf eine bloße Berichterstattung gerichtet, sondern diente vielmehr der Untermauerung der Argumentation der S.

Allerdings hat die S die Texte unter einem Link zur Verfügung gestellt, welcher theoretisch auch unabhängig von ihrem Artikel aufgerufen werden könnte. Fraglich ist, ob darin eine selbstständige öffentliche Zugänglichmachung liegt, die von dem Zitatzweck nicht gedeckt ist.

Der Wortlaut des § 51 UrhG und dessen europarechtliche Grundlegung in Art. 5 Abs. 3 Buchst. d der Richtlinie 2001/29/EG erfordert nicht, dass das zitierte Werk untrennbar in den Gegenstand, in dem es zitiert wird, eingebunden wird. Ein Zitat kann sich vielmehr aus einer Verlinkung auf das zitierte Werk ergeben.[212] Dafür spricht auch die Bedeutung von Hyperlinks für das Funktionieren des Internets und das Ziel der Schranke iS von Art. 5 Abs. 3 Buchst. d der Richtlinie 2001/29/EG, einen angemessenen Ausgleich zwischen dem Recht des Nutzers eines Werkes auf freie Meinungsäußerung und dem Recht des Urhebers herbeizuführen.[213] Die technische Frage der Einbindung des Zitats in das Werk kann demnach für die Beurteilung der geforderten inneren Verbindung nicht maßgeblich sein. Die Gefahr eines gesonderten Aufrufs über eine Eingabe der URL unabhängig von dem Artikel kann als bloß abstrakte Gefahr daran nichts ändern.

b) <u>Bereits veröffentlichtes Werk</u>
Voraussetzung für die Anwendung des § 51 UrhG ist aus Gründen des Urheberpersönlichkeitsschutzes (§ 12 Abs. 1 UrhG), dass das Werk bereits veröffentlicht wurde. Ein Werk ist nach § 6 Abs. 1 UrhG veröffentlicht, wenn es mit Zustimmung des Urhebers der Öffentlichkeit zugänglich gemacht worden ist.

---

210 BGH, Beschl. v. 27.2.2017 – I ZR 228/15 – GRUR 2017, 1027 – Reformistischer Aufbruch I, Rn. 55; BGH, Urt. v. 17.12.2015 – I ZR 69/14 – NJW 2016, 2576 – Exklusivinterview, Rn. 25 und 31; BGH, Urt. v. 30.11.2011 – I ZR 212/10 – ZUM 2012, 681 – Blühende Landschaften, Rn. 28.
211 BGH, Urt. v. 30.4.2020 – I ZR 228/15 – NJW 2020, 2554 – Reformistischer Aufbruch II, Rn. 88; BGH, Urt. v. 17.12.2015 – I ZR 69/14 – NJW 2016, 2576 – Exklusivinterview, Rn. 31.
212 EuGH, Urt. v. 29.7.2019 – C-516/17 – GRUR 2019, 940 – Spiegel Online, Rn. 80.
213 EuGH, Urt. v. 29.7.2019 – C-516/17 – GRUR 2019, 940 – Spiegel Online, Rn. 81 f.

I. Restriktionen des Urheberrechts im Allgemeininteresse

i) Vorherige Veröffentlichung des Buchbeitrags durch H[214]
Der Buchbeitrag erschien laut Sachverhalt im Jahr 1988. Dabei ist zwar grundsätzlich von der Zustimmung des V auszugehen. Das Zustimmungsrecht des V umfasst allerdings sowohl das „Ob" als auch das „Wie" der Veröffentlichung (vgl. § 12 UrhG). Die Zustimmung des V ist daher nur wirksam, wenn der H die Bestimmungen über die Art und Weise der Veröffentlichung eingehalten hat oder der V zur Zustimmung hinsichtlich der Abweichung gemäß § 39 Abs. 2 UrhG nach Treu und Glauben (§ 242 BGB) verpflichtet gewesen wäre.

Indem der H den Titel der Veröffentlichung verändert hat, kam eine zentrale Forderung des Autors, die dieser bewusst bereits im Titel zum Ausdruck bringen wollte, nicht mehr in der beabsichtigt prominenten Position zum Ausdruck. Einer solchen Änderung hätte V nicht zustimmen müssen.[215] Da H unzulässige Änderungen an dem Werk vorgenommen hat, handelt es sich bei dem im Jahr 1988 erschienen Buchbeitrag nicht um ein veröffentlichtes Werk iSd § 51 UrhG.[216]

ii) Veröffentlichung des Manuskripts und des Buchbeitrags durch V
V könnte, indem er das Manuskript und den Buchbeitrag auf seiner Internetseite bereitgestellt hat, diese selbst veröffentlicht haben.
Das Erstveröffentlichungsrecht des § 12 Abs. 1 UrhG soll den Urheber davor schützen, dass sein Werk durch einen Dritten ohne seine Zustimmung aus der persönlichen „Geheimsphäre" entlassen wird und an die Öffentlichkeit gelangt.

Indem V die Texte auf seiner Internetseite eingestellt hat, wurden diese Fassungen inhaltlich der Öffentlichkeit zugänglich gemacht. Auch wenn der V dabei die im Sachverhalt beschriebenen Kennzeichnungen angebracht hat, haben die Texte spätestens durch diese Veröffentlichung auf seiner Internetseite mit seiner Zustimmung die „Geheimsphäre" vollständig verlassen, denn der V hat es der Öffentlichkeit ermöglicht, das Werk in allen seinen Elementen kennenzulernen.[217] Wenngleich der Versand des Manuskriptes an einen Kreis ausgewählter Journalisten nicht als Veröffentlichung angesehen werden kann, da dieser Adressatenkreis noch nicht als Öffentlichkeit iSd § 6 Abs. 2 UrhG anzusehen ist, spricht dieses Verhalten für ein Bewusstsein und Einverständnis des V zu einer medialen Auseinandersetzung mit dem Thema.[218]

Die Schranke des Art. 5 Abs. 3 Buchst. d der Richtlinie 2001/29/EG ist jedoch dahingehend auszulegen, dass ein Werk der Öffentlichkeit nur dann rechtmäßig zugänglich gemacht wurde, wenn es der Öffentlichkeit zuvor in seiner konkreten Gestalt mit Zustimmung des Rechteinhabers aufgrund einer Zwangslizenz oder aufgrund einer gesetzlichen Er-

---

214 Die Frage nach der Veröffentlichung wurde in dem zugrundliegenden Fall vom BGH mangels Entscheidungserheblichkeit offengelassen (siehe BGH, Urt. v. 30.4.2020 – I ZR 228/15 – NJW 2020, 2554 – Reformistischer Aufbruch II, Rn. 96 f.). Die Lösung folgt deshalb teilweise den Ausführungen der Vorinstanzen (siehe dazu auch KG Berlin, Urt. v. 7.10.2015 – 24 U 124/14).
215 LG Berlin, Urt. v. 17.6.2014 – 15 O 246/13 – BeckRS 2014, 126328, Rn. 22.
216 Vgl. EuGH, Urt. v. 29.7.2019 – C-516/17 – Spiegel Online, Rn. 92.
217 LG Berlin, Urt. v. 17.6.2014 – 15 O 246/13 – BeckRS 2014, 126328, Rn. 24.
218 LG Berlin, Urt. v. 17.6.2014 – 15 O 246/13 – BeckRS 2014, 126328, Rn. 25.

laubnis zugänglich gemacht wurde. Da V die Werke mit den im Sachverhalt beschriebenen Vermerken versehen veröffentlicht hat, sind diese auch nur insoweit als rechtmäßig veröffentlicht anzusehen.[219]

Die S hat allerdings das Manuskript ohne den von V angebrachten Verweis zitiert. Die Zulässigkeit des Zitats in dieser Form könnte jedoch vom Zitatzweck gerechtfertigt sein.[220] Die Texte sollten eine eigenständige und unvoreingenommen Prüfung der von der S aufgestellten These, der V habe seine Haltung zu dem im Manuskript behandelten Thema über einen längeren Zeitraum hinweg verharmlost, ermöglichen. Wie bereits im Rahmen der Schranke des § 50 UrhG erläutert, war zu diesem Zweck eine Veröffentlichung ohne den auf den Seiten abgedruckten Vermerk geeignet und erforderlich. Angesichts der unwesentlichen Beeinträchtigungen des V kann eine Interessenabwägung auch hinsichtlich des Zitationsrechts nicht zu dessen Gunsten ausfallen.

Wie bereits vorab dargelegt, hält die Anwendung in diesem Fall dem Drei-Stufen-Test stand und das Erfordernis der Quellenangabe wurde hinreichend gewahrt.

c) Ergebnis
Die Voraussetzungen des § 51 UrhG liegen vor.

3. Zwischenergebnis
Die Verwendung des Werkes des V durch die S ist durch die Schranken des § 50 und § 51 UrhG gedeckt.

III. Zwischenergebnis
Eine Verletzung der Urheberrechte des V durch die Handlung der S liegt nicht vor.

B. Ergebnis
V hat keinen Anspruch gegen S.

Frage 27: Was versteht man unter der Zitatfreiheit?

689   Die Zulässigkeit eines Zitats ist stets an einen bestimmten **Zitatzweck** gebunden.[221] Dieser fehlt, wenn das Werk nur „um seiner selbst Willen der Allgemeinheit zur Kenntnis" gebracht werden soll.[222] Zitatzweck ist es, „in das eigene Werk erkennbar (vgl. § 63 Abs. 1 UrhG) ein fremdes Werk oder Werkteile aufzunehmen" (Zitat)[223], um eine geistige Auseinandersetzung mit dem Werk zu ermöglichen.[224] Entgegenstehende Interessen des Urhebers sind dabei ggf. zu berücksichtigen.[225] Zulässig ist dies nach § 51 Satz 2 UrhG „insbesondere" (dh beispielsweise), wenn

---

219 EuGH, Urt. v. 29.7.2019 – C-516/17 – GRUR 2019, 940 – Spiegel Online, Rn. 93.
220 EuGH, Urt. v. 29.7.2019 – C-516/17 – GRUR 2019, 940 – Spiegel Online, Rn. 94.
221 OLG Frankfurt aM, Urt. v. 25.1.2005 – 11 U 25/04 – ZUM 2005, 477 (481 ff.) – TV-Total (nrk.); BGH, Urt. v. 10.12.2007 – I ZR 42/05 – GRUR 2008, 693 – TV-Total, Rn. 41 ff.; LG München I, Urt. v. 10.12.2015 – 7 O 20028/15 – ZUM-RD 2016, 406 (408 f.) – Facebook Profilfoto (nrk.); *Spindler* in Schricker/Loewenheim, Urheberrecht, UrhG § 51 Rn. 27; *Lüft* in Wandtke/Bullinger, Urheberrecht, UrhG § 51 Rn. 3.
222 *Lettl*, Urheberrecht, § 6 Rn. 27.
223 *Lettl*, Urheberrecht, § 6 Rn. 28: Zitat als Beleg für eigene Ausführungen.
224 KG, Urt. v. 21.12.2001 – 5 U 191/01 – GRUR-RR 2002, 313 (315) – Das Leben, dieser Augenblick.
225 ZB sein allgemeines Persönlichkeitsrecht, siehe dazu zB OLG Hamburg, Urt. v. 26.2.2008 – 7 U 61/07 – ZUM 2008, 690.

I. Restriktionen des Urheberrechts im Allgemeininteresse

- einzelne Werke nach der Veröffentlichung in ein selbstständiges wissenschaftliches Werk „zur Erläuterung des Inhalts" aufgenommen werden (Nr. 1),
- Stellen eines Werkes nach der Veröffentlichung in einem selbstständigen Sprachwerk angeführt werden (Nr. 2) bzw. wenn
- einzelne Stellen eines erschienenen Werkes der Musik in einem selbstständigen Werk der Musik angeführt werden (Nr. 3).

Da es sich im Fall Nr. 1 um die Übernahme eines gesamten Werkes in ein eigenständiges neues, wissenschaftliches Werk handelt, spricht man vom sog. **Großzitat**.[226] Privilegierter Zweck ist grundsätzlich[227] die wissenschaftliche Auseinandersetzung mit dem Werk.[228] Möglich ist die Übernahme einzelner Werke.[229]

690

Nr. 2 bezeichnet die eigentliche Zitation einzelner Stellen, mithin Ausschnitten (unter Angabe der Quelle), in einem eigenständigen neuen (wissenschaftlichen) Werk, die deshalb auch als sog. **Kleinzitate**[230] bezeichnet werden. Diese sind in einem angemessenen Verhältnis zum Zitatzweck für alle Arten von Werken denkbar.[231] Für das sog. **Musikzitat** (Nr. 3) gelten die Vorgaben des Kleinzitats nach Nr. 2.[232]

691

Frage 28: Was ist ein Großzitat?
Frage 29: Was ist ein Kleinzitat?

Zitatzweck ist grundsätzlich eine Verwertung als Belegstelle oder Erörterungsgrundlage für selbstständige Ausführungen.[233] Erforderlich ist daher eine gedankliche, wissenschaftliche oder künstlerische Auseinandersetzung mit dem zitierten Werk. Eine pauschale Kritik reicht hierbei nicht aus.[234] Notwendig ist vielmehr eine innere Verbindung des Zitats mit den eigenen Gedanken[235], dh die Entlehnung muss als bloßes Hilfsmittel der eigenen Darstellung dienen. Es genügt allerdings nicht, wenn die Verwendung des fremden Werks nur zum Ziel hat, dieses dem Endnutzer leichter zugänglich zu machen oder sich selbst eigene Ausführungen zu ersparen.[236]

692

Das Zitatrecht gemäß § 51 Satz 2 Nr. 2 UrhG hat nach Ansicht des BGH[237] im Hinblick auf **Kunstwerke** einen weiteren Anwendungsbereich als bei nichtkünstlerischen Sprachwerken, da die durch Art. 5 Abs. 3 Satz 1 GG geforderte kunstspezifische Betrachtung verlangt, dass bei der Auslegung und Anwendung der Norm die innere Verbindung der Stellen mit den Gedanken und Überlegungen des Zitierenden über die blo-

693

---

226 Dazu *Götting* in Loewenheim, Handbuch des Urheberrechts, § 34 Rn. 16 ff.
227 Hinsichtlich der Nutzung zu privaten Zwecken siehe OLG Hamburg, Urt. v. 25.2.1993 – 3 U 183/92 – GRUR 1993, 666 – Altersfoto.
228 *Wirth* in Eichelberger/Seifert/Wirth, Urheberrechtsgesetz, UrhG § 51 Rn. 5.
229 Dazu BGH, Urt. v. 3.4.1968 – I ZR 83/66 – NJW 1968, 1875 – Kandinsky I.
230 Dazu *Götting* in Loewenheim, Handbuch des Urheberrechts, § 34 Rn. 22 ff.; *Dreier* in Dreier/Schulze, Urheberrechtsgesetz, UrhG § 51 Rn. 14 ff.
231 *Wirth* in Eichelberger/Seifert/Wirth, Urheberrechtsgesetz, UrhG § 51 Rn. 6.
232 *Götting* in Loewenheim, Handbuch des Urheberrechts, § 34 Rn. 27; *Lüft* in Wandtke/Bullinger, Urheberrecht, UrhG § 51 Rn. 20.
233 BGH, Urt. v. 23.5.1985 – I ZR 28/83 – GRUR 1986, 59 (60) – Geistchristentum; *Wirth* in Eichelberger/Seifert/Wirth, Urheberrechtsgesetz, UrhG § 51 Rn. 7.
234 OLG Köln, Urt. v. 13.12.2013 – 6 U 114/13 – MMR 2014, 263 – Filmausschnitt bei Youtube.
235 BGH, Urt. v. 20.12.2007 – I ZR 42/05 – GRUR 2008, 693 – TV Total.
236 BGH, Urt. v. 29.4.2010 – I ZR 69/08 – GRUR 2010, 628 – Vorschaubilder, Rn. 26.
237 BGH, Urt. v. 30.11.2011 ff I ZR 212/10 – GRUR 2012, 819 – Blühende Landschaften, Ls. 1 unter Bezugnahme auf BVerfG, Beschl. v. 29.6.2000 – 1 BvR 825/98 – GRUR 2001, 149 (151) – Germania 3.

ße Belegfunktion hinaus auch als Mittel künstlerischen Ausdrucks und künstlerischer Gestaltung anzuerkennen ist. Die Annahme eines Kunstwerkes setzt allerdings voraus, dass das Werk die der Kunst eigenen materiellen Strukturmerkmale aufweist, also insbesondere das Ergebnis freier schöpferischer Gestaltung ist.[238]

694 Auch beim **Musikzitat** wird der Zitatzweck insoweit weiter verstanden, als die Anführung einer einzelnen Stelle eines fremden Musikwerks in einem selbstständigen Musikwerk im Einzelfall etwa auch als Stilmittel des Anklangs oder Kontrasts einschließlich der „Hommage" zulässig sein kann. Erforderlich ist aber, dass die Hörer das Musikzitat als fremden Bestandteil erkennen können muss, also die Fremdheit des Inhalts erkennbar ist.[239]

Frage 30: Nennen Sie bitte die urheberrechtlichen Voraussetzungen eines zulässigen Zitats.

695 Wird zulässigerweise zitiert, bedarf dies des Weiteren zwingend einer Quellenangabe nach Maßgabe des § 63 UrhG. Die Vorschrift dient dem Interesse des Urhebers an der Anerkennung seiner Urheberschaft.[240] Darüber hinaus entfaltet die umfassende Quellenangabe auch eine Werbefunktion für das zitierte Werk, welche die unentgeltliche Nutzung kompensieren soll.[241] Grundsätzlich muss die Quellenangabe

- Urheber und Titel bzw.
- (bei Büchern) Erscheinungsjahr, Erscheinungsort und Seitenzahl

enthalten. In jedem Fall soll eine eindeutige Zuordnung möglich sein.[242] Eine fehlende Quellenangabe löst einen Schadensersatzanspruch aus, wobei ein besonderer Verletzerzuschlag von bis zu 100 % für die Verletzung des urheberpersönlichkeitsrechtlichen Interesses möglich ist.[243]

696 Bei der Vervielfältigung ganzer Sprachwerke oder ganzer Werke der Musik ist neben dem Urheber auch der Verlag anzugeben, in dem das Werk erschienen ist, und außerdem kenntlich zu machen, ob an dem Werk Kürzungen oder andere Änderungen vorgenommen worden sind. Die Verpflichtung zur Quellenangabe entfällt, wenn die Quelle weder auf dem benutzten Werkstück oder bei der benutzten Werkwiedergabe genannt wird, noch dem zur Vervielfältigung Befugten anderweitig bekannt ist. Der Zi-

---

238 BGH, Urt. v. 30.11.2011 ff I ZR 212/10 – GRUR 2012, 819 – Blühende Landschaften.
239 BGH, Urt. v. 30.4.2020 – GRUR 2020, 843 – Metall auf Metall IV, Rn. 53 f.
240 *Wirth* in Eichelberger/Seifert/Wirth, Urheberrechtsgesetz, UrhG § 63 Rn. 1.
241 *Bullinger* in Wandtke/Bullinger, Urheberrecht, UrhG § 63 Rn. 1; *Schulze* in Dreier/Schulze, Urheberrechtsgesetz, UrhG § 63 Rn. 1.
242 *Wirth* in Eichelberger/Seifert/Wirth, Urheberrechtsgesetz, UrhG § 63 Rn. 3. Restriktiver *Spindler* in Schricker/Loewenheim, Urheberrecht, UrhG § 63 Rn. 21 f., der eine Zuerkennung von bis zu 50 % der fiktiven Lizenzgebühr für entgangene Vermarktungschancen anerkennt, ansonsten jedoch unter Verweis auf das OLG Hamburg (Urt. v. 27.9.1973 – 3 U 38/73 – GRUR 1974, 165 (167)) einen strengen Maßstab fordert.
243 BGH, Urt. v. 15.1.2015 – I ZR 148/13 – NJW 2015, 3165 – Motorradteile, Rn. 39 f.

tierende darf im Übrigen keine Änderungen am Groß- bzw. Kleinzitat vornehmen, die ggf. als „Entstellungen" qualifiziert werden können.

Frage 31: Welche Anforderungen sind an eine konkrete Quellenangabe zu stellen?

8. Karikaturen, Parodien und Pastiches (§ 51a UrhG)

696a

Die neue Schranke in § 51a UrhG erlaubt ausdrücklich die Vervielfältigung, die Verbreitung und die öffentliche Wiedergabe eines veröffentlichten Werkes oder einer geschützten Abbildung zum Zwecke der Karikatur, der Parodie oder des Pastiches (§ 51a Abs. 1 UrhDaG).[244]

Die Regelung soll die Auseinandersetzung mit vorbestehenden schöpferischen Leistungen, die Aufnahme von Anregungen und die gegenseitige Inspiration, welche zum Wesen geistig-schöpferischer Tätigkeiten gehören und auch dessen Grundlage bilden, ermöglichen.[245] Die Schranke wirkt zugunsten von professionellen und privaten Nutzern sowie unabhängig vom benutzten Medium.[246] Das Ergebnis der erlaubten Nutzung muss selbst nicht die Schöpfungshöhe eines Werkes erreichen[247], es muss aber im Gegensatz zum nicht erlaubten Plagiat einen wahrnehmbaren Unterschied zum Originalwerk aufweisen und der inhaltlichen oder künstlerischen Auseinandersetzung mit dem Werk oder einem anderen Bezugsgegenstand dienen[248]. Die Ausnahmeregelung ist Ausdruck der Kommunikationsgrundfreiheiten (insbesondere Art. 11 und 13 GRCh) und ihre Anwendung bedarf im Einzelfall einer Interessenabwägung, wobei sämtliche Umstände des Einzelfalles zu berücksichtigen sind.[249] Eine Quellenangabe ist im Unterschied zum Zitat nicht notwendig.[250]

Wesentliches Merkmal einer Parodie ist die humoristische oder verspottende Auseinandersetzung mit dem Originalwerk, aber auch mit einem anderen Werk, einer Person oder einem gesellschaftlichen Sachverhalt.[251] Für die Beurteilung kann – sofern das Unionsrecht keine abschließende Beurteilung ermöglicht – ergänzend auf die Rechtsprechung zu § 24 a.F. UrhG zurückgegriffen werden.[252]

Eine Karikatur umfasst ähnlich wie die Parodie eine kritisch-humorvolle Auseinandersetzung mit einem Bezugsgegenstand. Diese erfolgt meist durch eine Zeichnung bzw. bildliche Darstellung und satirische Hervorhebung oder Überzeichnung bestimmter Charakteristika. Sie bezieht sich anders als die Parodie, welche eher Werke oder Werkgattungen aufgreift, meist auf Personen oder gesellschaftspolitische Zustände.[253]

Der Begriff Pastiche (ital. Pasticcio) erfasst in der Literatur, Kunst und Musik die Nachahmung eines bestimmten Stils eines Künstlers, eines Genres oder eine Epoche. Da der Stil urheberrechtlich nicht geschützt ist, bedarf es nur dann einer Schranke,

---

244 Siehe zur alten Rechtslage oben Rn. 627 ff.
245 BT-Drs. 19/27426, S. 89.
246 BT-Drs. 19/27426, S. 90.
247 EuGH, Urt. v. 3.9.2014 – C-201/13; BT-Drs. 19/27426, S. 90.
248 EuGH, Urt. v. 3.9.2014 – C-201/13; BT-Drs. 19/27426, S. 90.
249 EuGH, Urt. v. 3.9.2014 – C-201/13; BT-Drs. 19/27426, S. 90.
250 BT-Drs. 19/27426, S. 90.
251 BT-Drs. 19/27426, S. 90.
252 BT-Drs. 19/27426, S. 90.
253 BT-Drs. 19/27426, S. 91.

wenn über den Stil hinaus Werke oder Werkteile auf urheberrechtlich relevante Weise übernommen werden. Voraussetzung für die erlaubte Nutzung ist auch dann die Auseinandersetzung mit einem Bezugsgegenstand, wobei der Pastiche eher einen Ausdruck der Wertschätzung oder Ehrerbietung darstellt.[254] Der Gesetzgeber betont in der Begründung des Regierungsentwurfs zu § 51a UrhG, die mögliche Subsumtion von Ergebnissen imitierender Kulturtechniken, wie Remixes, Memes oder Fan Fiction, wie sie typisch für die Kommunikation in sozialen Netzwerken und für zeitgemäßes kulturelles Schaffen sind, unter den Begriff des Pastiche.[255]

9. Öffentliche Werkwiedergabe (§ 52 UrhG)

697 § 52 UrhG beschränkt das Recht der öffentlichen Wiedergabe des Urhebers nach den §§ 15 Abs. 2, 19 bis 22 UrhG. Zulässig ist demnach in bestimmten Fällen, die keinem Erwerbszweck des Veranstalters dienen, die öffentliche Werkwiedergabe auch ohne die Zustimmung des Urhebers. Voraussetzung ist, dass das wiedergegebene Werk bereits veröffentlicht wurde (§ 6 Abs. 1 UrhG).[256] Die Teilnehmer müssen ferner ohne Entgelt zugelassen werden und im Falle des Vortrags oder der Aufführung des Werkes darf keiner der ausübenden Künstler (§ 73 UrhG) eine besondere Vergütung erhalten.

Siehe hierzu auch Fall 7, bei dem es um die öffentliche Wiedergabe eines Musikstücks bei einer Wahlkampfveranstaltung geht.

698 Für die Wiedergabe ist gemäß § 52 Abs. 1 Satz 2 UrhG eine angemessene Vergütung zu zahlen. Die Vergütungspflicht entfällt nach § 52 Abs. 1 Satz 3 UrhG für Veranstaltungen der Jugendhilfe, der Sozialhilfe, der Alten- und Wohlfahrtspflege sowie der Gefangenenbetreuung, sofern sie nach ihrer sozialen oder erzieherischen Zweckbestimmung nur einem bestimmten abgegrenzten Kreis von Personen zugänglich sind. Dies gilt nicht, wenn die Veranstaltung dem Erwerbszweck eines Dritten dient – in diesem Fall hat der Dritte die Vergütung zu zahlen (so § 52 Abs. 1 Satz 4 UrhG). Das Merkmal der Förderung eines Erwerbszweckes ist weit auszulegen und schließt auch die mittelbare Förderung, zB durch eine Betriebsfeier, mit ein.[257]

699 Dass die in § 52 Abs. 1 Satz 3 UrhG genannten Einrichtungen grundsätzlich einen Erwerbszweck verfolgen, ist hier unschädlich. Handelt es sich um einmalige und anlassbezogene, also begrenzte Einzelereignisse, bei denen keine Gewinnerzielungsabsicht verfolgt wird, entfällt die Vergütungspflicht.[258]

700 Zulässig ist nach § 52 Abs. 2 UrhG auch die öffentliche Wiedergabe eines erschienenen Werkes (§ 6 Abs. 2 UrhG) im Rahmen eines Gottesdienstes oder einer kirchlichen Feier der Kirchen oder Religionsgemeinschaften, wobei jedoch der Veranstalter dann dem Urheber eine angemessene Vergütung zu zahlen hat.

---

[254] BT-Drs. 19/27426, S. 91.
[255] BT-Drs. 19/27426, S. 91.
[256] *Wirth* in Eichelberger/Seifert/Wirth, Urheberrechtsgesetz, UrhG § 52 Rn. 1. Vgl. dazu auch BGH, Urt. v. 17.3.1983 – I ZR 186/80 – NJW 1984, 1108 – Zoll- und Finanzschule.
[257] BGH, Urt. v. 24.6.1955 – I ZR 178/53 – NJW 1955, 1365 – Betriebsfeier; BGH, Urt. v. 6.12.1955 – I ZR 39/54 – NJW 1956, 377 – Volksfest; *Wirth* in Eichelberger/Seifert/Wirth, Urheberrechtsgesetz, UrhG § 52 Rn. 4; *Melichar/Stieper* in Schricker/Loewenheim, Urheberrecht, UrhG § 52 Rn. 36.
[258] BGH, Urt. v. 12.12.1991 – I ZR 210/89 – NJW 1992, 1171 – Altenwohnheim II. Zur Vereinbarkeit des Vergütungsausschlusses mit Art. 14 GG siehe BVerfG, Beschl. v. 11.10.1988 – 1 BvR – NJW 1992, 1307 – Vollzugsanstalten; *Wirth* in Eichelberger/Seifert/Wirth, Urheberrechtsgesetz, UrhG § 52 Rn. 5; *Melichar/Stieper* in Schricker/Loewenheim, Urheberrecht, UrhG § 52 Rn. 29.

II. Restriktionen des Urheberrechts im Interesse Privater

Der Online-Bereich ist vollständig von der Schranke ausgenommen.[259] Öffentliche bühnenmäßige Darstellungen, die öffentliche Zugänglichmachung und Funksendungen eines Werkes sowie öffentliche Vorführungen eines Filmwerks sind nach § 52 Abs. 3 UrhG stets nur mit Einwilligung des Berechtigten zulässig.

II. Restriktionen des Urheberrechts im Interesse Privater

Restriktionen des Urheberrechts im Privatinteresse finden sich insbesondere in § 53 UrhG, der Vervielfältigungen zum privaten und sonstigen eigenen Gebrauch ermöglicht. Dem Urheber stehen dafür nach § 54 UrhG Vergütungsansprüche zu.

Nach § 53 Abs. 1 Satz 1 UrhG sind einzelne[260] Vervielfältigungen (Kopien) eines Werkes durch eine natürliche Person zum privaten und sonstigen eigenen Gebrauch auf beliebigen Trägern zulässig (insgesamt bis zu sieben Vervielfältigungsstücke),[261] sofern sie weder unmittelbar noch mittelbar Erwerbszwecken dienen.

Die viel diskutierte[262] Norm schränkt in Umsetzung von Art. 5 Abs. 2b der Richtlinie 2001/29/EG das Vervielfältigungsrechts gemäß § 16 UrhG ein. Zulässig ist nur eine Nutzung durch Privatpersonen in der privaten Sphäre. Die Kopien dürfen auf beliebigen Speichermedien, wie zB auf elektronischen (Stick), magnetischen (Festplatten, Disketten) oder optischen Speichern (Film, DVD oder CD-ROM), erstellt werden.

Diese sog. „Privatkopie"[263] ist also in gewissem Umfang zustimmungsfrei. Der Urheber erhält eine Kompensation in Gestalt einer „angemessenen Vergütung" (vgl. §§ 54 ff. UrhG). Unzulässig ist die Erstellung einer Privatkopie, wenn zur Vervielfältigung eine *offensichtlich* rechtswidrig hergestellte oder öffentlich zugänglich gemachte Vorlage iS von § 19a UrhG verwendet wird.[264] Beispiele sind die unterschiedlichen Möglichkeiten des Filesharings im Internet. Das Kriterium der „Offensichtlichkeit" der Rechtswidrigkeit widerspricht nach Ansicht des EuGH dem europäischen Recht, wonach nationale Regelungen das Erstellen von Privatkopien aus rechtswidrigen Quellen grundsätzlich nicht legalisieren dürfen.[265] Privatkopien von rechtswidrigen Vorlagen sind damit grundsätzlich unzulässig.[266] Praktisch führt dies nur dazu, dass solche grundsätzlich schwer verfolgbaren illegalen Nutzungen von der Vergütungspflicht nach § 54 UrhG ausgeschlossen sind.[267]

Ein Privater darf sich also zB einzelne Seiten aus einem Buch oder einem Zeitschriftenartikel herauskopieren. Erfasst wird nur die eigene Nutzung in der privaten Sphäre[268] oder eine Nutzung durch mit dem eigentlichen Nutzer persönlich verbundene Personen (bspw. Familienangehörige und enge Freunde). Ausgenommen, dh ohne Erlaubnis des Urhebers verboten, ist hingegen eine berufliche oder gewerbliche Nutzung, weswegen

---

259 *Wirth* in Eichelberger/Seifert/Wirth, Urheberrechtsgesetz, UrhG § 52 Rn. 1; *Hegemann/Nadolny* in Hoeren/Siebner/Holznagel, Multimedia-Recht, Teil 7.3 Rn. 64.
260 Siehe dazu BGH, Urt. v. 14.4.1978 – I ZR 111/76 – NJW 1978, 2596 – Vervielfältigungsstücke, Ls.
261 BGH, Urt. v. 14.4.1978 – I ZR 111/76 – GRUR 1978, 474.
262 Vgl. dazu die Ausführungen bei *Wirth* in Eichelberger/Seifert/Wirth, Urheberrechtsgesetz, UrhG § 53 Rn. 1 bis 4.
263 *Wirth* in Eichelberger/Seifert/Wirth, Urheberrechtsgesetz, UrhG § 53 Rn. 1.
264 *Dreier* in Dreier/Schulze, Urheberrechtsgesetz, UrhG § 53 Rn. 11.
265 EuGH, Urt. v. 10.4.2014 – C-435/12 – GRUR 2014, 546 – ACI Adam/Thuiskopie; EuGH, Urt. v. 5.3.2015 – C-463/12 – EuZW 2015, 351 – Copydan.Båndkopi.
266 *Wirth* in Eichelberger/Seifert/Wirth, Urheberrechtsgesetz, UrhG § 53 Rn. 13.
267 *Wirth* in Eichelberger/Seifert/Wirth, Urheberrechtsgesetz, UrhG § 53 Rn. 8; *v. Ungern-Sternberg*, GRUR 2008, 247 (249); *Lauber-Rönsberg*, ZUM 2014, 578 (579).
268 Vgl. dazu auch BGH, Urt. v. 16.1.1997 – I ZR 9/95 – NJW 1997, 1363 – CB-Infobank I.

§ 53 Abs. 6 Satz 1 UrhG es auch untersagt, die Vervielfältigungsstücke zu verbreiten oder zur öffentlichen Wiedergabe zu benutzen. Ein Verleih rechtmäßig erstellter Kopien ist allerdings zulässig.

707 Der zur Vervielfältigung Befugte darf die für ihn bestimmten Vervielfältigungsstücke nach § 53 Abs. 1 Satz 2 UrhG auch durch einen anderen (etwa einen Copyshop) herstellen lassen, sofern dies unentgeltlich geschieht oder es sich um Vervielfältigungen auf Papier oder einem ähnlichen Träger mittels beliebiger photomechanischer Verfahren oder anderer Verfahren mit ähnlicher Wirkung handelt. Die Herstellung einer Privatkopie für einen Dritten ist nur aufgrund eines expliziten Auftrags des nach § 53 UrhG berechtigten Dritten zulässig.[269]

708 Die Schrankenregelung des § 53 Abs. 1 UrhG erfasst auch eine Vervielfältigung unveröffentlichter Werke.[270]

709 Ausgenommen sind Musiknoten und die Vervielfältigung ganzer Bücher oder Zeitschriften, es sei denn, dass diese seit mehr als zwei Jahren vergriffen sind (§ 53 Abs. 4 UrhG). Der Zustimmung des Urhebers bedarf es bei den in Abs. 7 benannten Nutzungen. Die Aufnahme öffentlicher Vorträge, Aufführungen oder Vorführungen eines Werkes auf Bild- oder Tonträger, die Ausführung von Plänen und Entwürfen zu Werken der bildenden Künste und der Nachbau eines Werkes der Baukunst sind demnach stets nur mit Einwilligung des Berechtigten zulässig.

Frage 32: Wie weit reicht das Recht einer Privatperson, einzelne Vervielfältigungen für eigene Zwecke herzustellen?

710 Neben den Kopien nach § 53 Abs. 2 Satz 1 UrhG zum Privatgebrauch ist die Herstellung und das Herstellenlassen von Vervielfältigungsstücken von Werken unter der Voraussetzung zulässig, dass das Herstellen nur zu folgenden Zwecken geschieht:

- Zur Aufnahme in ein eigenes Archiv[271], wenn und soweit die Vervielfältigung zu diesem Zweck geboten ist und als Vorlage für die Vervielfältigung ein eigenes Werkstück benutzt wird (Nr. 2);
- zur eigenen Unterrichtung über Tagesfragen, wenn es sich um ein durch Funk gesendetes Werk handelt (Nr. 3);
- zum sonstigen eigenen Gebrauch (Nr. 4),
- wenn es sich um kleine Teile eines erschienenen Werkes oder um einzelne Beiträge handelt, die in Zeitungen oder Zeitschriften erschienen sind (Buchst. a);
- wenn es sich um ein seit mindestens zwei Jahren vergriffenes Werk handelt (Buchst. b)
- Dies gilt nach § 53 Abs. 2 Satz 2 UrhG aber nur, wenn zusätzlich

---

[269] BGH, Urt. v. 16.1.1997 – I ZR 9/95 – NJW 1997, 1363 – CB-Infobank I; *Wirth* in Eichelberger/Seifert/Wirth, Urheberrechtsgesetz, UrhG § 53 Rn. 14.
[270] BGH, Urt. v. 19.3.2014 – I ZR 35/13 – GRUR 2014, 974 – Porträtkunst, Ls.
[271] *Dreier* in Dreier/Schulze, Urheberrechtsgesetz, UrhG § 53 Rn. 27. Zu digitalen Archivdienstleistungen siehe *Stieper*, ZUM 2019, 1.

II. Restriktionen des Urheberrechts im Interesse Privater

- die Vervielfältigung auf Papier oder einem ähnlichen Träger mittels beliebiger photomechanischer Verfahren oder anderer Verfahren mit ähnlicher Wirkung vorgenommen wird (Nr. 1) oder
- eine ausschließlich analoge Nutzung stattfindet (Nr. 2).

Es gelten hier die Beschränkungen der Absätze 4 bis 7 und des Abs. 1 Satz 2[272] entsprechend. Allerdings ist hinsichtlich der Schranke betreffend die Unterrichtung über Tagesfragen die Anfertigung eines Mitschnitts unter Umständen erlaubt.[273]

Der „sonstige eigene Gebrauch" ist umfassender als der „private Gebrauch" iS von § 53 Abs. 1 UrhG zu verstehen und außerhalb des rein privaten Gebrauchs zu verorten. Eine berufliche oder gewerbliche Nutzung ist kein „privater Gebrauch" nach § 53 Abs. 1 UrhG. Er unterfällt aber dem Tatbestandsmerkmal „eigener Gebrauch" und ist deshalb nach Maßgabe der Vorgaben (Restriktionen) von § 53 Abs. 2 Satz 1 Nr. 4 UrhG statthaft. Demnach ist jeder Gebrauch zulässig, sofern er intern bleibt.[274] Auf den Zweck kommt es dann nicht an, solange eine „in der internen Eigensphäre liegende Benutzung (vorliegt), bei der eigennützige Interessen verfolgt werden"[275]. Grundsätzlich dürfen nur analoge Kopien angefertigt werden bzw. digitale Kopien nur analog genutzt werden.[276] Ein Anspruch auf eine digitale Kopie gegenüber dem Urheber, der einen Kopierschutz installiert hat, besteht nicht.[277]

Frage 33: Was versteht man unter „einzelnen Vervielfältigungsstücken eines Werks" und unter welchen Voraussetzungen dürfen diese gefertigt werden?

Gemäß § 53 Abs. 5 UrhG findet § 53 Abs. 1 und Abs. 2 Satz 1 Nr. 2 bis 4 UrhG keine Anwendung auf **Datenbankwerke**, deren Elemente einzeln mithilfe elektronischer Mittel zugänglich sind.

Der EuGH[278] hat im Rahmen einer Vorabentscheidung festgestellt, dass der Begriff „Vervielfältigungen mittels beliebiger photomechanischer Verfahren oder anderer Verfahren mit ähnlicher Wirkung" iS von Art. 5 Abs. 2a der Richtlinie 2001/29/EG dahin auszulegen ist, dass er Vervielfältigungen mittels eines Druckers und eines PCs umfasst, wenn diese Geräte miteinander verbunden sind. In diesem Fall stehe es den Mitgliedstaaten frei, ein System einzuführen, bei dem der gerechte Ausgleich von den Personen entrichtet wird, die über ein Gerät verfügen, das in nicht eigenständiger Weise zu dem einheitlichen Verfahren der Vervielfältigung des Werks oder des sonstigen Schutzgegenstands auf den betreffenden Trägern beiträgt, da diese Personen die Möglichkeit haben, die Kosten der Abgabe auf ihre Kunden abzuwälzen, wobei der Gesamtbetrag des gerechten Ausgleichs, der als Ersatz für den Schaden geschuldet ist, der dem Urheber am Ende eines solchen einheitlichen Verfahrens entstanden ist, substanti-

---

272 BGH, Urt. v. 16.1.1997 – I ZR 9/95 – NJW 1997, 1363 – CB-Infobank I; *Wirth* in Eichelberger/Seifert/Wirth, Urheberrechtsgesetz, UrhG § 53 Rn. 16.
273 *Wirth* in Eichelberger/Seifert/Wirth, Urheberrechtsgesetz, UrhG § 53 Rn. 17.
274 *Wirth* in Eichelberger/Seifert/Wirth, Urheberrechtsgesetz, UrhG § 53 Rn. 18.
275 So *Eisenmann/Jautz*, Grundriss, Rn. 75.
276 *Dreier* in Dreier/Schulze, Urheberrecht, UrhG § 53 Rn. 35.
277 *Wirth* in Eichelberger/Seifert/Wirth, Urheberrechtsgesetz, UrhG § 53 Rn. 17. Vgl. zur hinsichtlich technischer Schutzmaßnahmen und des Rechts auf Privatkopien im digitalen Raum geführten Diskussion: *Götting* in Schricker/Loewenheim, Urheberrecht, UrhG Vor. §§ 95 ff. Rn. 17 ff.
278 EuGH, Urt. v. 27.6.2013 – C-457/11 ua – GRUR 2013, 812 – Ls. 3 – VG Wort.

ell nicht von demjenigen abweichen darf, der für die Vervielfältigung mittels nur eines Geräts festgelegt ist.

III. Der Vergütungsanspruch

715 Da der Urheber aufgrund der durch § 53 UrhG zugunsten privater Interessen vermittelten Restriktionen in wirtschaftlicher Hinsicht Einbußen erleidet, gewährt ihm der Gesetzgeber eine Kompensation nach Maßgabe der §§ 54 ff. UrhG. Dies gilt auch für die in den §§ 60a bis 60f. UrhG geregelten Vervielfältigungsmöglichkeiten für Wissenschaft, Bildung und Unterricht. Schranken, welche das Informationsinteresse der Allgemeinheit abbilden und nur in geringem Maße die Verwertungsinteressen des Urhebers berühren, ermöglichen eine vergütungsfreie Nutzung.[279]

716 Die Einschränkung des Vervielfältigungsrechts der Urheber ist nach europäischem Recht grundsätzlich nur zulässig, wenn diese dafür einen gerechten Ausgleich erhalten.[280] Durch die Schranken des Urheberrechts verliert der Urheber zwar die Möglichkeit, die Nutzung zu verbieten und damit auch die Möglichkeit der vertraglichen Verwertung seines Rechtes. Er erhält dafür allerdings einen Vergütungsanspruch. Man spricht daher auch von einer „gesetzlichen Lizenz".[281] Im Unterschied zum gesetzlich vorgegebenen Zwang zur Lizenzerteilung bleibt die Nutzung zunächst auch ohne den Erwerb einer Lizenz rechtmäßig und der Urheber müsste dann theoretisch den Vergütungsanspruch gegen eine Vielzahl von privilegierten Nutzern geltend machen. Diese Wahrnehmung erfolgt allerdings einerseits aus praktischen Gründen, andererseits aber auch aufgrund gesetzlicher Anordnung (§ 54h Abs. 1 UrhG), durch die Verwertungsgesellschaften.[282]

717 Nachdem einzelne Personen, welche die Schrankenregelungen des § 53 UrhG bzw. der §§ 60a bis 60f UrhG nutzen, nicht gesondert ermittelt werden können, verlagert das Gesetz die Vergütungspflicht auf Hersteller, Importeure und Händler von Kopiergeräten und Speichermedien (**Herstellervergütung**) sowie auf Betreiber von Ablichtungsgeräten, wie bspw. Copyshops oder Bibliotheken (**Betreibervergütung**). Beide Formen der Vergütung kann der Urheber allein über den Weg der Verwertungsgesellschaften – speziell im Hinblick auf die Herstellervergütung zuständig ist die Zentralstelle für private Überspielungsrechte (ZPÜ) – für sich reklamieren.

718 Der Vergütungsanspruch des § 54 UrhG steht auch den originären Inhabern von bestimmten verwandten Schutzrechten zu[283], nämlich

- den Verfassern wissenschaftlicher Ausgaben (§ 70 Abs. 1 UrhG),
- den Herausgebern nachgelassener Werke (§ 71 Abs. 1 UrhG),

---

279 *Peukert* in Rehbinder/Peukert, Urheberrecht, Rn. 612.
280 EuGH, Urt. v. 21.10.2010 – C-467/08 – GRUR 2011, 50 – Padawan./.SGAE; EuGH, Urt. v. 11.7.2013 – C-521/11 – GRUR 2013, 1025 – Amazon./.Austro-Mechana; EuGH, Urt. v. 10.4.2014 – C-435/12 – ACI Adam ua./.Thuiskopie ua; EuGH, Urt. v. 5.3.2015 – C-463/12 – Copydan Bandkopi./.Nokia Danmark; EuGH, Urt. v. 12.11.2015 – C-572/13 – Hewlett-Packard Belgium./.Reprobel; EuGH, Urt. v. 9.6.2016 – C-470/14 – GRUR 2016, 687 – EGEDA; *Wirth* in Eichelberger/Seifert/Wirth, Urheberrechtsgesetz, UrhG Vor. §§ 54 ff. UrhG Rn. 1.
281 *Peukert* in Rehbinder/Peukert, Urheberrecht, Rn. 612.
282 *Peukert* in Rehbinder/Peukert, Urheberrecht, Rn. 613; *Loewenheim/Stieper* in Schricker/Loewenheim, Urheberrecht, UrhG § 54 Rn. 30; *Dreier* in Dreier/Schulze, Urheberrechtsgesetz, UrhG § 54 Rn. 16.
283 *Peukert* in Rehbinder/Peukert, Urheberrecht, Rn. 616; *Dreier* in Dreier/Schulze, Urheberrechtsgesetz, UrhG § 54 Rn. 15; *Loewenheim/Stieper* in Schricker/Loewenheim, Urheberrecht, UrhG § 54 Rn. 31.

- den Lichtbildnern (§ 72 Abs. 1 UrhG),
- ausübenden Künstlern und Veranstaltern (§ 83 UrhG),
- Tonträgerherstellern (§ 85 Abs. 4 UrhG),
- Presseverlegern (§ 87g Abs. 4 Satz 2 UrhG) und
- Filmherstellern (§ 94 Abs. 4 UrhG).

1. Die Herstellervergütung

Ist nach der Art eines Werkes zu erwarten, dass es nach § 53 Abs. 1 oder 2 UrhG bzw. den §§ 60a bis 60f UrhG vervielfältigt wird, so hat der Urheber des Werkes nach § 54 Abs. 1 UrhG gegen den Hersteller von Geräten und von Speichermedien, deren Typ allein oder in Verbindung mit anderen Geräten, Speichermedien oder Zubehör zur Vornahme solcher Vervielfältigungen benutzt wird, einen Anspruch auf Zahlung einer angemessenen Vergütung (Herstellervergütung). Eine Ausnahme besteht nur dann, wenn zu erwarten ist, dass die hergestellten Geräte oder Speichermedien im Geltungsbereich des Urhebergesetzes nicht zur Vervielfältigung genutzt werden (Exportware)[284].

719

a) Geräte und Speichermedien iSd § 54 UrhG

Geräte, die zur Vornahme von legalen Privatkopien genutzt werden, sind typische Aufzeichnungs- und Vervielfältigungsgeräte, wie bspw. Drucker[285], Smartphones[286] oder Tonbandgeräte[287], iÜ auch Telefaxgeräte[288] und Readerprinter[289]. Möglich ist aber auch eine Vergütungspflicht für alle zur Vervielfältigung nutzbaren Geräte, wenn eine solche Nutzung zu erwarten steht. Die Verwertungsgesellschaften müssen in diesem Fall die tatsächliche Nutzung durch entsprechende empirische Untersuchungen nachweisen (§ 40 VGG).[290] Ebenso unterliegen Vervielfältigungstechniken unter Einsatz mehrerer Geräte der Vergütungspflicht.[291]

720

Speichermedien sind alle physikalischen (elektronischen, magnetischen oder optischen) Informations- und Datenträger mit Ausnahme von Papier oder ähnlichen Trägern.[292] Dazu zählen auch die von den Cloud-Diensten genutzten Server, wobei eine hinreichende Regelung für im Ausland befindliche Server bisher fehlt.[293]

721

b) Vergütungsschuldner

Vergütungsschuldner ist der Hersteller, also derjenige, der die erfasste Technik tatsächlich produziert.[294] Daneben trifft auch den Händler und Importeur von Geräten und

722

---

284 BGH, Urt. v. 18.5.2017 – I ZR 266/15 – GRUR-RR 2017, 486 – USB-Stick, Rn. 21; *Wirth* in Eichelberger/Seifert/Wirth, Urheberrechtsgesetz, UrhG § 54 Rn. 8; *Lüft* in Wandtke/Bullinger, Urheberrecht, UrhG § 54 Rn. 21.
285 BGH, Urt. v. 3.7.2014 – I ZR 28/11 – GRUR 2014, 979 – Drucker und Plotter III; EuGH, Urt. v. 27.6.2013 – C-457/11, C-458/11, C-459/11, C-460/11 – NJW 2013, 2653 – VG Wort./. Kyocera.
286 BGH, Urt. v. 21.7.2016 – I ZR 255/14 – GRUR 2017, 172 – Musikhandy.
287 *Wirth* in Eichelberger/Seifert/Wirth, Urheberrechtsgesetz, UrhG § 54 Rn. 4.
288 BGH, Urt. v. 28.1.1999 – I ZR 208–96 – NJW 1999, 3561 – Telefaxgeräte.
289 BGH, Urt. v. 28.1.1993 – I ZR 34/91 – NJW 1993, 2118 – Readerprinter.
290 *Wirth* in Eichelberger/Seifert/Wirth, Urheberrechtsgesetz, UrhG § 54 Rn. 4.
291 BGH, Urt. v. 5.7.2001 – I ZR 335/98 – NJW 2002, 964 – Scanner.
292 *Peukert* in Rehbinder/Peukert, Urheberrecht, Rn. 618.
293 *Wirth* in Eichelberger/Seifert/Wirth, Urheberrechtsgesetz, UrhG § 54 Rn. 6.
294 BGH, Urt. v. 14.6.1984 – III ZR 110/83 – NJW 1984, 2291; BGH, Urt. v. 13.12.1984 – I ZR 64/83 – NJW 1985, 1637; BGH, Urt. v. 21.7.2016 – I ZR 212/14 – GRUR 2017, 161; *Wirth* in Eichelberger/Seifert/Wirth, Urhe-

Speichermedien iSd § 54 UrhG eine Vergütungspflicht nach § 54b UrhG. Diese haften für den Anspruch des Urhebers gesamtschuldnerisch (vgl. § 421 BGB) neben dem Hersteller. Importeur ist, wer die Geräte oder Speichermedien in den Geltungsbereich des UrhG (mithin das Territorium der Bundesrepublik Deutschland) gewerblich einführt oder wiedereinführt (reimportiert). Genaueres regelt § 54b Abs. 2 UrhG.

723 Die Vergütungspflicht des Händlers ist nach § 54b Abs. 3 UrhG nachgelagert. Sie entfällt, soweit ein zur Zahlung der Vergütung Verpflichteter, von dem der Händler die Geräte oder die Speichermedien bezieht, an einen Gesamtvertrag über die Vergütung gebunden ist (1) oder wenn der Händler Art und Stückzahl der bezogenen Geräte und Speichermedien und seine Bezugsquelle der nach § 54h Abs. 3 UrhG bezeichneten Empfangsstelle jeweils zum 10. Januar und 10. Juli für das vorangegangene Kalenderhalbjahr schriftlich mitteilt (2).

c) Vergütungshöhe

724 Umstritten ist oft die Angemessenheit der Vergütungshöhe, die in § 54a UrhG eine gesetzliche Regelung erfahren hat. Maßgebend für die Vergütungshöhe ist nach § 54a Abs. 1 UrhG, in welchem Maß die Geräte und Speichermedien als Typen tatsächlich für Vervielfältigungen genutzt werden. Dabei ist zu berücksichtigen, inwieweit technische Schutzmaßnahmen nach § 95a UrhG auf die betreffenden Werke angewendet werden. Die Verwertungsgesellschaften ermitteln den Anteil der Nutzung durch empirische Untersuchungen (vgl. § 40 VGG).

725 Die Vergütung für Geräte ist nach § 54a Abs. 2 UrhG so zu gestalten, dass sie auch mit Blick auf die Vergütungspflicht für in diesen Geräten enthaltene Speichermedien oder andere mit diesen funktionell zusammenwirkende Geräte oder Speichermedien insgesamt angemessen ist. Bei der Bestimmung der Vergütungshöhe sind gemäß § 54a Abs. 3 UrhG die nutzungsrelevanten Eigenschaften der Geräte und Speichermedien, insbesondere die Leistungsfähigkeit von Geräten sowie die Speicherkapazität und Mehrfachbeschreibbarkeit von Speichermedien, zu berücksichtigen. Kriterien sind bspw. die Größe des Speichermediums (Kapazität), seine Wiederbeschreibbarkeit, aber auch die grundsätzliche Zweckbestimmung.[295] Grundsätzlich ist auch die Berechnung der zu zahlenden Vergütung im Wege der Lizenzanalogie möglich.[296]

726 Andererseits darf nach § 54a Abs. 4 UrhG die zu entrichtende Vergütung den Hersteller von Geräten und Speichermedien nicht unzumutbar beeinträchtigen. Daher muss die zu entrichtende Vergütung in einem wirtschaftlich angemessenen Verhältnis zum Preisniveau des Geräts oder des Speichermediums stehen.

727 Nach § 54d UrhG muss die Urhebervergütung auf der Rechnung über die Veräußerung oder ein sonstiges Inverkehrbringen zwischen Unternehmern ausgewiesen werden, damit der Händler berücksichtigen kann, ob er noch in Anspruch genommen werden kann oder nicht.[297]

---

berrechtsgesetz, UrhG § 54 Rn. 7; *Loewenheim/Stieper* in Schricker/Loewenheim, Urheberrecht, UrhG § 54 Rn. 33.
295 *Wirth* in Eichelberger/Seifert/Wirth, Urheberrechtsgesetz, UrhG § 54a Rn. 5.
296 BGH, Urt. v. 19.11.2015 – I ZR 151/13 – GRUR 2016, 792 – Gesamtvertrag Unterhaltungselektronik; BGH, Urt. v. 21.7.2016 – I ZR 212/14 – GRUR 2017, 161 – Gesamtvertrag Speichermedien; BGH, Urt. v. 16.3.2017 – I ZR 36/15 – GRUR 2017, 694 – Gesamtvertrag PCs.
297 *Peukert* in Rehbinder/Peukert, Urheberrecht, Rn. 624.

IV. Zusammenfassung

2. Die Betreibervergütung

Neben der Herstellervergütung sind auch die Betreiber von technischen Vervielfältigungsgeräten (Kopiergeräte) zur Zahlung einer Vergütung verpflichtet. So regelt § 54c UrhG die Vergütungspflicht des Betreibers von Ablichtungsgeräten. Werden Geräte der in § 54 Abs. 1 UrhG genannten Art, die im Weg der Ablichtung oder in einem Verfahren vergleichbarer Wirkung vervielfältigen, in

- Schulen,
- Hochschulen sowie
- Einrichtungen der Berufsbildung oder der sonstigen Aus- und Weiterbildung (Bildungseinrichtungen),
- Forschungseinrichtungen,
- öffentlichen Bibliotheken oder in
- Einrichtungen, die Geräte für die entgeltliche Herstellung von Ablichtungen bereithalten (zB Copyshops, Münzkopierer uä),

betrieben, so hat der Urheber nach § 54c Abs. 1 UrhG auch gegen den Betreiber des Geräts einen Anspruch auf Zahlung einer angemessenen Vergütung.

728

Die Aufzählung von Einrichtungen im Gesetz ist abschließend zu verstehen, schließt also Wirtschaft und Verwaltung aus.[298]

729

Im Hinblick auf die Höhe der zu entrichtenden Betreibervergütung bestimmt § 54c Abs. 2 UrhG, dass sich diese nach der Art und dem Umfang der Nutzung des Geräts bemisst, die nach den Umständen, insbesondere nach dem Standort und der üblichen Verwendung, wahrscheinlich ist.

730

3. Die Rechtewahrnehmung

Die Wahrnehmung der Rechte des Urhebers im Hinblick auf die Hersteller- und die Betreibervergütung erfolgt gemäß § 54h UrhG nur durch Einschaltung von Verwertungsgesellschaften. Die Ansprüche nach den §§ 54 ff. UrhG können nur durch eine Verwertungsgesellschaft geltend gemacht werden (so § 54h Abs. 1 UrhG). Dabei steht nach § 54h Abs. 2 UrhG jedem Berechtigten ein angemessener Anteil an den nach den §§ 54 ff. UrhG gezahlten Vergütungen zu. Regelungen zur Tarifaufstellung finden sich in § 40 VGG. Zu Durchsetzungs- und Verteilungszwecken haben sich die verschiedenen Verwertungsgesellschaften (zB VG Wort oder GEMA) zu größeren Einheiten zusammengeschlossen, die jeweils bestimmte Zahlungspflichten verfolgen, so bspw. die „Zentralstelle für Bibliothekstantiemen" oder die „Zentralstelle für private Überspielungsrechte".[299]

731

IV. Zusammenfassung

Das Urheberrecht als eigentumsrechtlich verfestigte Position unterliegt, wie das Eigentum selbst, Restriktionen im Interesse der Allgemeinheit und Privater. § 5 UrhG statuiert eine Reihe von Ausschlüssen vom Urheberrechtsschutz im Hinblick auf gemeinfreie Werke. Die §§ 48 ff. UrhG begrenzen das Urheberrecht im Hinblick auf öffentli-

732

---

298 *Peukert* in Rehbinder/Peukert, Urheberrecht, Rn. 613. Dazu BVerfG, Beschl. v. 19.9.1996 – 1 BvR 1767/92 – ZUM 1997, 41.
299 *Peukert* in Rehbinder/Peukert, Urheberrecht, Rn. 626.

che Reden, Zeitungsartikel und Rundfunkkommentare sowie eine Berichterstattung über Tagesereignisse, sofern eine Quellenangabe erfolgt. Es bestehen zudem Privilegien hinsichtlich einer Vervielfältigung und Verbreitung zugunsten bestimmter Institutionen (Rechtspflege, öffentliche Sicherheit, etc).

733 Zulässig ist auch das Zitat, dessen Nutzung im jeweiligen Umfang aber durch den Zweck einer wissenschaftlichen Auseinandersetzung mit dem Gedankengut anderer (Zitatzweck) gerechtfertigt sein muss. Zitierfreiheit besteht im Hinblick auf das

- Großzitat, dh die Aufnahme einzelner Werke nach deren Veröffentlichung in ein selbstständiges neues wissenschaftliches Werk zur Erläuterung des Inhalts;
- Kleinzitat, bei dem Stellen eines Werkes nach dessen Veröffentlichung in einem selbstständigen Sprachwerk angeführt werden (eigentliche Zitation einzelner Stellen unter Quellenangabe) oder das
- Musikzitat, dh die Anführung einzelner Stellen eines erschienenen Werkes der Musik in einem selbstständigen Werk der Musik.

734 Eine Zitation ist nur in dem durch den Zitatzweck gebotenen Umfang urheberrechtlich zulässig. Wird zulässigerweise zitiert, bedarf dies des Weiteren zwingend nach § 63 UrhG einer Quellenangabe. Im Sinne der kulturellen Weiterentwicklung und der Kommunikationsgrundrechte beschränkt außerdem § 51a UrhG das Urheberrecht zum Zwecke von Karikaturen, Parodien und Pastiches.

735 Restriktionen des Urheberrechts im Privatinteresse bestehen im Hinblick auf Vervielfältigungen zum privaten und sonstigen eigenen Gebrauch. Einzelne Vervielfältigungen eines Werkes durch eine natürliche Person zum privaten Gebrauch sind auf beliebigen Trägern zulässig, sofern sie weder unmittelbar noch mittelbar Erwerbszwecken dienen. Etwas anderes gilt jedoch, wenn zur Vervielfältigung eine offensichtlich rechtswidrig hergestellte bzw. öffentlich zugänglich gemachte Vorlage verwendet wird. Der zur Vervielfältigung Befugte darf die für ihn bestimmten Vervielfältigungsstücke uU auch durch einen anderen herstellen lassen. Unter „einzelne Vervielfältigungsstücke eines Werkes" versteht die Judikatur bis zu sieben Vervielfältigungsstücke.[300] Voraussetzung dafür ist aber, dass das Herstellen – bzw. das erlaubte Herstellenlassen durch einen Dritten – nur zu den im Gesetz genannten Zwecken geschieht. Die §§ 60 ff. UrhG privilegieren die Nutzung zu Zwecken von Bildung, Unterricht und Wissenschaft.

736 Da der Urheber aufgrund der zugunsten privater Interessen vermittelten Restriktionen in wirtschaftlicher Hinsicht Einbußen erleidet, gewährt ihm der Gesetzgeber Kompensation iS eines angemessenen Ausgleichs nach Maßgabe der §§ 54 ff. UrhG. Der Anspruch des Urhebers ist dabei aber nicht unmittelbar gegen den jeweiligen konkreten Nutzer gerichtet, den der Urheber in aller Regel auch gar nicht kennt. Vielmehr erhält er mittelbar Kompensation vom Hersteller bestimmter Medien, mit denen die Vervielfältigung technisch erst ermöglicht wird (Herstellervergütung) und von Betreibern von Kopiergeräten (Betreibervergütung) in bestimmten Einrichtungen, die eine Vervielfältigung ermöglichen. Beide Formen der Vergütung kann der Urheber allein über den Weg der Verwertungsgesellschaften für sich reklamieren.

---

300 BGH, Urt. v. 14.4.1978 – I ZR 111/76 – GRUR 1978, 474.

§ 7 Der Schutz von Computerprogrammen (§§ 69a bis g UrhG)

Zu den urheberrechtlich geschützten Werken der Literatur, Wissenschaft und Kunst gehören auch Computerprogramme (Software) als eigene geistige Schöpfung (so § 2 Abs. 1 Nr. 1 UrhG, siehe vorstehende Rn. 43 ff.). Das UrhG sieht in seinen §§ 69a bis g eigenständige Regelungen für Computerprogramme vor. Der Softwareschutz basiert auf europäischem Recht[1] und dient in erster Linie dem Investitionsschutz.[2] Ein Computerprogramm ist eine Folge von Befehlen, die nach Aufnahme in einen maschinenlesbaren Träger fähig sind zu bewirken, dass eine Maschine mit informationsverarbeitenden Fähigkeiten eine bestimmte Funktion oder Aufgabe oder ein bestimmtes Ergebnis anzeigt, ausführt oder erzielt.[3] Schutzgegenstand ist die konkrete Ausdrucksform des Computerprogramms, nicht etwa die Idee oder die Programmiersprache.[4]

737

Das Urheberrecht ordnet Computerprogramme den Sprachwerken zu. Infolgedessen bestimmt § 69a Abs. 4 UrhG, dass die für Sprachwerke geltenden Bestimmungen auch auf Computerprogramme Anwendung finden – soweit im achten Abschnitt (§§ 69a ff.) UrhG nichts anderes bestimmt ist. Die §§ 69a ff. UrhG statuieren also besondere Bestimmungen für Computerprogramme, die eine grundsätzlich umfassende Regelung des Rechtsschutzes für Computerprogramme treffen und damit *leges speciales* zum allgemeinen Urheberrecht.[5]

738

Schutz von Sprachwerken	Schutz von Computerprogrammen
§ 2 Abs. 2 UrhG	§ 69a Abs. 3 UrhG
§§ 15 bis 23 UrhG	§ 69c UrhG
§ 43 UrhG	§ 69b UrhG
§§ 53 bis 54h UrhG	§§ 69d bis 69e UrhG
§§ 95a bis 95 d UrhG	§ 69f Abs. 2 UrhG

Geschützt wird einerseits die konkrete Gestalt des Computerprogramms als eigene geistige Schöpfung des Programmierers und andererseits die zur Herstellung des Computerprogramms erforderliche Investition.[6]

739

Computerprogramme sind, obwohl es sich um eine Form der Informationstechnologie handelt[7], als solche im deutschen Recht (anders als etwa im US-amerikanischen Recht) nicht patentfähig. § 1 Abs. 3 Nr. 3 PatG stellt ausdrücklich fest, dass als „Erfindungen" iS von § 1 Abs. 1 PatG insbesondere nicht „Programme für Datenverarbeitungssysteme" angesehen werden. Etwas anderes gilt für sog. **computerimplementierte Erfindungen**.[8]

740

---

1 *Spindler* in Schricker/Loewenheim, Urheberrecht, UrhG Vor. §§ 69a ff. Rn. 6.
2 *Wirth* in Eichelberger/Seifert/Wirth, Urheberrechtsgesetz, UrhG Vor. §§ 69a ff. Rn. 2.
3 BGH, Urt. v. 9.5.1985 – I ZR 52/83 – NJW 1986, 192 (196) – Inkasso-Programm.
4 *Wirth* in Eichelberger/Seifert/Wirth, Urheberrechtsgesetz, UrhG Vor. §§ 69a ff. Rn. 2; *Spindler* in Schricker/Loewenheim, Urheberrecht, UrhG § 69a Rn. 4, 8 ff.; *Dreier* in Dreier/Schulze, Urheberrechtsgesetz, UrhG § 69a Rn. 19 ff.
5 *Lettl*, Urheberrecht, § 8 Rn. 4.
6 *Lettl*, Urheberrecht, § 8 Rn. 3.
7 *Peukert* in Rehbinder/Peukert, Urheberrecht, Rn. 229 f.
8 Siehe dazu auch *Ring/Geißler*, Gewerblicher Rechtsschutz, Kapitel 2 Rn. 18 ff.; *Pesch*, MMR 2019, 14; *Wirth* in Eichelberger/Seifert/Wirth, Urheberrechtsgesetz, UrhG Vor. §§ 69a ff. Rn. 3, 4.

§ 7 Der Schutz von Computerprogrammen (§§ 69a bis g UrhG)

741 Die §§ 69a ff. UrhG setzten ursprünglich die Richtlinie 91/250/EWG des Rates vom 14.5.1991 über den Rechtsschutz von Computerprogrammen[9] um, die durch die Richtlinie 2009/24/EG des Europäischen Parlaments und des Rates vom 23.4.2009 über den Rechtsschutz von Computerprogrammen[10] ersetzt wurde. Damit ist zugleich europaweit eine Harmonisierung des Schutzes von Computerprogrammen erfolgt.

742 Besondere Regelungen in den §§ 69a ff. UrhG erschienen dem Gesetzgeber deshalb angebracht, weil sich Computerprogramme von den klassischen Werkformen iSd § 2 UrhG in nicht unerheblicher Weise unterscheiden. So hat der Gesetzgeber im Gesetzentwurf eines Zweiten Gesetzes zur Änderung des Urheberrechtsgesetzes[11] Folgendes ausgeführt: "Einer der wesentlichen Unterschiede ist, daß ein Computerprogramm als Industrieprodukt darauf angelegt ist, mit anderen Elementen eines Datenverarbeitungssystems zusammenzuarbeiten: es muß kompatibel sein. Weiterhin erschließt sich Dritten der Inhalt eines Computerprogramms nicht ohne weiteres. Ein Buch kann jeder lesen, einen Film jeder sehen, eine Schallplatte jeder hören, ein Kunstwerk jeder betrachten. Anhand des Datenträgers lassen sich Arbeitsweise und Funktion eines Programms nicht ohne Weiteres ermitteln ... Es erscheint zum einen geboten, diese Sonderregelungen im Interesse der Rechtsklarheit in einem einheitlichen Abschnitt zusammenzufassen. Die Rechtsanwendung wird so erleichtert. Der Rechtsanwender findet die wesentlichen Vorschriften über den Rechtsschutz von Computerprogrammen übersichtlich an einer Stelle im Gesetz. Die Alternative, das UrhG jeweils im Anschluß an die Regelungen zu ändern, ..., würde dazu führen, dass diese Vorschriften sich verstreut an verschiedenen Stellen im Gesetz befänden".

743 Die Bestimmungen des achten Abschnitts lassen nach § 69g Abs. 1 UrhG die Anwendung sonstiger Rechtsvorschriften auf Computerprogramme, insbesondere über den Schutz von Erfindungen (Patent- und Gebrauchsmusterrecht), Topographien von Halbleitererzeugnissen (Topographieschutz), Marken (Markenrecht) und den Schutz gegen unlauteren Wettbewerb (Gesetz gegen den unlauteren Wettbewerb – UWG) einschließlich des Schutzes von Geschäfts- und Betriebsgeheimnissen (Gesetz zum Schutz von Geschäftsgeheimnissen – GeschGehG) sowie schuldrechtliche Vereinbarungen unberührt. Die §§ 69a ff. UrhG treffen hinsichtlich des Schutzes von Computerprogrammen keine abschließende Regelung. Folge ist, dass diese Sonderregelungen, aber bspw. auch die §§ 823 Abs. 1 und Abs. 2 BGB, § 826 BGB, § 812 BGB bzw. § 687 Abs. 2 BGB uneingeschränkt neben den §§ 69a ff. UrhG zur Anwendung gelangen können.

744 Hingegen finden nach § 69a Abs. 5 UrhG die ergänzenden Schutzbestimmungen der §§ 95a bis 95d UrhG über die Umgehung von technischen Schutzmaßnahmen (Schutz technischer Maßnahmen, Durchsetzung von Schrankenbestimmungen, Schutz der zur Rechtewahrnehmung erforderlichen Informationen und Kennzeichnungspflichten) auf Computerprogramme keine Anwendung. Dies liegt darin begründet, dass § 69f Abs. 2 UrhG den Umgehungsschutz gesondert regelt: Danach ist § 69f Abs. 1 UrhG – wonach der Rechteinhaber vom Eigentümer oder Besitzer verlangen kann, dass alle rechtswidrig hergestellten, verbreiteten oder zur rechtswidrigen Verbreitung bestimmten Vervielfältigungsstücke vernichtet werden – entsprechend auf Mittel anzuwenden, die allein dazu bestimmt sind, die unerlaubte Beseitigung oder Umgehung technischer Programmschutzmechanismen zu erleichtern.

---

9 ABl. EG Nr. L 122, S. 42.
10 ABl. EU Nr. L 111/16.
11 BT-Drs. 12/4022, S. 7 f.

I. Schutzgegenstand

In Umsetzung des Art. 7 der DSM-Richtlinie 2019/790 wird das Verhältnis zu den technischen Schutzmaßnahmen und zu den Regelungen in §§ 95a ff UrhG vollständig in § 69f UrhG geregelt.[12] Hinzu kommt in § 69a Abs. 5 UrhG eine neue Ausnahme für Computerprogramme aus den Regelungen der §§ 32 bis 32c, 32 f und 32d, 36d und 41 UrhG, welche in Umsetzung des Art. 23 Abs. 2 der DSM-Richtlinie 2019/790 erfolgt.[13]

I. Schutzgegenstand

Eine Legaldefinition des „Computerprogramms" hat der Gesetzgeber aufgrund der Unvorhersehbarkeit technischer Entwicklungen nicht vorgenommen.[14] Die Unterscheidung, ob lediglich gestaltetes Datenmaterial[15] oder tatsächlich ein schutzfähiges Programm vorliegt, kann mitunter Schwierigkeiten bereiten.

1. Der Begriff „Computerprogramm"

Der Schutz für Computerprogramme ist weitreichend und damit offen für fortschreitende technische Innovationen in der IT-Branche. Computerprogramme sind nach § 69a Abs. 1 UrhG **Programme in jeder Gestalt**[16], dh aller Art ohne Rücksicht auf die Programmiersprache oder den Code und unabhängig vom potenziellen Kundenkreis.[17] Ausreichend aber auch erforderlich ist, dass das Programm Befehls- und Steuerungsanweisungen an den Computer enthält.[18]

Geschützt ist auch das **Entwurfsmaterial**, mithin Vor- oder Zwischenstufen des Programms. Es kommt nicht darauf an, ob das Computerprogramm schon auf Band, CD, Diskette oder Festplatte gespeichert oder als Firmware in die Hardware integriert ist.[19] Hingegen sind weder Benutzeranweisungen[20] noch die Benutzeroberfläche[21] „Computerprogramme". Bei **Videospielen**[22] ist nur der den Spielablauf steuernde Teil „Computerprogramm", nicht die audiovisuelle Darstellung auf dem Bildschirm.[23] Diese können als sonstiges Werk urheberrechtlichen Schutz genießen, wenn sie Ergebnis einer nur technisch unterstützten schöpferischen Tätigkeit von Menschen sind.[24] Nicht abschließend geklärt ist, welche Regelungen bei zu einer Einheit verschmolzenen Werken, denen zwar ein Computerprogramm zugrunde liegt, die aber gleichzeitig als sonstiges Werk schutzfähig sind, zur Anwendung gelangen.[25]

---

12 BR-Drs. 142/21, S. 118 ff.
13 BR-Drs. 142/21, S. 116.
14 BT-Drs. 12/4022, S. 9.
15 Vgl. zB OLG Frankfurt aM, Urt. v. 22.3.2005 – 11 U 64/04 – GRUR-RR 2005, 299 – Online-Stellenmarkt.
16 Ein Softwareprogramm oder ein in der Hardware integriertes Programm.
17 *Lettl*, Urheberrecht, § 8 Rn. 7.
18 So *Lettl*, § 8 Rn. 6: etwa „Betriebssysteme, Anwendungsprogramme, Hilfsprogramme, Browser, Suchmaschinen oder Software für E-Mails".
19 *Pierson/Ahrens/Fischer*, Recht des geistigen Eigentums, S. 392.
20 *Grützmacher* in Wandtke/Bullinger, Urheberrecht, UrhG § 69a Rn. 13.
21 Umstritten, zum Streitstand siehe *Grützmacher* in Wandtke/Bullinger, Urheberrecht, UrhG § 69a Rn. 14 mwN.
22 Siehe hierzu OLG Köln, Urt. v. 18.10.1991 – 6 U 58/91 – GRUR 2012, 312 – Amiga-Club.
23 EuGH, Urt. v. 22.12.2010 – C-393/09 – GRUR 2011, 220 – BSA./. Kulturministerium; *Lettl*, Urheberrecht, § 8 Rn. 8.
24 *Peukert* in Rehbinder/Peukert, Urheberrecht, Rn. 232; siehe bspw. BGH, Urt. v. 27.11.2014 – I ZR 124/11 – GRUR 2015, 672.
25 EuGH, Urteil v. 23.1.2014 – C-355/12 – NJW 2014, 761 – Nintendo./. PC Box; *Wirth* in Eichelberger/Seifert/Wirth, Urheberrechtsgesetz, UrhG § 69a Rn. 2.

748 Datenbanken (§§ 87a ff. UrhG) und Datenbankwerke (§ 4 UrhG), wie sie bspw. den Inhalt von **Blockchains** charakterisieren, sind im Gegensatz zur Clientsoftware keine Computerprogramme.[26]

2. Schutzumfang

749 Der gewährte Schutz erfasst gemäß § 69a Abs. 2 Satz 1 UrhG **alle Ausdrucksformen eines Computerprogramms**, dh das Programm muss sich in einer wahrnehmbaren Form konkretisiert haben, so bspw. als Quell- und maschinenlesbarer Objektcode.[27] Funktion, Programmiersprache oder Dateiformat[28] sind nicht vom Schutz umfasst.[29]

750 Nach § 69a Abs. 2 Satz 2 UrhG werden Ideen und Grundsätze, die als geistiges Allgemeingut[30] einem Element eines Computerprogramms zugrundeliegen, einschließlich der den Schnittstellen[31] zugrundeliegenden Ideen[32] und Grundsätze, nicht geschützt. Allein die Form als konkretisierter Werkausdruck ist urheberrechtlich geschützt. Zu diesen Ideen bzw. Grundsätzen gehören auch Algorithmen[33] oder mathematische Formeln, auf denen das Programm basiert.[34]

751 Nach § 69a Abs. 3 Satz 1 UrhG (in Umsetzung von Art. 1 Abs. 3 der Richtlinie 2009/24/EG) wird für Computerprogramme ein Urheberrechtsschutz nur dann gewährt, wenn sie **individuelle Werke** in dem Sinne darstellen, dass sie das Ergebnis einer eigenen geistigen Schöpfung ihres Urhebers sind. Dabei rekurriert die Regelung allein auf die **Individualität** und stellt zugleich auch noch klar, dass zur Bestimmung ihrer Schutzfähigkeit keine anderen Kriterien – insbesondere (so § 69a Abs. 3 Satz 2 UrhG) nicht solche qualitativer oder ästhetischer Natur – heranzuziehen sind. Bei komplexen Computerprogrammen spricht eine tatsächliche Vermutung für eine hinreichende Individualität.[35]

752 Zur Bestimmung der Schutzfähigkeit von Computerprogrammen, Datenbankwerken und Lichtbildwerken sind gemäß Art. 1 Abs. 3 Satz 2 der Richtlinie 2009/24/EG (Rechtsschutz von Computerprogrammen) und Art. 3 Abs. 1 Satz 2 der Richtlinie 96/9/EG (Schutzdauer des Urheberrechts und bestimmter verwandter Schutzrechte) keine anderen Kriterien als die der „eigenen geistigen Schöpfung" anzuwenden. Damit ist gemeint, dass der Urheberrechtsschutz dieser Werkarten nicht von einer besonderen Gestaltungshöhe abhängig gemacht werden darf.[36] Mithin genießt auch die „kleine

---

26 *Wirth* in Eichelberger/Seifert/Wirth, Urheberrechtsgesetz, UrhG § 69a Rn. 2.
27 Dh das in Programmiersprache niedergeschriebene Programm: *Pierson/Ahrens/Fischer*, Recht des geistigen Eigentums, S. 392 unter Bezugnahme auf § 1 (I) der von der WIPO (World Intellectual Property Organization) entwickelten „Mustervorschriften für den Schutz von Computerprogrammen" 1977.
28 *Grützmacher* in Wandtke/Bullinger, Urheberrecht, UrhG § 69a Rn. 17.
29 EuGH, Urt. v. 2.5.2012 – C.406/10 – GRUR 2012, 814 – SAS-Institut; *Wirth* in Eichelberger/Seifert/Wirth, Urheberrechtsgesetz, UrhG § 69a Rn. 3.
30 „Der Weg zur Lösung eines mathematischen Problems mithilfe einer bestimmten mathematischen Formel" ist damit „als geistiges Gut im Interesse der Allgemeinheit einer Monopolisierung zugunsten eines Urhebers entzogen": *Pierson/Ahrens/Fischer*, Recht des geistigen Eigentums, S. 392.
31 Dh die Programmteile, die Hard- und Software verbinden und interaktiv werden lassen.
32 Zur Unterscheidung von Idee und Ausdruck siehe *Wiebe*, in Spindler/Schuster, Recht der elektronischen Medien, UrhG § 69a Rn. 20.
33 *Kaboth/Spies* in Ahlberg/Götting, BeckOK Urheberrecht, UrhG § 69a Rn. 12.
34 *Wirth* in Eichelberger/Seifert/Wirth, Urheberrechtsgesetz, UrhG § 69a Rn. 3.
35 BGH, Urt. v. 3.3.2005 – I ZR 111/02 – GRUR 2005, 860 – Fash 2000.
36 Vgl. für Computerprogramme: BGH, Urt. v. 14.7.1993 – I ZR 47/91 – NJW 1993, 3136 – Buchhaltungsprogramm; BGH, Urt. v. 3.3.2005 – I ZR 111/02 – GRUR 2005, 860 – Fash 2000. Für Datenbankwerke: BGH, Urt.

Münze" urheberrechtlichen Schutz.[37] Ausreichend ist sogar, dass das Computerprogram nicht völlig trivial ist.[38] Vom Urheberrechtsschutz ausgenommen sind allein ganz einfache und routinemäßige Vorgänge, die ein jeder Programmierer genauso oder vergleichbar gestalten könnte.[39]

Damit sind alle Computerprogramme schutzfähig, sofern sie nur „das Ergebnis einer eigenen geistigen Arbeit ihres Schöpfers darstellen und nicht alltäglich sind"[40]. Computerprogramme sind somit in tatsächlicher Hinsicht regelmäßig urheberrechtlich geschützt. Damit tritt schon ein deutlicher Unterschied zur Schutzfähigkeit traditioneller Werkarten zutage: Notwendig sind dort "persönliche geistige Schöpfungen" (vgl. § 2 Abs. 2 UrhG), an die im Hinblick auf die geforderte Schöpfungshöhe deutlich gesteigerte Anforderungen gestellt werden.[41] Es ist grundsätzlich Sache des Beklagten, darzutun, dass ein Programm, für das Schutz beansprucht wird, nur eine gänzlich banale Programmierleistung ist oder lediglich das Programmschaffen eines anderen Programmierers übernimmt[42] – was auch dann gilt, wenn unstreitig vorbekannte Komponenten der Programmgestaltung übernommen wurden. Gegenstand eines Schutzes können nach § 69 Abs. 2 UrhG auch die Be-, Um- und Einarbeitung vorbekannter Elemente und Formen sein.[43]

753

Einem Anspruch auf Herausgabe des Quellcodes eines Computerprogramms nach § 809 BGB zum Zwecke des Nachweises einer Urheberrechtsverletzung steht nicht entgegen, dass unstreitig nicht das gesamte Computerprogramm übernommen wurde, sondern lediglich einzelne Komponenten und es deswegen nicht von vornherein ausgeschlossen werden kann, dass gerade die übernommenen Komponenten nicht auf einem individuellen Programmierschaffen desjenigen beruhen, von dem der Kläger seine Ansprüche ableitet.[44]

754

II. Der Inhaber des Urheberrechts an Software

Inhaber des Urheberrechts an einer Software ist der „Schöpfer" iS von § 7 UrhG. Wird ein Computerprogramm von einem Arbeitnehmer in Wahrnehmung seiner Aufgaben[45] oder nach den Anweisungen seines Arbeitgebers geschaffen, so ist dieser zwar der Schöpfer. Allerdings ist ausschließlich der Arbeitgeber gemäß § 69b Abs. 1 UrhG zur Ausübung aller vermögensrechtlichen Befugnisse an dem Computerprogramm berechtigt (**Urheber in Arbeits- und Dienstverhältnissen**). Die Regelung setzt Art. 2 Abs. 3 der Richtlinie 2009/24/EG um und ist eine Sonderregelung gegenüber § 43 UrhG. Demnach stehen dem Arbeitgeber alle ausschließlichen Nutzungsrechte nach § 69c UrhG

755

---

v. 24.5.2007 – I ZR 130/04 – GRUR 2007, 685 – Gedichttitelliste I, Rn. 21. Für Lichtbildwerke: BGH, Urt. v. 3.11.1999 – GRUR 2000, 317 (318) – Werbefotos.
37 BGH, Urt. v. 20.9.2012 – I ZR 90/09 – GRUR 2013, 509 – UniBasic-IDOS, Rn. 24.
38 *Wirth* in Eichelberger/Seifert/Wirth, Urheberrechtsgesetz, UrhG § 69a Rn. 4.
39 *Lettl*, Urheberrecht, § 8 Rn. 10.
40 *Lettl*, Urheberrecht, § 2 Rn. 23.
41 So *Eisenmann/Jautz*, Grundriss, Rn. 98c.
42 BGH, Urt. v. 3.3.2005 – I ZR 111/02 – GRUR 2005, 860 (861) – Fash 2000.
43 BGH, Urt. v. 9.5.1985 – I ZR 52/83, GRUR 1985, 1041 – Inkasso-Programm.
44 BGH, Urt. v. 20.9.2012 – I ZR 90/09 – GRUR 2013, 509 – UniBasic-IDOS.
45 Ausreichend ist ein enger innerer Zusammenhang mit den arbeitsvertraglichen Pflichten: OLG München, Urt. v. 25. 11. 1999 – 29 U 2437/97 – NJW-RR 2000, 1211 (1211); OLG Köln, Urt. v. 25. 2. 2005 – 6 U 132/04 – GRUR-RR 2005, 302 – TKD-Programme. Teilweise wird für ansonsten in der Arbeitszeit oder mit Mitteln der Arbeit geschaffene Schöpfungen eine Anbietungspflicht, wie für Arbeitnehmererfindungen (siehe dazu *Ring/Geißler*, Gewerblicher Rechtsschutz, Kapitel 2 Rn. 87 ff.) diskutiert. Dazu *Grützmacher* in Wandtke/Bullinger, Urheberrecht, UrhG § 69 Rn. 33; *Klass*, GRUR 2019, 1103 (1108).

uneingeschränkt zu (**gesetzliche Lizenz**)[46], sofern nichts anderes zwischen Arbeitgeber und Arbeitnehmer vertraglich (bspw. im Arbeitsvertrag, § 611a BGB) vereinbart worden ist.

756 Damit wird die Rechtsposition des Arbeitgebers gestärkt. Der Arbeitnehmer hat keinen Anspruch auf eine gesonderte Vergütung (Abgeltungstheorie)[47], insbesondere findet auch das ArbNErfG[48] keine analoge Anwendung.[49]

Nicht abschließend geklärt war, ob der Urheber einen Korrekturanspruch nach § 32 Abs. 1 Satz 3 UrhG geltend machen konnte, wenn die arbeitsvertragliche Vergütung nicht angemessen war.[50] Mit Umsetzung des Art. 23 Abs. 2 der DSM-Richtlinie 2019/790 wurde in § 69a Abs. 5 UrhG die Anwendung der §§ 32 bis 32c UrhG auf Computerprogramme explizit ausgeschlossen.[51]

757 Die Regelung gilt nach § 69b Abs. 2 UrhG für Dienstverhältnisse entsprechend. Gemeint sind hier Dienstverhältnisse von Beamten oder von im öffentliche Dienst Beschäftigten[52], nicht etwa freie Dienstverträge (§ 611 BGB).[53] Von § 69b UrhG werden hingegen **Auftragswerke** nicht erfasst. Ausgenommen sind auch Computerprogramme, die von Hochschulprofessoren geschaffen wurden, denn dabei handelt es sich grundsätzlich um deren freie und eigenverantwortliche wissenschaftliche Leistung.[54]

758 Der urheberpersönlichkeitsrechtliche Anspruch auf Urheberbenennung verbleibt beim Urheber.[55]

III. Das Urheberrecht an Computerprogrammen als ausschließliches Recht

759 Der Rechteinhaber an der Software hat gemäß § 69c UrhG grundsätzlich ein ausschließliches Recht zur Vervielfältigung, Bearbeitung bzw. Verbreitung am Original oder an Vervielfältigungsstücken des Computerprogramms und damit auch zur vertraglichen Rechteeinräumung. Ausnahmen finden sich in § 69d UrhG (siehe dazu nachstehende Rn. 774). Die vertragliche Einräumung von Rechten ist durch die § 69d Abs. 2 und 3 sowie § 69e UrhG begrenzt (§ 69g Abs. 2 UrhG).

1. Zustimmungspflichtige Handlungen (§ 69c UrhG)

760 In § 69c Nr. 1 bis 3 UrhG hat der Gesetzgeber Art. 4 Abs. 1a bis c der Richtlinie 91/250/EWG umgesetzt. Als Sonderregelung gegenüber den §§ 15 bis 23 UrhG (*leges speciales*) ist demnach nur der Rechteinhaber allein (iS eines ausschließlichen Rechts)

---

46 BGH, Urt. v. 23. 10. 2001 – X ZR 72/98 – GRUR 2002, 149 (151) – Wetterführungspläne II; *Wirth* in Eichelberger/Seifert/Wirth, Urheberrechtsgesetz, UrhG § 69b Rn. 1.
47 *Wirth* in Eichelberger/Seifert/Wirth, Urheberrechtsgesetz, UrhG § 69b Rn. 3; *Klass*, GRUR 2019, 1103 (1111).
48 Dazu näher *Ring/Geißler*, Gewerblicher Rechtsschutz, 2021, Kapitel 2 Rn. 87 ff.
49 BGH, Urt. v. 24.10.2000 – X ZR 72/98 – GRUR 2001, 155 – Wetterführungspläne I; BGH, Urt. v. 23.10.2001 – X ZR 72/98 – GRUR 2002, 149 (152) – Wetterführungspläne II.
50 *Wirth* in Eichelberger/Seifert/Wirth, Urheberrechtsgesetz, UrhG § 69b Rn. 3; *Spindler* in Schricker/Loewenheim, Urheberrecht, UrhG § 69b Rn. 17 f.
51 Vgl. § 69a Abs. 5 UrhG-E. Dazu auch BR-Drs. 142/21, S. 116.
52 *Dreier* in Dreier/Schulze, Urheberrechtsgesetz, UrhG § 69 Rn. 12; *Spindler* in Schricker/Loewenheim, Urheberrecht, UrhG § 69b Rn. 4.
53 *Wirth* in Eichelberger/Seifert/Wirth, Urheberrechtsgesetz, UrhG § 69b Rn. 4.
54 *Wirth* in Eichelberger/Seifert/Wirth, Urheberrechtsgesetz, UrhG § 69b Rn. 2.
55 *Wirth* in Eichelberger/Seifert/Wirth, Urheberrechtsgesetz, UrhG § 69b Rn. 1; *Spindler* in Schricker/Loewenheim, Urheberrecht, UrhG § 69b Rn. 15.

III. Das Urheberrecht an Computerprogrammen als ausschließliches Recht

berechtigt, die in § 69c Nr. 1 bis 4 UrhG genannten Handlungen vorzunehmen oder zu gestatten.

a) Vervielfältigung (Nr. 1)

Die dauerhafte oder vorübergehende Vervielfältigung des Programms oder von selbstständig schutzfähigen[56] Teilen des Programms (iS von § 16 Abs. 1 UrhG), zB auf Diskette, CD-ROM oder Festplatte, mit jedem Mittel und in jeder Form, steht dem Rechteinhaber als ausschließliches Recht zu. Dies schließt die Vervielfältigung in Papierform ebenso ein wie in elektronischer Form, zB als Software oder per Implementierung in Hardware. Erfasst ist auch das Vervielfältigen zum Weiterverkauf als gebrauchte Software.[57] 761

Soweit das Laden, Anzeigen, Ablaufen, Übertragen oder Speichern des Computerprogramms eine Vervielfältigung (zB im Arbeitsspeicher)[58] erfordert, bedürfen diese Handlungen (stets) der Zustimmung des Rechteinhabers. Dies betrifft jedoch nicht das bloße Sichtbarmachen des Programms auf dem Bildschirm.[59] 762

An eine Vervielfältigung sind sehr strenge Anforderungen zu stellen. Die Anfertigung einer Kopie des Computerprogramms – auch wenn sie nur zu rein privaten Zwecken erfolgt – sowie ggf. die Weitergabe der Kopie an einen Dritten ist nur mit Zustimmung des Rechteinhabers zulässig (Nr. 1). 763

Aufgrund vergleichbarer Interessenlage bei der Vervielfältigung von Computerprogrammen plädiert *Lettl*[60] für eine Anwendung der Schrankenbestimmung des § 44a UrhG, womit rein technische Vervielfältigungen, die keine zusätzliche eigenständige Nutzung des geschützten Computerprogramms zulassen, nicht dem Vervielfältigungsrecht der Nr. 1 zu unterstellen wären. 764

b) Bearbeitung (Nr. 2)

Die Übersetzung, die Bearbeitung, das Arrangement und andere **Umarbeitungen** eines Computerprogramms sowie die Vervielfältigung der erzielten Ergebnisse (der Umarbeitung) sind dem Rechteinhaber vorbehalten. Der Begriff der Bearbeitung ist weit auszulegen und erfasst bspw. auch eine Änderung oder Ergänzung des Quellcodes oder die Verwendung eines geschützten Computerprogramms als Vorlage für eine abhängige Nachgestaltung.[61] Im Unterschied zum Bearbeitungsrecht nach § 23 Abs. 1 Satz 1 UrhG ist bei Computerprogrammen bereits die Herstellung einer Bearbeitung erfasst.[62] Die Rechte derjenigen, die das Programm bearbeiten, bleiben davon jedoch unberührt, dh auch für eine unrechtmäßige Bearbeitung erhält der Bearbeiter ein Bearbeitungs- 765

---

56 *Wirth* in Eichelberger/Seifert/Wirth, Urheberrechtsgesetz, UrhG § 69c Rn. 3; *Spindler* in Schricker/Loewenheim, Urheberrecht, UrhG § 69b Rn. 7; *Dreier* in Dreier/Schulze, Urheberrechtsgesetz, UrhG § 69b Rn. 5.
57 BGH, Urt. v. 17.7.2013 – I ZR 129/08 – GRUR 2014, 264 – UsedSoft II.
58 BGH, Beschl. v. 3.2.2011 – I ZR 129/08 – GRUR 2011, 418 – Used Soft; *Wirth* in Eichelberger/Seifert/Wirth, Urheberrechtsgesetz, UrhG § 69c Rn. 2.
59 EuGH, Urt. v. 5.6.2014 – C-360/13 – GRUR 2014, 654 – Public Relations Consultants Association.
60 *Lettl*, Urheberrecht, § 8 Rn. 17; ebenso *Wirth* in Eichelberger/Seifert/Wirth, Urheberrechtsgesetz, UrhG § 69c Rn. 2.
61 Lettl, Urheberrecht, § 8 Rn. 18.
62 *Wirth* in Eichelberger/Seifert/Wirth, Urheberrechtsgesetz, UrhG § 69c Rn. 4; *Dreier* in Dreier/Schulze, Urheberrechtsgesetz, UrhG § 69b Rn. 14; *Grützmacher* in Wandtke/Bullinger, Urheberrecht, UrhG § 69c Rn. 23.

recht. Dieses kann er dann allerdings nur mit Zustimmung des ursprünglichen Rechteinhabers ausüben.[63]

c) Verbreitung (Nr. 3)

766 Das Verbreitungsrecht (vgl. § 17 Abs. 1 UrhG) an Computerprogrammen regelt § 69c Nr. 3 UrhG. „Jede Form" der Verbreitung des Originals eines Computerprogramms oder von Vervielfältigungsstücken, einschließlich der Vermietung, wird hier erfasst. Eine Verbreitung iS der Vorschrift liegt bereits dann vor, wenn das Programm innerhalb eines Intranets oder File-Sharing-Systems an andere Nutzer weitergegeben wird.[64]

767 Wird ein Vervielfältigungsstück eines Computerprogramms mit Zustimmung des Rechteinhabers im Gebiet der EU oder eines anderen EWR-Vertragsstaates im Wege der Veräußerung in den Verkehr gebracht, so tritt Erschöpfung ein mit der Folge, dass sich das Verbreitungsrecht in Bezug auf dieses, dh das konkret in Rede stehende Vervielfältigungsstück, mit Ausnahme des Vermietrechts, erschöpft. Die Erschöpfung tritt unabhängig davon ein, ob das Programm verkörpert auf einem Datenträger oder durch Herunterladen bezogen wurde, wenn der Lizenzvertrag ein unbefristetes Nutzungsrecht einräumt.[65]

768 Die **unionsweite Erschöpfung** tritt nur im Falle einer Veräußerung ein, wenn das Vervielfältigungsstück endgültig beim Erwerber verbleibt. Der urheberrechtliche Grundsatz der Erschöpfung des Verbreitungsrechts (§§ 69c Nr. 3 Satz 2, 17 Abs. 2 UrhG) wird nicht berührt, wenn der Berechtigte ein von ihm geschaffenes, auf DVD vertriebenes Computerspiel so programmiert, dass es erst nach der online erfolgten Zuweisung einer individuellen Kennung genutzt werden kann, und wenn er sich vertraglich absichert, dass diese Kennung nicht an Dritte weitergegeben werden darf. Dies gilt auch dann, wenn die DVD mit dem Computerspiel wegen der ohne Kennung eingeschränkten Spielmöglichkeiten vom Ersterwerber praktisch nicht mehr weiter veräußert werden kann.[66] Eine Weiterveräußerung als gebrauchte Software ist ohne Zustimmung des Rechteinhabers grundsätzlich auch dann möglich, wenn es sich um online vertriebene Software handelt.[67] Die Weiterveräußerung einer zulässig erstellten Sicherungskopie bedarf hingegen auch im Falle der vorherigen Zerstörung des ursprünglichen Datenträgers der Zustimmung des Rechteinhabers.[68]

769 Keine Erschöpfung tritt ein, wenn der Rechteinhaber eine Software nur für einen begrenzten Zeitraum[69] über einen eigenen Server bereitstellt (Miete).[70]

770 **FALL 19 – ERSCHÖPFUNG DES VERARBEITUNGSRECHTS AN KOPIEN EINES COMPUTERPROGRAMMS**
Nach BGH, Urt. v. 11.12.2014 – I ZR 8/13 – GRUR 2015, 772.

---

63 *Wirth* in Eichelberger/Seifert/Wirth, Urheberrechtsgesetz, UrhG § 69c Rn. 4.
64 BFH, Urt. v. 25.11.2004 – V R 25/04, V R 26/04 – MMR 2005, 529; *Wirth* in Eichelberger/Seifert/Wirth, Urheberrechtsgesetz, UrhG § 69c Rn. 5.
65 *Wirth* in Eichelberger/Seifert/Wirth, Urheberrechtsgesetz, UrhG § 69c Rn. 5. Siehe dazu auch BGH, Urt. v. 6.7.2000 – I ZR 244/97 – NJW 2000, 3571 – OEM-Version; EuGH, Urt. v. 3.7.2012 – C-128/11 – NJW 2012, 2565 – UsedSoft; BGH, Urt. v. 19.3.2015 – I ZR 4/14 – NJW 2015, 3576 – Green-IT; BGH, Urt. v. 11.12.2014 – I ZR 8/13 – GRUR 2015, 772 – UseSoft III.
66 BGH GRUR 2010, 822 – Leits. – Half-Life 2.
67 BGH, Urt. v. 11.12.2014 – I ZR 8/13 – GRUR 2015, 772 – UsedSoft III.
68 EuGH, Urt. v. 12.10.2016 – C-166/15 – GRUR 2016, 1271 – Aleksandrs Ranks.
69 Dagegen bei unbegrenztem Zeitraum: BGH, Urt. v. 19.3.2015 – I ZR 4/14 – NJW 2015, 3576 – Green-IT.
70 BGH, Urt. v. 15.11.2006 – XII ZR 120/04 – NJW 2007, 2394; *Wirth* in Eichelberger/Seifert/Wirth, Urheberrechtsgesetz, UrhG § 69c Rn. 6.

III. Das Urheberrecht an Computerprogrammen als ausschließliches Recht

Sachverhalt:
Die A stellt Computerprogramme her, die eine professionelle graphische Bearbeitung von Dokumenten, Webseiten und ähnlichen Produkten ermöglichen, und vertreibt diese über ein Downloadportal, bei dem Nutzer nach dem Erwerb einer entsprechenden Lizenz die Software nach Eingabe einer Seriennummer herunterladen und dann auf ihren eigenen Rechnern nutzen können. Für Bildungseinrichtungen bietet die A einen verbilligten Bezug ihrer Computerprogramme im Rahmen eines Vertragslizenzprogramms an. Eine Mitgliedschaft in diesem Programm ermöglicht, ausweislich der vertraglichen Vereinbarung, einen rabattierten Erwerb der Software und zugehöriger Nutzungslizenzen zu Ausbildungszwecken für das Mitglied und dessen verbundene Einrichtungen, sofern diese ebenfalls Bildungseinrichtungen und Endnutzer sind. Der Mitgliedsvertrag enthält außerdem Bestimmungen zum Umfang der Nutzungsrechte der Programmmitglieder. Demnach handelt es sich bei den zu erwerbenden Lizenzen um ausschließliche und nicht übertragbare Lizenzen, die es dem Programmmitglied während der Vertragslaufzeit ermöglichen, die Software ausschließlich an den Vervielfältigungsorten zu dem allgemeinen Zweck der internen Verteilung der Lizenzen im Unternehmen des Programmmitglieds zu vervielfältigen. Die Bildungseinrichtung E ist Mitglied des Vertragslizenzprogramms.
Die B handelt mit sog. „gebrauchter Software", die sie nicht von den Herstellern, sondern von deren Abnehmern bezieht und weiterveräußert. Nach einer Anfrage von B bei E erwirbt diese bei A 40 selbstständige Lizenzen zur jeweiligen Nutzung der Software „A Creative 4 Premium" an 40 verschiedenen Arbeitsplätzen. Die A übermittelt der E die Seriennummer zum Download sowie das vor der Softwareinstallation zu akzeptierende „Enduser License Agreement (EULA)". Die E lud daraufhin die Software mithilfe der Seriennummer vom Server der A in den Speicher ihres Rechners und speicherte diese zusammen mit dem EULA auf elf Datenträgern. Die Lizenzen und die Datenträger gab die E schließlich an B weiter, ohne eine eigene Kopie der Software zu behalten.
B wiederum veräußerte zwei der Lizenzen sowie einen der Datenträger mit der Software an die D. Dabei übergab sie der D eine selbst erstellte Lizenzurkunde, in der D als Lizenznehmer dieser Produkte ausgewiesen war, sowie eine notarielle Bestätigung, dass dem Notar eine Erklärung der ursprünglichen Lizenznehmerin vorgelegen habe, wonach sie rechtmäßig Inhaberin der Lizenz gewesen sei, diese vollständig von ihren Rechnern entfernt habe und der Kaufpreis vollständig entrichtet sei.
Die A sieht sich durch die Veräußerung der B in ihren Rechten als Urheberin des Computerprogramms verletzt. Die E habe mit der B gemeinsame Sache gemacht, um Kapital aus den für Bildungseinrichtungen bestimmten Vorzugspreisen zu schlagen. Dies zeige schon die Tatsache, dass die E die Software nie auf ihren Rechnern installiert oder genutzt habe.
Zu Recht?
Lösung:

A. Verletzung des Verbreitungsrechts (§ 69c Nr. 3 UrhG)
Die B könnte, indem sie die Kopie des von der A hergestellten Computerprogramms an die D veräußert hat, das Verbreitungsrecht der A nach § 69c Nr. 3 UrhG verletzt haben.

I. Verbreitungshandlung
Nach § 69c Nr. 3 Satz 1 UrhG hat der Rechteinhaber das ausschließliche Recht zur Verbreitung des Originals oder von Vervielfältigungsstücken eines Computerprogramms. Die A ist laut Sachverhalt Inhaberin der Rechte an dem in Rede stehenden Programm. B hat die Kopie und damit ein Vervielfältigungsstück des Computerpro-

gramms an die D veräußert. Dies stellt unproblematisch eine grundsätzlich zustimmungspflichtige Verbreitungshandlung iSd § 96c Nr. 3 Satz 1 UrhG dar.[71]

II. Erschöpfung

Zwar hatte die A ihre Zustimmung zur Verbreitung durch die B nicht erteilt. Das Verbreitungsrecht der A an der in Rede stehenden Kopie könnte jedoch nach § 69c Nr. 3 Satz 2 UrhG erschöpft gewesen sein, da diese Kopie bereits zuvor durch den Verkauf an die E mit Zustimmung der A in Verkehr gebracht wurde.

Die Vorschrift des § 69c Nr. 3 Satz 2 UrhG dient der Umsetzung von Art. 4 Abs. 2 der Richtlinie 2009/24/EG. Demnach erschöpft sich das Recht auf Verbreitung einer Kopie mit deren mit Zustimmung des Berechtigten erfolgten Erstverkauf in der Union. Die Erschöpfung tritt auch dann ein, wenn der Rechteinhaber dem Herunterladen einer Kopie aus dem Internet zustimmt und gegen ein Entgelt, welches es ihm ermöglichen soll, eine dem wirtschaftlichen Wert der Kopie des ihm gehörenden Werkes entsprechende Vergütung zu erzielen, einem Dritten ein zeitlich unbegrenztes Nutzungsrecht an der dadurch entstehenden Kopie einräumt.[72] Der Nacherwerber einer Kopie kann sich jedoch nur erfolgreich auf eine Erschöpfung des Verbreitungsrechts an dieser Kopie berufen, wenn der Ersterwerber seine eigene Kopie unbrauchbar gemacht hat.[73]

1. Inverkehrbringen der Kopien mit Zustimmung der Rechteinhaberin

Ausweislich des Sachverhaltes hat die A der E, indem sie ihr die Seriennummer zum Download der in Rede stehenden Software mitgeteilt hat, die Software zum Herunterladen zur Verfügung gestellt. Indem sie der E die 40 Nutzungslizenzen für jeweils eigenständige Arbeitsplätze eingeräumt hat, berechtigte sie damit die E zur Herstellung von 40 Kopien der heruntergeladenen Software.[74] Die Erschöpfung könnte daher nicht nur hinsichtlich der heruntergeladenen Kopie, sondern auch bezüglich der auf deren Basis angefertigten Kopien eingetreten sein.

2. Auswirkung der Beschränkung der Nutzungsrechte

Die A hatte allerdings in der Vereinbarung mit der E die Nutzung der veräußerten Programmkopien auf Bildungseinrichtungen und auf eine Nutzung zu Ausbildungszwecken beschränkt. Die Beschränkung der Nutzungsrechte könnte der Erschöpfung des Verbreitungsrechts – jedenfalls hinsichtlich der Veräußerung an Dritte, die keine Bildungseinrichtungen sind – entgegenstehen. Die Erschöpfung des Verbreitungsrechts dient dem Interesse der Verwerter und der Allgemeinheit, indem sie die Verkehrsfähigkeit von Werkstücken schützt.[75] Würde eine wirksame Beschränkung der Nutzungsrechte sich auf die Erschöpfung von mit Zustimmung des Rechteinhabers in Verkehr gebrachter Werke auswirken, könnte der Veräußerer noch nach der Veräußerung in den weiteren Vertrieb der Werkstücke eingreifen, ihn untersagen oder von Bedingungen abhängig machen. Dies wäre eine nicht hinzunehmende Beeinträchtigung des freien Warenverkehrs.[76] Die Einschränkung der Nutzungsrechte wirkt sich also nicht auf die

---

71 *Spindler* in Schricker/Loewenheim, Urheberrecht, § 69c Rn. 25.
72 EuGH, Urt. v. 3.7.2012 – C-128/11 – GRUR 2012, 904 – UsedSoft.
73 EuGH, Urt. v. 3.7.2012 – C-128/11 – GRUR 2012, 904 – UsedSoft; BGH, Urt. v. 19.3.2015 – I ZR 4/14 – GRUR 2015, 1108.
74 BGH, Urt. v. 11.12.2014 – I ZR 8/13 – GRUR 2015, 772 – UsedSoft III, Rn. 30.
75 BGH, Urt. v. 11.12.2014 – I ZR 8/13 – GRUR 2015, 772 – UsedSoft III, Rn. 36.
76 BGH, Urt. v. 6.7.2000 – I ZR 244/97 – GRUR 2001, 153 – OEM-Version.

III. Das Urheberrecht an Computerprogrammen als ausschließliches Recht

Erschöpfung von den mit Zustimmung der A in Verkehr gebrachten Programmkopien aus. Daran ändert sich auch nichts, wenn B und E kollusiv zulasten der A zusammengewirkt haben, um sich wirtschaftliche Vorteile zu verschaffen. Auch ein rechtsmissbräuchliches Verhalten des Ersterwerbers vermag die absolute Wirkung der Erschöpfung nicht zu relativieren.[77]

3. Entgelt

Die A müsste außerdem für die Erteilung der Zustimmung iSd § 69c Nr. 3 Satz 2 UrhG ein Entgelt erhalten, das es ihr ermöglichen sollte, eine dem wirtschaftlichen Wert der Kopien ihres Werkes entsprechende Vergütung zu erhalten. Nach Ansicht des EuGH kommt es hierbei nicht auf die tatsächliche Erzielung eines angemessenen Entgelts an, sondern allein auf das Bestehen der Möglichkeit, ein solches zu erzielen.[78] Die A hatte im vorliegenden Fall die Möglichkeit, das Entgelt für ihre Zustimmung anhand der eingeräumten Nutzungsrechte zu bemessen. Sofern sie dabei die durch die eintretende Erschöpfung möglichen Nutzungen verkannt und deshalb ein unangemessenes Entgelt erzielt hat, ist dies für den Eintritt der Erschöpfung nicht maßgeblich, da es auf das tatsächlich erzielte Entgelt nicht ankommt.[79]

4. Einräumung von zeitlich unbegrenzten Nutzungsrechten

Für eine zeitliche Begrenzung der gegenüber der E eingeräumten Nutzungsrechte gibt es im Sachverhalt keine Anhaltspunkte.

5. Vernichtung der Kopien des Ersterwerbers

Der Nacherwerber einer Kopie des Computerprogramms kann sich nur dann auf die Erschöpfung des Verbreitungsrechts berufen, wenn der Ersterwerber seine eigene Kopie unbrauchbar gemacht hat. Laut Sachverhalt hat die E keine Kopie der Lizenz behalten und dies gegenüber einem Notar erklärt. Die Erklärung allein reicht zwar zum Nachweis nicht aus. Die A bestreitet allerdings diesen Umstand nicht, sondern macht vielmehr geltend, dass die E die Software nicht behalten habe. In einem Prozess gilt diese Tatsache mithin als zugestanden iSd § 138 Abs. 3 ZPO. Daher ist davon auszugehen, dass E keine Kopien behalten hat.[80]

Zwar hat die B bei der Veräußerung an die D Kopien der Software behalten. Da es sich allerdings bei den 40 Lizenzen um jeweils selbstständige Rechte (Volumenlizenz) handelte und die B nur zwei der Lizenzen veräußerte, war sie aufgrund der ihr verbleibenden 38 Lizenzen zur Vorhaltung der Kopien berechtigt, ohne dass sich dies auf eine Erschöpfung der veräußerten Kopien auswirken könnte.[81]

6. Zwischenergebnis

Das Verbreitungsrecht der A an den durch B an die D veräußerten Kopien ist nicht verletzt worden, da dieses bereits durch die Veräußerung der A an die E erschöpft war.

---

[77] BGH, Urt. v. 11.12.2014 – I ZR 8/13 – GRUR 2015, 772 – UsedSoft III, Rn. 51.
[78] EuGH, Urt. v. 3.7.2012 – C-128/11 – GRUR 2012, 904 – UsedSoft, Rn. 72; BGH, Urt. v. 17.7.2013 – I ZR 129/08 – GRUR 2014, 264, Rn. 60.
[79] BGH, Urt. v. 11.12.2014 – I ZR 8/13 – GRUR 2015, 772 – UsedSoft III, Rn. 38 ff.
[80] BGH, Urt. v. 11.12.2014 – I ZR 8/13 – GRUR 2015, 772 – UsedSoft III, Rn. 49.
[81] BGH, Urt. v. 11.12.2014 – I ZR 8/13 – GRUR 2015, 772 – UsedSoft III, Rn. 45. Anders liegt es beim Erwerb einer sog. Client-Server-Lizenz, welche als einheitliche Lizenz die Nutzung einer auf einem Server installierten Kopie durch mehrere Nutzer ermöglicht. Hier ist eine Aufspaltung der Lizenz und deren teilweise Veräußerung unzulässig (Rn. 44).

B. Verletzung des Vervielfältigungsrechts (§ 69c Nr. 1 UrhG)
Die B könnte als Teilnehmerin oder Störerin für eine eventuell durch die D begangene Verletzung des Vervielfältigungsrechts verantwortlich sein.
Die D müsste das Vervielfältigungsrecht nach § 69c Nr. 1 UrhG verletzt haben. Die Zustimmung zu einer Vervielfältigung nach § 69c Nr. 1 UrhG ist in richtlinienkonformer Auslegung (vgl. Art. 5 Abs. 1 der Richtlinie 2009/24/EG) nach § 69d Abs. 1 UrhG jedoch dann nicht nötig, wenn die Vervielfältigung zu einer bestimmungsgemäßen Benutzung des Computerprogramms durch den rechtmäßigen Erwerber notwendig ist, sofern nichts anderes vertraglich vereinbart worden ist. Die D hat das Programm von der B rechtmäßig erworben und ist damit zu den nutzungsnotwendigen Vervielfältigungen in diesem Sinne berechtigt.[82] Eine spezifische vertragliche Vereinbarung, welche die Vervielfältigung in dieser Hinsicht einschränkt, ist nicht ersichtlich.[83] Da die D ihr Vervielfältigungsrecht als rechtmäßige Erwerberin aus § 69d Abs. 1 UrhG herleitet, kann sich insbesondere der die Nutzung begrenzende Vertragslizenzprogrammvertrag nicht auf ihre Nutzungsrechte im Hinblick auf einen bestimmungsgemäßen Gebrauch auswirken.[84]
Die D hat als rechtmäßige Erwerberin des Programms ein Vervielfältigungsrecht nach § 69d Abs. 1 UrhG und damit die Rechte der A nicht verletzt.

C. Endergebnis
Die A ist durch die Weiterveräußerung der Software durch die B nicht in ihren Urheberrechten an der Software verletzt worden.

771 Hat der Inhaber des Urheberrechts dem Herunterladen der Kopie eines Computerprogramms aus dem Internet auf einen Datenträger zugestimmt, sind der zweite und jeder weitere Erwerber einer Lizenz zur Nutzung dieses Computerprogramms nach § 69c Abs. 1 UrhG zur Vervielfältigung (vorstehende Rn. 761 ff.) des Programms berechtigt, wenn das Recht zur Verbreitung der Programmkopie erschöpft ist und der Weiterverkauf der Lizenz an den Erwerber mit dem Weiterverkauf der von der Internetseite des Urheberrechtsinhabers heruntergeladenen Programmkopie verbunden ist.[85] Die Erschöpfung des Verbreitungsrechts setzt nach richtlinienkonformer[86] Auslegung durch den BGH[87] Folgendes voraus:

- Der Urheberrechtsinhaber hat seine Zustimmung gegen Zahlung eines Entgelts erteilt, das es ihm ermöglichen soll, eine dem wirtschaftlichen Wert der Kopie seines Werkes entsprechende Vergütung zu erzielen.
- Der Urheberrechtsinhaber hat dem Ersterwerber ein Recht eingeräumt, die Kopie ohne zeitliche Begrenzung zu nutzen.
- Verbesserungen und Aktualisierungen, die das vom Nacherwerber heruntergeladene Computerprogramm gegenüber dem vom Ersterwerber heruntergeladenen Computerprogramm aufweist, sind von einem zwischen dem Urheberrechtsinhaber und dem Ersterwerber abgeschlossenen Wartungsvertrag gedeckt.
- Der Ersterwerber hat seine Kopie unbrauchbar gemacht.

---

82 BGH, Urt. v. 11.12.2014 – I ZR 8/13 – GRUR 2015, 772 – UsedSoft III, Rn. 56.
83 BGH, Urt. v. 11.12.2014 – I ZR 8/13 – GRUR 2015, 772 – UsedSoft III, Rn. 62.
84 BGH, Urt. v. 11.12.2014 – I ZR 8/13 – GRUR 2015, 772 – UsedSoft III, Rn. 62.
85 BGH, Urt. v. 17.7.2013 – I ZR 129/08 – GRUR 2014, 264 – UsedSoft II, Leits. 1.
86 EuGH, Urt. v. 3.7.2012 – C-128/11 – NJW 2012, 2565 – UsedSoft.
87 BGH, Urt. v. 17.7.2013 – I ZR 129/08 – GRUR 2014, 264 – UsedSoft II, Leits. 2.

III. Das Urheberrecht an Computerprogrammen als ausschließliches Recht

Der Weiterverkauf der von der Internetseite des Urheberrechtsinhabers heruntergeladenen Programmkopie setzt nicht voraus, dass der Nacherwerber einen Datenträger mit der „erschöpften" Kopie des Computerprogramms erhält – vielmehr reicht es aus, wenn der Nacherwerber die Kopie des Computerprogramms von der Internetseite des Urheberrechtsinhabers auf seinen Computer herunterlädt.

d) Öffentliche Wiedergabe (Nr. 4)

Die drahtgebundene oder drahtlose öffentliche Wiedergabe (iS von § 15 Abs. 2 bzw. iSd §§ 19 bis 22 UrhG) eines Computerprogramms einschließlich der öffentlichen Zugänglichmachung in der Weise, dass es Mitgliedern der Öffentlichkeit von Orten und zu Zeiten ihrer Wahl zugänglich ist, erfasst bspw. das Cloud-Computing als Ersatz für eine Installation auf dem eigenen Rechner.[88] Die öffentliche Wiedergabe oder Zugänglichmachung führt nicht zur Erschöpfung.[89]

2. Ausnahmen von zustimmungsbedürftigen Handlungen (§ 69d UrhG)

Nach § 69d UrhG sind die in § 69c UrhG genannten Handlungen in bestimmten Situationen auch ohne Zustimmung des Urhebers zulässig. Die Vorschrift setzt Art. 5 der Richtlinie 2009/24/EG um. Sie genießt gegenüber den in §§ 44a ff. UrhG geregelten Schranken einen Vorrang (*lex specialis*). Die §§ 69d und e UrhG erschweren gegenüber der allgemeinen Schrankenbestimmung des § 53 UrhG die Vervielfältigung von Computerprogrammen durch Dritte zum eigenen Gebrauch. Vertragliche Bestimmungen, die im Widerspruch zu § 69d Abs. 2 und 3 UrhG stehen, sind nach § 69g Abs. 2 UrhG nichtig.

a) Nutzungen im Rahmen des bestimmungsgemäßen Gebrauchs

Nach § 69g Abs. 1 UrhG dürfen die in § 69c Nr. 1 und Nr. 2 UrhG genannten Handlungen auch ohne Zustimmung des Rechteinhabers vollzogen werden, wenn dies für eine bestimmungsgemäße Benutzung des Computerprogramms einschließlich der Fehlerberichtigung durch einen berechtigten Verwender notwendig ist. Dies gilt nur, soweit keine besonderen vertraglichen Bestimmungen dagegen sprechen[90]. Notwendig sind die in Rede stehenden Nutzungen, wenn andere Maßnahmen eine bestimmungsgemäße Programmnutzung nicht in zumutbarer Weise ermöglichen.

Das dem Nacherwerber der „erschöpften" Kopie eines Computerprogramms (dazu vorstehende Rn. 767 ff.) durch § 69d Abs. 1 UrhG vermittelte Recht zu dessen bestimmungsgemäßer Benutzung kann nicht durch vertragliche Bestimmungen ausgeschlossen werden, die dieses Recht dem Ersterwerber vorbehalten. Was zur bestimmungsgemäßen Benutzung des Computerprogramms nach § 69d Abs. 1 UrhG gehört, ergibt sich aus dem zwischen dem Urheberrechtsinhaber und dem Ersterwerber geschlossenen Lizenzvertrag.[91]

---

88 *Wirth* in Eichelberger/Seifert/Wirth, Urheberrechtsgesetz, UrhG § 69c Rn. 7; *Bisges*, MMR 2012, 574 (576).
89 *Wirth* in Eichelberger/Seifert/Wirth, Urheberrechtsgesetz, UrhG § 69c Rn. 7; *Dreier* in Dreier/Schulze, Urheberrechtsgesetz, UrhG § 69c Rn. 28.
90 Zur Reichweite vertraglicher Bestimmungen siehe *Wirth* in Eichelberger/Seifert/Wirth, Urheberrechtsgesetz, UrhG § 69d Rn. 2, 3; BGH, Urt. v. 24.2.2000 – I ZR 141/97 – NJW 2000, 3212 – Programmfehlerbeseitigung.
91 Vgl. BGH, Urt. v. 11.12.2014 – I ZR 8/13 – GRUR 2015, 772 – UseSoft III.

777 Wer sich darauf beruft, dass die Vervielfältigung eines Computerprogramms nach § 69d Abs. 1 UrhG nicht der Zustimmung des Rechteinhabers bedarf, trägt die Darlegungs- und Beweislast dafür, dass die Voraussetzungen dieser Bestimmung erfüllt sind.

b) Erstellung einer Sicherungskopie

778 Des Weiteren darf nach § 69d Abs. 2 UrhG die Erstellung einer einzigen Sicherungskopie durch eine Person, die zur Benutzung des Programms berechtigt ist, nicht vertraglich untersagt werden, wenn die Sicherungskopie für die Sicherung einer künftigen Benutzung „erforderlich" ist. Die Schranke betrifft das einmalige, identische Herstellen des Computerprogramms für eine ggf. einmalige notwendige Neuinstallation.

779 An der Erforderlichkeit fehlt es bspw., wenn der Hersteller bei Lieferung des Computerprogramms bereits eine Sicherungskopie geliefert hat. Nicht ausreichend ist hingegen die bloße Herstellerzusage einer ggf. notwendig werdenden Nachlieferung.

780 Bei Vorliegen der Voraussetzungen des § 69d Abs. 2 UrhG hat der Erwerber bei Lieferung einer kopiergeschützten Computersoftware gegen den Rechteinhaber einen Anspruch auf Beseitigung des Kopierschutzes.[92]

c) Ermittlung der Idee und der Grundlagen

781 IÜ darf der zur Verwendung eines Vervielfältigungsstücks eines Programms Berechtigte ohne Zustimmung des Rechteinhabers das Funktionieren dieses Programms beobachten, untersuchen oder testen, um die einem Programmelement zugrunde liegenden Ideen und Grundsätze zu ermitteln, wenn dies durch Handlungen zum Laden, Anzeigen, Ablaufen, Übertragen oder Speichern des Programms geschieht, zu denen er berechtigt ist (§ 69d Abs. 3 UrhG). Ausgeschlossen ist hiervon allerdings die Dekompilierung, für die in § 69e UrhG eine Sonderregelung getroffen worden ist.

d) Dekompilierung

782 Unter Dekompilierung ist ein Verfahren zu verstehen, mit dem der Maschinencode mittels eines Decompiler- oder eines Disassembler-Programms in einen menschenlesbaren Programmcode (Quellcode) zurückübersetzt wird (sog. **Reverse Engineering**). Es geht um die Ermittlung der Funktionsprinzipien durch Analyse der rückübersetzten Programmtexte der Software, bspw. im Zusammenhang mit dem Aufspüren von Computerviren oder zwecks Herstellung der Kompatibilität von Computerprogrammen. Dies fällt nicht unter die Erlaubnis des § 69d Abs. 3 UrhG.

783 Nach § 69e Abs. 1 UrhG ist allerdings die Zustimmung des Rechteinhabers nicht erforderlich, wenn die Vervielfältigung des Codes oder die Übersetzung der Codeform iSd § 69c Nr. 1 und 2 UrhG unerlässlich ist, um die erforderlichen Informationen zur Herstellung der Interoperabilität eines unabhängig geschaffenen Computerprogramms mit anderen Programmen zu erhalten. Eine Dekompilierung zu den genannten Zwecken ist aber nur beim Vorliegen folgender Voraussetzungen statthaft, nämlich wenn

---

[92] *Dreier* in Dreier/Schulze, Urheberrechtsgesetz, UrhG § 69d Rn. 19; *Spindler* in Schricker/Loewenheim, Urheberrecht, UrhG § 69d Rn. 20.

- die Handlungen vom Lizenznehmer selbst oder von einer anderen zur Verwendung eines Vervielfältigungsstücks des Programms berechtigten Person oder in deren Namen von einer hierzu ermächtigten Person vorgenommen werden (Nr. 1),
- die für die Herstellung der Interoperabilität notwendigen Informationen den in Nr. 1 genannten Personen nicht ohne Weiteres zugänglich gemacht worden sind (Nr. 2) und
- die Handlungen sich auf die Teile des ursprünglichen Programms beschränken, die zur Herstellung der **Interoperabilität** notwendig sind (Nr. 3).

Die im Zuge der genannten Vorgaben im Rahmen der Dekompilierung gewonnenen Informationen dürfen darüber hinaus nach § 69e Abs. 2 UrhG auch **nicht** 784

- zu anderen Zwecken als zur Herstellung der Interoperabilität des unabhängig geschaffenen Programms verwendet werden (Nr. 1),
- an Dritte weitergegeben werden, es sei denn, dass dies für die Interoperabilität des unabhängig geschaffenen Programms notwendig ist (Nr. 2), bzw.
- für die Entwicklung, Herstellung oder Vermarktung eines Programms mit im Wesentlichen ähnlicher Ausdrucksform oder für irgendwelche anderen das Urheberrecht verletzenden Handlungen verwendet werden (Nr. 3).

Die Anwendung der aufgezeigten Vorgaben muss nach § 69e Abs. 3 UrhG iÜ auch so 785 geschehen, dass ihre Anwendung weder die normale Auswertung des Werkes beeinträchtigt noch die berechtigten Interessen des Rechteinhabers unzumutbar verletzt. Vertragliche Bestimmungen, die in Widerspruch zu § 69e UrhG stehen, sind nach § 69g Abs. 2 UrhG nichtig.

In Umsetzung der DSM-Richtlinie 2019/790 wird auch die Nutzung von Computerprogrammen im Rahmen des allgemeinen Text- und Data-Minings und zu Zwecken von Unterricht und Lehre erleichtert sowie die erlaubnisfreie Erstellung einer Kopie zum Erhalt des Kulturerbes ermöglicht.[93]

785a

e) Schranken für Bildung, Wissenschaft und Kultur

Computerprogramme dürfen gem. § 69d Abs. 4 UrhG auch für das Text und Data Mining nach § 44b UrhG und im Rahmen der Schranken für nicht verfügbare Werke (§§ 61d ff. UrhG) auch nach § 69c Nr. 2 UrhG genutzt werden. Die Schranke des § 60a UrhG findet nach Maßgabe des § 69d Abs. 5 UrhG Anwendung. Der § 60d UrhG findet keine Anwendung.

IV. Die Sanktionierung von Rechtsverletzungen

Dem Rechteinhaber stehen im Falle einer Verletzung seiner Rechte am Computerprogramm (zB Softwarepiraterie) zunächst alle allgemeinen zivil- und strafrechtlichen Sanktionsmöglichkeiten nach Maßgabe der §§ 97 ff. UrhG (dazu vorstehende Rn. 335 ff.) zu. 786

Daneben trifft § 69f UrhG in Umsetzung von Art. 7 der Richtlinie 91/290/EWG eine gesonderte Regelung für Handlungen, die Computerprogrammverletzungen vorbereiten oder mittelbar herbeiführen. 787

---

[93] BR-Drs. 142/21, S. 116 ff.

788 Der Rechteinhaber kann gemäß § 69f Abs. 1 Satz 1 UrhG von dem Eigentümer oder Besitzer des Computerprogramms verschuldensunabhängig verlangen, dass alle rechtswidrig hergestellten, verbreiteten oder zur rechtswidrigen Verbreitung bestimmten Vervielfältigungsstücke vernichtet werden, wobei nach § 69f Abs. 1 Satz 2 UrhG die Regelungen des § 98 Abs. 3 und 4 UrhG entsprechend zur Anwendung gelangen.

789 Der Verletzte kann also einerseits verlangen, dass ihm die Vervielfältigungsstücke, die im Eigentum des Verletzers stehen, gegen eine angemessene Vergütung, welche die Herstellungskosten nicht übersteigen darf, überlassen werden. Andererseits ist der Anspruch aber für den Fall ausgeschlossen, dass die Maßnahme im Einzelfall unverhältnismäßig ist, wobei im Rahmen der Prüfung der **Verhältnismäßigkeit** auch die berechtigten Interessen Dritter zu berücksichtigen sind.

790 Der Vernichtungsanspruch ist erweiternd nach § 69f Abs. 2 UrhG entsprechend auch auf Mittel anzuwenden, die „allein" dazu bestimmt sind, die unerlaubte Beseitigung oder Umgehung technischer Programmschutzmechanismen (bspw. Kopierschutz) zu erleichtern (Umgehungsmittel). § 69 Abs. 3 UrhG regelt das Verhältnis technischer Schutzmaßnahmen zu gesetzlichen Nutzungserlaubnissen.

791 § 69d Abs. 2, 3, 5 und 7 sowie § 69e UrhG sind nach § 69g UrhG **zwingendes Recht** (*jus cogens*). Infolgedessen sind vertragliche Abweichungen von diesen Vorgaben unzulässig.

V. Zusammenfassung

792 Zu den urheberrechtlich geschützten Werken der Literatur, Wissenschaft und Kunst zählen somit Computerprogramme (Software) als Sprachwerke. Die für Sprachwerke geltenden Bestimmungen gelten auch für Computerprogramme, sofern in den §§ 69a ff. UrhG – die zugleich EU-Richtlinienrecht über den Schutz von Computerprogrammen in das deutsche Recht umsetzen – nichts anderes bestimmt ist. Computerprogramme sind als solche nicht patentfähig, es sei denn, es handelt sich um sog. computerimplementierte Erfindungen.

793 Computerprogramme werden als Programme in jeder Gestalt (einschließlich des Entwurfsmaterials) urheberrechtlich geschützt, sofern sie in einer wahrnehmbaren Form konkretisiert sind. Voraussetzung dafür ist, dass es sich um „individuelle Werke" handelt. Sie müssen das Ergebnis der eigenen geistigen Schöpfung ihres Urhebers sein, mithin Individualität aufweisen. Auf andere Kriterien qualitativer oder ästhetischer Natur kommt es nicht an. Im Unterschied zur Schutzfähigkeit traditioneller Werkarten ("persönliche geistige Schöpfungen") werden an die Schöpfungshöhe deutlich niedrigere Anforderungen gestellt. Der Schutz von Computerprogrammen zielt damit auf den Schutz der einfachen persönlichen Schöpfung, die auch als "kleine Münze" bezeichnet wird. Damit kann auch ein qualitativ einfaches Computerprogramm urheberrechtlich geschützt werden.

794 Inhaber des Urheberrechts an einer Software ist der „Schöpfer" iS von § 7 UrhG. Wird ein Computerprogramm von einem Arbeitnehmer in Wahrnehmung seiner Aufgaben oder nach den Anweisungen seines Arbeitgebers geschaffen, so ist dieser zwar Schöpfer, allerdings ist gemäß § 69b Abs. 1 UrhG zur Ausübung aller vermögensrechtlichen Befugnisse an dem Computerprogramm ausschließlich der Arbeitgeber berechtigt, sofern nichts anderes zwischen Arbeitgeber und Arbeitnehmer vertraglich vereinbart worden ist.

V. Zusammenfassung

Der Rechteinhaber an der Software (entweder der Schöpfer oder der Arbeitgeber) hat grundsätzlich ein ausschließliches Recht zur Vervielfältigung, Bearbeitung bzw. Verbreitung am Original oder an Vervielfältigungsstücken des Computerprogramms. IS eines bestimmungsgemäßen Gebrauchs und zur Erstellung einer Sicherungskopie sieht § 69d UrhG Schranken dieses ausschließlichen Rechts vor. Die Erforschung der einem Computerprogramm zugrundliegenden Idee ist aufgrund des urheberrechtlichen Prinzips der Ideenfreiheit[94] mit Ausnahme der Dekompilierung (Auslesen des Quellcodes) zulässig. Beim Vorliegen bestimmter Voraussetzungen ist zur Herstellung der Interoperabilität des Programms auch eine Dekompilierung zulässig.

795

Dem Rechteinhaber stehen im Falle einer Verletzung seiner Rechte am Computerprogramm alle allgemeinen zivil- und strafrechtlichen Sanktionsmöglichkeiten nach Maßgabe der §§ 97 ff. UrhG zu. Der Rechteinhaber kann vom Eigentümer oder Besitzer des Computerprogramms darüber hinaus auch verlangen, dass alle rechtswidrig hergestellten, verbreiteten oder zur rechtswidrigen Verbreitung bestimmten Vervielfältigungsstücke vernichtet werden.

796

---

94 *Wirth* in Eichelberger/Seifert/Wirth, Urheberrechtsgesetz, UrhG § 69d Rn. 5.

§ 8 Verwandte Schutzrechte

797 Der zweite Teil des UrhG normiert in den §§ 70 bis 87e und in den §§ 94 f. mit dem Urheberrecht verwandte Schutzrechte. Dabei handelt es sich aber um Leistungsschutzrechte und nicht um Urheberrechte. Der urheberrechtliche Schutz iwS wird dadurch im Hinblick auf bestimmte Gegenstände (zB Lichtbilder, § 72 UrhG) oder bestimmte Personen auf eine abschließende Anzahl von Leistungen künstlerischer, wissenschaftlicher, unternehmerischer oder sonstiger Art ausgeweitet.[1] So erbringen bspw. Sänger oder Schauspieler individuelle geistige Leistungen – sie schaffen jedoch kein eigenständiges neues Werk, das nach Maßgabe von § 2 UrhG Urheberrechtsschutz genießen würde. Vielmehr reproduzieren sie ein vom Komponisten bzw. Bühnenautor früher bereits originär geschaffenes Geisteswerk, das selbst Urheberrechtsschutz genießt.[2] Die Interpretation eines Musik- oder Bühnenstücks erkennt der Gesetzgeber zwar als schützenswerte Leistung an. Sie genießt allerdings keinen Urheber-, sondern einen eigenständigen Leistungsschutz als "verwandtes Schutzrecht". Die Leistungsschutzrechte reichen sowohl in persönlichkeits- als auch in verwertungsrechtlicher Hinsicht weniger weit als das Urheberrecht des Werkschöpfers.[3]

Frage 34: Was versteht man – im Vergleich zum Urheberrecht – unter einem Leistungsschutzrecht?

798 Verwandte Schutzrechte sieht das Urhebergesetz für

- wissenschaftliche Ausgaben (§ 70 UrhG),
- nachgelassene Werke (§ 71 UrhG),
- Lichtbildner (§ 72 UrhG),
- ausübende Künstler (§§ 73 ff. UrhG),
- Tonträgerhersteller (§§ 85 f. UrhG),
- Sendeunternehmer (§ 87 UrhG),
- Datenbankersteller (§§ 87a ff. UrhG) und
- Presseverleger (§ 87f ff. UrhG)

vor. Das Leistungsschutzrecht ist im Gegensatz zum Urheberrecht kein einheitliches Recht. Aufgrund des Wesensunterschiedes zwischen Urheber- und Leistungsschutz dürfen im Falle von Schutzlücken auf die verwandten Schutzrechte nicht ohne Weiteres die urheberrechtlichen Grundsätze angewandt werden. Eine Ausnahme bildet nur der Übertragungszweckgedanke, nach dem die Übertragung des Rechts im Zweifel in dem durch den Vertragszweck gebotenen Umfang erfolgt.[4]

---

1 *Wirth* in Eichelberger/Seifert/Wirth, Urheberrechtsgesetz, UrhG Vor. §§ 70 ff. UrhG Rn. 1.
2 *Eisenmann/Jautz*, Grundriss, Rn. 99.
3 *Eisenmann/Jautz*, Grundriss, Rn. 101.
4 BGH, Urt. v. 11.4.2013 – I ZR 151/11 – ZUM-RD 2013, 314, Rn. 46 ff.; *Wirth* in Eichelberger/Seifert/Wirth, Urheberrechtsgesetz, UrhG Vor. §§ 70 ff. UrhG Rn. 1; differenzierend *Peukert* in Rehbinder/Peukert, Urheberrecht, Rn. 919.

I. Der Schutz des ausübenden Künstlers (§§ 73 bis 84 UrhG)

Das UrhG schützt in den §§ 73 ff. die Leistungen von „ausübenden Künstlern". Das Gesetz überträgt den ausübenden Künstlern einzelne Leistungsschutzrechte, die eine Verwertung der Darbietung ermöglichen.[5]

1. Rechteinhaber

Eine Legaldefinition des "ausübenden Künstlers" iSd UrhG liefert § 73 UrhG. Ausübender Künstler ist demnach, wer ein Werk iS von § 2 Abs. 1 UrhG oder eine Ausdrucksform der Volkskunst aufführt, singt, spielt oder auf eine andere Weise darbietet oder an einer solchen Darbietung künstlerisch mitwirkt. Nicht notwendig ist, dass es sich bei dem Gegenstand der Darbietung um ein urheberrechtlich geschütztes Werk handelt. Der Einbezug von „Ausdrucksformen der Volkskunst"[6] ermöglicht bspw. auch einen Schutz von Zirkus- oder Varietéaufführungen.[7]

Bei der Darbietung muss es sich nicht um eine „persönliche geistige Schöpfung" des ausübenden Künstlers iS von § 2 Abs. 1 UrhG handeln. Werkinterpretationen geringer künstlerischer Höhe können schon den Schutz genießen, solange ein hinreichender Spielraum für künstlerische Interpretation besteht und der Darbietende diesen Spielraum gestaltend ausnutzt.[8]

Das Gesetz differenziert dabei zwischen dem "darbietenden Künstler", mithin dem Sänger, Musiker, Schauspieler oder Tänzer, aber auch einem Quizmaster[9] oder Synchronsprecher[10], und dem "künstlerisch Mitwirkenden", bspw. einem Regisseur oder Dirigenten. Die künstlerisch Mitwirkenden können nach § 73 Alt. 2 UrhG Leistungsschutz in Anspruch nehmen, wenn ihr Beitrag einen bestimmenden Einfluss auf die künstlerische Darbietung hat.[11]

Keine ausübenden Künstler sind (handwerkliche)[12] Hilfspersonen – wie etwa Bühnen- oder Maskenbildner, Toningenieure[13] oder Beleuchter, die lediglich in technisch-organisatorischer Hinsicht an einer Werkaufführung mitwirken.[14] Etwas anderes gilt nur, wenn sie einen eigenen künstlerischen Beitrag liefern, der einen maßgeblichen Einfluss auf die Werkinterpretation[15] durch die Darbietung hat.[16]

Ausübende Künstler aus anderen EU-Staaten sind deutschen Künstlern gleichgestellt.[17] Ausländische ausübende Künstler aus Drittstaaten genießen Schutz über § 125 Abs. 2

---

5 *Wirth* in Eichelberger/Seifert/Wirth, Urheberrechtsgesetz, UrhG § 73 Rn. 1; *Grünberger* in Schricker/Loewenheim, Urheberrecht, Vor. § 73 UrhG, Rn. 3, 5.
6 Siehe zum Begriff der „Volkskunst" umfassend *Grünberger* in Schricker/Loewenheim, Urheberrecht, Vor. § 73 UrhG, Rn. 18 ff.; *Büscher* in Wandtke/Bullinger, Urheberrecht, UrhG § 73 Rn. 10 ff.
7 *Wirth* in Eichelberger/Seifert/Wirth, Urheberrechtsgesetz, UrhG § 73 Rn. 2.
8 *Stang* in Ahlberg/Götting, BeckOK Urheberrecht, UrhG § 73 Rn. 9 f.
9 BGH, Urt. v. 14.11.1980 – I ZR 73/78 – NJW 1981, 2055 – Quizmaster.
10 BGH, Urt. v. 10.5.2012 – I ZR 145/11 – ZUM 2013, 39 – Synchronsprecher.
11 BGH, Urt. v. 14.11.1980 – I ZR 73/78 – NJW 1981, 2055 – Quizmaster; OLG Dresden, Urt. v. 16.5.2000 – 14 U 729/00 – NJW 2001, 622; *Wirth* in Eichelberger/Seifert/Wirth, Urheberrechtsgesetz, UrhG § 73 Rn. 6.
12 *Wirth* in Eichelberger/Seifert/Wirth, Urheberrechtsgesetz, UrhG § 73 Rn. 7.
13 Siehe dazu BGH, Urt. v. 27.5.1982 – I ZR 114/80 – NJW 1984, 1110 – Tonmeister. Dazu umfassend *Büscher* in Wandtke/Bullinger, Urheberrecht, UrhG § 73 Rn. 15.
14 So *Eisenmann/Jautz*, Grundriss, Rn. 101; *Peukert* in Rehbinder/Peuker, Urheberrecht, Rn. 667.
15 *Büscher* in Wandtke/Bullinger, Urheberrecht, UrhG § 73 Rn. 14.
16 Vgl. BGH, Urt. v. 13.6.2002 – I ZR 1/00 – NJW 2002, 3549 – Mischtonmeister; *Wirth* in Eichelberger/Seifert/Wirth, Urheberrechtsgesetz, UrhG § 73 Rn. 7.
17 EuGH, Urt. v. 20.10.1993 – C-92/92 und C-326/92 – Phil Collins./. Imtrat.

UrhG für alle ihre Darbietungen, die im Geltungsbereich des UrhG stattfinden – soweit nicht in § 125 Abs. 3 und 4 UrhG etwas anderes bestimmt ist.

805 Nach § 74 Abs. 3 UrhG gilt die Vermutung des § 10 Abs. 1 UrhG (dazu vorstehende Rn. 185 ff.) entsprechend.

2. Inhalt des Leistungsschutzes

806 Die Rechtsposition des ausübenden Künstlers ist in Anerkennung seiner Darbietung als Leistungsschutzrecht gleichwohl schwächer ausgestaltet als jene eines Urhebers, da seine Leistung ohne das von ihm präsentierte Werk des Urhebers faktisch nicht möglich ist.[18]

807 Erbringt der ausübende Künstler neben der interpretatorischen auch eine schöpferische Leistung, wie bspw. beim Sound-Sampling oder bei Jazz-Improvisationen, so kann auch er ein eigenes Urheberrecht erwerben.[19]

a) Der Persönlichkeitsrechtsschutz des ausübenden Künstlers

808 Die persönlichkeitsrechtlichen Interessen des ausübenden Künstlers regeln die §§ 74 bis 76 UrhG.

aa) Anerkennungs- und Namensbenennungsrecht (§ 74 UrhG)

809 Aufgrund des Persönlichkeitsrechtsschutzes normiert § 74 UrhG in positiver Hinsicht die Anerkennung als ausübender Künstler. Dieser hat das Recht, in Bezug auf seine Darbietung als ausübender Künstler anerkannt zu werden (**Anerkennungsrecht**). Er kann dabei bestimmen, ob und mit welchem Namen er genannt wird (**Namensbenennungsrecht**). Das Namensbenennungsrecht ist höchstpersönlich und damit nicht übertragbar. Ein Verzicht ist nicht möglich, wohl aber ein schuldrechtlicher Verzicht auf die Ausübung des Rechts.[20]

810 Haben mehrere ausübende Künstler gemeinsam eine Darbietung erbracht und erfordert die Nennung jedes einzelnen von ihnen einen unverhältnismäßigen Aufwand, so können sie nur verlangen, als Künstlergruppe genannt zu werden. Hat die Künstlergruppe einen gewählten Vertreter (Vorstand), so ist dieser gegenüber Dritten allein zur Vertretung befugt. Hat eine Gruppe keinen Vorstand, so kann das Recht nur durch den Leiter der Gruppe, mangels eines solchen nur durch einen von der Gruppe zu wählenden Vertreter geltend gemacht werden. Das Recht eines beteiligten ausübenden Künstlers auf persönliche Nennung bleibt bei einem besonderen Interesse unberührt. Dabei gilt § 10 Abs. 1 UrhG mit seiner Vermutung der Rechtsinhaberschaft entsprechend. Diese aus Praktikabilitätserwägungen entspringende Einschränkung, welche insbesondere für große Ensembles gedacht ist, betrifft nur das Recht auf Namensnennung, nicht die **Anerkennung als ausübender Künstler** einer Darbietung als solche (§ 74 Abs. 1 Satz 1 UrhG).[21]

---

18 *Lettl*, Urheberrecht, § 9 Rn. 5.
19 *Wirth* in Eichelberger/Seifert/Wirth, Urheberrechtsgesetz, UrhG § 73 Rn. 5. Siehe dazu auch BGH, Urt. v. 24.11.1983 – I ZR 147/81 – NJW 1984, 2582 – Filmregisseur.
20 LG Berlin, Urt. v. 4.11.2014 – 15 O 153/14 – ZUM 2015, 264; *Wirth* in Eichelberger/Seifert/Wirth, Urheberrechtsgesetz, UrhG § 74 Rn. 1 und 2. Einschränkend *Dreier* in Dreier/Schulze, Urheberrecht, UrhG § 74 Rn. 4.
21 *Wirth* in Eichelberger/Seifert/Wirth, Urheberrechtsgesetz, UrhG § 74 Rn. 3, 4; *Dreier* in Dreier/Schulze, Urheberrecht, UrhG § 74 Rn. 7; *Büschner* in Wandtke/Bullinger, Urheberrecht, UrhG § 74 Rn. 23.

I. Der Schutz des ausübenden Künstlers (§§ 73 bis 84 UrhG)

bb) Schutz vor Entstellung der Darbietung (§ 75 UrhG)

Der ausübende Künstler hat in Anerkennung und als Ausprägung seines Persönlichkeitsrechts in negativer Hinsicht nach § 75 UrhG das Recht, eine Entstellung oder eine andere Beeinträchtigung seiner Darbietung zu verbieten, die geeignet ist, sein Ansehen oder seinen Ruf als ausübender Künstler zu gefährden. Haben mehrere ausübende Künstler gemeinsam eine Darbietung erbracht, so haben sie bei der Ausübung des Rechts aufeinander angemessen Rücksicht zu nehmen.

811

Der Begriff der Entstellung als besonders schwerer Fall der Beeinträchtigung entspricht dem in § 14 UrhG.[22] Ferner muss die Entstellung oder andere Beeinträchtigung geeignet sein, den Ruf des ausübenden Künstlers zu schädigen. Daran fehlt es in der Regel, wenn bei einer Beeinträchtigung offensichtlich ist, dass diese dem ausübenden Künstler nicht zuzurechnen ist.[23] Die Entstellung indiziert das rufschädigende Potential. Bei sonstigen Beeinträchtigungen muss der ausübende Künstler die Beeinträchtigung seiner ideellen Interessen darlegen, um den Anspruch zu begründen.[24]

812

cc) Schutzdauer (§ 76 UrhG)

Die in den §§ 74 und 75 UrhG bezeichneten Rechte erlöschen nach § 76 UrhG mit dem Tod des ausübenden Künstlers, jedoch erst 50 Jahre nach der Darbietung, wenn der ausübende Künstler vor Ablauf dieser Frist verstorben ist, sowie nicht vor Ablauf der für die Verwertungsrechte nach § 82 UrhG geltenden Frist. Die Frist ist nach § 69 UrhG zu berechnen. Fristbeginn ist der Ablauf des Kalenderjahres, in dem das für den Beginn der Frist maßgebliche Ereignis (zB die Darbietung) eingetreten ist.

813

Haben mehrere ausübende Künstler gemeinsam eine Darbietung erbracht, so ist der Tod des letzten der beteiligten ausübenden Künstler maßgeblich. Nach dem Tod des ausübenden Künstlers stehen die Rechte seinen Angehörigen iSd § 60 Abs. 2 UrhG, mithin grundsätzlich dem Ehegatten oder dem Lebenspartner und den Kindern, zu. Dies gilt auch, falls der ausübende Künstler einen Erben eingesetzt hat, der nicht sein Angehöriger ist und dieser damit die Verwertungsrechte an der Darbietung erlangt.[25]

814

b) Verwertungsrechte des ausübenden Künstlers

Im Hinblick auf die Verwertungsrechte stehen dem ausübenden Künstler in den §§ 77 und 78 UrhG diverse Ausschließlichkeitsrechte zu. Die Regelungen sind hinsichtlich der Verwertungsrechte des ausübenden Künstlers abschließend.[26]

815

---

22 *Wirth* in Eichelberger/Seifert/Wirth, Urheberrechtsgesetz, UrhG § 75 Rn. 2. Siehe dazu (die Entstellung bejahend) OLG München, Urt. v. 8.21996 – 29 U 5864/95 – NJW 1996, 1157. Eine Entstellung ablehnend OLG Hamburg, Urt. v. 26.7.2001 – 3 U 54/01 – ZUM-RD 2002, 145 – Remix/Remastering.
23 BGH, Urt. v. 20.11.1986 – I ZR 188/84 – NJW 1988, 334 – Zauberflöte; OLG Hamburg, Urt. v. 16.5.1991 – 3 U 237/90 – NJW-RR 1992, 746; LG Berlin, Urt. v. 9.5.2006 – 16 O 235/05 – ZUM 2006, 761.
24 *Wirth* in Eichelberger/Seifert/Wirth, Urheberrechtsgesetz, UrhG § 75 Rn. 4; *Dreier* in Dreier/Schulze, Urheberrecht, UrhG § 75 Rn. 8.
25 *Wirth* in Eichelberger/Seifert/Wirth, Urheberrechtsgesetz, UrhG § 76 Rn. 1; *Vogel* in Schricker/Loewenheim, Urheberrecht, UrhG § 76 Rn. 8; *Büscher* in Wandtke/Bullinger, Urheberrecht, UrhG § 76 Rn. 6.
26 *Wirth* in Eichelberger/Seifert/Wirth, Urheberrechtsgesetz, UrhG § 77 Rn. 1; *Stang* in Ahlberg/Götting, BeckOK Urheberrecht, UrhG § 77 Rn. 1; *Grünberger* in Schricker/Loewenheim, Urheberrecht, UrhG § 77 Rn. 2.

aa) Aufnahme, Vervielfältigung und Verbreitung

816 So hat der ausübende Künstler nach § 77 Abs. 1 UrhG das ausschließliche Recht, seine Darbietung auf Bild- oder Tonträger aufzunehmen (**Aufnahmerecht**).[27] Er hat weiter das ausschließliche Recht, den Bild- oder Tonträger, auf den seine Darbietung aufgenommen worden ist, zu vervielfältigen und zu verbreiten (§ 77 Abs. 2 UrhG, **Vervielfältigungs- und Verbreitungsrecht**).

817 Eine Vervielfältigung in diesem Sinne liegt auch dann bereits vor, wenn einzelne Sequenzen von Aufzeichnungen, die jedenfalls ein Minimum an eine künstlerische Leistung zum Ausdruck bringender Eigenart aufweisen, in neue Werke eingespeist werden.[28] Einzelheiten sind umstritten[29], insbesondere lässt sich die Rechtsprechung zum Sampling als Eingriff in die Rechte des Tonträgerhersteller (dazu vorstehende Rn. 86 f. sowie nachstehende Rn. 840 ff.) aufgrund der unterschiedlichen Schutzgegenstände nicht ohne Weiteres auf das Recht des ausübenden Künstlers übertragen.[30]

818 Das Verbreitungsrecht erlangt gegenüber dem Vervielfältigungsrecht insbesondere dann eine eigenständige Bedeutung, wenn die Vervielfältigung einer Darbietung eines ausländischen Künstlers nicht in Deutschland stattgefunden hat, der Mitschnitt jedoch im Anschluss in Deutschland vertrieben wird.[31]

bb) Das Recht zur öffentlichen Wiedergabe (§ 78 UrhG)

819 Hinzu kommt nach § 78 Abs. 1 UrhG das Recht des ausübenden Künstlers, seine Darbietung öffentlich wiederzugeben (**Recht zur öffentlichen Wiedergabe**). Dies umfasst das Recht, die Darbietung

- öffentlich zugänglich zu machen (§ 19a UrhG – Nr. 1),
- zu senden, es sei denn, dass die Darbietung erlaubter Weise auf Bild- oder Tonträger aufgenommen worden ist, die erschienen oder erlaubter Weise öffentlich zugänglich gemacht worden sind (Nr. 2), oder
- außerhalb des Raumes, in dem sie stattfindet, durch Bildschirm, Lautsprecher oder ähnliche technische Einrichtungen öffentlich wahrnehmbar zu machen (Nr. 3).

820 Die Sendung von bereits erschienenen oder in erlaubter Weise öffentlich zugänglich gemachten Werken kann der ausübende Künstler nicht verbieten. Ihm steht dann allerdings gemäß § 78 Abs. 2 UrhG eine angemessene Vergütung zu (dazu nachstehende Rn. 829 f.).

cc) Gemeinsame Darbietung

821 Erbringen mehrere ausübende Künstler gemeinsam eine Darbietung, ohne dass sich ihre Anteile gesondert verwerten lassen (bspw. im Rahmen einer Bühnen-, Chor- oder Orchesteraufführung), so steht ihnen nach § 80 Abs. 1 UrhG das Recht zur Verwertung zur gesamten Hand zu.

---

27 Siehe dazu LG München 1, Urt. v. 29.5.1979 – 7 S 2 1373/75 – GRUR 1979, 852 – Godspell.
28 *Grünberger* in Schricker/Loewenheim, Urheberrecht, UrhG § 77 Rn. 35; *Wirth* in Eichelberger/Seifert/Wirth, Urheberrechtsgesetz, UrhG § 77 Rn. 3.
29 Zum Streitstand *Grünberger* in Schricker/Loewenheim, Urheberrecht, UrhG § 77 Rn. 39.
30 *Grünberger* in Schricker/Loewenheim, Urheberrecht, UrhG § 77 Rn. 38.
31 *Wirth* in Eichelberger/Seifert/Wirth, Urheberrechtsgesetz, UrhG § 77 Rn. 5.

I. Der Schutz des ausübenden Künstlers (§§ 73 bis 84 UrhG)

Keiner der beteiligten Künstler darf seine Einwilligung zur Verwertung wider Treu und Glauben (vgl. § 242 BGB) verweigern. Dabei gelangen § 8 Abs. 2 Satz 3, Abs. 3 und 4 UrhG entsprechend zur Anwendung mit der Folge, dass jeder beteiligte Künstler berechtigt ist, Ansprüche aus Verletzungen des gemeinsamen Leistungsschutzrechts geltend zu machen. Er kann jedoch nur Leistung an alle beteiligten Künstler verlangen. 822

Die Geltendmachung der Rechte aus den §§ 77 und 78 UrhG sollte jedoch § 74 Abs. 2 und 3 UrhG entsprechend durch einen gewählten Vertreter erfolgen (vgl. § 80 Abs. 2 UrhG).[32] 823

Die Erträgnisse aus der Nutzung des Werkes gebühren den beteiligten Künstlern nach dem Umfang ihrer Mitwirkung an der Darbietung des Werkes, wenn nichts anderes zwischen ihnen vereinbart worden ist. Einer der Künstler kann auf seinen Anteil an den Verwertungsrechten (§ 15 UrhG) verzichten. Der Verzicht ist den anderen Beteiligten gegenüber zu erklären. Mit der Erklärung wächst der Anteil den anderen zu. 824

dd) Nutzungsrechte

Der ausübende Künstler kann gemäß § 79 Abs. 1 UrhG seine Rechte und Ansprüche aus den §§ 77 und 78 UrhG – vorbehaltlich der Regelungen in § 78 Abs. 3 und 4 UrhG – übertragen. Dies ermöglicht insbesondere dem ausübenden Künstler, der in einem Arbeits- oder Dienstverhältnis steht, eine Übertragung an seinen Arbeitgeber, bspw. ein städtisches Schauspielhaus oder eine Rundfunk- bzw. Fernsehanstalt. 825

Der ausübende Künstler kann einem anderen nach § 79 Abs. 2 UrhG auch das Recht einräumen, die Darbietung auf einzelne oder alle der ihm vorbehaltenen Nutzungsarten zu nutzen, wobei im Hinblick auf die Nutzungsrechte dann die §§ 31, 32 bis 32b, 32d sowie die §§ 40 bis 43 UrhG entsprechend zur Anwendung gelangen. Das urheberschützende Vertragsrecht kommt also, im Gegensatz zu anderen Leistungsschutzberechtigten, dem ausübenden Künstler beinahe in vollem Umfang zugute.[33] 826

Nach Maßgabe des § 79 Abs. 3 UrhG hat der ausübende Künstler, der seine Rechte an einen Tonträgerhersteller abgetreten hat, ein Kündigungsrecht für den zugrundeliegenden Vertrag, wenn es der Tonträgerhersteller unterlässt, Kopien des Tonträgers in ausreichender Menge zum Verkauf anzubieten oder den Tonträger öffentlich zugänglich zu machen. Die Zulässigkeit der Kündigung bestimmt sich nach § 79 Abs. 3 Nr. 1 und 2 UrhG. 827

c) Vergütungsansprüche des ausübenden Künstlers

Das Gesetz spricht dem ausübenden Künstler für die in § 78 Abs. 1 Nr. 2 UrhG erlaubte Nutzung und eine anderweitige öffentliche Wiedergabe mittels Bild- und Tonträgern einen Anspruch auf eine angemessene Vergütung zu. Außerdem normieren die §§ 79 bis 79b UrhG einen Rahmen für die Gegenleistung bei einer vertraglichen Einräumung der Nutzungsrechte nach den §§ 77 und 78 UrhG. 828

---

32 Zu Einzelheiten siehe BGH, Urt. v. 18.2.1993 – I ZR 71/91 – NJW 1993, 2183 – The Doors; OLG Frankfurt aM, Urt. v. 14.10.2014 – 11 U 43/14 – ZUM 2015, 260; BGH, Urt. v. 25.11.2004 – I ZR 145/02 – NJW 2005, 1656 – Götterdämmerung.
33 *Peukert* in Rehbinder/Peukert, Urheberrecht, Rn. 678.

aa) Vergütung für die erlaubte Nutzung nach § 78 Abs. 2 UrhG

829 Nach § 78 Abs. 2 UrhG ist dem ausübenden Künstler eine „angemessene Vergütung" zu zahlen, wenn

- die Darbietung nach § 78 Abs. 1 Nr. 2 UrhG erlaubter Weise gesendet (Nr. 1),
- die Darbietung mittels Bild- oder Tonträger öffentlich wahrnehmbar gemacht (Nr. 2) oder wenn
- die Sendung oder die auf öffentlicher Zugänglichmachung beruhende Wiedergabe der Darbietung öffentlich wahrnehmbar gemacht wird (Nr. 3).

830 Auf die genannten Vergütungsansprüche kann der ausübende Künstler nach § 78 Abs. 3 UrhG im Voraus nicht verzichten. Diese können im Voraus auch nur an eine Verwertungsgesellschaft – konkret die Gesellschaft zur Verwertung von Leistungsschutzrechten (GVL) – abgetreten werden. Die GVL nimmt die aus dem UrhG resultierenden Rechte und die Ansprüche ua der ausübenden Künstler (darüber hinaus aber auch der Bild- und Tonträgerhersteller, der Miturheber an Filmwerken und der Veranstalter iS von § 81 UrhG) wahr. Hinsichtlich der Frage, ob eine öffentliche Wiedergabe vorliegt, sei auf die parallele Problematik bei den Urheberrechten verwiesen (vorstehende Rn. 299 ff.).

bb) Vergütung für die Einräumung von Nutzungsrechten

831 Aufgrund der Verweisung in § 79 Abs. 2a UrhG steht dem ausübenden Künstler bei der Übertragung von Nutzungsrechten eine angemessene Vergütung (§ 32 UrhG) und ggf. ein Anspruch auf weitere Beteiligung (§ 32a UrhG) zu. Im Hinblick auf später bekannte Nutzungsarten räumt ihm § 79b UrhG – ähnlich wie § 32c UrhG dem Urheber (vorstehende Rn. 582) – einen Anspruch auf gesonderte Vergütung ein.[34]

832 Tonträgerhersteller müssen den ausübenden Künstlern nach Maßgabe des § 79a UrhG eine zusätzliche Gewinnbeteiligung für die Einnahmen zukommen lassen, welche sie später als 50 Jahre nach dem Erscheinen des die Darbietung enthaltenden Tonträgers bzw. nach der ersten erlaubten Benutzung zur öffentlichen Wiedergabe erzielen.

d) Rechte des Veranstalters (§ 81 UrhG)

833 Aufgrund seiner kulturfördernden Leistung[35] spricht das Gesetz auch dem Veranstalter, der durch seine Investition die Darbietung eines ausübenden Künstlers ermöglicht, ein legitimes wirtschaftliches Interesse[36] sowie die Möglichkeit dieses durchzusetzen zu.[37]

834 Wird die Darbietung eines ausübenden Künstlers von einem Unternehmen veranstaltet, so stehen die Rechte nach § 77 Abs. 1 und 2 Satz 1 sowie § 78 Abs. 1 UrhG neben dem ausübenden Künstler auch dem Inhaber des Unternehmens zu. § 10 Abs. 1, § 31 sowie die §§ 33 und 38 UrhG gelten entsprechend.

---

34 *Peukert* in Rehbinder/Peukert, Urheberrecht, Rn. 678.
35 *Büscher* in Wandtke/Bulliger, Urheberrecht, UrhG § 81 Rn. 6.
36 *Vogel* in Schricker/Loewenheim, Urheberrecht, UrhG § 81 Rn. 5.
37 *Wirth* in Eichelberger/Seifert/Wirth, Urheberrechtsgesetz, UrhG § 81 Rn. 1.

Veranstalter in diesem Sinne ist, wer in organisatorischer und finanzieller Hinsicht für die Darbietung verantwortlich ist.[38] Für den Veranstalter gilt nach § 10 Abs. 1 UrhG die Vermutung der Rechtsinhaberschaft. Er kann Dritten gemäß § 31 UrhG Nutzungsrechte einräumen.

e) Dauer der Verwertungsrechte

Ist die Darbietung des ausübenden Künstlers auf einem Tonträger aufgezeichnet worden, so erlöschen die in den §§ 77 und 78 UrhG bezeichneten Rechte des ausübenden Künstlers 70 Jahre nach dem Erscheinen des Tonträgers (§ 82 Abs. 1 UrhG). Ist die Darbietung des ausübenden Künstlers nicht auf einem Tonträger aufgezeichnet worden, so erlöschen die Rechte 50 Jahre nach dem Erscheinen der Aufzeichnung. Die Rechte erlöschen jedoch bereits 50 Jahre nach der Darbietung, wenn eine Aufzeichnung innerhalb dieser Frist nicht erschienen oder nicht erlaubterweise zur öffentlichen Wiedergabe benutzt worden ist.

Die in § 81 UrhG bezeichneten Rechte des Veranstalters erlöschen 25 Jahre nach Erscheinen einer Aufzeichnung der Darbietung eines ausübenden Künstlers (§ 82 Abs. 2 UrhG). Die Rechte erlöschen bereits 25 Jahre nach der Darbietung, wenn eine Aufzeichnung innerhalb dieser Frist nicht erschienen oder nicht erlaubterweise zur öffentlichen Wiedergabe benutzt worden ist.

f) Schranken der Verwertungsrechte

Auf die dem ausübenden Künstler nach den §§ 77 und 78 UrhG sowie die dem Veranstalter nach § 81 UrhG zustehenden Rechte sind die in Abschnitt 6 des Teils 1 für den Urheber geltenden Schranken im Hinblick auf Interessen der Allgemeinheit (vorstehende Rn. 622 ff.) und Privater (Rn. 702 ff.) entsprechend anzuwenden (so § 83 UrhG).

g) Abwehr- und Schadensersatzansprüche

Der ausübende Künstler hat – wie der Urheber – gegen Verletzungshandlungen, die in seine Persönlichkeitsrechte (§§ 78 f. UrhG) bzw. seine Ausschließlichkeitsrechte (§§ 78 f. UrhG) eingreifen, nach Maßgabe der §§ 97 ff. UrhG (vorstehende Rn. 335 ff.) Beseitigungs-, Unterlassungs- bzw., sofern die Verletzung schuldhaft erfolgt, auch Schadenersatzansprüche.

II. Der Schutz des Herstellers von Tonträgern

Dem Hersteller eines Tonträgers[39] als Erbringer einer leicht kopierbaren „qualifizierten technischen Leistung"[40] steht aufgrund seiner unternehmerischen Leistung mit korrespondierendem wirtschaftlichem Mitteleinsatz nach § 85 UrhG ein umfassendes Verwertungsrecht (Leistungsschutzrecht) zu. Bei öffentlichen Wiedergaben von Darbietungen unter Nutzung eines Tonträgers gebührt dem Hersteller eine angemessene Beteiligung an der Vergütung (§ 86 UrhG).

---

38 BGH, Urt. v. 16.6.1971 – I ZR 120/69 – NJW 1971, 2173 (2174) – Konzertveranstalter.
39 *Lettl*, Urheberrecht, § 9 Rn. 10.
40 *Eisenmann/Jautz*, Grundriss, Rn. 109.

1. Schutzgegenstand und Rechteinhaber

841 Tonträger ist iS der Legaldefinition des § 16 Abs. 2 UrhG eine Vorrichtung zur wiederholten Wiedergabe von Tonfolgen, bspw. eine CD oder Schallplatte. Geschützt ist die organisatorische und wirtschaftliche Leistung, das Tonmaterial aufzuzeichnen.[41] Bei der Aufnahme selbst muss es sich nicht um ein urheberrechtlich geschütztes Werk handeln. Geschützt sind bspw. auch Aufnahmen von Geräuschen aus der Natur.[42] Auch kleinste Teile des Tonträgers sind grundsätzlich vom Schutz umfasst (vgl. dazu den vorstehenden Fall 2, Rn. 77).[43]

842 Hersteller ist grundsätzlich, wer das wirtschaftliche Risiko und damit auch die organisatorische Hoheit bei der erstmaligen Produktion des Tonträgers trägt. Der Herstellerbegriff des § 85 UrhG unterscheidet sich insofern von dem des § 950 BGB.[44]

843 Ist der Tonträger in einem Unternehmen hergestellt worden, so gilt (gesetzliche Fiktion) nach § 85 Abs. 1 Satz 2 UrhG der **Inhaber des Unternehmens** als „Hersteller". Der Produzent eines Musikvideos ist sowohl Hersteller eines Tonträgers iS von § 85 UrhG als auch Filmhersteller iSd § 94 UrhG.

2. Verwertungsrechte (§ 85 UrhG)

844 Der Tonträgerhersteller hat gemäß § 85 Abs. 1 Satz 1 UrhG das ausschließliche Recht, den Tonträger zu vervielfältigen, zu verbreiten und öffentlich zugänglich zu machen. Das Recht entsteht gemäß § 85 Abs. 1 Satz 3 UrhG nicht durch Vervielfältigung eines Tonträgers, sondern nur durch dessen erstmalige Herstellung.[45]

845 Das Verwertungsrecht ist übertragbar. Der Tonträgerhersteller kann auch einem anderen das Recht einräumen, den Tonträger auf einzelne oder alle der ihm vorbehaltenen Nutzungsarten zu nutzen. Das System der Rechteeinräumung ähnelt dem im Urhebervertragsrecht (dazu vorstehende Rn. 86 f.), klammert aber die dem Persönlichkeitsschutz des Urhebers dienenden sowie die auf die gestörte Vertragsparität bezugnehmenden Vorschriften aus, da das Leistungsschutzrecht des Herstellers von Tonträgern als Investitionsschutzrecht eine andere Zielrichtung als das Urhebervertragsrecht hat.[46]

846 Das Recht erlischt grundsätzlich 70 Jahre nach dem Erscheinen des Tonträgers, wobei für die Fristberechnung § 69 UrhG gilt.

---

41 *Lettl*, Urheberrecht, § 9 Rn. 10.
42 *Wirth* in Eichelberger/Seifert/Wirth, Urheberrechtsgesetz, UrhG § 85 Rn. 2; *Schulze* in Dreier/Schulze, Urheberrechtsgesetz, UrhG § 85 Rn. 18; *Schaefer* in Wandtke/Bullinger, Urheberrecht, UrhG § 85 Rn. 3.
43 BGH, Urt. v. 6.12.2017 – I ZR 186/16 – NJW 2018, 784 – Konferenz der Tiere, Rn. 20; BGH, Urt. v. 30.4.2020 – I ZR 115/16 – NJW 2020, 32 – Metall aus Metall IV; EuGH, Urt. v. 29.7.2019 – C-476/16 – GRUR 2019, 929 – Pelham ua; BGH, Beschl. v. 1.6.2017 – I ZR 115/16 – GRUR 2017, 895 – Metall auf Metall III; BVerfG, Urt. v. 31.5.2016 – 1 BvR 1585/13 – BVerfGE 142, 74; BGH, Urt. v. 13.12.2012 – I ZR 182/11 – GRUR 2013, 614 – Metall auf Metall II; OLG Hamburg, Urt. v. 17.8.2011 – 5 U 48/05 – MMR 2011, 755; BGH, Urt. v. 20.11.2008 – I ZR 112/06 – GRUR 2009, 403; OLG Hamburg, Urt. v. 7.6.2006 – 5 U 48/05 – GRUR 2007, 3 – Metall auf Metall; LG Hamburg, Urt. v. 8.10.2004 – 308 O 90/99 – BeckRS 2013, 7726.
44 *Wirth* in Eichelberger/Seifert/Wirth, Urheberrechtsgesetz, UrhG § 85 Rn. 3. Siehe dazu auch BGH, Urt. v. 10.7.2015 – V ZR 206/14 – NJW 2016, 317 – Helmut Kohl.
45 *Lettl*, Urheberrecht, § 9 Rn. 14.
46 *Wirth* in Eichelberger/Seifert/Wirth, Urheberrechtsgesetz, UrhG § 85 Rn. 5. Vgl. auch *Vogel* in Schricker/Loewenheim, Urheberrecht, UrhG § 85 Rn. 67.

3. Recht auf angemessene Beteiligung (§ 86 UrhG)

Wird ein erschienener oder erlaubterweise öffentlich zugänglich gemachter Tonträger, auf dem die Darbietung eines ausübenden Künstlers aufgenommen ist, zur öffentlichen Wiedergabe der Darbietung benutzt, so hat der Hersteller des Tonträgers gegen den ausübenden Künstler nach § 86 UrhG einen – regelmäßig von der Gesellschaft zur Verwertung von Leistungsschutzrechten wahrgenommenen – Anspruch auf angemessene Beteiligung an der Vergütung (meist hälftig), die dieser nach § 78 Abs. 2 UrhG (vorstehende Rn. 829) erhält. Der Vergütungsanspruch bezieht sich bspw. auf die Wiedergabe von Tonträgern in Geschäften, Gaststätten und Diskotheken und die Verwertung durch Sendungen, insbesondere das Webcasting.[47] Das Streaming hingegen ist eine öffentliche Zugänglichmachung und wird damit direkt von § 85 UrhG erfasst.[48]

847

III. Der Schutz des Sendeunternehmens

Wegen der technisch einfachen Kopiermöglichkeiten der mit einem erheblichen wirtschaftlichen und organisatorischen Aufwand hergestellten Sendung ist auch das Sendeunternehmen in Bezug auf das Sendeangebot schützenswert. Nach § 87 UrhG hat das Sendeunternehmen das ausschließliche Recht (Leistungsschutzrecht),

848

- seine Funksendung weiterzusenden und öffentlich zugänglich zu machen (Nr. 1),
- seine Funksendung auf Bild- oder Tonträger aufzunehmen, Lichtbilder von seiner Funksendung herzustellen sowie die Bild- oder Tonträger oder Lichtbilder zu vervielfältigen und zu verbreiten, ausgenommen das Vermietrecht (Nr. 2), und
- an Stellen, die der Öffentlichkeit nur gegen Zahlung eines Eintrittsgeldes zugänglich sind, seine Funksendung öffentlich wahrnehmbar zu machen (Nr. 3).

1. Adressat und Schutzgegenstand

Sendeunternehmen ist ohne Rücksicht auf die Rechtsform (öffentlich-rechtlich oder privatrechtlich) „ein Unternehmen, das die organisatorische und wirtschaftliche Leistung der Herstellung einer Funksendung erbringt und die Funksendung iSd § 20 UrhG in der Weise durchführt, dass die Öffentlichkeit sie empfangen kann"[49]. Entscheidend ist die wirtschaftliche und organisatorische Verantwortung für die Ausstrahlung des Programms.[50]

849

Unter einer **Funksendung** „ist die drahtlose oder drahtgebundene Übermittlung programmtragender Signale iSd § 20 UrhG an die Öffentlichkeit (§ 15 Abs. 3 UrhG), die den Inhalt einer Sendung enthalten", zu verstehen[51].

850

2. Umfang der Rechte und Schranken

Das Recht der Weitersendung und öffentlichen Zugänglichmachung umfasst die öffentliche Zurverfügungstellung jeglicher Aufnahmen von Fernsehsendungen, zB im In-

851

---

47 *Wirth* in Eichelberger/Seifert/Wirth, Urheberrechtsgesetz, UrhG § 86 Rn. 1; *Schulze* in Dreier/Schulze, Urheberrechtsgesetz, UrhG § 86 Rn. 11. Einschränkend *Schaefer* in Wandtke/Bullinger, Urheberrecht, UrhG § 86 Rn. 6.
48 *Wirth* in Eichelberger/Seifert/Wirth, Urheberrechtsgesetz, UrhG § 86 Rn. 1.
49 *Lettl*, Urheberrecht, § 9 Rn. 17.
50 *Dreier* in Dreier/Schulze, Urheberrechtsgesetz, UrhG § 87 Rn. 5.
51 *Lettl*, Urheberrecht, § 9 Rn. 19. Vgl. auch *Dreier* in Dreier/Schulze, Urheberrechtsgesetz, UrhG § 87 Rn. 9.

ternet oder in einer Cloud als Near-on-Demand-Service, Webcasting oder Simulcasting.[52] Die Sendung muss, um die Zustimmungspflicht auszulösen, der Öffentlichkeit zur Verfügung gestellt werden. Dieses Kriterium ist bspw. nicht erfüllt, wenn die Sendung in einer Wohnanlage an über ein Kabelnetz angeschlossene private Empfangsgeräte weitergeleitet wird.[53]

852 Die Vervielfältigung, Verbreitung und öffentliche Wahrnehmbarmachung sind aufgrund des Vermarktungsinteresses des Sendeunternehmens geschützt.[54] Vom Schutz umfasst sind auch Teile von Sendungen.[55]

853 § 87 Abs. 1 Nr. 3 UrhG erfasst bspw. die öffentliche Wiedergabe von Fernsehsendungen gegen Entgelt in Kinosälen. Das „Public Viewing" ist bei Unentgeltlichkeit nicht betroffen[56], ebenso wenig wie die Wiedergabe von Rundfunksendungen in Hotelzimmern.[57]

854 § 87 Abs. 4 UrhG erklärt die **Schrankenbestimmungen** des Teils 1 Abschnitt 6 UrhG – dh die §§ 44a ff. UrhG (mit Ausnahme von § 47 Abs. 2 Satz 2 und § 54 Abs. 1 UrhG) – für entsprechend anwendbar.[58] So fällt bspw. eine private Aufzeichnung einer Fernsehsendung für den eigenen Gebrauch unter § 53 Abs. 1 UrhG.[59]

855 Dass die Sendeunternehmen nach § 87 Abs. 4 UrhG vom Vergütungsaufkommen der Geräte- und Leerträgervergütung (§ 54 Abs. 1 UrhG) ausgeschlossen sind, stellt iSd unionsrechtlichen Staatshaftungsanspruchs keinen qualifizierten Verstoß gegen Art. 5 Abs. 2b der Richtlinie 2001/29/EG dar[60]. Der Ausschluss gilt nicht für die Rechte, welche das Sendeunternehmen ggf. zugleich als Tonträgerhersteller (§ 85 UrhG), Filmhersteller (§ 94) oder Hersteller von Laufbildern (§ 95 UrhG) erwirbt.[61]

856 Sendeunternehmen und Weitersendedienste sind gegenseitig verpflichtet, einen Vertrag über die Kabelweitersendung iSd § 20b Abs. 1 Satz 1 UrhG zu angemessenen Bedingungen abzuschließen, sofern nicht ein die Ablehnung des Vertragsabschlusses sachlich rechtfertigender Grund besteht. Die Vorschrift soll die Zweitverwertung von Sendungen durch Kabelweitersendung, welche die Rechte von Urhebern und Sendeunternehmen gleichzeitig erfasst, erleichtern.[62]

---

52 BGH, Urt. v. 11.4.2013 – I ZR 152/11 – GRUR 2013, 618 – Internetvideorecorder II; OLG Dresden, Urt. v. 11.4.2013 – I ZR 151/11 – ZUM-RD 2013, 314; EuGH, Urteil, 29.11.2017 – C-265/16 – GRUR 2018, 68 – VCast; OLG Köln, Urt. v. 9.9.2005 – 6 U 90/05 – ZUM 2006, 143; LG Leipzig, Urt. v. 12.5.2006 – 05 O 4391/05 – ZUM 2006, 763; *Wirth* in Eichelberger/Seifert/Wirth, Urheberrechtsgesetz, UrhG § 87 Rn. 3.
53 BGH, Urt. v. 17.9.2015 – I ZR 228/14 – NJW 2016, 807 – Ramses; *Wirth* in Eichelberger/Seifert/Wirth, Urheberrechtsgesetz, UrhG § 87 Rn. 3.
54 *Wirth* in Eichelberger/Seifert/Wirth, Urheberrechtsgesetz, UrhG § 87 Rn. 4. Vgl. auch *Ehrhardt* in Wandtke/Bullinger, Urheberrecht, UrhG § 87 Rn. 7; *v. Ungern-Sternberg* in Schricker/Loewenheim, Urheberrecht, UrhG § 87 Rn. 47.
55 BGH, Urt. v. 17.12.2015 – I ZR 69/14 – NJW 2016, 2576 – Exklusivinterview.
56 *Wirth* in Eichelberger/Seifert/Wirth, Urheberrechtsgesetz, UrhG § 87 Rn. 4; *Hillig* in Ahlberg/Götting, BeckOK Urheberrecht, UrhG § 87 Rn. 32 ff.
57 EuGH, Urt. v. 16.2.2017 – C-641/15 – GRUR 2017, 385 – VG Rundfunk./. Hettegger Hotel Edelweiss.
58 Siehe dazu *Hillig* in Ahlberg/Götting, BeckOK Urheberrecht, UrhG § 87 Rn. 40 ff.
59 *Wirth* in Eichelberger/Seifert/Wirth, Urheberrechtsgesetz, UrhG § 87 Rn. 4.
60 BGH, Beschl. v. 24.6.2010 – III ZR 140/09 – GRUR 2010, 924 = NJW 2011, 722 – gerechter Ausgleich, Ls.
61 BGH, Urt. v. 12.11.1998 – I ZR 31–96 – NJW 1999, 1961 – Sendeunternehmen als Tonträgerhersteller; *Wirth* in Eichelberger/Seifert/Wirth, Urheberrechtsgesetz, UrhG § 87 Rn. 6.
62 *Wirth* in Eichelberger/Seifert/Wirth, Urheberrechtsgesetz, UrhG § 87 Rn. 7; *Wiebe* in Spindler/Schuster, Recht der elektronischen Medien, UrhG § 87 Rn. 8. Siehe dazu auch OLG Dresden, 29.10.2002 – 14 U 2179/01 – ZUM 2003, 231; OLG München, Urt. v. 6.4.2017 – 6 Sch 21/16 WG – MMR 2018, 103.

IV. Der Schutz des Datenbankherstellers (§§ 87a bis e UrhG)

In Umsetzung der Online-SatCab-Richtlinie 2019/789 ist die Vorschrift des § 20b UrhG technologieneutral ausgestaltet worden.[63] Für die dadurch neu erfassten Weitersendetechnologien soll der vorgenannte Kontrahierungszwang allerdings nicht gelten.[64] Bei der Weitersendung über das Internet, z.B. durch sog. Over-the-top-Dienste (OTTs) sind geeignete Schutzmaßnahmen zu treffen, um eine unbefugte Nutzung der weitergesendeten Inhalte zu verhindern.[65]

3. Rechteübertragung und Erlöschen

Das Recht ist gemäß § 87 Abs. 2 Satz 1 UrhG übertragbar, wobei das Sendeunternehmen nach § 87 Abs. 2 Satz 2 UrhG anderen auch das Recht einräumen kann, die Funksendung auf einzelne oder alle der ihm vorbehaltenen Nutzungsarten zu nutzen. 857

Das Recht erlischt nach § 87 Abs. 3 UrhG 50 Jahre nach der ersten Funksendung, wobei für die Fristberechnung § 69 UrhG gilt. 858

IV. Der Schutz des Datenbankherstellers (§§ 87a bis e UrhG)

Der Datenbankhersteller ist Inhaber eines Leistungsschutzrechts nach Maßgabe der §§ 87a bis e UrhG in Umsetzung von Art. 7 der Richtlinie 96/9/EG. Auch der Leistungsschutz des Datenbankherstellers ist Investitionsschutz.[66] 859

1. Schutzgegenstand und Rechteinhaber

Unter einer **Datenbank** ist nach § 87a Abs. 1 Satz 1 UrhG eine Sammlung von Werken, Daten oder anderen unabhängigen Elementen zu verstehen, 860

- die systematisch oder methodisch angeordnet (Notwendigkeit einer systematischen oder alternativen Methodik) und
- einzeln mithilfe elektronischer Mittel oder auf andere Weise (bspw. Datenbank in Printform) zugänglich sind und
- deren Beschaffung, Überprüfung oder Darstellung eine nach Art oder Umfang wesentliche Investition (in Gestalt von Geld, Zeit und/oder Arbeit für die Datenbank als solche) erfordert.

Computerprogramme, die elektronische Datenbanken erstellen oder betreiben, sind keine Bestandteile der Datenbank.[67] Sie genießen stattdessen einen urheberrechtlichen Schutz nach den §§ 69a ff. UrhG.[68] 861

a) „Datenbank"

Der Begriff entspricht inhaltlich weitgehend dem des Datenbankwerkes nach § 4 Abs. 2 UrhG. Urheberrechtlicher Schutz besteht für das Datenbankwerk als Ergebnis einer persönlichen geistigen Schöpfung, während der Leistungsschutz die Investition in 862

---

[63] BR-Drs. 142/21, S. 77 ff.
[64] BR-Drs. 142/21, S. 53.
[65] BR-Drs. 142/21, S. 53.
[66] *Eichelberger* in Eichelberger/Seifert/Wirth, Urheberrechtsgesetz, UrhG Vor. §§ 87a bis 87e, Rn. 1; *Wiebe* in Spindler/Schuster, Recht der elektronischen Medien, UrhG § 87a Rn. 7.
[67] *Lettl*, Urheberrecht, § 9 Rn. 24 unter Bezugnahme auf Art. 1 Abs. 3 der Richtlinie 96/9/EG.
[68] *Eichelberger* in Eichelberger/Seifert/Wirth, Urheberrechtsgesetz, UrhG Vor. §§ 87a bis 87e, Rn. 3.

die Herstellung der Datenbank schützen soll.[69] Herstellerschutz und Urheberrechtsschutz an Datenbanken oder an den in die Datenbank aufgenommenen Elementen[70] sind grundsätzlich voneinander unabhängig.[71]

863 Es muss sich um mehrere unabhängige Elemente handeln. Diese müssen in dem Sinne unabhängig sein, dass sie sich trennen lassen, ohne dass der Wert ihres informativen, literarischen, künstlerischen, musikalischen oder sonstigen Inhalts dadurch beeinträchtigt wird.[72] Es darf sich nicht um eine bloße Anhäufung dieser Elemente handeln.[73] Vielmehr müssen diese nach logischen oder sachlichen Kriterien geordnet oder zweckmäßig strukturiert sein, ohne dass dabei jedoch allzu hohe Anforderungen zu stellen sind.[74]

864 Datenbanken iS von § 87a Abs. 1 Satz 1 UrhG sind bspw.[75] Telefonbücher[76], Music-Charts[77] bzw. online abrufbare Zeitungsartikel – nicht jedoch Musikkompilationen.[78]

865 Der Schutz als Datenbank erfordert außerdem, dass für die Beschaffung, Überprüfung und Darstellung der Elemente der Sammlung eine wesentliche Investition erforderlich ist. Nicht dazu zählen die Investitionen, die zur *Erstellung* der Elemente erforderlich werden. Denkbar ist der Einsatz menschlicher, finanzieller oder technischer Ressourcen.[79]

866 Eine in ihrem Inhalt nach Art oder Umfang wesentlich geänderte Datenbank gilt gemäß § 87a Abs. 1 Satz 2 UrhG als **neue Datenbank**, sofern die Änderung eine nach Art oder Umfang wesentliche Investition erfordert. Dies gilt auch, wenn Daten einer vorhandenen Datenbank unter Einsatz einer wesentlichen Investition verbessert werden.[80]

b) Datenbankhersteller

867 Datenbankhersteller ist nach § 87a Abs. 2 UrhG derjenige, der die Investition im vorgenannten Sinne vorgenommen hat. Bei mehreren Herstellern gelangt § 8 UrhG analog zur Anwendung. Aufgrund der von ihm ergriffenen Initiative und der getätigten organisatorischen und wirtschaftlichen Leistungen gewährt der Gesetzgeber einer natürli-

---

69 BGH, Teilurt. v. 24.5.2007 – I ZR 130/04 – NJW 2008, 755 – Gedichttitelliste I, Rn. 27; *Eichelberger* in Eichelberger/Seifert/Wirth, Urheberrechtsgesetz, UrhG Vor. §§ 87a bis 87e, Rn. 2; *Vogel* in Schricker/Loewenheim, Urheberrecht, UrhG § 87a Rn. 30.
70 Siehe zB BGH, Urt. v. 10.3.2016 – I ZR 138/13 – NJW-RR 2016, 1516 – TK 50 II; EuGH, Urt. v. 9.11.2004 – C-444/02 – GRUR 2005, 254 – Fixtures-Fußballspielpläne II.
71 EuGH, Urt. v. 9.11.2004 – C-203/02 – GRUR 2005, 244 – BHB-Pferdewetten; *Eichelberger* in Eichelberger/Seifert/Wirth, Urheberrechtsgesetz, UrhG Vor. §§ 87a bis 87e, Rn. 4.
72 EuGH, Urt. v. 29.10.2015 – C-490/14 – GRUR 2015, 1187 – Freistaat Bayern./.Verlag Esterbauer GmbH, Rn. 17; BGH, Urt. v. 10.3.2016 – I ZR 138/13 – NJW-RR 2016, 1516 – TK 50 II, Rn. 19.
73 Siehe zB KG Berlin, Urt. v. 26.5.200 – 5 U 1171/00 – GRUR-RR 2001, 102; OLG München, Urt. v. 9.11.2000 – 6 U 2812/00 – GRUR-RR 2001, 288 – Übernahme fremder Inserate.
74 *Eichelberger* in Eichelberger/Seifert/Wirth, Urheberrechtsgesetz, UrhG § 87a Rn. 4. Eine umfangreiche Liste der dazu ergangenen Rechtsprechung präsentiert *Vogel* in Schricker/Loewenheim, Urheberrecht, UrhG § 87a Rn. 33.
75 Beispiele nach *Lettl*, Urheberrecht, § 9 Rn. 36.
76 BGH, Urt. v. 6.5.1999 – I ZR 199–96 – NJW 1999, 2898 – Tele-Info-CD.
77 BGH, Urt. v. 21.7.2005 – I ZR 290/02 – GRUR 2005, 857 – HIT BILANZ.
78 Weitere Nachweise gerichtlicher Entscheidungen bei *Eichelberger* in Eichelberger/Seifert/Wirth, Urheberrechtsgesetz, UrhG § 87a Rn. 6.
79 BGH, Urt. v. 1.12.2010 – I ZR 196/08 – GRUR 2011, 724 – Zweite Zahnarztmeinung II; *Eichelberger* in Eichelberger/Seifert/Wirth, Urheberrechtsgesetz, UrhG § 87a Rn. 7.
80 BGH, Teilurt. v. 30.4.2009 – I ZR 191/05 – NJW-RR 2009, 1558 – Elektronischer Zolltarif, Rn. 29; *Eichelberger* in Eichelberger/Seifert/Wirth, Urheberrechtsgesetz, UrhG § 87a Rn. 7. Siehe auch BGH, Urt. v. 22.6.2011 ff I ZR 159/10 – NJW 2011, 3443 – Automobilbörse, Rn. 30f.

IV. Der Schutz des Datenbankherstellers (§§ 87a bis e UrhG)

chen Person, einer Personengesellschaft oder einer juristischen Person, nicht jedoch dem Auftragnehmer oder Arbeitnehmer, ein Leistungsschutzrecht.

Geben Dritte über eine Eingabemaske Daten in eine Datenbank ein, ist nach Ansicht des BGH[81] die Software, mit der die Daten für Zwecke der Datenbank erfasst und dargestellt werden, eine entsprechende „Investition" zur Beschaffung und Darstellung der Datenbankelemente und stellt keinen Kostenfaktor der Datenerzeugung dar. Dies gilt entsprechend für die Kosten der Überprüfung der von Dritten eingegebenen Daten auf ihre Eignung für Zwecke der Datenbank. — 868

Der Datenbankhersteller (dem im Hinblick auf seine Investitionsleistung Schutz gewährt wird) ist vom **Urheber eines Datenbankwerkes** iS von § 4 Abs. 2 UrhG strikt zu unterscheiden (dazu schon vorstehende Rn. 152 ff.). Nach § 87b Abs. 2 UrhG gilt die Vermutung des § 10 Abs. 1 UrhG (vorstehende Rn. 11) entsprechend. — 869

Den Schutz ausländischer Datenbankhersteller regelt § 127a UrhG. — 870

2. Umfang des Herstellerschutzes an Datenbanken

Der Datenbankhersteller hat nach § 87b Abs. 1 Satz 1 UrhG — 871

- in Umsetzung von Art. 7 Abs. 1 und 5 der Richtlinie 96/9/EG
- wegen des von ihm aufgebrachten **Investitionsaufwandes** und
- in Einschränkung der verfassungsrechtlich verbürgten Informationsfreiheit (Art. 5 Abs. 1 GG)

das **ausschließliche Recht**, die Datenbank insgesamt oder einen nach Art (qualitativ) oder Umfang (quantitativ) wesentlichen Teil der Datenbank zu vervielfältigen, zu verbreiten und öffentlich wiederzugeben. Nach Satz 2 steht dem die wiederholte und systematische Vervielfältigung, Verbreitung oder öffentliche Wiedergabe eines unwesentlichen Teils der Datenbank gleich, sofern diese Handlungen einer normalen Auswertung der Datenbank zuwiderlaufen oder den berechtigten Interessen des Datenbankherstellers widersprechen.[82]

Der BGH[83] hat in diesem Kontext entschieden, dass ein Eingriff in das ausschließliche Recht des Datenbankherstellers nach § 87b Abs. 1 UrhG dann vorliegt, wenn mehrere Nutzer nach Art und Umfang für sich genommen jeweils unwesentliche Teile einer Datenbank veröffentlichen, die aber in ihrer Gesamtheit einen nach Art oder Umfang wesentlichen Teil der Datenbank bilden, sofern diese Nutzer die Vervielfältigungen in bewusstem und gewolltem Zusammenwirken vorgenommen haben. — 872

Die planmäßige und wiederholte Nutzung der Datenbank zum wissenschaftlichen Text- und Data-Mining (vgl. § 60d UrhG) gilt als grundsätzlich mit der normalen Auswertung und den Interessen des Datenbankherstellers vereinbar.[84] — 873

---

81 BGH, Urt. v. 1.12.2010 – I ZR 196/08 – GRUR 2011, 724 – Zweite Zahnarztmeinung II, Ls. 1.
82 Siehe dazu BGH, Urt. v. 1.12.2010 – I ZR 196/08 – GRUR 2011, 724 – Zweite Zahnarztmeinung II; EuGH, Urt. v. 9.11.2004 – C-203/02 – GRUR 2004, 244 – BHB-Pferdewetten.
83 BGH, Urt. v. 22.6.2011 – I ZR 159/10 – GRUR 2011, 1018 – Automobil-Onlinebörse.
84 *Eichelberger* in Eichelberger/Seifert/Wirth, Urheberrechtsgesetz, UrhG § 87b Rn. 12.

874 Nach der Rechtsprechung des EuGH ist der zugrundeliegende Begriff der „Entnahme" (Art. 7 Abs. 2 der Datenbank-Richtlinie) funktionsbezogen[85] und weit[86] auszulegen.[87] Dies gilt auch für die im deutschen Recht als „Verbreitung und öffentliche Wiedergabe" bezeichnete „Weiterverwendung".[88]

875 Der Begriff der „öffentlichen Wiedergabe" iSd § 87b Abs. 1 Satz 1 UrhG ist im Blick auf die Bestimmung des Art. 7 Abs. 1 und 2 der Datenbankrichtlinie (deren Umsetzung er dient) richtlinienkonform dahin auszulegen, dass er jedenfalls bei Datenbanken, deren typische Verwertung darin besteht, den Nutzern nur die jeweils sie selbst betreffenden Datensätze zugänglich zu machen, auch das Zurverfügungstellen einzelner Datensätze an einzelne Nutzer erfasst, wenn diese Nutzer in ihrer Gesamtheit eine Öffentlichkeit bilden.[89]

876 Für den Schutz als wesentlicher Teil einer Datenbank reicht sowohl ein quantitativ[90] im Vergleich zum Gesamtumfang wesentlicher Teil als auch ein qualitativ im Vergleich zur Gesamtinvestition wesentlicher Teil aus.[91]

877 Das Verbreitungsrecht unterliegt nach § 87b Abs. 2 iVm § 17 Abs. 2 UrhG der **Erschöpfung**. Eine Entnahme und Weiterverbreitung aus einem konkreten, der Erschöpfung unterliegenden Vervielfältigungsstück bleibt jedoch zustimmungspflichtig.[92] Die §§ 27 Abs. 2 und 3 UrhG über die Vergütung des Verleihs eines erschöpften Vervielfältigungsstückes sind gemäß § 87b Abs. 2 UrhG auch auf Datenbanken anwendbar.

878 Nach § 108 Abs. 1 Nr. 8 UrhG ist die unerlaubte Verwendung einer fremden Datenbank **strafbar**.

3. Schranken und Dauer der Rechte

879 Das Recht des Datenbankherstellers unterliegt nach § 87c UrhG einigen **Schranken**: So ist die Vervielfältigung eines nach Art oder Umfang wesentlichen Teils einer Datenbank nach § 87c Abs. 1 Satz 1 UrhG zulässig

- zum privaten Gebrauch, was jedoch nicht für eine Datenbank gilt, deren Elemente einzeln mithilfe elektronischer Mittel zugänglich sind (Nr. 1);
- zum Zwecke der wissenschaftlichen Forschung gemäß §§ 60c UrhG (Nr. 2); sowie
- für die Benutzung zur Veranschaulichung des Unterrichts und der Lehre gemäß §§ 60a und 60b UrhG (Nr. 3),
- zu Zwecken des Text und Data Mining gemäß § 44b UrhG (Nr. 4),

---

85 EuGH, Urt. v. 19.12.2013 – C-202/12 – GRUR 2014, 166 – Innoweb/Wegener; EuGH, Urt. v. 9.10.2008 – C-304/07 – GRUR 2008, 1077 – Directmedia Publishing.
86 EuGH, Urt. v. 5.3.2009 – C-545/07 – GRUR 2009, 572 – Apis/Lakordia.
87 *Eichelberger* in Eichelberger/Seifert/Wirth, Urheberrechtsgesetz, UrhG § 87b Rn. 4 mwN.
88 EuGH, Urt. v. 19.12.2013 – C-202/12 – GRUR 2014, 166 – Innoweb/Wegener; *Eichelberger* in Eichelberger/Seifert/Wirth, Urheberrechtsgesetz, UrhG § 87b Rn. 5 mwN.
89 BGH, Urt. v. 25.3.2010 – I ZR 47/08 – GRUR 2010, 1004 – Autobahnmaut, Ls.
90 Siehe dazu BGH, Teil- und Schlussurt. v. 13.8.2009 – I ZR 130/04 – NJW 2010, 778 – Gedichttitelliste III.
91 EuGH, Urt. v. 9.11.2004 – C-203/02 – GRUR 2004, 244 – BHB-Pferdewetten; *Eichelberger* in Eichelberger/Seifert/Wirth, Urheberrechtsgesetz, UrhG § 87b Rn. 7, 8 mwN.
92 *Eichelberger* in Eichelberger/Seifert/Wirth, Urheberrechtsgesetz, UrhG § 87b Rn. 13; *Hermes* in Wandtke/Bullinger, Urheberrecht, UrhG § 87b Rn. 59.

IV. Der Schutz des Datenbankherstellers (§§ 87a bis e UrhG)

- zu Zwecken des Text und Data Mining nach § 60d UrhG
- zu Zwecken der Erhaltung einer Datenbank gem. § 60e Abs. 1 und 6 und 60f Abs. 1 und 3 UrhG.

Zulässig ist außerdem die digitale Verbreitung und digitale öffentliche Wiedergabe eines nach Art und Umfang wesentlichen Teils einer Datenbank für Zwecke der Veranschaulichung des Unterrichts und der Lehre gem. § 60a UrhG (§ 87c Abs. 4 UrhG).

Nach § 87c Abs. 5 UrhG gilt der § 63 UrhG für die Quellenangaben entsprechend. § 60g Abs. 1 UrhG gilt entsprechend für die Fälle des § 87c Abs. 1 Satz 1 Nr. 1, 2, 3, 5 und 6 sowie Abs. 4 UrhG (§ 87c Abs. 6 UrhG). 880

Die Aufzählung ist grundsätzlich abschließend. Umstritten ist jedoch die Anwendung des § 5 UrhG auf amtliche Datenbanken[93] und auch die analoge Anwendung von § 44a UrhG für zur Nutzung technisch notwendiger Vervielfältigungen (zB im Arbeitsspeicher).[94] 881

Nach § 87c Abs. 2 UrhG ist auch die Vervielfältigung, Verbreitung und öffentliche Wiedergabe eines wesentlichen Teils der Datenbank zur Verwendung in Gerichtsverfahren, Schiedsgerichtsverfahren, bei Behörden und für Zwecke der öffentlichen Sicherheit zulässig. 882

Die Schranken im Interesse von seh- oder lesebehinderten Personen (§§ 45b bis 45d UrhG) sowie die Schranken von § 61d bis g UrhG gelten für Datenbanken entsprechend (§ 87c Abs. 3 UrhG). 883

Die Rechte des Datenbankherstellers erlöschen nach § 87d Satz 1 UrhG fünfzehn Jahre nach der Veröffentlichung der Datenbank, jedoch bereits fünfzehn Jahre nach der Herstellung, wenn die Datenbank innerhalb dieser Frist nicht veröffentlicht worden ist, wobei die Frist nach § 69 UrhG zu berechnen ist (§ 87d Satz 2 UrhG). 884

Die erlaubten Nutzungen sind, wenn nicht die Nutzung der Inhalte selbst eine Vergütungspflicht auslöst, an sich vergütungsfrei.[95] 885

4. Verträge über die Nutzung von Datenbanken (§ 87e UrhG)

Eine **vertragliche Vereinbarung**, durch die sich der Eigentümer eines mit Zustimmung des Datenbankherstellers durch Veräußerung in Verkehr gebrachten Vervielfältigungsstücks der Datenbank, der in sonstiger Weise zu dessen Gebrauch Berechtigte oder derjenige, dem eine Datenbank aufgrund eines mit dem Datenbankhersteller oder eines mit dessen Zustimmung mit einem Dritten geschlossenen Vertrags zugänglich gemacht wird, gegenüber dem Datenbankhersteller verpflichtet, die Vervielfältigung, Verbreitung oder öffentliche Wiedergabe von nach Art und Umfang unwesentlichen Teilen der Datenbank zu unterlassen, ist nach § 87e UrhG insoweit **unwirksam** (Unwirksamkeit bestimmter einschränkender Nutzungsbedingungen), als diese Handlungen weder einer 886

---

93 BGH, Beschl. v. 28.9.2006 – I ZR 261/03 – GRUR 2007, 500 – Sächsischer Ausschreibungsdienst; VGH Mannheim, Urt. v. 7.5.2013 – 10 S 281/12 – NJW 2013, 2045 – Juris-Monopol; OLG Dresden, Urt. v. 18.7.2000 – ZUM 2001, 595; OLG Köln, Urt. v. 15.12.2006 – 6 U 229/05 – ZUM 2007, 548; *Leistner/Zurth* in Loewenheim, Handbuch des Urheberrechts, § 49 Rn. 128 ff.
94 *Eichelberger* in Eichelberger/Seifert/Wirth, Urheberrechtsgesetz, UrhG § 87c Rn. 1. Für eine Lösung über die Annahme einer „schlichten Einwilligung": *Leistner/Zurth* in Loewenheim, Handbuch des Urheberrechts, § 49 Rn. 110.
95 *Eichelberger* in Eichelberger/Seifert/Wirth, Urheberrechtsgesetz, UrhG § 87c Rn. 3; *Vogel* in Schricker/Loewenheim, Urheberrecht, UrhG § 87c Rn. 11; *Dreier* in Dreier/Schulze, Urheberrechtsgesetz, UrhG § 87c Rn. 1; *Hermes* in Wandtke/Bullinger, Urheberrecht, UrhG § 87c Rn. 38.

normalen Auswertung der Datenbank zuwiderlaufen noch die berechtigten Interessen des Datenbankherstellers unzumutbar beinträchtigen.

887 Der Datenbankhersteller darf also sein Ausschließlichkeitsrecht nicht über die in § 87b Abs. 1 UrhG bezeichneten Nutzungen hinaus durch vertragliche Vereinbarungen ausdehnen.[96]

V. Der Schutz des Presseverlegers

888 Der Hersteller eines Presseerzeugnisses (Presseverleger) hat nach § 87g UrhG das ausschließliche Recht, das Presseerzeugnis oder Teile hiervon für die Online-Nutzung durch Anbieter von Diensten der Informationsgesellschaft (§ 87f Abs. 3 UrhG) öffentlich zugänglich zu machen und zu vervielfältigen. Die Rechte des Presseverlegers umfassen nicht

1. die Nutzung der in einer Presseveröffentlichung enthaltenen Tatsachen,
2. die private oder nicht kommerzielle Nutzung durch einzelne Nutzer
3. das Setzen von Hyperlinks auf eine Presseveröffentlichung und
4. die Nutzung einzelner Wörter oder sehr kurzer Auszüge (§ 87g Abs. 2 UrhG).

889 Der Schutzgegenstand (Presseveröffentlichung) ist in § 87f Abs. 1 UrhG definiert. Inhaber des Schutzrechtes ist der Presseverleger (§ 87f Abs. 2) nach Maßgabe des § 127b UrhG. Das Schutzrecht richtet sich gegen die öffentliche Zugänglichmachung der Presseveröffentlichung durch Dienste der Informationsgesellschaft (§ 87f Abs. 3 UrhG).

890 Die Rechte des Presseverlegers sind übertragbar, wobei die §§ 31 und 33 UrhG entsprechende Anwendung finden (§ 87g Abs. 3 UrhG). Sie erlöschen zwei Jahre nach der Veröffentlichung des Presseerzeugnisses (§ 87j UrhG) und können nicht zum Nachteil des Urhebers oder eines Leistungsschutzberechtigten geltend gemacht werden, dessen Werk oder dessen nach dem UrhG geschützter Schutzgegenstand im Presseerzeugnis enthalten ist (§ 87h UrhG). Eine Geltendmachung zum Zweck, Dritten die berechtigte Nutzung solcher Werke oder Schutzgegenstände zu untersagen, die aufgrund einer einfachen Nutzungsberechtigung in die Presseveröffentlichung aufgenommen wurden oder die nicht mehr geschützt sind, ist ebenso untersagt (§ 87h UrhG).

891 In jedem Fall ist der Urheber an einer Vergütung nach § 87k UrhG angemessen, mindestens zu einem Drittel, zu beteiligen. Der Anspruch kann nur durch eine Verwertungsgesellschaft geltend gemacht werden.

892 Zweck des (durchaus umstrittenen)[97] Leistungsschutzes für Presseverleger ist in erster Linie, diesen eine Beteiligung an den durch die Verwertung von Presseveröffentlichungen erzielten Einnahmen von Suchmaschinen und News-Aggregatoren zu sichern.[98]

893 Das Leistungsschutzrecht umfasst allein die öffentliche Zugänglichmachung (iSd § 19a UrhG). Darunter fällt nicht die Verlinkung von im Internet mit Zustimmung des Berechtigten und ohne Zugangsbeschränkungen veröffentlichten Presseerzeugnissen (vgl. § 87g Abs. 2 Nr. 3 UrhG).[99]

---

96 *Eichelberger* in Eichelberger/Seifert/Wirth, Urheberrechtsgesetz, UrhG § 87e Rn. 1.
97 Siehe dazu auch BVerfG, Nichtannahmebeschl. v. 10.10.2016 – 1 BvR 2136/15, NJW 2017, 147 – News-Aggregatoren; *Fricke* in Spindler/Schuster, Recht der elektronischen Medien, UrhG § 87f Rn. 1.
98 *Eichelberger* in Eichelberger/Seifert/Wirth, Urheberrechtsgesetz, UrhG Vor. §§ 87 f. bis 87 h UrhG, Rn. 2.
99 *Eichelberger* in Eichelberger/Seifert/Wirth, Urheberrechtsgesetz, UrhG § 87f Rn. 11.

Aufgrund eines Verstoßes gegen die Pflicht gemäß Art. 8 Abs. 1 UAbs. 1 der Richtlinie 98/34/EG den Gesetzesentwurf vorab der Europäischen Kommission vorzulegen, hat der EuGH die ursprünglichen Vorschriften zum Leistungsschutz der Presseverleger für unanwendbar erachtet.[100] Eine Neuregelung hat der Gesetzgeber im Rahmen der Urheberrechtsnovelle 2021 vorgenommen. Die neuen Vorschriften ähneln strukturell den § 87f. ff. UrhG der alten Fassung, passen die Rechtslage aber in verschiedenen Detailfragen an das europäische Recht an.[101] Eine Übergangsregelung findet sich im § 137r UrhG.

VI. Schutz des Lichtbildners

Für Lichtbildwerke gewährt § 2 Abs. 1 Nr. 5 UrhG Urheberrechtsschutz, einschließlich der Werke, die ähnlich wie Lichtbildwerke geschaffen werden (Rn. 104 ff.). Lichtbilder (zB Familienfotos uÄ) sowie Erzeugnisse, die ähnlich wie Lichtbilder hergestellt werden, sind gemäß § 72 UrhG in entsprechender Anwendung der für Lichtbildwerke geltenden Vorschriften des ersten Teils des UrhG geschützt. Die vom Gesetzgeber getroffene Differenzierung zwischen Lichtbildwerken und Lichtbildern ist damit praktisch müßig, denn auf das Erfordernis des § 2 Abs. 2 UrhG im Hinblick auf Lichtbildwerke kommt es für das Schutzniveau nicht an.

Das entsprechende Leistungsschutzrecht für Lichtbilder, das sich aber nur auf die konkrete Bildwiedergabe bzw. die Aufnahmetechnik[102], nicht jedoch auf das Motiv erstreckt[103], steht dem Lichtbildner zu. Dessen Recht erlischt – im Unterschied zur Schutzdauer des Urheberrechts an Lichtbildwerken (die 70 Jahre beträgt, § 64 Abs. 1 UrhG) – allerdings grundsätzlich schon fünfzig Jahre nach dem Erscheinen des Lichtbildes (§ 72 Abs. 3 UrhG).

Die einzelnen Bilder eines Films sind unabhängig vom Schutz des Films als Filmwerk oder Laufbildfolge, wenn nicht als Lichtbildwerke nach § 2 Abs. 1 Nr. 5 UrhG, so doch jedenfalls als Lichtbilder nach § 72 UrhG geschützt[104]: Der Lichtbildschutz einzelner Filmbilder aus § 72 UrhG erstreckt sich nicht nur auf die Verwertung der Bilder in Form von Fotos, sondern auch auf die Verwertung der Bilder in Form des Films.

Ob auch am Computer erzeugte Bilder als Lichtbilder iS der Vorschrift anzusehen sind, ist umstritten.[105] Stark verkleinerte Vervielfältigungen (sog. „Thumbnails") sind als Vervielfältigungen erfasst.[106]

---

100 EuGH, Urt. v. 12.9.2019 – C-299/17 – ZUM 2019, 838 – VG Media/Google; *Graef* in Ahlberg/Götting, BeckOK Urheberrecht, UrhG § 87f Rn. 1; v. *Ungern-Sternberg* in Schricker/Loewenheim, Urheberrecht, UrhG § 15 Rn. 202.
101 BT-Drs. 142/21, S. 122 ff. *Jani* (ZUM 2020, 169) erachtet den Entwurf jedoch in Teilen als europarechtswidrig, da er in verschiedenen Punkten zum Nachteil der Rechteinhaber von Art. 15 der DSM-RL abweicht.
102 Siehe BGH, Urt. v. 20.12.2018 – I ZR 104/17 – ZUM 2019, 335 – Museumsfotos.
103 So *Eisenmann/Jautz*, Grundriss, Rn. 112: „Schutz gegen Vervielfältigung der konkreten Aufnahme als körperlicher Gegenstand in unveränderter Form". Siehe auch BGH, Urt. v. 4. 11. 1966 – I b ZR 77/65 – NJW 1967, 723 (724) – skai-cubana.
104 BGH, Urt. v. 6.2.2014 – I ZR 86/12 – GRUR 2014, 363 – Peter Fechter, Ls. 1.
105 *Wirth* in Eichelberger/Seifert/Wirth, Urheberrechtsgesetz, UrhG § 72 Rn. 1. Siehe dazu OLG Hamm, Urt. v. 24.8.2004 – 4 U 51/04 – GRUR-RR 2005, 73 – Web-Grafiken; ablehnend *Lauber-Rönsberg* in Ahlberg/Götting, BeckOK Urheberrecht, UrhG § 72 Rn. 11.
106 LG Hamburg, Urt. v. 5.9.2003 – 308 O 449/03 – GRUR-RR 2004, 313 – thumbnails.

VII. Wissenschaftliche Ausgaben (§ 70 UrhG) und nachgelassene Werke (§ 71 UrhG)

899 Ausgaben urheberrechtlich (mangels eigener schöpferischer Leistung) nicht geschützter Werke oder Texte (zB Inschriften) werden nach § 70 Abs. 1 UrhG (aufgrund des mit der Ausgabe gleichwohl einhergehenden intensiven Arbeits- und Kostenaufwands) in entsprechender Anwendung der Vorschriften des Ersten Teils des UrhG geschützt, wenn sie das Ergebnis wissenschaftlich sichtender Tätigkeit darstellen und sich wesentlich von den bisher bekannten Ausgaben der Werke und Texte unterscheiden. Der Schutz erfasst dabei aber nicht das Werk selbst, sondern die Ausgabe, mithin das Leistungsergebnis des Verfassens.[107]

900 Das Recht steht gemäß § 70 Abs. 2 UrhG dem **Verfasser** der Ausgabe zu. Es erlischt nach § 70 Abs. 3 UrhG 25 Jahre nach dem Erscheinen der Ausgabe, jedoch bereits 25 Jahre nach der Herstellung, wenn die Ausgabe innerhalb dieser Frist nicht erschienen ist, wobei die Fristberechnung nach § 69 UrhG vorzunehmen ist.

901 Wer ein nicht erschienenes Werk nach Erlöschen des Urheberrechts erlaubterweise erstmals erscheinen lässt oder erstmals öffentlich wiedergibt, hat nach § 71 Abs. 1 Satz 1 UrhG (in Anerkennung des von ihm erbrachten Arbeits- und/oder Kostenaufwands) das ausschließliche Recht (Leistungsschutzrecht), das Werk zu verwerten. Das gleiche gilt gemäß § 71 Abs. 1 Satz 2 UrhG für nicht erschienene Werke, die im Geltungsbereich des UrhG niemals geschützt waren, deren Urheber schon länger als 70 Jahre tot ist.

902 Dabei sind nach § 71 Abs. 1 Satz 3 UrhG der

- § 5 UrhG (amtliche Werke),
- § 10 Abs. 1 UrhG (Urhebervermutung),
- die §§ 15 bis 24 sowie §§ 26 und 27 UrhG (Verwertungsrechte) sowie
- die §§ 44a bis 63 UrhG (Schranken) und
- § 88 UrhG (Verfilmung)

entsprechend („sinngemäß") anzuwenden. Die Frist ist nach § 69 UrhG zu berechnen (§ 71 Abs. 1 Satz 4 UrhG). Das Recht ist gemäß § 71 Abs. 2 UrhG übertragbar. Es erlischt gemäß § 71 Abs. 3 UrhG 25 Jahre nach dem Erscheinen des Werkes oder, wenn seine erste öffentliche Wiedergabe früher erfolgt ist, nach dieser – wobei die Frist nach § 69 UrhG zu berechnen ist.

VIII. Exkurs: Sonderregelungen für Filme (§§ 94 und 95 UrhG)

903 Da die Erstellung eines Films mit erheblichen organisatorischen und wirtschaftlichen Leistungen (dh unternehmerischem Aufwand) verbunden ist, gewähren die §§ 94 und 95 UrhG dem Filmhersteller ein Leistungsschutzrecht. Schutzgegenstand ist die im Filmträger verkörperte organisatorische und wirtschaftliche Leistung des Filmherstellers.[108]

904 Unter einem **Film** ist „jede Bildfolge oder Bild-Tonfolge (zu verstehen), die den Eindruck eines bewegten Spiels entstehen lässt".[109]

---

107 *Lettl*, Urheberrecht, § 9 Rn. 2.
108 BGH, Urt. v. 6.12.2017 – I ZR 186/16 – NJW 2018, 784 – Konferenz der Tiere, Rn. 19.
109 *Eisenmann/Jautz*, Grundriss, Rn. 114.

VIII. Exkurs: Sonderregelungen für Filme (§§ 94 und 95 UrhG)

Im Hinblick auf einen „Film" ist zwischen „Filmwerken" iS von § 2 Abs. 1 Nr. 6 UrhG (einschließlich der Werke, die ähnlich wie Filmwerke geschaffen werden, Rn. 108 ff.) und solchen Filmen zu unterscheiden, denen kein Werkcharakter gemäß § 2 Abs. 2 UrhG zukommt (sog. **Laufbilder**). 905

Auf Filmwerke gelangen die §§ 88 bis 94 UrhG zur Anwendung, auf Laufbilder (im Interesse der Rechtssicherheit) die Regelung des § 95 UrhG. Danach sind die §§ 88, 89 Abs. 4, 90, 93 und 94 UrhG auf Bildfolgen sowie Bild- und Tonfolgen, die nicht als Filmwerk (iS von § 2 Abs. 1 Nr. 6 und Abs. 2 UrhG) geschützt sind, entsprechend anwendbar. 906

Das Urheberrecht an einem Filmwerk steht der/den Person(en) zu, die nach Maßgabe des § 2 Abs. 2 UrhG als (Mit-) Urheber iS von § 8 UrhG durch ihre persönliche geistige Leistung dieses geschaffen haben. Dies sind bspw.[110] Regisseure, Drehbuchautoren, Kameraleute (ggf. im Hinblick auf Lichtbildwerke), grundsätzlich jedoch nicht Filmproduzenten oder Schauspieler, sofern diese nicht ausnahmsweise hinsichtlich des Filmwerks eine „persönliche geistige Leistung" erbringen[111]. Den ausübenden Künstlern – mithin Schauspielern, Sängern, Musikern oder Dirigenten – steht hingegen (Rn. 799 ff.) ein Leistungsschutzrecht zu. In aller Regel erlangen weder Kostüm- noch Maskenbildner einen Urheberrechts- oder Leistungsschutz.[112] 907

Filmhersteller ist eine natürliche oder juristische Person bzw. eine (rechtsfähige) Personengesellschaft, „die tatsächlich die wirtschaftliche Verantwortung übernimmt und die organisatorische Tätigkeit erbringt, um den Film als Gesamtergebnis vorzulegen, so dass seine Verwertung möglich ist"[113], nicht hingegen ein Auftraggeber. 908

Nach § 94 Abs. 1 Satz 1 UrhG hat der Filmhersteller das ausschließliche Recht, den Bildträger oder Bild- und Tonträger, auf den das Filmwerk (erstmalig) aufgenommen ist, zu vervielfältigen, zu verbreiten und zur öffentlichen Vorführung, Funksendung oder öffentlichen Zugänglichmachung zu benutzen. Dies gilt unabhängig davon, ob es sich um einen Spiel-, Dokumentar- oder Werbefilm bzw. lediglich um Sequenzen bzw. Standbilder eines Films[114] handelt. Aufnahme meint die Fixierung auf einem Träger zum Zweck der wiederholten Nutzung. Die Nutzung der bei Herstellung eines Filmwerkes entstandenen Lichtbilder ist jedenfalls dann keine filmische Verwertung iSd § 91 UrhG, wenn die Lichtbilder weder im Rahmen der Auswertung des Filmwerks noch in Form eines Films genutzt werden.[115] 909

Eine **Livesendung** erfüllt nicht die Voraussetzungen des § 94 Abs. 1 Satz 1 UrhG, wohl aber jene des § 87 UrhG. 910

Der Filmhersteller hat nach § 94 Abs. 1 Satz 2 UrhG ferner das Recht, jede **Entstellung** oder **Kürzung** des Bildträgers oder Bild- und Tonträgers zu verbieten, die geeignet ist, seine berechtigten Interessen an diesem zu gefährden. 911

Das Recht erlischt gemäß § 94 Abs. 3 UrhG 50 Jahre nach dem Erscheinen des Bildträgers oder Bild- und Tonträgers oder, wenn seine erste erlaubte Benutzung zur öffentlichen Wiedergabe früher erfolgt ist, nach dieser, jedoch bereits 50 Jahre nach der Her- 912

---

110 So *Eisenmann/Jautz*, Grundriss, Rn. 117 f.
111 BGH, Urt. v. 20.7.2018 – V ZR 130/17 – GRUR 2018, 1280 – My Lai, Rn. 13.
112 BGH, Urt. v. 9.11.1973 – I ZR 114/72 – GRUR 1974, 672; *Wirth* in Eichelberger/Seifert/Wirth, Urheberrechtsgesetz, UrhG § 88 Rn. 2.
113 *Lettl*, Urheberrecht, § 9 Rn. 46.
114 BGH, Urt. v. 19. 11. 2009 – I ZR 128/07 – GRUR 2010, 620 – Film-Einzelbilder.
115 BGH, Urt. v. 19. 11. 2009 – I ZR 128/07 – GRUR 2010, 620 – Film-Einzelbilder, Ls.

stellung, wenn der Bildträger oder Bild- und Tonträger innerhalb dieser Frist nicht erschienen oder erlaubterweise zur öffentlichen Wiedergabe benutzt worden ist.

913 Nach § 94 Abs. 4 UrhG sind § 10 Abs. 1 und die §§ 20b und 27 Abs. 2 und 3 UrhG sowie die Vorschriften des Abschnitts 6 des Ersten Teils des UrhG entsprechend anzuwenden.

914 Die §§ 88 bis 95 UrhG erleichtern im Kontext des Gesamtwerks „Film", welches in sich unterschiedliche Werkformen und Leistungen verschiedenster Personengruppen (zB Regisseure, Drehbuchautoren oder Komponisten) vereint, die Verwertung des Produkts durch den Filmhersteller. Mittels Auslegungsregeln wird verhindert, dass die beteiligten Personen als Urheber die Verwertung des Gesamtwerks unterlaufen können.

1. Das Recht zur Verfilmung

915 Das Recht zur Verfilmung des urheberrechtlich geschützten Werks ist eine selbstständige Nutzungsart, wofür die Gestattung des Urhebers erforderlich ist, die dem Filmhersteller ein **selbstständiges Nutzungsrecht** verschafft, wobei im Hinblick auf das „Ob" und das „Wie" dieses selbstständigen Nutzungsrechts die Auslegungsregel des § 31 Abs. 5 UrhG zur Anwendung gelangt.

916 Gestattet der Urheber es einem anderen – dh einem Filmproduzenten – sein (bereits bestehendes) Werk (zB einen Roman oder ein Drehbuch als Filmvorlage) zu verfilmen, so liegt darin nach der Auslegungsregel[116] des § 88 UrhG zugunsten des Filmherstellers, vorbehaltlich anderweitiger entgegenstehender Vereinbarungen, im Zweifel die **Einräumung des ausschließlichen Rechts** iSd §§ 31 ff. UrhG, das Werk wie folgt zu nutzen (Einräumung ausschließlicher Nutzungsrechte):

917 Der Filmproduzent darf das Werk

- unverändert oder unter Bearbeitung oder Umgestaltung
- unter Beachtung der Beschränkungen nach § 93 Abs. 1 UrhG
- zur Herstellung eines
  - urheberrechtlich geschützten Filmwerkes (§ 2 Abs. 1 Nr. 6 und Abs. 2 UrhG) bzw. eines
  - urheberrechtlich nicht geschützten Films (Laufbilder – § 95 UrhG)
- iS einer einmaligen Verfilmung benutzen und
- das Filmwerk sowie Übersetzungen und andere filmische Bearbeitungen auf alle (bekannten und unbekannten) Nutzungsarten nutzen.

Dies umfasst als Regelfall die Rechteeinräumung auch für unbekannte Nutzungsarten.

918 Damit ist § 88 UrhG als Spezialausprägung (Einschränkung) des Zweckübertragungsgrundsatzes nach § 31 Abs. 5 UrhG (vorstehende Rn. 512 ff.) zugunsten des Filmherstellers zu qualifizieren.[117]

919 Das Recht zur Verfilmung nach § 88 Abs. 1 UrhG berechtigt den Filmproduzenten im Zweifel **nicht** zu einer **Wiederverfilmung** des Werkes (iS einer weiteren Version des in Szene gesetzten Stoffs). Zulässig ist, vorbehaltlich einer anderweitigen Vereinbarung,

---

[116] BGH, Urt. v. 17.10.2013 – I ZR 41/12 – NJW 2014, 1949 – Rechteeinräumung Synchronsprecher; BGH, Urt. v. 6.2.1985 – I ZR 179/82 – NJW 1985, 1633 – Happening.
[117] So Eisenmann/Jautz, Grundriss, Rn. 120.

VIII. Exkurs: Sonderregelungen für Filme (§§ 94 und 95 UrhG)

nur eine erste Verfilmung des konkreten Filmstoffs. Dh, dem Filmhersteller ist eine anderweitige Nutzung als die einmalige Verfilmung, wie zB eine Nutzung von Ausschnitten für einen anderen Film oder weitergehender Verwertungsformen, bspw. in einem Buch zum Film, nicht gestattet.[118] Vielmehr ist der Urheber im Zweifel berechtigt, sein Werk nach Ablauf von zehn Jahren nach Vertragsabschluss wieder anderweitig filmisch zu verwerten (so die Ausnahmeregelung des § 88 Abs. 2 UrhG).

Mit § 88 Abs. 1 UrhG korrespondiert ein Anspruch des Urhebers auf eine „angemessene Vergütung" für jede Nutzungsart. Dazu zählen auch unbekannte Nutzungsarten, (vgl. § 32a UrhG).   920

Die Einräumung dieses Ausschließlichkeitsrechts zugunsten des Filmherstellers (Produzenten) liegt darin begründet, dass die Filmproduktion für ihn erhebliche Kosten mit sich bringt. Er tritt in Vorleistung, bezahlt den Regisseur, die Schauspieler und das technische Personal, trägt also die Kosten, die die Filmproduktion mit sich bringt. Dem Produzenten stehen jedoch weder ein Urheberrecht nach § 2 Abs. 1 Nr. 6 UrhG noch ein verwandtes Schutzrecht zu. Diese Schutzlücke schließen die §§ 88 ff. UrhG.   921

2. Umfang des Rechts des Filmherstellers und Übertragung

Dem Filmproduzenten steht zwar nach den §§ 85 ff. UrhG ein Leistungsschutzrecht am Tonträger zu. Der Filmhersteller hat nach § 94 UrhG aber auch das ausschließliche Recht, den Bildträger oder Bild- und Tonträger, auf denen das Filmwerk aufgenommen ist, zu vervielfältigen, zu verbreiten und öffentlich vorzuführen oder für eine Funksendung oder eine andere öffentliche Zugänglichmachung zu benutzen.   922

Wird das ausschließliche Recht des Herstellers von Laufbildern, die Bildfolge öffentlich zugänglich zu machen, dadurch schuldhaft verletzt, dass ein Nachrichtensender die Bildfolge ausstrahlt, kann der Verletzte nach den Grundsätzen der Herausgabe des Verletzergewinns (§ 97 Abs. 2 Satz 2 UrhG bzw. § 812 Abs. 1 Satz 1 2. Alt. BGB) einen Bruchteil der Werbeeinnahmen beanspruchen, die der Betreiber des Nachrichtensenders dadurch erzielt, dass er Werbung im Umfeld der Nachrichtensendung platziert.[119]   923

Er kann auch jede Entstellung oder Kürzung des Bildträgers oder Bild- und Tonträgers verbieten, die geeignet ist, seine berechtigten Interessen an diesem zu gefährden (§ 94 Abs. 1 UrhG).   924

Dieses Recht ist übertragbar (§ 94 Abs. 2 UrhG). Der Filmhersteller kann auch einem anderen das Recht einräumen, den Bildträger oder den Bild- und Tonträger in Bezug auf einzelne oder alle der ihm vorbehaltenen Nutzungsarten zu nutzen. Das Recht des Filmherstellers erlischt grundsätzlich fünfzig Jahre nach dem Erscheinen des Bildträgers oder des Bild- und Tonträgers.   925

3. Mitwirkung am Film

Während § 88 UrhG das Verhältnis zwischen dem Filmhersteller und dem Urheber eines vorbestehenden Werkes regelt, befasst sich § 89 UrhG mit den Beziehungen zwischen dem Filmhersteller und Leistungen der (Mit-) Urheber des Films als einem Gesamtwerk (zB Regisseure, Kameraleute, Tonmeister oder Cutter).   926

---

118 *Lettl*, Urheberrecht, § 10 Rn. 12. Siehe dazu auch BGH, Urt. v. 8.7.1993 – I ZR 196/91 – GRUR 1994, 41 – Videozweitauswertung II.
119 BGH, Urt. v. 25.3.2010 – I ZR 122/08 – GRUR 2010, 1090 – Werbung des Nachrichtensenders, Ls.

927 Wer sich zur Mitwirkung bei der Herstellung eines Filmes (vertraglich, bspw. im Rahmen eines Arbeits-, Dienst- oder Werkvertrags) verpflichtet hat, räumt damit für den Fall, dass er ein (Mit-) Urheberrecht am Filmwerk (iS von § 2 Abs. 1 Nr. 6 und Abs. 2 UrhG) erwirbt, dem Filmhersteller nach der Auslegungsregel des § 89 Abs. 1 Satz 1 UrhG (über § 31a UrhG hinausgehend) im Zweifel das ausschließliche Recht ein, das Filmwerk sowie Übersetzungen und andere filmische Bearbeitungen oder Umgestaltungen des Filmwerkes auf alle (bekannten und unbekannten) Nutzungsarten zu nutzen (vorbehaltlich einer Beschränkung nach § 93 Abs. 1 UrhG im Hinblick auf Bearbeitungen und Umgestaltungen).

928 Hat der Urheber des Filmwerkes dieses Nutzungsrecht im Voraus einem Dritten eingeräumt, so behält er nach § 89 Abs. 2 UrhG gleichwohl stets die Befugnis, dieses Recht beschränkt oder unbeschränkt dem Filmhersteller einzuräumen. Die Verfügung über das Nutzungsrecht ist damit dem Dritten gegenüber auflösend bedingt iS von § 158 Abs. 2 BGB, womit die Verfügung erlischt, wenn der Urheber eine Verfügung zugunsten des Filmherstellers vornimmt. Ein eventuell daraus entstehender vertraglicher Schadenersatzanspruch gegenüber dem Dritten ist dadurch nicht ausgeschlossen.[120]

929 Die Urheberrechte an den zur Herstellung des Filmwerkes benutzten Werken, wie bspw. Romanen, Drehbüchern (die verfilmt werden) oder Filmmusik, bleiben davon nach § 89 Abs. 3 UrhG unberührt – dh den Urhebern dieser Werke verbleibt einerseits ihr Urheberrecht (vgl. jedoch § 88 UrhG). Andererseits erlangen sie – vorbehaltlich einer schöpferischen (gestalterischen) Einwirkung auf das Filmwerk selbst – auch kein (Mit-) Urheberrecht am Filmwerk.[121]

930 Die Vermutung des § 89 Abs. 1 UrhG, dass die Mitwirkung bei der Herstellung eines Films zur Einräumung urheberrechtlicher Nutzungsrechte gegenüber dem Filmhersteller führt, betrifft nicht die in §§ 12 bis 14 UrhG genannten Persönlichkeitsrechte.[122]

4. Einschränkung der Rechte (§ 90 UrhG)

931 Für die in § 88 Abs. 1 und § 89 Abs. 1 UrhG bezeichneten Rechte gelten nach § 90 Satz 1 UrhG einige Bestimmungen nicht, um eine möglichst ungehinderte Verwertung des Filmwerks durch den Filmhersteller zu bewerkstelligen:

932 Folgende Regelungen finden keine Anwendung: Jene über

- die Übertragung von Nutzungsrechten (§ 34 UrhG – Notwendigkeit einer Zustimmung jedes [Mit-] Urhebers für die Übertragung und/oder Einräumung von Rechten),
- die Einräumung weiterer Nutzungsrechte (§ 35 UrhG – Notwendigkeit der Zustimmungspflicht des Urhebers zur Einräumung weiterer Nutzungsrechte) und
- das Rückrufsrecht wegen
  - Nichtausübung (§ 41 UrhG) bzw.
  - gewandelter Überzeugung (§ 42 UrhG).

---

120 *Lettl*, Urheberrecht, § 10 Rn. 22.
121 *Eisenmann/Jautz*, Grundriss, Rn. 117.
122 OLG Köln, Urt. v. 10. 6. 2005 – 6 U 12/05 – GRUR-RR 2005, 337 – Dokumentarfilm Massaker, Ls. 1.

Die Ausnahmen finden bis zum Beginn der Dreharbeiten für das Recht zur Verfilmung keine Anwendung (so § 90 Satz 2 UrhG). Nach § 92 Abs. 3 UrhG gilt § 90 UrhG auch für die ausübenden Künstler.

933

5. Mitwirkung eines ausübenden Künstlers

Schließt ein ausübender Künstler (Schauspieler oder Musiker, welchem ein Leistungsschutzrecht nach den §§ 73 ff. UrhG zusteht) mit dem Filmhersteller einen Vertrag über seine Mitwirkung bei der Herstellung eines Filmwerks, so liegt darin nach der Auslegungsregel (iS einer widerlegbaren Übertragungsvermutung) des § 92 Abs. 1 UrhG im Zweifel hinsichtlich der Verwertung des Filmwerks die Einräumung des Rechts, die Darbietung auf eine der dem ausübenden Künstler ua nach § 77 UrhG (Aufnahme, Vervielfältigung und Verbreitung) vorbehaltenen Nutzungsarten zu nutzen.

934

Dem Filmhersteller soll die Möglichkeit einer ungehinderten Verwertung des Films verschafft werden. Hat der ausübende Künstler im Voraus ein entsprechendes Recht übertragen oder einem Dritten hieran ein Nutzungsrecht eingeräumt, so behält er nach § 92 Abs. 2 UrhG gleichwohl die Befugnis, dem Filmhersteller dieses Recht hinsichtlich der Verwertung des Filmwerkes zu übertragen oder einzuräumen.

935

Die Bestimmungen der §§ 88 Abs. 1, 89 Abs. 1 und 92 Abs. 1 UrhG sind **Auslegungsregeln** und kommen als Maßstab einer Inhaltskontrolle von Allgemeinen Geschäftsbedingungen nach § 307 Abs. 2 Nr. 1 BGB nicht in Betracht[123].

936

6. Persönlichkeitsschutz (§ 93 UrhG)

Die Urheber des Filmwerkes und der zu seiner Herstellung benutzten Werke sowie die Inhaber verwandter Schutzrechte, die bei der Herstellung des Filmwerkes mitwirken oder deren Leistungen zur Herstellung des Filmwerkes benutzt werden, können gemäß § 93 Abs. 1 UrhG (Persönlichkeitsrechtsschutz) nach den §§ 14 und 75 UrhG hinsichtlich der Herstellung und Verwertung des Filmwerkes gröbliche Entstellungen oder andere gröbliche Beeinträchtigungen ihrer Werke oder Leistungen verbieten. Beispiele sind Fälle einer Ansehens- oder Rufgefährdung von Angehörigen des genannten Personenkreises.

937

Damit wird der persönlichkeitsrechtliche Schutz sowohl der Urheber am Filmwerk und am Drehbuch als auch der Inhaber von Leistungsschutzrechten (zB der Schauspieler) erheblich eingeschränkt. Sie haben dabei aufeinander und auf den Filmhersteller angemessen Rücksicht zu nehmen.

938

Grundsätzlich ist die Nennung jedes einzelnen an einem Film mitwirkenden ausübenden Künstlers erforderlich – was nur dann nicht gilt, wenn dies einen unverhältnismäßigen Aufwand bedeutet (so § 93 Abs. 2 UrhG).

939

IX. Zusammenfassung

Der zweite Teil des UrhG (§§ 70 ff.) regelt mit dem Urheberrecht verwandte Leistungsschutzrechte zugunsten ausübender Künstler, die zwar individuelle geistige Leistungen erbringen, aber kein eigenständiges neues Werk schaffen, das Urheberrechtsschutz ge-

940

---

123 BGH, Urt. v. 17.10.2013 – I ZR 41/12 – GRUR 2014, 556 – Rechteeinräumung Synchronsprecher, Ls.

nießt. Die Leistungsschutzrechte reichen in persönlichkeits- wie verwertungsrechtlicher Hinsicht weniger weit als das Urheberrecht des Werkschöpfers.

941 **Ausübender Künstler** ist, wer ein Werk oder eine Ausdrucksform der Volkskunst aufführt, singt, spielt oder auf eine andere Weise darbietet oder an einer solchen Darbietung künstlerisch mitwirkt (zB ein Schauspieler). Er hat das Recht, in Bezug auf seine Darbietung als solcher anerkannt zu werden und kann eine Entstellung oder andere Beeinträchtigung seiner Darbietung verbieten, die geeignet ist, sein Ansehen oder seinen Ruf als ausübender Künstler zu gefährden. Dem ausübenden Künstler stehen auch diverse Ausschließlichkeitsrechte zu: nämlich ein Aufnahmerecht, ein Vervielfältigungs- und Verbreitungsrecht und das Recht, seine Darbietung öffentlich wiederzugeben. Er kann seine Rechte und Ansprüche verwerten und auf seinen Arbeitgeber übertragen. Zudem steht ihm auch eine „angemessene Vergütung" zu. Der ausübende Künstler hat gegen Verletzungshandlungen, die in seine Persönlichkeitsrechte bzw. in seine Ausschließlichkeitsrechte eingreifen, Beseitigungs-, Unterlassungs- bzw. Schadensersatzansprüche.

942 Wird die Darbietung des ausübenden Künstlers von einem Unternehmen veranstaltet, so stehen die genannten Rechte neben dem ausübenden Künstler auch dem Inhaber des Unternehmens – dh dem **Veranstalter** – zu.

943 Dem **Hersteller eines Tonträgers** als Erbringer einer leicht kopierbaren „qualifizierten technischen Leistung" steht ein umfassendes Verwertungsrecht zu: Er hat das ausschließliche Recht, den Tonträger zu vervielfältigen, zu verbreiten und öffentlich zugänglich zu machen.

944 Der **Datenbankhersteller** genießt gleichermaßen einen besonderen Leistungsschutz, da er die Investitionen für die Datenbank getätigt hat. Er ist (durch seine finanzielle und organisatorische Leistung) vom Urheber eines Datenbankwerkes (mit seiner schöpferischen Leistung) zu unterscheiden. Wegen des von ihm aufgebrachten Investitionsaufwandes hat er das ausschließliche Recht, die Datenbank insgesamt oder einen nach Art oder Umfang wesentlichen Teil der Datenbank zu vervielfältigen, zu verbreiten und öffentlich wiederzugeben.

945 Für den Hersteller eines Presseerzeugnisses (**Presseverleger**) gewährt das Gesetz Rechte gegenüber den Diensten der Informationsgesellschaft für die Online-Nutzung von Presseveröffentlichungen.

946 Das Urheberrecht an einem **Filmwerk** steht der/den Person(en) zu, die nach Maßgabe des § 2 Abs. 2 UrhG als (Mit-) Urheber durch ihre persönliche geistige Leistung dieses geschaffen haben. Den ausübenden Künstlern steht hingegen ein Leistungsschutzrecht zu.

947 Die §§ 88 bis 95 UrhG erleichtern im Kontext des Gesamtwerks „Film" die Verwertung des Produkts durch den **Filmhersteller**. Mittels Auslegungsregeln wird verhindert, dass die beteiligten Personen als Urheber oder Leistungsschutzberechtigte die Verwertung des Gesamtwerks unterlaufen können.

Anhang 1 Antworten

Frage 1: Welcher Mediatoren kann sich der Urheber zwecks Wahrnehmung seiner Rechte bedienen?

Antwort: Da es dem Urheber oft nicht möglich ist, sein Werk selbst zu verwerten, braucht er dazu Mediatoren (zB Verlage, Film- und Fernsehproduzenten, Rundfunk- und Fernsehanstalten oder Konzert- und Schauspielhäuser). Mediatoren (Vermittler) sind aber auch die Wahrnehmungs- (Verwertungs-) gesellschaften, denen der Urheber die Wahrnehmung seiner urheberrechtlichen Befugnisse (Nutzungsrechte und Vergütungsansprüche) einräumen kann.

Frage 2: Bitte beschreiben Sie die beiden Komponenten des Urheberrechts als einheitlichem Recht.

Antwort: Die beiden Komponenten des einheitlichen Urheberrechts sind das Verwertungs- (Nutzungs-) recht des Urhebers in materieller (vermögensrechtlicher) Hinsicht (Recht auf Vervielfältigung, Verbreitung, Ausstellung und Wiedergabe seines Werks) und das Urheberpersönlichkeitsrecht, das die geistigen und die persönlichen (ideellen) Beziehungen des Urhebers zu seinem Werk schützt.

Frage 3: Wer wird durch das UrhG geschützt?

Antwort: Das UrhG schützt das Urheberrecht deutscher Staatsangehöriger an allen von ihnen geschaffenen Werken, unabhängig davon, ob und wo die Werke erschienen sind. Den deutschen Staatsangehörigen stehen Staatsangehörige eines anderen EU- oder EWR-Mitgliedstaates gleich. Andere ausländische Staatsangehörige genießen urheberrechtlichen Schutz für ihre im Geltungsbereich des UrhG – dh der Bundesrepublik Deutschland – erschienenen Werke, es sei denn, dass das Werk oder eine Übersetzung des Werkes früher als dreißig Tage vor dem Erscheinen im Geltungsbereich des UrhG außerhalb dieses Gebietes erschienen ist.

Frage 4: Worin liegen die Gefahren des Urheberrechts als sachlichem Recht?

Antwort: Da das Urheberrecht als persönliche geistige Schöpfung, als sachliches Recht, kraft Gesetzes – dh ohne Anmeldung, Prüfung und Eintragung in ein staatliches Register – allein durch die Schöpfung des Werks entsteht, kann sich ein vorgeblicher Urheber erst im Rahmen eines Verletzungsprozesses, den ein Dritter gegen ihn wegen vermeintlicher Verletzung seines Urheberrechts anstrengt oder den er umgekehrt gegen einen Dritten führt, Klarheit darüber verschaffen, ob ein Urheberrecht zu seinen Gunsten tatsächlich auch besteht oder nicht. Das Problem verschärft sich im Zusammenhang mit dem Schutz der sog. „kleinen Münze", dh eines Werks, dessen Schöpfungshöhe an der untersten Grenze der Werkhöhe verortet ist. Auch dann schafft erst eine gerichtliche Klärung Aufschluss über das Bestehen oder Nichtbestehen eines möglichen Urheberrechtsschutzes.

Frage 5: Was versteht man unter einer persönlichen geistigen Schöpfung?

Antwort: Persönlich ist die Schöpfung dann, wenn sie der Urheber gestaltet, also geschaffen hat. Für eine geistige Leistung bedarf es des geistigen Gehalts eines durch einen Menschen offenbarten Gedanken- oder Gefühlsinhalts.

Frage 6: Benennen Sie beispielhaft einige Formen urheberrechtlich geschützter Sprachwerke.

Antwort: Unter „Sprachwerken" versteht die Regelung beispielhaft Schriftwerke (Romane, Bühnenwerke, Drehbücher, Tagebücher), Reden und Computerprogramme.

Frage 7: Können Gedanken Urheberrechtsschutz geniessen?

Antwort: Nein, ein Gedanke (bspw. eine wissenschaftliche oder technische Lehre) selbst genießt nach dem UrhG keinen Schutz. Geschützt ist allein die schöpferische Form der Darstellung selbst (dh die Manifestation des Gedankens bspw. in Zeichnungen, Plänen usw).

Frage 8: Wodurch unterscheidet sich eine verbotene Übernahme von der freien Bearbeitung eines Werkes?

Antwort: Die verbotene Übernahme unterscheidet sich von einer freien Benutzung durch die Übereinstimmung im Bereich der objektiven Merkmale, durch die die schöpferische Eigentümlichkeit des Originals bestimmt wird. Deshalb reicht es zB für eine verbotene Übernahme eines Charakters nicht aus, dass eine Abbildung lediglich einzelne äußere Merkmale der literarischen Figur übernimmt. Die freie Benutzung zeichnet sich hingegen durch einen bestimmten Abstand zum Werk aus.

Frage 9: Was versteht man unter einem Sammelwerk und wie ist dieses geschützt?

Antwort: Sammelwerk ist eine Sammlung von Werken, Daten oder anderen unabhängigen Elementen, die aufgrund der Auswahl oder Anordnung der Elemente eine persönliche geistige Schöpfung darstellen (zB Lexika oder Gedichtbände). Sammelwerke werden, unbeschadet eines an den einzelnen Elementen ggf. bestehenden Urheberrechts oder verwandten Schutzrechts, wie selbstständige Werke geschützt.

Frage 10: Was versteht man unter einem Datenbankwerk und wie ist dieses geschützt?

Antwort: Unter einem Datenbankwerk versteht man ein Sammelwerk, dessen Elemente systematisch oder methodisch angeordnet und einzeln mithilfe elektronischer Mittel oder auf andere Weise zugänglich sind. Es genießt Urheberrechtsschutz, wenn es sich als eine persönliche geistige Schöpfung darstellt.

Frage 11: Unter welchen Voraussetzungen geniesst ein Werk Urheberrechtsschutz?

Antwort: Ein Werk genießt nur dann Urheberrechtsschutz, wenn es sich um eine „persönliche geistige Schöpfung" iS von § 2 Abs. 2 UrhG handelt – was allerdings keinen hohen Einsatz von Zeit, Geld und Intelligenz voraussetzt, sondern eine bestimmte Schöpfungshöhe. Erforderlich ist dafür eine äußere Formgestaltung (iS einer für den außenstehenden Betrachter sinnlich wahrnehmbaren individualisierten Form im Hinblick auf ein einzelnes und singuläres Werk), die der Schöpfer durch eine persönliche Leistung geschaffen bzw. gestaltet hat. Zudem muss die Schöpfung „geistig" sein, dh eine nicht unerhebliche Schöpfungshöhe erreichen. Das geschaffene Werk muss also im Hinblick auf seine Schöpfungsqualität als etwas Besonderes, Überdurchschnittliches und aus der Masse des Alltäglichen Herausragendes wahrgenommen werden.

FRAGE 12: WER KANN URHEBER SEIN UND WER NICHT?

Antwort: Urheber kann allein eine natürliche Person sein (nämlich der Schöpfer des Werkes) – nicht jedoch juristische Personen oder Personen(handels)gesellschaften, da diese nicht selbst handlungsfähig sind, sondern nur durch ihre Organe oder ihre vertretungsberechtigten Gesellschafter handeln können. Urheber ist auch nicht, wer lediglich Anregungen zur Schöpfung eines Werks gibt oder bloße Hilfestellung leistet.

FRAGE 13: WER IST URHEBER IM RAHMEN EINES ARBEITSVERHÄLTNISSES UND WIE WIRD HIER DER INTERESSENKONFLIKT ZWISCHEN ARBEITGEBER UND ARBEITNEHMER AUFGELÖST?

Antwort: Schafft der Arbeitnehmer im Rahmen eines bestehenden Arbeitsverhältnisses (§ 611a BGB) ein Werk, ist er der Schöpfer. Damit ist der Arbeitnehmer – und nicht der Arbeitgeber – Urheber des Werks. Der Arbeitgeber kann sich aber im Arbeitsvertrag oder in einem separaten Vertrag mit dem Arbeitnehmer durch ausdrückliche schriftliche Vereinbarung die sich aus dem Arbeitsverhältnis ergebenden Nutzungsrechte an dem vom Arbeitnehmerurheber geschaffenen Werk einräumen lassen. Wurde keine ausdrückliche Vereinbarung getroffen, kann nach der Zweckübertragungstheorie auch von einer stillschweigenden Übertragung der Nutzungsrechte auf den Arbeitgeber ausgegangen werden, wenn und soweit nach dem in Rede stehenden Vertragszweck des Arbeitsvertrags dies erforderlich ist.

FRAGE 14: WAS VERSTEHT MAN UNTER MITURHEBERSCHAFT UND WELCHE RECHTE GEBÜHREN JEDEM MITURHEBER?

Antwort: Miturheberschaft liegt vor, wenn mehrere ein Werk gemeinsam geschaffen haben, ohne dass sich die Anteile ihrer Zusammenarbeit gesondert verwerten lassen. Jeder Miturheber hat das Recht zur Veröffentlichung und zur Verwertung des Werkes zur gesamten Hand. Änderungen des Werkes sind dann nur mit Einwilligung aller Miturheber zulässig. Jeder Miturheber ist auch allein berechtigt, Ansprüche aus Verletzungen des gemeinsamen Urheberrechts geltend zu machen. Er muss dann aber Leistung an alle Miturheber verlangen. Die Erträgnisse aus der Nutzung des Werkes gebühren den Miturhebern grundsätzlich nach dem Umfang ihrer Mitwirkung an der Schöpfung des Werkes.

FRAGE 15: UMSCHREIBEN SIE BITTE DEN POSITIVEN INHALT DES URHEBERRECHTS.

Antwort: Der positive Inhalt des Urheberrechts schützt den Urheber in seinen geistigen und persönlichen Beziehungen zum Werk und in der Nutzung des Werkes. Er umfasst damit den Schutz des Urheberpersönlichkeitsrechts als immaterielle Komponente des Urheberrechts. Zugleich hat der Urheber einen Anspruch auf angemessene Vergütung für die Nutzung seines Werkes (Belohnungsfunktion), weshalb ihm diverse Verwertungsrechte als materielle Komponente seines Urheberrechts eingeräumt werden.

FRAGE 16: WAS VERSTEHT MAN UNTER DEM URHEBERPERSÖNLICHKEITSRECHT?

Antwort: Das Urheberpersönlichkeitsrecht bildet den immateriellen Teilaspekt des umfassenden Urheberrechts und ist ein absolutes Recht, das gegenüber jedermann Geltung beansprucht. Es gewährt dem Urheber als Schöpfer ein Recht auf umfassende Anerkennung seiner Leistung, was in den §§ 12 bis 14 UrhG konkretisiert wird. Ihm steht das Veröffentlichungsrecht zu, er hat einen Anspruch auf Anerkennung seiner Urheberschaft und in negativer Hinsicht kann er gegen eine Entstellung seines Ausschließlichkeitscharakter genießenden Werks vorgehen.

FRAGE 17: GEBEN SIE BITTE EINEN ÜBERBLICK ÜBER DIE VERWERTUNGSRECHTE DES URHEBERS.

Antwort: Der Urheber eines Werks hat das ausschließliche Recht, dieses zu verwerten (allgemeines Verwertungsrecht/Gesamtverwertungsrecht). Er darf das Werk insbesondere körperlich verwerten, etwa vervielfältigen, verbreiten oder ausstellen. Der Urheber darf sein Werk aber auch in unkörperlicher Form verwerten, dieses bspw. öffentlich wiedergeben (Vortrags-, Aufführungs- und Vorführungsrecht, Recht der öffentlichen Zugänglichmachung, Senderecht, Recht der Wiedergabe durch Bild- oder Tonträger oder Recht der Wiedergabe von Funksendungen und das Recht der öffentlichen Zugänglichmachung).

FRAGE 18: WAS VERSTEHT MAN UNTER DEN SOG. „SONSTIGEN RECHTEN"?

Antwort: Das UrhG normiert in seinen §§ 25 ff. „sonstige Rechte" des Urhebers, die sich vom Urheberpersönlichkeitsrecht und von den Verwertungsrechten dadurch unterscheiden, dass sie keine absoluten Rechte sind (also nicht unmittelbar gegenüber jedermann wirken), nämlich das Zugangsrecht zu Werkstücken, das Folgerecht und der Vergütungsanspruch für Vermietung und Verleihen.

FRAGE 19: WELCHE MÖGLICHKEITEN BESTEHEN, UM IM FALLE EINES VERMÖGENSSCHADENS EINE SCHADENSBERECHNUNG VORZUNEHMEN?

Antwort: Wegen der mit der Bestimmung der Schadenshöhe einhergehenden praktischen Probleme bestehen im Hinblick auf Vermögensschäden – wie auch bei sonstigen Schadensersatzansprüchen im Immaterialgüterrecht – drei Möglichkeiten, den Schaden zu berechnen: Einmal durch die Bezifferung des tatsächlich entstandenen Schadens, alternativ durch eine Berücksichtigung des Gewinns, den der Verletzer durch die Verletzung des Urheberrechts erzielt hat und zum dritten unter Zugrundelegung des Betrages, den der Verletzer als angemessene Vergütung hätte entrichten müssen, wenn er die Erlaubnis zur Nutzung des urheberrechtlich geschützten Werkes eingeholt hätte (Lizenzanalogie).

FRAGE 20: UMSCHREIBEN SIE BITTE DEN NEGATIVEN INHALT DES URHEBERRECHTS?

Antwort: Der negative Inhalt des Urheberrechts gewährt dem Verletzten einen Unterlassungs- und/oder einen Schadenersatzanspruch, wenn der Verletzer das Urheberpersönlichkeitsrecht (bzw. dessen besondere Ausgestaltungsformen) oder das allgemeine bzw. die besonderen Verwertungsrechte widerrechtlich verletzt. Der Anspruch geht auf Beseitigung der Beeinträchtigung und (bei Wiederholungsgefahr auf) Unterlassung – letzteres auch dann, wenn eine Zuwiderhandlung erstmalig droht (Erstbegehungsgefahr). Schadensersatz kann im Verschuldensfalle sowohl wegen eines Vermögensschadens als auch wegen eines Nichtvermögensschadens verlangt werden.

Frage 21: Was versteht man unter einem einfachen Nutzungsrecht?

Antwort: Das einfache Nutzungsrecht berechtigt den Erwerber das Werk auf die erlaubte Art zu nutzen. Damit ist eine Nutzung durch andere nicht ausgeschlossen. Dem einfachen Nutzungsrecht kommt schuldrechtlicher Charakter zu. Dh, es entfaltet nur im Rahmen der vertraglichen Bindung Wirkung. Damit kann der Inhaber das Werk ggf. nur neben dem Urheber und ggf. auch neben anderen Berechtigten nutzen. Maßgeblich ist der dafür vertraglich gesteckte Rahmen. Im Unterschied zum Inhaber eines ausschließlichen Nutzungsrechts steht dem Erwerber kein Verbietungsrecht gegenüber Dritten zu.

Frage 22: Was ist unter einem ausschliesslichen Nutzungsrecht zu verstehen?

Antwort: Einem ausschließlichen Nutzungsrecht kommt dingliche (dh drittausschließende) Wirkung zu. Es berechtigt den Inhaber, das Werk unter Ausschluss aller anderen Personen (einschließlich des Urhebers selbst) auf die ihm erlaubte Art zu nutzen. Damit kann der Erwerber eines ausschließlichen Nutzungsrechts auch Dritten – wozu er jedoch jeweils der Zustimmung des Urhebers bedarf – Nutzungsrechte einzuräumen. Der Inhaber eines ausschließlichen Nutzungsrechts hat somit nicht nur ein ihm in seiner Reichweite im Vertrag näher eingeräumtes Nutzungsrecht, sondern auch ein Verbietungsrecht sowohl gegenüber Dritten als auch gegenüber dem Urheber selbst.

Frage 23: Beschreiben Sie bitte das Verfahren, wie ein Nutzungsrecht übertragen wird.

Antwort: Die Übertragung von Nutzungsrechten vollzieht sich auf der Grundlage eines schuldrechtlichen Verpflichtungs- als Kausalgeschäft. Dadurch verpflichtet sich der Urheber dazu, einem Dritten bestimmte Nutzungsbefugnisse an seinem urheberrechtlich geschützten Werk als einfaches oder als ausschließliches Nutzungsrecht, räumlich, zeitlich oder inhaltlich beschränkt bzw. auch unbeschränkt (gebündelt oder gespalten) zu übertragen. Auf der Grundlage des schuldrechtlichen Verpflichtungsgeschäfts erfolgt dann im Zuge des dinglichen Verfügungs- als Erfüllungsgeschäfts nach Maßgabe der §§ 413, 398 BGB die Übertragung des Nutzungsrechts auf den Erwerber. Das Nutzungsrecht wird demnach von seinem Inhaber durch (dinglichen und vom Kausalgeschäft abstrakten) Vertrag mit dem Erwerber auf diesen übertragen (Abtretung – Zession), womit dieser an die Stelle des bisherigen Inhabers tritt.

Frage 24: Beschreiben Sie bitte das Verfahren zur Einräumung von Nutzungsrechten zur eigenen Nutzung des Berechtigten.

Antwort: Die Einräumung von Nutzungsrechten zur eigenen Nutzung des Berechtigten vollzieht sich dadurch, dass der Urheber sich bspw. durch den Verlagsvertrag mit einem Verleger verpflichtet, letzterem das Werk zur Vervielfältigung und Verbreitung für eigene Rechnung zu überlassen. Dadurch wird der Verleger verlagsrechtlich verpflichtet, das Werk zu vervielfältigen und zu verbreiten. Der Verlagsvertrag beinhaltet sowohl die gegenseitigen

Verpflichtungen von Urheber und Verleger als auch die Rechteübertragung selbst. Der Verleger erlangt das Verlagsrecht, wodurch ihm das ausschließliche Recht zur Vervielfältigung und Verbreitung zusteht.

Frage 25: Beschreiben Sie bitte das Verfahren zur Einräumung von Nutzungsrechten zur Wahrnehmung.

Antwort: Die Einräumung von Nutzungsrechten zur Wahrnehmung vollzieht sich dadurch, dass der Urheber die Wahrnehmung seiner Verwertungsrechte treuhänderisch auf Verwertungs- (Wahrnehmungs-) gesellschaften überträgt, was näher im Verwertungsgesellschaftsgesetz (VGG) geregelt ist. Der Wahrnehmungsvertrag wird von einem Abschluss- (Kontrahierungs-) zwang beherrscht. Die Wahrnehmungsgesellschaft ist verpflichtet, die zu ihrem Tätigkeitsbereich gehörenden Rechte und Ansprüche auf Verlangen der Berechtigten zu angemessenen Bedingungen wahrzunehmen. Des Weiteren besteht ein Abschlusszwang. Die Wahrnehmungsgesellschaft ist auch verpflichtet, aufgrund der von ihr wahrgenommenen Rechte jedermann auf Verlangen zu angemessenen Bedingungen Nutzungsrechte einzuräumen.

Frage 26: Warum und zu wessen Gunsten erfährt das Urheberrecht Beschränkungen?

Antwort: Das Urheberrecht begründet zugunsten des Urhebers eine nach Art. 14 Abs. 1 des Grundgesetzes eigentumsrechtlich verfestigte Position. Gemäß Art. 14 Abs. 2 GG verpflichtet Eigentum jedoch (sog. Sozialbindung des Eigentums – sein Gebrauch soll zugleich dem Wohle der Allgemeinheit dienen). Aus diesem Grund gibt das UrhG dem Urheberrecht Beschränkungen vor, die einerseits dem Interesse der Allgemeinheit und andererseits den Interessen Privater dienen.

Frage 27: Was versteht man unter der Zitatfreiheit?

Antwort: Der Begriff der Zitatfreiheit ist eigentlich missverständlich, da § 51 UrhG Ausnahmecharakter zukommt. Deshalb gelten nach *Eisenmann/Jautz* (Grundriss, Rn. 97) auch eigentlich die Grundsätze „im Zweifel gegen den Zitierenden" bzw. „im Zweifel für den Autor". Die Verwendung fremder urheberrechtlich geschützter Aussagen als Zitat ist allein aufgrund des Zwecks des Zitats statthaft – sofern dessen Nutzung im konkreten Umfang durch einen besonderen Zweck gerechtfertigt ist. Dabei geht es im Wesentlichen um die wissenschaftliche Auseinandersetzung mit dem Gedankengut anderer.

Frage 28: Was ist ein Grosszitat?

Antwort: Unter einem Großzitat versteht man die Vorgehensweise, dass einzelne fremde Werke nach ihrer (Erst-) Veröffentlichung durch den „Zitierenden" in ein selbstständiges wissenschaftliches Werk zur Erläuterung des Inhalts aufgenommen werden. Dabei geht es um die Übernahme eines gesamten (ganzen) Werkes in ein eigenständiges neues wissenschaftliches Werk.

Frage 29: Was ist ein Kleinzitat?

Antwort: Unter einem Kleinzitat versteht man die Vorgehensweise, dass einzelne Stellen eines fremden Werks nach der (Erst-) Veröffentlichung in einem selbstständigen Sprachwerk angeführt werden. Dies ist die „eigentliche Zitation", nämlich die Wiedergabe einzelner Stellen, mithin Ausschnitten, unter Angabe der Quelle, in einem eigenständigen neuen wissenschaftlichen Werk.

FRAGE 30: NENNEN SIE BITTE DIE URHEBERRECHTLICHEN VORAUSSETZUNGEN EINES ZULÄSSIGEN ZITATS.

Antwort: Ein Zitat – Groß- oder Kleinzitat – ist urheberrechtlich nur dann und insoweit zulässig, als dies durch den Zitatzweck gerechtfertigt ist. Letzterer setzt dreierlei voraus: Das neu in Entstehung begriffene, das Zitat aufnehmende Werk ist selbst urheberrechtsfähig (1.), die Werke, aus denen das Klein- bzw. das Großzitat entnommen wurden, genießen gleichermaßen Urheberrechtsschutz (2.) und die Übernahme erfährt in beiden Fällen durch den besonderen Zweck des Zitats (Zitatzweck) seine Rechtfertigung (3.). Letzterer ist beim Großzitat die „Erläuterung des Inhalts", beim Kleinzitat wird nach dessen Sinn und Zweck der Zitatzweck in der „Auseinandersetzung mit dem Gedankengut anderer" gesehen.

FRAGE 31: WELCHE ANFORDERUNGEN SIND AN EINE KONKRETE QUELLENANGABE ZU STELLEN?

Antwort: Eine korrekte Quellenangabe setzt die Angabe von Urheber und Titel bzw. (bei Büchern) Erscheinungsjahr, Erscheinungsort und Seitenzahl voraus. Bei der Vervielfältigung ganzer Sprachwerke oder ganzer Werke der Musik ist neben dem Urheber auch der Verlag anzugeben, in dem das Werk erschienen ist, und außerdem kenntlich zu machen, ob an dem Werk Kürzungen oder andere Änderungen vorgenommen worden sind.

FRAGE 32: WIE WEIT REICHT DAS RECHT EINER PRIVATPERSON, EINZELNE VERVIELFÄLTIGUNGEN FÜR EIGENE ZWECKE HERZUSTELLEN?

Antwort: Das Recht einer Privatperson, einzelne Vervielfältigungen eines Werkes zum privaten Gebrauch (dh für eine eigene Nutzung in der privaten Sphäre) auf beliebigen Trägern vorzunehmen, ist grundsätzlich zulässig. Die Ausübung des Rechts darf aber weder unmittelbar noch mittelbar Erwerbszwecken dienen. Etwas anderes gilt, wenn zur Vervielfältigung eine offensichtlich rechtswidrig hergestellte oder öffentlich zugänglich gemachte Vorlage verwendet wird. Der zur Vervielfältigung Befugte darf die für ihn bestimmten Vervielfältigungsstücke auch durch einen anderen (etwa einen Copyshop) herstellen lassen.

FRAGE 33: WAS VERSTEHT MAN UNTER „EINZELNEN VERVIELFÄLTIGUNGSSTÜCKEN EINES WERKS" UND UNTER WELCHEN VORAUSSETZUNGEN DÜRFEN DIESE GEFERTIGT WERDEN?

Antwort: Die Rechtsprechung versteht unter „einzelnen Vervielfältigungsstücke eines Werkes" bis zu sieben Vervielfältigungsstücke (BGH, Urt. v. 14.4.1978 – I ZR 111/76 – GRUR 1978, 474). Voraussetzung dafür ist aber, dass das Herstellen – bzw. das erlaubte Herstellenlassen durch einen Dritten – der „einzelnen Vervielfältigungsstücke eines Werkes" zu einem der in § 53 UrhG beispielhaft („insbesondere") gelisteten Zwecke erfolgt.

Frage 34: Was versteht man – im Vergleich zum Urheberrecht – unter einem Leistungsschutzrecht?

Antwort: Leistungsschutzrechte – geregelt in den §§ 70 ff. UrhG – sind mit dem Urheberrecht zwar verwandte Schutzrechte. Es handelt sich dabei jedoch nicht um Urheberrechte. Sänger oder Schauspieler bspw. erbringen zwar individuelle geistige Leistungen – sie schaffen jedoch kein eigenständiges neues Werk, das Urheberrechtsschutz nach § 2 UrhG genießen würde. Die genannten Künstler reproduzieren vielmehr ein zuvor schon originär geschaffenes Geisteswerk, das selbst Urheberrechtsschutz genießt. Der Gesetzgeber erkennt dies zwar als schützenswerte Leistung an, gewährt dafür aber keinen Urheber-, sondern einen eigenständigen Leistungsschutz als "verwandtes Schutzrecht", dessen Schutzbereich allerdings sowohl in persönlichkeits- als auch in verwertungsrechtlicher Hinsicht weniger weit reicht als das Urheberrecht des Werkschöpfers.

Anhang 2 Fallprüfung

In Klausuren ist idR das Bestehen von Ansprüchen zu prüfen. Das Urheberrecht bietet eine Vielzahl von Anspruchsgrundlagen. Um in der Klausur die richtige Anspruchsgrundlage zu finden, muss das jeweilige Begehren der beteiligten Personen (Privatautonomie!) aus den Informationen im Sachverhalt ermittelt werden, um dieses sodann mit den vom Gesetz angeordneten *Rechtsfolgen* der Anspruchsgrundlagen zu vergleichen. Ist nur nach der Rechtslage gefragt, ist die Prüfung aller Anspruchsgrundlagen erforderlich, die, vergleicht man deren Tatbestände (eher großzügig) mit dem vorliegenden Sachverhalt, ernstlich in Betracht kommen.

Eine (vereinfachte) Übersicht der wichtigsten Anspruchsgrundlagen liefert die folgende Tabelle:

AGL	Tatbestand	Rechtsfolge
Ansprüche auf Unterlassung, Beseitigung, Schadensersatz uÄ.		
§ 97 Abs. 1 Alt. 1 UrhG	widerrechtliche Verletzung von Urheber- oder Leistungsschutzrechten	Beseitigung der Beeinträchtigung
§ 97 Abs. 1 Alt. 2 UrhG	widerrechtliche Verletzung von Urheber- oder Leistungsschutzrechten	Unterlassung
§ 97 Abs. 2 UrhG	widerrechtliche vorsätzliche oder fahrlässige Verletzung von Urheber- oder Leistungsschutzrechten	Schadensersatz
§§ 97 Abs. 2 Satz 1, 102 Satz 2 UrhG iVm § 852 BGB (Restschadensersatzanspruch)	Bereicherung des Verletzers aus Kosten des Verletzten	Wertersatz für den Gebrauchsvorteil, den der Verletzer durch die Nutzung des Schutzgegenstandes erlangt hat
§ 98 Abs. 1 UrhG	widerrechtliche Verletzung von Urheber- oder Leistungsschutzrechten	Vernichtung von Vervielfältigungstücken und Herstellungsvorrichtungen
§ 98 Abs. 2 UrhG	widerrechtliche Verletzung von Urheber- oder Leistungsschutzrechten	Rückruf von Vervielfältigungstücken
§ 98 Abs. 3 UrhG	widerrechtliche Verletzung von Urheber- oder Leistungsschutzrechten	Überlassung von Vervielfältigungstücken
Ansprüche zur Beweisfindung und -sicherung		
§ 101 Abs. 1 UrhG	widerrechtliche Verletzung von Urheber- oder Leistungsschutzrechten in gewerblichem Ausmaß	Auskunftsanspruch gegen den Verletzer

Anhang 2 Fallprüfung

AGL	Tatbestand	Rechtsfolge
§ 101 Abs. 2 UrhG	gewerbliche Beteiligung an offensichtlicher Rechtsverletzung	Auskunftsanspruch gegen Dritte
§ 101a Abs. 1 UrhG	hinreichende Wahrscheinlichkeit einer Rechtsverletzung	Anspruch auf Vorlage und Besichtigung von zur Anspruchsbegründung notwendigem Beweismaterial
§ 101b Abs. 1 UrhG	widerrechtliche Verletzung von Urheber- oder Leistungsschutzrechten in gewerblichem Ausmaß	Anspruch auf Vorlage von Bank-, Finanz- und Handelsunterlagen
Vergütungsansprüche		
§ 32 Abs. 1 Satz 3 UrhG	Unangemessenheit einer im Nutzungsvertrag vereinbarten Vergütung	Anspruch auf Einwilligung zur Vertragsanpassung
§ 32a UrhG	auffälliges Missverhältnis zwischen Erträgen aus eingeräumtem Nutzungsrecht und Vergütung des Urhebers	Anspruch auf Einwilligung zur Vertragsanpassung
§ 25 Abs. 1 UrhG	Dritte besitzen Original oder Vervielfältigungsstück eines Werkes	Anspruch auf Zugang zum Werkstück
§ 26 Abs. 1 UrhG (Folgerecht)	gewerbliche Weiterveräußerung eines Werkstücks	Anspruch auf Beteiligung am Verkaufserlös
§ 27 Abs. 1 UrhG	Einräumung des Vermietrechts	Anspruch auf angemessene Vergütung für die Vermietung
§ 13 Abs. 2 UrhG	Werkstück	Recht auf Anbringung einer Urheberbezeichnung

950 Hinzu kommen Vergütungsansprüche für die im Rahmen von Schranken des Urheber- und Leistungsschutzrechts erlaubte Nutzungen (zB § 54 UrhG), welche allerdings in der Regel durch Verwertungsgesellschaften geltend zu machen sind. Außerdem kommen wegen § 102a UrhG grundsätzlich auch die Anspruchsgrundlagen des bürgerlichen Rechts in Betracht – so beispielsweise § 812 Abs. 1 Satz 1 Alt. 2 BGB (Eingriffs-

kondiktion), der eine verschuldensunabhängige Abschöpfung der aus einer widerrechtlichen Nutzung gezogenen Gebrauchsvorteile ermöglicht.[1]

Die Prüfung von Unterlassungs-, Beseitigungs- und Schadensersatzansprüchen folgt grundsätzlich dem folgenden Schema[2]: 951

A. Zulässigkeit
   I. Zuständigkeit des Gerichts (§§ 104 ff. UrhG)
   II. Partei- und Prozessfähigkeit (§§ 50 ff. ZPO)
   III. Prozessführungsbefugnis (bei Prozessstandschaft)
   IV. Ordnungsgemäße Klageerhebung (§ 253 ZPO), insbesondere hinreichende Bestimmtheit des Antrags (§ 253 Abs. 2 Nr. 2 ZPO)
B. Begründetheit
   I. Anwendbarkeit des UrhG
   II. Schutzobjekt
       – schutzfähiges Werk (§§ 2 bis 4 UrhG)
       – schutzfähige Leistung (§§ 70 ff. UrhG)
       – keine Gemeinfreiheit (§§ 5 oder 64 UrhG)
   III. Schutzsubjekt
       – Urheber (§ 7 UrhG)
       – Leistungsschutzberechtigter
       – Inhaber eines ausschließlichen Nutzungsrechts (§ 31 Abs. 3 UrhG)
       – Erwerber eines verwandten Schutzrechts
   IV. Rechtsverletzung
       – 1. Verletzung von Rechte nach dem UrhG
       – *Verwertungsrechte*
         a) Eingriff in Verwertungsrechte (§§ 16 ff. bzw. 70 ff. UrhG)
         b) Schranken (§§ 24, 44a ff., 70 ff. UrhG)
         c) Schranken-Schranken
       – Interessenabwägung
       – Drei-Stufen-Vorbehalt
       – *Urheber- oder Künstlerpersönlichkeitsrechte*
         a) Eingriff in Persönlichkeitsrechte (§§ 12 ff. bzw. 74 ff. UrhG)
         b) Interessenabwägung
       – 2. Passivlegitimation
       – 3. Täter oder Teilnehmer der Verletzung
       – im Falle von Abwehransprüchen auch *Störer*
       – bei dem Anspruch aus § 101 Abs. 2 UrhG auch *Dritte*
       – 4. Rechtsgeschäftliche Befugnis zum Eingriff (Nutzungsrecht)

---

1 *Eichelberger* in Eichelberger/Seifert/Wirth, Urheberrechtsgesetz, UrhG § 102a Rn. 1.
2 Ähnlich *Peukert* in Rehbinder/Peukert, Urheberrecht, Rn. 1011.

V. Rechtswidrigkeit
- wird durch den Eingriff indiziert
- Vorliegen von Rechtfertigungsgründen, insbesondere Einwilligung

VI. Besondere Voraussetzungen
- im Falle eines Unterlassungsanspruchs: *Erstbegehungs- und Wiederholungsgefahr*
- im Falle eines Beseitigungsanspruchs: *fortdauernde Beeinträchtigung* – Voraussetzungen des § 98 UrhG oder § 100 UrhG (Entschädigung)
- im Falle von Schadenersatzansprüchen: *Verschulden*
- im Falle eines Auskunftsanspruchs: besondere Voraussetzungen der §§ 101 ff. UrhG

VII Einreden
- Verjährung (§ 102 UrhG)
- Verwirkung (§ 242 BGB – Umstands- und Zeitmoment)

C. Ergebnis

Anhang 3 Übungsfall

Nach BGH, Urt. v. 30.4.2020 – I ZR 139/15 – NJW 2020, 2547 – Afghanistan-Papiere II.

Sachverhalt:

Die Bundesregierung ist gemäß § 6 Abs. 1 Parlamentsbeteiligungsgesetz (ParlBG) verpflichtet, den Bundestag über den Verlauf und die Entwicklung militärischer Einsätze zu informieren. Zu diesem Zweck wurden durch mehrere Beamte entsprechend deren dienstrechtlichen Verpflichtungen in regelmäßigen Abständen Berichte angefertigt, die unter der Bezeichnung „Unterrichtung des Parlaments" (UdP) an ausgewählte Abgeordnete des Deutschen Bundestags, Referate im Bundesministerium der Verteidigung, deren nachgeordnete Dienststellen und anderen Bundesministerien übersandt wurden. Diese Unterlagen sind gemäß § 4 Abs. 2 Sicherheitsüberprüfungsgesetz (SÜG) als Verschlusssache „VS-NUR FÜR DIENSTGEBRAUCH" zu behandeln, was der niedrigsten von vier Geheimhaltungsstufen entspricht. Die UdP folgen dabei immer einem einheitlichen, vorgegebenen Aufbau, nach dem zunächst die politische Lage sowie die Bedrohungslage im Einsatzgebiet beschrieben und anschließend die Missionsbeteiligung der Bundeswehr dargestellt wird. Den Abschluss bildet eine Beschreibung aller Einsätze, die in dem Zeitraum, über den berichtet wird, absolviert wurden. Diese Berichte werden mit entsprechenden Grafiken, Diagrammen und Tabellen, die von jedem Bearbeiter individuell erstellt und auf die jeweiligen Inhalte angepasst werden, unterlegt. Zudem wird von diesen Dokumenten eine gekürzte Version unter dem Titel „Unterrichtung der Öffentlichkeit" (UdÖ) veröffentlicht.

Die Tageszeitung T stellt unter Berufung auf das Informationsfreiheitsgesetz (IFG) den Antrag auf Einsicht in die UdP für den Zeitraum vom 1.9.2001 bis 26.9.2012, der mit Verweis auf eventuell nachteilige Auswirkungen auf sicherheitsempfindliche Belange der Bundeswehr gemäß § 3 Nr. 1 Buchst. b IFG negativ beschieden wurde.

Auf nicht nachvollziehbaren Kanälen gelangte die T entweder über Bundesbedienstete oder Abgeordnete des Deutschen Bundestages dennoch an UdP der Jahre 2005 bis 2012. Diese werden eingescannt, systematisiert und unter dem Begriff „Afghanistan-Papiere" mit einer selbst verfassten Einleitung und der Angabe, dass diese von Regierungsmitarbeitern erstellt wurden, am 27.11.2012 auf dem Online-Portal der T veröffentlicht. Dabei ruft die Einleitung den Leser zu einer kritischen Prüfung und Diskussion der in den UdP enthaltenen Informationen dahingehend auf, ob der Afghanistan-Einsatz der Bundeswehr noch als Friedensmission, oder – entgegen der offiziellen Darstellung in der Öffentlichkeit – als Beteiligung an einem Krieg zu bewerten ist. Ferner wurde zu einer Beteiligung an der Diskussion aufgerufen.

Die Bundesrepublik Deutschland möchte nun wissen, ob sie von der T Unterlassung verlangen kann. In einem umfassenden Gutachten ist auf alle aufgeworfenen Rechtsfragen einzugehen.

Lösung:

Der von der Bundesrepublik Deutschland gegen die T geltend gemachte Unterlassungsanspruch könnte sich aus § 97 Abs. 1 1. Alt. UrhG ergeben. Dazu müsste der Bundesrepublik Deutschland das Urheberrecht oder ein anderes nach dem UrhG geschütztes Recht zustehen, welches durch die T widerrechtlich verletzt worden ist. Als möglicherweise verletztes Recht in Betracht kommen könnte neben dem aus dem Urheberpersönlichkeitsrecht resultierenden Veröffentlichungsrecht iSd § 12 UrhG auch ein Nutzungsrecht nach § 31 UrhG.

A. Die UdP müssten als Werk iSd § 2 UrhG anzusehen sein.

952

I. Gemäß § 2 Abs. 1 Nr. 1 UrhG gehören Sprachwerke, also solche Werke, bei denen der gedankliche Inhalt mit den Mitteln der Sprache ausgedrückt wird[1] (Sprachwerk als persönliche geistige Schöpfung, dessen Inhalt durch eine Sprache als Ausdrucksmittel geäußert wird),[2] zu den vom UrhG geschützten Werken. Der urheberrechtliche Schutz eines solchen Werkes gemäß § 2 Abs. 1 UrhG ist dann zu bejahen, wenn das Werk wegen seines Inhalts oder wegen seiner Darstellungsform eine persönliche geistige Schöpfung darstellt.[3] Dabei ist zu beachten, dass der Begriff „Werk" zwei kumulative Voraussetzungen beinhaltet.

1. Einerseits muss es sich um eine persönliche geistige Schöpfung des Urhebers, dh ein Original, handeln. Folglich muss die Persönlichkeit des Urhebers zum Ausdruck kommen, der seine schöpferischen Fähigkeiten zum Ausdruck bringt, indem er freie, kreative Entscheidungen trifft.[4]

Die Urheber müssen also bei der Erstellung der UdP die Möglichkeit gehabt haben, freie, kreative Entscheidungen zu treffen, die dazu geeignet sind, dem Leser die Originalität der fraglichen Gegenstände zu vermitteln[5]. Diese Originalität kann sich aus der Auswahl, Anordnung und Kombination der Wörter ergeben, durch die ein Verfasser seinen schöpferischen Geist in origineller Weise zum Ausdruck bringt.[6] Dabei sind die geistigen Anstrengungen allein und eine für die Anfertigung der Berichte notwendige Sachkenntnis nicht ausschlaggebend.[7] Die erforderliche Originalität wäre aber dann ausgeschlossen, wenn der Urheber keine Möglichkeit gehabt hätte, seinen schöpferischen Geist in einer Weise zum Ausdruck zu bringen, dass das Ergebnis eine eigene geistige Schöpfung darstellt, was dann anzunehmen wäre, wenn die UdP rein informative Dokumente wären, deren wesentlicher Inhalt durch die in ihnen enthaltenen Informationen bestimmt wird.[8]

Die UdP folgen zumindest immer dem gleichen, vorgegebenen Aufbau – beginnend mit der politischen Lage hin zur Bedrohungslage im Einsatzgebiet und schließlich der Darstellung der Missionsbeteiligung der Bundeswehr, so dass ein Gestaltungsspielraum der Urheber insoweit nicht anzunehmen ist. Allerdings werden laut Sachverhalt auch die einzelnen Einsätze, die im Berichtszeitraum stattfanden – untermauert mit für jedes Papier individuell vom jeweiligen Bearbeiter gestalteten Diagrammen, Grafiken und Tabellen –, dargestellt. Für die Erstellung dieser Diagramme, Grafiken und Tabellen sind – im Gegensatz zum grundsätzlichen Aufbau – gerade keine Vorgaben zu erkennen. Die jeweiligen Bearbeiter hatten insoweit einen freien Gestaltungsspielraum. Zwar ist der Inhalt durch die Faktenlage in Bezug auf die Einsätze vorgegeben, jedoch hatten die Bearbeiter die Möglichkeit, bei der Anfertigung der Tabellen, Diagramme und Grafiken ihre schöpferischen Fähigkeiten durch freie, kreative Entscheidun-

---

1 *Ahlberg* in Ahlberg/Götting, BeckOK UrhG, UrhG § 2 Rn. 4.
2 LG Köln, Urt.v. 2.10.2017 – 14 O 333/13 – GRUR-RR 2015, 55; BGH, Urt. v. 9.5.1985 – I ZR 52/83 – BGHZ 94, 276 = GRUR 1985, 1041.
3 BGH, Urt. v. 6.5.1999 – I ZR 199/96 – BGHZ 141, 329 = GRUR 1999, 923; BGH, Urt. v. 16.1.1997 – I ZR 9/95 – BGHZ 134, 250 = GRUR 1997, 459.
4 EuGH, Urt. v. 1.12.2011 – C-145/10 – GRUR 2012, 166 (168).
5 EuGH, Urt. v. 29.7.2019 – C-469/17 – GRUR 2019, 934 (936); EuGH Urt. v. 16.7.2009 – C-5/08 – GRUR 2009, 1041 (1044).
6 EuGH, Urt. v. 29.7.2019 – C-469/17 – GRUR 2019, 934 (936); EuGH Urt. v. 16.7.2009 – C-5/08 – GRUR 2009, 1041 (1044).
7 EuGH, Urt. v. 29.7.2019 – C-469/17 – GRUR 2019, 934 (936); EuGH Urt. v. 1.3.2012 – C-406/10 – GRUR 2012, 386 (387).
8 EuGH, Urt. v. 29.7.2019 – C-469/17 – GRUR 2019, 934 (936).

gen ua in Formatierung und Gestaltung zum Ausdruck zu bringen.[9] Dadurch, dass die Diagramme, Grafiken und Tabellen Teile der UdP waren, kommt die persönliche geistige Schöpfung im Werk zum Ausdruck.[10]
2. Im Ergebnis haben die UdP daher nach den im Sachverhalt enthaltenen Informationen die Schöpfungshöhe erreicht, so dass sie als Sprachwerk anzusehen sind.[11]

II. Da die Voraussetzungen eines Werkes iSd § 2 UrhG hinsichtlich der UdP erfüllt sind, müssen ggf. gesetzliche Ausnahmetatbestände in Erwägung gezogen werden, die den urheberrechtlichen Schutz uU wieder aufheben oder beschränken könnten.
1. Das Urheberrecht könnte ausgeschlossen sein, wenn es sich bei den UdP um Gesetze bzw. amtliche Erlasse und Bekanntmachungen iSd § 5 Abs. 1 UrhG handeln würde. Davon erfasst sind zunächst alle Rechtsnormen und regelnde amtliche Äußerungen, die von einer Stelle stammen, die mit der Erfüllung öffentlicher und hoheitlicher Aufgaben betraut ist.[12] Erforderlich ist, dass es sich um eine Regelung mit einer gewissen Außenwirkung handelt.[13] Im vorliegenden Fall handelt es sich lediglich um eine Information für den internen Gebrauch, welche keine regelnde Wirkung entfaltet. Dies lässt mithin die Allgemeinverbindlichkeit vermissen. Daher fallen die UdP nicht unter die abschließende Aufzählung des § 5 Abs. 1 UrhG, weshalb der Ausschluss folglich nicht greift.[14]
2. Für Werke, die nicht unter § 5 Abs. 1 UrhG fallen, sieht § 5 Abs. 2 UrhG eine weitere, eingeschränkte Ausnahme vom Urheberrechtsschutz vor, wenn es sich dabei um amtliche Werke handelt, die im amtlichen Interesse zur allgemeinen Kenntnisnahme veröffentlicht worden sind.
   a) Dieser Ausschluss des Schutzes des Urheberrechts kann nur dann gerechtfertigt sein, wenn die möglichst weite und ungehinderte Verbreitung des Werkes erforderlich ist.[15] Das amtliche Interesse an der freien Veröffentlichung muss demnach auf Freigabe der die Information vermittelnden Leistung gerichtet sein.[16] Im vorliegenden Falle wurden die UdP jedoch gerade als „nur für den Dienstgebrauch" gekennzeichnet. Dies schließt das amtliche Interesse an einer allgemeinen Zugänglichkeit bereits aus.
   b) Zudem müsste das Werk veröffentlicht worden sein. Eine Veröffentlichung iSd § 6 Abs. 1 UrhG erfordert, dass das Werk mit Zustimmung des Berechtigten der Öffentlichkeit zugänglich gemacht worden ist. Erforderlich ist, dass Adressat des Werks kein von vornherein bestimmt abgegrenzter Personenkreis ist.[17] Der innerdienstliche Gebrauch, der gerade nicht auf ein bestimmtes Verhalten der Bürger abzielt, genügt grundsätzlich nicht für die Annahme einer Veröffentlichung iSd § 6 Abs. 1 UrhG, da nach der Intention des Gesetzgebers diese Werke den Urheberrechtsschutz gerade nicht verlie-

---

9 AA vertretbar, insbesondere wenn man von einem im Sachverhalt nicht angesprochenen, praktisch aber wohl anzunehmenden Corporate Design ausgeht. Im zugrundeliegenden Fall war der Sachverhalt noch nicht vollständig ausermittelt, so dass eigentlich eine Zurückverweisung des Rechtsstreits notwendig gewesen wäre, um die hier entscheidungserheblichen Tatsachen aufzuklären. Der BGH ließ diese Frage schließlich dahinstehen, da das klägerische Begehren aus anderen Gründen scheitern musste.
10 EuGH, Urt. v. 13.11.2018 – C-310/17 – GRUR 2019, 73 (74).
11 So im Ergebnis auch OLG Köln, Urt. v. 12.6.2015 – 6 U 5/15 – NJW-RR 2016, 165 (167).
12 *Dreier* in Dreier/Schulze, Urheberrechtsgesetz, UrhG § 5 Rn. 5.
13 BGH, Urt. v. 26.4.1990 – I ZR 79/88 – GRUR 1990, 1003, (1004); *Dreier* in Dreier/Schulze, Urheberrechtsgesetz, UrhG § 5 Rn. 5.
14 OLG Köln, Urt. v. 12.6.2015 – 6 U 5/15 – NJW-RR 2016, 165 (167), Rn. 29.
15 Vgl. Gesetzesbegründung zum UrhG in BT-Drs. IV/270, 39.
16 BGH, Urt. v. 2.7.1987 – I ZR 232/85 – GRUR 1988, 33 – Topographische Landeskarte.
17 *Dreier* in Dreier/Schulze, Urheberrechtsgesetz, UrhG § 6 Rn. 7.

ren sollten.[18] Nach diesen Maßstäben erfolgte eine Veröffentlichung der UdP durch die Tageszeitung T. Allerdings lag für diese Veröffentlichung keine Zustimmung vor, so dass hierin keine Veröffentlichung iSd § 6 Abs. 1 UrhG gesehen werden kann, die zum Ausschluss des Urheberrechts iSd § 5 Abs. 2 UrhG führen würde.

Fraglich ist allerdings, ob die Veröffentlichung der UdÖ, laut Sachverhalt einer gekürzten Version der UdP, hieran etwas ändert. Dies ist jedoch abzulehnen. Die UdÖ verzichten auf Teile der in den UdP enthaltenen persönlichen geistigen Schöpfungen. Im Rahmen der Veröffentlichung iSd § 6 Abs. 1 UrhG kommt es auf das Werk in seiner konkreten Form an.[19] Auch im Rahmen von § 5 Abs. 2 iVm § 6 Abs. 1 UrhG ist entscheidend, in welchem Umfang die Zustimmung zur Veröffentlichung erteilt worden ist. Soweit die UdP nicht in ihrer Gesamtheit mit der entsprechenden Zustimmung veröffentlicht worden sind, bleibt der Schutz des Urheberrechts bestehen.[20]

3. Folglich ist keiner der Ausnahmetatbestände einschlägig.

B. Gemäß § 97 Abs. 1 UrhG muss die Bundesrepublik Deutschland ferner Inhaberin des Urheberrechts oder eines anderen nach dem UrhG geschützten Rechts sein.

I. Die Bundesrepublik Deutschland könnte Inhaberin des Urheberrechts sein. § 7 UrhG stellt allerdings klar, dass lediglich der Schöpfer selbst Urheber eines Werkes sein kann. Eine persönliche geistige Schöpfung können nur natürliche Personen vollbringen, denn nur sie üben eine Geistestätigkeit aus.[21] Laut Sachverhalt wurden die Berichte von Beamten verfasst. Es handelt sich also um deren Schöpfungen, weshalb diesen das Urheberrecht hieran zusteht. Folglich kann die Bundesrepublik Deutschland nicht Urheberin der UdP sein, da ein Übergang des Urheberrechts selbst im UrhG nicht vorgesehen ist.

II. Fraglich ist, ob die Bundesrepublik Deutschland Inhaberin eines anderen nach dem UrhG geschützten Rechts ist.

1. In Betracht kommt ggf. das Veröffentlichungsrecht gemäß § 12 Abs. 1 UrhG. Das Veröffentlichungsrecht steht aber dem Wortlaut der Norm nach nur dem Urheber selbst und damit den Beamten, nicht jedoch der Bundesrepublik Deutschland zu, so dass sie in diesem Recht nicht verletzt sein kann. Insbesondere ist das Veröffentlichungsrecht selbst – als Bestandteil des Urheberpersönlichkeitsrechts, wie sich dies aus der Stellung der Norm im zweiten Unterabschnitt (Urheberpersönlichkeitsrecht) des 4. Abschnitts des ersten Teils des UrhG ergibt – nicht übertragbar oder sonst durch Vertrag einschränkbar[22].

Möglich ist allenfalls eine Übertragung der Ausübung des Rechts. Dann muss eine generelle Vornahme der Veröffentlichung durch den Urheber selbst aufgrund eigenen Willensentschlusses erfolgt sein. Dies ist zB durch den Abschluss von Verwertungsverträgen oder die Überlassung durch den Arbeitnehmer im Rahmen von Dienstverhältnissen möglich.[23] So liegt der Fall hier. Die Urheber führten ihre Werke der bestimmungsgemäßen Verwendung zu, indem sie die Werke der Bundesregierung übergaben, die sie (wegen der gesetzlich vorgeschriebenen Übergabe) an die befugten Leserinnen und Leser weitergeleitet hat.

2. In Betracht kommt dabei ein Nutzungsrecht iSd § 31 Abs. 1 Satz 1 UrhG. Danach kann der Urheber einem anderen das Recht auf die Nutzung einzelner oder

---

18 Vgl. BT-Drs. IV/270, 39; LG Köln, Urt. v. 2.10.2014 – 14 O 333/13 – GRUR-RR 2015, 55 (57).
19 *Ahlberg* in Ahlberg/Götting, BeckOK UrhG, UrhG § 6 Rn. 10.
20 LG Köln, Urt. v. 2.10.2014 – 14 O 333/13 – GRUR-RR 2015, 55 (57).
21 *Ahlberg* in Ahlberg/Götting, BeckOK UrhG, UrhG § 7 Rn. 7; Begr. BT-Drs. IV/270, 41.
22 *Kroitzsch/Götting* in Ahlberg/Götting, BeckOK UrhG, UrhG § 12 Rn. 23.
23 *Kroitzsch/Götting* in Ahlberg/Götting, BeckOK UrhG, UrhG § 12 Rn. 23.

gar aller Nutzungsarten einräumen. Allerdings ist für entsprechende Vereinbarungen im Sachverhalt nichts ersichtlich.

3. Daneben sieht § 43 UrhG vor, dass – soweit der Urheber sein Werk im Rahmen seiner arbeits- oder dienstvertraglichen Verpflichtungen geschaffen hat – die Vorschriften des 2. Unterabschnitts im 5. Abschnitt des Teil 1 des UrhG (mithin die § 31 ff. UrhG) anzuwenden sind, wenn sich aus Inhalt oder Wesen des Arbeits- oder Dienstverhältnisses nichts anderes ergibt. Vorliegend ist laut Sachverhalt davon auszugehen, dass die Erstellung der UdP Teil der dienstlichen Verpflichtungen der Beamten war, mit der Folge, dass die §§ 31 ff. UrhG zur Anwendung gelangen.

a) Für die Frage, ob ein Nutzungsrecht eingeräumt wurde, ist – soweit eine ausdrückliche Regelung (wie im vorliegenden Fall) unterblieben ist – § 43 iVm § 31 Abs. 5 Satz 2 UrhG maßgebend. Danach bestimmt sich diese Frage nach dem von beiden Parteien zu Grunde gelegten Vertragszweck (§ 31 Abs. 5 Satz 2 iVm Satz 1 UrhG). Es wird also nur der Umfang an Nutzungsrechten eingeräumt, den der Vertragszweck unbedingt erfordert.[24] Diesen Grundsätzen folgend ist von einem berechtigten Interesse des Dienstherrn an der rechtlich gesicherten Verwertung der angefertigten Werke auszugehen. Schließlich besteht die gesetzliche Verpflichtung aus § 6 Abs. 1 ParlBG zur Unterrichtung des Parlaments, der die hier streitgegenständlichen Werke dienen sollen. Das muss den Urhebern bei lebensnaher Betrachtung auch bekannt gewesen sein. Folglich ist davon auszugehen, dass auch ein Beamter, der ein Werk im Rahmen seiner Dienstpflicht geschaffen hat, stillschweigend sämtliche Nutzungsrechte, die sein Dienstherr zur Erfüllung seiner Aufgaben benötigt, diesem einräumt.[25]

b) Fraglich ist weiter, ob der Bundesrepublik Deutschland die ausschließlichen Nutzungsrechte übertragen wurden. Insbesondere aufgrund der Tatsache, dass die UdP gemäß § 4 Abs. 2 Sicherheitsüberprüfungsgesetz (SÜG) als Verschlusssache „VS-NUR FÜR DIENSTGEBRAUCH" zu behandeln sind, was der niedrigsten von vier Geheimhaltungsstufen entspricht, muss davon ausgegangen werden, dass die Beamten als Schöpfer ihrem Dienstherrn gemäß § 43 iVm § 31 Abs. 5 Satz 2 UrhG die ausschließlichen Nutzungsrechte übertragen haben, um die entsprechende Geheimhaltung sicherzustellen. Schließlich sollte kein Anderer die Werke nutzen dürfen.

C. Fraglich ist ferner, ob die Zeitung T durch das Einstellen der UdP auf ihrem Internetportal das der Bundesrepublik Deutschland zustehende Nutzungsrecht iSd § 97 UrhG verletzt hat.

I. Die Unterlagen wurden laut Sachverhalt gescannt. In der Fertigung solcher Scans liegt eine Vervielfältigung iSd § 16 UrhG. Schließlich stellt das Einstellen ins Internet auch ein öffentliches Zugänglichmachen iSv § 19a UrhG bzw. Art. 3 Abs. 1 der Richtlinie 2001/29/EG[26] dar. Die Bundesrepublik Deutschland war – wie ausgeführt – die Inhaberin der ausschließlichen Nutzungsrechte, so dass sie sich auf die Verletzung dieser Rechte durch die Handlungen der T berufen kann.

II. Es könnte sich allerdings um eine gesetzlich erlaubte Nutzung iSd §§ 44a ff. UrhG handeln.

---

[24] LG Köln, Urt. v. 2.10.2014 – 14 O 333/13 – GRUR-RR 2015, 55 (57).
[25] LG Köln, Urt. v. 2.10.2014 – 14 O 333/13 – GRUR-RR 2015, 55 (57).
[26] Richtlinie des Europäischen Parlaments und des Rates vom 22.5.2001 zur Harmonisierung bestimmter Aspekte des Urheberrechts und der verwandten Schutzrechte in der Informationsgesellschaft (Richtlinie 2001/29/EG).

1. Fraglich ist, ob es sich um eine Berichterstattung über Tagesereignisse iSd § 50 UrhG handelt. Dies setzt voraus, dass eine Berichterstattung über Tagesereignisse unter Verwendung eines geschützten Mediums erfolgt, damit die Vervielfältigung, Verbreitung und öffentliche Wiedergabe von Werken, die im Verlauf dieser Ereignisse wahrnehmbar werden, in einem durch den Zweck gebotenen Umfang zulässig ist.

   a) Allerdings ist zu berücksichtigen, dass die §§ 50, 63 Abs. 1 und 2 Satz 1 UrhG bzw. die in ihnen enthaltenen Regelungen der Umsetzung von Art. 5 Abs. 3 Buchst. c Alt. 2 der Richtlinie 2001/29/EG dienen. Danach können die Mitgliedstaaten in Bezug auf das in Art. 2 Buchst. a der Richtlinie 2001/19/EG benannte Vervielfältigungsrecht sowie für das Recht der öffentlichen Wiedergabe und Zugänglichmachung iSd Art. 3 Abs. 1 der Richtlinie 2001/19/EG Beschränkungen bestimmen, wenn es der Informationszweck rechtfertigt und – soweit möglich – die Quellen angegeben werden. Daher ist eine richtlinienkonforme Auslegung des § 50 UrhG geboten.[27]

   Den Mitgliedstaaten steht bei der Umsetzung ein gewisser Spielraum zu. Dieser Spielraum zeigt sich ua im Wortlaut des Art. 5 Abs. 3 Buchst. c Fall 2 der Richtlinie 2001/29/EG, der den Mitgliedsstaaten entsprechende Möglichkeiten zur Regelung von Ausnahmen einräumt „soweit es der Informationszweck rechtfertigt".[28] Dieser ist nach Maßgabe des Wortlauts des Art. 5 Abs. 2 der Richtlinie 2001/19/EG im Einzelfall zu beurteilen[29] und unterliegt diversen Begrenzungen.[30]

   Einerseits dürfen die in Art. 5 Abs. 2 Buchst. f der Richtlinie 2001/19/EG vorgesehenen Ausnahmen oder Beschränkungen nur unter Einhaltung sämtlicher in diesen Bestimmungen vorgesehenen Voraussetzungen sowie unter Beachtung allgemeiner unionsrechtlicher Grundsätze – insbesondere die Geeignetheit und Erforderlichkeit betreffend – vorgesehen werden.[31]

   Andererseits darf der Spielraum bei der Umsetzung nicht so genutzt werden, dass die Erreichung der Ziele der Richtlinie 2001/29/EG gefährdet wird. Dazu zählen ausweislich der Erwägungsgründe 1 und 9 zur Richtlinie 2001/29/EG das Erreichen eines hohen Schutzniveaus für die Urheber sowie das reibungslose Funktionieren des Binnenmarktes. Daneben muss aber auch die praktische Wirksamkeit der Ausnahmen und Beschränkungen gewahrt und deren Zielsetzung – einen angemessenen Rechts- und Interessenausgleich zwischen den verschiedenen Kategorien der Rechtsinhaber bzw. zwischen diesen und den Nutzern von Schutzgegenständen – beachtet werden.[32]

   Weiterhin wird der Spielraum durch Art. 5 Abs. 5 der Richtlinie 2001/19/EG begrenzt. Nach der darin enthalten Schrankentrias dürfen die in Art. 5 Abs. 1 bis 4 der Richtlinie 2001/29/EG genannten Ausnahmen und Beschränkungen nur in bestimmten Sonderfällen angewandt werden, in denen die normale Verwendung des Werkes nicht beeinträchtigt wird und die be-

---

[27] BGH, Urt. v. 30.4.2020 – I ZR 139/15 – NJW 2020, 2547, Rn. 16.
[28] BGH, Urt. v. 30.4.2020 – I ZR 139/15 – NJW 2020, 2547 (2550).
[29] EuGH, Urt. v. 29.7.2019 – C-516/17 – GRUR 2019, 940 (941).
[30] BGH, Urt. v. 30.4.2020 – I ZR 139/15 – NJW 2020, 2547, Rn. 18.
[31] EuGH, Urt. v. 29.7.2019 – C-516/17 – GRUR 2019, 940 (942); EuGH, Urt. v. 29.7.2019 – C-469/17 – GRUR 2019, 934 (937).
[32] EuGH, Urt. v. 29.7.2019 – C-516/17 – GRUR 2019, 940 (942); EuGH, Urt. v. 29.7.2019 – C-469/17 – GRUR 2019, 934 (937 f.).

rechtigten Interessen des Rechteinhabers nicht ungebührlich verletzt werden.[33]

Schließlich besteht die Verpflichtung der Mitgliedstaaten, bei der Umsetzung der in Art. 5 Abs. 2 Buchst. f der Richtlinie 2001/29/EG enthaltenen Regelungen eine Auslegung zu Grunde zu legen, die einen angemessenen Ausgleich zwischen den durch die Rechtsordnung der Union geschützten Grundrechten der Beteiligten sicherstellen.[34]

b) Diese grundsätzlichen Erwägungen berücksichtigend liegt in einer Berichterstattung eine Handlung, mit der Informationen über ein Tagesereignis bereitgestellt werden.[35] Zu beachten ist ferner, dass einerseits die bloße Ankündigung eines Tagesereignisses noch keine Berichterstattung darstellt, andererseits aber eine eingehende Analyse des Ereignisses auch nicht erforderlich ist.[36]

Das Systematisieren der UdP und deren Einstellen ins Internet sowie das Bereithalten zum Abruf genügt diesen Anforderungen – insbesondere unter Berücksichtigung der Tatsache, dass die systematisierten Unterlagen hier mit einer Einleitung, in der ausdrücklich zur Prüfung und Diskussion der UdP aufgerufen wurde, versehen worden sind. Dies genügt den Anforderungen an eine Berichterstattung iSd Art. 5 Abs. 3 Buchst. c Fall 2 der Richtlinie 2001/29/EG. Eine richtlinienkonforme Auslegung des § 50 UrhG gebietet mithin auch, dass die entsprechenden Voraussetzungen der bundesrechtlichen Norm erfüllt sind.[37]

c) Die Berichterstattung müsste weiter „Tagesereignisse" betroffen haben. Als Tagesereignis ist jedes Ereignis anzusehen, das zur Zeit des Eingriffs in das Urheberrecht für die Öffentlichkeit von Interesse ist. Es ist so lange aktuell, wie ein Bericht darüber von der Öffentlichkeit noch als gegenwartsbezogen empfunden wird.[38] Auch zeitlich zurückliegende Geschehnisse können Tagesereignisse werden, soweit sie Gegenstand einer aktuellen Auseinandersetzung werden und dadurch wieder ins öffentliche Interesse geraten. Ebenso muss die Information über die Vorgeschichte bzw. die Hintergründe im Rahmen des § 50 UrhG privilegiert sein, solange das aktuelle Geschehen im Vordergrund der Berichterstattung steht.[39] Diese Definition entspricht auch dem Merkmal des Tagesereignisses im Rahmen des Art. 5 Abs. 3 Buchst. c der Richtlinie 2001/19/EG.[40]

Die Berichterstattung, die ausweislich des Einleitungstextes der kritischen Diskussion des zur Zeit der Veröffentlichung noch stattfindenden Einsatzes der Bundeswehr dienen sollte, hatte damit ein aktuelles Geschehen zum Gegenstand, das auch ohne jeden Zweifel im Interesse der Öffentlichkeit stand. Es handelt sich folglich um ein Tagesereignis.

d) Weiterhin setzt § 50 UrhG voraus, dass die Werke „im Verlauf dieser Ereignisse wahrnehmbar" werden. Dieses Tatbestandsmerkmal dient insoweit der Umsetzung der Bestimmung des Art. 5 Abs. 3 Buchst. c Fall 2 der Richtlinie 2001/29/EG als das urheberrechtlich geschützte Werk in Verbindung mit der

---

33 EuGH, Urt. v. 29.7.2019 – C-516/17 – GRUR 2019, 940 (942); EuGH, Urt. v. 29.7.2019 – C-469/17 – GRUR 2019, 934 (938).
34 EuGH, Urt. v. 29.7.2019 – C-516/17 – GRUR 2019, 940 (942); EuGH, Urt. v. 29.7.2019 – C-469/17 – GRUR 2019, 934 (938).
35 BGH, Urt. v. 30.4.2020 – I ZR 139/15 – GRUR 2020, 853 (856).
36 EuGH, Urt. v. 29.7.2019 – C-516/17 – GRUR 2019, 940 (946).
37 BGH, Urt. v. 30.4.2020 – I ZR 139/15 – GRUR 2020, 853 (856).
38 BGH, Urt. v. 11.7.2002 – I ZR 285/99 – GRUR 2002, 1050 (1051).
39 BGH, Urt. v. 11.7.2002 – I ZR 285/99 – GRUR 2002, 1050 (1051).
40 EuGH, Urt. v. 29.7.2019 – C-516/17 – GRUR 2019, 940 (946).

Berichterstattung über Tagesereignisse stehen muss.[41] Die T hat die UdP im Zusammenhang mit ihrer Berichterstattung als Grundlage für weitere Diskussionen zwischen den Nutzern ihres Portals benutzt. Damit besteht die erforderliche Verbindung, so dass auch dieses Tatbestandsmerkmal letztlich erfüllt ist.

e) Schließlich muss sich die Berichterstattung in einem durch ihren Zweck gebotenen Umfang halten. Hier ist eine Verhältnismäßigkeitsprüfung durchzuführen, die hinsichtlich des Zwecks der Schutzschranke sowie der Achtung des Rechts auf Meinungs- und Pressefreiheit (Art. 5 Abs. 1 GG) den Anforderungen von Geeignetheit, Erforderlichkeit und Angemessenheit entspricht.[42]

aa) Die Geeignetheit ist vorliegend zu bejahen, da die öffentliche Zugänglichmachung der Unterlagen der Erreichung des Zwecks, eine Diskussion über den Einsatz der Bundeswehr anzustoßen, dienlich war.

bb) Die Erforderlichkeit setzt voraus, dass es kein milderes, gleich geeignetes Mittel zur Erreichung des Zwecks gibt. Mögliches milderes Mittel ist die Darstellung des Inhalts der UdP in eigenen Worten. Da hier jedoch gerade die Diskrepanz zwischen der offiziellen Darstellung und den tatsächlichen Verhältnissen aufgezeigt werden sollte, wäre dieses mildere Mittel nicht gleich geeignet gewesen. In Ermangelung weiterer Alternativen ist die Erforderlichkeit zu bejahen.

cc) Fraglich ist jedoch, ob die Veröffentlichung angemessen war. Die Prüfung dieser sog. Verhältnismäßigkeit im engeren Sinne erfordert die Abwägung der betroffenen Grundrechte, namentlich einerseits des Rechts am geistigen Eigentum aus Art. 14 Abs. 1 GG, dessen Ausdruck das Urheberrecht ist, und andererseits der Meinungsäußerungsfreiheit gemäß Art. 5 Abs. 1 Satz 1 GG und der Informationsfreiheit nach Art. 5 Abs. 1 Satz 2 GG.[43] Hinsichtlich des angemessenen Ausgleichs der Grundrechte gilt nach der Rechtsprechung des EuGH für die Umsetzung einer Richtlinie durch die Mitgliedstaaten das in der GRCh vorgesehene Schutzniveau. Allerdings steht es den Mitgliedstaaten frei, auch nationale grundrechtliche Schutzstandards anzuwenden, soweit dabei weder das Schutzniveau der GRCh, wie sie vom EuGH ausgelegt wird, noch Vorrang, Einheit oder Wirksamkeit des Unionsrechts beeinträchtigt werden.[44]

Nach Ansicht des BVerfG ist bei der Auslegung und Anwendung unionsrechtlich bestimmten innerstaatlichen Rechts zu differenzieren, ob das Recht unionsrechtlich vollständig vereinheitlicht ist mit der Folge, dass allein die Unionsgrundrechte maßgeblich sind, oder ob es sich um nicht vollständig vereinheitlichtes Recht handelt, so dass primär der Maßstab des Grundgesetzes gilt. Hintergrund dieser Differenzierung ist, dass dort, wo Gestaltungsspielräume vorgesehen sind, es gerade nicht auf die Einheitlichkeit eines Grundrechtsschutzes, sondern auf die Grundrechtsvielfalt ankommt. Zudem greift dann ohnehin die Vermutung, das Schutzniveau der GRCh werde durch die Grundrechte des Grundgesetzes gleichermaßen gewährleistet, soweit eine Widerlegung dieser Vermutung mangels hinreichender und

---

41 BGH, Urt. v. 30.4.2020 – I ZR 139/15 – GRUR 2020, 853 (857).
42 BGH, Urt. v. 30.4.2020 – I ZR 228/15 – GRUR 2020, 859 (864).
43 EuGH, Urt. v. 29.7.2019 – C-516/17 – GRUR 2019, 940 (942).
44 EuGH, Urt. v. 29.7.2019 – C-516/17 – GRUR 2019, 940 (941); EuGH, Urt. v. 29.7.2019 – C-469/17 – GRUR 2019, 934 (936).

konkreter Anhaltspunkte nicht gelingt.[45] Dabei ist es im Einzelfall möglich, die Abgrenzungsproblematik dahinstehen zu lassen, soweit die Anwendung der verschiedenen Grundrechte im konkreten Fall keine unterschiedlichen Ergebnisse zeitigt.[46]

Da es keine Anhaltspunkte gibt, dass das grundrechtliche Schutzniveau der Unionsgrundrechte nicht durch das der Grundrechte des GG erreicht wird, sind hier vorrangig die Regelungen des Grundgesetzes heranzuziehen.

Für die T, die sich als Verlegerin auf Art. 5 Abs. 1 Satz 1 und 2 GG berufen kann[47], ist zunächst zu berücksichtigen, dass es sich bei der Berichterstattung über die Einsätze der Bundeswehr um ein das öffentliche Interesse besonders berührendes Thema handelt. Insbesondere haben die Grundrechte auf Presse- und Meinungsfreiheit wegen der damit bezweckten umfassenden und wahrheitsgemäßen Information der Bürger als Grundvoraussetzung eines Prozesses der demokratischen Willens- und Meinungsbildung eine herausragende Bedeutung. Ein besonderes Gewicht gewinnen sie zudem, wenn sie Angelegenheiten betreffen, die die Öffentlichkeit wesentlich berühren.[48] Auch ist die Meinungsäußerungsfreiheit, die im Lichte der Europäischen Menschenrechtskonvention (EMRK) sowie der EU-GRCh auszulegen ist[49], von besonderer Bedeutung, wenn die streitgegenständlichen Informationen im Rahmen politischer Auseinandersetzungen oder Diskussionen mitgeteilt werden, die das allgemeine Interesse berühren.

Für die Bundesrepublik Deutschland streitet Art. 14 Abs. 1 GG[50]. Im Rahmen des Urheberrechts spielen die durch die Eigentumsgarantie gezogenen Grenzen die wesentliche Rolle. Durch diese werden einerseits der Eigentumsschutz der Urheber, andererseits aber auch konkurrierende Grundrechtspositionen beachtet und unverhältnismäßige Grundrechtseinschränkungen vermieden.[51] Diese Grundrechtsposition unterliegt den Einschränkungen des Art. 5 Abs. 1 GG nur in dem vom Gesetzgeber abschließend geregelten Rahmen. Die Anwendung einer etwaigen Regel, dass in diesem Fall die Schrankenregelung des Urheberrechts grundsätzlich eng auszulegen sei, verbietet sich ebenso wie die Regel, dass Meinungs- und Pressefreiheit den grundsätzlichen Vorrang vor dem nach Art. 14 Abs. 1 GG geschützten Urheberrecht hätten.[52] Dabei ist zu berücksichtigen, dass die ausschließlichen Nutzungsrechte, die der Bundesrepublik Deutschland – wie gezeigt – zustehen, hier nur unwesentlich betroffen sind. Hintergrund ist, dass die UdP naturgemäß, als der Geheimhaltung unterliegende Dokumente nicht wirtschaftlich verwertbar sind.

Dem aus dem Urheberpersönlichkeitsrecht abzuleitenden Interesse an einer Geheimhaltung des Werkes kann hier auch kein entscheidendes Gewicht zukommen. Insbesondere handelt es sich dabei nicht um das staatliche Interesse an der Geheimhaltung bestimmter Umstände, das etwa durch Normen im SüG und im StGB geschützt wird. Lediglich das Interesse des Urhebers, ob

---

45 BVerfG, Beschl. v. 6.11.2019 – 1 BvR 16/13 – GRUR 2020, 74 (79).
46 BVerfG, Beschl. v. 6.11.2019 – 1 BvR 276/17 – GRUR 2020, 88 (94).
47 BVerfG, Beschl. v. 9.10.1991 – 1 BvR 1555/88 – BVerfGE 85, 1 (12) = NJW 1992, 1439; BVerfG, Beschl. v. 24.5.2005 – 1 BvR 1072/01 – BVerfGE 113, 63 (75) = NJW 2005, 2912 (2915).
48 BVerfG, Urt. v. 15.1.1958 – 1 BvR 400/57 – NJW 1958, 257 (259); BVerfG, Beschl. v. 3.12.1985 – 1 BvL 15/84 – NJW 1986, 1239 (1240).
49 BVerfG, Beschl. v. 6.11.2019 – 1 BvR 16/13 – GRUR 2020, 74 (79).
50 AA mit Hinweis auf die Funktion der Grundrechte, die den Staat viel mehr verpflichten als berechtigen sollen: so jedenfalls hinsichtlich Art. 17 GRCh *Hören/Düwel*, MMR 2019, 666 (667 f.).
51 BVerfG, Beschl. v. 19.7.2011 – 1 BvR 1916/09 – GRUR 2012, 53 – Le-Corbusier-Möbel.
52 BVerfG, Beschl. v. 17.11.2011 – 1 BvR 1145/11 – GRUR 2012, 389 – Kunstausstellung im Online-Archiv.

er mit der Erstveröffentlichung den Schritt aus der Privatsphäre in die Öffentlichkeit wagt, ist geschützt.[53]

Dieses Interesse des Urhebers vermag allerdings das durch die Meinungs- und Pressefreiheit geschützte Veröffentlichungsinteresse nicht zurückzudrängen. Die politische Auseinandersetzung zur Beteiligung deutscher Soldaten an Auslandseinsätzen und das damit verbundene erhebliche öffentliche Interesse an einer Diskussion und Kontrolle staatlicher Entscheidungen in diesem Bereich sind mithin deutlich schwerer zu gewichten als die Eigentumsfreiheit.

Im Ergebnis ist die Angemessenheit daher im vorliegenden Fall zu bejahen.

f) Zu berücksichtigen ist hier allerdings noch Art. 5 Abs. 5 der Richtlinie 2001/29/EG. Dieser sieht eine Beschränkung der Ausnahmen – auch jener in Art. 5 Abs. 3 der Richtlinie 2001/29/EG – vor. Danach sollen die Ausnahmetatbestände nur in bestimmten Sonderfällen angewandt werden, in denen die normale Verwertung eines Werks nicht beeinträchtigt wird und die berechtigten Interessen des Rechteinhabers nicht ungebührlich verletzt werden. Der darin enthaltene Dreistufentest ist – neben seiner Funktion als Gestaltungsanordnung für den nationalen Gesetzgeber – auch Maßstab für die Anwendung der urheberrechtlichen Vorschriften im Einzelfall.[54]

aa) Die erste Stufe ist im vorliegenden Fall unproblematisch erfüllt, da § 50 UrhG eine Ausnahmeregelung darstellt und daher letztlich auch nur einen Sonderfall betrifft.

bb) Voraussetzung für eine Beeinträchtigung der normalen Verwertung des Werkes wäre, dass die fragliche Nutzung in Konkurrenz zur herkömmlichen Nutzung steht.[55] Mangels dieses Wettbewerbs sind auch die Voraussetzungen der zweiten Stufe erfüllt.

cc) Ob eine ungebührliche Verletzung vorliegt, ist schließlich durch eine Gebotenheitsprüfung im Rahmen einer Interessenabwägung festzustellen.[56] Insoweit kann auf die Argumentation zur Verhältnismäßigkeit verwiesen werden, nach der keine ungebührliche Verletzung vorliegt.

dd) Folglich kann im Rahmen der Dreistufenprüfung keine Beschränkung der Ausnahmeregelungen des Art. 5 Abs. 3 Buchst. c der Richtlinie 2001/29/EG bzw. des § 50 UrhG vorgenommen werden.

g) Zudem muss die gemäß § 63 Abs. 2 Satz 1 UrhG erforderliche Quellenangabe erfolgt sein, wenn und soweit die Verkehrssitte dies erfordert. Dabei meint Quellenangabe nicht nur die Fundstelle, sondern auch die Urheberangabe.[57] Diese Angabe wurde laut Sachverhalt vorgenommen, so dass die Voraussetzungen des § 63 Abs. 2 Satz 1 UrhG erfüllt sind.

h) Ergänzend ist noch anzumerken, dass außerhalb der Regelungen der Art. 5 Abs. 2 Buchst. f der Richtlinie 2001/19/EG weder die Grundrechte des GG noch die der EU-GRCh eine Einschränkung der ausschließlichen Rechte der Rechteinhaber rechtfertigen.[58] Eine allgemeine Interessenabwägung ohne Bezug zu den urheberrechtlichen Verwertungsbefugnissen und Schrankenbestimmungen kommt schon deshalb nicht in Betracht, weil damit durch die Gerichte in das durch den Richtliniengeber in seiner Gestaltungsfreiheit be-

---

53 BGH, Beschl. v. 27.7.2017 – I ZR 228/15 – GRUR 2017, 1027 (1034).
54 BGH, Urt. v. 28.11.2013 – I ZR 76/12 – GRUR 2014, 549 (553).
55 BGH, Urt. v. 28.11.2013 – I ZR 76/12 – GRUR 2014, 549 (554).
56 BGH, Urt. v. 28.11.2013 – I ZR 76/12 – GRUR 2014, 549 (554).
57 BGH, Urt. v. 10.1.2019 – I ZR 267/15 – GRUR 2019, 813 (819).
58 EuGH, Urt. v. 29.7.2019 – C-516/17 – GRUR 2019, 940 (943); EuGH, Urt. v. 29.7.2019 – C-469/17 – GRUR 2019, 934 (939).

reits allgemein geregelte Verhältnis des Urheberrechts zu den Schrankenbestimmungen eingegriffen würde.[59]

2. Es könnte sich ferner um ein Zitat iSd § 51 UrhG handeln. § 51 Satz 1 UrhG lässt die Vervielfältigung, Verbreitung und öffentliche Wiedergabe eines veröffentlichten Werkes zum Zwecke des Zitats zu, sofern die Nutzung in ihrem Umfang durch den besonderen Zweck gerechtfertigt ist. Voraussetzung ist also zunächst das Vorhandensein eigener referierender Ausführungen, für welche die UdP als Belege dienen könnten. Die im Sachverhalt benannte Einleitung der T. dürfte mangels eines referierenden Charakters hierfür nicht genügen. Zudem lässt der allgemeine Wortsinn des Begriffs „Zitat" – also eine wörtlich übernommene Stelle aus einem Text – schließen, dass die Wiedergabe des gesamten Textes – wie hier geschehen – nur in Ausnahmefällen als Zitat angesehen werden kann. Das Zitat darf nicht Hauptgegenstand des aufnehmenden Werkes sein.[60] Daran vermag auch die Argumentation, dass es für die Authentizität der Werke wesentlich darauf ankomme, die Unterlagen der Öffentlichkeit möglichst uneingeschränkt zur Verfügung zu stellen, nichts zu ändern.[61]

3. Im Ergebnis ist festzustellen, dass die Voraussetzungen des § 50 UrhG erfüllt sind. Folglich ist die durch § 15 Abs. 1 Nr. 1 und § 16 UrhG geschützte Vervielfältigung und die öffentliche Zugänglichmachung iSd § 15 Abs. 2 Satz 1 und 2 Nr. 2 sowie § 19a UrhG zulässig.

III. Ergebnis

Da es sich um eine erlaubte Nutzung handelt, hat die Bundesrepublik Deutschland keinen Unterlassungsanspruch gegen T.

---

59 BVerfG, Beschl. v. 17.11.2011 – 1 BvR 1145/11 – GRUR 2012, 389 (390); BGH, Beschl. v. 1.6.2017 – I ZR 115/16 – GRUR 2017, 895 (900).
60 OLG München, Urt. v. 14.6.2012 – BeckRS 2012, 12612 – Das unlesbare Buch; *Dreier* in Dreier/Schulze, UrhG, § 51 Rn. 3.
61 LG Köln, Urt. v. 2.10.2014 – 14 O 333/13 – GRUR-RR 2015, 55 (58).

Stichwortverzeichnis

Die Angaben verweisen auf die Paragrafen des Buches (**fette Zahlen**) sowie die Randnummern innerhalb der einzelnen Paragrafen (magere Zahlen).
Beispiel: § 9 Rn. 10 = **9** 10

Ablauf des Urheberpersönlichkeitsrechts **4** 218
Abmahnung **4** 396 ff
- Aufwendungsersatz **4** 402
- berechtigte **4** 398
- Folgen bei berechtigter **4** 398
- Gegenstandswert **4** 403
- Inhalt **4** 397
- Kostenentscheidung bei fehlender **4** 396
- missbräuchliche **4** 399 ff
Abschlusszwang
- Verwertungsgesellschaften **5** 565
absolute Person der Zeitgeschichte **1** 14
absolutes Recht **1** 40, **4** 336
- Urheberpersönlichkeitsrecht **4** 217
Abstraktionsprinzip **5** 503 F
Abtretung
- Folgerecht **4** 318
Abwehransprüche **4** 338
Adhäsionsverfahren **4** 460
Aktivlegitimation **3** 196
- ausschließliche Nutzungsrechte **4** 357
- einfache Nutzungsrechte **4** 358
- mehrere ausübende Künstler **4** 360
- Miturheber **4** 359
- Schadenersatz **4** 355 ff
- Unterlassung **4** 355 ff
- Urheberpersönlichkeitsrecht **4** 356
Algorithmus **4** 354e
allgemeines Persönlichkeitsrecht **4** 220, 240
Allgemeininteresse
- Restriktionen des Urheberrechts **6** 622 ff
Alltagsbauten **2** 96
Amtliche Werke **2** 126, **6** 636 ff
- Definition **6** 636 f
- IFG **6** 639
- Kein Urheberrechtsschutz **6** 640
- private Normenwerke **6** 641
Anbieten
- Verbreitung **4** 261
Änderungsverbot **4** 238
angemessene Beteiligung
- Tonträgerhersteller **8** 847

angewandte Kunst **2** 90
- Gebrauchsgegenstand **2** 100
- Gebrauchszweck **2** 99 f
- Modezeichnungen **2** 101
- Schnittmuster **2** 101
- vs. Designrecht **2** 103
- vs. Geschmacksmuster **2** 103
Anschlussinhaber **4** 342
Anspruchsgegner
- Anschlussinhaber **4** 342
- Eltern **4** 341
- Gehilfe **4** 347 ff
- Geschäftsführer **4** 354
- Schadenersatz **4** 339 ff
- Störer **4** 340
- Unterlassung **4** 339 ff
- Unternehmensinhaber **4** 347 ff
Anspruchsgrundlagen
- Übersicht **anh2** 949
Antragsdelikt **4** 456
Anwachsung **3** 199
Arbeitnehmer
- Umfang der Rechteübertragung **3** 182 F
Arbeitsverhältnisse **3** 176 ff
Archiv Museum
- Privilegierung **6** 685
- Restriktionen im Allgemeininteresse **6** 685
Aufbau des UrhG **1** 4
Aufführungsrecht **4** 279 ff
- Definition **4** 281
Aufnahme
- Verwertungsrechte des ausübenden Künstlers **8** 816
Aufwendungsersatz
- bei Abmahnung **4** 402
Auskunftsanspruch **4** 319 ff, 414 ff
- Aufwendungsersatz **4** 419
- Ausmaß der Verletzung gering **4** 430
- Ausmaß der Verletzung gewerblich **4** 415
- bei vorliegendem Schadenersatzanspruch **4** 431
- Diensteanbieter **4** 354l
- einstweilige Verfügung **4** 427

297

Stichwortverzeichnis

- falsche Auskunftserteilung 4 425
- Fernmeldegeheimnis 4 429
- gegen den Verletzten 4 415
- gegen Dritte 4 416 f
- gewohnheitsrechtlich 4 430 F
- Haftungsprivileg bei freiwilliger Auskunftserteilung 4 426
- Inhalt 4 422
- Inhalt der Auskunft 4 321
- Passivlegitimation 4 320
- Rechtsverletzung im Internet 4 420 F
- Verhältnismäßigkeit 4 423 F
- Verwendung gewonnener Informationen im Strafverfahren 4 428
- Zeugnisverweigerungsrecht 4 418
- Zweifel an der Richtigkeit der Auskunft 4 322

AuskunftsanspruchAufwendungsersatz
- Auskunftsanspruch 4 419

ausschließliche Nutzungsrechte 5 523, 610
- Aktivlegitimation 4 357
- Computerprogramme 7 759 ff
- Einräumung weiterer Nutzungsrechte 5 529
- Exklusivrecht 5 527 f

Ausschließlichkeitsrecht 1 25

Ausstellung 1 29

Ausstellungsrecht 4 275 ff
- Erschöpfung 4 277
- vs. Veröffentlichungsrecht 4 275

ausübender Künstler 8 941
- Abwehr- und Schadenersatzansprüche 8 839
- Anerkennungsrecht 8 809 F
- aus andere EU-Staaten 8 804
- Auslegungsregel bei Vertrag mit Filmhersteller 8 934
- Darbietung 8 801
- Dauer der Verwertungsrechte 8 836 f
- Definition 8 800
- handwerkliche Hilfspersonen 8 803
- Inhalt des Leistungsschutzrechts 8 806
- Künstlergruppe 8 810
- künstlerisch Mitwirkende 8 802
- Leistungsschutzrechte 8 799
- Namensbenennungsrecht 8 809 F
- Nennung bei Mitwirkung im Film 8 939
- Persönlichkeitsrechtsschutz 8 808
- Rechte des Veranstalters 8 833 ff
- Schutzdauer 8 813 F
- Schutz vor Entstellung der Darbietung 8 811 F

- Vermutung für Einräumung der Rechte bei Vertrag mit Filmhersteller 8 934
- Verwertungsrechte 8 815 ff

Baukunst 2 90, 96 ff
- Entwurf 2 98
- Gebrauchszweck 2 97
- Plan 2 98
- Skizze 2 98

Bearbeitung 2 123 ff
- Abgrenzung zur freien Benutzung 2 133 ff
- Computerprogramme 7 765
- Definition 2 125
- Einwilligungserfordernis 2 129 ff
- Vervielfältigung 2 132, 4 256
- Zulässigkeit 2 127 F

Beeinträchtigung 4 368

Beendigung des Nutzungsrechts 5 520

Behinderung von Menschen
- Privilegierung 6 672 ff

Benennungsrecht 4 227 ff

Berichterstattung 6 649
- Definition 6 666
- über Tagesereignisse 6 665

Beschlagnahme 4 459 ff

Beschränkungen des Schutzumfangs
- Restriktionen im Allgemeininteresse 6 622 ff
- Restriktionen im Interesse Privater 6 702 ff

Beschwerdeverfahren 4 354e ff

Beseitigungsanspruch 1 20, 31, 41, 4 367 ff, 477
- Prüfungsschema anh2 951

Besichtigung 4 432 ff
- Ausmaß der Verletzung gewerblich 4 434
- Durchführungsmodalitäten 4 437
- einstweilige Verfügung 4 435
- Schadenersatz 4 438
- Streitwert 4 439
- Voraussetzungen 4 433 F

bestimmungsgemäßer Gebrauch
- Computerprogramme 7 775 ff

Beteiligungsgrundsatz 5 584

Betreibervergütung 6 717, 728 ff

Beweislast 2 46, 55, 3 184 ff, 210
- Computerprogramme 7 777
- Entschädigung 4 406
- Erschöpfung 4 274

Stichwortverzeichnis

Bibliothek
- Privilegierung 6 685
- Restriktionen im Allgemeininteresse 6 685

Bildberichterstattung
- Voraussetzungen 1 13 ff

bildende Künste 2 90 ff
- Erscheinen des Werkes 2 161

Bildnis 1 8 ff
- absoluter Personen der Zeitgeschichte 1 14
- Ausnahmen vom Einwilligungserfordernis 1 13 ff
- berechtigtes Interesse 1 17
- Definition 1 10
- Einwilligung bei beschränkter Geschäftsfähigkeit 1 11
- Einwilligung bei Tod des Abgebildeten 1 12
- Einwilligungserfordernis 1 9
- Grundstücksfotografien 1 22
- Interessenabwägung 1 17
- relative Person der Zeitgeschichte 1 14
- Schadenersatzanspruch 1 18 F
- Unterlassungsanspruch 1 21

Bildung 7 785a
- Privilegierung 6 668 ff
- Restriktionen im Allgemeininteresse 6 676 ff

Bildungseinrichtungen, sonstige
- Privilegierung 6 685
- Restriktionen im Allgemeininteresse 6 685

Blockierung
- Einfache 4 354h
- ff 4 354d
- Missbrauch 4 354d
- Qualifizierte 4 354e ff

Browsing 6 643
Bündelung von Nutzungsrechten 5 501
Bußgeldvorschriften 4 474 F

Caching 6 643, 645
Charaktere als Werk 2 79 f
Choreografische Werke 2 89
Comicfiguren 2 93 ff
Computeranimationen 2 106
Computerbilder 2 106
Computerprogramme 2 82, 7 737 ff
- ausschließliche Rechte 7 759 ff
- Bearbeitung 7 765

- Begriff 7 746 ff
- bestimmungsgemäßer Gebrauch als Ausnahme zur Zustimmungsbedürftigkeit 7 776
- Darlegungs- und Beweislast 7 753
- Datenbanken 7 748
- Dekompilierung als Ausnahme von der Zustimmungsbedürftigkeit 7 782 ff
- ergänzende Schutzbestimmungen 7 744
- Ermittlung der Idee und der Grundlage als Ausnahme von der Zustimmungsbedürftigkeit 7 781
- Erschöpfung bei Verbreitung 7 766 ff
- fehlende Patentfähigkeit 7 740
- gesetzliche Lizenz bei Arbeitsverhältnissen 7 757
- gesetzliche Lizenz bei Dienstverhältnissen 7 755
- Herausgabe des Quellcodes 7 745
- Inverkehrbringen, rechtmäßiges 4 268
- kleine Münze 7 752
- öffentliche Wiedergabe 7 773
- Rechteinhaber 7 795 f
- Sanktionen von Rechtsverletzungen 7 786 ff
- Schöpfer 7 755
- Schutzumfang 7 739, 749 ff, 793
- Sicherungskopie 7 778 ff
- Spiele 7 747
- Sprachwerke 7 738, 792
- Systematik 7 742 f
- Überlassung von Vervielfältigungsstücken 7 789
- Urheber 7 755 ff, 794
- Urheberbenennung 7 758
- Verbreitung 7 766 ff
- Vergütung des Arbeitnehmers 7 756
- Vernichtung 7 790
- Vernichtung von Vervielfältigungsstücken 7 788
- Vervielfältigung 4 255, 7 761 ff
- Videospiele 7 747
- Weiterverkauf 7 771 f
- zustimmungsbedürftige Handlungen 7 760 ff

Darbietung
- ausübender Künstler 8 801 F

Darlegungs- und Beweislast 2 55, 3 184 ff, 210
- Computerprogramme 7 753, 777
- Erschöpfung 4 274

299

Darstellungen wissenschaftlicher oder technischer Art 2 117 ff
- Landkarten 2 122
- Lernspiele 2 122
- Stadtpläne 2 122

Datenbank
- Definition 8 860
- hinreichende strukturelle Individualität 2 154
- Urheber 2 155

Datenbanken 2 146
- Verträge über die Nutzung 8 886 f

Datenbankhersteller 8 859 ff, 944
- ausländische 8 870
- Datenbank - Begriff 8 860
- Definition 8 867 ff
- Eingriff in ausschließliche Rechte 8 872
- Erlöschen der Rechte 8 884
- Erschöpfung 8 877
- öffentliche Wiedergabe 8 871, 874 f
- Quellenangabe 8 880
- Schranken der Rechte 8 879
- Strafbarkeit der unerlaubten Verwendung einer fremden Datenbank 8 878
- Umfang des Schutzes 8 871 ff
- Verbreitung 8 871, 874
- Vergütung 8 885
- Verträge über die Nutzung von Datenbanken 8 886 f
- Vervielfältigung 8 871

Datenbankwerke
- Vervielfältigung 6 713

Definition
- Amtliche Werke 6 636 f
- Aufführungsrecht 4 281
- ausübender Künstler 8 800
- Bearbeitung 2 125
- Berichterstattung 6 666
- Bildnis 1 10
- Computerprogramme 6 733
- Datenbank 8 860
- Datenbankhersteller 8 867 ff
- Dekompilierung 7 782
- Film 8 904
- Filmhersteller 8 908
- freie Benutzung 2 137
- Funksendung 8 850
- Öffentliche Reden 6 650 f
- Persönlichkeitsschutz 8 937
- Presseerzeugnis 8 889
- Sammelwerke 2 147 f
- Sendeunternehmen 8 846

- Tonträger 8 841
- Tonträgerhersteller 8 842
- Veranstalter 8 835
- Verleihen 4 331 F
- Vermietung 4 331 F
- Veröffentlichung 2 157 f
- Vorführungsrecht 4 283
- Vortragsrecht 4 280
- Zeitung 6 657
- Zitatzweck 6 689

Dekompilierung 7 782 ff
- Definition 7 782
- Voraussetzungen 7 783 F

Diensteanbieter 4 250
- Blockierungspflicht 4 354d
- Haftung 4 354j
- Vergütungsanspruch 4 354b f

Dienstverhältnisse 3 176 ff

digital zusammengesetzte Bilder 2 106

Direkteinspeisung 4 292

Disponibilität der Regelungen über die angemessene Vergütung 5 593 ff

Doppelnatur des Urheberrechts 4 215

Drehbuch 2 124

Dreistufentest 6 623 ff

Eigentümlichkeit 2 46

Eigentumsgarantie 6 617, 625

einfache Nutzungsrechte 5 523 f, 610 f
- Aktivlegitimation 4 358
- Klagerecht 5 526
- Sukzessionsschutz 5 525
- unentgeltliche Rechteeinräumung 5 597

einheitliches Urheberrecht 3 167

Einheitlichkeit des Urheberrechts 1 27

Einräumung von Nutzungsrechten 5 496 ff, 539 ff, 612
- Bündelung 5 501
- Entbehrlichkeit der Zustimmung des Urhebers 5 540 f
- Form 5 496
- Spaltung 5 501
- Teilübertragung 5 501
- Unterschied zu Verwertungsrecht 5 500
- Voraussetzungen 5 498
- Wahrnehmungsvertrag 5 559
- Zustimmung des Urhebers 5 539 ff

Einräumung von Verwertungsrechten 5 492
- Rückübertragung 5 495
- Vertragsfreiheit 5 494

Stichwortverzeichnis

einstweilige Verfügung
- Auskunftsanspruch 4 427
- Besichtigung 4 435
- Sicherung von Schadenersatzansprüchen 4 441
- Vorlage 4 435

Eintragung
- fakultativ 2 45

Einwilligung 1 9 ff, 2 129 ff, 3 202

Einziehung 4 459 ff
- Verhältnismäßigkeit 4 459

Empfang 4 290

Empfangstheorie 4 295

Ende des Urheberpersönlichkeitsrechts 4 218

Entschädigung
- Entschädigung 4 404 ff
- Fiktion der Einwilligung 4 405
- Höhe 4 405

Entstehung der Miturheberschaft 3 190 ff

Entstehung des Urheberrechts 2 43

Entstellung 4 354i
- ausübender Künstler 8 811 F
- Filmhersteller 8 924

Entstellung des Werkes 4 230 ff
- Änderungsverbot 4 238
- Substanzeingriff 4 231 ff
- Zulässige Änderung 4 235

Entwurf 2 98

Erbfolge 5 482

Erbschaft 5 481 ff

Erlöschen
- Folgerecht 4 323

Erlöschen der Hauptlizenz 5 521

Erscheinen 2 156, 160 ff
- erstmals nach Erlöschen des Urheberrechts 6 634
- Internet 2 162
- Werk der bildenden Künste 2 161

Erschöpfung
- Ausstellungsrecht 4 277
- rechtmäßiges Inverkehrbringen 4 268
- Verbreitung bei Computerprogrammen 7 767 ff
- Verbreitungsrecht 4 267
- Verleihen 4 269
- Vermietung 4 269, 324
- Weiterveräußerung 4 272

Erschöpfungsgrundsatz 4 254
- Veräußerung 4 266
- Verbreitungsrecht 4 266 ff
- vs. Öffentliche Wiedergabe 4 273 Erschöpfungsgrundsatz
- vs. Vervielfältigungsrecht 4 273 Erschöpfungsgrundsatz
- Weiterverbreitung 4 266

Erstbegehungsgefahr 4 376, 477

Erstveröffentlichung 4 221
- nach Erlöschen des Urheberrechts 6 634

Erträgnisse 3 198
- gemeinsame Darbietung ausübender Künstler 8 824

Exklusivrecht 5 527 f

fakultative Eintragung 2 45

Figur
- künstlerische Eigenart 2 94 f

Figuren als Werk 2 79 f

Fiktion
- der Einwilligung bei Entschädigung 4 405

Film
- Live-Sendung 8 910
- Mitwirkung 8 926 ff
- Persönlichkeitsschutz 8 937 ff
- Unterscheidung Filmwerk zu Laufbilder 8 905 f

Filme 8 903 ff
- Definition 8 904

Filmhersteller 8 947
- ausschließliche Rechte 8 909
- ausübender Künstler 8 934 ff
- Definition 8 908
- Einschränkung der Rechte zur Verfilmung und am Filmwerk 8 931 ff
- Erlöschen der Rechte 8 912, 925
- Rechte an den zur Herstellung benutzten Werken 8 929
- Rechte bei Verletzung des Rechts auf öffentliche Zugänglichmachung 8 923
- Rechteeinräumung für Mitwirkung bei der Herstellung 8 927
- Übertragbarkeit der Rechte 8 925
- Umfang der Rechte 8 922 ff
- Verbot von Entstellung oder Kürzung 8 911, 924
- widersprechende Verfügungen über Rechte durch (Mit-)Urheber 8 928

Filmwerk
- Urheber 3 175

301

Stichwortverzeichnis

Filmwerke 2 108 ff, 8 905 f, 946
- Erlöschen des Urheberrechts 2 116
- Individuelles Schaffen 2 110
- kleine Münze 2 114
- Miturheber 2 113
- Schutzumfang 2 111 f
- Sonderregelungen für Leistungsschutz 2 115
- Urheber 8 907
- vs. Filmbilder 2 109
- vs. Laufbilder 2 108 f

Flagging 4 354 f

Folgerecht 4 310
- Abtretung 4 318
- Anwendungsbereich 4 313
- Auskunftsanspruch 4 319 ff
- Erlöschen 4 323
- gewerbliche Weiterveräußerung 4 317
- Höchstbetrag 4 316
- Kunsthändler 4 317
- Passivlegitimation 4 315
- Sinn und Zweck 4 214
- Territorialitätsprinzip 4 312
- Veräußerungserlös 4 315
- Verzicht 4 318

Form
- pauschale Rechtseinräumung 5 577
- unentgeltliches einfaches Nutzungsrecht 5 578

Forschung
- Privilegierung 6 684
- Restriktionen im Allgemeininteresse 6 684

Fotografie 2 104 ff.
- öffentliche Zugänglichmachung 4 287

Framing 4 249

freie Benutzung 2 133 ff
- Abgrenzung 2 135 F
- Definition 2 137
- Melodienschutz 2 140
- Sampling 2 141
- Sinn und Zweck 2 143

freie Mitarbeiter 3 180

Funk 4 288

Funksendung
- Definition 8 850
- Filmhersteller 8 909

Garantenstellung
- Geschäftsführer 4 354

Gebrauchsgegenstand 2 100

Gebrauchsüberlassung
- Erschöpfung 4 270

Gebrauchszweck 2 99 f

Gegenstandswert
- Abmahnung 4 403

geistiger Gehalt 2 54

geistige Schöpfung 2 63 f

geistiges Eigentum 1 5, 39

Geldentschädigung
- Geldentschädigung 4 404

Geltungsbereich 1 34
- persönlicher 1 34
- sachlicher 2 42

gemeinfreie Werke 6 630 ff

gemeinsame Darbietung
- Verwertungsrechte 8 821 ff

gemeinsames Schaffen bei Miturhebern 3 191

gemeinsame Vergütungsregeln 5 598 ff
- Schlichtungsstelle 5 600
- Vereinigung von Urhebern 5 598

Geräusche 2 83

Gesamthandsgemeinschaft 3 194

Geschäftsführer
- Haftung 4 354

gesetzliche Lizenzen 4 247
- Computerprogramme 7 755

gesetzliche Vermutung für Urheberschaft 3 184 ff

Gestaltungshöhe 2 70, 81, 85, 88, 103

Gestaltungsspielraum 2 67 f

grenzüberschreitender Verkauf 4 265

Großzitat 6 690

Grundprinzipien des Urheberrechts 1 27 ff

Grundstücksfotografien 1 22

gutgläubiger Erwerb 5 517 ff

Haftung
- Diensteanbieter 4 354a ff

Haftung für Verpflichtungen aus dem Lizenzvertrag bei Veräußerung 5 537

Händler
- Herstellervergütung 6 722 f

Harmonisierung des Urheberrechts 1 3

Haupt- und Unterlizenz 5 520

Herausgabe des Verletzergewinns 4 386

Herausgeber 3 187, 200 ff

Stichwortverzeichnis

Herstellervergütung 6 717 ff
- Geräte 6 720
- Händler 6 722 f
- Importeur 6 722
- Speichermedien 6 721
- Vergütungshöhe 6 724 ff
- Vergütungsschuldner 6 722 f

Hilfsansprüche
- Auskunftsanspruch 4 414 ff
- Besichtigung 4 432 ff
- Sicherung von Schadenersatzansprüchen 4 440 ff
- Vorlage 4 432 ff

Hinweise auf Urheberrechtsschutz 2 44

immaterielle Komponente des Urheberrechts 4 212

immaterieller Schaden 4 379, 393 ff

immaterieller Schadenersatz
- Höhe 4 395
- Kriterien 4 394

Importeur
- Herstellervergütung 6 722

Inhalt
- Urheberpersönlichkeitsrecht 4 219 ff

Inhalt des Leistungsschutzrechts
- ausübende Künstler 8 806

Inhalt des Urheberrechts
- Abmahnung 4 396 ff
- Beseitigungsanspruch 4 367 ff, 477
- Besichtigung 4 432 ff
- Hilfsansprüche 4 413 ff
- Inhalt des Urheberrechts 4 404 ff
- negativer Inhalt 4 335 ff, 477
- positiver Inhalt 4 221 ff, 476
- Rückruf 4 411
- Schadenersatz 4 336 ff, 378 ff, 477 ff
- Sicherung von Schadenersatzansprüchen 4 440 ff
- Überlassung 4 412
- Unterlassung 4 336 ff, 371 ff, 477 ff
- Vernichtung 4 410
- Vorlage 4 432 ff

Inhaltsmitteilung 4 222

Interessenabwägung 4 369
- Geltendmachung von Rechten bei Rechtsnachfolge 5 487
- Übertragung von Nutzungsrechten 5 533

Interessenausgleich
- Internet 4 354c

Inverkehrbringen, rechtmäßiges
- Computerprogramme 4 268
- Erschöpfung 4 268

Journalismus 6 656 ff
- Grenzen der Privilegierung 6 659
- Vergütung bei Privilegierung 6 661

Kabelweiterleitung
- Vertrag zwischen Sende- und Kabelunternehmen 8 856

Kabelweitersendung 4 292

Karikatur 6 696a

Kausalitätsprinzip 5 504 ff

KI 2 62

Klagerecht
- einfache Nutzungsrechte 5 526

Klänge 2 83

klassische Kunst 2 90

kleine Münze 2 47 f, 70, 81, 88, 107
- Computerprogramme 7 752
- Filmwerke 2 114

Kleinzitat 6 691

Kollektive Lizenz mit erweiterter Wirkung 5 574

Konkurrenzen 1 37, 4 448 F

Kontrahierungszwang
- Verwertungsgesellschaften 5 615

Kopie 4 257

körperliche Festlegung 4 252
- Speichermedium 4 253

Kostenentscheidung bei fehlender Abmahnung 4 396

KUG 1 7 ff

Kultur
- Privilegierung 6 668 ff
- Restriktionen im Allgemeininteresse 6 676 ff

kulturelles Erbe
- Privilegierung 6 685
- Restriktionen im Allgemeininteresse 6 685

Kunst 2 91 F

künstlerisch Mitwirkende 8 802

Künstliche Intelligenz 2 62

Kunsturhebergesetz 1 7 ff

Landkarten 2 119 F

Laufbilder 2 108 f, 8 905 f

Lehre
- Privatschulen 6 680
- Privilegierung 6 678 ff
- Restriktionen im Allgemeininteresse 6 678 ff

Lehrmedien 6 682 f

Leistungsschutz
- Sonderregelungen bei Filmwerken 2 115

Leistungsschutzrechte 8 797 ff
- Anerkennungsrecht 8 809 F
- ausübender Künstler 8 799
- Filmhersteller 8 903 ff
- Künstlergruppe 8 810
- Lichtbildner 8 896
- nachgelassene Werke 8 901
- Namensbenennungsrecht 8 809 F
- öffentliche Zugänglichmachung des Presseverlegers 8 893
- Schutzdauer 8 813 F
- Schutz vor Entstellung der Darbietung 8 811 F
- Sendeunternehmen 8 848
- Urheberrecht, Unterschied 8 797

Lernspiele 2 122

Lichtbilder 2 105

Lichtbildner 8 895 ff
- Erlöschen der Rechte 8 896

Lichtbildwerke 2 104 ff.

Live-Sendung 8 910

Lizenz
- freie Lizenzen 5 596 f
- gesetzliche Lizenz des Arbeitgebers 7 755
- Haftung für Verpflichtungen bei Veräußerung 5 537

Lizenzanalogie 4 387 ff
- Verletzerzuschlag 4 392

Lizenzen 5 530 ff
- Einräumung von Nutzungsrechten 5 539 ff
- Sukzessionsschutz 5 542 ff
- Übertragung von Nutzungsrechten 5 531 ff

materielle Komponente des Urheberrechts 4 212

mehrere ausübende Künstler
- Aktivlegitimation 4 360

Melodienschutz 2 140

menschlich-gestalterische Tätigkeit 2 61 f

Miturheber 3 209
- Aktivlegitimation 4 359

Miturheberschaft 3 172 f
- Aktivlegitimation 3 196
- Anwachsung 3 199
- Einwilligung zur Werksänderung 3 195
- Entstehung 3 190 ff
- Erträgnisse 3 198
- gemeinsames Schaffen 3 191
- Gesamthandsgemeinschaft 3 194
- Prozessstandschaft 3 196
- Rechte der Miturheber 3 198 ff
- Verzicht auf Verwertungsrechte 3 199

Modezeichnungen 2 101

monistische Theorie 3 167

Musik 2 83 ff
- Leistungsschutzrecht des Tonträgerherstellers 2 86

Musikzitat 6 691

Mutmaßlich erlaubte Nutzung 4 354 f

nachgelassene Werke 6 634, 8 901
- Schutzfrist 8 902

Nachträgliche Vergütungsanpassung 5 601 ff
- auffälliges Missverhältnis 5 603
- Übertragung oder Einräumung weiterer Nutzungsrechte durch Vertragspartner des Urhebers 5 605
- Unangemessenheit aufgrund nachträglicher Änderung der Umstände 5 601
- ursprüngliche Unangemessenheit 5 601
- Zeitpunkt für Beurteilung der Angemessenheit der Vergütung 5 601 f

Naturalrestitution 4 382

negativer Inhalt des Urheberrechts 4 335 ff
- Abmahnung 4 396
- Beseitigungsanspruch 4 367 ff
- Besichtigung 4 432 f
- Hilfsansprüche 4 413 ff
- Konkurrenzen 4 448 F
- negativer Inhalt des Urheberrechts 4 404 ff
- Rückruf 4 411
- Sicherung von Schadenersatzansprüchen 4 440 ff
- Überlassung 4 412
- Verjährung 4 443 ff
- Vernichtung 4 410
- Verwirkung 4 446
- Vorlage 4 432 ff

neues Publikum 4 248 f, 290

Noten 2 84

Stichwortverzeichnis

Notice-and-takedown 4 354h
Nutzungsarten
– Verzicht auf unbekannte 5 583
Nutzungsrechte 5 609
– Aktivlegitimation 4 357 f
– Angemessenheit der Vergütung 5 588 ff
– Arbeitgeber 3 176
– ausschließliche Nutzungsrechte 5 523
– ausübender Künstler 8 825 ff
– Begrenzung der Nutzung 5 509 ff
– Beteiligungsgrundsatz 5 584
– Disponibilität der Regelungen über die angemessene Vergütung 5 593 ff
– einfache Nutzungsrechte 5 523 f
– Einräumung 5 492
– gemeinsame Vergütungsregeln 5 598 ff
– Nachträgliche Vergütungsanpassung 5 601 ff
– Online-Plattform 4 354b
– Recht zur Verfilmung 8 915 ff
– Schlichtungsstelle 5 600
– Schutzfrist 6 633
– unbekannte Nutzungsrechte 5 575
– unentgeltliche Einräumung 5 596 f
– Vereinigung von Urhebern 5 598
– Vergütung 5 584 ff
– Vergütung bei Einräumung durch ausübenden Künstler 8 831 f
– Verjährung des Vergütungsanspruchs 5 591
– Vermutung für Inhaberschaft ausschließlicher 3 188
– Widerrufsrecht 5 579 ff
– Zweckübertragungstheorie 3 179

objektiver Tatbestand 4 453
Öffentliche Reden 6 649 ff
– Definition 6 650 f
– Öffentlichkeit 6 652
– Quellenangabe 6 655
– Tagesfragen 6 651
– Umfang 6 653
öffentliche Sicherheit
– Privilegierung 6 670 f
öffentliche Vorführung
– Filmhersteller 8 909
öffentliche Wiedergabe 4 246, 297 ff, 7 773
– ausübender Künstler 8 819 ff
– Datenbankhersteller 8 871, 874 f
– Diensteanbieter 4 250
– Framing 4 249
– Hintergrundmusik 4 251

– Kirchen und Religionsgemeinschaften 6 700
– neues Publikum 4 248 f
– Öffentlichkeit 4 301
– Online 6 701
– Sendeunternehmen 8 853
– Tagesneuigkeiten 6 664
– Vergütung 6 698
– Verlinkung 4 248 f
– Zitierrecht 6 686 ff
öffentliche Zugänglichmachung 4 284 ff
– Filmhersteller 8 909
– Fotografie 4 287
– Presseverleger 8 888
– Schutzlandprinzip 4 284
– Senderecht 4 288
– Sendeunternehmen 8 851
– Suschmaschine 4 285
– Tagesereignis 4 286
– Thumbnails 4 285
– Tonträgerhersteller 8 844
– Vorschaubilder 4 285
Öffentlichkeit
– Öffentliche Reden 6 652
– Verbreitung 4 260
Offizialdelikte 4 456
Open-Content
– unentgeltliche Rechteeinräumung 5 597
Ordnungswidrigkeiten 4 473
Overblocking 4 354e ff, 354c

pantomimische Werke 2 89
Parodie 4 236, 6 626 F, 696a
Parodien, Karikaturen, Pastiches
– Online-Plattform 4 354c
Pastiche 6 626, 696a
Pauschalhonorar 5 589
– angemessene Vergütung 5 588 f
Persönliche geistige Schöpfung 2 57, 164
persönlicher Geltungsbereich 1 34
persönliche Schöpfung 2 61
Persönlichkeitsrecht
– Allgemeines 1 6
– allgemeines Persönlichkeitsrecht 4 220
– Urheberpersönlichkeitsrecht 1 28 ff, 4 219 ff
Persönlichkeitsschutz
– Definition 8 937
– Film 8 937 ff
Plan 2 98

305

Plattform 4 354k, 354a ff
- ff 4 354j
postmortales Persönlichkeitsrecht 5 485
postmortales Urheberrecht des Architekten 4 237
Presseerzeugnis
- Definition 8 889
Pressespiegel 6 660
- Elektronische 6 662
Presseverleger 8 888 ff, 945
- Erlöschen der Rechte 8 890
- öffentliche Zugänglichmachung 8 888
- Übertragbarkeit des Rechts 8 890
- Zweck des Leistungsschutzes 8 892
Privatkopie 4 257, 6 705
Privatschulen 6 680
Privilegierung
- Behinderung von Menschen 6 672 ff
- Bildung 6 668 ff
- Kultur 6 668 ff
- Lehre 6 678 ff
- Lehrmedien 6 682 f
- öffentliche Sicherheit 6 670 f
- Öffentliche Wiedergabe 6 697 ff
- Privatschulen 6 680
- Rechtspflege 6 670 f
- religiöser Gebrauch 6 675
- Schulfunksendungen 6 677
- soziale Zwecke 6 668
- Unterricht 6 678 ff
- Unterrichtsmedien 6 682 f
- wissenschaftliche Forschung 6 684
- Zitierrecht 6 686 ff
Privilegierungsausschluss durch Vorbehalt 6 658
Programmiersprache 2 82
Prozessstandschaft 3 196
Publikum, neues 4 290

Quellenangabe 6 655, 663, 695 f
- Datenbankhersteller 8 880

Recht am eigenen Bild 1 8 ff
Recht des geistigen Eigentums 1 5, 39
Rechteübertragung 5 480 ff
Rechtfertigungsgründe 4 362
Rechtsnachfolge 5 480 ff
- Erbfolge 5 482
- Interessenabwägung bei Geltendmachung von Rechten 5 487
- Testamentsvollstrecker 5 483 f

- Umfang bei Erbschaft 5 486
- unter Lebenden 5 489 ff
Rechtspflege
- Privilegierung 6 670 f
Rechtswidrig hergestellte Vervielfältigungsstücke 4 264
Rechtswidrigkeit der Verletzungshandlung 4 361 f
Recht zur Verfilmung 8 915 ff
- ausschließliches Recht 8 916
- Rechte des Filmproduzenten 8 917
- Sinn und Zweck 8 921
- unbekannte Nutzungsarten 8 920
- Wiederverfilmung 8 919
relative Person der Zeitgeschichte 1 14
religiöser Gebrauch
- Privilegierung 6 675
Restriktionen im Allgemeininteresse
- Ablauf der Schutzfrist 6 632 ff
- Amtliche Werke 6 636 ff
- Ausschluss durch Vorbehalt 6 658
- Berichterstattung über Tagesereignisse 6 656 ff
- Bildung 6 668 ff, 676 ff
- Browsing 6 643
- Caching 6 643, 645
- Dreistufentest 6 623 ff
- elektronische Pressespiegel 6 662
- gemeinfreie Werke 6 630 ff
- Grenzen der Privilegierung 6 659
- Journalismus 6 656 ff
- Kultur 6 668 ff, 676 ff
- Lehre 6 678 ff
- Lehrmedien 6 682 f
- Öffentliche Reden 6 649 ff
- öffentliche Sicherheit 6 670 f
- Öffentliche Wiedergabe 6 697 ff
- Parodie 6 626 F
- Pastiche 6 626
- Quellenangabe 6 663
- Rechtspflege 6 670 f
- religiöser Gebrauch 6 675
- Rundfunkkommentare 6 656 ff
- soziale Zwecke 6 672 ff
- Streaming 6 646 ff
- Unterricht 6 678 ff
- Unterrichtsmedien 6 682 f
- Vergütung 6 661
- verwaiste Werke 6 635
- vorübergehende Vervielfältigungshandlungen 6 643 ff
- Wissenschaft 6 676 ff

Stichwortverzeichnis

- wissenschaftliche Forschung 6 684
- Zeitungsartikel 6 656 ff
- Zitierrecht 6 686 ff
Restriktionen im Interesse Privater 6 702 ff
Rückruf 4 408 f
- Übertragung des Gesamtunternehmens 5 536

sachlicher Geltungsbereich 2 42
Sammelwerk
- Urheber 2 155
Sammelwerke 2 146 ff
- Anforderungen 2 149
- Definition 2 147 f
- Schutzumfang 2 150
- Übertragung von Nutzungsrechten 5 535
Sampling 2 141
- Hörbarkeitsschwelle 2 145
Sanktionen
- Rechtsverletzungen bei Computerprogrammen 7 786 ff
Satellitensendung 4 295 F
Schadenersatz 4 336 ff, 354d, 354g, 354b, 378 ff, 477 ff
- Aktivlegitimation 4 355 ff
- Anschlussinhaber 4 342
- Anspruchsgegner 4 339 ff
- Eltern 4 341
- Gehilfe 4 340, 380
- Herausgabe des Verletzergewinns 4 386
- Höhe 4 383 ff
- immaterieller Schaden 4 379, 393 ff
- Lizenzanalogie 4 387 ff
- Naturalrestitution 4 382
- Prüfungsschema anh2 951
- Schadensberechnung 4 384 ff
- Störer 4 343
- Unternehmensinhaber als Anspruchsgegner 4 347 ff
- Verletzerzuschlag 4 392
- Verschulden 4 381
- Vorlage und Besichtigung 4 438
- widerrechtliche Verletzung 4 361 ff
Schadenersatzanspruch 1 18 F, 31, 41, 4 336 ff, 348, 438, 477 ff
- absolutes Recht 1 40
Scheinrecht 5 518
Schlichtungsstelle 5 600
Schnittmuster 2 101
schöpferische Eigentümlichkeit 2 46, 83, 119

Schöpfungshöhe 2 57, 65 ff
Schöpfungsprinzip 3 167
Schranken
- Online-Plattform 4 354c
Schrankenbestimmungen 1 23
Schriftwerk 2 76
Schulfunksendungen
- Privilegierung 6 677
- Restriktionen im Allgemeininteresse 6 677
Schutzbereich des Urheberrechts 1 23 ff
Schutzdauer 1 36
Schutzfrist
- Ablauf 6 632 ff
- ausübender Künstler 8 813 F
- Datenbankhersteller 8 884
- Filmhersteller 8 912, 925
- Lichtbildner 8 896
- nachgelassene Werke 8 902
- Presseverleger 8 890
- Sendeunternehmen 8 858
- Sinn und Zweck 6 633
- Verwertungsrechte des ausübenden Künstlers 8 836 f
- Verwertungsrechte des Tonträgerherstellers 8 846
- Wissenschaftliche Ausgaben 8 900
Schutzfrist des Urheberpersönlichkeitsrechts 4 218
Schutzlandprinzip 4 284
Schutzobjekt 1 24 f, 32, 2 42 ff
Schutzsubjekt 1 24, 26, 3 166 ff
- ausländische Staatsangehörige 1 35
Sendelandtheorie 4 295
Senderecht 4 288 ff
- Empfang 4 290
- Empfangstheorie 4 297
- Funk 4 288
- neues Publikum 4 290
- Passivlegitimation 4 298
- Satellitensendung 4 295 F
- Sendelandtheorie 4 295
- Senderecht 4 289
- Weitersendung 4 292
Sendeunternehmen 8 848 ff
- Definition 8 849
- öffentliche Wiedergabe 8 853
- öffentliche Zugänglichmachung 8 851
- Schrankenbestimmungen 8 854 ff
- Schutzfrist 8 858

Stichwortverzeichnis

- Übertragbarkeit der Rechte 8 857
- Umfang der Rechte 8 851
- Verbreitung 8 852
- Vertrag über Kabelweiterleitung 8 856
- Vervielfältigung 8 852
- Weitersendung 8 851

Sicherungskopie
- Computerprogramme 7 778 ff

Sicherung von Schadenersatzansprüchen 4 440 ff
- Anspruch gem. § 242 BGB 4 442
- Einstweilige Verfügung 4 441
- Voraussetzungen 4 440 ff

sinnliche Wahrnehmbarkeit 2 60

Sinn und Zweck
- Einräumung von Nutzungsrechten 5 493
- Folgerecht 4 214
- freie Benutzung 2 143
- Recht zur Verfilmung 8 921
- Schutzfrist 6 633

Skizze 2 98

sonstigen Rechte
- Folgerecht 4 310
- Verleihen 4 330 ff
- Vermietung 4 324 ff
- Zugang zu Werkstücken 4 305 ff

sonstige Rechte 4 214

soziale Zwecke
- Privilegierung 6 672 ff

Spaltung von Nutzungsrechten 5 501

Sprachwerke 2 75
- Computerprogramme 7 738

Stadtpläne 2 119 F

Startup-Diensteanbieter 4 354e

Störer 4 343

Strafantrag 4 456 ff

Strafbarkeit
- unerlaubte Verwendung einer fremden Datenbank 8 878

strafrechtlicher Schutz 4 450 ff
- Adhäsionsverfahren 4 460
- Bekanntmachung der Verurteilung 4 462
- Beschlagnahme 4 459 ff
- Bußgeldvorschriften 4 474 F
- Einziehung 4 459 ff
- unerlaubte Eingriffe in technische Schutzmaßnahmen 4 469
- unerlaubte Eingriffe in verwandte Schutzrechte 4 468

- unerlaubte Verwertung urheberrechtlich geschützter Werke 4 464 ff
- unzulässiges Anbringen der Urheberrechtsbezeichnung 4 467
- Voraussetzungen der Strafbarkeit 4 451 ff
- Zollbeschlagnahmeverfahren 4 461

Straftatbestände im UrhG 4 451 F
- Besonderheiten einzelner Tatbestände 4 463 ff
- objektiver Tatbestand 4 453
- Strafantrag 4 456 ff
- subjektiver Tatbestand 4 454
- unerlaubte Verwertung urheberrechtlich geschützter Werke 4 464 ff
- Versuch 4 455

Streaming 6 646 ff

subjektive Tatbestand 4 454

Substanzeingriff bei Entstellung 4 231 ff

Suchmaschine
- öffentliche Zugänglichmachung 4 285

Sukzessionsschutz 5 542 ff
- einfache Nutzungsrechte 5 525

Tagesereignis
- öffentliche Zugänglichmachung 4 286

Tagesfragen 6 651

Tagesneuigkeiten 6 664

Tanzkunst 2 89

Tarife 5 571 ff

Tarifvertrag 5 586

Teile von Werken 2 71

Teilübertragung von Nutzungsrechten 5 501

Territorialitätsprinzip 4 312

Testamentsvollstrecker 5 483 f

Text und Data Mining 6 648a, 7 785a

Thumbnails
- öffentliche Zugänglichmachung 4 285
- Vervielfältigung 8 898

Tonträger
- Definition 8 841

Tonträgerhersteller 8 840 ff, 943
- Definition 8 841
- Recht auf angemessene Beteiligung 8 847
- Rechteinhaber 8 842 f
- Schutzgegenstand 8 841

Trennungs- und Abstraktionsprinzip 5 503 F

Überlassung 4 408 f

Übersetzung 2 123, 165

Stichwortverzeichnis

Übersicht
- Anspruchsgrundlagen **anh2** 949

Übertragung von Nutzungsrechten 5 502 ff, 531 ff, 613
- Beendigung des Nutzungsrechts 5 520
- Begrenzung der Nutzung 5 509 ff
- Fehlende Zustimmung des Urhebers 5 534
- Filmrechte 5 538
- gutgläubiger Erwerb 5 517 ff
- Haftung bei Veräußerung 5 537
- Haupt- und Unterlizenz 5 520
- Interessenabwägung 5 533
- Kausalitätsprinzip 5 504 ff
- Rückruf 5 536
- Sammelwerke 5 535
- Scheinrecht 5 518
- Trennungs- und Abstraktionsprinzip 5 503 F
- Übertragung des Gesamtunternehmens 5 536
- Umfang der Übertragung 5 507 f, 512 ff
- Urheberrechtsverträge 5 502
- Verlagsvertrag 5 550 ff
- Zustimmung des Urhebers 5 531 ff
- Zweckübertragungstheorie 5 512 ff

Übertragung von Rechten 5 480 ff
- Filmhersteller 8 925

unbekannte Nutzungsarten
- Verzicht 5 583

unbekannte Nutzungsrechte 5 575

unerlaubte Eingriffe in technische Schutzmaßnahmen 4 469

unerlaubte Eingriffe in verwandte Schutzrechte 4 468
- privater Gebrauch 4 472
- Schutz technischer Maßnahmen 4 470
- subjektiver Tatbestand 4 469, 471

unerlaubte Verwertung urheberrechtlich geschützter Werke 4 464 ff
- geschützte Rechte 4 464
- subjektiver Tatbestand 4 466
- Tatobjekt 4 465

Unterlassung 4 336 ff, 477
- Aktivlegitimation 4 355 ff
- Anschlussinhaber 4 342
- Anspruchsgegner 4 339 ff
- Eltern 4 341
- Gehilfe 4 340
- Prüfungsschema **anh2** 951
- Störer 4 343

- Unternehmensinhaber als Anspruchsgegner 4 347 ff
- widerrechtliche Verletzung 4 361 ff

Unterlassungsanspruch 1 21, 31, 41, 4 371, 477
- Erstbegehungsgefahr 4 376, 477
- potentieller Störer 4 377
- Übergang des Anspruchs 4 375
- Vertragsstrafe 4 373
- Wiederholungsgefahr 4 371 F

Unterlizenz
- bei Erlöschen der Hauptlizenz 5 522

Unternehmensinhaber als Anspruchsgegner 4 347 ff
- Beauftragter 4 348
- Eigeninteresse des Arbeitnehmers oder Beauftragten 4 350
- Erfolgshaftung 4 352
- Inhaber 4 349

Unterricht
- Privatschulen 6 680
- Privilegierung 6 678 ff
- Restriktionen im Allgemeininteresse 6 678 ff

Unterrichtsmedien 6 682 f

Unveräußerlichkeit des Urheberrechts 1 27

unveröffentlichtes Werk
- Ausstellungsrecht 4 275 F

unzulässiges Anbringen der Urheberrechtsbezeichnung 4 467

Upload-Filter 4 354e ff, 354k, 354 f, 354a ff, 354d

Urheber 1 24, 26, 3 166 ff, 168, 207
- Angemessene Beteiligung des Miturhebers 3 197
- Arbeitnehmer 3 176
- Arbeitsverhältnisse 3 176 ff
- Beteiligung mehrerer 3 170 ff
- Datenbank 2 155
- Datenbankwerke 8 869
- Dienstverhältnisse 3 176 ff
- Filmwerk 3 175
- freie Mitarbeiter 3 180
- Geschäftsfähigkeit 3 169
- gesetzliche Vermutung für Urheberschaft 3 184 ff, 210
- Miturheber 3 209
- Miturheber bei Filmwerken 2 113
- Miturheberschaft 3 172 f
- Miturheberschaft bei Bearbeitung 3 193
- Mitwirkung mehrerer 3 170 ff

309

Stichwortverzeichnis

- Sammelwerk 2 155
Urheberbenennungsrecht 4 224 ff
- Ausschluss 4 226 F
- Computerprogramme 7 758
- unzulässiges Anbringen der Urheberrechtsbezeichnung 4 467
- Verletzung 4 225
- Verzicht 4 226 F
Urheberpersönlichkeitsrecht 1 28 ff, 33, 4 211 F, 216 ff, 476
- Ablauf 4 218
- absolutes Recht 4 217
- Aktivlegitimation 4 356
- allgemeines Persönlichkeitsrecht 4 240
- Änderungsverbot 4 230
- Arbeitnehmer 3 183
- Benennungsrecht 4 227 ff
- Ende 4 218
- Entstellung des Werkes 4 230 ff
- Erstveröffentlichung 4 221
- Inhalt 4 219 ff
- Schutzfrist 4 218
- Urheberbenennungsrecht 4 224 ff
- Veröffentlichungsrecht 4 221 ff
Urheberrecht
- Beschränkungen des Schutzumfangs 6 617 ff
- Doppelnatur 4 215
- einheitliches 3 167
- Entstehung 1 26
- gesetzliche Grundlage 1 1 ff
- immaterielle Komponente 4 212
- Inhalt 4 211 ff
- Leistungsschutzrechte, Unterschied 8 797
- Leitgedanke 4 213
- materielle Komponente 4 212
- monistische Theorie 3 167
- negativer Inhalt 4 335 ff, 477
- positiver Inhalt 4 211 ff, 476
- postmortales Urheberrecht des Architekten 4 237
- Restriktionen im Allgemeininteresse 6 622 ff
- Schutzfrist 6 632 ff
- sonstige Rechte 4 214
- Übertragbarkeit 5 490 f
- Urheberpersönlichkeitsrecht 4 211 F, 216 ff
Urheberrecht im engeren Sinn 1 2
Urheberrecht im weiteren Sinn 1 2
Urheberrechts-Dienstanbieter-Gesetz
- ff 4 354j

Urheberrechts-Diensteanbieter-Gesetz 4 250, 354a ff
- Lizensierung 4 354b
Urheberrechtsverträge 5 502, 546 ff
- Verfügungsgeschäft 5 548
- Verpflichtungsgeschäft 5 546 F
Urheberschaftsprinzip 3 207
Urhebervermutung 2 44
Urhebervertrag 5 494, 503, 509, 546 ff, 8 845
- dingliche Wirkung einer Beschränkung 5 509

Veranstalter 8 942
- Definition 8 835
- Rechte 8 833 ff
- Rechte gegenüber ausübenden Künstlern 8 833 ff
Verbreitung 1 29
- Computerprogramme 7 766 ff
- Datenbankhersteller 8 871, 874, 877, 882
- Erschöpfung, unionsweit 7 768
- Erschöpfung bei Computerprogrammen 7 767 ff
- Filmhersteller 8 909
- Sendeunternehmen 8 852
- Tagesneuigkeiten 6 664
- Tonträgerhersteller 8 844
- Verwertungsrechte des ausübenden Künstlers 8 816
- Zitierrecht 6 686 ff
Verbreitungsrecht 4 258 ff
- Anbieten 4 261
- Erschöpfung 4 267
- Erschöpfungsgrundsatz 4 266 ff
- Grenzüberschreitender Verkauf 4 265
- Öffentlichkeit 4 260
Vereinheitlichung des Urheberrechts 1 3
Vereinigung von Urhebern 5 598
- Schlichtungsstelle 5 600
Vererblichkeit 5 481 ff, 608
Verfilmung
- Recht 8 915 ff
Verfügungsgeschäft 5 546
Vergütung 5 571 ff, 584 ff, 616, 6 715 ff, 736
- angemessene 4 213, 5 585, 6 705, 8 829
- Arbeitnehmer 7 756
- auffälliges Missverhältnis 5 603
- ausübender Künstler 4 354l, 8 828 ff

Stichwortverzeichnis

- Beteiligung des Urhebers durch Presseverleger 8 891
- Beteiligungsgrundsatz 5 584
- Betreibervergütung 6 717, 728 ff
- Datenbankhersteller 8 885
- Disponibilität der Regelungen über die angemessene Vergütung 5 593 ff
- Einräumung von Nutzungsrechten durch ausübenden Künstler 8 831 f
- erlaubte Nutzung bei ausübendem Künstler 8 829 f
- gemeinsame Vergütungsregeln 5 598 ff
- Herstellervergütung 6 717 ff
- Höhe der Herstellervergütung 6 724 ff
- Kriterien für Vergütungshöhe bei Herstellervergütung 6 725 f
- Lichtbildner 4 354l
- Mutmaßlich erlaubte Nutzung 4 354g
- Nachträgliche Vergütungsanpassung 5 601 ff
- Online-Parodien 4 354c
- Online-Plattform 4 354b
- Pauschalhonorar 5 588 f
- Privilegierung bei Presseberichten Tagesinteresse 6 661
- Rechtewahrnehmung 6 731
- Schuldner bei Herstellervergütung 6 722 f
- Tarifvertrag 5 586
- Tonträgerhersteller an ausübenden Künstler 8 832
- Übertragung oder Einräumung weiterer Nutzungsrechte durch Vertragspartner des Urhebers 5 605
- Umfang der Angemessenheitskontrolle 5 590
- Unangemessenheit aufgrund nachträglicher Änderung der Umstände 5 601
- unbekannte Nutzungsarten 5 582
- unentgeltliche Rechteeinräumung 5 596 f
- Unentgeltlichkeit 5 606
- ursprüngliche Unangemessenheit 5 601
- Verjährung 5 591
- Vermietung 4 325
- Vertragsanpassung bei unangemessener Vergütung 5 588
- Verwertungsgesellschaften 6 716 f, 731
- Verzicht 5 606, 8 830
- Verzicht bei Vermietung 4 329
- Zeitpunkt für Beurteilung der Angemessenheit der Vergütung 5 601 f

Verhältnismäßigkeit
- Einziehung 4 459

Verjährung
- Dauerhandlungen 4 446
- Hemmung 4 447
- negativer Inhalt des Urheberrechts 4 443 ff
- Regelverjährung 4 444
- Restschadenersatzanspruch 4 445
- Verjährungshöchstfristen 4 445

Verkehrssicherungspflicht, urheberrechtliche 4 345

Verlagsvertrag 5 549 ff, 550 ff, 614
- Form 5 552, 555
- Freiexemplare 5 557
- Inhalt 5 551
- Pflichten 5 554
- Pflichten des Verfassers 5 558
- Vergütung 5 556

Verleihen 4 330 ff
- Definition 4 331 F
- Vergütung 4 269
- Verwertungsgesellschaft zur Geltendmachung 4 334
- vs. anderweitige Gebrauchsüberlassung 4 270

Verletzerzuschlag 4 392

Verlinkung 4 248 f

Vermieten
- vs. anderweitige Gebrauchsüberlassung 4 270 F

Vermietung 4 324 ff
- Definition 4 326
- keine Erschöpfung 4 269
- Vergütung 4 325
- Verwertungsgesellschaft zur Geltendmachung 4 334
- Verzicht auf Vergütungsanspruch 4 329

Vermutung für Urheberschaft 3 184 ff, 210

Vernichtung 4 408 f, 410

Veröffentlichung 2 156 ff, 4 221 ff
- Definition 2 157 f
- Erscheinen 2 156 ff, 160 ff
- Rechtsfolgen 2 159

Veröffentlichungsrecht 1 33, 4 221 ff
- Erstveröffentlichung 4 221
- Inhaltsmitteilung 4 222
- Verfassungsrechtliche Schranken 4 223

Verpflichtungsgeschäft 5 546 F

Versuchsstrafbarkeit 4 455

Vertragsfreiheit 5 494

Vertragsstrafe 4 373

311

Stichwortverzeichnis

Vervielfältigung 1 29, 2 131 F
- angemessene Vergütung 6 705
- Arbeitsspeicher bei Computerprogrammen 7 762
- Aufnahme in ein eigenes Archiv 6 710 f
- Betreibervergütung 6 728 ff
- Bücher 6 709
- Computerprogramme 7 761 ff
- Datenbankhersteller 8 871, 882
- Datenbankwerke 6 713
- Drucker und PC 6 714
- eigene Unterrichtung über Tagesfragen 6 710 f
- Filmhersteller 8 909
- Musiknoten 6 709
- photomechanische Verfahren 6 707
- privater oder sonstiger Zweck 6 735
- Privatinteresse 6 702 ff
- Privatkopie 6 705
- Sendeunternehmen 8 852
- sonstiger eigener Gebrauch 6 710 ff
- Tagesneuigkeiten 6 664
- Thumbnails 8 898
- Tonträgerhersteller 8 844
- unveröffentlichter Werke 6 708
- Verwertungsrechte des ausübenden Künstlers 8 816 ff
- Vorübergehende 6 643 ff
- Zitierrecht 6 686 ff

Vervielfältigungsrecht 4 252 ff
- Bearbeitung als 4 256
- Computerprogramme 4 255
- Erschöpfungsgrundsatz 4 254
- Kopie 4 257
- körperliche Festlegung 4 252
- Privatkopie 4 257

verwaiste Werke 6 635
Verwandte Schutzrechte 3 186, 8 797
- Online-Plattform 4 354l

Verwertung, unerlaubte 4 464 ff
Verwertungsgemeinschaft 3 204
Verwertungsgesellschaft 3 203 ff, 208, 4 292, 5 614
- Verleihen 4 334
- Weitersendung 4 292

Verwertungsgesellschaften 5 559
- Abschlusszwang 5 565
- Definition 5 563
- Erlaubnis 5 562
- Kontrahierungszwang 5 615
- Monopolstellung 5 566
- Rechtewahrnehmung 6 731

- Schutz vor Missbrauch der Monopolstellung 5 566
- Tarife 5 571 ff
- unbekannte Nutzungsrechte 5 575
- Vergütung 5 571 ff
- Verweigerung der Lizenz 5 569
- Wahrnehmungszwang 5 565
- Zwangslizenz 5 568

Verwertungsgesellschaftengesetz 5 561 ff
Verwertungsrecht
- ausschließliches 1 29

Verwertungsrechte 1 28 f, 33, 4 241 ff, 476
- Abwehr- und Schadenersatzansprüche des ausübenden Künstlers 8 839
- Arbeitgeber 3 176
- Aufführungsrecht 4 279 ff
- Aufnahme des ausübenden Künstlers 8 816
- Ausstellungsrecht 4 275 ff
- ausübender Künstler 8 815 ff
- Dauer bei ausübendem Künstler 8 836 f
- Einräumung 5 492
- Folgerecht 4 310
- gemeinsame Darbietung 8 821 ff
- gesetzliche Lizenzen 4 247
- öffentliche Wiedergabe 4 246
- öffentliche Wiedergabe bei ausübendem Künstler 8 819 f
- öffentliche Zugänglichmachung 4 284 ff
- öffentliche Zugänglichmachung des Tonträgerherstellers 8 844
- positive Nutzungsrechte 4 244
- Schranken für ausübenden Künstler und Veranstalter 8 838
- Senderecht 4 288 ff
- sonstige Rechte 4 304 ff
- Tonträgerhersteller 8 844 ff
- Übertragbarkeit bei Tonträgerhersteller 8 845
- Verbotsrechte 4 244
- Verbreitung des ausübenden Künstlers 8 816, 818
- Verbreitung des Tonträgerherstellers 8 844
- Verbreitungsrecht 4 258 ff
- Verleihen 4 330 ff
- Vermietung 4 324 ff
- Veröffentlichungsrecht 1 33
- Vervielfältigung des ausübenden Künstlers 8 816 ff
- Vervielfältigung des Tonträgerherstellers 8 844
- Vervielfältigungsrecht 4 252 ff

Stichwortverzeichnis

- Verwertung in körperlicher Form 4 243
- Verwertung in unkörperlicher Form 4 245
- Vorführungsrecht 4 279 ff
- Vortragsrecht 4 279 ff
- Wiedergaberecht durch Bild- und Tonträger 4 299 ff
- Wiedergaberecht von Funksendungen und öffentliche Zugänglichmachung 4 302 f
- Zugang zu Werkstücken 4 305 ff
- Zweckübertragungstheorie 3 179

Verwirkung
- negativer Inhalt des Urheberrechts 4 446

Verzicht
- Folgerecht 4 318
- unbekannte Nutzungsarten 5 583
- Vergütung bei ausübendem Künstler 8 830

Verzicht auf Verwertungsrechte des Miturhebers 3 199

Vorführungsrecht 4 279 ff
- Definition 4 283

Vorlage 4 432 ff
- Ausmaß der Verletzung gewerblich 4 434
- Durchführungsmodalitäten 4 437
- einstweilige Verfügung 4 435
- Schadenersatz 4 438
- Streitwert 4 439
- Voraussetzungen 4 433 F

Vorschaubilder
- öffentliche Zugänglichmachung 4 285

Vortragsrecht 4 279 ff
- Definition 4 280

vorübergehende Vervielfältigungshandlungen 6 643 ff
- Streaming 6 646 ff
- Voraussetzungen 6 644

Wahrnehmbarkeit, sinnliche 2 60
Wahrnehmungsvertrag 5 549 ff, 559, 614
Wahrnehmungszwang
- Verwertungsgesellschaften 5 565

Weitersendung 4 292
- Abgrenzung 4 293
- Sendeunternehmen 8 851
- Weitersendung 4 289

Weiterveräußerung
- Erschöpfungsgrundsatz 4 272

Werk 1 24, 2 42 ff, 49 ff, 74, 77, 163
- Alltägliche Gegenstände 2 102
- Alltagsbauten 2 96
- amtliches 2 126
- angewandte Kunst 2 90
- Arten 2 72
- Baukunst 2 90
- Bearbeitung 2 123 ff, 165
- bildenden Künste 2 90 ff
- Charaktere 2 79 f, 93 ff
- Choreografisches 2 89
- Computeranimationen 2 106
- Computerbilder 2 106
- Computerprogramme 2 82, 7 737 ff
- Darstellungen wissenschaftlicher oder technischer Art 2 117 ff
- Datenbank als Sammelwerk 2 153 f
- Datenbanken 2 146, 152 ff
- digital zusammengesetzte Bilder 2 106
- Drehbuch 2 124
- eigenpersönliche Prägung 2 54
- Eigentümlichkeit 2 66
- Einheitlicher Werkbegriff 2 58
- Entwurf 2 98
- Erlöschen des Urheberrechts 2 116
- Erscheinen 2 156 ff, 160 ff
- Figuren 2 79 f, 93 ff
- Filmwerke 2 108 ff
- Gebrauchszweck 2 99 f
- geistiger Gehalt 2 54, 64, 69
- geistige Schöpfung 2 51, 63 f
- Gestaltungshöhe 2 70, 81, 85, 88, 103
- Gestaltungsspielraum 2 67 f
- KI 2 62
- klassische Kunst 2 90
- kleine Münze 2 47 f, 70, 81, 88, 107
- künstliche Intelligenz 2 62
- Landkarten 2 119 F
- Laufbilder 2 108 f
- Lernspiele 2 122
- Lichtbildwerke 2 104 ff.
- menschliches Schaffen 2 50, 59, 61 f
- Modezeichnungen 2 101
- Musik 2 83 ff
- Noten 2 84
- pantomimisches 2 89
- persönliche geistige Schöpfung 2 57, 164
- persönliche Schöpfung 2 61 ff
- Plan 2 98
- Programmiersprache 2 82
- Sammelwerke 2 146 ff, 165
- Schnittmuster 2 101
- schöpferische Eigentümlichkeit 2 66
- Schriftwerk 2 76
- sinnliche Wahrnehmbarkeit 2 60

Stichwortverzeichnis

- Skizze 2 98
- Sprache 2 75
- Stadtpläne 2 119 F
- Tanzkunst 2 89
- Teile 2 71
- Übersetzung 2 123, 165
- Verbundene Werke 3 200 ff
- Veröffentlichung 2 156 ff
- Wahrnehmbarkeit, sinnliche 2 60
- Wissenschaft 2 78

Werkarten 2 72

Werkstück 2 51, 53

Werkverbindung 3 200 F
- Einwilligung der Urheber eines anderen Teilwerks 3 202
- Rechtsgeschäft 3 201
- Veröffentlichung 3 202
- Verwertung 3 202
- Verwertungsgesellschaft 3 203

widerrechtliche Verletzung
- Rechtfertigungsgründe 4 362

Widerrufsrecht 5 579 ff

Wiedergabe 1 29

Wiedergaberecht durch Bild- und Tonträger 4 299 ff

Wiedergaberecht von Funksendungen und öffentliche Zugänglichmachung 4 302 f

Wiederholungsgefahr 4 371 F

Wiederverfilmung
- Recht zur Verfilmung 8 919

Wirkung des Urheberrechts 1 38

Wissenschaft 2 78
- Privilegierung 6 684
- Restriktionen im Allgemeininteresse 6 676 ff, 684

Wissenschaftliche Ausgaben 8 899 f
- Rechteinhaber 8 900
- Schutzfrist 8 900

wissenschaftliche Forschung
- wissenschaftliche Forschung 6 684

Zeitung
- Definition 6 657

- Grenzen der Privilegierung 6 659
- Vergütung bei Privilegierung 6 661

Zeugnisverweigerungsrecht
- Auskunftsanspruch 4 418

Zitatzweck 6 689, 692, 694, 734

Zitierrecht 6 686 ff, 733
- Großzitat 6 690, 733
- Kleinzitat 6 691, 733
- Kunstwerke 6 693
- Musikzitat 6 691, 694, 733
- Quellenangabe 6 695 f
- Zitatzweck 6 689

Zollbeschlagnahmeverfahren 4 461

Zugang zu Werkstücken 4 305 ff
- Passivlegitimation 4 306 f

Zulässige Änderungen am Werk 4 235
- Parodie 4 236

Zustimmung des Urhebers
- Einräumung von Nutzungsrechten 5 539 ff
- Entbehrlichkeit der Zustimmung des Urhebers 5 540 f
- Übertragung von Nutzungsrechten 5 531 ff

zustimmungsbedürftige Handlungen
- Ausnahmen 7 774 ff
- Bearbeitung 7 765
- bestimmungsgemäßer Gebrauch 7 775 ff
- Dekompilierung als Ausnahme 7 782 ff
- Ermittlung der Idee und der Grundlage als Ausnahme 7 781
- öffentliche Wiedergabe 7 773
- Sicherungskopie als Ausnahme 7 778 ff
- Verbreitung 7 766 ff
- Vervielfältigung 7 761 ff

Zwangslizenz 6 641

Zweckübertragungstheorie 3 179, 5 512 ff, 611
- Recht zur Verfilmung 8 918

Zweitverwertung 4 303

Das neue Lehrbuch Gewerblicher Rechtsschutz

Gewerblicher Rechtsschutz
Von Prof. Dr. Gerhard Ring
und Alexander Geißler
2021, ca. 350 S., brosch., ca. 24,90 €
ISBN 978-3-8487-5335-2
Erscheint ca. August 2021

Das Lehrbuch erörtert prägnant die wichtigsten Bereiche des gewerblichen Rechtsschutzes (Patent-, Design- und Markenrecht, Wettbewerbsrecht) wie sie Gegenstand der universitären Schwerpunktausbildung sind. Zahlreiche Beispiele und Verständnisfragen erleichtern das Lernen und Wiederholen.

 nomos-elibrary.de

Bestellen Sie im Buchhandel oder versandkostenfrei online unter nomos-shop.de
Alle Preise inkl. Mehrwertsteuer.

Gut, dass es die Blauen gibt!

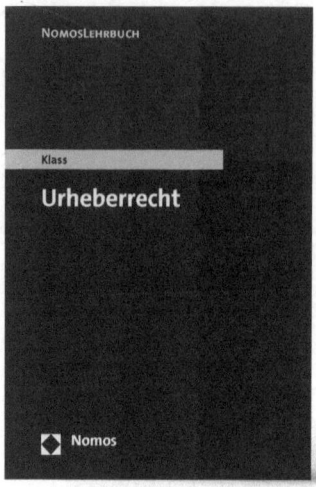

Urheberrecht
Von Prof. Dr. Nadine Klass
2022, ca. 300 S., brosch., ca. 24,90 €
ISBN 978-3-8487-2753-7
Erscheint ca. März 2022

Medienrecht
Mit Grundzügen des Informationsrechts
Von Prof. Dr. Boris P. Paal, M.Jur. (Oxon)
2021, ca. 250 S., brosch., ca. 26,– €
ISBN 978-3-8329-6391-0
Erscheint ca. Dezember 2021

Das Lehrbuch stellt den schwerpunkt- und examensrelevanten Stoff des Urheberrechts dar. Jedes Kapitel wird durch einen Fall eingeleitet, Wiederholungs- und Vertiefungsfragen helfen bei der Erarbeitung des Stoffs. In einem Anhang werden die wichtigsten Begriffe definiert.

Das neue Lehrbuch stellt die rechtlichen Rahmungen sowohl der klassischen Medien als auch die neuen Akteure, deren Ausgestaltung, Finanzierung und Privilegien dar. Rechtliche Fragen im Zusammenhang mit der Gewinnung, Bearbeitung und Vermittlung von Informationen werden unter Einbeziehung von Rechten Dritter ausführlich behandelt.

 www.nomos-elibrary.de

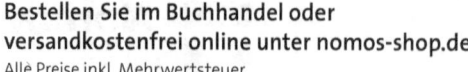
Bestellen Sie im Buchhandel oder versandkostenfrei online unter nomos-shop.de
Alle Preise inkl. Mehrwertsteuer.